es 1430
edition suhrkamp
Neue Folge Band 430

Die neuere französische Philosophie bedeutete für die deutsche Philosophie eine Provokation. Die Reaktionen sind hierzulande nicht ausgeblieben und haben ihrerseits französische Stellungnahmen herausgefordert. Neben Fragen der Bewertung der Aufklärung und ihrer philosophischen und politischen Folgen (Terror der Vernunft versus Emanzipation) steht in dieser Kontroverse die Frage nach dem Subjekt im Zentrum. Foucault, Deleuze, Derrida und Lyotard konstatierten den Tod des Subjekts. Damit jedoch geht notwendigerweise, so lautet die Kritik, die Preisgabe von Wahrheitsansprüchen, normativer Verbindlichkeit und politisch einklagbaren Bürgerrechten einher. Gegen die unabsehbaren Folgen der Entsubstantialisierung des Subjekts, gegen die Vertreibung der Wissenschaft, ja der Rationalität schlechthin aus dem Zentrum der Politik und der Kultur setzen Hermeneutiker und Philosophen des Diskurses differenzierte Interpretationen von Subjektivität, Personalität und Individualität. Von französischer Seite wird die These vom Tod des Subjekts und vom Terror ebenfalls differenziert. So konzentrieren sich in dieser Debatte um das Subjekt und die Sprache Beiträge, die zu einem Diskurs miteinander führen.

Die Frage nach dem Subjekt

*Herausgegeben von
Manfred Frank, Gérard Raulet
und Willem van Reijen*

Suhrkamp

edition suhrkamp 1430
Neue Folge Band 430
Erste Auflage 1988
© Suhrkamp Verlag Frankfurt am Main 1988
Erstausgabe
Alle Rechte vorbehalten, insbesondere das der Übersetzung,
des öffentlichen Vortrags
sowie der Übertragung durch Rundfunk und Fernsehen,
auch einzelner Teile.
Satz: Wagner GmbH, Nördlingen
Druck: Nomos Verlagsgesellschaft, Baden-Baden
Umschlagentwurf: Willy Fleckhaus
Printed in Germany

1 2 3 4 5 6 – 93 92 91 90 89 88

Inhalt

Manfred Frank
Subjekt, Person, Individuum 7

Georg Mohr
Vom Ich zur Person. Die Identität des Subjekts bei Peter F. Strawson 29

Gianfranco Soldati
Selbstbewußtsein und unmittelbares Wissen bei Tugendhat 85

Wolfgang Hübener
Der dreifache Tod des modernen Subjekts 101

Maciej Potępa
Die Frage nach dem Subjekt in der Hermeneutik Schleiermachers 128

Jochen Hörisch
Das doppelte Subjekt. Die Kontroverse zwischen Hegel und Schelling im Lichte des Neostrukturalismus 144

Norbert Bolz
Lebenslauf des Subjekts in aufsteigender Linie 165

Jean-François Lyotard
Der Name und die Ausnahme 180

Jacob Rogozinski
Der Aufruf des Fremden. Kant und die Frage nach dem Subjekt 192

Herta Nagl-Docekal
Das heimliche Subjekt Lyotards 230

Jacques Poulain
Die pragmatische Dekonstruktion des Menschen 247

Heinz Kimmerle
Ist Derridas Denken Ursprungsphilosophie? Zu Habermas' Deutung der philosophischen »Postmoderne« 267

Gérard Raulet
Die neue Utopie. Die soziologische und philosophische
Bedeutung der neuen Kommunikationstechnologien 283

Hermann Schwengel
Nach dem Subjekt oder nach der Politik fragen?
Politisch-soziologische Randgänge 317

Ludwig Nagl
Zeigt die Habermassche Kommunikationstheorie einen
»Ausweg aus der Subjektphilosophie«? Erwägungen zur Studie
Der philosophische Diskurs der Moderne 346

Willem van Reijen
Das unrettbare Ich 373

Friedrich Kittler
Das Subjekt als Beamter 401

Alain David
Beschreibung eines Kampfes: Das Subjekt im unendlichen
Text 421

Zu den Autoren 434

Manfred Frank
Subjekt, Person, Individuum*

Die zeitgenössischen Dekonstruktivisten und Postmodernisten haben, in Nietzsches und Heideggers Nachfolge, die Ausbildung des Gedankens der Individualität als den vorerst letzten und entscheidenden Ausdruck der Machtergreifung von Subjektivität (übers »Sein«, über die »Differenz«, übers »Nicht-Identische« oder über die »Alterität«) beschrieben. Tatsächlich ist nicht jedes Subjekt ein Individuum (z. B. nicht dasjenige, von dem Hegel sagt, es sei die Wahrheit der Substanz). Wohl aber gilt, einer Sprachregelung zufolge, die sich vermutlich in der »Sattelzeit« (1750-1800) durchgesetzt hat, daß unter »Individuum« nicht länger mehr ein unspaltbar kleines Einzelding, sondern ein Einzelsubjekt zu verstehen ist.

Dieser neuere, vom antiken oder mittelalterlichen »Atomismus« abgesetzte Wortgebrauch scheint in der Tat in einer Eingrenzung und Zuspitzung der Semantik von Subjektivität zu gründen. Eben darum glauben sich einige neuere Verkünder des »Todes des Subjektes« berufen, das Eigene der Individualität mit denselben Waffen anzugreifen, mit denen sie bereits den Gedanken der »présence à soi« – als der äußersten Aufgipfelung des antiken Seins-Verständnisses als »Anwesen« – bekämpft hatten. Zur Illustration dienen vor allem Texte von Descartes, Kant, Hegel, Husserl und (andeutungsweise) Sartre, dessen Werk die Wendung »présence à soi« entlehnt ist. Der Seins- bzw. Differenzvergessenheit, die sich in der Selbstbehauptung der Individualität auspräge, könne erst in einer »pensée future« entkommen werden. Sie aber werde ein »penser dans le vide de l'homme disparu« sein.[1]

Bei genauerem Hinsehen erweisen sich die gegen die genannten Autoren geführten dekonstruktivistischen Feldzüge als ungeeignet, den Gedanken der Individualität anzufechten – einfach darum, weil er (außer bei Sartre) keine oder eine lediglich negative Rolle in ihrem Werk spielt. Individualität gilt ihnen als Störenfried in der geebneten Landschaft einer streng rationalen Ordnung des Wissens. Mit ihrem Namenszug scheint eine Position

---
* Leicht gekürzte Fassung meines Beitrags *Individualität*; in: *Poetik und Hermeneutik*, München 1987.

bezeichnet, die sich – ihrer radikalen Singularität und Unwiederholbarkeit wegen – der Unterwerfung unter den Begriff und unter das Allgemeine, ja ärger noch: der Identifizierbarkeit verweigert. Darum begegnet ihr die abendländische Metaphysik, seit ihren antiken Anfängen, mit Skepsis oder offener Verachtung. Ausdrücke, in denen der Stamm *idio- auftritt, haben allgemein pejorativen Sinn. Der aus dem Verband des Gemeinwesens und der »allgemeinen Sache« ausscherende Einzelne ist kein Bürger, sondern ein Idiot. Privatansichten sind idiosynkratisch, *idiopragía* ist ein Handeln zum eigenen Vorteil, *idiognómon* heißt der Eigensinnige usw. Eigenheit – weit entfernt, die Quintessenz abendländischer Seinsverdrängung zu repräsentieren – trägt das Stigma der »Idiotie«.

Ist das der Fall, muß das Verhältnis von Subjektivität im allgemeinen und Individualität im besonderen neu und anders bestimmt werden, als es uns die denuancierte und uniformierte Lektüre der Dekonstruktivisten glauben machen möchte. Folgende Fragen stellen sich deshalb: Welches sind die Beziehungen, die die Begriffe »Subjekt« und »Individuum« in der neueren philosophischen Diskussion zueinander unterhalten? Wie verhalten sie sich zum Begriff der Person?

Das Problem weist drei Perspektiven auf, die nicht willkürlich gewählt sind, sondern einer beobachtbaren Tendenz in der geschichtlichen Abfolge der Paradigmen entsprechen, unter deren Botmäßigkeit Theorien von Subjektivität, Personalität und Individualität sich haben entfalten können. Die zugrundeliegenden Paradigmen möchte ich, vereinfachend, erkenntnistheoretisch, semantisch und hermeneutisch nennen. In der erkenntnistheoretischen Perspektive wird Subjektivität als ein Allgemeines – ein allen selbstbewußten Wesen gemeinsames Struktur-Merkmal – behandelt, ohne daß die spezifizierende Funktion des deiktischen Ausdrucks »ich« in den Blick gerät. Letzteres geschieht in der semantischen Perspektive, als deren Hauptvertreter ich Peter Strawson und Ernst Tugendhat aufrufe. Nach meiner Überzeugung – ich werde sie im folgenden begründen – ist die Individualisierungsleistung des Pronomens der ersten Person singularis mit dem semantischen Ansatz aber nicht radikal genug veranschlagt; mir scheint insbesondere, daß der semantische Ansatz hermeneutisch naiv bleibt, solange er die welterschließende Innovativität selbstbewußten In-der-Welt-Seins nicht in den Blick nimmt und

Personen eine Identität nach Art der Dinge in Raum und Zeit zuweist.

Ich werde im folgenden von *Subjekten* als von *allgemeinen*, von *Personen* als von *besonderen* und von *Individuen* als von *einzelnen Selbstbewußtseinen* sprechen.

I

Nicht erst Foucault und Derrida haben darauf aufmerksam gemacht, daß der Begriff des Subjekts kein formal-semantisches Apriori verkörpert, sondern eine neuzeitliche »Erfindung« ist. Schon Schellings Erlangener und Münchener Kollegs und in deren Folge Heideggers Spätwerk haben im Entstehen eines Diskurses der Subjektivität die konsequente Entfaltung einer frühabendländischen Keimidee sehen wollen, die erstmals in Parmenides' Engführung von Sein (gedacht als Vorhandenheit) und Vernehmen *(noeîn)* des Seins aufleuchtet. Bei Platon ist die Sicht *(idéa)* des Seins in seinem Wesen *(ousía, eîdos)* das »eigentlich Seiende« *(tò óntos ón)*, das sich von seinem Gegenstand in eigentümlicher Weise emanzipiert oder über denselben hinausgreift. Im Hintergrund dieser theoriegeschichtlichen Weichenstellung steht die Metapher des geistigen Blicks: Ein »Sein« wird von einer Sicht in seinem Wesen vernommen, das sich einem ideierenden Schauen in seiner Wahrheit erschließt. Der Logos drückt diese Wahrheit aus, indem er die Elemente der Sicht in einer Ordnung des Wissens versammelt. Platon, so meint Heidegger, habe das Wahrheitsgeschehen damit unter das Joch der (bereits virtuell subjektivierten) Sicht – der Idee – gebeugt. Die Sicht entscheidet über das Maß des Vernehmens; Richtigkeit und Angemessenheit der geistigen Schau lösen die Idee des ursprünglichen Ein-leuchtens des Seins in der (ihr gegenüber unselbständigen) Sicht ab. So wird der Weg geebnet zu der vorstellungs-theoretischen Uminterpretation der Verwiesenheit von (Wahr-)Sein auf Vernommenwerden. Der Schritt zur Subjektivierung der Philosophie wird getan, sobald man die Vorstellung als selbstreflexiv denkt oder sie einem Subjekt als Eigentümer zuschreibt. Diesen Schritt habe Descartes vollzogen. Ihm ist Vorstellen *(cogitare)* die Tat eines Vorstellenden: eines Ich, welches vorstellt. Das Vorstellen erwirbt die ihm eigene unzweifelhafte Evidenz erst in der Flexionsform der ersten Person Singular: *cogito*. Noch für Kant und seine Nachfolger sind »denken« und »Vom-Ich-begleitet-sein-Können« Synonyme. So avanciert das Subjekt – ursprünglich die lateinische Übersetzung von *hypokeímenon* – zum Grund der Einsichtigkeit von Welt: es wird *fundamentum inconcussum* allen wahrheitsfähigen Vorstellens. Hegels Vorrede zur *Phänomenologie des Geistes*[2] wird diese Bedeutungsverschiebung mit der Wendung besiegeln, die Substanz sei eigentlich als Subjekt zu denken. Bei Leibniz findet sich erstmals die Nominalisierung des Pronomens der ersten Person singularis: »ce moy«.[3] Das Subjekt ist als *das* Ich identifiziert, als das Fichte es behandeln wird. Den Übergang vom Subjekt des Vorstellens zum nominalisierten Ich schafft offenbar der Gedanke der Selbstreflexivität des Vorstellens, über welchen Foucault uns wertvolle Aufschlüsse gegeben hat. Den ersten Schritt unternimmt Leibniz' Definition der *aperception* als »la Conscience, ou la connoissance réflexive de cet état intérieur«.[4] Kant, der Ichheit stets mit Selbstreflexivität identifiziert hat, hat diese Definition übernommen.[5] Nimmt man hinzu, daß Kant überzeugt war, keine Vorstellung sei möglich ohne das aktive Eingreifen des Verstandes, der ihr Mannigfaltiges unter Einheitsgesichtspunkte bringt, stößt man auf die Wendung vom »Ich denke«, das alle Vorstellungen begleiten können muß. So ist das Bewußtsein (im Leibnizschen Sinne als Apperzeption oder Reflexivität des Vorstellungsvermögens) gleichermaßen einheitsstiftende Spontaneität und Selbstwahrnehmung dieser Spontaneität. Auf diese Weise erklärt sich auch, warum das »Ich denke« zugleich als Selbstreflexion des Bewußtseins *und* als Vorstellen von etwas (anderem als dem Bewußtsein) verstanden werden kann. Das »Ich denke« besteht in der unauflöslichen Doppelung von »Wahrnehmung überhaupt« und Denken, welches sich selbst gewahrt.[6]

Kants Definition von Subjektivität ist maßgeblich geblieben für die Philosophie seiner Nachfolger – nicht nur für die Hegelianer, sondern auch für die Neukantianer und Phänomenologen. Selbst die sogenannten Kritiker von Subjektivität – z.B. Heidegger und Derrida – haben nie ernstlich in Frage gestellt, daß Subjektivität als Autoreflexivität des Vorstellens korrekt beschrieben sei. Tatsächlich muß man sehen, daß im Vorstellungsmodell des Selbstbewußtseins die frühabendländische Metapher vom Bewußtsein als geistigem Schauen ihren Einstand feiert. Nur ist es jetzt nicht mehr das Schauen auf etwas, das der Sicht äußerlich wäre; das Schauen geht vielmehr auf sich selbst, das Vorstellen steht »in seiner eigenen Sicht«. Es ist nichtsdestoweniger gedacht als ein Sonderfall des gegenständlichen, vor-stellenden Bewußtseins. Dieses Sich-selbst-Vorstellen nennt die philosophische Tradition Reflexion. Schon Descartes, im Gespräch mit Burman, hat Bewußtsein (»être conscient«) bestimmt als »penser et réfléchir sur sa pensée«.[7] Leibniz verstärkt diese Tendenz; Selbstbewußtsein ist ein Sonderfall des Gegenstandsbewußtseins: »On s'aperçoit de ses perceptions«[8], auf grundsätzlich gleiche Weise, wie die Perzeptionen ihrerseits Gegenstände gewahren. In diesem Modell liegt der Ursprung der Deutung vom Selbstbewußtsein als Bei-sich-Sein (oder »présence à soi«). Sie ist offensichtlich unhaltbar. Denn wäre Bewußtsein durch Selbst*bezug* ausgezeichnet – so, daß dasjenige, *von* dem Bewußtsein besteht, erst *mit* dem Gewahren in den Blick käme –, so wäre das erste Bewußtsein (in der Stellung des Gegenstandes) auf ein zweites Bewußtsein (in der Stellung eines Subjektes) verwiesen: auf ein Bewußtsein, das, selbst unbewußt, abermals auf ein Bewußtsein verwiesen wäre, für welches das gleiche Erfordernis gälte, das also, um zu sein, was es ist, auf ein viertes Bewußtsein angewiesen wäre, und so *ad infinitum*. Nun *besteht* aber Bewußtsein, also kommt das Reflexionsmodell als Erklärung des Phänomens nicht in Betracht.

Descartes selbst läßt in einigen Andeutungen, z. B. den *Réponses de l'auteur aux sixièmes objections*[9], erkennen, daß ihm die Schwierigkeiten des Modells nicht ganz verborgen geblieben sind. Der erste, der sich der Dimension des hier gestellten Problems in nachweisbarer Form bewußt geworden ist, war aber Johann Gottlieb Fichte. Im II. Kapitel seines *Versuchs einer neuen Darstellung der Wissenschaftslehre* (von 1797, sowie im zugehörigen Kolleg über die *Wissenschaftslehre nova methodo*) hat er aus dem unzweifelhaften Bestehen unserer Vertrautheit mit Bewußtsein und der Unmöglichkeit, diese Vertrautheit als ein Sich-selber-Vorstellen zu erklären, auf die Haltlosigkeit jedes Versuchs geschlossen, Selbstbewußtsein als einen Sonderfall des Etwas-Vorstellens zu verstehen. Diese geniale Beobachtung hat freilich seine eigenen positiven Alternativentwürfe nicht davor geschützt, im Selbstbewußtsein ein Handeln von einem Bewußtsein-des-Handelns, kurz: einen Subjekt- und einen Objekt-Pol zu unterscheiden, womit sich der Zirkel erneut schließt. Man kann vermuten (und hat es getan), daß Fichtes Schwierigkeit mit der ihm aus der Tradition zugespielten Auffassung zusammenhängt, wonach Subjektivität mit dem Term »Ichheit« umschrieben werden könne (oder vielmehr mit ihm ein Synonymen-Paar bilde). So entsteht der Zirkel auf folgende Weise: Soll die Definition der Verwendungsweise von »ich« (als desjenigen, womit ein jeder sich selbst bezeichnet) greifen können, muß derjenige, der sie anwendet, zuvor schon mit dem Gegenstand der Bezugnahme vertraut gewesen sein. Diese Variante des Reflexionszirkels ist aber vermeidbar, wenn man 1. von der Nominalisierung des Pronomens (»*das* Ich«) abrückt und 2. sich klarmacht, daß der Zirkel nur entsteht, wenn man a) die Selbstanwendung von »ich« für den Fall einer Identifikation hält, die etwas mit etwas (anderem) durch einen echten Erweiterungsschluß gleichsetzt und b) glaubt, daß der Referent von »Ich« nicht ebensogut aus der »er«-Perspektive anvisiert werden könnte (diesmal durch Identifikation der Person). Im Fall 2a würde zusätzlich angenommen, nur »ein Ich« könne wissen, daß es ein solches sei, nicht aber anderswer. Ist das nicht der Fall, muß aus dem Gebrauch von »ich« keineswegs der Zirkel entstehen, in den Fichtes eigene Explikation von Subjektivität sich erneut verstrickt.

Es gibt also gute Gründe, in einer Theorie von Subjektivität den Rekurs aufs nominalisierte Ich fallenzulassen und den Ausdrücken »Subjekt« und »Selbstbewußtsein« eine andere Bedeutung zu unterlegen, wie etwa die: »unmittelbares, nicht durch Vorstellung vermitteltes Bewußtsein von diesem Bewußtsein selbst«. Ich werde diese Theorien unter dem Titel »nicht-egologische Selbstbewußtseins-Theorien« abhandeln.

Theorien, wonach »Selbstbewußtsein« »Bewußtsein vom Ich« meint, sind neben Kant und Fichte vom gesamten Neukantianismus, aber auch von Edmund Husserl und Bertrand Russell vertreten worden. Ich werde darauf nicht eingehen, bemerke nur im Vorbeigehen, daß sich die dekonstruktivistische Subjekt-Kritik gerade auf jene Theorien eingeschossen hat, womit sie eine schon bestattete Leiche zum zweiten Mal einer *pompe funèbre* gewürdigt hat. Das macht die neostrukturalistische Subjekt-Auseinandersetzung philosophisch so merkwürdig steril.

Einen nicht-egologischen Erklärungsversuch von Subjektivität haben u. a. Franz Brentano, Hermann Schmalenbach und Jean-Paul Sartre unternommen. Im Gegensatz zu Fichte nehmen sie an, Selbstbewußtsein – verstanden als Bewußtsein von diesem Bewußtsein selbst – sei weder der Bezug eines Bewußtseins auf ein Ich noch auf etwas vom Bewußtsein Verschiedenes. Man muß aber rückblickend feststellen, daß auch dieses Alternativmodell Widersprüche in sich birgt, die es nur graduell von der klassisch-repräsentationstheoretischen Auffassung unterscheiden. Zum einen bleibt unklar, wie ein punktuell nur auf sich selbst (und nicht aufs Ich) bezogener Bewußtseinsakt zugleich Bewußtsein davon gewinnen kann, Teil eines Kontinuums von Akten zu sein, die nicht in einem äußerlichen Pointillismus monadischer Ereignisse zusammengebunden sind. Zum anderen taucht in der Formel »Bewußtsein von sich selbst« – wenn auch versteckter als im egologischen Modell – erneut das Reflexivpronomen wieder auf, an dem wir untrüglich die Mitgift des Reflexionsmodells erkennen. Statt vom Ich, besteht in jeder Bewußtseinsmonade Bewußtsein von dieser selbst; Bewußtsein bleibt sich in einer gegenständlichen Relation sich selbst gegenübergestellt. Daran kann auch der Prädikator »unmittelbar«, den die genannten Autoren von Fichte übernehmen, nichts ändern.

Einen radikalen Versuch, diesem Zirkel zu entkommen, haben Autoren unternommen, deren Auffassungen Russell unter dem Titel »neutraler Monismus« zusammengefaßt hat. Damit ist eine Position bezeichnet, die Bewußtsein – ohne jeden Bezug auf Kategorien aus der psychischen Sphäre – aus rein differentiellen Beziehungen zwischen »externen Gegebenheiten« herleiten will. Diese Position ist aber ebenfalls nicht phänomengerecht. Einerseits gelingt es ihr nicht, Beziehungen zwischen Gegebenheiten an sich von solchen Bezügen zu unterscheiden, in deren Beschreibung Prädikate aus der Sphäre des Bewußtseins notwendig intervenieren. Zum anderen sind diese Gegebenheiten – sowohl bei William James wie bei Ernst Mach – nicht Dinge, sondern »perceptions« oder »Erlebnisse«. Wahrnehmungen oder Erlebnisse können aber nur unter der zirkelhaften Voraussetzung als *äußere* Gegebenheiten bezeichnet werden, daß zuvor verdrängt werden mußte, was in ihre Semantik schon eingeschrieben ist: die Qualität von Bewußtsein. Das entsprechende gilt übrigens für den – theoretisch ganz ähnlich angelegten – neostrukturalistischen Versuch, Bewußtsein und Selbstbewußtsein aus dem differentiellen Verweis zwischen Zeichen herzuleiten. Auch für Zeichen gilt nämlich, daß sie von asemantischen Strichen oder Geräuschen nur dadurch unterschieden sind, daß ein Bewußtsein ihnen in einem hypothetischen Urteil einen Sinn schon zugewiesen hat. Dann aber bewegt sich diese These, dieser Sinn sei seinerseits das Resultat oppositiver Beziehungen zwischen »marques«, offenkundig in einem Kreis. Ihm gegenüber besteht sogar Grund, die Positionen einer revidierten Phänomenologie als aussichtsreicher auszuzeichnen. Wenn indes der Neutrale Monismus und der Neostrukturalismus das Phänomen von Subjektivität explizit auf das Bestehen von *Relationen* zurückführen, so tun das die phänomenologischen Positionen nur widerwillig. Der Schluß, den eine zirkelfreie Theorie von Subjektivität aus dem Scheitern beider und aller am optischen Modell des Vorstellens orientierten Bewußtseinstheorien überhaupt zu ziehen hätte, wäre aber, daß Subjektivität überhaupt kein Fall von Beziehung ist: weder einer Gegebenheit auf eine andere, noch einer Vorstellung auf ein Ich, noch eines Bewußtseins auf ein anderes, noch selbst eines Bewußtseins »unmittelbar« auf sich selbst. Die Rekurrenz des Reflexivpronomens in diesen Formeln ist eine sichere Probe auf die Unhaltbarkeit des zugrundeliegenden Modells.

So haben Dieter Henrich und einige seiner Schüler vorgeschlagen, Selbstbewußtsein – in radikaler Abwendung von seiner durch die Umgangssprache nahegelegten Selbstdeutung als eines reflexiven Verhältnisses zwischen Gliedern einer Relation – als *vollkommen irrelational* zu deuten. Pothast hat gar von einem »gänzlich ›objektiven‹ Prozeß in dem Sinn [gesprochen], daß kein Moment eines wissenden Selbstbezugs daran auftritt«.[10] Der Vorschlag ist nicht weit entfernt von aporetischen Lösungsversuchen im Spätwerk von Fichte und Schelling, aber auch nicht von Heidegger, der Selbstbewußtsein als Sekundäreffekt einer vom Sein eröffneten Dimension von Verständlichkeit unserer Welt denkt, die er bekanntlich »Erschlossenheit« genannt hat. Selbstbewußtsein ist alsdann in der Tat »unmittelbar«, weil es über kein Bezugsglied mit sich selbst vermittelt ist. Es kann auch nicht begriffen werden als Resultat einer intentionierten Handlung, wie der frühe Fichte es annahm; ebensowenig aber – und das ist wesentlich (und wird von den dekonstruktivistischen Subjekt-Kritikern gänzlich übersehen) – kann Selbstbewußtsein als Fall einer *Identifikation* beschrieben werden. Jede Identifikation setzt Getrenntes in eins; im Subjekt gibt es aber keine zwei Pole, deren Identifikation durch irgendeinen Akt zu vollbringen wäre. Aus dem gleichen Grunde kann Subjektivität auch nicht als Fall eines *Wissens* betrachtet werden; denn alles Wissen erfolgt über Kriterien und Begriffe – begreifen aber heißt, eine Sache mittelbar unter Merkmalen zu betrachten, die ihr und anderen gemein sind, was durch die Unmittelbarkeit von Selbstbewußtsein ausgeschlossen ist. Daß Selbstbewußtsein kein Fall von Wissen oder von expliziter Reflexion ist, hat mehrere Theoretiker dazu veranlaßt, ihm den Status des Vorbewußten oder gar des Unbewußten zuzuschreiben, was aber letztlich eine Frage der Terminologie ist, über die ich nicht streiten möchte. Kennt man – wie Leibniz, Descartes und Kant – keine terminologische Unterscheidung zur Bezeichnung des Unterschiedes zwischen Bewußtsein ersten Grades und dem reflexiven Aufmerken auf dieses Bewußtsein, dann mag es einleuchtend erscheinen, konform mit unserer Umgangssprache von Bewußtsein zweiten Grades als von einem Wissen zu sprechen – das Ungewußte erscheint alsdann, wie bei Freud, als das Un*b*ewußte. Man versteht so auch die Wendung, wonach das Ich (im Sinne von Bewußtsein zweiten Grades) nicht Herr sei im eigenen Hause. Diese Redeweise, die ich für völlig legitim halte, verlangt aber eine Aufklärung über die prinzipielle Möglichkeit, daß z. B. im Verlauf eines psychoanalytischen Gesprächs das Ich sich als Träger seiner *eigenen* ungewußten Geschichte wiedererkennen kann, was im Falle einer ontischen Trennung beider topischen Bereiche gänzlich ausgeschlossen sein würde. Übrigens müßte noch für den Fall, daß wissender Selbstbezug nur ein kleiner heller Fleck auf der dunklen Karte des Unbewußten oder ein Ort des Verkennens wäre, die *Struktur* dieses hellen Flecks oder dieser Verkennung einleuchtend beschrieben werden können. Die Freudsche Theorie – ebenso die Lacansche – sind aber meines Erachtens noch nicht so weit entwickelt, um diese Beschreibung mit eigenen Mitteln liefern zu können.

II

Bisher haben wir von Selbstbewußtsein wesentlich in negativen Formulierungen gesprochen, und es war von Subjektivität als von einem Allgemeinen die Rede: einem Phänomen, das jedes bewußte Wesen mit allen anderen seinesgleichen gemein hat. Ursprünglich aber wollten wir mehr. Wir wollten wissen, wie Subjektivität-im-allgemeinen mit dem Bewußtsein zusammenhängt, durch das wir uns als einzigartige Einzelwesen kennen.

Jahrhundertelang hat die philosophische Terminologie zwischen Personalität (der Seinsweise eines besonderen) und Individualität (der Seinsweise eines einzelnen Subjekts) nicht streng unterschieden. Diese Unterscheidung, die durch Friedrich Schleiermacher in die Begrifflichkeit der Selbstbewußtseinsdiskussion eingeführt worden ist, ist den idealistischen Systemen von Fichte bis Hegel noch kaum bekannt. Individualität (oder Personalität) wird dort für eine nähere Bestimmtheit des absoluten Ich (oder Geistes) angesehen. Alle Bestimmung beruht auf Negation, wobei Negation verstanden wird als Anderssein als... Wer sich durch »Ich« bezeichnet, vollzieht dabei zwei streng unterscheidbare Arten von Ausschlüssen. Er grenzt sich zunächst gegen alles ab, was nicht den Charakter eines Ich hat, also von der Welt (oder dem Nicht-Ich). Das ist die grundlegende Negation, durch welche sich das Ich als Subjektivität überhaupt bestimmt und vom Gesamt des gegenständlich Existierenden (»Vorhandenen«) unterscheidet. Eine zweite Ausdifferenzierung seiner Bestimmtheit besteht sodann für das Ich in seiner Unterscheidung von anderen Wesen, deren Seinsweise ebenfalls die Subjektivität ist; durch diese zweite Handlung bestimmt sich das Ich als Individuum oder Person (womit etwa das bezeichnet ist, was Kant das »empirische Ich« oder die »persona psychologica« genannt hat). »Empirisch« meint: »in Raum und Zeit existierend«. Fichte, Schelling und Hegel leugnen keineswegs, daß eine so bestimmte Person sich nur im Kontext intersubjektiven Mitseins gegeben ist – Fichte und Schelling, anders als Hegel (oder Mead oder Habermas), gingen aber nicht soweit, zu behaupten, was *nicht ohne* intersubjektive Ausgrenzung möglich sei, sei darum schon *durch* Intersubjektivität erklärbar: Ich kann ein *anderes* Ego als anderes *Ego* nur bestimmen, wenn ich zuvor schon mit Subjektivität vertraut war. Die radikal intersubjektivistisch-genetische Theorie des Selbstbewußtseins setzt sich dem gleichen Einwand aus wie die am gegenstandstheoretischen Modell von Selbstbewußtsein als Reflexion orientierte. Sartre hat dies an Hegels Kapitel über Herr und Knecht gezeigt.

Es ist klar, daß, wenn Personalität nur als Selbsteingrenzung des absoluten Geistes verstanden werden kann, ihr Seinsstatus der einer Beraubung, einer Defizienz sein muß. Die analytische Position, als deren charakteristischste Vertreter ich Peter Strawson[11] und Ernst Tugendhat[12] anführe, weist nun – unter Beibehaltung der Raumzeitlichkeit als Definiens von Personalität – gerade in die entgegengesetzte Richtung. Ihr Vorschlag, vom Ich (dem nominalisierten Pronomen der ersten Person Singular) zum »ich« (dem nicht-nominalisierten, im Satz als grammatisches Subjekt auftretenden Pronomen) abzusteigen, geht davon aus, daß dieses Fürwort für die Person stehe: ein Seiendes in Raum und Zeit, als solches identifizierbar und von anderen Seienden und Personen eindeutig abgrenzbar.

Strawson hat bekanntlich die starke These vertreten, die Rede von Identifikation könne überhaupt nur im Hinblick auf Einzeldinge in Raum und Zeit sinnvoll gemacht werden. Er hat auch gezeigt, daß solche Identifikation raumzeitlicher Einzeldinge nicht ohne den Gebrauch von Indexwörtern (wie Demonstrativa, deiktische Ausdrücke usw.) auskommt (und daß sie nicht – wie etwa Leibniz glaubte – durch vollständige Beschreibungen mittels genereller Termini ohne direkten oder indirekten Rekurs auf Zeigewörter ersetzt werden kann). Das Raum-Zeit-Kontinuum umschreibt ein einheitliches System der Kenntnis von Einzeldingen, von denen wir durch Identifikation eines herausgreifen und es als dieses von allen anderen unterscheiden. Dies gilt auch von uns selbst, insofern wir Personen sind, d. h. Seiende von der Art, daß ihnen sowohl Bewußtseinszustände als auch körperliche Eigenschaften zugeschrieben werden können. Eine Pointe des »Personen«-Kapitels in *Individuals* besteht nun darin, daß Strawson aufgrund dieser theoretischen Weichenstellung bestreitet, daß wir uns auf Bewußtseinszustände überhaupt identifizierend beziehen können, ohne zunächst die Person identifiziert zu haben, *der* wir diese Bewußtseinszustände zusprechen. Damit ist dem Gegenstand, auf den die Personalpronomina (und unter ihnen in ausgezeichneter Weise »ich«) Bezug nehmen, eine erstrangige Position zuerkannt. (Sie schließt eine klassische Alternative neuzeitlicher Bewußtseinstheorien mit gleicher Eleganz aus: 1. die Position von Descartes und seinen Nachfolgern, derzufolge Bewußtseinszustände mit Gewißheit nur dem Subjekt des Bewußtseins, nicht demjenigen des Körpers zugesprochen werden dürfen; und 2. die in der Frühzeit des Wiener Kreises vertretene Ansicht, daß psychische Prädikate [z. B. Erfahrungen] einem individuellen Ding, dem Körper, zugesprochen werden müssen, nicht aber von einem

Ego ›besessen‹ oder ›gehabt‹ werden. Das erste Glied der Alternative wird mit dem Argument bestritten, daß ein transzendentales Subjekt von Erfahrungen gar nicht identifiziert, d. h. von anderen seinesgleichen unterschieden werden könnte; das zweite Glied wird widerlegt mit dem Nachweis der Zirkularität des Arguments – und in Anlehnung an den Wittgenstein des *Blue Book* –: Würden Erlebnisse nicht auf einen zutreffen, der sie hat und sich selbst mit ›ich‹ bezeichnet, so würden sie auf niemanden zutreffen. Sie könnten außerdem nicht unabhängig von diesem ihrem Zutreffen auf jemanden als Erlebnisprädikate verifiziert werden. Ein subjektloses Besitzen ist aber ein widersprüchlicher Gedanke, der schon von der Sprachform, in der wir dieses Verhältnis artikulieren, ad absurdum geführt wird.)

Strawson war es auch, der aus der Sprachlichkeit der Ich-Identifikation (dieser Sprachform) weitreichende Konsequenzen für die Konvertibilität der Sprecherperspektiven abgeleitet hat. Es gehört zur Logik der Verwendungsweise von Personalpronomina (und deiktischen Ausdrücken im allgemeinen), daß ihr Referent derselbe bleibt, gleich ob er aus meiner Perspektive als »ich« oder aus der eines Dritten als »du« oder »er« angesprochen wird. Man kann hier vom *Prinzip der semantischen Symmetrie* zwischen Selbst- und Fremdzuschreibung von Bewußtseinsprädikaten sprechen. Das zugesprochene Prädikat (z. B. »ist verliebt«) erleidet keine Bedeutungsmodifikation, wenn es einem anderen als mir, und ebensowenig wenn es mir von mir oder mir von dir zugelegt wird.

Ernst Tugendhat hat diese Auffassung übernommen und vertieft. Sein Beitrag zur Selbstbewußtseins-Diskussion ist auch darum so anregend, weil er in direkter Opposition zur Auffassung der Heidelberger Schule – als des erkennbar letzten (und nurmehr in paradoxen Wendungen formulierenden) Ausläufers der Orientierung am optischen Modell des Bewußtseins – entwickelt ist. Selbstbewußtsein sei allerdings kein Fall von Selbstthematisierung eines Bewußtseins; dasjenige, wovon Bewußtsein bestehe, sei überhaupt kein wahrnehmbares Etwas, kein Ding, sondern ein Sachverhalt, wie er sich sprachlich als Proposition artikuliert. Wenn, konform mit Strawson, das Subjekt von Bewußtsein als raumzeitlich identifizierbare Person verstanden werden muß, dann kann Selbstbewußtsein nunmehr definiert werden als die Beziehung zwischen einer Person und einer Proposition, in welcher in der Prädikatstelle ein Ausdruck aus der semantischen Sphäre des Psychischen oder Mentalen auftritt. Diese Beziehung ist ferner diejenige eines Wissens. Selbstbewußtsein schlägt sich sprachlich nieder in Ausdrücken wie »Ich weiß, daß ich φ«, wobei φ als Symbol für psychische Erlebnisse oder Zustände steht. Der Heidelberger Position ist damit in vier entscheidenden Hinsichten widersprochen: Das Subjekt von Selbstbewußtsein ist *identifiziert;* es unterhält eine *Beziehung* zu seinem Gegenstand; dieser Gegenstand ist *nicht es selbst*, sondern eine nominalisierte *Proposition;* Selbstbewußtsein ist kein vorbegriffliches Vertrautsein, sondern ein begrifflich explizierbares *Wissen*.

Tugendhats Position nimmt unbefragt wenigstens drei Prämissen in sich auf. Die erste unterstellt eine vollkommene Isomorphie zwischen Rede-Struktur und der Struktur dessen, wovon geredet wird. (Dabei sind doch Propositionen anders als Tatsachen, für die sie stehen, frei von raumzeitlichen Elementen.) Zweitens unterstellt Tugendhat, (alles intentionale) Bewußtsein sei propositional strukturiert. Diese Behauptung ist aber nicht nur kontraintuitiv (muß ich, wenn ich eine Frau liebe, lieben, was von ihr der Fall ist?); sie hängt abermals an der ersten Prämisse, daß, wenn wir uns auf einen Gegenstand mittels einer Proposition beziehen, dieser Gegenstand wiederum die Struktur einer Proposition aufweisen muß. Drittens schließt Tugendhat a priori aus, daß unter Selbstbewußtsein, statt des Wissens von der Person, die es hat, auch das Mit-sich-Vertrautsein dieses Bewußtseins selbst verstanden werden dürfe. Nur von letzterem war aber in der erkenntnistheoretisch geführten Diskussion die Rede, und die stellt meines Erachtens das eigentliche Problem dar.

Im Grunde müßte Tugendhat, um seine Position gegen die der Heidelberger siegreich zu vertreten, zeigen können, daß der erkenntnistheoretische Zugang ganz und gar im sprachanalytischen Intersubjektivismus aufgeht. Tatsächlich konstatiert er selbst eine Spaltung zwischen *veritativer Symmetrie* und *epistemischer Asymmetrie*.[13] Damit ist gemeint, daß die Zuweisung von psychischen Zuständen aus der er-Perspektive grundsätzlich über Wahrnehmungs- und Verhaltensprädikate vorgenommen werden kann, während sie aus der ich-Perspektive wahrnehmungsfrei erfolgt. Damit eng verbunden ist die weitere Beobachtung, daß ich mich selbst, als Träger von psychischen Eigenschaften, nicht identifizieren muß, daß ich mich lediglich als identifizier*bar* aus der er-Perspektive verstehen muß. Das eigene Selbstbewußtsein ist zweifelsfrei (mithin kein Fall von »Wissen«, das, gemäß Definition, durch Irrtumsanfälligkeit und die Möglichkeit der Fehlidentifikation ausgezeichnet ist), denn es beruht nicht auf empirischer Wahrnehmung oder einem aus ihr abgeleiteten Rückschluß (etwa dem aus einem umflorten glänzenden Blick auf Verliebtheit). Diese radikale Unterschiedlichkeit der Zugangsweise sowohl zum Träger wie zum Inhalt von psychischen Zuständen kann nun aber, Tugendhat zufolge, nicht zu einer Differenz der Bedeutungen der verwendeten Ausdrücke führen, sonst wäre die veritative Symmetrie der beiden Sätze »ich φ« und »er φ« in Frage gestellt. Dieser Konditionalsatz drückt nun freilich ein reines *Postulat methodologischer Natur* aus. Er weiß sich nicht mehr durch eine Tatsache abgesichert.

Tatsächlich haben aber schon Wittgenstein – im Schlußteil des *Blue Book* – und an ihn anschließend, Sidney Shoemaker gezeigt, daß, was wir mit »ich« und »psychischem Zustand« meinen, niemals über die Zuschreibung von Körper-Prädikaten verständlich gemacht werden kann. Wer dies glaubt, vergißt, daß er seinen Körper als den *seinen* nur unter der zirkelhaften Voraussetzung ansprechen kann, daß er sich zuvor schon der Propositionen mit psychischen Prädikaten wie »ich sehe« oder »ich fühle« hat bedienen können.

The knowledge in question is radically different from perceptual knowledge. The reason one is not presented to onseself ›as an object‹ in self-awareness is that self-awareness is not perceptual awareness, i.e., is not a sort of awareness in which objects are presented. It is awareness of facts unmediated by awareness of objects. But it is worth knowing that if one were aware of oneself as an object in such cases (as one is in fact aware of oneself as an object when one sees oneself in a mirror), this would not help to explain one's self-knowledge. For awareness that the presented object was φ would not tell one that one was onseself φ, unless one had identified the object as oneself; and one could not do this unless one already had some self-knowledge, namely the knowledge that one is the unique possessor of whatever set of properties of the presented object one took to show it to be oneself. Perceptual knowledge pressupposes nonperceptual knowledge, so not all self-knowledge can be perceptual. Recognition of these facts should help to dispel the notion that the nature of selfknowledge supports the Cartesian view that the self is a peculiar sort of object, or the Humean view that it is no sort of object at all.[14]

Ist das der Fall, dann kann die erkenntnistheoretische Perspektive nicht einfach in die semantisch-intersubjektivistische überführt werden. Die letztere bedarf vielmehr einer Bestätigung, die selbst nur auf dem Felde der epistemischen Verifizierung gegeben werden kann.

Schwerer wiegt aber ein Einwurf, den ich im folgenden begründen und durch einen Gegenvorschlag ergänzen will.

III

Tugendhats semantische Reduktion des Selbstbewußtseinsproblems ist hermeneutisch naiv und unterschätzt die Singularisierungsleistung des Pronomens der ersten Person Singular.

Zunächst widerspreche ich der Auffassung, daß mit »ich« ein raumzeitliches Objekt identifiziert wird, sofern – wie Strawson und Tugendhat es tun – »identifizieren« im Sinne von »objektivieren« verstanden wird. Als »Objekt« bezeichnet man nur diejenige Wahrnehmungskomplexion, die ich durch einen fixen Begriff auf ein dauerhaftes Merkmal überschreite, zu dem ich zu verschiedenen Zeiten als auf dasselbe zurückkommen kann. Das Objekt verdankt diese trans-situative Selbigkeit einer strikten Idealisierung, die ein Seiendes in Raum und Zeit zu einem Gedanken-Gegenstand (Husserl würde sagen: zu einer »idealen Objektivität«) macht. Der Objektivierung des Referenten von »ich« entspricht in der analytischen Theorie der Glaube an die semantische Identität der in Prädikatstellung verwendeten Ausdrücke. Auch sie sind transsituativ fixiert durch eine Regel, die ihre Verwendungsweise intersubjektiv verbindlich festlegt und nicht von einer Verwendung zur anderen schwanken läßt. Ich bestreite auch diese zweite Voraussetzung.

Trotz der emphatischen Rede von der Raum-Zeitlichkeit der Person wird die Zeitlichkeit derselben von Strawson und Tugendhat merkwürdig unterschätzt. Sie besteht doch darin, daß die Person sich von einem bestimmten Identitätspunkt (in dessen Konstitution eine unabsehbare Menge von Determinanten zusammentreffen) losreißen und auf eine Zukunft hin entwerfen kann, in deren Licht jeder Jetzt-Zeitpunkt allererst die Bedeutung erwirbt, in der er sich hält. Die Zeit desintegriert und differenziert – gewiß im Rahmen einer lebensgeschichtlichen Kontinuität, in die ein Element von Identität eingeht, das gleichwohl mit einem hart analytisch-Leibnizschen Identitätskriterium (wie Tugendhat es anwendet) unvereinbar ist. Es gibt keinen festen Kern, keine fixe Identität eines Individuums.

Die Zeitlichkeit der Entwurfsstruktur des Individuums geht aber auch in die Semantik der Prädikate ein, durch die sich dasselbe qualifiziert. Bedeutungen sind nicht einfach durch einen semantischen Code fixiert; sie beruhen auf individuellen Interpretationen. Eine Person, die ihren Sinn spontan entwirft, kann die Bedeutungen der Prädikate, in deren Licht sie sich selbst und andere erschließt, verschieben, neu festsetzen, von einem Gebrauch auf den anderen unkontrollierbar modifizieren. Damit ist Intersubjektivität keineswegs ausgeschlossen: Sie verlangt lediglich eine schritthaltende Spontaneität des Verstehens auf seiten des Gesprächspartners.

Die Zeitlichkeit der Person impliziert also mehr, als Strawson und Tugendhat ihr zugestehen können, nämlich daß die aktiv auf ihre Zukunft sich entwerfende Person sich nach und nach verschiedene (als solche jedoch, durch Kodifikation, invariant vorgegebene) Prädikate zulegt. Ein Individuum legt sich im Laufe seines Lebens nicht nur *verschiedene (semantisch invariante) Prädikate* zu, sondern es legt sie sich auch *auf verschiedene Weise*, nämlich *in wechselnder Semantik,* zu. Wenn Identifikation der Person ohne Prädikatenzuschreibung unvollkommen ist (wie Tugendhat zugibt) und wenn ferner die Prädikate nach Maßgabe der hermeneutisch-sinninnovativen Kompetenz von zukunftsoffenen Individuen ihre Bedeutungen unabsehbarerweise verändern können, dann ist das Kriterium der Identität sowohl der Person wie der Ausdrücke, die für ihre psychischen Zustände einstehen, bedroht. Um zu garantieren, daß die Person als eine und dieselbe aus einer (untereinander durch systematische Bezüge vernetzten) Pluralität von Verifikations-Perspektiven erkannt werden kann, muß unterstellt werden, daß Verifikationspositionen und Personen einander im Verhältnis eins zu eins zugeordnet sind. Diese Prämisse ist aber hermeneutisch naiv, weil sie unterschlägt, daß aus ein und derselben Perspektive und mit Blick auf ein und denselben Gegenstand eine prinzipiell unabsehbare Fülle von Deutungen erfolgen kann, von der alle Ausdrücke betroffen werden können, in denen die Deutung sich intersubjektiv artikuliert. Um diese Konsequenz zwingend zu machen, müßte übrigens nicht erst gezeigt werden, daß die Bedeutung sich von einer zur anderen Verifikationssituation oder Wortverwendung tatsächlich verschiebt; es genügt zu zeigen, daß sie sich auf eine von der Grammatik und vom Leibnizschen Gesetz unkontrollierbare Weise verschieben *kann*. Will man nicht dem Fetischismus der Autotransformation eines Abstraktums wie *der* Sprache verfallen (*die* Sprache ist eine Idealisierung aus der relativen und statistischen Regelhaftigkeit einer jede Beobachtungssituation überfordernden, da unabsehbaren Menge von konkreten Redehandlungen), bleibt nur die Möglichkeit, Bedeutungsveränderungen dem Wesen zuzuschreiben, das sich, eingefügt in einen intersubjektivem Verständigungsrahmen, sprechend auf den Sinn seiner Welt hin entwirft; dieses Wesen könnte, wenn es nicht das Allgemeine selbst ist, nur das Individuum sein.

Wie verhält es sich alsdann zum Subjekt und zur Person? Und entsprechend: in welche Position gerät der hermeneutische zum erkenntnistheoretischen und semantischen Ansatz? Zunächst werden wir sagen, daß Individuen Subjekte sind (obwohl nicht alle Subjekte Individuen sind), daß sie unmittelbar selbstbewußt sind, sofern sie ihre Welt im Lichte von Deutungen erschließen, die ohne Bewußtsein unverständlich blieben. Damit ist Individualität aber nicht – wie es die analytische Semantik kritisch einwendet – aus dem Sprachbezug herausgenommen: Deutungen werden nur als *Be*deutungen (von Wörtern wie von Sätzen) faßbar. Wörter sind aber nicht an sich oder kraft anonymer Institution bedeutsam; sie werden es nur kraft hypothetischer Deutungen, deren Träger Individuen sind. So wenig wie es Zeichen an sich gibt, so wenig ist es *das* Subjekt-überhaupt, welches die Erschlossenheit einer Welt eröffnet. Welt erschließt sich im offenen Raum inter-individueller Interaktion, deren Subjekte selbstbewußte Einzelwesen mit jeweils singulärer Motivation sind. Der ihnen dadurch zugewiesene Index von Einzigartigkeit entzieht sie aber zugleich dem epistemologischen Rahmen einer rücksichtslos idealisierten Semantik der Personalität. Das Individuum hat eine Identität weder durch körperliche Eigenschaften (die als Naturgegebenheiten a priori gar nicht semantisiert sind und den *Sinn*, unter denen sie sich einer Sprachgemeinschaft intersubjektiv erschließen, erst aus individuellen Deutungen erwerben, diese dann aber nicht umgekehrt konditionieren können) noch durch die Stabilität der Bedeutung der Prädikate, die ihm – dem Individuum – zu verschiedenen Zeiten zugesprochen werden und die sich ihrerseits schritthaltend mit dem kontinuierlich sich transformierenden Weltdeutungssystem des Individuums modifizieren. In dieser Hinsicht ist das Individuum gerade kein Einheitsprinzip.

Was immer »Individualität« sonst noch meinen mag, sie ist auf jeden Fall als der direkte Widersacher des Gedankens der Einheit und Abgeschlossenheit der Struktur (und der Identität der von ihr zu einem Ganzen ausdifferenzierten Ausdrücke mit sich) zu denken. Es ist grundsätzlich das Individuum, durch dessen Intervention die Struktur (bzw. die von ihr in ihrer Selbstidentität gesicherten Zeichen) am Zusammenfallen mit sich gehindert wird, wobei mit sich zusammenfallen hieße: präsent sein. Nun kann eine Struktur oder ein Zeichen niemals mit sich selbst zusammenfallen, weil der Gedanke der Unterschiedenheit der Zeichen den der Zeit und jeder Zeichengebrauch den der (unkontrollierbaren, nicht-identischen) Wiederholbarkeit voraussetzt. Der Zeitabstand zwischen zwei Artikulationen eines Zeichens verlangt die Intervention einer Deutung: wenn nichts an der Klanghülse eines Wortes seine semantische Identität verbürgt – dies glauben, hieße, der *naturalistic fallacy* erliegen –, kann nur eine hermeneutische Hypothese die Einheit seines Sinns herstellen, die ist aber sowohl intersubjektiv fallibel wie individuell indeterminiert (sie ist motiviert, aber nicht nezessitiert). Wenn mithin Identität von Zeichen selbst schon auf Deutung (auf *verstehender* Rückidentifizierung zweier phonisch stets leicht differierender Schälle *als* desselben Signifikanten) beruht, kann unmöglich die Struktur als sinndeterminierend behauptet werden: Einzelsinn fließt nie a priori und kontinuierlich aus Regelkenntnis; er wird, wie Peirce gezeigt hat, durch abduktive Schlüsse generiert, die, wenn auch noch so stereotypisiert, niemals gänzlich übersprungen werden können.

Damit ist der Gedanke semantischer (und über sie vermittelt: personaler) Identität nicht einfach aus der Welt geschafft, wie es in überstürzten Konklusionen der Derridaschen Sprach- und Subjekt-Theorie scheinen könnte. Derrida geht davon aus, daß 1. die Beziehung auf subjektive (mentale) Phänomene nur zeichenvermittelt geschehen kann und daß 2. die bezugnehmenden Zeichen niemals präzise identifizierende Funktion ausüben können. Den zweiten Satz begründet Derrida durch eine radikalisierende Überbietung von Saussures Differentialitätsprinzip, demzufolge jedes Zeichen seine Identität durch Ausgrenzung seines Zeichenkörpers von dem aller anderen vermittelt. Die Bedeutung des Zeichens *a* wäre also vermittelt durch Relationen des Andersseins-als gegenüber den Zeichen *b, c, d, e, f* usw. Nun gibt es keinen zwingenden Grund anzunehmen, daß die Kette der negativ vom ersten Zeichen fernzuhaltenden Oppositionsterme endlich wäre. Mithin sind die Grenzen der semantischen Identität eines Termes Funktionen eines offenen Systems permanenter Neudifferenzierungen ohne mögliche Präsenz eines Terms mit sich selbst. Da auch Subjekte (oder Individuen) nur durch Zeichen identifiziert werden können, geht der Riß der Ungleichzeitigkeit durch die Subjektivität selbst und verhindert sie an der »présence à soi«.

Derridas zweiten Einwand kann ich in mein Modell integrieren und muß nur den ersten modifizieren. Derridas Theorie erlaubt zwar, Individuen die Identität (als starr Leibnizsche analytische Sich-selbst-Gleichheit) abzusprechen, nicht aber, sie als selbstbewußt und mithin als sinnbezogen zu denken. Das hängt damit zusammen, daß sie Subjektivität – keineswegs unähnlich dem analytischen Reduktionismus – vor die Alternative stellt, entweder sinnvoll (semantisierbar) zu sein und alsdann von der ihr zugrundeliegenden Zeichenartikulation abzuhängen, oder in der Sinnlosigkeit zu verschwinden *(reductio ad absurdum)*. Nun *ist* Subjektivität; also – meint Derrida – ist sie ein Epiphänomen der Zeichenartikulation.

Tatsächlich kann und muß man die Zeichenabhängigkeit von Sinn zugeben, ohne so weit zu gehen, diese Abhängigkeit als zureichenden Grund für Sinnbildung zu interpretieren. Daß aus dem reinen autonomen Verweisspiel von Signifikanten – obwohl es eine *conditio sine qua non* desselben darstellt – Selbstverständnis nicht *zureichend* hergeleitet werden kann, haben wir schon anläßlich der Kritik an Positionen des Neutralen Monismus und des Strukturalismus gesehen. In die Definition des Signifikanten geht nämlich schon das Prädikat der Signifikanz ein; mithin ist die Behauptung, letztere werde aus ersterem gewonnen, zirkulär. Zweitens aber muß eingewandt werden, daß Derridas Angriff auf die Idee der Präsenz nicht nur radikal, sondern *zu* radikal, nämlich widersprüchlich ist. Ohne den Rückbezug auf ein Moment relativer Sich-selbst-Gleichheit wäre Differenzierung (Sinnverschiebung, metaphorische Bedeutungsneueinschreibung) gar nicht feststellbar, sie wäre kriterienlos und vom Zustand der völligen Beharrung ununterscheidbar. Differenziert werden können nämlich nur Terme, die wenigstens hinsichtlich eines Bedeutungsmoments übereinkommen, so wie nur Terme identifiziert werden können, die sich voneinander in wenigstens einem Merkmal unterscheiden.

Bringt man dagegen selbstbewußte Individualität ins Spiel, kann man die prinzipiell unabsehbar offene Differentialität von Zeichenordnungen erklären, ohne Derridas Aporien zu teilen. Ich möchte mir die Konstitution selbstbewußter Individualität als eine Folge kontinuierlicher Transformationen von Zuständen vorstellen, die einer Person zu einer Zeit zukommen. Diese Transformation geschieht nicht grundlos (ist also mit einer kausalen Erklärung vereinbar), doch sind die Gründe hier keine Wirkungsursachen, sondern Motive. Ich verstehe unter einem Motiv einen Grund, der nur im Lichte einer ihn als Grund erschließenden vorgängigen Interpretation meine Handlung bestimmen könnte. Nezessitiert (durch physische Ursachen ausgelöst) wäre dagegen ein Ereignis, das aufgrund gegebener empirischer Konstellationen unmöglich *nicht* eintreten könnte.

Dagegen ist ein Übergang zwischen zwei Zuständen von »Kopersonalität« (oder zwischen zwei »états de langue«) motiviert, wenn er sich an einen Grund nur anschließt, sofern er ihn zuvor im Lichte einer Interpretation *als* solchen gesetzt hat.

Motiviert sind also Konsequenzen, die nicht blind nezessitiert werden, sondern sich zu ihrem Anlaß verhalten. In diesem Sinn ist die Nichtidentität (im Sinne von Transformation) eines Zeichens motiviert. Da der Sinn des ihr zuvorbestehenden Zeichens selbst nur kraft eines hypothetischen Urteils bestand (*an sich*, in seiner baren Naturalität, hat es ja keine signifikanten Qualitäten), kann die Sinneinheit dieses Zeichens einen zweiten Gebrauch desselben semantisch nicht determinieren. Wohl aber kann sie ihn motivieren, in dem Sinn, daß eine folgende semantische Hypothese über die Bedeutung des Zeichens *a* zum Zeitpunkt t^1 sich von derselben im Rahmen einer künftigen Deutung bestimmen *läßt*. Auch dann gibt es kein letztes Kriterium für die *objektive* Identität der Bedeutung des Ausdrucks *a* zum Zeitpunkt t^1 und derjenigen desselben Ausdrucks zum Zeitpunkt t^2; denn diese Identität, als auf Deutung, nicht auf Wahrnehmung beruhend, kann selbst nur konjektural bestehen und bedarf der Übernahme der zugrundeliegenden Interpretation durch andere Individuen der Kommunikationsgemeinschaft. Auf diese Weise würde zwischen zwei aufeinanderfolgenden Stadien des Selbstverständnisses der Person (und zwischen zwei einander folgenden Interpretationen eines Zeichens) sich eine *Kontinuität* einspielen. Diese Kontinuität – die keine im evolutionären Sinne wäre, sondern eine von einander motivierenden abduktiven Schlüssen – könnte Derridas aporetische Rede von einer »restance non-présente d'une marque différentielle« wenigstens verständlich machen: Eine »Bleibe« gäbe es, insofern ein und derselbe Ausdrucksträger nacheinander vielen Sinneinschreibungen offenstünde. »Nicht-gegenwärtig« wäre die Kette gleichwohl, indem keine Einschreibung sich in der ihr zeitlich folgenden sinngleich und gleichförmig fortsetzen muß, nämlich derart, daß die Selbstgegenwärtigkeit ihres Bedeutens eine von keiner Differenz getrübte instantane Einheit bildete.

Ich folgere aus diesen Überlegungen – deren tentativen Charakter ich selbst unterstreiche –, daß der Rekurs auf die Kategorie der Individualität in der semantischen Diskussion um Selbst und Person nicht hätte aufgegeben werden dürfen. Denn Individualität ist eine Instanz, und sie scheint die einzige zu sein, die der rigorosen Idealisierung des Zeichensinns als einen instantanen und identischen Widerstand entgegenbringt (also eben das leistet, was Derrida der »différance« zutraut). Andererseits hat allein sie den Vorteil, ohne Zirkel als selbstbewußt gedacht werden zu können, also Motivationen und hypothetische Urteile, wie es Deutungen sind, letztlich überhaupt all jene Prozesse verständlich zu machen, in denen die Kategorie »Sinn« notwendig, d. h. in unersetzbarer Weise, auftaucht. Schließlich erklärt nur sie die Unableitbarkeit singulärer Sinnentwürfe aus semantisch-pragmatischen Universalien. Ableitungsverhältnisse bestehen nur zwischen Gleichartigen: einer Regel oder einem Konzept einerseits, einem Fall, einer besonderen Instantiierung, durch welche jene ersteren sich spezifizieren, andererseits. Wird hingegen durch einen individuellen Sinnentwurf die Extension des zugrundeliegenden Typs überhaupt erst festgelegt oder neu festgelegt, so ist analytisch einsehbar, daß der Sinnentwurf durch Beherrschung der Semantik der Ausgangsposition nicht vorherzusehen war. Das gilt auch für individuelle Sinnentwürfe im Rahmen einer Lebensgeschichte. Deren Identität verlangt ein synthetisches Einheitsprinzip, das qualitativen Wechsel nicht ausschließt und vor allem der Möglichkeit von *Neu*deutung überschrittener Sinnzusammenhänge Rechnung trägt. So scheint die Frage nach der Identität der Person »over time« auf eine Hermeneutik des Selbstverständnisses zu verweisen, deren Umrisse nur eben angedeutet sind und deren konkrete Ausarbeitung das Werk zukünftiger Anstrengungen bleibt. Sie scheinen von einer Mächtigkeit, daß ich zum Schluß in der Versuchung stehe, das von Hume in dieser Angelegenheit angerufene Privileg des Skeptikers noch einmal in Anspruch zu nehmen und zu gestehen, »that this difficulty is too hard for my understanding«.[15]

Anmerkungen

1 M. Foucault, *Les mots et les choses*, Paris 1966, S. 353.
2 G. W. F. Hegel, *Phänomenologie des Geistes*, hg. v. J. Hoffmeister, Hamburg 1956, S. 19 u. 24.
3 G. W. Leibniz, § 34 des *Discours de Métaphysique*.
4 Ebd., § 4 der *Principes de la Nature et de la Grâce*.
5 Vielleicht durch Vermittlung von C. A. Crusius, der, entschiedener als C. Wolff, vom Bewußtsein als einer Vorstellung spricht; vgl. Refl. Nr. 3929 und *Vorlesungen über die Metaphysik*, hg. v. K. H. L. Pölitz, Erfurt 1821, S. 135.
6 »Selbstwahrnehmung«, vgl. l.c.
7 R. Descartes, *Œuvres et lettres*, hg. v. A. Bridoux, Paris 1953, S. 1359.
8 G. W. Leibniz, *Monadologie*, § 23.
9 R. Descartes, l.c., S. 526 f.
10 U. Pothast, *Über einige Fragen der Selbstbeziehung*, Frankfurt/M. 1971, S. 76.
11 P. Strawson, *Individuals*, London 1959.
12 E. Tugendhat, *Selbstbewußtsein und Selbstbestimmung*, Frankfurt/M. 1979.
13 Ebd., S. 89.
14 S. Shoemaker/R. Swinburn, *Personal Identity*, Oxford 1984, S. 104 f.
15 D. Hume, *A Treatise of Human Nature*, hg. v. L. A. Selby-Bigge, Oxford 1888, S. 636.

Georg Mohr
Vom Ich zur Person
*Die Identität des Subjekts bei Peter F. Strawson**

> Mary, happily, is not
> simply a consciousness.
>
> *P. F. Strawson*

Den Subjektbegriff *der* Bewußtseinsphilosophie hat es nie gegeben. Was heute als Frage nach dem Subjekt Konjunktur hat, ist zum großen Teil die Fortsetzung einer Diskussion, die spätestens, seit Descartes den Satz »sum certus me esse rem cogitantem«[1] als »prima cognitio« und Deduktionsprinzip der Philosophie qualifizierte, nie wirklich beendet wurde. Weder zwischen Descartes' *Meditationes* und Schellings *Vom Ich als Prinzip der Philosophie* noch darüber hinaus läßt sich die bruchlose Kontinuität ausmachen, die eine »präsentistische Aneignung und Geschichtsbildnerei«[2] der Philosophie der Neuzeit nachsagen möchte.

Für Derrida markiert Husserls Denken den Höhepunkt und zugleich die letzte Version *der* abendländischen Metaphysik. Ihr Paradigma – ein sich selbst vollkommen durchsichtiges und der philosophischen (Selbst-)Analyse zugängliches vorsprachliches Bewußtsein eines reinen Subjekts, das als bedeutungsstiftende ursprüngliche Identität gelten soll – wird Gegenstand einer »déconstruction«, die dem Heideggerschen Vorbild der »Destruktion der Geschichte der Ontologie«[3] verpflichtet ist. Mit einem, historisch betrachtet, vergleichbar generalistischen Argwohn treten

---

* Der vorliegende Aufsatz ist eine völlig überarbeitete und stark erweiterte Fassung eines Vortrags, den ich auf Anregung von Manfred Frank auf einer von ihm und Gérard Raulet geleiteten Konferenz des Instituts für die Wissenschaften vom Menschen (IWM) in Wien unter dem Titel *Selbstzuschreibung und personale Identität* gehalten habe. (Eine von Zbigniew Zwoliński angefertigte polnische Übersetzung des Vortragstextes ist erschienen in *Studia Filozoficzne* 6/247 (1986), S. 33-45.) – Ich möchte an dieser Stelle dem IWM für die Gewährung eines einjährigen Stipendiums danken, währenddessen ich u. a. den Vortrag schreiben konnte. Neben Markus Costazza, Krzysztof Michalski, Klaus Nellen sowie den Teilnehmern der Wiener Konferenz, die hilfreiche Kritik an der Vortragsfassung übten, bin ich vor allem Gerhard Seel für wertvolle Verbesserungsvorschläge dankbar.

Ryle und Wittgenstein gegen dieselbe philosophische Tradition an, die – diesmal von ihrem Beginn her genommen – als »Cartesianismus« nominal fixiert wird.

Was heute oft als »Subjektphilosophie der Neuzeit« oder auch kurz als »Cartesianismus« ausgegeben wird, ist aber – wenn auch mit großem Einfluß – überhaupt nur vereinzelt vertreten worden, und dies vielleicht mehr noch von der rationalistischen Seelenmetaphysik der Wolffschen Schulphilosophie (der psychologia rationalis) als von Descartes selbst. Ihr steht eine gewichtige Theoriekonzeption kritisch gegenüber, die ihrerseits mindestens ebenso nachhaltig gewirkt hat, wie die von ihr kritisierte. Die grundlegende Revision, die der Subjektbegriff in Kants *Kritik der reinen Vernunft* erfährt, hat das Klischee vom Subjekt der Neuzeit aber offenbar nicht ebenso grundlegend erschüttern können.

Kant hat mit seiner Kritik des rationalistischen Subjektbegriffs ein Modell anticartesianischer Argumentation vorgetragen, auf das sogar noch innerhalb der analytischen Philosophie rekurriert werden kann. Das jedenfalls ist die Auffassung Peter Frederick Strawsons. Die Kant-Deutung Strawsons ist allerdings keineswegs vorbehaltlos affirmativ. Sie diagnostiziert in der *Kritik der reinen Vernunft* Nachwehen eines metaphysischen Denkens, das in eine »analytische« Rekonstruktion keinen Eingang finden kann.[4] *The Bounds of Sense* ist der Versuch, die grundlegenden Einsichten Kants in eine an der »deskriptiven Metaphysik« der *Individuals* orientierte analytische Argumentation zu übertragen, die unabhängig ist von »transzendentalem Subjektivismus« (BS 22/18 et pass.) und »transzendentaler Psychologie« (BS 11/9 et pass.).[5] Desweiteren bemerkt Strawson, daß Kants Kritik des rationalistischen Subjektbegriffs zwar pertinent sei und in ihren Konsequenzen für eine Ersetzung des Ich-Begriffs durch den Begriff der Person bereits entscheidende Argumente liefere, Kant diesen Schritt aber selbst nicht mehr vollziehe.

Von Problemen der Kant-Interpretation sehe ich im folgenden völlig ab.[6] Es geht mir in erster Linie darum, diejenigen Argumente in eine möglichst kohärente und überzeugende Folge zu bringen, die laut Strawson die Aufgabe eines bestimmten, von ihm selbst als »cartesianisch« klassifizierten Ich- oder Bewußtseins-Begriffs erzwingen und zur Bestimmung des Personbegriffs als »logisch grundlegend« führen. Die Konzentration darauf hat zur Folge, daß Strawsons Widerlegung der Theorie subjektloser

Erfahrung, der »›no-ownership‹ or ›no-subject‹ doctrine of the self« (cf. Ind 94 ff./120 ff.⁷), nur indirekt, seine Kritik der materialistischen »identity-thesis«⁸ überhaupt nicht zur Sprache kommen wird. Statt der vagen – und unergiebigen – Frage nachzugehen, ob »*das* Subjekt« abgeschafft werden soll, nennen die folgenden Abschnitte Gründe, warum ein bestimmter Subjektbegriff nicht aufrechterhalten werden kann, sowie Bedingungen, unter denen der Begriff eines Subjekts gleichwohl sinnvoll verwendet werden kann.⁹

Ich gebe zunächst eine knappe und allgemein gehaltene Charakterisierung der Theoriekonzeption Strawsons⁹ᵃ (I) und referiere diejenigen erfahrungstheoretischen Argumente, die nach Strawson die Einführung der Begriffe der Einheit des Bewußtseins und der Selbstzuschreibung als notwendig begründen (II). Einer erfahrungsanalytisch begründeten Antwort auf die Frage, warum Bewußtseinszustände überhaupt einem Subjekt zugeschrieben werden, folgt die Exposition der Frage, was unter »Identität des Subjekts« und »Identitätsbewußtsein« verstanden werden kann und unter welchen Bedingungen Identitätsbewußtsein, als Implikat von Selbstbewußtsein, möglich ist (III). Die Abschnitte IV bis VII entwickeln schrittweise eine Antwort darauf, indem sie klären, welche Voraussetzungen der Begriff des Subjekts erfüllen muß, um den Gedanken der Zuschreibung von Bewußtseinszuständen zuzulassen. Zunächst wird im Zuge einer von Hume (IV) und Kant (V) ausgehenden Kritik am cartesianischen (Selbst-)Bewußtseinsmodell ausgeführt, daß und warum die Identität eines Subjekts als Identität einer Person bestimmt und inwiefern der Begriff der Einheit des Bewußtseins (*eines* Bewußtseins) als vom Begriff einer Person abhängig verstanden werden muß (VI). Die Begründung des Primats des Personbegriffs auch im Hinblick auf kriterienlose Selbstzuschreibung erfolgt im VII. Abschnitt. An die hier im Rahmen der Argumente Strawsons verbleibende Antwort auf die Frage nach dem Subjekt schließt sich im letzten Abschnitt (VIII) die Kritik eines Modells von Subjektivität und Selbstbewußtsein an, das von Manfred Frank mit einem leidenschaftlichen Reduktionismus-Vorwurf gegen Strawson (und Tugendhat) verteidigt wird, seinerseits aber wiederum, wie ich glaube, von deren Argumenten außer Kraft gesetzt wird. Es wird sich zeigen, daß Franks Auffassung von Selbstbewußtsein grundlegende Schwierigkeiten (Mißverständnisse und Aporien) mit dem bereits von Hume und Kant, später dann von Wittgenstein, Strawson und Tugendhat pertinent kritisierten Theoriemodell teilt.

I. Metaphysik, analytische Philosophie und deskriptive Metaphysik

Unter »transzendentalem Subjektivismus« versteht Strawson eine philosophische Argumentation, die von der Unterstellung einer bestimmten kognitiven Konstitution des Erkenntnissubjekts ausgeht und die Grenzen des Erkennens vermögenspsychologisch als Grenzen des menschlichen Erkenntnisvermögens bestimmt. Die Möglichkeitsbedingungen von Erkenntnis wie die Grundstruktur all dessen, was für uns Gegenstand der Erkenntnis ist, erschlössen sich diesem Modell zufolge aus vermögenspsychologischen Prämissen; Erkenntnistheorie wäre »transzendentale Psychologie«.¹⁰ Insbesondere Kants Synthesis-Lehre fällt Strawsons Kritik des »transzendentalen Subjektivismus« zum Opfer.¹¹ Der »transzendentale Subjektivismus« ist ein Fall metaphysischen Denkens, das seine eigene Urteilsbefugnis von einem jenseits der von ihm selbst gesetzten Grenzen liegenden Standpunkt herleiten und beanspruchen müßte, beide Seiten dieser Grenzen denken zu können. Dieser Standpunkt ist weder möglich noch erforderlich.

In order to set limits to coherent thinking, it is not necessary, as Kant, in spite of his disclaimers, attempted to do, to think both sides of those limits. It is enough to think up to them. (BS 44/36)

Dieses Votum erinnert an Wittgenstein, der im *Tractatus* einer Logik, die sich auch noch dessen bemächtigen wollte, was es *nicht* gibt in der Welt, entgegenhält:

Das würde nämlich scheinbar voraussetzen, daß wir gewisse Möglichkeiten ausschließen und dies kann nicht der Fall sein, da sonst die Logik über die Grenzen der Welt hinaus müßte: wenn sie nämlich diese Grenzen auch von der anderen Seite betrachten könnte.¹²

Statt dessen rät er der Philosophie:

Sie soll das Undenkbare von innen durch das Denkbare begrenzen.¹³

Strawsons deskriptive Metaphysik ist eine »Untersuchung über den begrifflichen Aufbau unseres Weltbezuges, der sich von der Prädikation her erschließt«.¹⁴ Es geht um die Offenlegung des *conceptual framework* unserer Welterfahrung mittels transzendentaler Argumente (cf. Ind 40/50), die »deutlich machen, daß gewisse Begriffe gar nicht in Funktion sein *könnten,* wenn nicht auch andere zur Verfügung stünden«.[15] Deskriptiv ist sie insofern, als sie keine Revision der kategorialen Struktur unseres faktischen Begriffssystems motivieren will. Als Metaphysik kann sie gelten, weil sie nicht auf eine Beschreibung und Klassifizierung des tatsächlichen Wortgebrauchs (»the actual use of words«; »how we use this or that expression«; Ind 9/9 f.) beschränkt ist, nicht »Bedeutungsaufklärung«[16] betreibt, sondern beabsichtigt, »to lay bare the most general features of our conceptual structure« (Ind 9/9). Diese Struktur liegt »unter der Oberfläche der Sprache verborgen« und ist selbst noch das stabile Raster, auf dessen Grundlage allein Geschichte der Sprache stattfinden kann.

For there is a massive central core of human thinking which has no history – or none recorded in histories of thought; there are categories and concepts which, in their most fundamental character, change not at all. Obviously these are not the specialities of the most refined thinking. They are the commonplaces of the least refined thinking; and are yet the indispensable core of the conceptual equipment of the most sophisticated human beings. It is with these, their interconnexions, and the structure that they form, that a descriptive metaphysics will be primarily concerned. (Ind 10/10)

Strawson selbst hat seine *Individuals* einen »scaled-down Kantianism« genannt[17] und mit *The Bounds of Sense* die Affinität seines eigenen Projekts einer deskriptiven Metaphysik zu Kants Transzendentalphilosophie deutlich gemacht. Seine Theoriekonzeption wurde daher auch als »analytische Transzendentalphilosophie« bezeichnet.[18]

Als eine Variante *analytischer* Philosophie ist sie aus zwei Gründen zu betrachten. Zum einen sollen vermögenstheoretische (»transzendentalpsychologische«) Prämissen vollständig durch prädikations-, referenz- und identifikationstheoretische Analysen ersetzt werden. Die Benennung immanenter Voraussetzungen der sich in Prädikationen vollziehenden Erfahrung einer Welt soll das *Resultat* dieser Analysen sein. Zum anderen soll das Verständnis der allgemeinen logischen und grammatischen Strukturen nicht über eine deduktive Etablierung der notwendigen und hinreichenden Bedingungen ihrer Anwendung erlangt werden, sondern durch eine Ermittlung, wie die verschiedenen Fälle ihres

In-Funktion-Seins eine »Familie« bilden, »the members of which may, perhaps, be grouped around a central paradigm case and linked with the latter by various direct or indirect links of logical connexion and analogy« (Ind 11/12).

Strawson bezieht eine sowohl von der ontologischen (Aristoteles) und bewußtseinsphilosophischen Tradition als auch von der (sprach-)analytischen Gegenwartsphilosophie geprägte Position und setzt zudem beide in ein Verhältnis wechselseitiger Kritik und Ergänzung. Im Blick auf die Diskussion dekonstruktivistischer Kritik bewußtseinsphilosophischer Theoreme – wie desjenigen der Subjektivität und des Selbstbewußtseins – verdient sie schon aufgrund ihrer beiderseitigen Vorbehalte besonderes Interesse. Sie weigert sich, eine quasi-teleologische Betrachtung der Philosophiegeschichte zu unterschreiben, an deren höchstem Punkt der *linguistic turn* im Sinne eines Paradigmenwechsels von der Erkenntnistheorie zur Sprachanalyse als *prima philosophia* stehe.[19] Das analytische und das transzendentalphilosophische Projekt schließen keineswegs einander aus, wenn einerseits die mentalistischen Prämissen der traditionellen Erkenntnistheorie zugunsten logisch-semantischer Argumente aufgegeben werden können, andererseits aber auf dem Wege der Analyse der elementaren Satzform, der singulären Subjekt-Prädikat-Proposition, dennoch zu den der ›Oberfläche der Sprache‹ konstitutiv vorausliegenden begrifflichen Grundstrukturen unseres Weltbezugs zu gelangen ist und so auch Bewußtsein thematisiert werden kann. Ontologie, Erkenntnistheorie und Linguistik (im weiteren Sinne) sind für Strawson nicht alternative, sich chronologisch ablösende Disziplinen, sondern integrative Bestandteile und sich ergänzende Arbeitsweisen *einer* philosophischen Forschung: »These are three different directions of philosophical concern rather than three different concerns. The theory of being, the theory of knowledge, and the theory of statement are not truly separable.« (BS 47/40)

Die Bestimmung des Subjektbegriffs hat folglich allenfalls auf der Grundlage einer Analyse von Erfahrung und ihrer immanenten Strukturbedingungen zu erfolgen. Sollte eine Art »Anthropologie des welterkennenden Subjekts«[20] möglich sein, so nur ausgehend von einer Analyse begrifflich-prädikativen Welt- und Selbstbezugs. Der philosophische Subjektbegriff muß als *Resultat* eines solchen Verfahrens entwickelt werden und darf, soll er sich als theoretisch legitimiert ausweisen können, der Theorie nicht gleichsam als Präjudiz vorgegeben sein. – Die Ausgangsfrage lautet: »Why are one's states of conciousness ascribed to anything at all?« (Ind 90/114).

II. Der erfahrungstheoretische Begriff der Einheit des Bewußtseins

Die Aufgabe der philosophischen Erfahrungsanalyse ist für Strawson:

the investigation of that limiting framework of ideas and principles the use and application of which are essential to empirical knowledge, and which are implicit in any coherent conception of experience which we can form. (BS 18/14)[21]

In Strawsons Ausführung der Erfahrungsanalyse gehen zunächst zwei Prämissen ein:
1. Unausweichlich für jede philosophische Reflexion über empirische Erkenntnis ist die grundlegende Dualität von »Einzeldingen« bzw. einzelnen sinnlichen Daten *(particular items)* und »Allgemeinbegriffen« *(general kinds or concepts)*. Sie ist keiner weiteren Begründung oder Ableitung fähig. Unausweichlich ist sie schlicht deshalb, weil sich zu ihr keine Alternative denken läßt: Wir können keine Konzeption empirischer Erkenntnis bilden, die ein Gewahren von sinnlichen Daten von Einzeldingen *(items)*, die wir als Instanzen allgemeiner Arten rekognisieren oder klassifizieren können, nicht einschließt (cf. BS 48/40 f.).[22]
2. Es ist ein unbezweifelbares und ebensowenig weiter ableitbares Faktum, daß Bewußtseinszustände im allgemeinen und Wahrnehmungen im besonderen zeitlich geordnet sind (cf. BS 24 f./19 f. et pass.). Die Struktur der Wahrnehmung von empirischen Einzeldingen oder Ereignissen ist die der zeitlichen Sukzession. Bloß als Struktur der Wahrnehmung betrachtet ist die Sukzessivität zunächst nur eine subjektive Struktur. Sie gibt nicht eo ipso Auskunft über objektive Ordnungsstrukturen einer von den Wahrnehmungen unabhängig existierenden realen Welt.

Während diese Prämissen in der Theorie Strawsons keine Begründung erfahren – weil sie laut Strawson keine Begründung erfahren *können* – sondern bestenfalls als Plausibilität reklamie-

rende Prämissen veranschlagt werden, liegt in der Begründung
der zentralen These, daß der Begriff der Erfahrung die Begriffe
der Einheit des Bewußtseins und der Objektivität impliziert, für
Strawson eine der Hauptaufgaben der theoretischen Philosophie.
Bereits in *Individuals* geht es um die Frage nach den

> conditions of the possibility of identifying thought about particulars distinguished by the thinker from himself and from his own experiences or states of mind, and regarded as actual or possible *objects* of those experiences. (Ind 61/78)

Dort wird dann zwar die »idea of himself as the subject of this
experience«, das einen Unterschied macht zwischen »a special
item in his world, namely himself, and the other items in it« (Ind
88/113), als eine Idee eingeführt, über die wir tatsächlich verfügen:

> Each of us distinguishes between himself and states of himself on the one hand, and what is not himself or a state of himself on the other (Ind 87/111).[23]

Die Frage aber, ob es möglicherweise überhaupt kein identifizierendes Denken über Einzeldinge geben kann, das diese Unterscheidung nicht involviert, wird noch offengelassen (cf. Ind 61 f./
78 f.). Sie wird in *The Bounds of Sense* (cf. BS 100 ff./85 f.) in einer
von den oben genannten Prämissen ausgehenden Argumentation
beantwortet, durch die die Begriffe der Einheit des Bewußtseins
und der Objektivität in ein für den Subjektbegriff erfahrungstheoretisch grundlegendes Verhältnis gesetzt werden. Strawsons
These lautet: Erkenntnis setzt Begriffsgebrauch voraus; Begriffsgebrauch setzt das Erfülltsein der Grundbedingungen der
Möglichkeit von Selbstbewußtsein voraus; das Erfülltsein der
grundlegenden Möglichkeitsbedingungen für Selbstbewußtsein
impliziert das Erfülltsein der Grundbedingungen von Objektivität. Strawson argumentiert nun folgendermaßen:

Wenn einzelne Wahrnehmungen keine andere Bestimmtheit haben als die ihrer zeitlichen Aufeinanderfolge, dann fehlt ihnen auf
dieser Grundlage noch das, was uns erlaubt, von ihnen als Elementen der Erkenntnis einer realen Welt und deren objektiven
Ordnungsstrukturen zu sprechen. Ein Urteil, das objektive Gültigkeit beansprucht, beansprucht, unabhängig vom je besonderen
Zustand des Subjekts wahr zu sein. Um in einen komplexen,
regelgeleiteten Zusammenhang der Identifizierung, Unterschei-

dung und Reidentifizierung von objektiven Gegenständen eingehen zu können, müssen die einzelnen Wahrnehmungen bzw. die in ihnen repräsentierten Einzeldinge *(particular items)* unter Allgemeinbegriffe gebracht werden. Einzeldinge werden nicht bloß als solche identifiziert und unterschieden, sondern als unter Artund Gattungsbegriffe fallend *(concepts of kinds of particular)*.[24] Erfahrung impliziert *Konzeptualisierung*.

Konzeptualisierung wiederum setzt nach Strawson die Möglichkeit der *Rekognition* einzelner empirischer Inhalte als allgemeine Merkmale aufweisend voraus. Mit ihr werden verschiedene Einzelinhalte unter die Einheit eines Allgemeinbegriffs gebracht. Der Begriff der Rekognition hat bei Strawson eine doppelte Bedeutung. Sie ist zum einen der Akt der Subsumption verschiedener gegebener Erfahrungsinhalte unter bestimmte Begriffe und damit der Akt der Integration dieser Inhalte in eine Urteilsstruktur. Und sie ist zum anderen, als rekognitionale Komponente, das begriffliche Moment bzw. das Urteilsmoment selbst. Rekognition ist Implikat der Überführung von einzelnen Erfahrungsdaten in eine singuläre Subjekt-Prädikat-Proposition, »i.e. a formally atomic proposition in which a one-or-more-place predicate is applied to one or more specified objects of reference« (BS 81/69). Die rekognitionale Komponente ist die dem Urteil implizite Struktur der Bestimmung eines Etwas als etwas.

Aus diesen Überlegungen, die von der Dualität von einzelnen Gegebenheiten (sinnlichen Erfahrungsdaten) und Allgemeinbegriffen zur rekognitionalen Komponente der Konzeptualisierung führen, ergibt sich nach Strawson ein Argument für die Einführung des Begriffs der Einheit des Bewußtseins:

the recognitional component, necessary to experience, can be present in experience only because of the *possibility* of referring different experiences to one identical subject of them all. Recognition implies the *potential* acknowledgement of the experience into which recognition necessarily enters as being one's own, as sharing with others this relation to the identical self. (BS 101/85)

Die Einheit des Bewußtseins wird hier verstanden als das Beziehenkönnen verschiedener Erfahrungen auf ein identisches Subjekt, als die Möglichkeit also, daß ein identisches Selbst sich seiner Erfahrungen bewußt werden kann *als seiner* und damit als solcher, die mit anderen Erfahrungen diese Beziehung auf dasselbe (identische) Subjekt teilen.[25] Die so verstandene Einheit des Bewußtseins ist Bedingung dafür, daß erstens einzelne Vorstellungen unter allgemeine Begriffe gebracht und in ein Urteil von der Form einer singulären Subjekt-Prädikat-Proposition eingehen können, und zweitens die rekognitionale Komponente, die Rekognition eines »particular items« als von der-und-der allgemeinen Art (das Urteil(en)), vom rekognisierten »item«, den »sensible accusatives« (dem Thema des Urteils) unterschieden werden kann. Wenn »Einheit des Bewußtseins« so viel wie »Möglichkeit von Selbstbewußtsein« meint, so ist es die Tatsache, daß die Möglichkeit von Selbstbewußtsein in der Rekognition impliziert ist, which saves the recognitional component in a particular experience from absorption into the item recognized (and hence saves the character of the particular experience as an *experience*). (BS 101/85)

Die Unterscheidbarkeit der rekognitionalen Komponente vom rekognisierten »item« wird gefordert, weil nur auf ihrer Grundlage Erfahrungen *als Erfahrungen* gelten können (cf. BS 102/86). Aber was heißt hier »als Erfahrung gelten«?

Strawson ergänzt das referierte Argument durch ein weiteres. Die Bedingung dafür, daß ich mir einer Erfahrung als meiner bewußt sein könne, ist das prinzipielle Eingehenkönnen von Begriffen in die Rekognition, so daß zweierlei unterschieden werden kann: 1. innerhalb eines Erfahrungsurteils zwischen einer subjektiven Komponente – wie ich etwas erfahre, wie mir etwas zu sein scheint – und einer objektiven oder rekognitionalen Komponente (der gegenstandsbestimmenden Prädikation) – wie es sich objektiv verhält –, und 2. mit Bezug auf ein Ensemble von Erfahrungen zwischen subjektiven Ordnungsstrukturen einer Sequenz von einzelnen Erfahrungsinhalten einerseits und objektiven Bestimmungen und Beziehungen der unabhängig von ihrem Erfahrenwerden existierenden Gegenstände andererseits (cf. BS 101/85 f.).

Es müssen also Begriffe von Gegenständen *(concepts of the objective), von* denen als unabhängig existierenden Gegenständen einer objektiven Welt wir Erfahrung haben, prinzipiell intervenieren können.

Die Relevanz der Unterscheidbarkeit liegt demnach im »Doppelaspekt« einer Sequenz von Einzelerfahrungen.

On the one hand it (a series of experiences; GM) cumulatively builds up a picture of the world in which objects and happenings (with their particular characteristics) are presented as possessing an objective order, an order which is logically independent of any particular experiential route through the world. On the other hand it possesses its own order as a series of experiences of objects. (BS 105/89)

Der wesentliche Unterschied zwischen den beiden Teilaspekten besteht darin, daß die subjektive Komponente, das »Scheinen« im oben angegebenen Sinne, unkorrigierbar ist, während ein objektives Urteil bzw. die rekognitionale Komponente – oder präziser: ihre jeweilige Anwendung – korrigiert werden kann.

Not only the series (of experiences; GM) as a whole, but each member of the series, has a double aspect. This explicitly emerges when one objective judgement is corrected by another: what remains unaltered when the correction is made is the subjective experience, the ›seeming‹. (BS 106/89)

Der Gedanke der Erfahrung schließt demnach ein: a) die Möglichkeit des Gegebenseins einzelner Erfahrungsdaten; b) das Verfügen über ein Raster (framework) von rekognitionalen Komponenten (Begriffe, Urteilsform); c) die Integration der Erfahrungsdaten in das Begriffsraster; und d) die Ausdifferenzierbarkeit der in Urteilen artikulierten Erfahrungen in eine unkorrigierbare subjektive (u. U. *bloß* subjektive) Komponente und eine korrigierbare und prinzipiell dem Korrigierbarkeitsanspruch unterworfene objektive Komponente. Ohne die Unterscheidbarkeit selbstzuschreibbarer subjektiver Komponenten von via Rekognition intervenierenden objektiven Komponenten bestände die Möglichkeit der Korrektur von objektiven Urteilen nicht. Damit aber könnte, so Strawson, der Begriff der Erfahrung selbst nicht existieren (cf. BS 29/23). Ebenso ist die Unterscheidbarkeit zwischen rekognitionaler Komponente und rekognisziertem »item« notwendig, weil nur zufolge dieser Unterscheidbarkeit der Korrigierbarkeit objektiver Urteile und damit – so Strawson – der Objektivität von Urteilen selbst Sinn gegeben werden kann. Strawson führt hierfür zwar kein Argument an, es könnte aber ausgehend vom bisher Dargelegten etwa so lauten: Nur wenn ein »item« sowohl von der subjektiven Komponente (wie mir etwas zu sein scheint) als auch von der objektiven, rekognitionalen Komponente (demjenigen an einem Urteil, das behauptet, wie sich etwas objektiv verhält) unterschieden werden kann, ist der Gedanke der Korrigierbarkeit insofern möglich und sinnvoll, als dann ein »Etwas« (das anders sein kann, als es zu sein scheint) als das gelten kann, *mit Bezug worauf* ein Urteil korrigiert werden soll. Wird auch dieses Argument akzeptiert, so wird einsichtig, was gemeint ist mit »als Erfahrung gelten«. Erfahrung muß »a certain character of self-reflexiveness« haben.

What is meant by the necessary self-reflexiveness of a possible experience in general could be otherwise expressed by saying that experience must be such as to provide room for the thought of experience itself. The point of the objectivity-condition is that it provides room for this thought. It provides room, on the one hand, for ›Thus and so is how things objectively are‹ and, on the other, for ›This is how things are experienced as being‹; and it provides room for the second thought *because* it provides room for the first. This is the point that is made... by reference to the separable component of subjective experience in any particular objective judgement of experience and by reference to one subjective experiential route (among other possible routes) through an objective world. What is necessary is that there be a *distinction*, though not (usually) an *opposition*, implicit in the concepts employed in experience, between how things are in the world which experience is of and how they are experienced as being, between the order of the world and the order of experience. This necessary doubleness is the real point of connexion between what Kant refers to as ›original (or transcendental) self-consciousness‹ on the one hand and the objectivity-condition on the other. (BS 107/90 f.)

Entgegen den Erwartungen, die das erste Argument (das den Begriff der Einheit des Bewußtseins qua grundlegender Möglichkeitsbedingung von Selbstbewußtsein einführt) wecken könnte, hat Strawson tatsächlich keinen Begriff eines Selbstbewußtseins, das im Sinne einer einseitigen Implikationsbeziehung Bedingung für Objektivität wäre. Strawsons Begriff der Einheit des Bewußtseins scheint zwar umfassender zu sein als der der Selbstzuschreibung. Er bezeichnet aber keinen besonderen, von Objektivität unabhängigen Bewußtseinsmodus; es kann nach Strawson kein »reines Selbstbewußtsein« geben. Selbstbewußtsein ist Bewußtsein meiner Erfahrungsdaten, ist »empirisches Selbstbewußtsein« bzw. »Selbstzuschreibung von Erfahrungsdaten«.

Das Verhältnis zwischen Einheit des Bewußtseins, (empirischer) Selbstzuschreibung und Objektivität will Strawson folgendermaßen bestimmt wissen: Rekognition schließt zwar die prinzipielle Möglichkeit von Selbstzuschreibung ein, Selbstzuschreibung ist aber nur unter der Voraussetzung des Verfügens über Objekt-Begriffe, d. h. einer »rule-governed connexion of experiences under concepts of the objective« möglich (cf. BS 27/21 et pass.) Die potentielle Zugehörigkeit einer Sequenz von verschiedenen Erfahrungen zu einem einzelnen Bewußtsein ist an die Verknüpfung der verschiedenen Erfahrungen derart gebunden, daß diese eine zeitlich erstreckte Erfahrung einer einheitlichen objektiven Welt ergeben (cf. BS 97/82 et pass.). Insofern setzt Selbstzuschreibung Objektivität voraus. Der Begriff der Einheit des Bewußtseins ist umfassender, weil er als die Einheit zweier Vereinigungen bzw. Verbindungen von Erfahrungsdaten aufgefaßt wird, die ihrerseits ebenso als zwei Teilaspekte einer Vereinigung begriffen werden: der Vereinigung verschiedener Einzelerfahrungen zu (oder in) einem einzelnen Bewußtsein und deren Verbindung zu einer zeitlich erstreckten Erfahrung einer objektiven Welt. In diesem Sinne kann Strawson sagen: Zwischen der Einheit des Bewußtseins und der einheitlichen Objektivität der Welt der Erfahrung besteht eine »direkte analytische Verbindung« (BS 96/82).

III. Selbstzuschreibung und Identitätsbewußtsein

Die Einheit des Bewußtseins ist bei Strawson die Einheit des Bewußtseins eines einzelnen Subjekts. Von ihr ist bislang gesagt worden, daß sie sowohl an Objektivität gebunden ist als auch Selbstreflexivität einschließt. Die Forderung der Selbstreflexivität ist dabei nicht die, daß das Subjekt sich jede Einzelerfahrung tatsächlich selbst zuschreiben müsse. Es ist nicht gemeint, daß das Subjekt sich zuerst reflexiv seiner Vorstellungen als seiner bewußt sein müsse, um sie dann einer der Urteilsform entsprechenden logischen Strukturierung zu begrifflicher Gegenstandsbestimmung unterziehen zu können. Die Forderung der Selbstreflexivität ist die einer prinzipiellen *Möglichkeit* von Selbstzuschreibung. Um den dem Erfahrungsbegriff impliziten Doppelaspekt der Unkorrigierbarkeit der subjektiven Komponente einerseits und der Korrigierbarkeit (und Korrigierbedürftigkeit) der objektiven, rekognitionalen Komponente andererseits zu sichern und damit dem Gedanken der Erfahrung selbst allererst Raum zu schaffen, muß die Selbstzuschreibbarkeit der subjektiven Komponente gefordert werden.

Die Möglichkeit von Selbstzuschreibung, verstanden als Möglichkeit des Beziehens verschiedener Erfahrungen auf ein identisches Subjekt, setzt offensichtlich wiederum voraus:

the *possibility* of consciousness, on the part of the subject, of the numerical identity of that to which those different experiences are by him ascribed (BS 98/83; cf. BS 106/90).

Der erfahrungstheoretische Begriff der Einheit des Bewußtseins nimmt also implizit einen bislang unerläuterten Identitätsbegriff in Anspruch, der als immanente Voraussetzung der Einheit des Bewußtseins und der Selbstzuschreibung gelten muß. Er wird bestimmt als der Begriff einer »numerischen Identität«.

Den Begriff der numerischen Identität führt Strawson in *Individuals* (Ind 33 f./41 f.) in Abgrenzung zum Begriff der qualitativen Identität ein. Demnach bedeutet »numerische Identität« so viel wie »dasselbe Ding«, »qualitative Identität« hingegen besagt so viel wie »dieselben Eigenschaften«. Diese Unterscheidung ist wesentlich im Hinblick auf die Bestimmung der Identität des Subjekts sowie auf die Frage, ob und unter welchen Bedingungen auf den Subjektbegriff das principium identitatis anwendbar ist. Diese Frage wird im Abschnitt VI beantwortet. Vorläufig ist nur festzuhalten, daß die qualitative Identität mit Bezug auf den Subjektbegriff nicht in Frage kommen kann, weil das Subjekt ja gerade durch den Wechsel seiner Erfahrungen hindurch identisch sein soll. Die Identität des Subjekts soll sich ihrem Begriff gemäß gerade im Unterschied zu den beständig wechselnden Qualitäten (Bestimmungen) als beharrliche durchhalten. Was als dem Begriff der Selbstzuschreibung verschiedener Erfahrungen implizit vorausgesetzt werden muß, kann demnach nur eine numerische Identität und die Möglichkeit des Bewußtseins des Subjekts von seiner eigenen numerischen Identität durch die Sequenz seiner Erfahrungen sein.

Identitätsbewußtsein als Implikat von Bewußtseinseinheit und Selbstzuschreibung muß den obigen Ausführungen (Absch. II) zufolge einen Doppelsinn von Identität umfassen. Vorausgesetzt wird nämlich die numerische Identität des Subjekts als desjenigen, dem zu verschiedenen Zeiten verschiedene Erfahrungen zugehören (diachrone Identität), sowie als desjenigen, der zuschreibt, und desjenigen, dem zugeschrieben wird (synchrone Identität).[26] Ein solches Identitätsbewußtsein könnte »Selbstbewußtsein« genannt werden. Muß dem nicht, sofern es als immanente Voraussetzung von Bewußtseinseinheit und Selbstzuschreibung gelten soll, die Kennzeichnung »reines Selbstbewußtsein« sowie eine Grundlegungsfunktion sowohl für empirisches Selbstbewußtsein als auch für Objektbezug zugesprochen werden?

Die folgenden Abschnitte (IV-VII) tragen unter Zugrundelegung der betreffenden Überlegungen Strawsons Argumente vor, die eine negative Antwort auf diese Frage erzwingen. Die Argumente werden entwickelt im Zuge der Diskussion eines vor allem in der rationalistischen Seelenmetaphysik des 18. Jahrhunderts vertretenen Theoriemodells, das den Begriff eines von allen empirischen Bestimmungen unabhängigen, reinen Subjekts verteidigen zu können glaubt und gleichzeitig an einem reinen Selbstbewußtsein festhält, das als unmittelbares Wissen oder Gefühl des Subjekts von seiner beharrlichen Existenz und Identität verstanden werden soll, in das keinerlei Bezugnahme auf empirische oder gar überhaupt nichtmentale Bestimmungen eingeht. Die Kritik dieses Theoriemodells stützt sich auf Argumente Humes, Kants und schließlich Strawsons selbst. Die zugrundeliegende Frage lautet: Wie ist der Begriff der Identität des Subjekts zu bestimmen, und unter welchen Bedingungen ist Identitätsbewußtsein möglich?

IV. Humes Scheinproblem

Hume gibt die von ihm kritisierte Auffassung wie folgt wieder:

There are some philosophers (später heißt es auch: some metaphysicians; GM), who imagine we are every moment intimately conscious of what we call our SELF; that we feel its existence and its continuance in existence; and are certain, beyond the evidence of a demonstration, both of its perfect identity and simplicity. (T 251)[27]

Dieser Auffassung hat Hume zwei gewichtige und in der Folge der Philosophiegeschichte einflußreiche Argumente entgegenzuhalten. Um der Idee der Identität des Selbst oder der Person (Hume verwendet *self* und *person* synonym) eine Bedeutung und hinsichtlich ihrer objektiven Realität eine theoretische Rechtfertigung geben zu können, müßte sie der empiristischen Generalthese gemäß als auf einen ihr zugrundeliegenden sinnlichen Eindruck *(impression)* zurückführbar bzw. von ihm ableitbar *(derived)* ausgewiesen werden. Dies tun zu wollen, ist jedoch für Hume selbst von vornherein »a manifest contradiction and absurdity«. Denn:

If any impression gives rise to the idea of self, that impression must continue invariably the same, thro' the whole course of our lives; since self is suppos'd to exist after that manner. But there is no impression constant and invariable. (T 251)

Damit ist zunächst gezeigt, daß der Idee des Selbst keine *impression* zugrundeliegen und somit keine theoretische Rechtfertigung hinsichtlich ihrer objektiven Realität gegeben werden kann. Sie ist keine *real idea*, weil sie nicht direkt aus der Sinneswahrnehmung abgeleitet werden kann, was nicht möglich ist, da prinzipiell variable *impressions* keine Grundlage der Idee eines konstanten und invariablen Selbst darstellen können.

Es müßte also eine andere Quelle für die Idee des Selbst verantwortlich gemacht werden können. Das Resultat, daß Sinneswahrnehmung dafür nicht in Frage kommen kann, ist letztlich nicht einmal überraschend. Dem steht schon die Bedeutung, die dem »Selbst« gegeben werden soll, entgegen.

But self or person is not any one impression, but that to which our several impressions and ideas are suppos'd to have a reference. (ibid.)

Die alternative Grundlage für die Idee eines solchen Relationspunktes könnte die Introspektion, der »Blick nach innen«, sein. Was aber präsentiert sich dem Blick nach innen?

For my part, when I enter most intimately into what I call *myself*, I always stumble on some particular perception or other, of heat or cold, light or shade, love or hatred, pain or pleasure. I never can catch *myself* at any time without a perception, and never can observe any thing but the perception. (T 252)

Was Hume in sich zu beobachten vermag, ist nichts als eine Sequenz von Perzeptionen. Der *reflection* oder dem *inner sense* präsentiert sich »nothing but a bundle or collection of different perceptions, which succeed each other with an inconceivable rapidity, and are in a perpetual flux and movement« (ibid.).

The mind is a kind of theatre, where several perceptions successively make their appearance; pass, re-pass, glide away, and mingle in an infinite variety of postures and situations. There is properly no *simplicity* in it at one time, nor *identity* in different... The comparison of the theatre must not mislead us. They are the successive perceptions only, that constitute the mind; nor have we the most distant notion of the place, where these scenes are represented, or of the materials, of which it is compos'd. (T 253)

Angesichts des Zugeständnisses des Fehlens einer direkten *impression* meiner selbst wie auch eines von allen Perzeptionen unabhängigen unmittelbaren Zugangs zu einem Selbst sieht Hume sich genötigt, nach weiteren Erklärungsstrategien zu suchen. Denn eine schlichte Leugnung jedweder Realität der Idee personaler Identität ist für Hume ausgeschlossen. Wir verwenden immerhin das Personalpronomen der ersten Person singularis und *haben* also offensichtlich die Idee personaler Identität. Aber woher haben wir sie?

What then gives us so great a propension to ascribe an identity to these successive perceptions, and to suppose ourselves possest of an invariable and uninterrupted existence thro' the whole course of our lives? (ibid.)

Gründet sich die Idee personaler Identität nicht unmittelbar auf eine *impression*, so könnte sie aufgrund von *Relationen* zwischen Perzeptionen erklärbar sein. In Analogie zur Erläuterung des Begriffs der Identität und Kontinuität materieller Gegenstände, dergemäß verschiedene Perzeptionen als solche desselben Gegenstandes aufgefaßt werden, weil gewisse Relationen zwischen ihnen bestehen (cf. T 199 ff.), sei auch der Begriff der Identität eines Selbst genetisch so zu erklären, daß verschiedene Perzeptionen als zu demselben Selbst gehörend gelten: aufgrund der Relationen zwischen ihnen geht der Übergang des Bewußtseins *(the transition of the mind)* von einer Perzeption zur anderen in einem einer Kontinuität gleichkommenden Grade bruchlos und leicht vonstatten.

That action of the imagination, by which we consider the uninterrupted and invariable object, and that by which we reflect on the succession of related objects, are almost the same to the feeling, nor is there much more effort of thought requir'd in the latter case than in the former. The relation facilitates the transition of the mind from one object to another, and renders its passage as smooth as if it contemplated one continu'd object. (T 253 f.)

Aufgrund dieser Ähnlichkeitsbeziehung verwechseln wir den Fluß der Perzeptionen mit der kontinuierlichen Identität eines Perzipierenden »and run into the notion of a *soul*, and *self*, and *substance*, to disguise the variation« (T 254). Durch die Verwechslung von Identität und Relation entsteht die »Fiktion« personaler Identität.

The identity, which we ascribe to the mind of man, is only a fictitious one (T 259).

Damit ist die Idee personaler Identität vollends ins Reich der Einbildung verbannt. Es gäbe demnach überhaupt keine adäquate Erklärung der Quelle dieser Idee. Vor diesem Fazit aber schreckt Hume selbst zurück; im »Appendix« zum *Treatise* bedauert er selbst die Inkonsistenz zweier Prinzipien seiner Theorie.

In short there are two principles, which I cannot render consistent; nor is it in my power to renounce either of them, viz. *that all our distinct perceptions are distinct existences,* and *that the mind never perceives any real connexion among distinct existences.* Did our perceptions either inhere in something simple and individual, or did the mind perceive some real connexion among them, there wou'd be no difficulty in the case. For my part, I must plead the privilege of a sceptic, and confess, that this difficulty is too hard for my understanding. (T 636)

Das Problem der Inkonsistenz dieser beiden Prinzipien, und eines mit Mühe und Not versagten Ausswegs in den Verstoß gegen sie, stellte sich ihm allerdings nicht mit Bezug auf die Idee der Kausalität und der kontinuierlichen Existenz von Gegenständen. Es sind auch nicht die beiden Prinzipien untereinander, die inkonsistent wären. Sie sind im Gegenteil logisch einwandfrei kompatibel. Offenbar erwägt Hume hier also eher, daß die Anwendung dieser Prinzipien auf die Idee des Selbst Inkonsistenzen ergibt.[28] Sie fußt nämlich auf der Prämisse, es müsse eine Konnexion verschiedener Perzeptionen zu einem Bewußtsein als ein aus verschiedenen Entitäten *(distinct existences)* bestehendes komplexes Einzelding wahrnehmbar sein, wenn der Idee des Selbst eine reale Grundlage soll verschafft werden können.[29] Und diese Prämisse ist es, die laut Strawson falsch ist und in die von Hume selbst bemerkten Inkohärenzen führt. Die ihr zugrundeliegende Analogie zwischen dem Begriff der Identität eines materiellen Gegenstandes und dem Begriff der Identität des Selbst bloß als Bewußtseins muß fehlgehen: Sie unterstellt, daß das Bewußtsein in einem der Identität eines materiellen Gegenstandes entsprechenden Sinn ein Einzelding und als solches in einer Selbstwahrnehmung gegeben sein müsse. Humes Analogie ist verfehlt, weil sie ein der Attribution von Qualitäten zu Gegenständen äquivalentes Selektionsverfahren für die Selbstzuschreibung von Bewußtseinszuständen fordern muß bzw. auf diese Forderung hinausläuft. Die Kontrastierung, die nach Strawson jeder Einzelding-Identifizierung implizit ist (der Gedanke: dasselbe x, impliziert notwendig den Gedanken: ein verschiedenes x; cf. BS 170/146 f.), ist aber, im Sinne einer vorgängigen Kriterienanwendung, im Falle der Selbstidentität sinnlos. Es ist sinnlos und unmöglich, einige Bewußtseinszustände, deren ich mir bewußt bin, von der Selbstzuschreibung zum eigenen Selbst auszuschließen und andere nicht. Kriteriell fungierende Selektionsmechanismen der Selbstzuschreibung gegenwärtiger Bewußtseinszustände kann es nicht geben.

The search for them has the same futility as the search for criteria of subject-identity to be applied in the field of inner experience to determine whether a current experience is or is not one's own. (BS 170/147; cf. 165/ 142)

Hume bleibt den impliziten Prämissen des Begriffs, den er kritisiert, verhaftet. Er ist selbst auf der Suche nach einer Ego-Substanz (cf. Ind 103/132). Die Aporie, die *er* zugesteht, ist die, daß er keine solche Ego-Substanz in der Introspektion entdecken kann.

So, then, the problem that does *not* exist is the problem that seems to have perplexed Hume: the problem of the principle of unity, of identity, of the particular consciousness, of the particular subject of ›perceptions‹ (experiences) considered as a primary particular. There is no such problem and no such principle. If there were such a principle, then each of us would have to apply it in order to decide whether any contemporary experience of his were his own or someone else's; and there is no sense in this suggestion. (Ind 133/171)

Humes Scheinproblem resultiert daraus, daß er zwar die Inkohärenz der Seelenmetaphysik, so weit sie ein Gewahren (ein »Gefühl«; cf. T 251) des reinen identischen Selbst unterstellt, erkennt und pertinent kritisiert mit Hinweis auf die Sukzessivität von Bewußtseinszuständen, sich von dem inkohärenten Begriff des Selbst, den die cartesianische Seelenmetaphysik in Anspruch nimmt, aber nicht zu lösen vermag. Er kritisiert die inkohärente Anwendung dieses Begriffs, hat aber keine theoretischen Mittel zur Verfügung, den Subjektbegriff selbst neu zu bestimmen.

Es käme also darauf an, den Begriff von Subjekt-Identität und Identitätsbewußtsein so zu bestimmen, daß seine Verwendung in irgendeiner Form als sinnvoll (nicht-fiktiv) gelten und zugleich dem Faktum der Kriterienlosigkeit der Selbstzuschreibung gegenwärtiger Bewußtseinszustände (cf. Absch. V b-VII) Rechnung getragen werden kann. Kants Analyse der Fehlschlüsse der rationalen Psychologie gibt wesentliche Elemente zu einer Lösung an die Hand.

V. Die Subreption des hypostasierten Bewußtseins

a) Kant

Kants Diagnose einer vermeintlichen unmittelbaren Wahrnehmung der Identität des Selbst entspricht zunächst derjenigen Humes. In innerer Anschauung kann der Form des inneren Sinnes zufolge, der Zeit, kein Subjekt im Sinne eines beharrlichen Ich, sondern nur die Sukzession beständig wechselnder Bestimmungen gegeben sein.

Das Bewußtsein seiner selbst, nach den Bestimmungen unseres Zustandes, bei der inneren Wahrnehmung ist bloß empirisch, jederzeit wandelbar, es kann kein stehendes oder bleibendes Selbst in diesem Flusse innerer Erscheinungen geben. (A 107; cf. A 381)[30]

Und Kant stimmt mit Hume auch darin überein, daß das,

was *notwendig* als numerisch identisch vorgestellt werden soll, (...) nicht als ein solches durch empirische Data gedacht werden (kann). (ibid.)

Hume ist hingegen der Gedanke nicht vertraut, daß das als numerisch identisch Vorgestellte als eine Bedingung gedacht werden könnte, »die vor aller Erfahrung vorhergeht, und diese selbst möglich macht« (ibid.). Ihm scheint zu entgehen, daß die rationale Psychologie ihre Subjekttheorie gerade unabhängig von empirischen Bestimmungen entwickeln will. Daher ist für Hume der Schluß, daß die Idee der Identität des Selbst schon dann eine Fiktion sein müsse, wenn ihr keine *impression* noch sonst irgend eine Art innerer Erfahrung – eine Introspektion – zugrundegelegt werden kann, alternativlos. Kants Analyse und Kritik der Paralogismen der rationalen Psychologie ist demgegenüber umfassender und durchschlagender, da sie dieser gerade auch auf der Ebene begegnet, auf der sie einen über *impressions* und Bewußtseinszustände insgesamt hinausgehenden Erkenntnisanspruch erhebt. Als *rationale* Psychologie erwartet sie keinen Beifall eines sich in(tro)spizierenden Subjekts. Ihr reicht der Satz »Ich denke«.

Ich denke, ist also der alleinige Text der rationalen Psychologie, aus welchem sie ihre ganze Weisheit auswickeln soll. (B 401/A 343)

Ihre Weisheit sind Schlüsse auf die Beschaffenheit des Bewußtseinssubjekts (der Seele), die Kant als auf Fehldeutungen der analytischen und synthetischen Einheit des (Selbst-)Bewußtseins beruhend entkräftet.

Sieht man nämlich von jeglicher inneren Anschauung ab, so bleiben nur noch die Bedingungen des Denkens überhaupt: 1) das Ich in seiner »logischen Bedeutung« (A 355), die »logische Identität des Ich« (A 363) – also die analytische Einheit des Selbstbewußtseins im Sinne des durch alle Selbstzuschreibung numerisch identischen, logischen Subjekts, das als Relationspunkt der Zuschreibung von Vorstellungen bloß gedacht wird, und 2) die »Einheit des Bewußtseins, welche den Kategorien zum Grunde liegt« (B 421 f.) – also die synthetische Einheit des Selbstbewußtseins im Sinne der regelgeleiteten Verknüpfung von Vorstellungen.

Im ersten Fall handelt es sich noch nicht um ein »reales Subjekt«, sondern um das »beständige logische Subjekt des Denkens« (A 350). Und im zweiten Fall ist nicht das »bestimmbare Selbst (das denkende Subjekt)«, sondern das »bestimmende Selbst (das Denken)« (A 402) thematisch. Es geht in beiden Fällen um Prinzipien des Denkens, nicht um ein Etwas, das dem Bewußtseinssubjekt unabhängig von seinen Zuständen bewußt sein könnte. Kann dem Bewußtsein kein numerisch identisches Ich bloß als solches gegeben sein, so kann es mit bezug auf dieses Ich auch keine Anwendungsbedingungen für den Begriff eines beharrlichen identischen Subjekts geben. Das Ich ist »nur das Bewußtsein meines Denkens«, eine »bloße logische, qualitative Einheit des Selbstbewußtseins im Denken überhaupt« und entbehrt als solche der notwendigen Bedingung, den Begriff »eines für sich bestehenden Subjekts auf sich selbst als denkend Wesen anzuwenden« (B 413). Werden diesem Ich aber, wie in der rationalen Psychologie, Bestimmungen einer Entität, nämlich die eines für sich bestehenden Subjekts zugesprochen, so nur um den Preis einer Erschleichung der erforderlichen, aber auf dieser Ebene nicht gewährleisteten Bedingungen für die Anwendung des Begriffs eines beharrlichen identischen Subjekts. Der rationalen Psychologie liegt ein »bloßer Mißverstand« zugrunde.

Die Einheit des Bewußtseins, welche den Kategorien zum Grunde liegt, wird hier für Anschauung des Subjekts als Objekts genommen, und darauf die Kategorie der Substanz angewandt. Sie ist aber nur die Einheit im *Denken*, worurch allein kein Objekt gegeben wird, worauf also die Kategorie der Substanz, als die jederzeit gegebene *Anschauung* voraussetzt, nicht angewandt, mithin dieses Subjekt gar nicht erkannt werden kann. Das Subjekt der Kategorien kann also dadurch, daß es diese denkt, nicht von sich selbst als einem Objekte der Kategorien einen Begriff bekommen; denn, um diese zu denken, muß es sein reines Selbstbewußtsein, welches doch hat erklärt werden sollen, zum Grunde legen. (B 421 f.)

Der »Mißverstand« der rationalen Psychologie liegt demnach darin, daß sie einerseits den Begriff eines von allen Bedingungen der Anschauung (auch denen innerer Anschauung) unabhängigen Subjekts bloß als Bewußtseinseinheit behauptet vorauszusetzen und diesen dann andererseits aber doch nach einer (Fehl-)Analogie als den Bedingungen des an Anschauung gebundenen Objekterkennens zu bestimmen sucht. Nach Kant kann es kein Selbstbewußtsein geben, das als unmittelbare Selbstgewißheit eines alles Bewußtsein konstituierenden Ich vor und unabhängig von allen Bewußtseinszuständen ausgewiesen werden könnte. Es ist unmöglich, »durch die Einheit des Bewußtseins (...) über Erfahrung (unser Dasein im Leben) hinauszukommen«, da wir die Einheit des Bewußtseins »selbst nur dadurch kennen, daß wir sie zur Möglichkeit der Erfahrung unentbehrlich brauchen« (B 420).

Gleichwohl ist nichts natürlicher und verführerischer als der Schein, die Einheit in der Synthesis der Gedanken für eine wahrgenommene Einheit im Subjekte dieser Gedanken zu halten. Man könnte ihn die Subreption des hypostasierten Bewußtseins (apperceptionis substantiatae) nennen. (A 402)

b) Strawson

Strawson bringt die Kantische Kritik der Seelenmetaphysik auf die Formel: diese verwechselt die Einheit von (Einzel-)Erfahrungen in einem Bewußtsein mit der (vermeintlichen) Erfahrung eines einheitlichen Bewußtseinssubjekts (cf. BS 37/30, 162 f./140, 168/145).

Da die Verwendung des Terminus »Selbstbewußtsein« zur Bezeichnung des Begriffs der Einheit des Bewußtseins dieser Verwechslung Vorschub leistet, hält Strawson ihn sachlich wie auch im Kontext der Kantischen Theorie, wo es ihr um die Analyse von Erkenntnisbedingungen geht, für »nicht völlig glücklich« (BS 107/90 f.). Er verleitet dort zu Mißverständnissen, die denen der rationalen Psychologie strukturell verwandt sind. Das Theorem der Einheit des Bewußtseins benennt nur *notwendige* Bedingungen für Selbstbewußtsein und Objektivität, jedoch nicht hinreichende Bedingungen für ein selbstreferentiell artikulierbares Selbstbewußtsein. Und es benennt auch keine hinreichenden Bedingungen für den Begriff der Identität eines Erfahrungssubjekts (cf. BS 108/91). Die Einheit des Bewußtseins, die Selbstreflexivität und begriffliche Einheit von Erfahrung einschließt, ist nur allgemeines Strukturprinzip von Erfahrung überhaupt und stellt als solches nur »the essential core of personal self-consciousness« dar (BS 107/90). Das Subjekt des die (kantisch:) analytische Einheit des Selbstbewußtseins ausdrückenden Satzes »Ich denke« bezeichnet noch nichts Existierendes, sondern ist bloß der durch philosophische Analyse der Implikationen von Begriffsgebrauch gewonnene Gedanke eines Relationspunktes der Zugehörigkeit von Vorstellungen zu einem Subjekt und insofern der Gedanke einer bloß »formalen« Einheit (cf. Ind 103/132).[31] Lediglich auf der Grundlage dieses Gedankens kann der Begriff eines identischen und beharrlichen Subjekts, das sich seiner Identität durch die Zeit bewußt sein kann, keine Anwendung finden.

Über eine referenztheoretische Analyse des Zustandekommens jener für die cartesianische[32] Seelenmetaphysik charakteristischen Verwechslung zeigt Strawson, daß ihre Konzeption des Subjekts bloß als Bewußtsein (als Seele) gewisse Bedingungen der Anwendung des Subjektbegriffs zugleich – explizit – leugnet und doch – implizit – in Anspruch nimmt.

Der Cartesianismus geht von der, laut Strawson, richtigen Beobachtung aus, daß Bewußtseinszustände mir insofern unmittelbar gegeben sind, als ich keinerlei Kriterien anzuwenden brauche, und auch nicht anwenden kann, um mich zu vergewissern, ob ein Bewußtseinszustand, dessen ich mir bewußt bin, mir zugehört oder jemand anderem. Daß *ich* es bin, dem der Bewußtseinszustand zugehört, dessen ich mir bewußt bin, ist in jedem einzelnen Falle ein absolut unanzweifelbares Faktum. Ich bin mir der Mir-Zugehörigkeit eines Bewußtseinszustandes unmittelbar gewiß. Eine kriteriengeleitete Entscheidung ist hier unmöglich und sinnlos.

When I am in pain, for example, I do not have to look and see that it is *I* who am in pain. (BS 38/31)³³

Den Sachverhalt, daß ich mir eines Bewußtseinszustandes bewußt bin, kann ich in einer Selbstzuschreibung in einem Satz mit »ich« als Subjekt ausdrücken. Der unmittelbare Charakter und die »rein innere Basis« (BS 166/143) solcher Selbstzuschreibung kann zu Formulierungen führen wie »*Ich* bin mir jetzt *meiner selbst* bewußt« oder »So verhält es sich jetzt mit *mir*« (Self 175). Entscheidend ist nun aber, wie die Bedeutung von »ich« und »mein« interpretiert wird. Behaupte ich, ich hätte eine direkte Erfahrung eines bewußten Wesens in dem Sinne, daß »ich« sich auf ein rein inneres Ich (mich selbst bloß als individuelles Bewußtsein) beziehe und insofern ein direktes Gewahren der Individualität und Identität meines Bewußtseins (der Seele) vorliege, reklamiere ich *zugleich* Unmittelbarkeit und Unanzweifelbarkeit und entziehe damit dem Pronomen ›ich‹ seine gewöhnliche Referenzfunktion³⁴ *und* nehme eben diese Referenzfunktion gleichwohl in Anspruch, indem ich unterstelle, mich auf eine individuelle und identische Entität zu beziehen (cf. Self 176; BS 166/143).

Der Cartesianer muß die gewöhnliche Identifizierungsfunktion von »ich« unterstellen, um etwas zu bezeichnen, von dem er behauptet, es bedürfe keiner Identifizierung: das Ich. Vermittels dieser referenztheoretischen, erschlichenen Ambivalenz, schließt er die Unmittelbarkeit der Selbstzuschreibung mit der Einheit des Bewußtseins – die indessen eine Einheit von Vorstellungen (Bewußtseins*zuständen*) ist – kurz und unterliegt demzufolge der Illusion einer rein inneren und dennoch auf ein identifizierbares individuelles Subjekt sich beziehenden Verwendung von »ich«, das er lexikalisch durch »das Ich« ersetzt. Die Beibehaltung der baren *Form* von Referenz erweckt den Schein, man bezöge sich auf eine Individualität und Identität, während man unter Abstraktion von der gewöhnlichen, an Identifizierbarkeitsbedingungen gebundenen Referenzfunktion von »ich« tatsächlich nur von »Bewußtsein überhaupt« (BS 166/143) oder von den »allgemeinen Möglichkeitsbedingungen von Erfahrung« (BS 38/31) spricht. Letzteres war bereits die Einsicht Kants:

Allein dieses Ich ist sowenig Anschauung, als Begriff von irgendeinem Gegenstande, sondern die bloße Form des Bewußtseins. (A 382)³⁵

Der cartesianische Ich-Begriff, der eine nichtreferierende Referenz oder Referenz ohne Referentialität unterstellt, ist ein Effekt der Fehlinterpretation der Unmittelbarkeit kriterienloser Selbstzuschreibung. Er ist daher ein wahrhaft leerer Begriff (cf. BS 166/143).

Ist die referenztheoretische Ambivalenz als Quelle des cartesianischen Ich-Begriffs einmal aufgedeckt, liegt es nahe, nach einer Lösung des Problems der Anwendung des Subjektbegriffs da zu suchen, wo die Ambivalenz offenbar noch nicht am Werke ist: diesseits der Abstraktion von der gewöhnlichen Referenzfunktion von Personalpronomina.

VI. Der Primat des Personbegriffs

Um den Subjektbegriff scheinen sich Probleme zu gruppieren, die schon auf einem elementaren Niveau – der Frage nämlich, wer oder was sich seiner selbst bewußt ist – in eigenartiger Weise philosophisch umstritten sind, die sich für die Umgangssprache aber offenbar gar nicht stellen oder zumindest lösbar sind.

Die gewöhnliche Funktion von Personalpronomen ist die einer an Identifizierbarkeit gebundenen Referenz auf eine *Person* (oder mehrere). Die Verwendungsregel des Pronomens der ersten Person singularis besagt, »daß mittels dieses Ausdrucks der jeweilige Sprecher sich selbst bezeichnet«.[36] Wenn eine Person das Pronomen »ich« verwendet, so ist durch diese Verwendungsregel das Referenzobjekt schon dann zureichend identifizierbar, wenn »ich« in Konformität mit den Regeln der Sprachverwendung geäußert wird; »ich« ist insofern ein referierender Ausdruck.[37] Seine Verwendung setzt auf seiten des Sprechers zwar keine Selbstanwendung von Identifikationskriterien derart voraus, daß er nur aufgrund einer kriteriengeleiteten Identifikationsleistung (einer Selbstidentifikation) wissen könne, ob er berechtigt ist, »ich« zu verwenden. Insofern ist es richtig zu sagen, die Selbstzuschreibung gegenwärtiger Erfahrungen schließe keine Erkenntnis der Person ein.[38] Gleichwohl bezieht sich »ich« auf ein identifizierbares Referenzobjekt: auf den von anderen als einzelne Person identifizierbaren Sprecher. Mit dem Wort »ich« wird also zwar nicht *identifiziert*, aber eine *identifizierbare* Person – und nicht etwa eine res cogitans – gemeint (cf. BS 165/142 f).[39] Das heißt, wie

Tugendhat in Strawsons Sinne formuliert, daß »der Sprecher mit diesem einzigartigen singulären Terminus auf sich so Bezug nimmt, daß er sich damit nicht identifiziert, aber weiß, daß derselbe, den er nicht-identifizierend meint, durch andere singuläre Termini (›dieser da‹, ›Herr X‹) identifizierbar ist«.[40]

Die Identifizierbarkeit der Person durch singuläre Termini ist an die Tatsache gebunden, daß eine Person unter anderem ein raumzeitlicher Gegenstand ist und empirische Identitätskriterien (raumzeitliche Angaben) in ihre Identifikation eingehen können.

Our ordinary concept of *personal* identity does carry with it empirically applicable criteria for the numerical identity through time of a subject of experiences (a man or human being) and (...) these criteria, though not the same as those for bodily identity, involve an essential reference to the human body. (BS 164/141)[41]

Dies ist möglich aufgrund der Logik des gewöhnlichen Begriffs einer Person als eines Typs von Entitäten, die dadurch bestimmt sind,

that *both* predicates ascribing states of consciousness *and* predicates ascribing corporeal characteristics, a physical situation &c. are equally applicable to a single individual of that single type. (Ind 102/130)[42]

Daher kann »ich«, auch wenn es ohne epistemische Rechtfertigung durch die Selbstanwendung empirischer Kriterien personaler Identität verwendet wird, auf eine Person referieren, die als diese Person durch die Anwendung solcher Kriterien identifizierbar ist.

The links between criterionless self-ascription and empirical criteria of subject-identity are not *in practice* severed. (BS 165/143)

Der Personbegriff ist demnach derart in die Umgangssprache eingeschrieben, daß wir mit ihm auf etwas Bezug nehmen, das sowohl ein sich seine Bewußtseinszustände kriterienlos selbstzuschreibendes Bewußtseinssubjekt als auch – in der Terminologie Kants – ein Gegenstand des äußeren Sinnes ist, der durch empirische Identitätskriterien identifiziert werden kann. Somit stellt sich die Frage:

Why are (states of consciousness) ascribed to the very same thing as certain corporeal characteristics, a certain physical situation, &c.? (Ind 90/114)

Der Cartesianismus bezweifelt die Praxis der Umgangssprache und hält es für eine sprachlich bedingte Täuschung (»linguistic illusion«; Ind 94/120), wenn wir glauben, daß so grundverschiedene Arten von Prädikaten wie körperliche Eigenschaften und Bewußtseinszustände (Denken) *ein und derselben* Entität zukämen und es für beide Prädikatentypen *einen* gemeinsamen Besitzer bzw. *ein* gemeinsames Subjekt gebe. Leib und Seele sind laut Descartes zwei *substantiae diversae,* zwischen ihnen besteht eine *distinctio realis*.[43] Dem methodischen Zweifel hält nur das zweifelnde Denken selbst, aber nicht einmal der Körper des zweifelnden Subjekts stand. Dies ist deshalb möglich, weil mit Descartes der Bewußtseinsbegriff etwa gegenüber Aristoteles eine derartige Erweiterung erfährt, daß auch solche noch für Aristoteles an den Körper gebundenen Funktionen wie Wahrnehmung, dank der Vernachlässigung ihrer Körpergebundenheit, ganz auf die Seite des Bewußtseins verlagert werden.[44] Daher führt Descartes' Zweifel zu dem Resultat, daß die Existenz der denkenden Substanz unabhängig von der Existenz der ausgedehnten, körperlichen Substanz gewiß ist.[45] Und dieser unterschiedliche Gewißheitsgrad ist für Descartes das Kriterium der *distinctio realis.* Die Existenz des Bewußtseins oder der Seele ist ontologisch von anderer Art als die des Körpers. Daher ist das Bewußtsein (die Seele) ein anderes Ding *(res)* als der Körper. Die *res cogitans* ist ontologisch unabhängig von der *res extensa,* das Ego des cogito unabhängig vom Körper. »Ich« bezeichnet nur eine der beiden Substanzen.

Sum igitur *praecise tantum* res cogitans, id est mens, sive animus, sive intellectus, sive ratio.[46]

(...) ego, qui nihil aliquid sum quam res cogitans.[47]

Der cartesianische Substanzendualismus hält sich bis in den Personbegriff hinein durch.[48] Ihm zufolge entspricht innerhalb des Kompositums »Person« je einer auf es anwendbaren Prädikatenklasse genau eine als separates Element dieses Kompositums analysierbare Substanz. Strawson gibt den cartesianischen Personbegriff wie folgt wieder:

When we speak of a person, we are really referring to one or both of two distinct substances, two substances of different types, each of which has its own appropriate types of states and properties; and none of the properties or states of either can be a property or state of the other. States of consciousness belong to one of these substances and not to the other. (Ind 94/121; cf. Self 170)

Demnach können sich Prädikate direkt nur *entweder* auf Bewußtseinszustände einer Person *oder* auf ihre körperlichen Eigenschaften beziehen. Oder aber ein Prädikat bezieht sich auf beide, Bewußtseinszustände und körperliche Eigenschaften, und ist dann so analysierbar, daß es isolierbare Bedeutungselemente enthält, die ihrerseits eindeutig auf je eine der beiden Komponenten Bezug nehmen (cf. Self 170 u. 172).

Dasselbe gilt für die Subjektseite entsprechender Sätze. Eine »cartesianische Grammatik« rekonstruiert jeden Satz, dessen grammatisches Satzsubjekt in unserer gewöhnlichen Sprechweise der Name eines Menschen (ein auf einen Menschen referierender singulärer Terminus) ist, dahingehend, daß das grammatische Subjekt entweder einen Körper (bzw. einen Teil eines Körpers) oder ein Bewußtsein bezeichnet, oder aber so, daß der Ausgangssatz in zwei getrennte Sätze, einen über einen Körper und einen über ein Bewußtsein, zerlegt wird (cf. Self 170).

Der Cartesianer vertritt damit – und darauf kommt es Strawson an – eine bestimmte Auffassung hinsichtlich der *Beziehung* zwischen dem Begriff der Person und dem Begriff eines einzelnen Bewußtseins. Er vertritt die Auffassung, daß die Rede von einer Person, einem Menschen, nur verständlich ist, wenn wir unabhängig vom Personbegriff über den Begriff eines einzelnen Bewußtseins verfügen und wir in der Tat in dieser Weise über einen Bewußtseinsbegriff verfügen, der dem Personbegriff gegenüber grundlegend (logisch primär) ist. Diese Auffassung liegt seiner Grammatik zugrunde, die die »dualistische *Reduktion* und *Analyse* der Idee einer Person« fordert (cf. Self 171).

Mit bezug auf die Prädikatseite der strittigen Satzform macht Strawson folgenden Einwand. Wenn wir das Prädikat des Satzes »John schreibt einen Brief« in eine mentale und in eine körperliche Komponente zerlegen und die mentale Komponente isolieren, erhalten wir etwa den Satz »Sein Bewußtsein durchlief die mentalen Prozesse, die im Schreiben eines Briefes involviert sind«. Diese Reduktion belegt aber geradezu, daß der Begriff eines solchen mentalen Prozesses vom Begriff des Briefeschreibens und beide vom Begriff einer Person abhängig sind. Denn einen Brief schreibt nicht ein Bewußtsein oder ein Körper, sondern eine Person (cf. Self 172).

Die Überprüfung der Durchführbarkeit einer dualistischen Reduktion auf der Subjektseite solcher Sätze legt eine noch gewichtigere Inkohärenz des Cartesianismus offen. Selbst solche Sätze, in denen »Bewußtsein« ohne explizite Verknüpfung mit einem Personennamen als grammatischem Satzsubjekt fungiert, Sätze also, in denen die Referenz auf ein Bewußtsein scheinbar von der Referenz auf eine Person unabhängig ist, wie etwa: »Das Bewußtsein, das mit dem an der-und-der Stelle befindlichen Körper in einer ausgezeichnet engen Beziehung steht«, oder: »Das Bewußtsein, das zu dem-und-dem Zeitpunkt mit den-und-den Gedanken und Gefühlen befaßt ist« – selbst solche Sätze enthalten mit dem bestimmten Artikel »das« eine Referenz auf *ein* Bewußtsein. Um aber kohärent über *ein* Bewußtsein und generell über *eine* Instanz (individual item) irgendeiner Art reden zu können, müssen wir den Unterschied zwischen *einer* solchen Instanz und *zwei* solchen Instanzen kennen. Und wenn solche Instanzen als über die Zeit hinweg dauernde begriffen werden sollen können, müssen wir wissen, wie wir *dieselbe* Instanz zu verschiedenen Zeitpunkten reidentifizieren können (cf. Self 173).[49]

Das heißt mit Bezug auf den Bewußtseinsbegriff, daß wir überhaupt keinen klaren Begriff eines einzelnen Bewußtseins haben, wenn wir nicht die Anwendungsbedingungen der Begriffe von numerischer Identität und Differenz und somit von Individuationskriterien auf ein einzelnes Bewußtsein kennen.

Die Identität eines Einzelnen ist an seine Identifizierbarkeit mittels der Anwendung von Individuationskriterien gebunden. Die Geltung des *principle of significance* erstreckt sich auch auf den Begriff der numerischen Identität über die Zeit hinweg: Der legitime Gebrauch dieses Begriffs ist auf seine von empirischen Kriterien geleitete Anwendung auf Entitäten beschränkt, die sich mittels der Angabe von Raum- und Zeitkoordinaten individuieren lassen (cf. BS 37/30, 162/140, 171/148). Diese Bedingung erfüllen nicht nur materielle Körper, sondern alle Entitäten, denen körperliche Eigenschaften zugeschrieben werden können. Die Bedingung der Anwendbarkeit von Individuations- und Identifikationskriterien ist die Zuschreibbarkeit von körperlichen Eigenschaften.

Der gewöhnliche Personbegriff trägt dem Rechnung, da er die Zuschreibbarkeit von Bewußtseinszuständen *und* körperlichen Eigenschaften vorsieht und somit die Anwendungsbedingung von Individuations- und Identifikationskriterien erfüllt.

Persons, having corporeal characteristics, perceptibly occupying space and time, can be distinguished and identified, as other items having a material place in the spatio-temporal framework can be dinstinguished and identified. (Ind 132/170; cf. Ind 102/131 u. 124/159)

Damit wird nicht etwa suggeriert, die Kriterien personaler Identität erschöpften sich in Kriterien raumzeitlicher Identifizierung. Diese ergeben gewiß keine hinreichenden Bestimmungen des Begriffs der Person-Identität.[50] Aber sie sind notwendige Bedingungen der Anwendbarkeit aller Kriterien personaler Identität schon insofern, als wir nur unter ihrer Voraussetzung wissen, wann wir über *eine* Person sprechen.

Der Bewußtseinsbegriff hingegen erfüllt die genannten Bedingungen in keiner Weise.

No principle of individuation can be framed for consciousnesses as such. (Ind 121/155)

Wir verfügen jedoch über Kriterien der Singularität und Identität eines einzelnen Bewußtseins, sobald und *nur* wenn wir zulassen, daß die Begriffe der Singularität und Identität eines Bewußtseins identifikationstheoretisch abhängig und begrifflich abgeleitet sind von den Begriffen der Singularität und Identität einer Person, eines Menschen. Dann vertreten wir die dem cartesianischen Substanzendualismus entgegengesetzte Auffassung, daß der Personbegriff kein analysierbares und reduzierbares Kompositum zweier grundlegenderer Begriffe (Bewußtsein und Körper als je selbständiger Einzeldinge), sondern selbst grundlegender Begriff ist: der eines besonderen Typs von Entitäten, von Einzeldingen sui generis, auf den auch Prädikate, die körperliche Eigenschaften zuschreiben, und also gewöhnliche empirische Identitätskriterien anwendbar sind. Der Begriff der Identität eines Bewußtseins erlangt dann – gewissermaßen parasitär – in dem Maße Bestimmtheit, in dem der Begriff der Identität einer Person Bestimmtheit hat (cf. Self 174). Die Anwendungsbedingung des Identitätsbegriffs auf ein einzelnes Bewußtsein kann nur die Anwendbarkeit des Personbegriffs sein.

Wird der Begriff eines einzelnen Bewußtseins als vom Personbegriff identifikationstheoretisch abhängig verstanden und die der Umgangssprache implizite Voraussetzung akzeptiert, der Personbegriff sei ein unanalysierbarer, nichtreduzierbarer Begriff *einer* Entität, binden wir die Identität des Bewußtseins an die

Identität der Person und verfügen sodann in dem Maße über Kriterien der Identität eines Bewußtseins, wie wir über Kriterien der Identität einer Person verfügen. Es gilt dann: wenn wir eine Person identifizieren, identifizieren wir damit auch ein Bewußtsein, nämlich das Bewußtsein dieser Person.

We *have* criteria of singularity and identity for subjects of experience (people, men). If we are to talk of individual souls or consciousnesses as well, we *need* criteria of singularity and identity for them. The only way to guarantee a consequence which must surely rate as an adequacy condition for an admissible concept of an individual soul or consciousness – viz. that a normal man, in the course of a normal life, has at any time just one soul or consciousness which lasts him throughout – is to allow that the notions of singularity and identity of souls or consciousnesses are conceptually dependent on, conceptually derivative from, the notions of singularity and identity of men or people. The rule for deriving the criteria we need from the criteria we have is very simple. It is: *one* person, *one* consciousness; *same* person, *same* consciousness. (BS 168 f./145; cf. Self 174 u. Ind 133/171)

Wenn Strawson also argumentiert, daß wir *nur* über einen zulässigen Begriff eines einzelnen Bewußtseins, eben der Identität eines Bewußtseins verfügen, wenn wir diesen Begriff an einen anderen, grundlegenderen Begriff binden, der die Zuschreibbarkeit von Körperprädikaten vorsieht, so ist er damit ebensowenig wie der Wittgenstein des *Blue Book* der Auffassung, »ich« in einem Bewußtseinsprädikate zuschreibenden Satz wie »Ich habe Schmerzen« bezeichne einen bestimmten Körper, »for we can't substitute for ›I‹ a description of a body«.[51] Gemeint ist, daß bei Verwendung von Bewußtseinsprädikaten die Identifizierung des Bewußtseins, auf das wir uns in der Zuschreibung eines solchen Prädikats beziehen, nicht unabhängig ist von der Identifizierbarkeit der Person, deren Bewußtsein es ist. Der entscheidende Punkt ist, daß wir auf *dieselbe* Entität *auch* Körperprädikate anwenden können müssen.

Der Fehler des Cartesianismus liegt demnach vor allem auf der Subjektseite jener Sätze, die in einer cartesianischen Grammatik dualistisch analysierbar und reduzierbar sein sollen. Er übersieht die referenz- und identifikationstheoretische Abhängigkeit des Bewußtseinsbegriffs vom Personbegriff. Daher gerät er beim Versuch der Erklärung der Identität eines Bewußtseins in eine bemerkenswerte Verlegenheit. Wird nämlich umgekehrt der Begriff eines Bewußtseins als dem Personbegriff gegenüber logisch primär gefaßt und behauptet, der Begriff der Identität eines Bewußtseins sei Kriterium der Anwendung des Identitätsbegriffs auf eine Person, kann weder begründetermaßen je einer Person *ein* Bewußtsein zugesprochen, noch die Identität des Bewußtseins selbst dargelegt werden. Beides bleibt unter den Voraussetzungen der cartesianischen psychologia rationalis eine bloße Annahme, der, wie Kant in seiner Kritik des (dritten) Paralogismus der Personalität (A 361–366) illustriert, ebensogut eine Gegenhypothese entgegengehalten werden kann, die zwar intuitiv paradox erscheint, unter cartesianischen Voraussetzungen aber nicht mit Gründen schlüssig abzuweisen ist. Kant:

Eine elastische Kugel, die auf eine gleiche in gerader Richtung stößt, teilt dieser ihre ganze Bewegung, mithin ihren ganzen Zustand (wenn man bloß auf die Stellen im Raume sieht) mit. Nehmt nun, nach der Analogie mit dergleichen Körpern, Substanzen an, deren die eine der andern Vorstellungen, samt deren Bewußtsein einflößte, so wird sich eine ganze Reihe derselben denken lassen, deren die erste ihren Zustand, samt dessen Bewußtsein, der zweiten, diese ihren eigenen Zustand, samt dem der vorigen Substanz, der dritten und diese ebenso die Zustände aller vorigen, samt ihrem eigenen und deren Bewußtsein, mitteilte. Die letzte Substanz würde also aller Zustände der vor ihr veränderten Substanzen sich als ihrer eigenen bewußt sein, weil jene zusamt dem Bewußtsein in sie übertragen worden, und demunerachtet, würde sie doch nicht ebendieselbe Person in allen diesen Zuständen gewesen sein. (A 363 f. Anm.)

Angewendet auf das Verhältnis zwischen logischer Identität des Ich und numerischer Identität eines beharrlichen Erfahrungssubjekts bedeutet dies:

Es ist also die Identität des Bewußtseins Meiner selbst in verschiedenen Zeiten nur eine formale Bedingung meiner Gedanken und ihres Zusammenhanges, beweist aber gar nicht die numerische Identität meines Subjekts, in welchem, ohnerachtet der logischen Identität des Ich, doch ein solcher Wechsel vorgegangen sein kann, der es nicht erlaubt, die Identität desselben beizubehalten; obzwar ihm immer noch das gleichlautende Ich zuzuteilen, welches in jedem andern Zustande, selbst der Umwandlung des Subjekts, doch immer den Gedanken des vorhergehenden Subjekts aufbehalten und so auch dem folgenden überliefern könnte. (A 363)

Strawson bezieht sich explizit auf diese Kant-Stelle (cf. BS 168/ 145, Self 174), um das argumentative Hintertreffen des Cartesianismus zu verdeutlichen. Da – wie Kant gezeigt hat – aus der logischen Identität des Ich die Identität eines »fortwährenden

Bewußtseins in einem bleibenden Selbst« keineswegs folgt (A 365), kann die rationale Psychologie – die ja behauptet, nichts als die logische Identität des Ich im Denken in Anspruch zu nehmen – überhaupt kein Kriterium der Identität eines solchen Bewußtseins angeben.[52] Unter cartesianischen Voraussetzungen läßt sich aber nicht nur die numerische Identität und Einheit *eines* Bewußtseins *einer* Person nicht sicherstellen, sondern auch für den Fall zweier gleicher Sequenzen von Bewußtseinszuständen, die zwei Personen zur gleichen Zeit haben können, kein Entscheidungskriterium angeben, *ob* es *zwei* Personen sind (cf. Ind 124/159). Denn die qualitative Ununterschiedenheit von Sequenzen von Bewußtseinszuständen ist kein hinreichendes Kriterium für die numerische Identität einer Person; qualitative Identität schließt numerische Verschiedenheit nicht aus (cf. Ind 101/130). Der Idee der Unterscheidung zwischen individuellen Subjekten von Bewußtseinszuständen kann demnach unter der Voraussetzung des Begriffs des bloßen Bewußtseins als eines selbständigen, primären Einzeldings überhaupt kein Sinn gegeben werden. Bedingung der Möglichkeit der Unterscheidung zwischen individuellen Bewußtseinssubjekten ist der Personbegriff (cf. Ind 124/159 u. 126/161).

VII. Selbstzuschreibung und Fremdzuschreibung

Die Identität des Subjekts ist also als Identität der Person zu bestimmen; und der Begriff eines einzelnen Bewußtseins ist ein gegenüber dem Personbegriff sekundärer Begriff. Die Bindung der Identität des Bewußtseins an die Identität der Person ist den bisherigen Erläuterungen zufolge referenz- bzw. identifikationstheoretisch begründet: Die Identifizierung eines Bewußtseins setzt die Identifizierbarkeit einer Person voraus, auf dessen Bewußtsein Bezug genommen wird. Die Identifizierbarkeitsabhängigkeit *(identifiability-dependence)* erstreckt sich auch auf einzelne Bewußtseins*zustände (private experiences, private particulars)*. Die Individuation nicht nur eines einzelnen Bewußtseins, sondern auch von Bewußtseinszuständen beruht auf der Identität (und Identifizierbarkeit) von Personen, »to whose histories they belong«.

Identifying references to ›private particulars‹ depend on identifying references to particulars of another type alltogether, namely persons. (Ind 41/51)

Wir können uns nicht *nur* auf Bewußtseinszustände als solche beziehen. »Schmerzen haben« z. B. ist ein einstelliges Prädikat, mit dessen Äußerung ohne Einsetzung einer Individuenkonstante keine Bezugnahme auf einen bestimmten Bewußtseinszustand, der zu einem bestimmten Zeitpunkt auftritt, realisiert wird.

Diese Erklärung handelt aber offenbar von Bedingungen der Zuschreibung von Bewußtseinszuständen zu anderen Personen, von Bedingungen der *Fremdzuschreibung* also. Aus der Perspektive der Fremdzuschreibung scheint es nahezu eine triviale Feststellung, daß die Bezugnahme auf Bewußtseinszustände die auf eine Person, der sie zugehören, einschließt. Daß die Identifikation eines Zahnschmerzes nur als Identifikation des Zahnschmerzes dieser oder jener identifizierten Person, die unter ihm leidet, möglich ist (oder doch faktisch immer so vonstatten geht), kann scheinbar umstandslos zugestanden werden.

Mit der Trivialität ist es allerdings nicht so weit her, wenn man berücksichtigt, daß unter der (cartesianischen) Voraussetzung, daß – anders als körperliche Attribute, die nur Körpern zugeschrieben werden – Bewußtseinszustände nur reinen Egos und reinen Egos nur Bewußtseinszustände zugeschrieben werden, Fremdzuschreibung überhaupt nicht einsichtig gemacht werden kann. Denn, da auf reine Egos keine Identitätskriterien anwendbar sind, kann auch nicht bestimmt werden, welchem Ego und inwiefern überhaupt einem anderen als meinem Ego (»mir«) etwas zugeschrieben wird. Daß in Fremdzuschreibung diese Angabe gemacht werden können muß, ist in der Bedeutung des Begriffs der Fremdzuschreibung analytisch enthalten (cf. Ind 100 f./128 ff.).[53]

Im gegenwärtigen Kontext wichtigere Fragen aber stellen sich im Hinblick auf die *Selbstzuschreibung* von Bewußtseinszuständen. Sie ist es vor allem, die zu weitreichenden und, wie bereits gesehen, gelegentlich unhaltbaren Schlußfolgerungen (Fehlschlüssen) verleitet. Strawson hatte selbst die Kriterienlosigkeit als das ausgezeichnete Merkmal der Selbstzuschreibung von Bewußtseinszuständen herausgestellt. Es kann in ihrem Falle keine »Methode der Verifikation« geben (cf. Ind 99 f/128 u. WPI 151 ff.; cf. oben S. 51 f.). Selbstzuschreibung von Bewußtseinszuständen unterscheidet sich hierin sowohl von Fremdzuschreibung als auch von allen Arten der Selbstzuschreibung, die sich nicht in der Zuschreibung von gegenwärtigen oder unmittelbar erinnerten Bewußtseinszuständen erschöpfen, sondern etwa psychologische Dispositionsprädikate oder Berichte über die eigene Vergangenheit umfassen (cf. Ind 106f./137, 133f. Anm. 1/171 Anm. 10 u. WPI 160f.). Diese letzteren Arten von Selbstzuschreibung wie auch alle Arten von Fremdzuschreibung sind kriteriengeleitet. Die Selbstzuschreibung von Bewußtseinszuständen ist der einzige Fall kriterienloser Zuschreibung. Man kann diese Differenz bezüglich der Wissensbedingungen »epistemische Asymmetrie« nennen.[54]

Selbst wenn also die Identität eines Subjekts sowohl aus der Perspektive kriteriengeleiteter Selbstzuschreibung als auch aus der Perspektive allenfalls kriteriengeleiteter Fremdzuschreibung ohne weiteres als Identität einer empirisch identifizierbaren Person begriffen werden kann, so scheint doch die kriterienlose Selbstzuschreibung von Bewußtseinszuständen zu indizieren, daß das Identitäts*bewußtsein* eines Subjekts von *sich selbst* als Bewußtseinssubjekt einen von allen Kriterien abgelösten, unabhängigen Sonderstatus hat. Genau hier könnten sich Grenzen des Primats des gewöhnlichen Personbegriffs (cf. oben S. 53 f.) zeigen. Dieser sieht vor, daß die Verbindungen zwischen kriterienloser Selbstzuschreibung und empirischen Kriterien von Subjekt-Identität im Sinne von Person-Identität praktisch nie aufgehoben sind (cf. BS 165/143). Ist das Identitätsbewußtsein eines Subjekts von sich selbst nicht unabhängig von der Identität der Person bzw. dieser gegenüber grundlegender?

Um den Primat des Personbegriffs durchgängig zu begründen, müßte gezeigt werden können, daß die Bedingungen von Selbstzuschreibung in *keinem* Falle unabhängig von den Bedingungen von Fremdzuschreibung sind. Es müßte gezeigt werden, daß auch das jedem Selbstbewußtsein implizite Identitätsbewußtsein nicht unabhängig ist von der Idee der Unterscheidung zwischen individuellen Subjekten und daß auch dem Identitätsbewußtsein ein das Differentiationsprinzip notwendig (komplementär) einschließendes Identitätsprinzip zugrundeliegt (cf. Ind 103/132).

Die Möglichkeit, Identitätsbewußtsein als unmittelbares Gewahren eines reinen Ich aufzufassen, ist bereits ausgeschlossen; ebenso ausgeschlossen sind Schlüsse aus der Einheit des Bewußtseins auf ein unmittelbares Einheitsbewußtsein (cf. insbes. Absch. V). Eine Antwort auf die Frage nach Struktur und Bedingungen von Identitätsbewußtsein sollte im Zuge einer Analyse desjenigen Phänomens entwickelt werden, aufgrund dessen sich die Frage stellt: im Zuge einer Analyse von Selbstzuschreibung. Diese Analyse hat vor allem dreierlei zu berücksichtigen: 1. die Wahrheitsbedingungen eines eine Selbstzuschreibung ausdrückenden Satzes, 2. die Eindeutigkeit (Bestimmtheit) des Satzsubjekts und 3. die Bedeutung des Prädikats eines solchen Satzes.[55]

Auch wenn Selbstzuschreibung aufgrund der Kriterienlosigkeit gegen Fehlidentifikation immun ist, ist es sinnvoll, von einem selbstzuschreibenden Satz zu sagen, er sei wahr.[56] Der Wahrheitsbegriff hat hier wenigstens insofern Sinn, als immerhin die Möglichkeit einer unaufrichtigen Mitteilung meiner Bewußtseinszustände gegenüber einem anderen besteht. Ich kann vorgeben, mich in einem bestimmten Bewußtseinszustand zu befinden (oder zu einem vergangenen Zeitpunkt befunden zu haben), in dem ich mich aber wissentlich nicht befinde (befunden habe). Das heißt, obwohl sich für mich, das selbstzuschreibende Subjekt, die Wahrheitsfrage nicht stellt (ich weiß, ob ich aufrichtig bin), kann sie sich für einen anderen mit Bezug auf meine Bewußtseinszustände stellen, sobald er an meiner Aufrichtigkeit zweifelt. Hinsichtlich der Entscheidung, ob ein von mir geäußerter selbstzuschreibender Satz wahr ist, ist das Kriterium meiner Aufrichtigkeit aber in letzter Instanz entscheidender als das der Verhaltensbeobachtung, aus der er – vielleicht mit Ausnahme expressiver Ausrufe wie »au!« – nur mehr oder weniger vermittelte Schlüsse ziehen kann, die vom Subjekt der betreffenden Bewußtseinszustände korrigiert werden können. So kann von einem anderen mit gewissermaßen hypothetischem Wahrheitsanspruch in einem fremdzuschreibenden Satz durch Einsetzung von »er« als Satzsubjekt derselbe Sachverhalt geäußert werden, den ich selbst in einem selbstzuschreibenden Satz mit »ich« als Subjekt äußern kann. Shoemaker:

The statement ›Jones is thinking‹, said by someone other than Jones, is true when and only when Jones could truly say ›I am thinking‹.[57]

Beide Sätze sind jeweils genau dann wahr, wenn auch der jeweils andere Satz wahr ist.[58] Shoemaker hat das Verhältnis zweier Sätze dieser Art »logical correspondance between first-person and third-person statements« genannt.[59] Tugendhat nennt es »veritative Symmetrie«.[60] Gemeint ist, daß zwei prädikatgleiche Sätze, deren einer eine Selbstzuschreibung, der andere eine Fremdzuschreibung ausdrückt, denselben Wahrheitswert haben. In einer allgemeinen Regel ausgedrückt gilt:

If S is a sentence in the third person that expresses a statement about a person A, and if S' is a sentence obtained from S by replacing the expressions in S that refer to A with first-person pronouns of the grammatically appropriate cases, and by making whatever changes are grammatically required by the insertion of those pronouns (...), then S' will make a true statement when asserted by A if and only if the statement expressed by S is true.[61]

Dieses Verhältnis von selbstzuschreibenden und fremdzuschreibenden Sätzen, deren Wahrheitswerte identisch, deren Wissensbedingungen aber verschieden sind, ist nur möglich aufgrund einer bestimmten logischen Struktur dieser Sätze: Sie enthalten einen referierenden Subjektterm und ein über den Austausch des Subjektterms hinweg bedeutungsgleiches Prädikat. Für die Bedeutung der Bewußtseinszustände zuschreibenden Prädikate ist es wesentlich, daß sie demselben Individuum sowohl selbstzuschreibbar als auch fremdzuschreibbar sind. Sie sind Prädikate, die adäquat sowohl auf der Basis von Verhaltenskriterien (Beobachtung) fremd- als auch unabhängig von dieser Basis selbstzugeschrieben werden (cf. Ind 108/139, 110/141).

Selbstzuschreibung setzt also das Verfügen über Begriffe voraus, deren Bedeutung ich genau dann kenne (und die ich deshalb genau dann adäquat anwende), wenn ich auch die Bedingungen kenne, unter denen ich sie anderen zuschreiben kann.[62] Die Selbstzuschreibung eines Prädikats impliziert seine Fremdzuschreibbarkeit. Strawson erläutert das am Beispiel des Begriffs der Depression:

We might say: in order for there to be such a concept as that of X's depression, the depression which X has, the concept must cover both what is felt, but not observed, by X, and what may be observed, but not felt, by others than X (for all values of X). But it is perhaps better to say: X's depression *is* something, one and the same thing, which is felt, but not observed, by X, and observed, but not felt, by others than X. (Ind 108 f./ 139 f.)

Ist Fremdzuschreibbarkeit notwendiges Implikat von Selbstzuschreibbarkeit, so ist auch die Unterscheidbarkeit von Subjekten notwendiges Implikat von Selbstzuschreibung. Das Pronomen »ich« in selbstzuschreibenden Sätzen ist ein referierender Ausdruck nicht nur, weil es grammatisch als Subjekt fungiert, sondern weil jedem Satz mit »ich« als Subjekt ein äquivalenter Satz mit dem Pronomen der dritten Person als Subjekt entspricht. Mit Bezug auf den letzteren ist es evident, daß er auf eine identifizierbare und von anderen unterscheidbare Person referiert. Wenn beide Sätze aber äquivalent sind (denselben Wahrheitswert haben), referiert auch »ich« auf eine Person. Insofern impliziert Selbstzuschreibung auf der Seite des selbstzuschreibenden Subjekts ein Sichunterscheiden von anderen Subjekten. Der Idee der Unterscheidung zwischen individuellen Subjekten aber kann, wie bereits oben (Absch. VI) gezeigt, nur unter der Voraussetzung Sinn gegeben werden, daß der Personbegriff als primärer Begriff, der auch die Zuschreibung von körperlichen Attributen zuläßt, zugrundeliegt. Der Personbegriff ist auch im Hinblick auf kriterienlose Selbstzuschreibung »logisch grundlegender« Begriff.

Das Ergebnis der vorgetragenen Überlegungen kann nun folgendermaßen zusammengefaßt werden. Die erfahrungsanalytischen Argumente ergaben eine Antwort auf die Frage, warum Bewußtseinszustände überhaupt einem Subjekt zugeschrieben werden bzw. zugeschrieben werden *können müssen:* Diese notwendige Möglichkeit ist laut Strawson eine Voraussetzung von Begriffsgebrauch und damit im Fällenkönnen objektbezogener Urteile enthalten. Desweiteren konnte Strawson zeigen, daß die Bezugnahme auf Bewußtseinszustände überhaupt nur möglich ist, wenn und indem sie Subjekten zugeschrieben werden. Der Begriff des Subjekts mußte sodann als Begriff der Person bestimmt werden, weil anders der Gedanke der Zuschreibung von Bewußtseinszuständen nicht kohärent expliziert werden könnte, denn: »states of consciousness could not be ascribed *at all,* unless they were ascribed to *persons*« (Ind 102/131; H.v.m.). Strawson resümiert die wichtigsten Schritte ausgehend vom Begriff der Selbstzuschreibung von Bewußtseinszuständen wie folgt:

There would be no question of ascribing one's own states of consciousness, or experiences, to anything, unless one also ascribed, or were ready and able to ascribe, states of consciousness, or experiences, to other individual entities of the same logical type as that thing to which one ascribes one's own states of consciousness. The condition of reckoning oneself as a subject of such predicates is that one should also reckon others as subjects of such predicates. The condition, in turn, of this being possible, is that one should be able to distinguish from one another, to pick out or identify, different subjects of such predicates, i.e. different individuals of the type concerned. The condition, in turn, of this being possible is that the individuals concerned, including oneself, should be of a certain unique type: of a type, namely, such that to each individual of that type there must be ascribed, or ascribable, *both* states of consciousness *and* corporeal characteristics. (Ind 104/133 f.)

VIII. Was heißt und zu welchem Ende soll man ›mit-sich-vertrautsein‹?

Die erörterten Argumente sind gewiß weit entfernt davon, eine auch nur einigermaßen erschöpfende Theorie der Identität des Subjekts und des Identitätsbewußtseins zu ergeben. Selbst eine Theorie personaler Identität im engeren Sinne, d. h. eine Theorie der notwendigen und hinreichenden Bedingungen der Identifizierung und Reidentifizierung einer Person als zeitlebens einer und derselben, liegt damit nicht vor (Strawson hat auch nie beansprucht, eine solche Theorie entwickelt zu haben).

Es handelt sich bei den vorgetragenen Argumenten eher um solche, die die Grenzen eines einsichtigen und kohärenten Begriffs von Subjektidentität und Identitätsbewußtsein markieren. Sie tun dies, indem sie Theorieversuchen eines reinen Ich-Bewußtseins oder Bewußtseins von Bewußtsein nachweisen, daß 1. sich Bedingungen namhaft machen lassen, aufgrund derer nichtempirisches Selbstbewußtsein prinzipiell nicht als möglich ausweisbar ist (cf. Absch. II, VI, VII), 2. Fehlinterpretationen von faktisch realen Phänomenen zu Fehlschlüssen führen (cf. Absch. V), die ihrerseits 3. theorieinterne Inkonsistenzen oder gewichtige Defizienzen mit Bezug auf die Bestimmung des Begriffs der Einheit des Bewußtseins nach sich ziehen (cf. Absch. IV, VI). Innerhalb dieser Grenzen aber ist der Subjektbegriff für Strawson notwendig. Er muß gerade auch in der Explikation von Erfahrung und begrifflichem Objektbezug intervenieren (cf. das Resümee BS 117/98). Und unter Zugrundelegung des Personbegriffs als primärem Begriff ist, logisch sekundär, auch der Begriff des Bewußtseinssubjekts bzw. eines individuellen Bewußtseins möglich und einsichtig (cf. Ind 102 f./132 f.) – lediglich logisch sekundär allerdings, da seine Verwendung einschließt, daß akzeptiert wird und aus genannten Gründen akzeptiert werden muß, daß man mit ihm nur eine ausgezeichnete Qualität eines grundlegenden Typs von Entitäten, d. h. von Personen, hervorhebt.

Aus der (von Tugendhat so genannten) »Heidelberger Schule«[63] ist eine Auffassung von Subjektivität und Selbstbewußtsein hervorgegangen, die das hier unter Berufung auf Strawson entwickelte Resultat nicht akzeptiert, mit Argumenten, die zu diesem Resultat führen, aber ihrerseits – wie ich abschließend zeigen werde – kritisierbar ist.

Die hier gemeinte Auffassung leitet sich von Dieter Henrichs Fichte-Deutung[64] und seinen systematischen Überlegungen zur Selbstbewußtseinstheorie[65] her und wird insbesondere von Manfred Frank[66] gegen die Dekonstruktionsprogramme des Post- (oder Neo-)strukturalismus wie auch der analytischen Philosophie verteidigt.[67] Franks Hauptvorwurf gegen die Letztgenannten lautet, daß zum einen deren Kritik des Subjektbegriffs nur eine bestimmte – wenn auch vorherrschende – Variante der Erklärung von Subjektivität und Selbstbewußtsein, nämlich die am Reflexionsmodell orientierte, trifft, und zum anderen sie selbst Selbstbewußtsein entweder unumwunden reflexionstheoretisch oder aber in einer auf die Reflexionstheorie zurückführbaren Weise erklären. Die reflexionstheoretische Erklärung von Selbstbewußtsein jedoch – so die an Henrich anschließende Kritik Franks[68] – mündet in eine zirkuläre *petitio principii*. Sie trägt das *explanandum*, die Identität bzw. das Identitätsbewußtsein des auf sich selbst Reflektierenden, als *explanans* in die Erklärung hinein. Die Identität der beiden *relata* der Reflexion, des reflektierenden Subjekts und des Subjekts, auf das reflektiert wird, muß *vor* der Reflexion bereits gewiß sein, um *in* ihr gewahrt werden zu können. Reflexion kann demnach nicht der Ursprung von Selbstbewußtsein sein. Selbstbewußtsein bzw. Identitätsbewußtsein sind reflexionstheoretisch nicht erklärbar.[69] Nun *ist* aber doch Selbstbewußtsein; es ist ein *Faktum*. Also sind alle philosophischen Konzeptionen, die Selbstbewußtsein nach dem Reflexionsmodell denken, unbefriedigend, da sie ein wesentliches »Faktum« nicht verständlich machen können.

Soweit Franks Kritik am Reflexionsmodell und seine allgemeine (negative) Schlußfolgerung aus dieser Kritik. Nun stellen sich mindestens zwei Fragen: 1. *Was* wird als das »Faktum« vorausgesetzt, das als erklärungsbedürftig gelten soll? 2. Wie hätte eine nicht am Reflexionsmodell orientierte, alternative Theorie auszusehen, die dieses »Faktum« befriedigend erklärt?

Ad 1.: Das erklärungsbedürftige, gleichwohl »unbezweifelbare Faktum«[70], ist laut Frank der dem Phänomen des Bewußtseins und des Selbstbewußtseins unabdingbare »unmittelbare Zugang zu sich selbst«[71], ein »vor jeder Reflexion bestehendes Mit-sich-vertraut-Sein«.[72] Es gelte, das Faktum, »daß es... so etwas wie die Erfahrung der Einheit des Selbstbewußtseins *gibt*«[73], die »alltägliche Erfahrung unseres Mit-uns-vertraut-Seins« theoretisch aufzuklären.[74]

Ad 2.: Henrichs Abhandlung »Selbstbewußtsein« kommt zu dem Ergebnis, daß eine ausgeführte Theorie, die dieses Faktum adäquat beschreiben und erklären kann, nicht existiert. Die Perspektive, die Henrich dort eröffnet und zu der er eine »erste Skizze« liefert, ist die einer Theorie, die »ihre Begriffe mit Hilfe der Methode ›ex negativo‹ und in der Absicht einführt, anderenfalls unvermeidliche Zirkel zu umgehen«.[75] Selbstbewußtsein könne »nur ex negativo vom Reflexionsmodell her beschrieben werden«.[76] In der Tat ist es bislang dabei geblieben. Auch bei Frank wird Selbstbewußtsein »ex negativo vom Reflexionsmodell her beschrieben«. Aus der These, Selbstbewußtsein könne nicht ursprünglich Reflexion sein, ergeben sich für ihn vier gleichsam begriffsanalytische Unterthesen: Selbstbewußtsein kann (ursprünglich) 1. keine zweistellige Relation, kein Fall der Beziehung von etwas auf etwas, also keine Selbstbeziehung sein[77], 2. kann es keine wissende Selbstbeziehung und überhaupt kein begriffliches Wissen sein[78], es kann 3. keine Identifikationsleistung und auch nicht das Ergebnis einer Identifikation[79] und 4. überhaupt kein Ergebnis einer intentionierten Handlung sein.[80] Damit wird nicht Reflexion insgesamt geleugnet, sondern behauptet, diese sei ihrerseits nur dann in einem ihrem Begriff entsprechenden Sinne möglich, wenn ihr ein präreflexives Vertraut-Sein von Bewußtsein mit sich vorausgehe. Artikulierter Selbstreferenz müsse ein ursprüngliches, von allem Bewußtsein von bestimmten Zuständen unabhängiges Mit-sich-vertrautsein zugrundeliegen.

Ich glaube nicht, daß es eine Theorie eines solchen Mit-sich-vertrautseins geben kann, die nicht von Strawsons Cartesianismus-Kritik getroffen wird. Um dies zu belegen, werde ich die positiven Implikationen von Franks Begriff des Selbstbewußtseins ansatzweise entfalten und die oben (Absch. IV-VII) dargelegten Argumente auf ihn anwenden. Meine These ist nicht die, *daß* Selbstbewußtsein ursprünglich Reflexion sei oder als Produkt einer Reflexion erklärt werden könne, sondern a) daß Franks Begriff von Selbstbewußtsein – auch als Begriff einer notwendigen Möglichkeitsbedingung allen artikulierten Selbstbezugs – überhaupt kein kohärent explizierbarer Begriff ist, d. h. weder auf der Basis von Reflexion noch sonstwie einsichtig gemacht werden kann, und b) daß es das von ihm reklamierte Faktum, eine Erfahrung der Einheit des Selbstbewußtseins, gar nicht gibt.

Eine auffallende Inkohärenz in Franks Darlegungen scheint zunächst die doppelte Anwendung desselben Begriffs von Selbstbewußtsein auf zwei Ebenen zu sein.[81] Die eine ist die Ebene von Möglichkeitsbedingungen, die im Stil eines transzendentalen Arguments gewissermaßen postulierend erschlossen werden: Damit ein A möglich sei, muß als notwendige Bedingung B erfüllt sein. Nun ist aber A (A ist wirklich). Also ist B erfüllt. In concreto: Damit ich mir eines gegenwärtigen oder unmittelbar erinnerten Bewußtseinszustandes als meines bewußt sein könne, muß Bewußtsein mit sich selbst vertraut sein, denn, da nichts an einem Bewußtseinszustand mir indiziert, daß *ich* ihn habe oder hatte, könnte ich mir sonst nicht bewußt sein, *daß ich* ihn habe oder hatte. Nun bin ich mir aber meiner Bewußtseinszustände als meiner bewußt. Also ist Bewußtsein ursprünglich mit sich selbst vertraut.[82] Mit-sich-vertrautsein wird hier als Möglichkeitsbedingung für empirisches Selbstbewußtsein postuliert.

Die andere Ebene ist die Ebene dessen *wofür* die Möglichkeitsbedingungen gelten sollen. Mit-sich-vertrautsein wird auch als alltäglich erfahrenes, empirisches Faktum, also als das Ermöglichte ausgegeben. Es wird damit als Postulat *und* als Tatsache in Anspruch genommen. Es soll *sowohl* notwendige Möglichkeitsbedingung artikulierter Selbstreferenz und als solche ein dem Bewußtsein strukturell immanentes unmittelbares Selbstverhältnis sein – wobei »Bewußtsein« mit »Subjekt« offenbar enharmonisch verwechselt werden kann –, *als auch* empirisches Faktum, sogar alltägliches Erfahrungsdatum.

Daher ist nicht klar, welchen Status das durch jenen Begriff Bezeichnete eigentlich haben soll. Beides kann es nicht sein. Sein Begriff würde in diesem Fall nicht nur unterbestimmt, sondern gänzlich unbestimmt sein. Denn eine sinnvolle (oder gehaltvolle)

Aussage über B wird nur dann gemacht, wenn sie etwas über die Feststellung, daß A (wirklich ist), Hinausgehendes sagt. Es muß als Minimalbedingung erfüllt sein: B ≠ A, Bedingung ≠ Bedingtes. Wird ein A als Möglichkeitsbedingung seiner selbst ausgegeben, wird damit nichts Sinnvolles gesagt, das nicht auch schon von der einfachen Feststellung, *daß* A (wirklich, oder letztlich sogar nur: möglich, ist) abgedeckt wird.

Dem könnte dadurch Rechnung getragen werden (so ist Frank offenbar zu verstehen), daß unterschieden wird zwischen einer Feststellung: »jeder macht die Erfahrung der Einheit des Selbstbewußtseins«, und einer Erklärung des Festgestellten: »dieser Erfahrung muß eine bestimmte Verfaßtheit von Bewußtsein (bzw. Subjektivität) zugrundeliegen, eine Vertrautheit von Bewußtsein (Subjektivität) mit sich selbst, die diese Erfahrung ermöglicht«. Dann aber ist zweierlei festzuhalten. Zum einen enthält die Feststellung jener Erfahrung eine Beschreibung derselben (bzw. dessen, *was* erfahren wird): es ist die Einheit des Selbstbewußtseins selbst, die erfahren wird. Zum anderen wird die Verfaßtheit von Bewußtsein (Subjektivität) als wesentlich Mit-sich-Vertrautsein aus der Beschreibung der laut Frank erklärungsbedürftigen Erfahrung abgeleitet. Die Verfaßtheit von Bewußtsein wird nach Maßgabe der Beschreibung einer Erfahrung *als* Erfahrung der Einheit des Selbstbewußtseins ermittelt. Die (Hypo-)These des Mit-sich-Vertrautseins ist logisch abhängig von dieser Beschreibung, und zwar so, daß, wenn diese Beschreibung falsch ist, sich die (Hypo-)These erübrigt.

Gerade diese Beschreibung aber *ist* falsch. Sie ist eine Fehlinterpretation der Unmittelbarkeit kriterienloser Selbstzuschreibung. Die vermeintliche Erfahrung der Einheit des Selbstbewußtseins kann nur um den Preis der referenztheoretischen Ambivalenz unterstellt werden, der Strawson den Cartesianer überführt (cf. Absch. V b). Die Rede von einer Erfahrung der Einheit des Selbstbewußtseins, der nicht personale Identität zugrundeliegen und die von allen empirischen (incl., a fortiori, nicht-mentalen) Daten unabhängig sein soll, nimmt eine Funktion der Referenz auf eine individuelle Entität in Anspruch *und* sucht zugleich diese Funktion zu unterschlagen durch die Behauptung, es läge ein von Referenz und Identifizierbarkeit unabhängiges, unmittelbares Sich-selbst-Gewahren oder Mit-sich-selbst-Vertrautsein bloß von Bewußtsein als solchem bzw. Subjektivität als solcher vor.

Subjektivität ist ... *unmittelbar* mit sich bekannt – und die Reflexivpronomina, die sich in diese Formulierung schleichen, müssen als Fallen betrachtet werden, die uns die Sprache stellt.[83]

Auch Strawsons Cartesianer hegt einen Argwohn gegen die Sprache, die die distinctio realis von Körper und Bewußtsein als Komponenten des Kompositums »Person« negligiere und mit »ich« fälschlich eine statt zwei Entitäten bezeichne. Aber wie der Cartesianer gerade *mittels* der Verwendung des beargwöhnten Personalpronomens seine Auffassung zu exemplifizieren sucht, sind bei Frank die Reflexivpronomina genau die Wortgruppe, die den einen Teil des ihm vorschwebenden Gedankens, den einer nichtreferierenden Referenz und nicht-relationalen Relation, sogar in unersetzlicher Weise ausdrückt. Die Konnotation von Referenz und Relation *ist* konstitutiv auch noch für Franks vermeintlich nichtreferentiellen und nichtrelationalen Begriff des Selbstbewußtseins. Es sind nämlich nicht nur die Reflexivpronomina, die sich hier »einschleichen«, sondern auch der Begriff der *Einheit* und der des *Selbst*bewußtseins. Was soll »Einheit« und »Selbst« hier heißen, wenn nicht »Einheit *von* Erfahrungen« (Bewußtseinszuständen) *eines* bestimmten Selbst, einer Person nämlich? Verhängnisvoller noch als die von Frank bedauerten Fallen der Sprache sind die, die uns dazu verleiten können, den Sachverhalt, daß wir uns einige Prädikate kriterienlos zuschreiben, unabhängig davon beschreiben zu wollen, daß es einzelne *Personen* sind (jeder einzelne Mensch), die Selbstzuschreibungen vornehmen können. Abstrahieren wir aber davon, entsteht der Schein eines »hypostasierten Bewußtseins«. Wir verwechseln dann die Einheit von verschiedenen Einzelerfahrungen in einem Bewußtsein (einer Person) mit einer (vermeintlichen) Erfahrung der Einheit des Selbstbewußtseins bloß als Bewußtseins von Bewußtsein und sind unversehens ontologische Dualisten.

In der Tat läuft Franks Begriff des Selbstbewußtseins auf einen Cartesianismus hinaus, zumindest auf den Cartesianismus, der von Strawson und weitgehend auch von Kant als auf fundamentalen Mißverständnissen beruhend verabschiedet wird. Die Implikationen des Frankschen Bewußtseins oder Subjekts sind:

1. Es ist einfach (individuum) – es ist sich unabhängig von allen mannigfaltigen empirischen Bestimmungen seiner selbst bewußt;
2. es ist beharrlich – es ist sich seiner als über die wechselnden

Bewußtseinszustände hinweg dasselbe (Identisches) bewußt;

3. es ist immateriell – sein Selbstbewußtsein schließt keine Bezugnahme auf einen Körper ein.

Der Verzicht auf eine ausdrückliche Kategorisierung von Bewußtsein als selbständige Substanz[84] scheint mir insofern zweitrangig, als die Kant-Strawsonsche Kritik so verstanden werden kann, daß sie sich vor allem auf diese Prämissen bezieht und erst in einem zweiten Schritt zeigt, *daß* erstens eine Subjektkonzeption, die auf jenen drei Prämissen beruht, einen Substanzbegriff in Anspruch nimmt, und warum zweitens der Substanzbegriff aufs Subjekt bloß als einzelnes Bewußtsein nicht anwendbar und somit die ihn implizierende Subjektkonzeption fehlerhaft ist. Entscheidend ist, daß die Option auf ein ursprüngliches Mit-sich-vertrautsein jene drei Prämissen – und sei es auch nur implizit – in Anspruch nehmen *muß*. Sie sind im Begriff eines bloß als Bewußtseinseinheit bestimmten individuellen Subjekts, das nur als solches »mit sich bekannt« oder »vertraut« sein und aller empirischen, artikulierten Selbstreferenz in Sätzen mit »ich« als grammatischem Subjekt zugrundeliegen soll, unweigerlich eingeschlossen. Ein derartiger, d. h. aus der Abstraktion von Erfahrung und gewöhnlichen Kriterien personaler Identität gewonnener Begriff kann aber bestenfalls als ein sich philosophischer Analyse erschließender Begriff von »Bewußtsein überhaupt« oder »allgemeinen Möglichkeitsbedingungen von Erfahrung« gelten. Auf der Ebene der Erfahrung selbst hingegen läßt sich – darin stimmen Hume, Kant und Strawson überein – als »Faktum« nur eine Sukzession von Bewußtseinszuständen feststellen, die erst auf der Basis von selbst- oder objektbezüglichen Interpretationen Elemente von Selbst- oder Weltbewußtsein darstellen.

Da es das Faktum der Erfahrung der Einheit des Selbstbewußtseins also nicht geben kann, weil seine Unterstellung a) auf einer Fehlinterpretation beruht und b) nur mit Hilfe einer referenztheoretischen Ambivalenz überhaupt konstruiert werden kann, erübrigt sich auch die (Hypo-)These des Mit-sich-vertrautseins. Sie ist von *diesem* »Faktum« aus nicht motivierbar.

Ein tatsächlich unleugbares Faktum ist die Unmittelbarkeit kriterienloser Selbstzuschreibung, auch wenn die Irrtumsimmunität und Unmöglichkeit von Fehlidentifikation in Selbstzuschreibung nicht unter Beweis gestellt werden kann und nicht empirisch, sondern wegen der Sinnwidrigkeit des Gegenteils ausgeschlossen ist.[85] Vor allem um *dieses* Faktum soll es letztlich wohl gehen. Mit Bezug auf dieses Faktum scheint nun doch wiederum ein Bedürfnis empfunden werden zu können, es seinerseits auf seine Möglichkeitsbedingungen hin zu befragen. Aber auch hier führt das entsprechende Argument in gravierende Schwierigkeiten, vor allem jene, daß dadurch das Phänomen, das erklärt werden soll, theoretisch aufgelöst wird. Franks Argument lautet:

Um mich zu *erinnern,* daß *ich* es war, der soeben ganz in Gedanken verloren über der leeren Seite Papier brütete, ganz ins Niederschreiben vertieft, mußte ich damals schon ein Bewußtsein davon haben. Dieses Bewußtsein mußte ferner mit sich vertraut sein, sonst könnte ich nicht im nachhinein darauf zurückkommen als auf ein solches, das immer noch *meines* heißen darf.
... zwischen verschiedenen Instantiationen von Bewußtsein (muß es) ein Identitäts-Band geben.[86]

Es wird also als unabdingbar verlangt, daß sich dem Bewußtsein von einem Bewußtseinszustand ein – wie es später (S. 91) heißt – »Vertrautheits-Kontinuum« anfügt, eine kontinuierliche Vertrautheit von Bewußtsein mit sich. Die Vertrautheit des Bewußtseins mit *sich* müsse zu jedem einzelnen Bewußtsein von einem Bewußtsein*zustand* hinzutreten, *damit* ich das Bewußtsein, das ich von einem Zustand habe, als *mein* Bewußtsein und ebenso den Bewußtseinszustand als *meinen* wiedererkennen könne (»sonst könnte ich nicht im nachhinein darauf zurückkommen als auf ein solches [scil. Bewußtsein], das immer noch *meines* heißen darf«).

Die Tatsache, daß auf diesem Wege – ganz gegen Franks erklärte Absicht – eine (Re-)Identifizierungsbedürftigkeit meiner Bewußtseinszustände *als* meiner und meines Bewußtseins *als* meines suggeriert wird, nimmt dem Argument bereits die ihm zugedachte Beweiskraft. Entscheidend aber ist, daß hier ein *Kriterium* dafür gefordert wird, daß ich mir eines Bewußtseinszustandes als meines, als mir zugehörig, bewußt sein kann – ein Kriterium der Selbstzuschreibung von Bewußtseinszuständen. Erklärt werden aber sollte die *Kriterienlosigkeit* der Selbstzuschreibung von Bewußtseinszuständen. Damit löst die Erklärung selbst das Phänomen auf.

Auch von dem Anliegen her, kriterienlose Selbstzuschreibung zu fundieren, läßt sich demnach die (Hypo-)These des Mit-sich-vertrautseins von Bewußtsein oder Subjektivität nicht motivieren.

Strawsons Hume-Kritik aufgreifend kann man auch Frank entgegenhalten: Das Problem, das *nicht* existiert, ist Franks Problem eines Prinzips, das die Selbstzuschreibung von Bewußtseinszuständen kriteriell sichert. *Dieses* Problem ist ein Scheinproblem. Es gibt kein solches Problem und kein solches Prinzip. Wenn es ein solches Prinzip gäbe, müßte es jeder anwenden, um zu entscheiden, ob eine seiner gegenwärtigen (oder unmittelbar erinnerten) Erfahrungen seine eigene oder die eines anderen ist; und diese Annahme ist sinnlos (cf. Ind 133/171).

Selbst wenn – wie etwa Shoemaker, Hacker und Henrich[87] meinen – kriterienloser Selbstzuschreibung der ausgezeichnete Status zukommt, notwendige Bedingung aller Selbstzuschreibung zu sein, ist nicht sicher, ob sich über diese Feststellung hinausgehend noch interessante und einsichtig beantwortbare erkenntnistheoretische Fragen bezüglich einer ›tieferliegenden‹ Schicht von Möglichkeitsbedingungen empirischen Selbstbewußtseins stellen lassen. Die Rede vom Mit-sich-vertrautsein aber besagt bestenfalls nicht *mehr*, als *daß* kriterienlose Selbstzuschreibung stattfindet. Durch die Einführung des Reflexivpronomens *soll* aber mehr gesagt werden. Es ist keineswegs eine Falle der Sprache, sondern Index der Insistenz auf der Behauptung, über ein Bewußtsein von (»Vertrautsein mit«) Bewußtseinszuständen hinaus gebe es – und müsse es geben – ein Bewußtsein (»Vertrautsein«) des Bewußtseins mit *sich*. Für diese Behauptung sehe ich bislang weder einen Bedarf noch einen einsichtigen Beleg.[88] Sicher scheint mir indessen, daß die Direktiven, die Kant und Strawson, aber auch Wittgenstein und Tugendhat – und nicht nur sie – bezüglich der Frage, was Selbstbewußtsein sei, angegeben haben, auf eine weit komplexere Verfaßtheit von Bewußtsein führen (wenn man sich überhaupt so ausdrücken will), als die Hypothese des Mit-sich-vertrautseins abzudecken imstande wäre. Vermutlich ist eher gerade diese letztere einer der Repräsentanten jenes Denkens über Subjektivität und Selbstbewußtsein, das man als signifikant »neuzeitlich-abendländisch« bezeichnet hat. Daß »neuzeitlich-abendländisches Denken« sich darin aber nicht erschöpft hat, sondern zu einem großen Teil eine Infragestellung von Subjektivität ist oder war, wird gerade an der sich über weite Strecken auf Kant berufenden Behandlung des Themas der Identität des Subjekts bei Strawson deutlich. Strawson selbst jedenfalls meint (hier wiederum explizit bezugnehmend auf Kant):

The progress of philosophy, at least, is dialectical: we return to old insights in new and, we hope, improved forms. (Self 177)

Anmerkungen

1 R. Descartes, *Meditationes de prima philosophia*, lat.-dt., hg. v. L. Gäbe, durchges. v. H. G. Zekl, Hamburg ²1977, S. 60 (Med. III, § 2); cf. auch *Principia philosophiae*, dt. v. A. Buchenau, Hamburg, ⁷1965, S. XXXVIII *(Lettre de l'auteur à celui qui a traduit le livre)*.
2 W. Hübener, *Der dreifache Tod des Subjekts*, in diesem Band S. 121.
3 Cf. M. Heidegger, *Sein und Zeit*, Tübingen, ¹⁵1979, S. 19 ff. (§ 6). Zu Derridas Dekonstruktion des Subjektbegriffs cf. M. Frank, *Was ist Neostrukturalismus?*, Frankfurt/M. 1983, S. 243-366 u. 520-540.
4 Für häufiger zitierte Werke Strawsons stehen folgende Siglen:
   BS *The Bounds of Sense. An Essay on Kant's Critique of Pure Reason*, London 1966; dt. *Die Grenzen des Sinns. Ein Kommentar zu Kants Kritik der reinen Vernunft*, übs. v. E. M. Lange, Königstein/Ts. 1981; zitiert nach der engl. Ausgabe mit Angabe der Seitenzahlen der engl. und der dt. Ausgabe.
   Ind *Individuals. An Essay in Descriptive Metaphysics*, London 1959; dt. *Einzelding und logisches Subjekt (Individuals). Ein Beitrag zur deskriptiven Metaphysik*, übs. v. F. Scholz, Stuttgart 1972; zitiert wie BS.
   WPI *Wittgenstein's Philosophical Investigations*, zitiert nach *Freedom and Resentment and other Essays*, London 1974, S. 133-168;
   Self *Self, Mind and Body*, zitiert nach *Freedom and Resentment and other Essays*, l.c., S. 169-177.
   Zum Terminus »analytisch«, cf. BS 16/12, 31/25, 88/75.
5 Was Strawson unter »transzendentalem Subjektivismus« und »transzendentaler Psychologie« versteht und warum er sie für philosophisch unergiebig hält, cf. Absch. I.
6 Zu Problemen »analytischer« Kant-Interpretation, cf. R. Aschenberg, *Sprachanalyse und Transzendentalphilosophie*, Stuttgart 1982, und die dort ausführlich behandelte Literatur. Für eine Strawson, Tugendhat und Henrich verpflichtete Interpretation von Kants Theorie des Selbstbewußtseins, cf. W. Becker, *Selbstbewußtsein und Erfahrung. Zu Kants transzendentaler Deduktion und ihrer argumentativen Rekonstruktion*, Freiburg/München 1984. Beide werden diskutiert in G. Mohr, *Transzendentale Argumente und Kants Theorie des Selbst-*

bewußtseins, in *Philosophischer Literaturanzeiger* 39 (1986), S. 382-402. Kritisch mit Bezug auf Strawsons Rezeption der Kantischen Paralogismen-Kritik als anticartesianische und antirationalistische Argumentation, cf. J. Bennett, *Kant's Dialectic*, Cambridge University Press, 1974, S. 66-113, insbes. S. 111 ff., und K. Ameriks, *Kant's Theory of Mind. An Analysis of the Paralogisms of Pure Reason*, Oxford University Press, 1982, insbes. Kap. IV: »Identity«, S. 128-176.

7 Cf. dazu P. M. S. Hacker, *Insight and Illusion. Wittgenstein on Philosophy and the Metaphysics of Experience*, Oxford Clarendon Press, 1972, S. 188-197. E. Zemach, *Strawson's Transcendental Deduction*, in *The Philosophical Quarterly* 25 (1975), S. 114-125, verteidigt die »Noownership theory« gegen Strawson und bezeichnet ihn als »basically a Cartesian« (123).

8 Die Vertreter der These, mentale Zustände *seien* neurophysiologische Prozesse, auf die sich Strawson – allerdings mehr im Vorbeigehen – bezieht sind Davidson, Smart und Armstrong. Cf. das Kap. »The Mental and the Physical« in Strawsons *Skepticism and Naturalism: Some Varieties* (The Woodbridge Lectures 1983), London 1985, S. 51-68. Für eine Übersicht über die Diskussion des Leib-Seele-Problems in der angelsächsischen Philosophie, cf. P. Bieri (Hg.), *Analytische Philosophie des Geistes*, Königstein/Ts. 1981, insbes. die dort in dt. Übers. abgedruckten Aufsätze von Davidson, Putnam, Th. Nagel und Rorty sowie die Einleitung von P. Bieri. Zur Auflösung des Problems, cf. R. Rorty, *Philosophy and the Mirror of Nature*, Oxford 1980, S. 3-127 (dt. *Der Spiegel der Natur. Eine Kritik der Philosophie*, übs. v. M. Gebauer, Frankfurt/M. ³1985, S. 13-145).

9 Auch auf die eine Theorie personaler Identität im Einzelnen betreffende Diskussion, die das »Personen«-Kapitel von Strawsons *Individuals* neu entfacht hat, gehe ich nicht ein und verweise hier nur auf B. Williams, *Problems of the Self. Philosophical Papers 1956-1972*, Cambridge University Press, 1973 (dt. *Probleme des Selbst. Philosophische Aufsätze 1956-1972*, übs. v. J. Schulte, Stuttgart 1978), die Aufsätze 5 *(Are Persons Bodies?)* und 7 *(Strawson's* Individuals*)*, und B. Smart, *How can Persons be Ascribed M-Predicates?*, in *Mind* 86 (1977), S. 49-66.

9a Ich beschränke mich dabei allerdings direkt auf die den Subjektbegriff betreffenden Gesichtspunkte. Eine konzise Darstellung der wesentlichen Elemente der Theorie Strawsons insgesamt gibt W. Künne, *Peter F. Strawson: Deskriptive Metaphysik*, in *Grundprobleme der großen Philosophen*. Hg. v. J. Speck, *Philosophie der Gegenwart III*, Göttingen ²1984, S. 168-207.

10 Eine Kritik an Strawsons Anspruch der Voraussetzungslosigkeit philosophischer Argumentation und einen Nachweis der Unverzichtbarkeit derjenigen Argumente Kants, die Strawson unter dem Titel »tran-

szendentale Psychologie« versammelt, versucht H. Hoppe, *Synthesis bei Kant. Das Problem der Verbindung von Vorstellungen und ihrer Gegenstandsbeziehung in der »Kritik der reinen Vernunft«*, Berlin/ New York 1983, insbes. S. 9-22. Cf. dazu G. Mohr, *Objektivität und Selbstbewußtsein*, in *Philosophischer Literaturanzeiger* 38 (1985) S. 271-287.

11 Eine positivere Einschätzung der Kantischen Synthesis-Lehre, insbesondere im Hinblick auf Kants Begriff der Einbildungskraft, hat Strawson später gegeben in *Imagination and Perception*, in *Freedom and Resentment and other Essays*. L.c., S. 45-65.
12 Ludwig Wittgenstein, *Tractatus logico-philosophicus. Logisch-philosophische Abhandlung*, 5.61, Werkausgabe in 8 Bänden, Frankfurt/M. 1984, Bd. 1, S. 67.
13 *Tractatus* 4.114, l.c., S. 33.
14 D. Henrich, *Was heißt »analytische Philosophie«?*, in *Hegel-Studien*, Beiheft 17, Bonn 1977, S. 288.
15 Ibid., S. 287.
16 Cf. ibid., S. 285.
17 Cf. Strawsons Selbstdarstellung *Philosophy in England*, in *Times Literary Supplement*, 1961; zitiert nach J. Passmore, *A Hundred Years of Philosophy*, Harmondsworth 1984, S. 608 Anm. 1.
18 Die Bezeichnung »analytische Transzendentalphilosophie« stammt von K. Hartmann, *Analytische und kategoriale Transzendentalphilosophie*, in *Die Aktualität der Transzendentalphilosophie*. Hg. v. G. Schmidt u. G. Wolandt, Bonn 1977, S. 45-58. Aschenberg, *op. cit.*, hat sie übernommen.
19 Cf. etwa E. Tugendhat, *Vorlesungen zur Einführung in die sprachanalytische Philosophie*, Frankfurt/M. 1976, S. 9, 21, 79-104.
20 Die Idee eines solchen Projekts suggeriert D. Henrich, *Identität und Objektivität. Eine Untersuchung über Kants transzendentale Deduktion*, Heidelberg 1976, S. 112: »In unserer Zeit ist es wieder leichter geworden, philosophische Gründe dafür zu nennen, daß die Theorie der Erkenntnis und die Theorie vom erkennenden Wesen nur in einem einzigen Gang zu entwickeln sind.«
21 Da Strawson in seinem Kant-Buch hinreichend deutlich macht, wo er eine Auffassung Kants affirmativ interpretiert und sich als seine zu eigen macht, und wo er Kant seine Zustimmung versagt und – mitunter bekanntlich massiv – zu seinen Gunsten »rekonstruiert«, ist das, was in *The Bounds of Sense* als Strawsons Theorie gelten kann, mühelos identifizierbar.
22 Als einen Beleg für die Unausweichlichkeit dieser Dualität führt Strawson die Tatsache an, daß sie sowohl in der Ontologie als auch in der Erkenntnistheorie als auch in der Linguistik unumgänglich zu sein scheint (cf. BS 47/40).

23 Ind 69/88 definiert Strawson das Bewußtsein eines Wesens, das über diese Unterscheidung nicht verfügt, als »solipsistisches Bewußtsein«.
24 Cf. F. Strawson, *Subject and Predicate in Logic and Grammar*, London 1974, s. 11: »We cannot distinguish and identify particulars just as such. We distinguish and identify them under concepts of kinds of particulars.«
25 Die zitierte Stelle hat in der Strawson-Rezeption erhebliche Mißverständnisse hervorgerufen. Aschenberg, *op. cit.*, S. 161 ff., und selbst Lange in seiner dt. Übersetzung von BS (S. 85) beziehen »as being one's own« auf »recognition« und Aschenberg interpretiert: die »potentielle Präsenz« der rekognitionalen Komponenten »ist äquivalent mit der Möglichkeit, daß sie (die rekognitionalen Komponenten! GM) einem erfahrenden Subjekt als die seinen bewußt sein können, also mit ihrer reflexiven Integration in ein Subjekt« (161). Aschenberg meint sodann, nach Strawson ermögliche die »Zuschreibbarkeit der rekognitionalen Komponente zu einem Subjekt« »die geforderte Unterscheidbarkeit von Gegenstand und Akt« (162); »als Bedingung der Möglichkeit dieser intentionalen Differenz von Gegenstand und Akt wird die Zuschreibbarkeit der Aktkomponente zu einem Subjekt erschlossen« (163). – Ich vermag weder zu sehen, welchen erfahrungstheoretischen Erklärungswert eine »reflexive Integration« – sei es von Begriffen, sei es von Akten – haben sollte, noch wird durch eine solche Annahme der Gedankengang Strawsons klar. Im Gegenteil verlöre der zitierte Satz seinen Argumentcharakter, wenn die Interpretation Aschenbergs zuträfe. Die richtige Übersetzung des Satzes muß heißen: »Rekognition impliziert die potentielle Anerkennung der Erfahrung, in die Rekognition notwendig eingeht, als der eigenen, als einer solchen (nämlich), die mit anderen diese Beziehung auf das identische Selbst teilt.« Cf. auch BS 101 f./86 und 107/91. Daß Aschenberg eine andere (die oben zitierte) Deutung überhaupt ernsthaft in Betracht zieht, ist um so unverständlicher, als mit ihr die rekognitionale Komponente zur subjektiven Komponente würde, welch letztere Aschenberg aber selbst einige Seiten später (179) umstandslos als das »subjektive ›Scheinen‹« ausgibt. Richtig ist: das »Scheinen« ist die subjektive Komponente (cf. weiter unten im vorliegenden Text), die rekognitionale Komponente aber ist das logisch-begriffliche (objektive) Moment; und selbstzugeschrieben wird die subjektive Komponente, während die rekognitionale Komponente das Moment der Zuschreibung von objektiven Bestimmungen zu einem Gegenstand ist.
26 Zur Terminologie von diachroner und synchroner Identität mit Bezug auf den Personbegriff cf. B. Smart, *Diachronous and Synchronous Selves*, in *Canadian Journal of Philosophy* 6 (1976), S. 13-33, und D. Henrich, »*Identität*« – *Begriffe, Probleme, Grenzen*, in *Identität (Poetik und Hermeneutik VIII)*. Hg. v. O. Marquard u. K. Stierle, München

1979, S. 140.

27 Als T mit Angabe der Seite zitiere ich: D. Hume, *A Treatise of Human Nature*. Hg. v. L. A. Selby-Bigge, 2nd ed. P. H. Nidditch, Oxford 1980.

28 Cf. B. Stroud, *Hume*, London 1977, S. 128: »So Hume apparently thinks there is an important difference between his account of the origin of the idea of the self and that of other fundamental ideas like causality and continued and distinct existence.« Stroud geht sogar so weit, im »Appendix« den Ausdruck von Humes Ahnung einer prinzipiellen »vitious circularity in his whole scheme for the science of man« (134) zu sehen. »The expression of his dissatisfaction carries more of a profound sense of some conflict or obstacle at the very heart of things – as if something within the theory of ideas itself renders impossible the Humean task of explaining the origin of *all* our fundamental ideas. What has seemed to work so well for the idea of causality and of the continued and distinct existence of objects is perhaps felt to be breaking down in the case of the idea of personal identity.« (ibid.). Cf. auch ibid., S. 140.

29 Cf. B. Stroud, l.c., S. 133. Der andere Ausweg (»our perceptions ... inhere in something simple and individual«) ist, zumindest unter den Voraussetzungen der Humeschen Theorie, keine echte Alternative, sondern läuft letztlich auf dasselbe Gedankenmodell hinaus.

30 Als A bzw. B mit Angabe der Seite zitiere ich die 1. bzw. 2. Auflage von: I. Kant, *Kritik der reinen Vernunft*. Nach der ersten u. zweiten Original-Ausgabe neu hg. v. R. Schmidt, Hamburg 1976.

31 Mit Bezug auf »Kant's doctrine of the analytic unity of apperception« sagt Strawson: »Kant was very careful to empty this ›I‹ of referential, identificatory force« (Ind 82 Anm 1/104 Anm 3). Zum »Ich denke« als »formaler« Einheit cf. Ind 103/132 und BS 167/144.

32 Ich verwende den Ausdruck »Cartesianismus« hier in Strawsons Sinne, d. h. zur Bezeichnung derjenigen Theorie, der Strawson diesen Namen gibt und die die ihr von Strawson unterstellten Thesen vertritt.

33 Cf. BS 165/142. Der Selbstzuschreibung von Bewußtseinszuständen liegt jene Art logisch nicht übertragbaren »Besitzes« zugrunde, die Strawson gegen die »No-ownership theory« verteidigt (cf. Ind 97/124). Cf. auch WPI 152, 159 f., 167.

34 Zur gewöhnlichen Referenzfunktion des Pronomens »ich« cf. unten Absch. VI.

35 Cf. auch B 427. Bzgl. weitreichender Parallelen zwischen Kants und Wittgensteins Descartes-Kritik, cf. Hacker, *Insight and Illusion*, l.c., S. 205 ff. u. 279.

36 E. Tugendhat, *Selbstbewußtsein und Selbstbestimmung. Sprachanalytische Interpretationen*, Frankfurt/M. 1979, S. 73.

37 Cf. BS 102/86. Die These, »ich« sei ein referentieller Ausdruck, vertei-

digt S. Shoemaker, *Self-Reference and Self-Awareness*, in *The Journal of Philosophy* 65 (1968), S. 555-567, (dt. in P. Bieri (Hg.), *Analytische Philosophie des Geistes*, l.c., S. 209-221).

38 Cf. L. Wittgenstein, *The Blue and Brown Books*, Oxford ²1969, S. 67 (dt. in *Werkausgabe*, l.c., Bd. 5, S. 106 f.), und *Philosophische Untersuchungen* §§ 404-410, *Werkausgabe* Bd. 1, S. 407 ff. Dazu S. Shoemaker, *Self-Knowledge and Self-Identity*, Ithaca/London 1963, S. 123 ff.; ders., *Persons and Their Pasts*, in *American Philosophical Quarterly* 7 (1970) 269-285; sowie neuerdings S. Shoemaker & R. Swinburne, *Personal Identity*, Oxford 1984, S. 102 f.; cf. auch E. Tugendhat, *Selbstbewußtsein und Selbstbestimmung*, l.c., S. 83.
Aus dem Umstand, daß im »Subjektgebrauch von ›ich‹« (Selbst-)Identifikation nicht stattfindet und Referenzirrtum (Fehlidentifikation) daher unmöglich ist, schloß Wittgenstein allerdings, daß »ich« gar kein referentieller Ausdruck ist und Sätze, in denen eine Selbstzuschreibung von Bewußtseinszuständen vorgenommen wird, weder kognitiven noch überhaupt prädikativen, sondern schlicht expressiven Charakter haben. Cf. *The Blue Book*, l.c., S. 67 (dt. S. 107); *Philosophische Bemerkungen* § 61, *Werkausgabe*, l.c., Bd. 2, S. 90 f. Cf. dazu auch Strawson, WPI 149 ff.

39 Cf. Tugendhat, *Selbstbewußtsein und Selbstbestimmung*, l.c., S. 83, und Wittgenstein, *The Blue Book*, l.c., S. 69 (dt. 110).

40 Tugendhat, *op. cit.*, S. 130.

41 Cf. Ind 133/170 und Kant, B 415.

42 Hinsichtlich grundlegender Schwierigkeiten, die Strawsons Ausführungen zur Unterscheidung zwischen M-Prädikaten und P-Prädikaten und ihrer Anwendung (cf. Ind 104/134-110/142) bereiten, cf. die in Anm. 9 genannten Abhandlungen von Williams und Smart.

43 Cf. Descartes, *Meditationes*, l.c., S. 10 (Epistola) u. 24 (Synopsis).

44 Cf. W. Matson, *Why Isn't the Mind-Body Problem Ancient?*, in *Mind, Matter and Method: Essays in Philosophy and Science in Honor of Herbert Feigl*. Hg. v. P. Feyerabend u. G. Maxwell, Minneapolis, 1966, S. 92-102, insbes. S. 101, und R. Rorty, *Philosophy and the Mirror of Nature*, l.c., S. 45-68 (dt. S. 58-83).

45 Cf. Descartes, *Meditationes*, l.c., S. 48 (Med. II, § 7).

46 Ibid., S. 46 (Med. II, § 6) (H.v.m.)

47 Ibid., S. 144 (Med. VI, § 13).

48 Für Strawson ändern offenbar auch Descartes' Bemühungen um eine Theorie der Einheit von Leib und Seele im Menschen sowie – vor allem in den Briefen an Prinzessin Elisabeth – um einen Interaktionismus, die beide den substanzenontologischen Dualismus eher in eine Zwei-Naturen-Lehre zu überführen scheinen, nichts am cartesischen prinzipiellen Dualismus zweier wesentlich voneinander unabhängiger Komponenten. Cf. Self 170.

49 Cf. auch Strawsons *Particular and General*, in *Logico-Linguistic Papers*, London 1971, S. 33-36, sowie Teil II, Kap. 6 der *Individuals* (Ind 180/231-213/273).

50 Ind 133/170 schränkt Strawson ein: »The criteria of personal identity are certainly multiple. In saying that a personal body gives us a necessary point of application for these criteria, I am not saying that the criteria for reidentifying persons are the same as the criteria for reidentifying material bodies.«

51 Wittgenstein, *The Blue Book*, l.c., S. 74 (dt. S. 116).

52 Auf der Grundlage des ontologischen Dualismus kann auch die Eindeutigkeit *(uniqueness)* des Körpers nicht die Eindeutigkeit der cartesianischen Seele garantieren. Cf. Ind 101/130.

53 Cf. dort insbesondere Strawsons Begründung, warum auch über die Festlegung einer Eins-zu-eins-Relation zwischen je einem Ego und einem Körper das cartesianische Erklärungsdefizit nicht zu beheben ist.

54 Cf. Tugendhat, *Selbstbewußtsein und Selbstbestimmung*, l.c., S. 89.

55 Im folgenden steht »Selbstzuschreibung« – wo nicht anders vermerkt – immer für »Selbstzuschreibung von gegenwärtigen oder unmittelbar erinnerten Bewußtseinszuständen«.

56 Cf. Hacker, *Insight and Illusion*, l.c., S. 265-272.

57 Shoemaker, *Self-Knowledge and Self-Identity*, l.c., S. 12.

58 Strawson, Ind 105/135: »We must *not* think of ›I‹ or ›Smith‹ as suffering from type-ambiguity.«

59 Shoemaker, *op. cit.*, S. 12 u. 170.

60 Cf. Tugendhat, *op. cit.*, S. 89.

61 Shoemaker, *op. cit.*, S. 170.

62 Hacker, *op. cit.*, S. 211: »A condition of the possession of a psychological concept which one can intelligibly ascribe to oneself without justificatory grounds is that one knows which justificatory grounds do, *in general*, justify the ascription of that concept, for only then does one know what the sense of the concept-word is.« (H.v.m.)

63 Cf. Tugendhat, *op. cit.*, S. 10.

64 Cf. D. Henrich, *La découverte de Fichte*, in *Revue de Métaphysique et de Morale* 72 (1967), S. 154-169 (dt. »Fichtes ›Ich‹«, in: ders., *Selbstverhältnisse. Gedanken und Auslegungen zu den Grundlagen der klassischen deutschen Philosophie*, Stuttgart 1982, S. 57-82), und *Fichtes ursprüngliche Einsicht*, Frankfurt/M. 1967.

65 Cf. *Selbstbewußtsein. Kritische Einleitung in eine Theorie*, in *Hermeneutik und Dialektik. Aufsätze I*, hg. v. R. Bubner, K. Cramer u. R. Wiehl, Tübingen 1970, S. 257-284.

66 Cf. M. Frank, *Was ist Neostrukturalismus?*, l.c., S. 243-496, sowie neuerdings ders., *Die Unhintergehbarkeit von Individualität*, Frankfurt/M. 1986.

67 Zu Franks Sicht der Parallelen wie auch der Divergenzen zwischen analytischer Philosophie (Wittgenstein, Tugendhat) und Neostrukturalismus (Derrida) cf. *Was ist Neostrukturalismus?*, l.c., S. 274-296, 308, 327-330. Eingehendere Kritik an Tugendhat und z. T. auch an Strawson übt Frank im 3. und 5. Kapitel von *Die Unhintergehbarkeit von Individualität*, l.c. S. 67-103.
68 Beide berufen sich in der Hauptsache auf J. G. Fichte, *Versuch einer neuen Darstellung der Wissenschaftslehre*, in *Fichtes Werke*, hg. v. I. H. Fichte, Berlin 1971, Bd. 1, S. 526 f.
69 Aus demselben Grunde kann auch die Selbstzuschreibung von Bewußtseinszuständen nicht als auf einer (Selbst-)Identifikation beruhend erklärt werden. Cf. Shoemaker, *Self-Reference and Self-Awareness*, l.c., S. 561 (dt. S. 214 f.).
70 Frank, *Was ist Neostrukturalismus?*, l.c., S. 359.
71 Ibid., S. 123.
72 Ibid., S. 252.
73 Ibid., S. 535.
74 Ibid., S. 357. Zur Begrifflichkeit von »Vertrautheit« cf. D. Henrich, *Selbstbewußtsein*, l.c., insbes. S. 267 u. 271.
75 Henrich, *Selbstbewußtsein*, l.c., S. 280.
76 Ibid., S. 284.
77 Cf. Frank, *Was ist Neostrukturalismus?*, l.c., S. 307 u. 315.
78 Cf. Frank, *Die Unhintergehbarkeit von Individualität*, l.c., S. 34 u. 63.
79 Cf. ibid., S. 18, und *Was ist Neostrukturalismus?*, l.c., S. 366.
80 Cf. *Die Unhintergehbarkeit von Individualität*, l.c., S. 34 u. 61.
81 Ich unterstelle die Synonymität der oben zitierten Ausdrücke. Ein gegenteiliges Indiz gibt es in den zitierten Texten Franks, so weit ich sehe, nicht.
82 Cf. weiter unten das Zitat aus Frank, *Die Unhintergehbarkeit von Individualität*, l.c., S. 90.
83 Ibid., S. 34.
84 Bereits Fichte verwahrt sich nachdrücklich gegen eine Verwechslung seines Ich-Begriffs mit dem Begriff einer Seelensubstanz. Cf. etwa Fichtes *Wissenschaftslehre nova methodo*. Kollegnachschrift K. Chr. Fr. Krause 1798/99, hg. v. E. Fuchs, Hamburg 1982, S. 29: »Das Ich ist nicht Seele, die Substanz ist«. Nur nimmt Fichte auch nicht den Begriff des Mit-sich-vertrautseins in Anspruch, schon gar nicht als Erfahrungsfaktum. »Das Ich wird durch den beschriebenen Act (sein Zurückgehen in sich selbst; GM) bloss in die Möglichkeit des Selbstbewusstseyns, und mit ihm alles übrigen Bewusstseyns versetzt; aber es entsteht noch kein wirkliches Bewusstseyn. Der angegebene Act ist bloss ein Theil, und ein nur durch den Philosophen abzusondernder, nicht aber etwa ursprünglich abgesonderter Theil der ganzen Handlung der Intelligenz, wodurch sie ihr Bewusstseyn zu

Stande bringt.« Das Zurückgehen des Ich in sich selbst ist »kein Bewusstseyn, nicht einmal ein Selbstbewusstseyn«. (*Zweite Einleitung in die Wissenschaftslehre. Fichtes Werke*, l.c., Bd. 1, S. 459).
85 Cf. D. Henrich, *Identität – Begriffe, Probleme, Grenzen*, l.c., S. 177; cf. Strawson, Ind 133/171.
86 Frank, *Die Unhintergehbarkeit von Individualität*, l.c., S. 90.
87 Cf. Shoemaker, *Self-Reference and Self-Awareness*, l.c., S. 561 u. 566f. (dt. S. 214f. u. 219f.); Hacker, *Insight and Illusion*, l.c., S. 270; Henrich, *op. cit.*, S. 177f.
88 Hinter Begründungsversuchen wie dem Franks verbirgt sich häufig ein nicht eigentlich erkenntnistheoretisches, sondern moralisches Interesse (was z. B. in Franks Einleitung zu *Die Unhintergehbarkeit von Individualität*, S. 7-20, deutlich wird). In solchen Fällen wird offensichtlich von der Überzeugung ausgegangen, daß wir einen nichtempirischen unmittelbaren Zugang des Subjekts zu sich selbst annehmen und *erkenntnistheoretische* Argumente zu seinen Gunsten zur Verfügung haben müssen, um die Freiheit und Autonomie der *moralischen* Persönlichkeit begründen zu können (und daß umgekehrt der Verzicht auf eine solche Annahme unseren Freiheitsglauben vereitle). In einschlägigen Abhandlungen von H. G. Frankfurt und D. Dennett sowie in Rortys oben zitiertem Buch wird diese Überzeugung (bzw. einige ihrer Varianten) zu recht kritisiert. Sie zeigen, inwiefern eine Bestimmung des Personbegriffs lediglich in psychologischen und physikalischen Termen überhaupt unzureichend bleiben muß. Allerdings hat schon Kant aus entsprechenden Einsichten bedeutsame Konsequenzen für die Grundlegung der Ethik im allgemeinen und die des moralischen Personbegriffs im besonderen gezogen. Ich habe das näher ausgeführt in *Personnalité et liberté dans la ›Critique de la raison pratique‹*, in *Revue internationale de philosophie* 1988 (im Erscheinen).

Gianfranco Soldati
Selbstbewußtsein und unmittelbares Wissen bei Tugendhat

Es gibt eine gewisse Tendenz bei angelsächsischen Philosophen, im Gefolge von Wittgenstein das Selbstbewußtsein als ein Problem zu betrachten, das direkt von dem herrührt, was Jacques Bouveresse den »Mythos der Innerlichkeit«[1] nennt. Dementsprechend fände man bereits in der Kritik der Privatsprache das Instrumentarium nicht für eine Lösung, sondern für eine Auflösung der diesbezüglichen Problemstellungen. Das Selbstbewußtsein wäre nur ein Problem für diejenigen, die sich eine grundsätzlich falsche Vorstellung davon machen, was wissen, verstehen, erkennen etc. bedeutet. Die Philosophen der cartesianischen Tradition wären zufolge einer grundsätzlich psychologischen Auffassung von Wissen dazu verleitet worden, dem Selbstbewußtsein eine Besonderheit gegenüber den sich auf die Außenwelt beziehenden Wissensformen zuzuschreiben. Im Selbstverhältnis handelt es sich, wenn man den cartesianischen Standpunkt extrem vereinfacht, um ein Wissen, dessen Gewißheit eigentümlich privat, unmitteilbar bleibt.

Sobald man leugnet, daß Phänomene wie das Wissen und das Verstehen *wesentlich* auf einem inneren, psychischen und privaten Vorgang beruhen, hat die Erklärung dessen, was ich von mir selbst weiß, nichts Eigentümliches mehr, das sie von der Erklärung des Wissens und des Verstehens überhaupt unterschiede. Im Gegenteil: wenn alles Wissen notwendig die Existenz äußerer, öffentlicher Kriterien voraussetzt, die seine Verifizierung erlauben, reduziert sich das Problem des Selbstbewußtseins in einem gewissen Sinne auf das der Kriterien, über die wir verfügen, um uns selbst genausogut wie unseresgleichen innere Zustände wie Glück, Angst, Liebe etc. zuzuschreiben.

Dieses Gleiten in kriteriologische Richtung ist deutlich spürbar in der angelsächsischen philosophischen Literatur, die zahlreiche Texte über die Kriterien der Unterscheidung zwischen Menschen und Maschinen, Menschen und Tieren etc. aufweist.

Man kann sich fragen, ob Ansätze dieser Art sich nicht grundlegend vom ursprünglichen Selbstbewußtseinsproblem entfernen. Man könnte den Eindruck haben, daß gewisse analytische Philosophen uns unter dem Vorwand, im Besitz eines strengeren Wissensbegriffs zu sein, eine Theorie vorschlagen, die nicht mehr viel mit der Ausgangsfrage zu tun hat. Und man könnte sich dann wirklich fragen, ob das Problem des Subjekts – dessen also, was man im Selbstbewußtsein erfassen will – weit davon entfernt, gelöst zu sein, nicht eher verdrängt wird.

Genau das geschieht auf den ersten Blick nicht bei Ernst Tugendhat, der versucht hat, in *Selbstbewußtsein und Selbstbestimmung*[2] das Selbstbewußtsein direkt mit Mitteln sprachanalytischer Philosophie zu diskutieren, wie er sie selbst in seinen *Vorlesungen zur Einführung in die sprachanalytische Philosophie*[3] ausgearbeitet hat. Bei Tugendhat können wir Schritt für Schritt den Weg verfolgen, der von der Kritik des traditionellen Wissensbegriffs zur Aufstellung (oder zumindest Skizzierung) einer alternativen Theorie des Selbstbewußtseins führt.

Ich möchte hier diesen Weg kurz nachvollziehen, um mich anschließend Punkten zuzuwenden, die mir die Theorie Tugendhats problematisch zu machen scheinen, und um schließlich einige Hypothesen über den Ursprung mancher Schwierigkeiten seiner Vorgehensweise zu formulieren.

Tugendhat beschuldigt die Tradition der Bewußtseinsphilosophie, die sprachliche Artikulation der Erkenntnisrelation mißachtet zu haben. Ausgehend vom visuellen Paradigma der Vorstellung hätten Philosophen wie Aristoteles, Descartes oder Husserl die Erkenntnis metaphorisch als eine Relation zwischen einem Subjekt und einem Bild, einer Vorstellung, eines Gegenstandes aufgefaßt. Etwas wissen, etwas erkennen bestände darin, bei sich, in der Seele oder im Bewußtsein, eine Art Vorstellung (Bild) des Erkenntnisgegenstandes zu haben. Gegen diese seiner Beurteilung nach unklare und irreführende Theorie führt Tugendhat an, daß wir in Wirklichkeit in der Sprache eine dreigliedrige Struktur vor uns haben, die das epistemische Subjekt einerseits mit einer aus einem logisch-linguistischen (sprachlichen) Subjekt und mit einem Prädikat zusammengesetzten Aussage andererseits verbindet. Erkennen ist nicht die Vorstellung von einem Gegenstand, sondern das Verstehen einer Proposition. Man kann niemals »*einen*« Gegenstand wissen, sondern nur, *daß* dieser Gegenstand diese oder jene Eigenschaft hat, *daß* ihm ein Attribut zukommt etc. Es handelt sich um das, was man im allgemeinen eine *propositional attitude* nennt.

Wenn das Selbstbewußtsein ein Wissen ist, muß auch es sich propositional artikulieren. Ich kann mir nicht *meiner* selbst bewußt sein, sondern nur der Tatsache, daß ich eine bestimmte Eigenschaft habe, und daß mir ein bestimmtes Attribut zukommt. Das Selbstbewußtsein artikuliert sich gemäß der Struktur: »Ich weiß, daß ich φ«, in der das Prädikat φ einen Bewußtseinszustand ausdrückt, wie etwa Traurigkeit, Schmerz, Freude etc.

Tugendhat geht also von der Voraussetzung aus, daß das Selbstbewußtsein eine Form von Wissen ist. Sein Unternehmen besteht zu einem guten Teil in dem Versuch zu bestimmen, um *welche Form* von Wissen es sich dabei genau handelt.

Wir nennen, so Tugendhat, »diejenigen Zustände eines Wesens... bewußt, von denen dieses Wesen ein unmittelbares Wissen hat« (*SuS* 13). Das Selbstbewußtsein ist also ein unmittelbares *Wissen* von Bewußtseinszuständen. Die Tatsache, daß es sich auf einen psychischen Zustand bezieht, genügt offenbar nicht. »Ob ich in jemanden verliebt bin«, sagt Tugendhat, »weiß ich unmittelbar, aber ob ich jemanden liebe, kann ein anderer ebensogut oder sogar leichter wissen als ich selbst«. (*SuS* 27) Es ist nicht die psychische Natur des Erkenntnisgegenstandes, die das Kriterium für das Vorliegen einer Bewußtseinsrelation darstellt. Es »handelt... sich um etwas«, sagt Tugendhat, »was nur aus der Perspektive des Betreffenden ist, was es ist – und d. h. daß die Sätze in 1. Person nicht symmetrisch sind mit den entsprechenden Sätzen in 3. Person«. (*SuS* 33) Wir haben hier eine *epistemische Asymmetrie* derart, daß ich auf eine grundlegend andere Weise weiß, daß ich Zahnschmerzen habe, als jemand anderes es von mir wissen kann.

Im Gegensatz zur cartesianischen Tradition lehnt es Tugendhat allerdings ab, aus diesem Tatbestand eine solipsistische Schlußfolgerung zu ziehen. Das Vorliegen einer epistemischen Asymmetrie zwischen Sätzen in 1. Person und Sätzen in 3. Person impliziert nicht, daß der festgestellte Sachverhalt ein anderer wäre. Im Gegenteil: die Notwendigkeit jeder Bewußtseinsrelation, sich propositional zu artikulieren, erlaubt die Behauptung, daß die Proposition »ich φ« nur verstanden werden kann, wenn es möglich ist, sich auf denselben Sachverhalt mit einer Proposition des Typs

»du φ« oder »er/sie φ« zu beziehen, die über dieselbe Person geäußert wird. Zwischen den Sätzen in 1. Person und den Sätzen in 3. Person besteht, so Tugendhat, eine *veritative Symmetrie*: »*Der Satz ›ich φ‹, wenn er von mir geäußert wird, ist* notwendigerweise *genau dann wahr, wenn der Satz ›er φ‹, wenn er von jemand anderem geäußert wird, der mit ›er‹ mich meint, wahr ist*«. (*SuS* 88)

Die Verbindung zwischen diesen beiden Prinzipien, dem der epistemischen Asymmetrie und dem der veritativen Symmetrie, ist gewiß das, was die Originalität der Position Tugendhats ausmacht. Die These der veritativen Symmetrie, aufgestellt auf der Grundlage der Analyse des sprachlichen Funktionierens des deiktischen Ausdrucks »ich«, dient wesentlich dazu, nicht in die solipsistische Sackgasse zu geraten. Tugendhat zeigt, daß es zu den Verwendungsregeln – also zur Bedeutung – des Wortes »ich« gehört, durch das Wort »du« ersetzt werden zu können, insofern damit dieselbe Person – besser: derselbe raumzeitliche Gegenstand – vom Standpunkt eines anderen aus bezeichnet wird.

Aber die veritative Symmetrie scheint auch die Aufgabe zu haben, eine gewisse erkenntnistheoretische Dimension des Selbstbewußtseins zu bewahren. Das gilt insbesondere gegen die Position Wittgensteins, die Tugendhat folgendermaßen resümiert: »... der Ausdruck (gibt) nicht – wie bei den φ-Sätzen in 3. Person – das Kriterium ab ..., mit dem der Satz begründet wird, sondern ... der Satz in der 1. Person (ist) selbst als *Ausdruck* des φ-Zustandes zu verstehen ... der Satz ›ich habe Schmerzen‹ tritt an die Stelle der natürlichen Ausdrücke des Schmerzes, er ›ersetzt‹ das Schreien oder Stöhnen (*PhU* § 244)« (*SuS* 123; H.v.m.). Der Satz »ich φ« *bezieht sich nicht* auf einen Sachverhalt, er ist selbst einer seiner Ausdrücke, eines der Verhalten, dessen wir uns als Kriterium bedienen, um die Wahrheit des Satzes »du φ«, der sich auf jene Person bezieht, die »ich φ« äußert, festzustellen. »Die ›ich φ‹-Sätze sind (laut Wittgenstein; *GS*) *expressive*, nicht *kognitive* Sätze«. (*SuS* 123; H.v.m.)

Im Unterschied zu anderen Sätzen identifiziert man nicht den durch »ich« bezeichneten Gegenstand, und man verifiziert nicht, ob er die durch »φ« ausgedrückte Eigenschaft hat. Genausowenig wie von jedem anderen Verhalten, das einen Bewußtseinszustand ausdrückt, kann man von dem Satz »ich φ« sagen, er sei wahr oder falsch. Folglich kann man auch nicht sagen, er drücke ein

Wissen aus. Der Satz »Ich weiß, daß ich in Locarno geboren bin«, hat einen Sinn insofern, als ich es auch nicht wissen oder fälschlicherweise glauben könnte: Das Wissen kommt zu dem den Sachverhalt beschreibenden Satz hinzu.

Ganz anders verhält es sich im unmittelbaren Selbstbewußtsein. Könnte ich sagen »Ich habe Schmerzen«, ohne es zu wissen? Das wäre gerade so, als würde man sich fragen, ob der vor Schmerzen Schreiende *weiß*, daß er Schmerzen hat. Der Satz »Ich weiß, daß ich Fußschmerzen habe«, fügt dem Satz »Ich habe Fußschmerzen« nichts hinzu. Es ist also absurd, von einem Wissen in unmittelbarem Selbstbewußtsein zu sprechen, und es ist sinnlos, sich zu fragen, woher es seinen Gewißheitscharakter bezieht. Es gibt hier kein falsches Wissen, weil es sich überhaupt nicht um ein Wissen handelt. – Dies wäre, drastisch summarisch, die Lehre Wittgensteins.

Tugendhat kritisiert an ihr, daß sie den Unterschied zwischen einem konventionellen Ausdruck wie »Au!« und einem sprachlich artikulierten Ausdruck wie »ich φ« vernachlässigt. Wenn es auch wahr ist, daß beide Ausdrücke *Substitute* des natürlichen und spontanen Schreis oder Stöhnens sind, kann man sie dennoch nicht als sich völlig entsprechend betrachten. Wenn wir den spontanen Ausdruck eines Bewußtseinszustandes durch einen sprachlich artikulierten Ausdruck ersetzen, erhalten wir zwei prädikative Sätze: »ich φ« und »er/sie φ«, »bei denen das ›ich‹ und das ›er‹ für dieselbe Entität stehen und die vollständigen Ausdrücke für denselben Sachverhalt, so daß zwischen ihnen veritative Symmetrie entsteht, und das hat nun zur Folge, daß ›ich habe Schmerzen‹ sich vom Ausruf ›au‹ dadurch unterscheidet, daß auf den ersten Ausdruck im Gegensatz zum zweiten mit ›Ja‹ oder ›Nein‹, mit ›das ist wahr‹ oder ›das ist falsch‹ geantwortet werden kann« (*SuS* 130).

Im Gegensatz zu Wittgenstein glaubt Tugendhat, daß der Satz »ich φ« durch die Tatsache, sprachlich artikuliert zu sein, eine Bedeutung dergestalt bekommt, daß es möglich ist, bei ihm von *Wissen* zu sprechen. Er drückt nicht nur einen Bewußtseinszustand aus, sondern auch ein Wissen; und zwar insofern, als es zu seiner Bedeutung gehört, auf die Perspektive einer dritten Person zurückzuverweisen, für die tatsächlich die Möglichkeit des Irrtums und der Täuschung besteht. Wer sagt »Ich habe Schmerzen«, drückt nicht nur seinen Schmerz aus, er weiß auch unmittelbar, daß der mit bezug auf ihn geäußerte Satz »Du hast Schmerzen« oder »Er/Sie hat Schmerzen« *wahr* ist, daß er einen Sachverhalt *beschreibt,* der der Fall ist. Da die Verwendungsregeln die Bedeutung des Ausdrucks konstituieren, kann man sagen, daß derjenige, der »ich φ« äußert, nur versteht, was er sagt, wenn er die »*logische* Möglichkeit« (cf. *SuS* 132) vorsieht, daß der Sachverhalt, von dem er redet, von einer dritten Person falsch behauptet wird. Die Möglichkeit des Irrtums ist *Bestandteil des Verständnisses* des Satzes in der ersten Person. Und wenn, wie Wittgenstein sagt, Wissen vorliegt, wenn es die Möglichkeit des Irrtums gibt, dann beinhaltet Selbstbewußtsein ein Wissen.

Wenn aber derjenige, der »ich φ« äußert, die logische Möglichkeit dieses Satzes kennen muß, durch einen anderen Satz, der wahr oder falsch sein kann, ersetzt zu werden, weiß der Betreffende, wenn er ihn äußert, daß er *wahr* ist. Weil es zum Verständnis von »ich φ« gehört, auf einen entsprechenden Satz, der die beiden Wahrheitswerte zuläßt, zu verweisen, ist es legitim, von *Wissen* zu sprechen. Weil der, der ihn äußert, dies nicht auf der Basis einer Beobachtung, einer Wahrnehmung oder eines anderen empirischen Verfahrens weiß, sondern seinen Bewußtseinszustand ausdrückt, ist es offensichtlich, daß durch die Tatsache der Äußerung selbst der Sachverhalt, den der Satz beschreibt, wahr ist.

Es ist ein *unmittelbares Wissen*. Man muß folglich zugestehen, »daß es auch den Sonderfall *assertorischer und gleichwohl nicht kognitiver Sätze* gibt« (*SuS* 132; H.v.m.). Sie sind assertorisch, weil sie die Wahrheit des beschriebenen Sachverhalts behaupten; sie sind nicht kognitiv, weil vom Standpunkt der ersten Person die Beziehung auf den beschriebenen Sachverhalt keine Erkenntnis-, sondern eine Ausdrucksbeziehung ist: Es liegt weder Identifikation noch Verifikation vor.

Warum hat Wittgenstein dies nicht gesehen? Weil, so antwortet Tugendhat, er nicht zwischen *Wissen* und *Erkennen* zu unterscheiden wußte; »nicht alles Wissen braucht sich auf einen Erkenntnisakt zu stützen« (*SuS* 133). Es gibt insbesondere Wissensformen – gemeinhin unmittelbar genannt –, bei denen wir nicht mehr die Frage stellen: »Woher weißt du das?« Wenn wir behaupten, daß der Himmel blau ist, könnte man uns fragen, woher wir das wissen. Wir könnten dann antworten, daß man es uns gesagt hat, daß man es im Radio gemeldet hat oder daß wir es sehen. Wenn die ersten beiden Antworten auch zu weiteren Einwänden Anlaß geben können – etwa von der Art: »Woher weißt du, daß man es im Radio gemeldet hat?« –, so scheint uns doch eine Aufforderung zur Rechtfertigung im Falle der letzten Antwort sinnlos. Es ist absurd, uns eine Frage des Typs zu stellen: »Woher weißt du, daß du es gesehen hast?« »Ich sehe« ist ein φ-Satz, bei dem es keinen Sinn macht, sich zu fragen, woher man es weiß.

Darin stimmt Tugendhat mit Wittgenstein überein. Aber er hält gegen Wittgenstein daran fest, daß wenn man keine Frage mehr stellen kann, dies kein zureichender Grund ist zu sagen, man könne überhaupt nicht von Wissen sprechen. Es wäre eine voreilige Schlußfolgerung, die zur Leugnung der veritativen Symmetrie führen würde. Die veritative Symmetrie leugnen aber hieße, den intersubjektiven Charakter des Satzes »ich φ« leugnen. Wenn es auch legitim scheint, daß der Philosoph bei dem Ausstoß eines amorphen Schreis zögert, von Verstehen und Kommunikation zu sprechen – kann man ernsthaft leugnen, daß wir die Bedeutung des Satzes »Ich habe Zahnschmerzen« bestens verstehen? Kann man leugnen, daß wir *wissen*, was derjenige, der ihn äußert, meint? Wenn wir das nicht tun, sondern das Vorliegen einer tatsächlichen Mitteilung anerkennen, so müssen wir gleichzeitig etwas anderes anerkennen: Das Wissen in der dritten Person betrifft denselben Sachverhalt, von dessen Der-Fall-Sein man in der ersten Person weiß.

Ein Sachverhalt wird durch eine aus Subjekt und Prädikat zusammengesetzte nominalisierte Proposition bezeichnet. Wenn »ich φ« und »du φ« sich auf denselben Sachverhalt beziehen, dann bezeichnen »ich« und »du« denselben Gegenstand. Tugendhat widersetzt sich der von Wittgenstein vorgesehenen Möglichkeit, den Satz »ich φ« durch den Satz »es φ (hier, bei mir etc.)« zu substituieren, wo der Terminus »es« – wie etwa in »Es regnet« – nichts bezeichnet (cf. *SuS* 132). Er widersetzt sich der »Destruktion« des Ich.

Aber was hat man nun unter diesem unmittelbaren, nichtkognitiven Wissen zu verstehen, über das jeder bezüglich seiner eigenen φ-Zustände verfügt? Es handelt sich laut Tugendhat um ein »nichtinduktives empirisches Wissen..., das nicht auf einer Wahrnehmung oder etwas Analogem gründet« (*SuS* 135). Ein empirisches Wissen, das nicht auf einer Wahrnehmung beruht?

Wenn Tugendhat auch mit recht überzeugenden Argumenten gezeigt hat, daß die Abwesenheit eines induktiven und empirischen Erkenntnisprozesses nicht notwendig dazu zwingt, jede Form von Wissen im Selbstbewußtsein zu leugnen, so bleibt ihm dennoch zu zeigen, wie er dieses von ihm als unmittelbar ausgezeichnete Wissen genauer auffaßt. Wenn er sagt, daß es sich um ein empirisches Wissen handle, will er sich ganz offensichtlich vom idealistischen Begriff einer »intellektuellen Anschauung« distanzieren, von dem er mehrmals mit Abneigung gesprochen hat (cf. z. B. *VE* 350 und *SuS* 87). Und wenn er hinzufügt, daß dieses Wissen nicht induktiv ist und nicht auf einer Wahrnehmung gründet, zwingt er uns, eine intellektuelle Übung zu machen, für die einige zusätzliche Instruktionen erforderlich wären, die uns nicht gegeben wurden.

Ich möchte nun versuchen, einige Hypothesen über die Gründe zu formulieren, die ihn in diese theoretische Mißlage geführt haben. Da sind zunächst solche Gründe, die man dem Text Tugendhats selbst entnehmen kann. Die seiner Schlußfolgerung zugrundeliegenden Argumente sind weniger zwingend, als er uns glauben machen will. Tugendhat geht von der Voraussetzung aus, daß das Selbstbewußtsein eine Form von Wissen ist. Diese These hat eine offensichtliche strategische Motivation: Nur unter ihrer Voraussetzung kann man behaupten, Selbstbewußtsein habe propositionale Struktur und die Glieder, zwischen denen sich die Bewußtseinsrelation artikuliert, seien nicht Ich – Ich, sondern Ich – Ich φ.

In der ersten Vorlesung von *Selbstbewußtsein und Selbstbestimmung* hat Tugendhat eine Analyse der Struktur des Selbstbewußtseins vorgeschlagen, die ausdrücklich die Existenz von nichtintentionalen Erlebnissen – also von psychischen Zuständen, die sich nicht gemäß einer propositionalen Struktur artikulieren – vorsieht. Die intentionalen Relationen, so Tugendhat, unterscheiden sich von den anderen durch die Tatsache, daß sie »Relationen einer raumzeitlichen Entität – einer Person – zu einer Proposition sind oder eine solche implizieren« (*SuS* 20). Nichtintentionale Relationen wären also solche zwischen zwei raumzeitlichen Gegenständen. Ein Tisch und ein Stuhl z. B. stehen in der nichtintentionalen Relation, *sich nebeneinander zu befinden*. Wenn einer der Gegenstände eine Person ist, scheint die Relation bei dieser zu einem *Erlebnis* Anlaß zu geben. »Es gibt Erlebnisse«, sagt Tugendhat, »die nicht intentional sind«. (*SuS* 21) Wenn ich mir z. B. meine Stirn an der Türe stoße, trete ich nicht in eine Beziehung zu einem Satz, sondern zu einem Gegenstand.

Es gibt also Erlebnisse, die in einer Relation zwischen einer Person und einem raumzeitlichen Gegenstand bestehen. Aus welchen Gründen, kann man sich fragen, muß man das Selbstbewußtsein zu den intentionalen anstatt zu den nichtintentionalen Erlebnissen rechnen? Wenn Tugendhat die Existenz von Erlebnissen anerkennt, die uns in eine Relation zu Gegenständen treten lassen, warum ist er dann von der Voraussetzung ausgegangen, daß es sich beim Selbstbewußtsein nur um eine Relation zu einer Proposition handeln kann? Tugendhat hat, so scheint es, um nicht gezwungen zu sein, den Begriff nichtintentionalen Bewußtseins zu übernehmen, es vorgezogen, auf den Gegenstand (das Ich), um den es beim Selbstbewußtsein geht, überhaupt zu verzichten, indem er ihn in einen Satz verwandelte.

Es gibt einen zweiten Grund, der ihn dazu hätte veranlassen können, an der notwendig propositionalen Struktur des Selbstbewußtseins zu zweifeln; nämlich die in den *VE* ausdrücklich zugestandene Tatsache, daß die assertorischen Sätze nicht die Gesamtheit der Sätze ausmachen, die wir zu verstehen in der Lage sind (cf. *VE* 135-137). »Es scheint klar, daß man die Rede von Wahrheitsbedingungen nicht oder nicht ohne weiteres auf Sätze übertragen kann, für die es nicht charakteristisch ist, daß sie einen Wahrheitsanspruch enthalten.« (*VE* 136) Tugendhat nimmt sodann an, daß man für jene nichtassertorischen Sätze (z. B. Sprechakte im Sinne Searles) eine neue Begrifflichkeit ausarbeiten sollte. Und er gibt zu, daß man »natürlich offenlassen muß, ob der Wahrheitsbegriff wirklich geeignet ist, für die gesuchte weitere Begrifflichkeit zu dienen« (ibid.). Dennoch behauptet er, daß wir »erwarten müssen, daß es eine prädikative Form usw. auch bei den nichtassertorischen Sätzen gibt« (*VE* 137). Nun kann man sich wiederum fragen, wie man das Zutreffen eines Prädikats auf das vom singulären Terminus (oder logischen Subjekt) bezeichnete Objekt feststellen kann, ohne die Wahrheitsbedingungen des Satzes in Betracht zu ziehen. Sofern sich dies nicht plausibel machen läßt, muß man annehmen, daß das Verständnis eines nichtassertorischen Satzes nicht das Zutreffen (oder Nichtzutreffen) des Prädikats auf das vom singulären Terminus bezeichnete Objekt voraussetzt. Dann aber würde »prädikative Form« hier etwas im wesentlichen anderes bedeuten als das, was man meint, wenn man sie den assertorischen Sätzen zuschreibt.

In der Untersuchung des Phänomens des Selbstbewußtseins ist Tugendhat offensichtlich von der Überzeugung ausgegangen, daß es sich auch dabei um assertorische Sätze handeln müsse. Könnte es sich nicht um Ausdrücke handeln, deren Verständnis auf grundlegend andere Weise funktioniert als das Verständnis der assertorischen Sätze? Und: wenn man zugesteht, daß es so ein Verständnis, nämlich ein nichtpropositionales Verständnis sprachlicher Ausdrücke gibt, die nicht die Subjekt-Prädikat-Struktur haben, und wenn man desweiteren zugesteht, daß etwas *verstehen* nicht immer und notwendig einem *Wissen, daß* (etwas) entspricht, vertritt man dann eo ipso eine psychologische, private und solipsistische Konzeption des Verstehens? Mit anderen Worten: Gibt es wirklich keinen Mittelweg zwischen der Behauptung (Wittgensteins), daß die Äußerung »ich φ« einen ausschließlich expressiven Wert hat, und der Behauptung (Tugendhats), daß das Verstehen dieser Äußerung nur möglich ist, wenn man sie als einen Satz versteht, der einen Sachverhalt beschreibt und mit dem das Subjekt in intentionaler Relation steht?

Obwohl Tugendhat ausdrücklich die Möglichkeit eines nichtpropositionalen Verstehens und die Existenz von nichtintentionalen Erlebnissen vorsieht, scheint er doch die Möglichkeit, das Selbstbewußtsein unter diese beiden Phänomentypen zu rechnen, niemals wirklich in Betracht gezogen zu haben. Und dies vermutlich deshalb, weil er sich nicht darum bemüht hat, diesen außerpropositionalen Bereichen eine echte theoretische Form zu geben. Wenn er es getan hätte, hätte er sich auf derselben Ebene derer wiedergefunden, die er als seine Gegner betrachtet, nämlich der der Idealisten und der Mitglieder der von ihm so genannten Heidelberger Schule. Diese haben versucht, das Selbstbewußtsein vom Reflexionsmodell, das eben gerade dem traditionellen Wissensbegriff entstammt, zu befreien. Gemäß diesem Begriff gründet Wissen – wie bereits gesehen – auf der Vorstellung eines Gegenstandes durch ein Subjekt und Selbstbewußtsein dementsprechend auf einer Reflexion (ich – ich).

Die Fichtesche und Neofichteanische Kritik besteht nicht – wie bei Tugendhat – darin zu sagen, daß das Wissen sich vielmehr auf einen Satz als auf einen Gegenstand richte, sondern daß man im Fall des Selbstbewußtseins ganz einfach nicht in demselben Sinn wie in den anderen Fällen von *Wissen* sprechen kann; eine Behauptung, deren Gültigkeit nicht von der Substitution des Vorstellungsmodells durch das Modell der *propositional attitude* betroffen ist. Wenn es Tugendhat darum geht, einen so weit wie möglich gefaßten Wissensbegriff auszuarbeiten, der auch das Selbstbewußtsein einbegreifen kann, so ist es für die von Fichte ausgehende Tradition vielmehr entscheidend, dem Selbstbewußtsein dadurch einen Sinn zu geben, daß man von der Überzeugung ausgeht, eine Erkenntnisrelation Subjekt-Subjekt sei so grundsätzlich verschieden von einer Erkenntnisrelation Subjekt-Objekt, daß die Begriffe die wir gebrauchen, um die eine zu erklären, nie zur Erklärung der anderen ausreichen werden.

Tugendhats Kritik des Vorstellungsmodells kann sich als eine neue Objektivitätstheorie (d. h. eine neue Theorie über das, was ein Objekt ist) erweisen. Dennoch sieht man nicht so recht, inwiefern sie dazu verhelfen könnte, die Probleme zu lösen, auf die all jene gestoßen sind, die seit Kant versucht haben, der Beziehung eines Subjekts auf sich selbst *als Subjekt* eine philosophische Grundlage zu verschaffen.

Gegenüber einem Phänomen wie dem des Selbstbewußtseins scheint es mir schließlich nur die Wahl zwischen zwei Positionen zu geben: Entweder spricht man ihm schlicht das Bürgerrecht unter den theoretischen Aktivitäten des Menschen ab – und das wäre die positivistische (Auf)Lösung –, oder aber man gesteht es ihm zu, dann jedoch als eine solche, die von den Aktivitäten, durch die der Mensch in eine Relation zu den Gegenständen der Außenwelt tritt, grundsätzlich verschieden ist. Da Tugendhat keinen dieser beiden Wege hat gehen wollen, hat er schließlich einen Begriff, nämlich den des »nichtinduktiven empirischen Wissens«, in Anschlag gebracht, der mir nicht sehr befriedigend zu sein scheint.

Dies sind Einwände, die sich auf die bloße Lektüre des Textes stützen können. Ich möchte nun versuchen, einen weiteren, vielleicht weniger offensichtlichen Einwand darzulegen, der sich auf die von Tugendhat vertretene Bedeutungstheorie bezieht. Mir scheint, daß er sich mit der Verteidigung einer verifikationistischen und antiessentialistischen Konzeption in eine theoretische Situation begeben hat, in der es unmöglich ist, Worten wie »ich« einen Sinn zuzuschreiben. Wir sehen uns mit einer Bedeutungstheorie konfrontiert, in der es strukturell unmöglich ist, vom

Subjekt anders als objektivierend und verdinglichend zu sprechen.

Sehen wir uns das im einzelnen etwas genauer an. In den *VE* nimmt Tugendhat mehrfach die von Wittgenstein am Anfang der *Philosophischen Untersuchungen* gegen den Mythos der rein ostensiven Definition entwickelte Argumentation auf. Tugendhat wirft der nichtanalytischen philosophischen Tradition vor, die Bedeutung eines sprachlichen Ausdrucks im Ausgang von der bezeichnenden Funktion singulärer Termini begriffen zu haben. Genauso wie das Verstehen eines singulären Terminus auf der Vorstellung des bezeichneten Gegenstandes zu gründen scheine, müsse das Verstehen eines Prädikats – und letztlich eines Satzes – die Existenz eines besonderen Typs von Gegenständen voraussetzen, die durch diese Art sprachlicher Ausdrücke bezeichnet würden. So hat man z. B. von dem abstrakten Gegenstand »das Blau« gesprochen, der in dem Satz »Der Himmel ist blau« durch das Prädikat »blau« bezeichnet würde. Gegen diese Theorie führt Tugendhat zunächst an, daß das Verstehen eines Prädikats nicht in dem vorstellungsmäßigen Erfassen eines Gegenstandes liegt, sondern in der Kenntnis seiner Verwendungsregeln innerhalb des Verstehensmechanismus des gesamten Satzes. Gemäß dem *Bedeutungsprinzip* neopositivistischen Ursprungs entspricht das Verstehen eines Satzes dem Wissen, unter welchen Bedingungen er wahr ist: Die Verifikationsmittel konstituieren die Bedeutung dieses Satzes. Folglich heißt ein Prädikat verstehen, wissen, welche seine Verwendungsregeln im Hinblick auf die Verifikation (oder Verifizierbarkeit) des Satzes sind, dessen Bestandteil es ist.

Es ist wichtig hervorzuheben, daß Tugendhat seine Kritik der Vergegenständlichung der Bedeutung auf den Fall der singulären Termini ausdehnt; d. h. er behauptet, daß selbst für die singulären Termini ein wirkliches Verstehen nicht ausschließlich durch die Vorstellung des bezeichneten Gegenstandes gewährleistet sein kann. Die isolierte Verwendung eines singulären Terminus – das ist im Grunde der Sinn der Kritik des Mythos von der reinen Ostension – erlaubt noch nicht die Identifikation des bezeichneten Gegenstandes. Dafür muß man zuerst den Sinn des Satzes verstanden haben, innerhalb dessen man den Gegenstand durch ein Prädikat charakterisiert. »Einen Namen (d. h. einen singulären Terminus; GS) kann man verstehen, aber man kann mit ihm nichts zu verstehen geben.«[4] Diese These Tugendhats ist nicht so zu interpretieren, daß sie eine echte Kategorienunterscheidung zwischen »verstehen« und »zu verstehen geben« macht, sondern eher so, daß sie das Verständnis eines unvollständigen Ausdrucks dem Verständnis eines vollständigen Ausdrucks, dessen Bestandteil jener ist, gegenüberstellt (cf. auch etwa *VE* 55).

Das Verstehen eines unvollständigen Ausdrucks ist nur insofern möglich, als wir seine Rolle innerhalb des vollständigen Ausdrucks – z. B. Subjektrolle oder Prädikatrolle – identifiziert haben und wir ihn als durch einen anderen Ausdruck, den wir noch nicht kennen, dessen Rolle wir aber kennen, komplettierbar verstehen. Den Ausdruck »dieser Baum« verstehen wir nur, insofern wir ihn als Subjekt eines Satzes wie »Dieser Baum ist grün«, »Dieser Baum ist tot« etc. begreifen. Solange wir das Prädikat nicht kennen, das den singulären Terminus vervollständigt, gibt dieser nichts zu verstehen. Hingegen ist er verständlich als ein solcher, der *vervollständigt werden kann*. Das heißt nicht, daß der singuläre Terminus eine unabhängige, bezüglich der Bedeutung des Satzes autonome Bedeutung besäße. Man müßte vielmehr sagen, das Verständnis eines isolierten singulären Terminus entspricht dem Verständnis eines Satzes wie »a ist φ«, wo »a« der bekannte singuläre Terminus und »φ« das unbekannte, variable Prädikat ist. Ein Gegenstand ist wesentlich Subjekt möglicher wahrer Prädikationen. Wir können also den bezeichneten Gegenstand nicht durch einen sprachlichen Ausdruck bestimmen, wir können nicht wissen, wovon er spricht, ohne auf den Satz zu rekurrieren. Weil ein sprachlicher Terminus in einem Satz an Subjektstelle auftritt, sagen wir, daß er einen Gegenstand bezeichnet, und nicht umgekehrt. Mit anderen Worten: Die Konstitution des Gegenstandes als Referent eines singulären Terminus kann nicht als eine Operation aufgefaßt werden, die sich unabhängig von der logischen Struktur des Satzes vollzöge.

Wenn diese Interpretation der These Tugendhats zutreffend ist, dann scheint sie zu behaupten, daß in Wirklichkeit kein sprachlicher Ausdruck eine selbständige Bedeutung unterhalb der Satzebene hat. Der »Satz«, sagt unser Autor selbst, ist »die primäre Bedeutungseinheit,..., die kleinste intersubjektive Verständigungseinheit«. (*PS* 23)

Zu sagen, daß das Verstehen des Satzes grundlegender als das Verstehen seiner Bestandteile ist, läuft laut Tugendhat darauf hinaus, dem Wahrheitsbegriff eine gegenüber dem Gegenstandsbegriff vorrangige Rolle zuzuschreiben. Die Sprecher einer besonderen Sprache verfügen demnach über eine Art impliziten Verständnisses des Wahrheitsbegriffs, von dem ausgehend sie gewissermaßen die Gesamtheit der Gegenstände konstruieren, die die von der Sprache, die sie sprechen, beschriebene Welt bevölkern. Diese Gegenstände wären nichts als das, was man durch einen singulären Terminus identifiziert, der so durch ein Prädikat charakterisiert wird, daß der daraus resultierende Satz wahr (oder verifizierbar) ist.

Wie man sieht, ist es die Wahrheit, die über das Existenzrecht des Gegenstandes entscheidet. Ein Gegenstand, über den man nichts Wahres sagen kann, ein Gegenstand, den man nicht durch ein verifizierbares Prädikat charakterisieren kann, existiert nicht. Schlimmer: man kann noch nicht einmal über ihn sprechen. In *SuS* liefert Tugendhat auch Argumente epistemologischer Natur zur Stützung dieser Bedeutungstheorie. Man könne einen Gegenstand nicht erkennen, ohne eine seiner Eigenschaften *wahrzunehmen*. (cf. *SuS* 85)

Es stellt sich bald heraus, daß diese ganze Semantik der singulären Termini in dieselbe Richtung geht wie die Theorie der *propositional attitudes*. Solange die Bedeutung eines singulären Terminus nicht unabhängig vom propositionalen Kontext bestimmt werden kann, kann man auch nicht sagen, man wisse, fürchte oder verlange einen Gegenstand, der nicht durch ein Prädikat charakterisiert ist. Ebenso kann die sprachliche Artikulation des Selbstbewußtseins nicht in einer Relation zwischen zwei singulären Termini bestehen, sondern nur zwischen einem singulären Terminus und einer Proposition: »Ich weiß, daß ich φ.«

Man wird bemerken, daß in diesem Satz das Wort »ich« zweimal auftritt. Nun könnte man Tugendhat folgende Frage stellen: Wenn man die Bedeutung des zweiten »ich« nicht verstehen kann, ohne es mit dem Prädikat »φ« zu verbinden, wie verhält es sich dann mit der Bedeutung des ersten »ich«? Welches ist das Prädikat, das es charakterisiert? Kann man allen Ernstes behaupten, daß derjenige, der den fraglichen Satz äußert, die Bedeutung des ersten »ich« nicht verstehe? Und vor allem: Ist es nicht gerade *diese* Bedeutung und *dieses* Verstehen, was der Philosoph, der das Phänomen des Selbstbewußtseins erklären will, aufzuhellen versuchen müßte? Könnte man nicht denken, daß dieses erste »ich« sich gerade auf etwas bezieht, auf ein »Seiendes«, dessen Identifizierung, dessen Erfassen nichts mit der Wahrheit einer Proposition zu tun hat? Das Verstehen des Wortes »ich« seitens desjenigen, der es äußert, könnte tatsächlich sehr verschieden sein vom Verstehen irgendeines anderen beliebigen singulären Terminus, der im Satz an der Stelle des grammatischen Subjekts auftritt und mit dem wir einen raumzeitlichen Gegenstand bezeichnen. Indem Tugendhat die Möglichkeit, einen singulären Terminus außerhalb eines propositionalen und sozusagen veritativen Kontextes zu verstehen, untersagt, schlägt er eine Bedeutungstheorie vor, in der das Wort »ich« sich in letzter Instanz auf nichts anderes als einen raumzeitlichen Gegenstand beziehen kann. Das ist vielleicht die einzige Art und Weise, über uns als weltliche Gegenstände zu sprechen, aber nichts zwingt uns anzunehmen, es sei schlechthin die einzige Art und Weise, von uns selbst zu reden.

Ich habe gesagt, daß die Theorie Tugendhats durch den Verifikationismus und den Antiessentialismus gekennzeichnet ist. Der Verifikationismus besteht darin zu glauben, daß ein sprachlicher Ausdruck keine Bedeutung haben kann, wenn er in keiner Beziehung zur Wahrheit (oder Verifizierung) eines Satzes steht. Der Antiessentialismus besteht darin zu behaupten, daß ein singulärer Terminus nur in einer Wahrnehmungssituation, in der man ihn durch ein Prädikat charakterisiert, eine Referenz haben kann. Das läuft darauf hinaus zu sagen, daß man nicht bezeichnen kann, ohne zu beschreiben, daß man nie einen singulären Terminus außerhalb eines propositionalen Kontextes verstehen kann.

Diese beiden Positionen scheinen mir nicht auf Einstimmigkeit in der gegenwärtigen analytischen Philosophie zu stoßen. Wittgenstein hatte laut Bouveresse bereits die Idee aufgegeben, die Verifizierung spiele eine fundamentale Rolle in der Bestimmung der Bedeutung eines Satzes. In den *Philosophischen Untersuchungen* etwa »erscheint die Frage der Verifizierung letztlich nur als eine der die Bedeutung eines Satzes betreffenden Fragen«[5]. Wenn es also wahr ist, daß für den späten Wittgenstein die Bedeutung eines sprachlichen Ausdrucks (z.B. des Wortes »ich«) nur durch die Befolgung seiner Verwendungsregeln bestimmt werden kann und daß dies uns letztlich auf seinen Gebrauch in einem propositionalen Kontext verweist, muß dieser Kontext nicht notwendig veritativ sein, wie Tugendhat glaubt. Da das Verstehen einer Proposition unabhängig von seinen Verifikations- oder Verifizierbarkeitskriterien funktionieren kann, entsprechen die Verwendungsregeln des Wortes »ich« nicht notwendig dem Mechanismus, den Tugendhat veranschlagt.

Andererseits lassen die neueren Arbeiten von Kripke und Putnam zum Problem der »rigiden« Referenz die Möglichkeit erkennen, eine Form der »essentiellen« Denotation seitens der singulären Termini anzunehmen. Das könnte uns dazu veranlassen zu fragen, ob das Verstehen des Terminus »ich« immer und notwendig seine Charakterisierung durch ein Prädikat impliziert. Oder ob das, was wir durch das Wort »ich« bezeichnen, nicht vielmehr *in einem bestimmen Sinne* unabhängig ist von dem, was wir *von ihm* sagen, von den Prädikaten, die wir ihm zusprechen.

Man hat mit anderen Worten den Eindruck, daß eine beträchtliche Anzahl von Problemen, auf die die Theorie Tugendhats hinsichtlich des Selbstbewußtseins stößt, direkt von der Konzeption herrührt, die dieser Autor von der analytischen Philosophie hat. Wenn das Selbstbewußtsein der Punkt ist, an dem man, wie Tugendhat zeigt, am deutlichsten das Scheitern der traditionellen Bewußtseinsphilosophie feststellen kann, so ist es vielleicht auch der Ort, an dem man am besten das Ungenügen *einer bestimmten* analytischen Philosophie ermessen kann.

(Aus dem Französischen von Georg Mohr)

Anmerkungen

1 Jacques Bouveresse, *Le mythe de l'intériorité. Expérience, signification et langage privé chez Wittgenstein*, Paris 1976.
2 Ernst Tugendhat, *Selbstbewußtsein und Selbstbestimmung. Sprachanalytische Interpretationen*, Frankfurt/M. 1979. Zitiert als *SuS* mit Seitenzahl.
3 Ernst Tugendhat, *Vorlesungen zur Einführung in die sprachanalytische Philosophie*. Frankfurt/M. 1976. Zitiert als *VE*.
4 Ernst Tugendhat, *Phänomenologie und Sprachanalyse*, in *Hermeneutik und Dialektik*. Hg. v. R. Bubner, K. Cramer, R. Wiehl, Tübingen 1970, Bd. 2, S. 3-24. Im folgenden zitiert als *PS* mit Seitenzahl. Hier: *PS* 23. Zum angeschnittenen Problem cf. auch *VE* 366: »Wer also lediglich einen Namen äußert, hat noch nichts gesagt.«
5 Jacques Bouveresse, *op. cit.*, S. 305.

Wolfgang Hübener
Der dreifache Tod des modernen Subjekts

Ein »Wesen der Neuzeit« gibt es nur in den Sekundärmythen der Aneignungshermeneutik. Es fungiert in ihnen als die Leerantizipation[1] eines universalen Verständigungsrahmens für Explikationsschritte, die zumeist erst über supponierte Positionsformeln auf den Boden der manifesten Diskurse zurückfinden. Dieser Boden wird oft nur scheinbar erreicht. Daß das subiectum in seiner Subiectität zu Beginn der neuzeitlichen Metaphysik bei Descartes im »vor sich hin und zu sich her Stellen« der re-praesentatio zum fundamentum absolutum inconcussum veritatis wird[2], ist in einer bestimmten Horizontintention von hoher Plausibilität. Aber es handelt sich hier nur um die Rekonstitution eines anderen Diskurses, den man unter der Oberfläche des Diskurses, den man interpretiert, vermutet und der zu ihm allegorisch ist.[3] »Absolut« nennt Descartes das ego cogito nie, und er nennt es nicht Subjekt. »Inconcussum« ist für ihn synonym mit »indubitable«. Er sucht nicht nach einem Fundament der Wahrheit, sondern nach dem fundamentum omnis humanae certitudinis[4], und er findet es in dem ersten der weltbezüglichen Attribute Gottes, »quod sit summe verax, et dator omnis luminis«.[5] Dabei folgt er für den intuitus mentis dem alten dreistelligen Stellvertretermodell der Repräsentation: Ideen stellen mir kraft ihres gegenständlichen Wirklichkeitsgehaltes etwas dar. Obwohl ich Gott durch eine angeborene Idee, die ihn repräsentiert, erkenne, kann ich mir Gottes Vollkommenheiten gerade nicht vor-stellen (hoc nobis, ut ita loquar, repraesentare non possumus[6]), denn dies hieße, ihn zu einem Gegenstand der Imagination machen. Die Operation des imaginari, für die bereits ein »sibi repraesentare« eintreten kann[7], muß vom »sola mente percipere« sorgfältig unterschieden werden. Für die Wissensarchäologie – und jede andere Position, die im Gesagten das sucht, was an ihm am schwersten sichtbar zu machen ist, nämlich das Gesagte – hat Heidegger darum gar nicht von dem cartesischen Diskurs gehandelt, denn sie ist keine »discipline interprétative: elle ne cherche pas un ›autre discours‹ mieux caché. Elle se refuse à être ›allégorique‹.«[8]

Auch den hellsten Köpfen unter den Modernitätstraditionalisten scheint gegenwärtig nicht klar zu sein, wie weit sie den Außenhorizont für Erscheinungen der philosophischen Moderne öffnen sollen. Max Webers Formel vom okzidentalen Rationalismus verführt dazu, so etwas wie eine gesamtabendländische Seinsdeutung oder Vernunfttradition zum universalen »Glaubensboden« für die Selbstvergewisserung der Moderne zu machen und der Geschichte des Denkens damit jenen »horizon préalable« zu geben, der für Foucault das Indiz ihrer transzendentalen Unterwerfung ist.[9] Dann ist die Moderne im »begrifflichen Horizont des westlichen Rationalismus« entstanden und hat ihr Selbstverständnis »aus dem Horizont der abendländischen Vernunft« gewonnen.[10] Ihr Prinzip soll andererseits mit Hegel die Subjektivität sein.[11] Weberscher Rationalismus und Hegelsche Subjektivität sind allerdings so verschiedene Dinge, daß es schwerlich gelingen wird, sie befriedigend ineinander zu integrieren. Vielmehr scheint es gerade Fichtes Insistenz auf intellektueller Anschauung – sein »Illuminismus« – den Zeitgenossen unmöglich gemacht zu haben, Kants kopernikanische Wende als einen Positionswechsel innerhalb einer einzigen rationalistischen Tradition zu deuten. Schopenhauer hat später Rationalismus und Illuminismus als die Pole verstanden, zwischen denen das Pendel der Philosophie aller Zeiten hin und her schwingt. Ein Illuminismus tritt danach immer dann auf, »wann der Rationalismus ein Stadium, ohne das Ziel zu erreichen, durchlaufen hat«.[12] Diese Situation war nach ihm durch den Kritizismus gegeben. Die Vernunftkritik hatte den alten Rationalismus Leibnizisch-Wolffischer Provenienz untergraben.[13] Aber damit wurde für den echten Rationalismus – so deutet es später Jacobi – vorerst nur ein leerer Platz gewonnen, der durch den »bodenlosen Abgrund einer absoluten Subjectivität« nicht besetzt werden konnte.[14] Daß das vorstellende Subjekt der das »eigentliche Fundament, oder allgemeine Princip der Kritik der reinen Vernunft« ausmachende kantische »Grundbegriff« ist[15], mithin durch diese »durchgängig, aber stillschweigend, nichts als bloße Subjektivität«[16] vorausgesetzt wird, hat Reinhold nach eigenem Eingeständnis ohnehin zunächst ebensowenig wie andere erkannt: »Daß dieses Fundament nichts anderes sey und seyn könne, als die absolute Subjektivität ahnete der Verfasser jenes Versuches so wenig als irgend sonst ein Kantianer, und als Kant vielleicht selbst nicht bis auf den heutigen Tag es ahnet.«[17] Jacobi hat es als erster gezeigt[18] und damit die Fichtesche Wissenschaftslehre vorbereitet.¹⁹ »Die Stifter der reinen Ichlehre ließen sich dieses nicht vergeblich gesagt seyn. Sie machten die Subjektivität ausdrücklich und laut genug als das Absolute und Urwahre geltend.«²⁰ So hatte es Fichte 1795 gegenüber Reinhold getan. Er schreibt ihm, Kant habe »etwas in die Menschheit gebracht, das ewig in ihr bleiben wird«, zu dessen Entdeckung sie aber Jahrtausende brauchten, daß man nämlich »von Untersuchung des Subjekts ausgehn« müsse. Obwohl er aber »offenbar auf die Subjectivität hindeutet«, will er die drei Vermögen im Menschen »überhaupt nicht unter ein höheres Princip unterordnen, sondern läßt sie bloß coordinirt bleiben.« »Ich subordinire sie dem Princip der Subjectivität überhaupt.«²¹

Fichte ist darüber nach dem spektakulären Anfangserfolg der ersten Jenenser Jahre philosophisch vereinsamt. Alle Wege führten von ihm weg. Schelling und Reinhold haben sich nach einigen Jahren vom »Fichtismus« abgewendet, Kant, Jacobi, Bouterwek, Bardili, Hegel, Fries und andere ihm nie zugestimmt, seine Hörer Herbart, Krause und Schopenhauer sind nie Fichteaner geworden. Schon bald konnte Hegel sagen, Fichtes Philosophie habe das Zeitbedürfnis gegen sich gehabt und darum nicht »Glück gemacht«. Jetzt ist es Reinholds Absage an die »metaphysische Subjektivitätslehre«²² im Namen eines rationalen Realismus, die im Zeitbedürfnis schwimmt.²³ Prinzipieller formuliert zur selben Zeit Jacobi das Unbehagen an der Wissenschaftslehre: »Etwas im Menschen widersetzt sich einer absoluten Subjectivitätslehre, dem vollkommenen Idealismus...«²⁴ Aus der Gesamtopposition gegen den »Illuminismus« der reinen Ichlehre heraus formulieren sich neue Rationalismen. Für Bardili wäre jegliche Allgemeinheit und strenge Notwendigkeit nicht das, wofür sie sich im Denken eines jeden ausgibt, »wenn's um sie etwas bloß subjektives... wäre.« »Das Gedachte, *als gedacht, ist,* und ist ohne alle Rücksicht auf menschliche Subjektivität, welche ihm, als einem Gedachten, nichts von Realität geben, und nichts davon nehmen kann.«²⁵ Reinhold hat sich zum Protagonisten der Forderung gemacht, »das Wesen des Denkens ohne Subjektivität... zu denken«.²⁶ Bolzano hat in Reinholds Betonung der Vorstellungsunabhängigkeit der Wahrheit ein Plädoyer für die »Wiedereinführung des Begriffes einer Wahrheit an sich« gesehen.²⁷ Dem rationalen Realismus schließt sich Jacobi für seinen Teil an, wenn er die Gefühlsphilosophen zu den echten »Real-rationalisten« erklärt.²⁸ Die Erlanger Literaturzeitung schließlich versucht 1801, Schellings absolutes Identitätssystem als »reinen Rationalismus« gegen Bardili und Reinhold auszuspielen.²⁹ So unausgereift solche Absetzbewegungen auch immer gewesen sein mögen, sie haben es Bolzano erlaubt, seine eigene Wissenschaftslehre in die ungebrochene Kontinuität eines logischen Rationalismus zu stellen, in der Leibniz und die Wolffianer wieder so selbstverständlich neben Kantianern und postidealistischen Logikern figurieren, als hätte es nie eine Subjektivitätslehre gegeben. Deren Vorgeschichte wird vielmehr in der empiristischen Tradition gesehen. Daß die »gänzlich subjektive Wendung aller Spekulation« in Kant gelang, ist nach Fries ihrer Vorbereitung durch die moderne Psychologie seit Locke zu verdanken. Während aber Kant die Philosophie durch jene Psychologie ausbildete, war es der Fehler der Reinholdisch-Fichtischen Spekulation, »die empirische Psychologie in... Metaphysik zu verwandeln«.³⁰ Dieser Deutung der Wende zum Subjekt gibt Bardili aus der Perspektive der reinen Logik von Anfang an einen negativen Akzent, wenn er bereits der kritischen Philosophie ein »Psychologisieren der gesamten Wesenheit unserer Erkenntniß«³¹ zum Vorwurf macht. Reinhold ist insofern noch radikaler, als er schon mit Artistoteles die »methodische Subjektivisierung des Denkens, oder der Vernunft, in der Logik« beginnen läßt.³² Eine Ehe zwischen Rationalismus und Subjektivität ist damit freilich durchaus nicht gestiftet. Es handelt sich eher um eine Scheinehe, wenn man Heideggers auf Reinhold applizierte Genealogie der Subiectität gegen den Strich, und d. h. vom Subjekt her, liest und sie zugleich als abendländische Vernunfttradition versteht. Reinhold erkennt in Bardilis Logik eine Exposition des Denkens, die »alle Subjektivität überhaupt für den Charakter des Vorstellens« erklärt und dagegen ein »von aller Subjektivität geläutertes, von der Verwechslung mit dem Vorstellen befreytes Denken« geltend macht.³³ Von dieser Proklamation einer epochalen Zäsur hat Heidegger, der sich selbst die Rolle des seinsgeschichtlichen Überwinders des vorstellenden Denkens reserviert hat, vermutlich keine Kenntnis gehabt. Interpretiert man nun die negative Geschichtsmetaphysik der zunehmenden Seinsvergessenheit in die positive eines wachsenden Subjektsinteresses um, wird die Geschichte des Subjekts der Geschichte der Rationalität koextensiv. Dann läßt sich der präsumtive Grundgedanke der neuzeitlichen Philosophie, der »Gedanke des mit sich identischen und weltkonstituierenden Subjekts«[34], nicht nur einbetten in die Gesamttradition der europäischen Philosophie, sondern diese selbst sich als »ein Denken aus der Einheit des Subjekts« charakterisieren. Die Einschränkung »zumindest die der Neuzeit (und innerhalb ihrer wieder vor allem die deutsche)«[35] läßt ahnen, was es mit der vormaligen Würde des alteuropäischen Subjekts[36] auf sich hat: es hat den langen Weg von Jonien nach Jena, so scheint es, nicht in Hasenmanier, sondern auf die geruhsamere Art der Madame Igel zurückgelegt.

Offenbar kann man nicht von Jena auf Alteuropa extrapolieren, ohne Gefahr zu laufen, die Neuheit des neuzeitlichen Neuen zu verschenken und die Schlüsselereignisse im Gegensinn zu den tragenden Einschätzungen der Zeitgenossen an der Wende zum 19. Jahrhundert zu interpretieren. Wir sind gewohnt, die rapiden Jenenser Metamorphosen des Königsberger Subjekts mit der nationalen Historiographie als eine so »glänzende Erscheinung« anzusehen, daß man darüber den Weg von Aristoteles zu Kant weitgehend vernachlässigen könne. »In einer intensiv und extensiv gleich mächtigen Entwicklung hat der deutsche Geist während der kurzen Spanne von vier Jahrzehnten (1780-1820) eine Fülle grossartig entworfener und allseitig ausgebildeter Systeme der philosophischen Weltanschauung erzeugt, wie sie auf so engem Raum nirgends wieder zusammengedrängt sind...«[37] Allerdings melden wir für Windelbands Korollar, damit sei die Entwicklung der philosophischen Prinzipien welthistorisch »abgeschlossen«, »wesentlich und werthvoll Neues« sei »seitdem nicht zu Tage getreten«[38], in der Regel Dissens an. Die Zeitgenossen haben dies ganz anders gesehen. Sie hatten sich nach Jean Paul bald »am Todtentanze so vieler eilender Systeme müde gesehen«.[39] Der Landgraf von Homburg fragt sich in einer Säkularbetrachtung in der Neujahrsnacht 1800 besorgt: »Welcher Geist der Zeit wird zur Herrschaft gelangen?« »Ungefähr viermal sah ich den Geist der Zeit eine verschiedene Färbung annehmen. ... eine Menge philosophischer Systeme, eines auf des andern Trümmern erbaut... schimmern vor meinem Auge!« Schon wechselt der Zeitgeist wiederum seine Färbung. »... möchte er sich zum Guten wenden!«[40] Der »fortdauernde Unbestand und das willkürliche Idealisiren« des Objektiven hat die neuere deutsche Philosophie nach Bardili um ihren Kredit gebracht. Denn in der Philosophie liebt man die Veränderung nicht. Man will, daß sie nur eine sei, und schließt aus der Wandelbarkeit ihrer Beschaffenheit, »es sey noch keine Philosophie vorhanden«. Das Ansehen der Philosophie sei nicht so sehr deswegen gesunken, weil subjektive Ideale vertreten wurden, sondern weil man die »Philosophie selbst, als etwas Objectives, bloß subjectivisiren, und *dadurch... begründen*« wollte.⁴¹ Der Vergleich der lokalen Prinzipien – des spezifisch englischen und französischen Beitrags zur neueren Entwicklung der Philosophie – führt zu einem ähnlichen Ergebnis. Hegel gibt zu bedenken, ob das Entfernthalten eines Produkts der westlichen Lokalität der Bildung, wie Holbachs »Système de la nature«, aus Deutschland nicht »aus einer entgegengesetzten Einseitigkeit der Bildung herstammt«. Der französische Materialismus, dessen Form »in dem lokalen Prinzip des Objektiven erscheint«, steht der deutschen Bildung entgegen, die »sich in die Form des Subjektiven... einnistet«.⁴² Wenn Hegel bald darauf die »Reflexionsphilosophie der Subjektivität« in der Totalität der für das Prinzip der Absolutheit der Endlichkeit möglichen Formen verabschiedet, weil in ihr die Unendlichkeit »sich als Ich und Subjekt fixiert und das Objekt oder das Endliche so gegen sich über erhält«,⁴³ und er doch zugleich derjenige gewesen sein soll, der den philosophischen Diskurs der Moderne mit einer Kritik an ihr aus ihrem eigenen Prinzip, der Subjektivität, eröffnet hat,⁴⁴ dann hätte dieser Diskurs antisubjektitär begonnen. Denn mag man seine absolute Idee auch als aufgeblähte Rationalität und Erschleichung, oder genauer, als Versuch einer Überwindung der Subjektzentriertheit mit den Mitteln der Subjektphilosophie ansehen⁴⁵, so sind die terminologischen Vorgaben seines manifesten Diskurses doch präzis: ein zum Grunde liegendes, ruhendes Subjekt verträgt sich schlechterdings nicht mit der Selbstbewegung des Begriffs.

Sind am Ende die jüngeren Debatten um den Tod des Subjekts nur Nachhutgefechte, die sich gar nicht an der Originalerscheinung, sondern an ihren Renaissancen – dem Neukantianismus und der transzendentalen Phänomenologie – entzündet haben? Wenn Heidegger mit der Überwindung der Metaphysik der Subjectität in sich nur Husserl oder Natorp überwunden hätte, ließe sich aus ihr kaum eine Neuzeitthese gewinnen. Aber ist es um die Einzugsbreite der Originalerscheinung anders bestellt? »Besorgnisse vor den Ausartungen der Ichmetaphysik« hatten den Husserl der »Logischen Untersuchungen« erklären lassen, daß er das primitive Ich Natorps als das »subjektive Beziehungszentrum« zu allen mir bewußten Inhalten »schlechterdings nicht zu finden« vermöge.[46] Weit schärfer sind die Vorwürfe, die der Kantianer Bouterwek ab 1799 gegen das »hypostasierte Ich«[47] der autothetischen Metaphysik[48] erhoben hat. »Reine Subjectivität ist ein transcendentales Unding.«[49] Der Begriff des Ich hat »gar keinen speculativen Sinn, so bald man ihm nicht ein Object oder *Nicht-Ich* identisch zugesellt«; »... was könnte der Inhalt einer Philosophie des *Subjects* seyn?«[50] Da das »transcendentale Subject, als etwas von den Objecten Getrenntes gedacht, Nichts ist«, ist eine idealistische »Wissenslehre des absoluten Subjects, dem das Object entweder als Attribut oder als Product zugetheilt wird, ein Spiel der Einbildung, das sich selbst zerstört«.[51] Die »ungeheuren Mißgriffe« der Wissenschaftslehre »in der Analyse der Subjectivität«[52] führen Bouterwek dazu, die Subjektivitätslehre als Resultat einer historischen Fehlentwicklung des Denkens zu deuten. »Der neuern Philosophie ist es, man weiß nicht recht, wie, eigen geworden, eine besondere *Natur* des Subjects anzunehmen, die zum *Wesen* des Subjects gehören und von der Natur der Objecte wesentlich verschieden seyn soll.«[53] Gegen diesen substantialistischen Subjektbegriff setzt er das reflexive Sichentdecken des Subjekts mit dem Objekt[54] und macht damit Subjekt und Objekt, wie später Hegel, zu Reflexionsbestimmungen. Aber etwas anderes war das Subjekt der lateinischen Tradition – als logisches, ontologisches, physikalisches und wissenschaftliches oder als subiectum praedicationis, in haerentiae, mutationis und considerationis – nie gewesen. Nur fehlte im Spektrum der Subjektbedeutungen ein spezifisches Erkenntnis- und Handlungssubjekt.

Gott, wie Hegel, als unendliche Subjektivität zu denken, war der mittelalterlichen Theologie schon deswegen unmöglich, weil es dem Begriff des actus purus widerspricht, Subjekt (von Inhärenz) und damit Träger akzidenteller Bestimmungen zu sein. Keineswegs, sagen schon die griechischen Aristoteleskommentatoren, sei die göttliche Substanz Subjekt (ὑποκείμενον) denn nichts sei ihr bloß akzidentell.[55] Andererseits kann der menschliche Wille gerade in einer nichtvoluntaristischen Theorie der Willensfreiheit »Subjekt« oder Voraussetzung der Freiheit heißen. Er wird dann als deren »Wurzel«, die Vernunft aber, die unter Voraussetzung des Willensaktes (praesupposito actu voluntatis) in Aktion tritt, als ihre Ursache angesehen.[56] Diese Unterscheidung von Subjekt und Ursache kehrt bei Thomas von Aquino in der Analyse der Erkenntnis- und Glaubensgewißheit wieder, nur ist hier der Intellekt das Subjekt und der Gegenstand die Ursache. Gewißheitsursachen sind danach das Wort Gottes oder die natürliche Vernunfteinsicht (naturale lumen rationis).[57] Spekulative Einsicht im Sinne dianoetischen Tugenden der aristotelischen Ethik hat an der ratio humana gegenüber der Glaubensgewißheit von vornherein ursächlich die schwächere Stütze. Auf der anderen Seite ist der Intellekt von sich her für das disponiert, was unter seinen eigentümlichen Gegenstand fällt.[58] Diese seine Disposition gehört nach der aristotelischen Kategorienlehre in die Kategorie der Qualität und ist insofern eine »determinatio subiecti secundum esse accidentale«.[59] Da der Glaubenshabitus den Intellekt zu seinem Subjekt hat, muß dessen dispositionelle Defizienz »ex parte subiecti« gegenüber dem Glaubensgegenstand durch das »imperium voluntatis« supplementiert werden.[60] Die für die intellektuelle Glaubensgewißheit erforderliche »firma assensio« verdankt sich einer Festlegung (determinatio ad unum) durch den Willen.[61] Dafür ist aber auch im Willen ein entsprechender Habitus in Gestalt der Gehorsamsbereitschaft als präexistent vorauszusetzen. Der Glaubensakt ruht folglich nach Thomas auf einem doppelten Habitus, aber nur derjenige von ihnen, der im Intellekt als seinem Subjekt ist, ist das eigentümliche Prinzip dieses Aktes.[62] Diese konsequente Orientierung am Inhärenzschema macht es unmöglich, die Seinsweise der »Tatsachen des Bewußtseins« (intentiones animae) ontologisch anders als durch ein inhärentes Darinsein in einem Erkenntnissubjekt (inesse subiective) zu verankern. Das geistige Sein der logischen Zweitintentionen ist nicht von dieser Art. Sie sind weder Erkenntnisakte noch Erkenntnisbilder noch Dinge und existieren folglich nirgendwo subjektiv: »... secundae intentiones non habent esse alicubi subiective, quia nec in intellectu, cum non sint actus nec species, nec in rerum natura, sed tantummodo habent esse in intellectu obiective.«[63] Diese Defizienz »a quacumque entitate existente« übernimmt Petrus Aureoli aus der von ihm im übrigen kritisierten Intentionenlehre von Herveus Natalis. Was durch Gattung, Art oder prädikative Allgemeinheit ausgedrückt wird, ist in keiner Weise »secundum aliquid sui« etwas Reales in der Natur der Dinge, sondern dinglich gänzlich inexistent. Um nicht überhaupt nichts zu sein, muß es etwas »Intentionales« sein:

»illud enim, quod se totum non est aliquid reale existens in rerum natura, secundum se totum est aliquid intentionale, aut est omnino nihil.«[64]

Der Subjektbegriff der aristotelischen Onto-Logik eignet sich denkbar schlecht für eine Verbindung mit ihm im heutigen Verständnis an die Seite gestellten Grundbegriffen. So verbinden sich der Sachausdruck »Person« und der Reflexionsausdruck[65] »Individuum« zwar schon in der Spätantike miteinander, aber auch in der Prämoderne noch nicht mit dem Reflexionsausdruck »Subjekt«. Person ist seit Boethius »naturae rationalis individua substantia«[66], später »suppositum intellectuale«[67], während ein Individuum (ἄτομον) mit der »Isagoge« des Porphyrios aus Eigenschaften (proprietates) besteht, deren Ensemble niemals in irgendeinem anderen identisch wiederkehrt (Boethius: quarum collectio numquam in alio eadem erit).[68] Es bedürfte umständlicher Analysen, um die faktische Genese des modernen Subjektbegriffs von diesen Vorgaben her zu entwickeln. Für eine »normative« Genese, von der wir hier nur sprechen können, weil Anfang und Ende des Weges historisch bestimmt sind, wären folgende Vereinheitlichungen und Umbesetzungen anzunehmen: Die Fungibilität des Subjekts als Träger habitueller Habilitäten müßte aufgegeben werden; es dürfte nicht mehr als Träger von Akzidentien und nicht mehr als bloßes praesuppositum verstanden werden, sondern nur noch als Subjekt für ein mit ihm gesetztes Objekt Reflexionsbestimmtheit sein können; Akte dürften nicht mehr aus der Kooperation verschiedener »Subjekte« in einem einzigen Wesen hervorgehen; das »Subjekt« kann schließlich nicht mehr extensional völlig disparat zur Personalität stehen. Hierhin ist der Weg auch in der postreformatorischen Scholastik noch weit. Die Kasuistik der Trägerschaft für habituelle Bestimmungen oder die Frage »In quo subiecto sint habitus?« orientiert sich nicht primär an kognitiven Gegebenheiten, und auch dort, wo sie es tut, nicht am Objektbezug, sondern an Permanenz oder Flüchtigkeit des Auftretens. Affektionen des äußeren Sinnes (species impressae sensibiles) sind danach ebensowenig Habitus wie Erkenntnisse (cognitiones) oder Begriffe (species expressae intelligibiles, verba mentis).[69] Nach wie vor heißt gerade das Sachobjekt (obiectum materiale quod oder formale quod) im emphatischen Sinne »Subjekt« (potest etiam significantius dici subiectum).[70] Das Schema kognitiver Inhärenz bleibt bis ins 18. Jahrhundert in Gebrauch.

»Subjektiv« sind die Bestimmungen im Intellekt, »quae in ipso ut subiecto recipiuntur et ei inhaerent, ut species impressae, actus intellectus, scientiae etc.«[71] Schon hundert Jahre früher wird im Thomismus die »certitudo ex parte subiecti« aus dem thomasischen Glaubenstraktat als »certitudo subiectiva« in das wissenschaftstheoretische Lehrstück von den »habitus inevidentes« übernommen. Der Wille, »quae se tenet ex parte subiecti«, bewirkt danach Gewißheit im Intellekt und fängt so den Evidenzmangel des Gegenstandes auf (supplet... voluntas id, quod deest obiecto ex parte evidentiae).[72] Die hierdurch begründete Anhänglichkeit an den Glaubensgegenstand setzt diesen als untrüglich voraus. »›Certitudo‹... respicit obiecti (creditae scilicet veritatis) infallibilitatem.«[73] Ist sie ihrem Gegenstand angemessen, fällt sie mit dessen Untrüglichkeit zusammen und kann so selbst objektiv heißen.[74] Wird sie jedoch durch das verstockte »quia vult«[75] einer prava voluntas oder das irrige Urteil eines schlecht disponierten Verstandes zur pertinacia deformiert,[76] fällt sie aus dieser »adhaesio ad obiectum« heraus. Der hier verwendete Objektbegriff würde äquivok, wenn ihr darin ein neues, fiktives Objekt entspränge. Die Selbstverhärtung der subjektiven Gewißheit wird vielmehr weiterhin mit den Mitteln der Habituslehre beschrieben. Das Inhärenzschema kann gelegentlich in verkürzter Ausdrucksweise übersprungen werden, wo der Objektbezug im Blick steht. Aber die modern anmutende Rede von einer »adhaesio subjecti ad objectum«[77] skizziert keine Subjekt-Objekt-Relation im neueren Sinne, sondern spricht das Sichsubjizieren eines Subjekts unter ein unverfügbares Objekt aus. Die als feste Adhäsionsgewißheit eines Subjektionssubjekts verstandene certitudo subiectiva ist denn auch vom Cartesianismus oder Wolffianismus nicht aufgegriffen und logisch oder gnoseologisch weiterentwickelt worden.[78]

Bei genauerer Betrachtung ist für Hegel das Prinzip der neueren Welt nicht einfachhin Subjektivität, sondern »Freiheit der Subjektivität«.[79] Ich will diese Formel zum Ausgangspunkt nehmen, um meine schon früher geäußerte Vermutung, daß im Gesamtprozeß der Neuzeit radikale theoretisch-praktische Selbst*ent*mächtigungsimpulse stärker und augenfälliger in Erscheinung getreten sind als theoretische Selbst*er*mächtigungsanstrengungen, an der neuzeitlichen *mésaventure* des metaphysischen Willenssubjekts, des politischen Handlungssubjekts und des Erkenntnissubjekts zu überprüfen. Kants Lehre von der Autonomie des Willens und Hegels Staatslehre wären danach theoretisch fürs erste kaum überbietbare Modelle der Entmächtigung von Subjektivität. Der Anschein trügt in beiden Fällen und verführt dazu, Subjektion und Akzidentalisierung für die wahre Selbstmächtigkeit und Selbstbestimmung zu halten.

Hegel geht für die Charakteristik der neuen, germanischen Welt von dem seit Tacitus geläufigen Topos des altgermanischen Freiheitssinnes aus. In ihr lebt ein »vollkommen neuer Geist, aus welchem sich nun die Welt regenerieren mußte, nämlich der freie Geist, der auf sich selbst beruht, der absolute Eigensinn der Subjektivität«.[80] Wenn jedoch in der neueren Geschichte die »Zwecke des partikulären, subjektiven Willens« befriedigt werden, so geschieht dies zunächst so, daß dieser seinen »absoluten Endzweck« verkennt[81], nämlich »den Widerspruch der Subjektivität und Objektivität aufzuheben und seine Zwecke aus jener Bestimmung in diese überzusetzen und in der Objektivität zugleich *bei sich* zu bleiben«.[82] Die »Subjektivität der Freiheit«, die in Rousseaus und Fichtes »Prinzip des einzelnen Willens« festgehalten ist, enthält »nur das *eine*, darum einseitige Moment der *Idee des vernünftigen* Willens«. Von ihr »muß sich der Wille... befreien, um an und für sich seiender Wille zu werden«. Die Objektivierung aber hat »zugleich die Bestimmung in sich, daß der einzelne Wille in derselben sich aufhebt«.[83] Denn unter dem an sich seienden, in sich allgemeinen freien Willen, dessen weltliche Verwirklichung der Staat ist, »ist nicht der besondere Wille zu verstehen, wie ihn einer gerade hat«. »Was der Wille an sich ist, muß heraus aus diesen Besonderheiten...«[84] Hegelisch gedacht ist das Negieren der Partikularität nicht der Untergang der Subjektivität. Sie soll als in ihrer Einzelheit aufgehobene die »belebende Seele« des Staates bleiben. Die Aufgabe ist daher, »in dem, was substantiell ist, ebenso die subjektive Freiheit zu erhalten, sowie mit der subjektiven Freiheit nicht in einem Besonderen und Zufälligen, sondern in dem, was an und für sich ist, zu stehen«.[85] Dieses substantielle, objektiv vernünftige Allgemeine des Staates ist unabhängig von der »subjektiven Willkür«. Es bedarf nicht der Einwilligung der Einzelwillen.[86] Vielmehr fordert die »objektive Freiheit« die Unterwerfung des zufälligen Willens.[87] Die einzelnen Individuen, die »außerhalb der Wirklichkeit des Staats in sich selbst keine Substantialität haben[88], verhalten sich zu diesem ihrem substantiellen Wesen immer nur als ein »Accidentelles«, Beiläufiges.[89] Gerade in ausgebildeten Staaten ist die Stellung des einzelnen Subjekts eine »untergeordnete«.[90] Wie immer man daher die »Einheit der objektiven Freiheit, d. i. des allgemeinen substantiellen Willens, und der subjektiven Freiheit«[91] akzentuieren mag – anders als im Willkürstaat des Mittelalters oder im Vertragsstaat kann die »substantielle Grundlage und das Erste« des wahren Rechtsstaates der neuen Zeit, in dem »das Ganze und Allgemeine herrscht, aber die Geltung und freie Tätigkeit des Individuums... als flüssiges Moment erhalten ist«[92], nicht der »Wille des Einzelnen in seiner eigentümlichen Willkür« sein.[93] Im Gegensatz zur »Subjektivität der Freiheit« ist der objektive Wille das an sich Vernünftige, »ob es von einzelnen erkannt und von ihrem Belieben gewollt werde oder nicht«. Der allgemeine Wille kann daher nicht nur – dieser Irrtum Rousseaus hat nach Hegel fürchterliche Folgen gezeitigt – als das »Gemeinschaftliche« gefaßt werden, das aus dem »einzelnen Willen *als bewußtem*« hervorgeht.[94] Es ist darum als die »Haupteinseitigkeit« der modernen politischen Theorie anzusehen, »daß der allgemeine Wille auch der empirisch allgemeine sein soll« und die »subjektiven Willen der Vielen« gelten sollen.[95] Die *volonté générale* war jedoch schon im Rousseauismus vom »Volk in Person« abgehoben worden. Der »Gesammtwille des Volkes« ist dann der Wille des Volkes in der Idee. »Eben darum, weil das Volk in der Idee, nicht das etwa wirklich versammelte Volk, ... beschließt, so beschließt es... ohne alle individuelle Rüksichten...«[96]

Friedrich Theodor Vischer muß 1847 einräumen, daß die neue Welt die ihr von Hegel gesetzte Aufgabe, die wahre Freiheit durch wahrhafte Zurückführung der Subjektivität in sich und ihre wahrhafte Einführung in die Objektivität zu verwirklichen, »bis jetzt« nur unvollkommen erfüllt hat. »Das Subjekt ist innerlich frei, hat aber keine wahre Objektivität, das Allgemeine herrscht, aber über unlebendige Individuen.«[97] Der Staat ist seit der zweiten Revolution »ganz zum Polizei- und Schreiberstaate« geworden. Der allgemeine Mechanismus, die Bürokratie, »das zu viel Regieren« ertötet die Individualität nach außen.[98] »Alles geht am Schnürchen, nach geschriebenen... Normen... Nirgends ist Luft... Nur im Privatleben ist der Philister noch lebendig.«[99] Vischer ist jedoch zu sehr Hegelianer, um nicht in der »Welt der zersprengten Individualität« des germanischen Mittelalters durchgängig jene »vernünftige Einheit und Allgemeinheit« zu vermissen[100], deren verwüstende Wirkungen er an der modernen Zivilisation bemerkt. Anders der junge Herder. Daß »so viele, viele Glieder wurden«, daß sich eins am andern rieb, war, »wenns Zweck erreicht, immer besser, als lebendt todt sein und modern«. Die »vielen kleinen Inseln« wehrten »der ärgsten Plage der Menschheit, dem Land- und Seelenjoche«, hielten so lange den Despotismus ab, der »lauter leblose Räder einer großen, hölzernen, gedankenlosen Maschine« hervorbringt.[101] Armes, wohl polizirtes Europa![102] Die Welt war nie so »einförmig, gehorsam- und ordnungsvoll«[103], als seitdem durch »verfeinte Staatskunst« die Reste von einzelnen Existenzen und mit ihr die altgotische Freiheitsform gesprengt, alle einzelnen Kräfte »in das Wunderding Maschine hineinlenkt sind, niemand mehr von ... Selbstbestimmung weiß und wissen darf« und man sich »über das Individuelle, worin allein Species facti besteht, hinüber« am hellen, vortrefflichen Allgemeinen hält[104], mithin seit Europa und mit ihm die Welt frei wurde. »*Frei* wurde? ... wenns nur das, und das nur wahr wäre!«[105] Für Hegel jedoch ist die »Zersplitterung«, die »namentlich in letzter Zeit gern deutsche Freiheit« genannt worden ist, das eigentliche Hemmnis im »Fortschreiten der staatlichen Bildung« in Deutschland gewesen, denn sie hat die Macht des Kaisers zu einer »leeren Vorstellung« gemacht.[106] Damit ist der Idee des freien Volkes vor dem Richterstuhl der resubstantialisierten, in Objektivität übersetzten Subjektivität das Todesurteil gesprochen. Die alte staatsrechtliche Figur des populus liber als einer die Oberherrschaft des Kaisers de facto nicht anerkennenden »civitas sibi princeps« kann dann nur eine theoretische Verirrung gewesen sein. Nach Bartolo da Sassoferra (1359 gestorben), der die oberitalienischen Stadtrepubliken des 14. Jahrhunderts im Auge hat, ist jedes derartige Gemeinwesen im Besitz völliger Selbstregierung und Selbstherrschaft (eligit ipsa sibi rectorem – in se ipsa habet liberum populum et habet merum imperium in se ipsa et tantam potestatem habet in populo quantam Imperator in universo). Appellationsinstanz kann nur das Volk selbst sein, weil es die einzig denkbare Obrigkeit für sich selbst ist (quia solus reperitur superior ipsi populo et sibi princeps est).[107]

Die Volkssouveränität kann Hegel gegenüber dem Staat als der »vollkommen konkreten Objektivität des Willens« nur ein verworrener Gedanke sein, denn das Volk ist ohne die »letzte entscheidende Subjektivität« seines Monarchen nur eine »formlose Masse«.[108] Aber von welcher Art ist das dezisive »Ich will« das Erbsouveräns, das doch den »großen Unterschied der alten und modernen Welt«[109] ausmachen soll? Wenn alle subjektive Willkür im Staat »in ein objektives Dasein gebracht« ist[110], kann auch die an dessen Spitze formell in Gestalt der letzten Willensentscheidung wieder hervortretende Subjektivität nur abstrakt und grundlos sein.[111] Der Monarch darf »nicht nach Wahl, Einsicht u. dgl.«, sondern nur durch das Orakel der Geburt bestimmt werden.[112] So ist er aller Partikularität und subjektiven Willkür entrückt, aber zugleich ohne Verantwortung für das Objektive: »er hat nur Ja zu sagen, und den Punkt auf das I zu setzen«.[113]

Durch einfache Umbesetzungen lassen sich die Modelle positiv und negativ besetzter Objektivierung der Subjektivität in positive und negative Selbstbehauptungsmodelle verwandeln. Das negative ist das ältere. Nach dem von Hegel nicht unbeeinflußten katholischen Schellingianer Windischmann steht am Anfang nicht Zersplitterung, sondern der »große, starke Zusammenhalt des Lebens«.[114] Der »große Zusammenhang« der mittelalterlichen Welt zerfällt, »indem die sich sondernden, versuchenden Kräfte zur Selbstbehauptung sich anstrengen, um *an sich selbst* eine Bedeutsamkeit zu haben, die ihnen doch nur als *Gliedern des Ganzen* zukommt«. Die Geister »entfremden sich«, bauen »auf sich selbst als auf das Höchste«, und es beginnt ein bis dahin unerhörter Kampf aller gegen alle.[115] Auch hier ist die Subjektivität »das große Motiv der neuen Zeit« und deren Geist der »Geist der Selbstbefreiung«.[116] Er hat freilich sein Ziel erst erreicht, »wann die Selbstheit, in allen ihren zahllosen Ansprüchen auf *eignen* Bestand überwunden« ist.[117] Nur wird die »subjektive Abgötterei«[118] hier nicht durch die objektive Abgötterei des Staates überwunden, die erst recht im affirmativen Selbstbehauptungskalkül der Neuzeitlegitimisten aus dem Spiel bleibt. Es ist auf der anderen Seite nur folgerichtig, daß bei Windischmann wie Herder, bei Hegel wie Blumenberg die Versuche der katholischen Kirche, die eigenverantwortliche Subjektivität und den freien Willen gegen die anonyme Allgemeinheit der Gattungsvernunft und die unwiderstehliche Gnadenwirksamkeit zu sichern, nicht berührt werden. Den unbefangenen Beobachter verwundert es, daß ausgerechnet in jener Zeit, in der die Selbstbefreiung des Menschen begonnen haben soll, Freiheit und Unsterblichkeit – diese zum erstenmal, jene seit den pelagianischen Streitigkeiten erstmals wieder – zum Gegenstand lehramtlicher Beurteilung werden. Der Monopsychismus hatte sich akademisch so fest etabliert, daß das Lateranense V sich 1513 aufgerufen fühlen konnte, die averroistische Lehre von der numerischen Einzigkeit des Intellekts zu verurteilen und damit die Annahme, daß die vernünftige Seele des Menschen »pro corporum, quibus infunditur, multitudine singulariter multiplicabilis, et multiplicata, et multiplicanda« sei[119], zur Glaubenssache zu machen. 1520 wird Luthers Heidelberger These von 1518, daß der freie Wille nach dem Sündenfall nur noch eine »res... de solo titulo« sei, für irrig erklärt.[120] 1547 anathematisiert das Tridentinum die verschärfte Fassung, die Luther seiner These 1520 gegeben hatte, nämlich der freie Wille sei ein »figmentum in rebus seu titulus sine re«[121], und zugleich seine Ansicht, der Wille wirke wie etwas Seelenloses überhaupt nichts und verhalte sich völlig passiv[122] (velut inanime quoddam nihil omnino agere mereque passive se habere). Damit ist auch die Willensfreiheit zur Glaubenssache geworden. Zugleich wird die Auffassung der Reformatoren verworfen, der durch göttliche Gnade bewegte Wille des Menschen wirke nicht durch eigene Zustimmung mit (nihil cooperari assentiendo Deo excitanti), disponiere sich nicht selber zum Empfang der Rechtfertigungsgnade und könnte sich nicht, wenn er wollte, weigern (posse dissentire, si velit).[123] Diese Linie wird 1653 durch die Verurteilung der jansenistischen Artikel bekräftigt.[124] Während dieser ganzen Zeit ist die Verteidigung der Willensfreiheit eines der wichtigsten Themen der katholischen Kontroverstheologie gewesen. Nie wieder ist deren Begriff ausführlicher analysiert worden.

Vorsichtige Versuche, im protestantischen Raum das Joch der »horrida opinio de servo arbitrio«[125] abzuschütteln, bleiben auf den Kreis der Melanchthon-Schüler begrenzt. Melanchthons Meißener Mitwirkungsformel von 1548 – »gleichwohl wirket der barmherzige Gott nicht also mit dem Menschen, wie mit einem Block, sondern zeucht ihn also, daß sein Wille auch mitwirket, so er in verständigen Jahren ist«[126] –, die in das Leipziger Interim eingegangen war[127], ruft die Gnesiolutheraner auf den Plan, die die abschließende symbolische Urkunde des Luthertums, die Konkordienformel des Konkordienbuches von 1580, zu einem Dokument der radikalen Absage an jegliche Eigenaktivität des Menschen in rebus spiritualibus ausgestalten. Die Zivilfreiheit bleibt freilich ausgenommen. Wir Menschen haben »in dieser verderbten Natur auch vor der Wiedergeburt noch diese Macht und Vermögen etlichermaßen frei«, daß wir »in äußerlichen, zeitlichen, weltlichen Sachen und Händeln« urteils- und entscheidungsfähig bleiben und etwas »freiwillig tun oder lassen« können.[128] Geistlich jedoch ist der Mensch nicht etwa, wie die Synergisten wähnen, nur halb tot (semimortuus), sondern gänzlich zum Guten erstorben (prorsus ad bonum emortuus)[129] und »wie Klotz und Stein, wie ein tot Bild, das weder Augen noch Mund, weder Sinn noch Herz brauchet«[130], ja als rebellisch gegen den göttlichen Willen »viel ärger dann ein Stein und Block« (multo... deterior lapide aut trunco)[131], kurz ohne ein Fünkchen Zustimmungs- und Mitwirkungsfähigkeit, gänzlich passiv[132] und in diesem Sinne etwas, worin der Heilige Geist durch das Wort wie in einem bloß erleidenden »Subjekt« (tanquam in subiecto patiente, ubi homo nihil agit aut operatur, sed tantum patitur[133]) wirksam ist.

Diese »pia... de impotentia et malitia naturalis liberi arbitrii doctrina«[134] – der klassische Fall einer reinen Subjekttheorie des Willens im älteren Sinne – erleichterte es den spanischen Jesuiten als Befürwortern einer synergistischen Position auf katholischer Seite, die deterministische Gegenposition als häretisch zu verdächtigen, ohne dafür in die vorneuzeitliche Ketzergeschichte zurückgreifen zu müssen. Als die spanischen Thomisten auf eine prädeterministische Auffassung einschwenkten, wirft ihnen 1594 der Jesuitentheologe Molina gegenüber der Inquisition vor, sie favorisierten die Irrtümer der Lutheraner.[135] Rom nimmt sich der Angelegenheit an. Zeitweise wird befürchtet, daß es über der Freiheitsfrage zu einer Spaltung der spanischen Kirche kommen könne. Wer das umfangreiche Aktenmaterial über die nun beginnenden langjährigen Debatten studiert, wird Stöhr zustimmen, daß kaum einer der großen theologischen Dialoge der Neuzeit eine dramatischere Geschichte gehabt hat als die thomistisch-molinistischen Kontroversen über Gnade und Freiheit.[136] Von all dem kein Wort bei Hegel, dem nur vermöge konsequenter Verdrängung die einfache Lehre Luthers, des Protagonisten des »servum arbitrium«, die »Lehre der Freiheit« sein konnte[137] oder bei Schopenhauer, dem der damals ausgebildete Begriff der libertas indifferentiae zwar als der »einzige deutlich bestimmte, feste und entschiedene« terminus technicus für das gilt, was Willensfreiheit genannt wird[138], der sich aber um so weniger veranlaßt sehen konnte, seinem historischen Ursprung nachzugehen, als er die Geschichte der neuzeitlichen Willenslehre seit Luther auf Belege für seine These durchmustert, daß »alle wirklich tiefen Denker aller Zeiten« in der Verwerfung des liberum arbitrium übereinstimmen.[139] Noch in den größten neueren Handbuchartikeln über Willensfreiheit[140] wird diese für das Thema ergiebigste und zugleich historisch bedeutsamste Diskursformation ausgespart. Sie verträgt sich nicht mit der protestantischen Neuzeitlegende, der auch Windischmann Tribut zollt. Er wie Hegel sind sich – wenn Hegel auch eher im emphatischen Geist-Singular – einig, daß die Reformation »die Geister losgelassen« hat.[141] Nur hält jener den ausgelassenen Geist für das »furchtbarste Raubthier«,[142] während für Hegel mit der Reformation »das neue, das letzte Panier aufgetan« ist, »um das die Völker sich sammeln, die Fahne des freien Geistes, der bei sich selbst, und zwar in der Wahrheit ist und nur in ihr bei sich selbst ist. Dies ist die Fahne, unter der wir dienen, und die wir tragen.«[143] Sie ist auch die Fahne der Willensfreiheit. »Freiheit des Willens ist Freiheit des Geistes im Handeln und geht unmittelbar aus dem Prinzip der evangelischen Kirche hervor.«[144] Aber wir wissen bereits, daß man bei der Freiheit »nicht von der Einzelnheit, vom einzelnen Selbstbewußtsein ausgehen« soll, »sondern nur vom Wesen des Selbstbewußtseins«, das »sich als selbständige Gewalt, in der die einzelnen Individuen nur Momente sind«, realisiert.[145]

Obwohl sich die thomistische Doktrin der physischen Vorherbestimmung des freien Willens durch Gott theologisch nicht als die verbindliche hat durchsetzen lassen, hat sich die frühneuzeitliche Philosophie seit Descartes von der libertas indifferentiae abgewendet. Die theologischen Bedenken der Thomisten gegen die jesuitische Doktrin der konsensfähigen göttlichen vocatio congrua laufen auf zwei Hauptpunkte hinaus: (1) Unterstünde der freie Wille des Menschen nicht auch im Zustand seiner Indifferenz der göttlichen Kausalität, wären seine freien Wirkungen selbst vom göttlichen Intellekt nicht mit Bestimmtheit erkennbar.[146] – (2) Könnte der Wille sich aus eigener Kraft bestimmen, würde er sich an die Stelle Gottes setzen. Er wäre dann so etwas wie ein »primum liberum simpliciter« und schlechthin die erste Ursache und das erste Prinzip seiner Akte.[147] Aus der Abwehr dieser Position entspringt eine Willenslehre, die der in Trient verurteilten Luthers bis in den Wortlaut ähnelt. Gott, dessen Wollen niemand anders unterworfen ist (nulli alteri subiectum), unterwirft sich den menschlichen Willen und macht ihn sich botmäßig (subjicit creatam voluntatem, et sibi eam obsequentem... facit).[148] Alle Zweitursachen sind gänzlich müßige und tote Werkzeuge, wenn sie nicht von Gott in Bewegung gesetzt werden. Er bedient sich des Menschen wie eines Steckens (baculus)[149], denn dieser ist im Unterschied zu einem lebendigen Baum nur ein »inanime quoddam«.[150]

In der Schlußsitzung der römischen Kongregationen (1607) erklären die Kardinäle Bellarmin und Du Perron die thomistische Ansicht offen für die von Calvin und Luther und als akzeptabel für die Protestanten.[151] Wie das Beispiel von William Ames in Franeker zeigt, konnte sich die calvinistische Orthodoxie in der Tat voll mit ihr identifizieren: haec... sententia... est plane nostra...[152] Die theozentrische Wende der katholischen Reform des 17. Jahrhunderts verstärkt in Frankreich die prädeterministische Position. Ein Wendepunkt ist hier die von Jansenius und Du Vergier (Saint Cyran), der später Port Royal für den Jansenismus gewonnen hat, wärmstens begrüßte[153] Bekämpfung der libertas indifferentiae durch den Oratorianer Gibieuf. Er greift zur Bestimmung der Unterordnung des menschlichen Willens unter die göttliche Herrschaft auf die aristotelische Unterscheidung von übergeordnetem natürlichem Handlungsziel und Wahlakt (electio) zurück, läßt aber diesen durch den finis ultimus präskriptiv determiniert sein.[154] Die derart temperierte[155] Indifferenz besteht geradezu in der Unterwerfung unter Gott (libertas... constat... subiectione immediata ad finem ultimum).[156] Die Freiheit ist in ihrer Selbstmächtigkeit (αὐτεξουσιότης, sui potestas) nicht prima causa sui, aber sie ist auch nur Gott allein unterworfen (et Deo subiectum est et Deo soli).[157] Das »subiici Deo« ist die nächste Disposition zur wahren Freiheit und der Wille ist mit Augustin um so freier, je unterworfener er ist.[158] Descartes greift die Figur der unterworfenen Freiheit auf[159] und setzt die Indifferenz auf den untersten Grad der Freiheit herab.[160] Leibniz verwirft sie ganz und bekennt sich zeitweise zur Prädetermination der Thomisten.[161] Hobbes und Spinoza sind Nezessitaristen. Pierre Bayle legt in den Artikeln »Origene« und »Pauliciens« seines »Dictionnaire« umständlich dar, weshalb Adams freier Wille nicht nur ein unnötiges, sondern ganz und gar kein gutes Geschenk gewesen ist. Hume gilt seit Moritz Schlick als Kronzeuge dafür, daß die Willensfreiheit ein Scheinproblem ist. Auch für die französische Aufklärung ist Willensfreiheit kein Thema mehr.[162] Wenn Willens- und Handlungsfreiheit noch energisch reklamiert werden, dann durch Interpellationen von Theologen, wie des Amsterdamer Remonstranten Philipp von Limborch gegenüber Locke[163] oder des Hallischen Pietisten Joachim Lange gegenüber Christian Wolff.[164] Reinhold hat das deterministische Subjektionsschema später logisch uminterpretiert. Jetzt ist es die Objektivität des Gedachten, der alle Subjektivität schlechthin »unterworfen, subjicirt« ist.[165] Aber auch Kants Willensautonomie ist bei Lichte besehen Freiheit durch Subjektion. Ein freier Wille ist danach »einerlei«[166] mit dem Willen eines jeden vernünftigen Wesens überhaupt[167] unter objektiven,[168] absolut notwendigen[169], unbedingt gebietenden[170], aber zugleich selbst auferlegten[171] sittlichen Gesetzen. Alle Imperative zeigen eine Nötigung an. Praktische Nötigung heißt Pflicht.[172] Das »unbedingte Gebot« läßt dem Willen »kein Belieben in Ansehung des Gegenteils frei«. Autonom oder selbstgesetzgebend ist er nur »mit dem Beding, eben dieser Gesetzgebung zugleich selbst unterworfen zu sein«.[173] Ja, der Wille ist so sehr durch das »Bewußtsein der Unterordnung«[174] definiert, daß ich mich als Glied der Verstandeswelt »der Autonomie des Willens unterworfen erkennen« werde.[175] Wie für Gibieuf muß ich nach Kant »alles, was zur Sinnenwelt gehört«, von den Bestimmungsgründen meines Willens ausschließen.[176] Aber der Wille verliert damit nicht nur jeglichen Gegenstand[177], sondern auch seine Fundierung in der – und sei es auch nur vernünftigen – »Natur des Subjekts«.[178]

Bliebe dem Subjekt nach dem Verlust der libertas indifferentiae nicht wenigstens die Denkfreiheit? Wir Franzosen, sagt Sartre, »qui vivons depuis trois siècles sur la liberté cartésienne, nous entendons implicitement par ›libre arbitre‹ l'exercice d'une *pensée* indépendante plutôt que la production d'un acte créateur«.[179] Wird sie aber, fragt sich Herder, unter der philosophisch-regierten Herde vielleicht nur deshalb verbreitet, »damit sie sich von Tage zu Tage mehr als Maschine *fühlen,* oder nach *gegebenen Vorurteilen* fühlen... lernen... Sie knirschen... und laben sich mit *Freidenken. Das liebe, matte,... unnütze Freidenken...«,* neben dem sich durch ein natürliches Gesetz der Unvollkommenheit menschlicher Handlungen »immer Sklaverei zu handeln, Despotismus der Seelen unter Blumenketten« hat verbreiten müssen.[180] Gleichviel, wendet Fichte ein – ihr Völker, schickt eure Söhne in den Krieg, »um sich mit Menschen zu würgen, die sie nie beleidigten«, duldet, tragt, werdet zerknirscht, »alles, alles gebt hin, nur nicht die Denkfreiheit«, »dieses vom Himmel abstammende Palladium der Menschheit«.[181] Großartig begonnen hatte auch sie nur für die Neuzeitlegende. Das stolze ego cogito ist alles andere als ein von sich selbst her seiendes, ruhendes Subjekt. Ich erfahre in mir keine Kraft, durch die ich bewirken könnte, daß ich der, der ich jetzt bin, auch noch ein wenig später sein könnte (ut ego ille qui jam sum, paulo post etiam sim futurus). Meine Lebenszeit zerfällt in unzählige diskrete Teile, die völlig unabhängig voneinander sind. Damit ich auch jetzt bin, wenn ich kurz zuvor war, bedarf es einer allmächtigen Ursache, die mich von Moment zu Moment gleichsam von neuem schafft.[182] Die Gewißheit des cogito ist instantan[183] und gilt nur, »quandiu cogito«.[184] Auch bei Kant wird ein beharrliches Erkenntnissubjekt niemals erreicht. Den »Schein, die Einheit in der Synthesis der Gedanken für eine wahrgenommene Einheit im Subjekt dieser Gedanken zu halten«, nennt er die »Subreption des hypostasierten Bewußtseins«.[185] Ich »glaube das Substantiale in mir als das transzendentale Subjekt zu erkennen« und habe doch bloß die objektive Einheit des Bewußtseins in Gedanken. Wir haben in der inneren Anschauung »gar nichts Beharrliches«. Die an Inhalt gänzlich leere Vorstellung ›Ich‹ ist keine »stehende und bleibende Anschauung«, sondern bloß das alle Begriffe begleitende Bewußtsein meines Denkens.[186] Die explizite Depotenzierung des Erkenntnissubjekts ist dann die inneridealistische Reaktion auf den »bloß subjektiven (im Bewußtsein der Philosophen enthaltenen) Real-Idealismus«.[187] Schelling versucht 1801 den Nachweis, daß der »Idealismus des Ichs« gegenüber dem ursprünglichen Idealismus der Natur der »abgeleitete« ist.[188] Hegel läßt das ruhende, zum Grunde liegende Subjekt in der dialektischen Bewegung des Begriffs, der so zum eigenen Selbst des substantiellen Inhalts wird, zugrundegehen.[189] Schopenhauer radikalisiert Schellings These von der Priorität[190] der Naturphilosophie gegenüber der Transzendental-Philosophie. Das Subjekt des Erkennens ist nach ihm »nichts Selbständiges..., hat kein unabhängiges, ursprüngliches... Daseyn; sondern es ist eine bloße Erscheinung, ein Sekundäres, ein Accidenz«. Das erkennende Ich hat »nur eine bedingte, ja eigentlich bloß scheinbare Realität. Weit entfernt, das schlechthin Erste zu seyn (wie z. B. Fichte lehrte), ist es im Grunde tertiär, indem es den Organismus voraussetzt, dieser aber den Willen.«[191]

Wenn das Subjekt aber mit dem Objektivwerden des deutschen Idealismus historisch auch seine letzte Bastion, nämlich Fundament des Erkennens zu sein, geräumt und damit fürs erste an allen Fronten verloren hat, woher erklärt sich die Heftigkeit des gegenwärtigen Streits um theoretisches Leben oder theoretischen Tod des Subjekts? Geht es am Ende um die Rettung jüngerer Ausformungen der klassischen Subjektivitätslehre, wie die transzendentale Intersubjektivität oder das hermeneutische Sinnstiftungssubjekt? Ließe sich jene aber schon durch den großen Sprung nach vorn in das Verständigungsparadigma überzeugend enttranszendentalisieren, brauchte man sich keine Sorgen darum zu machen, welcher Usurpator sich außerdem noch um den »verwaisten Königsthron des Subjekts«[192] bewirbt. Wehrt sich am Ende nur das hermeneutische Subjekt seiner Haut, das sich die narrative Instrumentalisierung aller Geschichte für die Legitimations- und Identitätsbedürfnisse einer jeweiligen Gegenwart nicht nehmen lassen möchte? Dieses hybride Subjekt mag getrost zugrundegehen. Die hermeneutische Aufgabe beginnt erst jenseits von präsentistischer Aneigung und Geschichtsbildnerei.

Anmerkungen

1 Vgl. E. Husserl, *Erfahrung und Urteil*, Hamburg 1948, S. 34.
2 Vgl. M. Heidegger, *Nietzsche 2*, Pfullingen 1961, S. 142; *Holzwege*, Frankfurt/M. 1960, S. 85, u. ö.
3 Vgl. M. Foucault, *L'archéologie du savoir*, Paris 1969, S. 40; dt.: *Archäologie des Wissens*, Frankfurt/M. 1981, 43.
4 Vgl. R. Descartes, *Œuvres*, (AT) V, S. 9.
5 Descartes, *Princ. phil.* I, S. 29.
6 AT V, S. 154.
7 Zwei Okkurrenzen in den *Meditationes*, AT VII, S. 72.
8 Foucault, a.a.O., S. 182.
9 Vgl. Husserl, a.a.O., S. 23, Foucault, l.c., S. 264.
10 Vgl. J. Habermas, *Der philosophische Diskurs der Moderne*, Frankfurt/M. 1985, S. 11.

11 Habermas S. 27 mit Gans' Zusatz zu § 273 von Hegels Rechtsphilosophie.
12 A. Schopenhauer, *Sämtliche Werke*, hg. v. A. Hübscher, Bd. 6, Wiesbaden ²1947, S. 11.
13 Vgl. K. L. Reinhold, *Ueber das Fundament des philosophischen Wissens*, Jena 1791, ND Hamburg 1978, S. 59.
14 Vgl. F. H. Jacobi, *Werke*, Bd. 2, Leipzig 1815, ND Darmstadt 1968, S. 33, 44.
15 Vgl. Reinhold, *Anleitung zur Kenntniß und Beurtheilung der Philosophie in ihren sämtlichen Lehrgebäuden*, Wien 1805, S. 112.
16 Vgl. ders., *Beyträge zur leichtern Uebersicht des Zustandes der Philosophie beym Anfange des 19. Jahrhunderts*, 2. Heft, Hamburg 1801, S. 34.
17 Ebd., S. 35; vgl. 4. H. (1802), S. VII, 5. H. (1803), S. XIX, 35. – Der »Versuch« ist der »V. einer neuen Theorie des menschlichen Vorstellungsvermögens« (1789).
18 In der Beilage *Über den transcendentalen Idealismus* zu *David Hume über den Glauben, oder Idealismus und Realismus* (1787).
19 So auch E. Adickes, *German Kantian Bibliography* (1896), ND Würzburg o. J., S. 63 f.
20 Reinhold, *Beyträge*, 2. H., S. 34.
21 Vgl. *J. G. Fichte-Gesamtausgabe, Briefe Bd. 2*, Stuttgart-Bad Cannstatt 1970, S. 282, 314f., 345.
22 Reinhold, a.a.O., S. 49.
23 Vgl. G. W. F. Hegel, *Erste Druckschriften*, hg. v. G. Lasson, Leipzig 1928, S. 5 f.
24 F. H. Jacobi, *Werke*, Bd. 3, Leipzig 1816, ND Darmstadt 1968, S. 76. – Schon früh (1797/8) notiert sich auch Friedrich Schlegel: »Ich habe noch niemand gefunden, der an Fichte glaubte.« (*Krit. Fr.-Schlegel-Ausgabe*, 18. Bd., München 1963, S. 32, Philos. Lehrj. II, Nr. 138.)
25 C. G. Bardili, *Grundriß der ersten Logik*, Stuttgart 1800, ND Brüssel 1970, S. XIII, S. 354 f.
26 Reinhold, *Beyträge*, 1. H., S. 96 f.
27 B. Bolzano, *Wissenschaftslehre*, hg. v. W. Schultz, Bd. 1, Leipzig 1929, S. 120.
28 Jacobi, *Werke*, Bd. 2, S. 12.
29 Vgl. Reinhold, *Beyträge*, 3. H. (1802), S. VI-VIII, 163-84.
30 Vgl. J. F. Fries, *Tradition, Mysticismus und gesunde Logik, oder über die Geschichte der Philosophie*, in: *Studien*, hg. v. C. Daub u. F. Creuzer, 6. Bd., Heidelberg 1811, S. 10, 13, 15.
31 Reinhold, *Beyträge*, 2. H. (1801), S. 96.
32 *Beyträge*, 4. H. (1802), S. 213.
33 Vgl. *Beyträge*, 5. H. (1803), S. 39.

34 M. Frank, *Was ist Neostrukturalismus?*, Frankfurt/M. 1984, S. 109.
35 Ebd., S. 248.
36 Vgl. ebd., S. 65.
37 W. Windelband, *Geschichte der Philosophie*, Freiburg 1892, S. 417.
38 Ebd., S. 490.
39 Vgl. Jean Paul's *Sämmtliche Werke*, Bd. 44, Berlin 1827, S. 204.
40 F. Lübbecke, *Kleines Vaterland. Homburg vor der Höhe*, Frankfurt/M. 1956, S. 191 f.
41 Vgl. *Ueber das sinkende Ansehen der Philosophie – ein Sendschreiben von Bardili*, in: Reinhold, *Beyträge*, 3. H. (1802), S. 113 f., 119.
42 Vgl. Hegel, *Erste Druckschriften*, S. 96 f.
43 Ebd., S. 345.
44 Vgl. Habermas, a.a.O., S. 27, 65 u. ö.
45 Vgl. Habermas, S. 33, 35, 46, 57.
46 Vgl. E. Husserl, *Logische Untersuchungen* II, 1, Halle ⁴1928, S. 359, 361; vgl. auch 363, 377.
47 F. Bouterwek, *Die Epochen der Vernunft nach der Idee einer Apodiktik*, Göttingen 1802/ND Brüssel 1968, S. 62.
48 Ders., *Idee einer Apodiktik*, Bd. 1, Halle 1799/ND Brüssel 1968, S. 168 u. ö.
49 Ders., *Epochen*, S. 47 (Nr. 50).
50 *Idee*, Bd. 1, S. 176; Bd. 2, S. 243.
51 Bd. 1, S. 382 f.; Bd. 2, S. 237.
52 *Epochen*, S. 62.
53 *Idee*, Bd. 2, S. 243.
54 Vgl. Bd. 1, S. 243; Bd. 2, S. 237.
55 Vgl. *Philoponos, In Cat.*, CAG XIII/1, p. 29,16 sq.; *Ammonios, In Cat.*, CAG IV, 4, p. 26,2 sq. – Vgl. auch Sven K. Knebel, *Substanz oder Akzidenz – Ein Beitrag zur Mythologie des Begriffs*, in: *Spiegel und Gleichnis*, Festschr. für J. Taubes, hg. v. N. Bolz u. W. Hübener, Würzburg 1983, S. 61.
56 Thomas von Aquino, *Summa theol.* I-II, q. 17, a. 1, co., ad 2.
57 *S. th.* II-II, q. 4, a. 8, co., ad 3.
58 Vgl. q. 1, a. 4, co.
59 *S. th.* I-II, q. 49, a. 2, co.
60 *S. th.* II-II, q. 1, a. 4, co.; q. 4, a. 2, ad 1, 2.
61 *S. th.* II-II, q. 2, a. 1, ad 3.
62 Vgl. *S. th.* II-II, q. 4, a. 2, co., ad 2.
63 Petrus Aureoli, *Commentariorum in primum librum sententiarum pars prima*, dist. 23, a. 1, Rom 1596, p. 529a AB.
64 Vgl. a.a.O., a. 2, p. 533b AB.
65 So geben wir hier die Unterscheidung von Namen der ersten und zweiten Intention oder von nomen rei und nomen intentionis wieder.
66 Boethius, *De duabus nat.*, c. 3 (PL 64,1343).

67 Vgl. G. de Ockham, *Scriptum in librum primum sententiarum*, d. 23, q. un., Opp. theol. IV, St. Bonaventure, New York, 1979, p. 62,6.
68 Vgl. Isag., CAG IV, 1, p. 7,21sqq.; transl., ib., p. 33,48qq.
69 Vgl. Gabriel Vazquez, *Commentariorum ac disputationum in primam secundae Sancti Thomae t. 1*, Lyon 1620, d. 78, c. 2, p. 365b; c. 4, p. 367a.
70 Gregor de Valentia, *Commentariorum theologicorum t. 3*, Lyon 1609, col. 17 CD.
71 C. Krisper, *Philosophia scholae scotisticae*, Augsburg 1735, p. 169b.
72 Cf. Ioannes a Sancto Thoma O. P., *Cursus philosophicus thomisticus*, ed. B. Reiser, t. 1, Turin 1930, p. 803b/4a.
73 Gabriel Biel, *Collectorium circa quattuor libros Sententiarum*, *Liber tertius*, Tübingen 1979, p. 408.
74 Vgl. F. Suarez, *Opp. omnia*, t. 12, Paris 1858, p. 181a.
75 Vgl. A. A. de Sarasa, *Artis semper gaudendi pars secunda*, tr. 17, n. 12, Antwerpen 1667, p. 547. (Hinweis S. K. Knebel.)
76 Vgl. Suarez, ed. cit., t. 9, p. 525a; J. Wiggers, *In secundam secundae D. Thomae Aquinatis*, Löwen 1676, p. 185b.
77 Vgl. J. B. Gormaz, *Cursus theol.*, t. 1, Augsburg 1707, p. 744. (Hinweis S. K. K.)
78 Man vgl. etwa B. Hauser, *Elementa philosophiae*, t. 1, Augsburg 1755, p. 178sq. (Log. § 225) u. J. Mangold, *Philosophia rationalis et experimentalis*, t. 1, Ingolstadt 1755, p. 113sq. (Log. § 270-3) mit F. Chr. Baumeister, *Institutiones philosophiae rationalis*, Wittenberg 1749, p. 192 (§ 349) oder A. G. Baumgarten, *Acroasis logica*, Halle 1761; in: Chr. Wolff, *Ges. Werke* III, 5, Hildesheim 1973, p. 129.
79 G. W. F. Hegel, *Grundlinien der Philosophie des Rechts*, hg. v. G. Lasson, Leipzig 1930, S. 358.
80 Hegel, *Philosophie der Weltgeschichte*, hg. v. G. Lasson, 4. Bd. *Die germanische Welt*, Leipzig 1923, S. 759; vgl. F. Th. Vischer, *Aesthetik oder Wissenschaft des Schönen*, 2. Bd., München ²1922, S. 294 f., 297, 315 u. ö.
81 Vgl. Hegel, *Phil. d. Weltg.*, S. 757.
82 *Grundl. d. Ph. d. R.*, S. 42.
83 Ebd., S. 197, 312, 313 f.
84 *Phil. d. Weltg.*, S. 920 f.
85 *Grundl. d. Ph. d. R.*, S. 354, 16.
86 Vgl. Hegel, *Vorlesungen über die Ästhetik*, 1. Halbbd. *Die Idee und das Ideal*, hg. von G. Lasson, Leipzig 1931, S. 259; *Phil. d. Weltg.*, S. 933.
87 *Phil. d. Weltg.*, S. 938, vgl. 860, 875, 928.
88 *Vorl. üb d. Äst h.*, S. 259 f.
89 *Grundl. d. Ph. d. R.*, S. 325; *Vorl. üb. d. Äst h.*, S. 259.
90 Vgl. Hegel, *Ästhetik*, hg. von F. Bassenge, Berlin 1955, S. 207.

91 *Grundl. d. Ph. d. R.*, S. 196.
92 Vischer, a.a.O., S. 321.
93 Hegel, *Grundl. d. Ph. d. R.*, S. 43.
94 Vgl. ebd., S. 197.
95 Vgl. *Phil. d. Weltg.*, S. 932.
96 Vgl. Ph. Chr. Reinhard, *Versuch einer Theorie des Gesellschaftlichen Menschen*, Leipzig und Gera 1797, S. 453 f., 460-2.
97 Vischer, a.a.O., S. 320.
98 Ebd., S. 345-7.
99 S. 312.
100 Vgl. S. 304-7, 314.
101 Vgl. J. G. Herder, *Auch eine Philosophie der Geschichte zur Bildung der Menschheit*, Frankfurt/M. 1967, S. 52, 62 f.
102 Vgl. ebd., S. 61, 64, 89, 100.
103 Vgl. S. 101.
104 S. 75, 77, 92.
105 S. 62 f.
106 Vgl. Hegel, *Phil. d. Weltg.*, S. 835 f.
107 Vgl. F. Ercole, *Da Bartolo all'Althusio. Saggi sulla storia del pensie pubblicistico del rinascimento italiano*, Florenz 1932, p. 90.
108 Vgl. Hegel, *Grundl. d. Ph. d. R.*, S. 228, 230, 236.
109 Vgl. ebd., S. 360.
110 Ebd., S. 351.
111 Vgl. S. 228, 233.
112 Vgl. *Phil. d. Weltg.*, S. 900.
113 *Grundl. d. Ph. d. R.*, S. 361, vgl. 233, 235 f.
114 Vgl. K. J. Windischmann, *Das Gericht des Herrn über Europa. Blicke in Vergangenheit, Gegenwart und Zukunft*, Frankfurt/M. 1814, S. 320.
115 Ebd., S. 36 f., 52 f., 138, 188, 197.
116 Vgl. S. 183, 192, 198.
117 S. 204.
118 S. 176.
119 Vgl. Denz.-Sch. Nr. 1440.
120 Vgl. ebd., Nr. 1486, *Luther, WA* I, 354 (ex theol. n. 13).
121 *Luther*, WA VII, 146.
122 Vgl. *WA* V, 177.
123 Denz.-Sch. Nr. 1554, 1555.
124 Ebd., Nr. 2002-4.
125 So Victorin Strigel am 5. 1. 1566 an Matthäus Wesenbeck. (M. Wesenbecius, *Papinianus, cum aliis quibusdam miscellaneis lectione non indignis*, Wittenberg 1569, p. P6r.)
126 *CR* VII, 51.
127 Vgl. J. E. Bieck, *Das Dreyfache Interim*, Leipzig 1721, S. 363.

128 Vgl. *Die Bekenntnisschriften der evangelisch-lutherischen Kirche*, Göttingen ⁴1959, S. 868 f., 879 f.
129 A.a.O., S. 903, 26 ff. – Vgl. 777, 22; 875, 47; 896, 25; 909, 14 f.
130 Ebd., S. 879 f. – Vgl. 882, 15 f.
131 S. 896, 3 f. – Vgl. 882, 23 ff.
132 Vgl. S. 780, 32; 909, 33.
133 S. 910, 16 ff. – Vgl. 912, 11.
134 S. 819, 14 f.
135 Vgl. F. Stegmüller, *Geschichte des Molinismus*, 1. Bd. *Neue Molinaschriften* (BGPhThMA 32), Münster 1935, S. 49⁺f., 387, 396, 410 f. u. ö.
136 Vgl. J. Stöhr, *Zur Frühgeschichte des Gnadenstreites*, Münster 1980, S. 1.
137 Vgl. Hegel, *Phil. d. Weltg.*, S. 878.
138 Vgl. A. Schopenhauer, *Preisschrift über die Freiheit des Willens*, in: *Sämtl. WW.*, hg. v. A. Hübscher, Bd. 4, Wiesbaden ²1950, S. 9.
139 Ebd., S. 58.
140 Vgl. Art. *Willensfreiheit*, in: *Realencyklop. f. prot. Theol. u. Kirche* 3. A., hg. v. A. Hauck, Bd. 21, Leipzig ³1908, S. 317; R. Eisler, *Wörterbuch d. philos. Begriffe*, Bd. 3, Leipzig ⁴1930, S. 575.
141 Windischmann, a.a.O., S. 217.
142 Ebd., S. 215.
143 Hegel, *Phil. d. Weltg.*, S. 881; vgl. 765 f., 877.
144 Ebd., S. 920.
145 Vgl. *Grundl. d. Ph. d. R.*, S. 349.
146 Vgl. F. d'Avila, *De auxiliis divinae gratiae, ac eorum efficacia*, Rom 1599, p. 246 sq.
147 Vgl. D. Alvarez, *De auxiliis divinae gratiae et humani arbitrii viribus, et libertate, ac legitima eius cum efficacia eorundem auxiliorum concordia*, Rom 1610, p. 120a, 154b, 165a, 168b/9a, 170b, 174b/5a, al.
148 Vgl. ib., p. 159a, 169a.
149 Vgl. Jes. 10, 5, 15.
150 Vgl. D. Alvarez, *Commentariorum in Isaiam Prophetam iuxta sensum litteralem et moralem... tomus primus*, Rom 1599, p. 296a/b.
151 Vgl. G. Schneemann, *Weitere Entwicklung der thomistisch-molinistischen Controverse*, Freiburg i. Br. 1880, S. 93 f.
152 G. Amesius, *Bellarminus enervatus*, Amsterdam 1630, t. 4, p. 56.
153 Vgl. E. Gilson, *La liberté chez Descartes et la théologie*, Paris 1913, p. 301, n. 1/2.
154 Vgl. G. Gibieuf, *De libertate Dei et creaturae libri duo*, Paris 1630, p. 8, 10.
155 Vgl. ib., p. 7, 12, 69, al.
156 Ib., p. 9, cf. 4, 12, al.
157 Vgl. p. 2, 13.

158 Vgl. p. 10, 203.
159 Vgl. *AT* IV, 332sq.
160 Vgl. *AT* VII, 58.
161 Vgl. G. W. Leibniz, Vorausedition z. R. VI, Fasz. 2 (1983), S. 304.
162 Vgl. F. Alquié, *Le cartésianisme de Malebranche*, Paris 1974, p. 373sqq.
163 Vgl. G. W. Leibniz, *Die philosophischen Schriften*, hg. v. C. J. Gerhardt, Bd. 3, Berlin 1887/ND 1960, S. 397ff.
164 Vgl. J. Lange, *Modesta disquisitio novi philosophiae systematis de Deo, mundo et homine*, Halle 1723, Protheoria, Postulatum 3-8.
165 Vgl. Reinhold, *Beyträge*, 5. H., S. 9; *Anleitung* (Anm. 15), S. 225.
166 I. Kant, *Gesammelte Schriften*, 1. Abt., Bd. 4, S. 447.
167 Vgl. ebd., S. 389, 408, 410, 412, u. ö.
168 Vgl. S. 413 f. u. ö.
169 Vgl. S. 389, 408, 425, 442, 463 u. ö.
170 Vgl. S. 420, 425, 432 u. ö.
171 Vgl. S. 444.
172 Vgl. S. 413, 434.
173 S. 420, 440.
174 S. 401, Anm.
175 Vgl. S. 454.
176 Vgl. S. 462 u. ö.
177 Vgl. S. 441, 461 u. ö.
178 Vgl. S. 444 u. ö.
179 J.-P. Sartre, *Situations* I, Paris 1947, p. 315.
180 Vgl. Herder (Anm. 101), S. 79, 132 f.
181 J. G. Fichte, *Gesamtausgabe*, Werke Bd. 1, S. 170.
182 Descartes, *AT* VII, 48sq.
183 Vgl. J. Wahl, *Du rôle de l'idée de l'instant dans la philosophie de Descartes*, Paris ²1953, p. 5, 7, 14.
184 AT VII, 27; vgl. 25, 36, 68-70, 246 (eodem illo momento, quo in nobis est), VIII-1,7 (eo ipso tempore quo cogitat).
185 Kant, KrV A 402.
186 Vgl. ebd., A 350, B 404, 413, 427.
187 Schelling, *Werke*, hg. v. M. Schröter, 2. Hauptbd., S. 720.
188 Vgl. ebd., S. 718.
189 Vgl. Hegel, *Phänomenologie des Geistes*, hg. v. J. Hoffmeister, Leipzig 1949, S. 49 ff.
190 Vgl. Schelling, a.a.O., S. 726.
191 *Sämtl. WW.* VI, 48; III, 314 f.
192 Th. W. Adorno, *Negative Dialektik*, Frankfurt a. M. 1966, S. 180.

Maciej Potępa
Die Frage nach dem Subjekt in der Hermeneutik Schleiermachers

Die folgenden Überlegungen widmen sich der Frage nach dem Subjekt im Zusammenhang mit dem Problem der Sprache in Schleiermachers Dialektik und Hermeneutik. Ausgangspunkt ist die Überlegung, daß Schleiermacher die Vorstellung eines sich selbst begründenden Subjekts, wie sie in der philosophischen Tradition formuliert wurde, zu überwinden versucht. Schleiermacher verneint die Annahme eines unendlichen Bewußtseins, in welchem der Sinn von Sein zu einer letzten übergeschichtlichen Gestalt geriete, die sich in der deutschen Tradition vor allem im Begriff des sich als Totalität durchsichtigen Subjekts geäußert habe. Diese These ist in der *Dialektik*[1], in der *Glaubenslehre* und in der *Psychologie* formuliert.

Ausgehend von der Gesprächssituation, in der sich verschiedene Subjekte befinden, bestimmt Schleiermacher das Subjekt – unfähig in monologisch verfahrender Deduktion über die geschichtliche Welt zu urteilen – als auf den Dialog angewiesen. Das sprechende Subjekt ist von vornherein in einem dialogischen Vollzug begriffen. Als natürliche Anfangssituation des Gesprächs wird der Zustand des Streites unterstellt. Dialektik ist schließlich die Kunst, im Gespräch durch methodisch sich vollziehende Gedankenentwicklung, Übereinstimmung herzustellen.[2]

Gegenstand der Dialektik ist das »reine Denken«. Solange es Menschen mit endlichem Erkenntnisvermögen gibt, ist reines Denken »streitiges Denken«. Die Aufgabe der Dialektik als Kunstlehre des reinen Denkens liegt darin, Anweisungen zur Schlichtung des Streites im reinen Denken selbst zu geben. Die Regeln, die diese Lehre liefern soll, müssen im Erkenntnisprozeß selbst gefunden werden, weil es kein System streitfreier, in unmittelbarer Anschauung erfaßter Sätze gibt, das als apriorischer Bedingungs-Begründungs-Zusammenhang des Wissens fungieren könnte. Die Dialektik selbst ist Ausdruck des inneren Werdegangs des reinen Denkens; sie ist wesenhaft Methodenlehre, ihre Fragen und Antworten gewinnt sie aus der inneren Dynamik des

Erkenntnisprozesses, dessen Gesetzmäßigkeit sie aufzeigt und formuliert. Der Modus, in dem der Streit im reinen Denken zur Erscheinung kommt, ist das Gespräch. In der Dialektik geht es um das Wesen des – vor allem philosophischen – Gesprächs. Schleiermacher versteht unter Dialektik nicht, wie Hegel, ein Selbstbewußtsein des sich in der Vermittlung bewegenden reinen Denkens, sondern vielmehr das Strukturgefüge einer Gemeinschaft miteinander sprechender individueller Personen. Dialektik wird so zum philosophischen Selbstbewußtsein einer Kunst der Gesprächsführung, worin die Entfaltung des reinen Denkens ein dialogischer Vorgang ist. Alles Denken ist, Schleiermacher zufolge, sprachgebunden, ist immer »sprechendes Denken«.

Die Sprache ist dem Denken nicht rein äußerlich, sondern das Denken vollendet – da der Gedanke sich im Wort konstituiert – seine Bestimmtheit erst in der Sprache. Gedanke und Begriff finden ihre Bestimmtheit erst durch die sprachliche Form. »Rede und Denken stehen in einer festen Verbindung, sind eigentlich identisch.«[3] Schleiermacher denkt im Begriff der Rede als Bewegung des Bewußtseins anders als Hegel, von vornherein Individualität: Denken als »sprechendes Denken« ist in seinem Ursprung immer individuell. Die Allgemeingültigkeit des Denkens als die Allgemeinverbindlichkeit der Rede erfordert keine allgemeine Sprache durch Aufhebung der individuellen Grenzen der Sprache. Die Dialektik kann diese Allgemeingültigkeit vielmehr nur im Rückgang auf die Individualität der Sprache suchen, und deshalb ist das Thema der Dialektik die Kunst der Gesprächsführung.

Als eine Unterweisung in der Gesprächsführung ist Dialektik selbst das Gespräch katexochen. Das »Gespräch über das Gespräch« sucht die allgemeinen Voraussetzungen des Gesprächs.[4] Das Gespräch ist für Schleiermacher kein entbehrliches Mittel des Gedankenaustausches, sondern bezeichnet den notwendigen Weg zum Erkennen und Wissen. Das Leben des Gesprächs, in welchem sich die Individualität realisiert, ist zugleich auch dasjenige der Wissenschaft. Das Gespräch zwischen Individuen findet nicht um seiner selbst willen statt, sondern hat sein Ziel im Wissen. Deshalb ist Dialektik zugleich Wissenschaftslehre: in ihr fragt Schleiermacher transzendental nach der Möglichkeit der ersten Bedingung der dialogischen Gedankenentwicklung, die zum Wissen führt. Als erste Bedingung des Gesprächs erweist sich der

»transzendente Grund«, der aber als transzendente Voraussetzung des Denkens an sich nicht gedacht werden kann. Der Übergang vom Denken zum Sein kann, bezogen auf den transzendenten Grund als Prinzip der Einheit von Denken und Sein, nicht auf dem Boden des Denkens vollzogen werden.

Schleiermacher teilt das negative Ergebnis der Kantischen Dialektik, indem er zeigt, daß der transzendente Grund des Seins kein Gegenstand des Denkens sein kann, weil andernfalls das Unbedingte durch das Bedingte bedingt wäre. Aber im Unterschied zu Kant verwirft Schleiermacher selbst die Bemühung, sich auf denkend-diskursivem Weg des transzendentalen Grundes zu vergewissern. Weder dem Denken noch dem Wollen kommt eine konstruktive Bedeutung für die Erfassung des transzendenten Grundes als der absoluten Identität von Denken und Sein zu. Der transzendente Grund entzieht sich dem Zugriff des Denkens und Wollens. Während das Denken und das Wollen als solches nicht fähig sind, des transzendenten Grundes adäquat inne zu werden, soll im unmittelbaren Selbstbewußtsein-Gefühl, als der Bedingung der Möglichkeit der Einheit von Denken und Wollen, ein Analogon zum transzendenten Grund gedacht werden.[5] Dieses Selbstbewußtsein ist nicht reflexiv, vielmehr liegt es allen Akten der geistigen Tätigkeit zugrunde: das Gefühl (unmittelbares Selbstbewußtsein) ist die allgemeine Form des »sich-selbst-Habens«.

Das »unmittelbare Selbstbewußtsein« muß von dem im Sinne der transzendentalen Apperzeption Kants gefaßten Selbstbewußtsein als Bedingung der Möglichkeit des Ineinanders von intellektueller und organischer Funktion des Denkens, von Selbstbewußtsein und Selbstbewußtem, unterschieden werden. Denn dieses reflektierte Selbstbewußtsein verdankt sich einer Reflexion auf das denkende Ich. Dadurch aber entsteht der bekannte Zirkel, daß nämlich die Reflexion, die das Selbstbewußtsein erklären will, ein Wissen um das Selbstbewußtsein bereits voraussetzt. Das reflektierte Selbstbewußtsein setzt sich auf diese Weise schon als Subjekt-Objekt-Einheit voraus, ohne damit dem Zirkel zu entkommen.[6] Selbstbewußtsein kann man demzufolge nicht als Reflexion beschreiben. Die dem Subjekt eingeschriebene Reflexion gibt kein Kriterium, auf Grund dessen ich feststellen könnte, daß tatsächlich ich es bin, den ich betrachte. Diese Einsicht muß ich schon gehabt haben, bevor sie ins Spiel gebracht wird. Schleiermacher versteht unter unmittelbarem Selbstbewußtsein nur die Vertrautheit des Bewußtseins mit sich, nicht die Kenntnis eines Ich als des Inhabers des Bewußtseins von sich. Das unmittelbare Selbstbewußtseins-Gefühl unterscheidet sich nicht nur von dem reflektierten Selbstbewußtsein Ich, welches nur die Identität des Subjekts in der Differenz der Momente umfaßt, sondern auch von der Empfindung, welche mittels der Affektion gesetzt das subjektiv Persönliche ist.[7] Die Reflexionstheorie des Selbstbewußtseins geht an dem unbestreitbaren Faktum des »sich-selbst-Habens« vorbei.[8] In diesem Sinne schreibt D. Henrich: »Die Vertrautheit mit Bewußtsein kann überhaupt nicht als das Resultat eines Unternehmens verstanden werden. Sie liegt ja schon vor, wenn Bewußtsein eintritt.«[9] Also müssen wir eine vor-reflexive Einheit des Bewußtseins, die zugleich bewußt ist, als Basis des Reflexionsverhältnisses ansetzen. Das Subjekt ist sich Schleiermacher zufolge bewußt, daß es eine Einheit ist, sieht aber zugleich ein, daß es weder Urheber dieser Einheit selbst noch des Wissens um diese Einheit sein kann. Anders gesagt: Schleiermacher expliziert in der Dialektik eine konstruktive Entfaltung des unmittelbaren Selbstbewußtseins als Abhängigkeitsgefühl des Subjekts. Die Aufhebung des Gegensatzes von Denken und Wollen im unmittelbaren Selbstbewußtsein kann sich nur dann als Selbstbewußtsein erfassen, wenn sich das Selbstbewußtsein in dieser Aufhebung als bedingt und bestimmt begreift. Die freie Selbsttätigkeit des unmittelbaren Selbstbewußtseins ist in ihrer Freiheit schlechthin dadurch abhängig, daß sie sich nicht ursprünglich dazu gemacht hat, freie Selbsttätigkeit zu sein, sondern letztlich schlechthin gegeben zu sein. Schleiermacher »ergänzt« durch den Begriff »unmittelbares Selbstbewußtsein«-Gefühl die »fehlende Einheit« des Bewußtseins, die die Vertrautheit eines individuellen Existierenden mit sich repräsentiert – wie es M. Frank in *Das individuelle Allgemeine* formuliert hat.

Das unmittelbare Selbstbewußtsein als Repräsentation des transzendenten Grundes ist in der *Glaubenslehre* – Schleiermachers umfangreichstem theologischen Werk – jeweils im religiösen Gefühl – allgemeines Abhängigkeitsgefühl präsent. Das Gefühl weiß sich unmittelbar in seiner Bestimmtheit des Sichwissens als ein Wesen, das nicht abermals Urheber seiner Seinsweise ist. Das Auszeichnende dieses Gefühls ist, daß wir uns unseres Selbst als schlechthin abhängig bewußt sind.[10] Seine Wahrheit besteht gerade darin, daß sie sich der Kraft verdankt, die in uns eingesetzt ist. Das Gefühl verzichtet in der religiösen Einstellung ausdrücklich darauf, die Bestimmtheit seiner selbst, als in sich selbst gegründet, einholen zu wollen; sie nimmt ihn als unverfügliches Widerfahrnis einer »transzendenten Bestimmtheit«[11], die den Namen »Gottes« erhält. Gott ist nur der »ausgesprochene Name« für die unmittelbare Reflexion auf das »Woher« des Gefühls.[12]

Die gegen das reflektierte Selbstbewußtsein der idealistischen Philosophie gerichtete Prämisse des unmittelbaren Selbstbewußtseins verbietet es, die Instanz des Selbstbewußtseins als Ort einer »absoluten« Wahrheit zu beanspruchen. Das Geprägtsein durch den »Anderen« bedeutet nicht, daß Schleiermacher die Subjektkategorie preisgibt, sondern er läßt das Subjekt seine Krise reflektieren, ohne es abdanken zu lassen.[13]

Das unmittelbare Selbstbewußtsein enthält nicht mehr die Vorstellung aller Tatsachen der geschichtlichen Welt, die es in monologisch verfahrender Weise aus sich freigäbe. Weil die ursprüngliche Einheit fehlt und ihm im Grunde Selbstvergegenwärtigung verwehrt, ist das einzelne Subjekt »geöffnet gegen die Gesamtheit des Außer uns«. Dieser Mangel des Subjekts bietet ihm die Möglichkeit, sich auf Bedeutungen hin zu überschreiten, ist Grund für die Weltoffenheit des Subjekts überhaupt.[14]

Die Unverfügbarkeit des Seins für den Begriff, die Abhängigkeit der Macht unserer Reflexion von einem in ihr mitgesetzten Anderen (in unserem unmittelbaren Selbstbewußtsein ist immer etwas außer uns als mitbestimmendes gesetzt) zwingt uns, das Gebiet der Reflexion zu überschreiten, um den transzendenten Grund derselben in der Geschichte durch die Hermeneutik wiedereinzuholen. Wir haben es hier mit einer Denkfigur zu tun, die sich in ähnlicher Weise bei Gadamer findet, wenn er auf folgende Weise die Aufgabe der Hermeneutik charakterisiert: »Sie habe den Weg der hegelschen Phänomenologie des Geistes insoweit zurückzugehen, als man in aller Subjektivität die sie bestimmende Substantialität aufweist.«[15]

Obwohl wir bei Gadamer kein wirklich neues zwingendes Argument gegen die Reflexionsphilosophie finden, ist gleichwohl der Unterschied zu Schleiermacher nicht zu verkennen. Bei Gadamer ist nicht ein einzelnes Subjekt eigentlicher Akteur des Gespräches mit der Vergangenheit, sondern das Gespräch selbst im Gespräch mit der Überlieferung. Das Gespräch ist das geschichtliche Geschehen selbst, in dem wir schon immer stehen und durch das wir immer schon vermittelt sind. Das geschichtliche Geschehen ist konkret die Tradition. Die geschichtliche Substanz liegt dem Einzelnen schon zugrunde und durchwatet sein Verstehen. Wir sind in allem Tun und Denken unabdingbar bestimmt durch ein uns übergreifendes Geschehen. Auf diese Weise wird das einzelne Subjekt bei Gadamer verflüssigt, es wird nicht mehr für sich gesetzt. Die Rolle des Subjekts übernimmt die Tradition.

Die Sprache, und zwar in der Form des Gesprächs, ist hier das Geschehen der Geschichte selbst. Dieses Geschehen ist nicht mehr relativierbar, weil es alles in sich einschließt. Als das Spiel, das sich selber spielt, ist es das absolute Subjekt. Wie Walter Schulz überzeugend gezeigt hat, ist die Bewegung von Hegel über Heidegger zur modernen Hermeneutik durch eine immer radikalere Historisierung bestimmt, der eine paradoxe Selbstauflösung der Philosophie der Subjektivität als Gang zu ihrer Vollendung hin entspricht.[16] Obwohl es vollends unangebracht erscheint, die Hermeneutik noch in irgendeiner Weise von der Philosophie der Subjektivität her zu begreifen (Heidegger hat darauf hingewiesen), gründet diese Unangebrachtheit gerade darin, daß der Vorgang der Subjektivierung nun absolut geworden ist: es gibt kein Seiendes, das außerhalb der Geschichte steht. Geschichte ist selbst das Subjekt geworden. Gadamer ersetzt das idealistische »Subjekt« durch die »Tradition«, hält aber dennoch die idealistische Reflexionsstruktur aufrecht, während Schleiermacher sie durch den Gedanken der multiplen Individualität eher in Frage stellt, so daß also Gadamer im Grunde idealistischer bleibt als Schleiermacher.

Kehren wir nach diesem allgemeinen Ausblick zu Schleiermacher zurück. Individuen, die die Geschichte ihres Dialogs im Denken entwickeln, sind für Schleiermacher als jeweils konkrete Subjekte geschichtlich seiendes Denken. Diese Subjekte bewegen sich zwischen verschiedenen abstrakten Polaritäten, wie denjenigen des Denkens und Seins, der intellektuellen und organischen Funktion des Denkens und Wollens, der Freiheit und Notwendigkeit, des Gottes und der Welt. Jeder konkrete geschichtliche Zustand realisiert eine Vermischung der Pole bei einem Über- bzw. Untergewicht jeweils des einen der Pole. Daher gibt es kein reines Denken ohne sprachlichen Ausdruck, ebensowenig ein reines Ich ohne Außenwelt. Jedes Denken ist ein gemeinschaftliches

Ereignis der menschlichen Vernunft und der menschlichen Organisation. Die Untrennbarkeit von intellektueller und organischer Funktion spiegelt sich in der Zusammengehörigkeit von Denken und Sprechen. »Es gibt kein Denken ohne organische Tätigkeit; und so wird freilich jeder Gegenstand durch die Rede.«[17] Der Vollzug des Denkens ist nicht Sache des bloßen Denkens, sondern geschieht in der Sphäre des organisch – leiblichen Miteinanderseins. Das Subjekt als sprechendes Individuum begreift sich als Gegenüber eines mit ihm im Dialog befindlichen Anderen.

Auf diese Weise gibt Schleiermacher der kantischen Konzeption der Transzendentalphilosophie eine bedeutsame Wendung. Er reflektiert nicht nur über die Möglichkeiten, die dem Subjekt zur Erkenntnis der Gegenstände gegeben sind, sondern zieht auch den Kommunikationsbezug zwischen dem einen und dem anderen Subjekt und deren gemeinsamen apriorischen Erkenntnisbewegungen in Betracht. Das andere Subjekt ist für mich weder bloßer Gegenstand noch reiner kommunikativer Mitvollzug des von mir behaupteten Standpunktes und der von mir geleisteten Akte. Das andere Subjekt ist ein sprechendes Subjekt, das für mich organisch-leiblich gegenwärtig ist. Die Kommunikation zwischen Subjekten ist die Geschichte der sprechenden Subjekte, an deren Anfang der Streit und an deren Ende die Übereinstimmung steht.

Das Scheitern des Reflexionsmodells des Subjekts hat hermeneutische Konsequenzen, weil die Subjekte die Wahrheit ihrer Erkenntnisse auf dem Feld zwischenmenschlicher Verständigung suchen müssen. Das bedeutet jedoch nicht, daß Schleiermacher auf den Begriff eines sinnstiftenden Subjekts verzichtet. Weil die absolute Wahrheit unerreichbar ist, müssen die Subjekte die Intersubjektivität ihrer Übereinkünfte in dem Gespräch zu erreichen suchen.[18] Aus der Angewiesenheit des Denkens auf die Sprache folgt, daß es niemals den Status einer außergeschichtlichen, absoluten Wahrheit erreichen kann. Dialektik als Theorie der im Gespräch sich vollziehenden und zum Wissen führenden Gedankenentwicklung ist vermittelst der Sprachlichkeit des Denkens selbst Teil der geschichtlichen Welt.[19] Denn es hat keine Gemeinschaft gegeben, die ihre dialektisch erzielte Übereinstimmung nicht in der Grammatik eines Sprachkreises äußerte und tradierte. Die Dialektik ist auf Grund dieser irreduziblen Relativität des Denkens auf die Hermeneutik als Auslegungskunst verwiesen. Die Hermeneutik betrachtet nach Schleiermacher jede Sprachäußerung daraufhin, inwiefern sich das Individuelle in ihr zur Geltung bringt, weil Verstehen der einzelnen Sprachäußerung die Realisation des Allgemeinen im Besonderen (Individuellen) aufzeigt. Das innere Motiv der Hermeneutik ist die Rettung des Nicht-Identischen, des vom Allgemeinen Abweichenden, kurz des Individuellen. Die Dialektik hingegen betont den Aspekt, daß auch jede individuelle Sprachäußerung im Vorblick auf eine allen Denkenden gemeinschaftliche Idee des Wissens erfolgt. Aus dem Gedanken der Geschichtlichkeit der Sprache folgt eine notwendige Verbindung von Hermeneutik und Dialektik. »Dialektik ist solche Auflösung des Denkens in Sprache, daß vollständige Verständigung dabei ist, indem man dabei immer die höchste Vollkommenheit, die Idee des Wissens im Auge hat. Daraus ist klar, daß beide miteinander werden.«[20]

Schon in der Einleitung zum Manuskript seiner Hermeneutik von 1819, das in der Lückeschen Ausgabe vorliegt, bringt Schleiermacher die Hermeneutik mit der Lehre vom innerlich sprachlichen Denken (Dialektik) und der Rhetorik in Zusammenhang. »Wo der Denkende nötig findet, den Gedanken sich selbst zu fixieren, da entsteht auch Kunst der Rede, Umwandlung des Ursprünglichen und wird hernach auch Auslegung nötig. (...) Jeder Akt des Verstehens ist die Umkehrung eines Aktes des Redens; indem in das Bewußtsein kommen muß, welches sprachliche Denken der Rede zum Grunde gelegen.«[21]

Man behauptet mit Recht, daß die Geschichte der Hermeneutik bei Schleiermacher eine Wende erfahren habe.[22] Schleiermacher intendiert nicht die Fortführung der traditionellen Hermeuntik, sondern deren theoretische philosophische Begründung, weil nämlich der überlieferten theologischen Hermeneutik, die nur in einer Zusammenstellung von Auslegungsregeln bestand, die »rechte Begründung« fehlte. Die Hermeneutik vor Schleiermacher gelangte nicht zu einer allgemeinen Theorie, die über alle Verschiedenheit der auszulegenden Werke hinweg Gültigkeit beanspruchen konnte. Obwohl schon Chladenius und Meier eine allgemeine Theorie der Hermeneutik zu entwickeln versuchten, legten sie das Fundament ihrer Theorie nicht in den Akt des Verstehens.[23] Bei Schleiermacher erhält die Hermeneutik eine qualitativ andere Funktion; sie soll das Verstehen überhaupt erst ermöglichen, d. h. in jedem einzelnen Fall bewußt herbeiführen.

Die Aufgabe der Hermeneutik ist damit universal, weil sie nicht auf biblische Texte bezogen ist, sondern in allen Fällen von Verstehen in Anwendung gebracht wird. Hermeneutik hat nicht nur, wie Ast lehrte, mit Werken von Schriftstellern zu tun, oder ist, wie Wolf meinte, nur auf fremdsprachliche Texte beschränkt, sondern begreift das Verstehen von Rede oder Gespräch ein.[24]

Schleiermacher gilt die Sprache als universaler Gegenstand des Verstehens: »Alles vorauszusetzende in der Hermeneutik ist nur Sprache und alles zu findende, wohin auch die anderen objektiven und subjektiven Voraussetzungen gehören, muß aus der Sprache gefunden werden.«[25] Die konkrete Sprache ist nach den Ausführungen Schleiermachers nicht als ein für sich Vorhandenes, von ihrem Gesprochenwerden Unabhängiges aufgefaßt, sondern ist – mit seinen eigenen Worten – »etwas Geschichtliches«, was in der Lehre von der »wesentlichen Einheit« des Wortes zum Ausdruck kommt. Zu einem Wort gehören immer eine allgemeine Bedeutungssphäre und verschiedene Bedeutungsmodifikationen, in denen die Einheit jeweils zur Darstellung kommt. Die wesentliche Einheit eines Wortes ist gedacht wie ein ideales Unendliches, das sich in der unendlichen Summe seiner einzelnen Modifikationen darstellt. Die besondere Anwendung einer allgemeinen Bedeutung verbindet in der Weise eines Kunstwerkes das Einzelne mit dem Allgemeinen, so daß letzteres niemals ganz im ersteren gegenwärtig ist.[26] Das kunstvolle Ineinander von zugleich allgemeiner und besonderer Bedeutungsanwendung realisiert sich immer im Zusammenhang eines gesprochenen Satzes. Auch die Bedeutungssphäre ist nichts an sich Übergeschichtliches, insofern sie sich durch die einzelnen Modifikationen nicht in jeder Epoche mit gleicher Vielfältigkeit darstellt. Man muß aus diesen Gründen die These von einem ursprünglich gegebenen, mit sich identischen Textsinn aufgeben.

Wort-Bedeutung ist immer von einem Kontext abhängig. Sie besteht darin, daß jedem Wort eine innere Dimension der Vervielfachung zugeordnet ist. Jede Rede bringt die Vergangenheit ihrer Kontexte mit sich und antizipiert eine noch unausgesprochene Zukunft des Bedeutens. Die eigentliche Virtualität des Redens besteht darin, daß sie ein Ganzes von Sinn ins Spiel bringt, die Gesamtheit einer Sprache voraussetzt, ohne es ganz sagen zu können. Alles menschliche Sprechen ist in der Weise endlich, daß eine Unendlichkeit des auszufaltenden und auszulegenden Sinnes in ihm ausgelegt ist. Die Interpretation einer Rede ist für Schleiermacher eine unendliche Aufgabe, weil »es ein Unendliches der Vergangenheit und der Zukunft ist, was wir in der Rede sehen sollen«.[27] Weder ist das Bewußtsein des Interpreten Herr über das, was ihn als Wort der Überlieferung erreicht, noch kann man das, was bei der Interpretation geschieht, angemessen als eine fortschreitende Erkenntnis beschreiben. Die Sinnzuweisungen einer Rede sind charakterisiert als etwas Vorläufiges und Unbeständiges. Denn die Anzahl und Ordnung der von einem Zeichen oder von einer Texteinheit fernzuhaltenden Oppositionen, Schleiermacher spricht von Exklusionen, stehen nicht von vornherein fest; ihre Menge ist durch neue unabsehbare Kombinationsmöglichkeiten bestimmbar.

Über die Wahrheit einer Interpretation kann nicht endgültig »entschieden« werden. In diesem Sinne gibt es nicht die letzte, beste Interpretation von Reden oder Texten, weil ja nach Lebenserfahrung, Standort, Weltansicht und Sprachbeherrschung von verschiedenen Interpreten verschiedene Differenzierungen von Worten in einem Text vorgenommen werden, deren Sinn nur von einem außerhalb der Kommunikation liegenden Standort zu kontrollieren wäre. Diesen Standort gibt es nicht, denn nur in einer Kommunikation (und nicht außerhalb ihrer) können Wörter einen Sinn haben. Der Sinn eines Satzes ist nicht objektiv, d. h. ist nicht außerhalb der Kommunikation entscheidbar. Nur in sozialer Praxis (Schleiermacher spricht von der Sprachgemeinschaft) hat sich der Sinn stets aufs neue und ohne letzte Garantie seiner Objektivität zu bewähren. Die Interpretation wird unendlich. Diese Unendlichkeit der Interpretation läßt sich durch die Intervention eines sinnschaffenden und sinndeutenden Subjekts erklären. Die Sprache als System ist nach Schleiermacher ein Unendliches, weil »jedes Element auf eine besondere Weise bestimmbar ist durch die übrigen«.[28] Das heißt nicht, daß jedes Element determiniert ist durch eine endliche Menge der Oppositionen (Exklusionen), die – um seine Identität zu garantieren – von ihm fernzuhalten sind, sondern daß die Art und Weise der Bestimmung offen ist und jedesmal in letzter Instanz von der Interpretation abhängt. Man könnte mit Gadamer den Wesenszug der Sprache nach Schleiermacher auf folgende Weise beschreiben: »Ein jedes Wort bricht wie aus einer Mitte hervor und hat Bezug auf ein Ganzes, durch das es allein Wort ist. Ein jedes Wort läßt das

Ganze der Sprache, der es angehört antönen, und das Ganze der Weltansicht, die ihm zugrunde liegt, erscheinen.«[29] Es gibt keinen »abgeschlossenen und abschließbaren« Begriff des Systems der Sprache, weil nach dem zweiten Kanon der grammatikalischen Interpretation »der Sinn eines jeden Wortes an einer gegebenen Stelle nach seinem Zusammensein mit denen, die es umgeben, bestimmt werden muß«.[30] Es ist aber unmöglich, die Totalität aller (sinndifferenzierenden) Exklusionen wissen zu können, die das Wort in der Vergangenheit seiner »Gebrauchsweisen« bestimmt haben und in der Zukunft »bestimmen werden«. Die permanente Offenheit von Oppositionen, die das Wort jedesmal bestimmen, bringt es um seine Identität und läßt Schleiermacher die Sprache als etwas Unendliches deuten.

Die Hermeneutik wird von Schleiermacher als Kunst des Verstehens bestimmt.[31] Wirkliches Verstehen ist demnach eine nach einem umfassenden Regelsystem verfahrende Kunst, die den Sinn einer gegebenen Rede zu erschließen vermag. Die hermeneutische Praxis hat jedoch mit der Erlernbarkeit einer bloßen Technik wenig zu tun, weil die Anwendung der Regel des Verstehens nicht auf Regeln gebracht werden kann.[32] In der hermeneutischen Praxis können wir uns also nicht auf blinde Anwendung der erlernten Regel verlassen, weil sich Auslegungen von Äußerungsfolgen nicht – wie Schleiermacher sagt – mechanisieren lassen. Selbst Kontextregeln, wenn es sie gäbe, könnten die Einmaligkeit und Aktualität der kontextuellen Situation nicht bis ins letzte antizipieren und determinieren.[33] Die Sprache ist nach Schleiermacher nicht nur Vollzugsorgan der Vorschriften des universellen Code. Es gibt für ihn keinen Code, der jedesmal individuelle Anwendung der Sprache völlig zu entschlüsseln imstande wäre. Die individuelle Anordnung, die z. B. einen Stil ausmacht, ist niemals aus einem vorgängigen Code abzuleiten. Wenn sich das Vorgehen der Interpretation nicht »mechanisieren« läßt und die Sprache sich nicht als ein System »abgeschlossener Oppositionen« darstellen kann, so ergibt sich daraus, daß das Nicht-Verstehen nicht mehr als Ausnahmefall zu behandeln ist, sondern grundsätzlich als Regelfall des Verstehens gelten muß. Schleiermacher schreibt in der »Kompendienartigen Darstellung von 1819«: »Ich verstehe nichts, was ich nicht als notwendig einsehe und construiren kann. Das Verstehen nach der letzten Maxime ist eine unendliche Aufgabe.«[34] Hermeneutik tritt nicht erst in

Aktion, wo das Verstehen auf Schwierigkeiten stößt, sondern wo der »gewöhnliche« Grad des Verstehens sich nicht als genügend erweist. Die Unmittelbarkeit des Verstehens entspricht nicht dem wissenschaftlichen Standpunkt und wird dementsprechend nicht in der Hermeneutik berücksichtigt. Erst die Tatsache, daß wir einander nie ganz verstehen, macht möglich, daß wir einander verstehen; und dies macht das Geschäft der Hermeneutik aus. Alles Verstehen impliziert wesentlich ein Nicht-Verstehen: »Das Nicht-Verstehen /will/ sich niemals gänzlich auflösen.«[35] Schleiermacher versucht zu zeigen, daß die Einlösbarkeit des Sinns des Textes (oder der Zeichen) nur in einer Hermeneutik fundiert sein kann. Die im Text selbst verwobenen Zeichen erwerben den Status von Zeichen nur kraft einer Interpretation. Äußerung (Text) und Interpretation sind nicht – wie M. Frank das sehr treffend formuliert hat – zwei Seiten einer teilbaren Arbeit – der Produktion und der Rezeption: »Nicht die Auslegung verfehlt gegebenenfalls den ursprünglichen Sinn der Äußerung, die Äußerung selbst besitzt Sinn nur ›dia hypothesin‹, nur vermutungsweise (genau das ist's übrigens, was Schleiermacher, und nach ihm Sartre – den divinatorischen Akt nannten und bald mit »Erraten«, bald mit Konjizieren übersetzten).«[36] Die hermeneutische Praxis liefert kein letztgültiges Kriterium der Wahrheit. Das Moment des Nicht-Verstehens läßt sich nie gänzlich in der Hermeneutik auflösen. Aus strukturellen Gründen kommt es noch stärker in der Beziehung zwischen der Sprache als System (langue) zu ihrer konkreten Sprachverwendung zum Vorschein. Vom System her erreicht man nur die davon erfaßten und formulierten Typen und die besonderen Fälle dieser allgemeinen Typen. Was das sprechende Individuum durch die vom System her nicht voraussehbare Art und Weise seines Umgangs mit den sprachlichen Möglichkeiten ihnen zugefügt hat, ist nicht zu erfassen. Es gibt kein objektiv wirksames Gesetz, das uns vorschreiben kann, wie »Sinn« einer Rede letztlich zu artikulieren sei; jede Zeichenidentifikation schließt eine Interpretation ein, nämlich eine vom System der Sprache aus nicht deduzierbare Interpretation, die das Wort von Kommunikation zu Kommunikation als immer wieder anderes Zeichen versteht. Die individuelle Anwendung der Sprache kann niemals aus der Semantik und der Grammatik deduziert werden.

Aus der Grammatik als virtuellem, formal determinierendem

System folgt – für Schleiermacher – niemals ein ganz bestimmter Sprachgebrauch. Dieser unüberbrückbare Abstand zwischen universellem System und einzelner Aussage ist der unverlierbare »individuelle Beisatz«, um mit einem Ausdruck Boeckhs zu sprechen. Interpretation besteht nicht darin, eine semantische Deduktion aus einem bestimmten Bedeutungsstand einer Sprache abzuleiten, sondern ganz im Gegenteil darin – ich zitiere erneut M. Frank – »eine motivierte, aber grammatisch-pragmatisch unabsehbare Sinntransformation als das, was sie ist: als Novation, in einer ebenso freien und schöpferischen ›Divination‹ zu reproduzieren«.[37] Die Interpretation soll also den »individuellen Beisatz« in jeder Sprachverwendung »divinieren« (erraten). Besonders deutlich tritt das in der Interpretation der Poesie zutage, in der der Einfluß des Individuums auf die Sprache prägnant wird. Die poetische Sprachverwendung ist für Schleiermacher nur der Extremfall des normalen Sprachgebrauchs: Die Intervention des Sprechenden kommt in jeder Rede zur Erscheinung; sie kann minimal, aber niemals gleich Null sein. Die Sprache ist nie Herr ihrer eigenen Anwendung ohne Intervention handlungsfähiger, sinnstiftender Subjekte. Die Sprache als System (Schleiermacher spricht von: Totalität der Sprache – man könnte sagen: Differenzialität der Sprache) ist gewiß eine notwendige Voraussetzung der Sinnerzeugung (ohne différence gäbe es keine Bedeutungen und auch keine Bedeutungsveränderung), was nicht heißt, daß Bedeutungen (wie Derrida behauptet) allein durch sprachliche Differenzialität entstehen. Ohne Sprache als System kann nicht gesprochen und verstanden werden; ohne die Leistung des Subjekts hätten wir jedoch überhaupt keinen Sinn und keine Verständnis-Möglichkeit. Ich stimme hier völlig mit M. Frank überein, der behauptet, daß der hypothetisch bezogene Interpretationsprozeß sich nicht verstehen läßt, wenn man die Dimension von Bewußtsein, von Praxis einfach ausschaltet oder für einen Effekt der differenziellen Beziehung zwischen den Wortmarken erklärt. Nur in der Dimension eines vorgängigen Bewußtseins lassen sich hypothetische Urteile fällen und Motivierungen vollziehen, wie es Interpretationen sind.[38]

Aus der Interpretationslehre Schleiermachers ist der Schluß zu ziehen, daß der Rekurs auf die Individualität für die Hermeneutik unvermeidbar ist. Das Subjekt stellt die letzte Instanz dar, durch die Sinn geschaffen und verstanden werden kann. Die Sprache spricht nicht von selbst, wie Heidegger und einige Neo-Strukturalisten formuliert haben. Sie ist somit ein individuelles Allgemeines. Damit plädiere ich mit Schleiermacher für eine Hermeneutik, die am Begriff eines sinnstiftenden Subjekts festhalten kann und will.

Anmerkungen

1 Im Jahre 1942 hat Rudolf Odebrecht die *Dialektik* Schleiermachers neu ediert. Odebrechts Ausgabe stützt sich auf die reifste Vorlesungsform der *Dialektik* von 1822, in welcher Schleiermacher diese eindeutig als Lehre von den »Grundsätzen einer kunstmäßigen Gesprächsführung« konzipiert. Gegenüber den bisherigen Ausgaben von Jonas und Halpern hat sie den großen Vorteil, daß sie zum erstenmal die »Dialektik« als ein geschlossenes Ganzes in das Blickfeld der philosophischen Betrachtung rückt.
2 Schleiermacher beruft sich nicht nur bei der Bestimmung der Bedeutung des Wortes »Dialektik« gemäß der Ableitung von διαλέγεσθαὶ als »Kunst ein Gespräch zu führen« (*Dialektik*, S. 47) auf Platon, sondern auch wenn er das Ziel der Dialektik formuliert: »Mit dieser Kunst des Gesprächs sollen aber nach platonischer Ansicht auch die höchsten Prinzipien der Philosophie und die Konstruktion der Totalität des Wissens gegeben sein.« (*Dialektik*, S. 48).
3 Schleiermacher, F., *Dialektik*, S. 127.
4 Pohl, K., *Die Bedeutung der Sprache für den Erkenntnisakt in der Dialektik F. Schleiermachers*, in: *Kant-Studien*, Bd. 46, 1954/55, S. 308.
5 Von dieser Analogie zwischen dem unmittelbaren Selbstbewußtsein und dem transzendentalen Grund handelt Schleiermacher nur im Entwurf von 1822. Darin nimmt er auch eine deutliche Abgrenzung zwischen dem unmittelbaren Selbstbewußtsein-Gefühl als Bestimmung der spekulativen Philosophie und dem religiösen Gefühl vor, das als allgemeines Abhängigkeitsgefühl den transzendenten Grund repräsentieren soll (vgl. *Dialektik*, S. 289).
6 Vgl. Wagner, F., *Schleiermachers Dialektik. Eine kritische Interpretation*, Gütersloh 1974, S. 14.
7 Schleiermacher, F., *Dialektik*, S. 429.
8 Schleiermacher, F., *Dialektik*, S. 288.
9 Henrich, D., *Selbstbewußtsein*, in: *Hermeneutik und Dialektik*, I, hrsg. R. Bubner, K. Cramer, R. Wiehl, Tübingen 1970, S. 271.

10 Schleiermacher, F., *Der christliche Glaube*, Berlin 1960, § 4, S. 23.
11 Schleiermacher, F., *Dialektik*, S. 280.
12 Schleiermacher, F., *Der christliche Glaube*, § 4, 4, S. 28.
13 Das Problem der »Krise des Subjekts« kommt noch stärker zum Vorschein in der nach-heideggerschen Hermeneutik, die sich heftig gegen eine idealistische Konzeption des Subjekts wendet. Heidegger und die meisten seiner Schüler (z. B. Gadamer) haben daran festgehalten, daß Subjektivität und Selbstbewußtsein eine Ableitung aus einer ursprünglichen Realität, sei es des Verstehens, sei es der Sorge-Struktur sein muß. Bei Gadamer übernimmt die Tradition die Funktion des Subjekts.
14 Schleiermacher, F., *Sämtliche Werke* III, Bd. 6, *Psychologie*, Berlin 1834, S. 64.
15 Gadamer, H. G., *Wahrheit und Methode*, Tübingen 1972, S. 286.
16 Schulz, W., *Anmerkungen zur Hermeneutik Gadamers*, in: *Hermeneutik und Dialektik*, S. 311.
17 Schleiermacher, F., *Dialektik*, S. 176.
18 Frank, M., *Das Sagbare und das Unsagbare*, Frankfurt/M. 1980, S. 19.
19 Schleiermacher, F., *Hermeneutik und Kritik*, hrsg. v. M. Frank, Frankfurt/M. 1977, S. 422.
20 Schleiermacher, F., *Hermeneutik und Kritik*, S. 411.
21 Schleiermacher, F., *Hermeneutik*, hrsg. v. H. Kimmerle, Heidelberg 1974, S. 76.
22 Dilthey, W., *Die Entstehung der Hermeneutik*, in: Ders., *Gesammelte Schriften*, Bd. 5, Stuttgart/Göttingen 1961, S. 320. Es scheint im Lichte der von Dilthey für die Geschichte der Hermeneutik postulierten Gesetzmäßigkeit problematisch, ob die Fundierung der Hermeneutik in der Analyse des Verstehens, wie bei Schleiermacher, einfach ein Zeichen des Fortschritts in der Entwicklung der Hermeneutik ist, oder aber die Folge einer Wende zur Begründung einer philosophischen Hermeneutik. Vgl. Szondi, P., *Einführung in die literarische Hermeneutik*, Frankfurt/M. 1975, S. 143 und 155, aber auch Kimmerle, H., *Hermeneutische Theorie oder ontologische Hermeneutik*, in Z. Th. K. 53, 1962, S. 114-116.
23 Im Jahre 1742 erschien in Leipzig das Buch: Johann Martin Chladenii, *Einleitung zur richtigen Auslegung vernünftiger Reden und Schriften*. Im Jahre 1757 erschien das Buch: Meier, G. Fr., *Versuch einer allgemeinen Auslegungskunst*. Die Hermeneutiken von J. M. Chladenius und G. F. Meier sind vorzüglich referiert bei Peter Szondi, *Einführung in die literarische Hermeneutik*, S. 27-154.
24 Gadamer, H. G., *Wahrheit und Methode*, Tübingen 1972, S. 174.
25 Schleiermacher, F., *Hermeneutik*, S. 38.
26 Schleiermacher, F., *Hermeneutik*, S. 61.
27 Schleiermacher, F., *Hermeneutik und Kritik*, S. 94.

28 Schleiermacher, F., *Hermeneutik und Kritik*, S. 80.
29 Gadamer, H. G., *Wahrheit und Methode*, S. 434.
30 Schleiermacher, F., *Hermeneutik*, S. 91.
31 Schleiermacher, F., *Kurze Darstellung des hermeneutischen Studiums*, S. 54.
32 Schleiermacher, F., *Kurze Darstellung des theologischen Studiums*, S. 132.
33 Vgl. Austin, I. L., *How to do things with Words*, Cambridge/Massachusetts 1962.
34 Schleiermacher, F., *Hermeneutik und Kritik*, S. 31.
35 Schleiermacher, F., *Hermeneutik und Kritik*, S. 328.
36 Frank, M., *Was ist Neostrukturalismus*, Frankfurt/M. 1984, S. 563.
37 Frank, M., *Was ist Neostrukturalismus*, S. 556.
38 Frank, M., *Was ist Neostrukturalismus*, S. 555.

Jochen Hörisch
Das doppelte Subjekt*
*Die Kontroverse zwischen Hegel und Schelling
im Lichte des Neostrukturalismus*

I

Ein Gerücht geht um in den neueren humanwissenschaftlichen Debatten: französische Theoretiker hätten in seltsamen Diskursen den Tod des Subjekts verzeichnet. Und wenn sie noch auf dessen letzte Zuckungen stießen, verlangten sie unbarmherzig seine endgültige und irreversible Abschaffung. Dieses Gerücht ist unzutreffend. Es gibt keinen Satz, der aus der Feder von Lacan, Foucault, Derrida oder Deleuze geflossen wäre und die Inexistenz von Subjektivität, der Möglichkeit der Erfahrung und der Vertrautheit mit sich, ernsthaft behauptete. Wohl aber gibt es zahlreiche französische Wendungen, Nachweise, Indiziensammlungen und Argumente, die den vielsinnig peripheren, ja epiphänomenalen Status von Subjektivität problematisieren. Noch das unstreitig entschiedenste unter den neueren französischen Büchern, der *Anti-Ödipus,* leugnet nicht, daß Subjektivität vorhanden sei: am Rande der Maschine freilich und nicht im Zentrum von Seins-, Sinn-, Bedeutungs- und Bewußtseinskonstitution überhaupt. Aber »um den Kreis herum, aus dessen Zentrum das Ich desertiert ist, breitet sich das Subjekt aus«.[1]

Humanwissenschaften, die irgend noch Bezug zu symbolischen und realen Funktionen wahren und nicht ausschließlich in Form von Fichte-Rekonstruktionen prozedieren wollen, haben suggestive Gründe für die Annahme, Subjektivität sei buchstäblich exzentrisch. Den Königsplatz eines Integrals oder gar eines Konstituens dessen, was die Welt im Innersten zusammenhält, wird Subjektivitätstheorie für ihr Thema seriöserweise nicht in Anspruch nehmen können. Die venia regia erfolgreicher Forschungsmethode führt zu der Einsicht, daß das Subjekt nicht Herr ist im eigenen Haus, geschweige denn in System, Umwelt und Kosmos. Gleichwohl aber ist es vorhanden – jenes eigentümliche Oszillationsphänomen, danach man mit sich vertraut ist,

* Zuerst erschienen in: Konkursbuch 15 (1985), S. 43-60.

danach man weiß, daß dieses Selbsterkennen, welches vom Selbstverkennen meist nur schwer unterscheidbar ist, mich betrifft, daß dieser Wunsch, dieser Blick oder dieser Schmerz je meiner ist. Zu scharfer Konturierung gelangt solche elementare Vertrautheit mit sich – und Vertrautheit kann wie Vertrauen von (Ent-)Täuschungen nicht verläßlich freigehalten werden – allerdings allein im Zeichen der Krisen, die sie in Frage stellen.

Selbst Kant hat einsichtiger Weise nirgends beschworen, daß das Subjekt seiner selbst unausgesetzt eingedenk sein müsse. »Das: ich denke *muß* (vielmehr) alle meine Vorstellungen begleiten *können*«[2] und eben nicht müssen. Es ist diese charmante Laxheit, die das kantische Subjekt von den Widersprüchlickeiten reinen Selbstbezugs und lähmender Überstrapazierung bewahrt. Bewahren aber kann das Subjekt sich nur, wenn es sich nicht ständig als Subjekt bewahren will.

Zu wissen, dieser Blick sei ausschließlich der meiner Augen, ist das eine – ihn selbst erblicken oder sich auf den Kopf sehen zu wollen, ist das struktural ausgeschlossene andere. Die intensivierte Selbsterfahrung im Schmerz oder im Wunsch kann so verzehrend werden, daß der Erfahrende seine Durchstreichung erfährt: in schierer Besinnungslosigkeit oder im Tod. Und auch die reflexive Selbsterkennung noch der vorherigen Selbstverkennung kann so tödlich enden, wie Goethes Bildungsroman am Schicksal des Harfners es beschrieb: »Man erfuhr nicht ohne Mühe und nur nach und nach, daß, als er bei der unglücklichen Dislokation des Grafen (einer neuen Zimmerverteilung in den Räumen der Turmgesellschaft, J. H.) in *ein* Zimmer mit dem Abbé versetzt worden, er das Manuskript und darin seine Geschichte gefunden habe; sein Entsetzen sei ohnegleichen gewesen, und er habe sich nun überzeugt, daß er nicht länger leben dürfe; sogleich habe er seine gewöhnliche Zuflucht zum Opium genommen«.[3] Der vollends über sich Aufgeklärte mag nicht länger leben. Das Subjekt des Lesens fällt aus, wenn es mit dem Subjekt des Gelesenen ineins fällt: »Den andern Morgen fand man Augustinen tot in seinem Bette; er hatte die Aufmerksamkeit seiner Wärter durch eine scheinbare Ruhe betrogen, den Verband still aufgelöst und sich verblutet«.[4] Noch dieses Ereignis werden die Archive der Turmgesellschaft verzeichnen. Das verzeichnete Subjekt aber wird es nicht lesen können. Das Subjekt des Ausgesagten ist wie das des Geschriebenen logisch und chronologisch früher und später als das des Aussagens und des Niederschreibens.

So tödlich paradox wie dem Harfner kann es Subjekten ergehen, denen eine aufklärungsversessene Turmgesellschaft humanistisch verweigert, unterliegendes sub-jectum zu sein. Goethes Wink an subjektzentrische Philosophen hat die große Karriere und das überragende Prestige transzendental-philosophischer Theoriebildungen nicht verhindern können. Sie verkennen, daß die Abdankung des Subjekts von seinem Königsplatz eins sein könnte mit seiner Rettung. Wer abdankt, ist nicht tot. Es soll Kaiser, Könige und Kanzler gegeben haben, die erst nach ihrer freiwilligen oder auch erzwungenen Abdankung befreit, lohnend und gut gelebt haben. Vieles spricht dafür, daß die neueren französischen Theorien, von denen seltsamer Weise nicht auszumachen ist, ob sie neo- oder aber poststrukturalistisch heißen sollen, eher Partisanen einer Rettung des Subjekts sind als die wohlarmierten deutschen Verteidiger des Abendlandes. Dafür spricht nicht zuletzt der Stil jener divergenten Theorien. Wissen doch Franzosen zumal: Le style c'est l'homme même.

Eigenartige Paradoxie: Wahrhaft individuiert, unverwechselbar schreiben Lacan, Foucault, Derrida und Deleuze, die doch verdächtigt werden, Subjektivität zu leugnen oder gar theoretisch liquidieren zu wollen. In grausiger Allgemeinheit aber kommen die Hypostasen etwa von Habermas daher, die im Namen der Vernunft, der jedermann nach angemessener Diskussion muß zustimmen und die jeder muß vernehmen können, die Individualität austreiben, auf der sie doch beruhen soll. Die Stillosigkeit solcher Hypostasen verrät ihr sachliches Dilemma: das Prinzip herrschaftsfreier Zustimmung oder Ablehnung selbst unter Zustimmungszwang zu stellen. Auch die reformierte Transzendentalphilosophie erliegt dem Paradox ihrer Vorlage: die Vernunft vor den Richterstuhl der Vernunft zu bringen und so jede Form von heterologer Erfahrung auszuschließen.

Das ist die Dialektik von Subjektivität, die zum unhintergehbaren Prinzip verallgemeinert wird: sie verliert sich im Maße ihres Siegeszuges. Dem Spannungsverhältnis von individuierter Tugend und allgemeinem Weltlauf haben Lessing und Hegel wohl zuerst diese Dialektik abgelesen.[5] Wer den Weltlauf nach dem Bild der Tugend organisieren will, wird die Tugend Mimikry an den Weltlauf treiben lassen müssen. Hegel ist es denn auch gewesen, der als erster angesichts der französischen Revolution und eingedenk einer gerade zwei Jahrzehnte alten florierenden Transzendentalphilosophie, die sich als deren theoretische Entsprechung verstand, mit dem Denken autarker und irreduzibler Subjektivität gebrochen hat – im Interesse ihrer Rettung auf einem deplacierten Schauplatz. Die berühmte Dialektik des Satzes, die er in der Vorrede der *Phänomenologie des Geistes* entfaltet, endet in einer Deplacierung des in jeder Weise selbstbewußten Subjekts. Angesichts der transsubjektiven Gewalt symbolischer Ordnungen vermag es seinen vermeinten Königsplatz nicht zu bewahren. Sich selbst bewahren – und sese conservare ist der Fetisch der Moderne, die Selbsterhaltung so fraglich werden ließ wie keine Epoche zuvor – bewahren aber kann das Subjekt sich allein um den Preis seiner Deplacierung. Daß es ein Epiphänomen ist, wird so eins mit seiner listigen Kraft.

Hegels im folgenden zu rekonstruierende Theorie eines Subjekts, das sich als Doppel, als double, als simulacrum[6] erfahren muß, ist neueren französischen Theorien exzentrischer Subjektivität erstaunlich affin.[7] Das ist angesichts der intensiven Wirkung von Kojèves *Introduction à la lecture de Hegel*[8] gerade auch auf die später so genannten Poststrukturalisten kein philologisches Rätsel. Gleichwohl soll hier nicht der alten Lust des Philologen nachgegeben werden, revolutionäre (Schreib-)Ereignisse evolutionär umzuschreiben. Hegels These vom gedoppelten und deplacierten Subjekt, das gleichermaßen Element einer ihm überlegen und vorausgehenden Ordnung wie Schauplatz dieser Ordnung selbst ist, verdient ebenso wie Schellings Kritik dieser Konzeption sachliches und nicht nur ideengeschichtliches Interesse. Geht es doch um die Möglichkeit des Glücks, seiner selbst exzentrisch und gleichwohl ohne Schrecken inne zu werden.

II

In der Vorrede zur *Phänomenologie des Geistes* entfaltet Hegel im Anschluß an Kants Satz, Sein sei kein reales Prädikat,[9] die parmenideische These, »daß das Sein Denken ist« (53).[10] Diese vorsokratische »Einsicht« ging mit der aristotelischen Fassung des Identitätssatzes verloren, dasselbe könne demselben in derselben Hinsicht nicht zugleich zukommen und nicht zukommen,[11] und sie pflegt zumal der Habitualisierung des Gleichheitsdenkens im »gewöhnlichen begriffslosen Sprechen... abzugehen« (53). Deshalb versucht Hegel, seine zuvor nur als These artikulierte »antizipierte Versicherung« (55) durch einen Verweis auf die Dialektik des Satzes plausibel zu machen, die sich noch, ja gerade in der profanen Rede bewährt. Er polemisiert dabei zugleich esoterisch gegen vier um 1800 gängige Subjektivitätstheorien, die sich aufgrund argumentativer und stilistischer Parallelen in der hegelschen Philosophiegeschichte genau adressieren lassen. So kritisieren die zur Dialektik des Satzes überleitenden Bemerkungen *erstens* Kants »Gewohnheit, an Vorstellungen fortzulaufen« (56), die er, in »psychologischer Ansicht und empirischer Manier eingeschlossen«[12] bleibend, als faktische auffindet und »so... her erzählt«.[13] Während es Kant dieser Bemerkung zufolge »sauer ankommt« (56), vom »zufälligen«, da an kontingente Faktizität empirisch gebundenen, Bewußtsein zum »Selbst dieses Bewußtseins« zu gelangen, verfällt der *zweite* Adressat der hegelschen Kritik, nämlich die frühromantische Form des Räsonierens, wie Friedrich Schlegel sie repräsentierte, der Verkehrung des kantischen Fehlers. Indem das Selbst dieses Räsonierens sich seinen Inhalten gegenüber völlig frei dünkt und deshalb als Diskurs der »Eitelkeit« (56) dechiffriert wird,[14] verkennt es notwendig den »immanenten Rhythmus der Begriffe« (56), in den es »willkürlich« einfällt. So begibt es sich der Möglichkeit, jene »Bewegung zu betrachten« (56), die diesem seinem Selbst vorausliegt und es allererst trägt. Damit radikalisiert die frühromantische Reflexion das zentrale Motiv Fichtes. Ihn charakterisiert Hegel nun *(drittens)* als denjenigen, der die »Reflexion in das leere Ich, die Eitelkeit seines Wissens« (56) zum Ort und Medium von Wissenschaft proklamiert, um mit dem den Anfang machen zu können, dem sinnvoll allenfalls Resultatcharakter zuzuschreiben wäre: selbstbezügliche Subjektivität. »Dadurch, daß diese Reflexion ihre Negativität selbst nicht zum Inhalte gewinnt, ist sie überhaupt nicht in der Sache, sondern immer darüber hinaus; sie bildet sich deswegen ein, mit der Behauptung der Leere immer weiter zu sein als eine inhaltsreiche Einsicht« (57). Polemisch herunter gespielter Adressat der Kritik Hegels aber ist *viertens* auch jene Diskursform, die er als vorbegrifflich verfahrende nicht einmal unter dem Titel »Wissenschaft« figurieren läßt – die Theorieform Schellings nämlich, die aus dem »Schreine des inneren göttlichen Anschau-

ens« (55) sich legitimieren zu können glaubt und so zur kontingenten Fähigkeit philosophischer »Sonntagskinder«[15] verkommt.
  Gegen diese vier Fehlformen im »Studium der Wissenschaften« (56) vom Menschen, denen der Begriff mit unmittelbar hypostasierter bzw. allgöttlich gegebener (Fichte, Schlegel, Schelling) oder empirisch »hererzählter« (Kant) Subjektivität gemeinsam ist, optiert Hegel für ein »begreifendes Denken« (56 u. 57), das »sich des eigenen Einfallens in den immanenten Rhythmus der Begriffe« (56) methodisch enthält. Ausdrücklich also versteht sich der von Hegel intendierte Reflexionsduktus als einer, der reflektierende oder intellektuell anschauende Subjektivität zugunsten des »immanenten Rhythmus der (transsubjektiven, J.H.) Begriffe« dezentriert.
  Phänomenologisch angezeigt und nicht etwa wissenschaftlich entfaltet wird die Gültigkeit von Hegels These, daß das Sein das Denken ist, im Nachweis der transsubjektiven Gültigkeit der Dialektik des Satzes. Wie später Schellings Ausführung über Identität und Copula[16] argumentiert auch Hegels beginnende Darstellung der Dialektik des Satzes in eindeutiger Absetzung von Spinozas Substanz-Akzidens-Theorie: »Indem der Begriff das eigene Selbst des Gegenstandes ist, das sich als *sein Werden* darstellt, ist es nicht ein ruhendes Subjekt, das unbewegt die Akzidenzen trägt, sondern der sich bewegende und seine Bestimmungen in sich zurücknehmende Begriff« (57). Die von Hegel selbst so charakterisierte »merkwürdige Natur« (57) eines »begreifenden Denkens«, das sich, da werdendes Resultat seines Gegenstandes, als dessen »eigenes Selbst« und somit als dessen Wahrheit begreift, verdankt sich der ihr innewohnenden Verkehrung der traditionellen Unterscheidung von Subjekt und Prädikat als antecedens und consequens. Wenn nämlich im Übergang vom Subjekt zum Prädikat, der den Satz konstituiert, das vermeintlich »ruhende« (57), Akzidenzen tragende Subjekt ins »Schwanken« gerät, so deshalb, weil es sein »Selbst« einzig im Prädikat hat. In diesem wird nämlich allererst die »Zerstreutheit des Inhalts« (58), der dem Subjekt zukommt, derart »gebunden«, daß das schwankende, sich autonom vermeinende Subjekt zugrunde geht, sofern er das Prädikat als seinen »Grund« anerkennen muß. Ins Schwanken geraten und vom Zugrundegehen bedroht, weil es die »Zerstreutheit (seines) Inhalts« (das Subjekt ist a, b, c ...) autonom nicht zu der Einheit, die es zu sein vorgibt, zu binden weiß, geht

das Subjekt in seinen Grund, das Prädikat, zurück. Indem das Prädikat benennt, was die Substantialität des Subjekts allererst ausmacht, wird es zur »Substanz selbst« (58). Umgekehrt sieht das Subjekt sein Selbst in seinen prädikativen Grund verlegt. Und allein um den Preis seiner Dezentrierung vermag es sich vor der Bedrohung irreversiblen Zugrundegehens zu bewahren. Denn als Prädizierendes und »Substanz selbst« übergreift und subvertiert das Prädikat das Subjekt, um es, das noch Integral des Satzes schien, zum Moment seiner zu depotenzieren.

So kann das Subjekt nicht länger als »das *gegenständliche* fixe Selbst« (58) gelten, zu dem eine geradezu alltäglich gewordene philosophische Denktradition es verdinglichte. Und umgekehrt fungiert das Prädikat nicht länger als unabhängige Prädikation von etwas ihm unverfügbar Vorauf- und Vorangehendem (antecedens). Zur »ganzen und selbständigen Masse geworden« (58) oder – präziser – angesichts der grammatologischen Destruktion des substanzialistischen Geltungsanspruchs des Subjekts seiner übergreifenden Macht[17] inne werdend, ist das Prädikat die Totalität des Satzes geworden, dessen dependierendes Moment es zu sein schien. Dennoch ist die Differenz von Subjekt und Prädikat nicht schlicht »vernichtet« (59); vielmehr »soll« – so Hegels aufregende und elegante, konkurrierende Subjektivitätstheorie überwindende These – »auch im philosophischen Satz die Identität des Subjekts und Prädikats den Unterschied derselben, den die Form des Satzes ausdrückt, nicht vernichten, sondern ihre Einheit (soll) als eine Harmonie hervorgehen« (59). Das aus der transsubjektiven Dialektik des Satzes Hervorgegangene, Resultierende und von ihm produzierte aber ist kein anderes als »das wissende Ich« (58). Es tritt nunmehr an die Stelle »jenes« von der Problematik bewußter Subjektivität unabhängig thematisierten grammatischen Subjekts, sofern es »das Verknüpfen der Prädikate und das sie haltende Subjekt« (58), also das Ganze des destruierten Satzes ist.

So liest Hegel die Homophonie des grammatischen und des bewußten Subjekts als Indiz einer ursprünglichen Verschränkung zwischen allgemeiner Grammatologie und individuierter Subjektivität. Um zeigen zu können, daß diese Homophonie eben nicht nur ein scheinhafter Gleichklang ist, der zu rhetorischer Erschleichung (ver-)führt, bedarf es eines zusätzlichen Arguments. Es lautet:

Dieser terminologischen Äquivokation des logisch-grammatischen und des bewußtseinstheoretischen Subjektbegriffs entspricht die Selbst-»Übersetzung« einer transsubjektiven Struktur in eine subjektive. Diese Annahme ist für Hegels Denken paradigmatisch. Es schließt nämlich regelmäßig von den Inkonsistenzen der übergeordneten Struktur auf die Möglichkeitsbedingungen der nachgeordneten und verhält so beider Selbstverständnis zur Umkehrung.

Den *Mangel* am substantialistisch gedachten Satz-Subjekt, der sich in seinem prädikativen Zugrundegehen erweist, versteht Hegel *als* diejenige *Produktivität,* die Subjektivität freisetzt.[18] Wenn der Satz, dessen Struktur intersubjektive Verbindlichkeit heischt und herstellt, sich deshalb den »eitlen« Intentionen vereinzelter Subjektivität überlegen zeigt und gleichwohl an sich selbst seine Destruktionslogik erfahren muß, so supplementiert er »an die Stelle« seines Mangels, »an die Stelle jenes (grammatischen J. H.) Subjekts das wissende Ich« (58). So wird dieses »das Verknüpfen der Prädikate und das sie haltende Subjekt« (58), so wird aus einer vermeintlichen Substanz eine Funktion, so wird aus dem Subjekt des Ausgesagten das Subjekt des Aussagens.

Weil sie das Verknüpfungsprinzip der Prädikate und also das sub-jectum ist, an dem jene sich »halten« und auf dem sie gründen, kommt der Subjektivität ein paradoxer Titel zu: gewordene Totalität zu sein. Dem »Selbst seines Inhalts« (59) gegenüber aber ist ein derart verstandenes »wissendes Ich« – anders als die drei kritisierten postkantischen Varianten seines Verständnisses es wollen – nicht unabhängig. Vielmehr trägt »das zweite Subjekt« als »Resultierendes« die Male seiner Entstehungsgeschichte, die zugleich die Geschichte der Destruktion und des dé-placements seines Anderen, des »ersten Subjekts«, ist, an sich. »Indem aber jenes erste Subjekt in die Bestimmungen selbst eingeht und ihre Seele ist, findet das zweite Subjekt, nämlich das wissende, jenes, mit dem es schon fertig sein und worüber hinaus es in sich zurückgehen will, noch im Prädikate vor, und statt in dem Bewegen des Prädikats das Tuende – als Räsonieren, ob jenem dies oder jenes Prädikat überlegen wäre – sein zu können, hat es vielmehr mit dem Selbst des Inhalts noch zu tun, soll nicht für sich, sondern mit diesem zusammen sein« (58 sq.).

Wenn Subjektivität demnach ihre Genese dem *Mangel ihres Anderen*, dem Mangel nämlich der ihr uneinholbar vorausliegenden

Symbolordnung verdankt, so bleibt sie der Negativität dieses in jeder Weise großen Anderen (Lacan) verpflichtet. Diese Verpflichtung des wissenden Ich auf die Destruktionslogik seiner Genese bezeichnet Hegel als »*logische Notwendigkeit*« (55). Und allein in ihrem Namen kann er für seine Rekonstruktion der Pathogenese von Subjektivität Verbindlichkeit verlangen. Ihre Formbestimmung aber erhält diese »logische Notwendigkeit« durch »das einheimische (von seinem teleologischen Resultat: Subjektivität absehenden, J. H.) Werden des konkreten Inhalts selbst« (55), der, wenn überhaupt, einzig durch das »listige« (53) Verhalten von Subjektivität zu *ihrem* Inhalt wird.

»List« ist Hegels kryptischer Titel fürs Erfolgsprinzip bürgerlichen Denkens: bescheiden auf hypostasierte Sachnotwendigkeiten Rücksicht zu nehmen, um sich dann umso entschiedener zum Herrn der berücksichtigten Sache machen zu können. List also beweist Subjektivität, wenn sie sich dem Inhalt, dem Gegenstand ihrer Intentionen gegenüber nicht willkürlich verhält. Weil das wissende Ich sich selbst will,[19] muß es sein Anderes in der Weise wollen, daß es auf dessen Selbstabschaffung, die seine Produktivität ist, vertraut. Und weil es die Möglichkeitsbedingungen seiner Genese nur affirmieren kann, läßt es sein Anderes gewähren, um »zuzusehen«, wie dieses vermeintlich Ganze sich »zum Momente des Ganzen« verkehrt. »Indem das Wissen den Inhalt in seine eigene Innerlichkeit zurückgehen sieht, ist seine Tätigkeit vielmehr sowohl versenkt in ihn, denn sie ist das immanente Selbst des Inhalts, als zugleich in sich zurückgekehrt, denn sie ist die reine Sichselbstgleichheit im Anderssein; so ist sie die List, die, der Tätigkeit sich zu enthalten scheinend, zusieht, wie die Bestimmtheit und ihr konkretes Leben darin eben, daß es seine Selbsterhaltung und besonderes Interesse zu treiben vermeint, das Verkehrte, sich selbst auflösendes und zum Momente des Ganzen machendes Tun ist« (53 sq.).

Da »die Natur des Seienden« (53) es zuläßt, daß das Resultat der transsubjektiven Dialektik des Satzes, nämlich Subjektivität, seine Entstehungsgeschichte übergreift, macht diese jene zum »Momente des Ganzen«, das sie derweil geworden ist. Präziser: läßt dieser schiere Effekt sein Anderes qua Verzicht auf »Willkür« sich zum Moment seiner selbst machen. So übergreift das Hervorgebrachte das ihm Vorausgehende, das antecedens, um die Überlegenheit seines bloß consequierenden Resultatcharakters zu erfahren:[20] das Tun des Einen ist das Tun des Anderen; das »grammatische Subjekt« wird zum bewußten und also zum anderen seiner selbst; und das Verhältnis beider bestimmt sich als das einer Identität von Identität und Differenz.

Hegel hat damit keine neue Kritik der reinen Vernunft, er hat Grundzüge einer Kritik der durch und durch unreinen Vernunft entworfen. Unrein darf, nein muß sie heißen, weil sie (wie heute Luhmanns verblüffend dialektische Systemtheorie) ausschließlich an Differenzen und an Grenzgängen oder Über-setzungen zwischen Differenzen interessiert ist: an den Differenzen zwischen Grammatologie und Bewußtsein, zwischen Grund und Begründetem, zwischen Subjekt des Ausgesagten und des Aussagens. Eigentümlich verflüchtigt hat sich hingegen die philosophiegeschichtlich traditionsreiche Differenz zwischen »Sein und Denken«, die doch den Ausgangspunkt der Dialektik des Satzes markierte. Hegel hat, auch darin der Unreinheit von Vernunft verpflichtet, Sein ausschließlich als thematisiertes Sein thematisiert. Ein substanzlogisch begriffenes »grammatisches« Subjekt sollte semiologisch auffangen, was in der ursprünglichen Frage nach dem Verhältnis von Denken und Sein zumindest *auch* ontologisch zu analysieren aufgegeben war. Hegel hat offenbar eine stillschweigende Voraussetzung gemacht, der sich die Eleganz noch oder gerade der unreinen Vernunft verdankt: daß es kein prädiskursives Sein gibt und Ontosemiologie deshalb die Wahrheit über scheiternde Ontologie ist.

Es war Schelling, der Hegels Übersetzung von Ontologie in Semiologie wohl zuerst vermerkte. Hegels konsequenzenreiche Dekonstruktion von Grundannahmen der traditionellen Logik hat Schelling sichtlich irritiert. Nach der Lektüre der *Phänomenologie des Geistes*[21] gilt deshalb sein vorrangiges Interesse einer Rehabilitierung der von Hegel verabschiedeten Priorität des Seins vor dem Denken,[22] der »Übermacht des Seyns über den Menschen«,[23] dem Nachweis, »das Reale sei natura prius, das Ideale posterius«.[24] Schellings Äußerungen aus der Zeit der *Freiheits*-Schrift betreiben durchgängig eine Umdeutung der eigenen Frühschriften, die in dem Interpretament ihr Ziel findet, der intellektuellen Anschauung sei die Abwertung des Begriffs zugunsten des Seins immanent; sie verhalte sich zu ihm ebenso mimetisch wie die Dialektik des Satzes zur übergreifenden Struktur des Denkens bewußter Subjektivität. Hegel waren Schellings Versuche einer

Abwertung der Leistung des Begriffs »mit Grund besonders verhaßt. Sie verrieten, worum es ihm am meisten ging, den Traum von der Wahrheit der Sache selbst, an eine intellektuelle Anschauung, die nicht über dem Begriff ist, sondern unter ihm, und die gerade, indem sie dessen Objektivität usurpiert, in die Subjektivität bloßen Meinens zurückschlägt. Kaum gegen irgend etwas ist der philosophische Gedanke empfindlicher als gegen das ihm Nächste, das ihn kompromittiert, indem es die Differenz ums Ganze in der unmerklichen Nuance versteckt«.[25]

Undurchschautes Motiv von Schellings beginnender Polemik gegen die Ansprüche »negativer Philosophie« dürfte die zunehmende bürgerliche Zurichtung des Seins durch »listige« (Inter-)Subjektivät sein. Angesichts des »völligen Todtschlags der Natur«,[26] als dessen Agenten er symptomatischer Weise Fichte selbst und nicht den Prozeß, den die *Wissenschaftslehre* auf den formalen Begriff bringt, namhaft macht, artikuliert Schellings Philosophie den »Hunger nach dem Seyn«,[27] das durch instrumentuelles Denken zum bearbeitbaren Gegenstand depotenziert wird. Eben weil Schelling Hegels Rekonstruktion der Genesis der Einheit von Denken und Sein, die Denken als »machthabende« Identität seiner mit seiner Differenz, Sein, ausweist, nicht nachvollzieht, blieb ihm ein geschichtsphilosophisch symptomatisierendes Selbstverständnis seines Denkens versagt. Anders als Hegel vermag er deshalb nicht, seine Philosophie als seine Zeit, in Gedanken gefaßt, zu verstehen, weil die Einheit von »Logik« und Realphilosophie, die etwa die *Rechtsphilosophie* auf Argumente der *Wissenschaft der Logik* et vice versa zu beziehen erlaubt, nur auf dem Hintergrund der Entfaltung von Parmenides' These plausibel sein kann.

Dieser aber und militanter noch ihrer hegelschen Umschrift gilt die Kritik einer Textsequenz aus der *Freiheits*-Schrift (pp. 341-343), die Heidegger als »eine wesentliche Grundlage für die ganze Abhandlung«[28] begreift. In ihr versucht Schelling sich am philosophischen Kunststück, angesichts der implizit anerkannten Stringenz von Hegels Dementi des tradierten Identitätsdenkens doch der ontosemiologischen Entfaltung des parmenideischen Satzes zu widersprechen. So konzediert dieser Text einen Minimalkonsens mit Hegel, wenn er davon ausgeht, daß »die Identität des Subjekts mit dem Prädikat« (341) weder deren »Einerleiheit« noch einen »unvermittelten Zusammenhang dieser beiden« behaupte. Denn offensichtlich meinen ›Körper‹ und ›blau‹ ebensowenig einerlei wie ihr Zusammenhang schon aufgrund alternativer Synthesen – die von ›Körper‹ mit ›rund‹, ›salzig‹, ›grün‹ u. a. wäre vorgängig gleichermaßen plausibel – kein unmittelbarer und zumal kein analytischer zu sein beanspruchen kann. Gegen Hegel aber argumentiert Schelling, wenn er nicht auf den satzkonstitutiven Übergang vom Subjekt zum Prädikat, sondern auf den »Sinn der Copula im Urtheil« (341) abhebt.

Diese Copula wohnt auch Sätzen, die aufs Hilfsverb »sein« verzichten, als Existenzpräsupposition inne. Und sie versteht Schelling als jene widerspruchsfreie Identität, die die differierenden Bestimmungen von Subjekt und Prädikat allererst trägt. So indiziert die Copula ihm gleichsam die – sich aus der Selbstreferentialität von Subjektivität zurückhaltende – Präsenz des »außer und über allem Gegensatz Liegenden« (416) im Geschehen des Gegensätzlichen. »Hinter allem Leben« hypostasiert Schellings auffällig topographisches Sprachspiel »gleichsam als beständigen Hintergrund das Widerspruchslose«.[29] Diese Lektüre erlaubt, Sein als ultrareales Prädikat zu rehabilitieren:[30] mit der »alten tiefsinnigen Logik« (342), die Hegel – noch tiefsinniger als diese – zu dekonstruieren versuchte, behauptet Schelling, das Subjekt sei ein sich durchhaltendes und demnach nicht in seinem Grund, dem Prädikat, zugrundegehendes antecedens. Als Voraufgehendes ist das Subjekt, mit dem die Copula sich untergründig solidarisiert, irreduzible »Seinsmöglichkeit«[31] und Grund des Prädikats, das nur auf seinem schlechthin Anderen zu stehen kommt und bestehen kann.

Indem Schelling aber »dieses vor dem Erkennen vermuthete Seyn« (385) um seine mögliche Attraktivität – Intentionslosigkeit – bringt, sondern vielmehr zur Rehabilitierung der Unterscheidung von antecedens und consequens (342) einsetzt, haftet der Einsicht, die ihn von Hegel absetzen sollte, das Odium des Harmlosen an. In einem *Weltalter*-Fragment kommt die tendenzielle Banalität des nicht zufällig »cum emphasi«[32] artikulierten »Es *ist*«-Arguments zum Ausdruck: »A ist B heißt: A ist Subjekt von B. Darin liegt zweierlei: 1) A ist für sich etwas, auch ohne B, es könnte also auch etwas anderes seyn als B; nur sofern es auch eines Seyns für sich, und also auch des nicht = B seyns, fähig ist, sagen wir cum emphasi: es ist B. Z. B. diese Pflanze macht sich mir sichtbar oder fühlbar am Ende nur dadurch, daß sie Materie ist, denn ohne Materie gibt es weder Farbe noch Geruch noch etwas Palpables«.³³ »In der letzten Instanz« (342) – eine Formel, die Engels später Schelling entlehnen und positivistisch überstrapazieren sollte – erweist sich die existential stets präsupponierte Copula als Indiz der Irreduzibilität von Sein auf Reflexion. Angesichts der systematischen wie geschichtsphilosophischen Brisanz der hegelschen Gegenführung zur traditionellen Privilegierung ontologisch vermeinter Invarianz scheint sich Schellings Überlegung als philosophischer Anachronismus³⁴ zu richten, der seine Motivation aus »lebensweltlichem Bedarf«³⁵ in Formeln wie der vom »völligen Todtschlag der Natur« auch kaum verrätselt.

Betreibt Schellings »cum emphasi« artikuliertes *Weltalter*-Fragment durch die Annäherung der Titel »Sein«, »Natur« und »Materie« gleichsam eine karikierende Selbstinterpretation seiner authentischen Einsicht, so vermeidet er in der *Freiheits*-Schrift die Dilemmata purer Seins-Emphase – freilich um den Preis, Hegels Argumentationsgang auch terminologisch weitgehende Gültigkeit zu konzedieren. Wenn auch unumstrittener Weise vereinzeltes Seiendes (= a, b, c ...) nicht mit der unendlichen Substanz (= A) in Eins fällt, sondern nur als Moment ihrer unendlichen Folge fungieren kann, so gilt für Schelling dennoch ein privilegiertes Moment dieser Folge, »der erzeugte Gedanke« (347), als »unabhängige«, von ihrem Grund nicht dependierende, »Macht« (347). Hegels radikale Konsequenz – die Konzeption vom Übergreifen des Produkts auf seine Produktion – mildernd, versagt Schellings Überlegung aber dem Prädizierenden, dem »zweiten Subjekt«, die listige Erfahrung seiner Macht im Zerfall der Geltungsansprüche des ersten Subjekts, indem er umgekehrt die mit der Copula angezeigte Größe zu Konzessionen nötigt. Das vermeintlich hintergründig Widerspruchslose besinnt sich gleichsam seiner ambivalenten Semantik und unterscheidet sich an sich selbst in ein schlechthin Identisches und ein »deriviertes Absolutes«. Angesichts der von ihm »unabhängigen Macht« des »erzeugten Gedankens« differenziert sich »die Bedingung«, die der Mensch »nie in seine Gewalt (bekommt)« (399), in ein Unverfügbares (Ab-solutes) und jene »derivierte Absolutheit« (347), deren »Göttlichkeit« Schelling eindeutig der »Natur« zuspricht.

Sie mag, so legt der Text nahe, der sich an diesem hegelschen Thema merkwürdig uninteressiert zeigt, vom Denken übergriffen werden, nicht aber »Seyn« selbst. Denn dieses ist unverfügbar und unumkehrbare Bedingung des der Subjektivität wesenhaften Denkens – »dieses vor dem Erkennen vermuthete Seyn ist aber kein Seyn, wenn es gleich kein Erkennen ist; es ist reales Selbstsetzen, es ist ein Ur- und Grundwollen, das sich zu etwas macht und der Grund und die Basis aller Wesenheit ist« (385).[36] Weil Schelling – alternativ zu Hegel – die Copula als Wink der »unergreiflichen Basis der Realität, de(s) nie aufgehende(n) Rest(s), (dessen), was sich mit der größten Anstrengung nicht im Verstand auflösen läßt, sondern ewig im Grunde bleibt« (360), deutet und sie so außerhalb jeder Dialektik des Satzes fallen läßt, erklärt er »Seyn« implizit für theorieunfähig. Im Selbstvollzug des Anderen von »Seyn« kann dieses nicht übergriffen werden, weil es sich dem Übergreifenden selbst entzieht, sofern es noch dessen uneinholbare Grundlage ist. Damit aber bringt Schelling sein systematisch-theoretisches Selbstverständnis in eine später auch eingestandene Krise. Wenn sich im Vollzug des Denkens, das Selbstreferentialität, definiens von Subjektivität, allererst ermöglicht, dessen Grund entzieht, dann ist Systemphilosophie gescheitert, weil sie nur in der Weise der Verkennung ihres Grundes sein kann. An dieser Aporie – nicht an der abgeleiteten von Freiheit und Notwendigkeit – geht Schellings Intention, Hegel verbindlich zu opponieren, zugrunde.[37] Denn dieser kennt kein »Jenseits«[38] des Satzes und der Aussage. Vielmehr vertraut er die sich stets neu entziehende Präsenz und die Beherrschung der umgreifenden Struktur von Sein und Denken einem ihrer Momente, dem Prädikat oder dem Prädizierenden an.

Während Schellings suggestive und für einen philosophiegeschichtlichen »Bruch«[39] sorgende Überlegung, der Vollzug von »Selbstheit« (389) sei nur als Entzug ihres be-gründenden Anderen möglich, seine Versicherung zurücknimmt, er wolle sich nicht »durch Abschwörung der Vernunft aus dem Handel ziehn« (338), hat Hegel das Wahrheitsmoment dieser Einsicht mit dem Nachweis der Unhintergehbarkeit von (transsubjektiver) Vernunft zu vermitteln gesucht. Unhintergehbar darf sie heißen, eben weil sie seiende Vernunft oder Vernunft des Seins ist, das Denken ist. Der skandalverdächtige und skandalträchtige Satz aus der Vorrede der *Rechtsphilosophie*

Was vernünftig ist, das ist wirklich;
und was wirklich ist, das ist vernünftig,

hat allein deshalb Geltung, weil auch Sein selbst, wie alles, was ihm zugehört, gleichsam unter Relationszwang steht und also so schlechthin widerspruchslos und unerreichbar hintergründig nicht ist, wie Schelling will.

Metakritisch und esoterisch anwortet denn auch der Beginn der hegelschen *Logik* auf Schellings Kritik an der Dialektik des Satzes – ihr erster systematischer Satz ist keiner: »*Sein, reines Sein, – ohne alle weitere Bestimmung*«.[40] Der Mangel des Verbs, mit dem die *Logik* ihren voraussetzungslosen Anfang macht, ist eine hintergründig hommage à Schelling, der die Copula zum Jenseits der Dialektik von Subjekt und Prädikat erklärte. Hintergründig[41] ist dieser Bezug, weil er mit Schelling gegen Schelling vorgeht. Wohl ist »Seyn« die Voraussetzung von Denken und Sprache, aber so, daß Denken und Sprache es sich vorausgesetzt haben. Und das ist allein deshalb möglich, weil auch Sein immer schon in das andere seiner selbst übergegangen ist: in »Denken«. Solcher Relationszwang ist bedeutsam, und bedeutsam ist Sein, weil es als Zeit verfaßt ist und also unausgesetzt relationiert wird. »Zeit (aber) ist der Begriff selbst.« Wenn nämlich gezeigt werden kann, daß das Wesen die Wahrheit des Seins ist, weil Unmittelbarkeit unumkehrbar als Resultat der Selbstbewegung von Mittelbarkeit gedacht werden kann,[42] so ist noch das vermeintlich der »Selbstheit« von Denken sich Entziehende als dessen Moment oder Resultat ausgewiesen. Schellings langes Schweigen nach der Publikation der »Freiheits«-Schrift ist selbst bedeutsam: er unterstreicht still die Gültigkeit des Diktums, bei Option für Vernunft sei nach Hegel nur eines schwieriger als Hegelianer zu sein: keiner zu sein.

III

Im Lichte reiner Vernunftkritik und analytischer Philosophie muß Hegels Dialektik des Satzes als abschreckendes Musterbeispiel übelster Kategorienfehler[43] erscheinen. Beruht sie doch nicht nur auf systematischer Inanspruchnahme der leicht aufzuklärenden Doppeldeutigkeit im Subjektbegriff, sondern auch auf dem schnellen Wechsel der Themen, Methoden und Disziplinen. Was mit der Behauptung, Denken und Sein seien eines, als spekulative Anknüpfung an Traditionen des vorsokratischen Tiefsinns begann, wurde schnell in eine Untersuchung der Grundstruktur des Aussagesatzes überführt. Der Analyse des Ausgesagten folgte, ohne daß dieser Einschnitt ausdrücklich benannt wurde, die des aussagenden Subjekts, das mit dem vorangehenden Thema des grammatischen Subjekts vorerst nur den Namen gemein zu haben scheint. Seinen Horizont fand dieser schnelle Wechsel selbst der grundlegenden thematischen Bezüge schließlich in einer wiederum hochspekulativen Tiefsinnigkeit, in der Vermutung nämlich, das Phänomen der Bedeutsamkeit überhaupt (der Verschränkung von »Sein und Denken«) danke sich dem der Zeitlichkeit. Ferment schon der *Vorrede* ist die Schlußwendung der *Phänomenologie des Geistes:* »Die *Zeit* ist der *Begriff* selbst, der *da* ist«.[44] So wurde aus Philosophiegeschichte Spekulation, aus Spekulation Sprachanalyse, aus Sprachanalyse Bewußtseins- und Subjektivitätstheorie, aus Subjektivitätstheorie Philosophie der Zeitlichkeit und aus Philosophie der Zeitlichkeit Ontosemiologie: die These, daß die Verschränkung von Sein und Zeit Bedeutsamkeit allererst entspringen lasse.

Theorien, die so verfahren, haben in den Wissenschaften einen heiklen Ruf. Keine zweite Philosophie ist denn auch so entschieden kritisiert, ja denunziert worden wie die Hegels: »die größte Frechheit im Auftischen baren Unsinns, im Zusammenschmieren sinnleerer, rasender Wortgeflechte, wie man sie bis dahin nur in Tollhäusern vernommen hatte«, so bekanntlich Schopenhauer über seinen Berliner Kollegen und ähnlich seitdem alle, die ans Paradigma reiner Vernunft glauben. Daß Vernunft und ihr privilegierter Schauplatz, Subjektivität, durch und durch unrein sind, weil sie sich einer Pathogenese verdanken – diese heute wohl vom Neostrukturalismus am entschiedensten vertretene These ist nach Hegel, Nietzsche, Freud, Bataille und Adorno kaum mehr neu zu nennen; sie ruft aber trotz oder wegen ihrer realphilosophischen Plausibilität nach wie vor die Wut derer hervor, die darin ihren irrationalen Glauben in die Kraft von Rationalität gekränkt sehen.

Dabei ist es gerade analytisch produktiv, in hegelscher und neostrukturalistischer Perspektive vom Phänomen gedoppelter Subjektivität auszugehen: sie zugleich als Element einer ihr in jeder Weise vorausgehenden Struktur und als in jedem Wortsinn selbstbewußter und ereignishafter Schauplatz eben dieser Struktur zu begreifen. Jede komplexere Theorie macht mit solchen Phänomenen der Zugehörigkeit zu doppelten (oder mehrfachen)

Registern den Anfang: mit dem Problem, daß/ob Subjekte Bewußtsein/Selbstbewußtsein sind und/oder haben; daß sie Körper sind und/oder haben; daß man Geschwister nur sein kann, wenn man welche hat; daß man Subjekt des Aussagens nur sein kann, wenn man zuvor auch das des Ausgesagten war; daß man nur als Begehrter Begehrender und als Erwarteter Erwartender sein kann etc. Und jede komplexere Theorie weiß, daß noch solche schematischen Problemformulierungen geradezu abenteuerlich vereinfachen, weil sie die doppelte Zugehörigkeit doppelter Zugehörigkeit zu unterschiedlichen Registern unterschlagen. Daß z. B. der von A begehrte B ein C begehrender ist, betrifft die Register und Dispositive des Begehrens, der Rede, des Bewußtseins, der Intersubjektivität, möglicherweise auch die der Erziehung, der Verwaltung, der Therapieinstitution etc.

Als Effekt solcher vielfachen Zugehörigkeit und ihrer Differenzen findet Subjektivität ihren oszillierenden Platz, nicht aber als deren Apriori und Konstitutionsprinzip. Die Selbstreferenz, die Subjektivität ausmacht, kommt systematisch zu spät: sie ist Resultat der Selbstreferenzen, die Systeme und Strukturen über Differenzen zueinander ausbilden, und deren – mit Hegel zu sprechen – »immanenter Rhythmus« bildet sich der Selbstbezüglichkeit von Subjektivität ein. Dies sorgt dafür, daß subjektive Selbstbezüglichkeit niemals tautologisch sein kann, sondern stets auch und immer zuvor schon als Fremdreferenz verfährt. Hohen indikatorischen Wert hat in diesem Zusammenhang die begriffsgeschichtliche Feststellung, daß »Subjektivität« als Ausgleich für den aufklärungsbedingten Gewißheitsverfall theologischer Fremdreferenz konzipiert wurde. Diesen Prozeß hat Niklas Luhmann eindringlich beschrieben:

»Nach der hochriskanten Ablehnung aller religiösen oder metaphysisch-kosmischen Instituierung von Erkenntnis konnte man nicht sogleich den nächsten Schritt tun und jeden Gedanken an eine letztgewisse Außenfundierung fahren lassen. Man kam diesen Schritt so weit wie möglich entgegen und verlegte das, was die Funktion einer Außenfundierung hatte, in das Bewußtsein. Dazu mußte Bewußtsein als ein über Empirizitäten hinausgehender »transzendentaler« Sachverhalt, als »Subjekt« der Welt begriffen werden. So konnte die Selbstreferenz des Bewußtseins, Subjekt genannt, als Quelle der Erkenntnis und als Quelle der Erkenntnis der Bedingungen der Erkenntnis zugleich in Anspruch genommen werden. Eine im Erkenntnisprozeß nicht mehr disponible Ebene kontrollierbarer Bedingungen war denkbar gemacht, und zugleich war jedem, der an Erkenntnis teilnehmen wollte, zugemutet, sie in sich selbst als unumstößliche Gewißheit zu erfahren. – Ein geniales, höchst erfolgreiches, merkwürdiges Kompromiß zwischen Zugeständnis und Ablehnung von Selbstreferenz. Ein Apriori in Begründungsfunktion, als ob nicht schon das ein Widerspruch in sich selbst wäre. Die Überlieferung hat diesen Gedanken bewahrt, ausgebeutet und wiederholt revitalisiert. Er ist in der Tat, wenn man das Problem ernst nimmt, das er sich stellt, nicht zu überbieten. Aber der Plausibilitätsentzug schreitet unaufhaltsam fort. Man findet heute wohl kaum noch jemanden, der authentisch so denkt. Wer transzendentales Denken vertritt – und man kann das natürlich, wenn man Bücher schreibt oder Kongreßreferate hält –, begründet dies historisch mit Theoriewissen: mit Kant«.[45]

Hochgradig unplausibel ist das Konzept begründender Subjektivität in der Tat – nicht aber das begründeter Subjektivität. Hegel ist der erste gewesen, der es in Absetzung vom Transzendentalismus entwickelt hat. Seine Theorie nimmt den Vorwurf methodischer Kategorienfehler in Kauf, weil sie Gründe zu der Vermutung hat, Subjektivität sei Effekt von Struktur- und Systemdifferenzen und also ein Produkt von »Kategorienfehlern«, ja sei selbst ein Kategorienfehler. Sie ist ein Resultat der Krise transsubjektiver Strukturen (etwa der Struktur von Sprache und Kommunikation), ein Produkt pathogenetischer Systembildungsprozesse (der Autopoiesis moderner Gesellschaftsformen), ein Überschußphänomen (weil Strukturen und Systeme im Interesse ihrer Kontinuierung Redundanzen ausbilden müssen), ein Ab-fall in jedem Wortsinn: »Ohne ›noise‹ kein System«.[46] »Soziale Systeme entstehen auf Grund der Geräusche, die psychische Systeme erzeugen bei ihren Versuchen zu kommunizieren«.[47]

Moderne Gesellschaften nobilitieren in Zeiten der Prosperität die Geräusche, denen sie ihre Genese verdanken, indem sie ihnen nicht verwehren, sich als Subjekt zu (v)erkennen. Diese Subjekte sind Ab-fälle. Aber wissen nicht zumindest Kinder und Künstler, daß Abfall interessanter, lustvoller und beständiger sein kann als jede Reinheit?

Anmerkungen

1 G. Deleuze/F. Guattari: *Anti-Ödipus – Kapitalismus und Schizophrenie*, Frankfurt/M. 1974, S. 29.
2 Kant: *Kritik der reinen Vernunft*, B 132.
3 Goethe: *Wilhelm Meisters Lehrjahre;* in: Hamburger Ausgabe Bd. 7. München 1981 (10.), S. 603.
4 Ibid, S. 604.
5 Cf. dazu J. Hörisch: *Die Tugend und der Weltlauf in Lessings bürgerlichen Trauerspielen;* in: *Euphorion* 74/1980, S. 186-197.
6 Die letzte Monographie darüber hat G. Wohlfahrt vorgelegt: *Der spekulative Satz – Bemerkungen zum Begriff der Spekulation bei Hegel*, Berlin/New York 1981.
7 Lacans und Derridas häufige Verweise auf und Anmerkungen zu Hegel machen aus dieser Affinität kein Geheimnis.
8 Paris 1947.
9 Cf. KdrV, B 627.
10 Zitate aus der *Phänomenologie des Geistes* (Seitenangaben in Klammern) referieren auf die Edition von Michel/Moldenhauer (Werke in 20 Bdn, Bd. 3), Frankfurt/M. 1970.
11 Cf. Aristoteles: *Texte zur Logik,* ed. R. Beer, Reinbek 1967, S. 15 (Satz 6).
12 Hegel: *Vorlesungen über die Geschichte der Philosophie*, WW, l.c., Bd. 20, S. 337.
13 Ibid., S. 339.
14 Cf. ibid, S. 416 und J. Hörisch: *Die fröhliche Wissenschaft der Poesie*, Frankfurt/M. 1976, Kap. 4.
15 Hegel: *Vorlesung*, l.c., S. 428.
16 Schellings späte Kritik negativer Philosophie irrt sich, insofern sie sich als eine an Subjektivitätsphilosophie versteht, im Adressaten: Hegel hat individuierte Subjektivität nie derart systematisch überfordert, daß Schellings Kritik sie konstitutiv träfe.
17 Cf. die Formel vom »machthabenden Begriff« aus der *Wissenschaft der Logik* (WW, l.c., Bd. 6, S. 420 ff.) und M. Theunissen: *Krise der Macht – Thesen zur Theorie des dialektischen Widerspruchs;* in: *Hegel-Jahrbuch* 1975, S. 318-329; ders.: *Begriff und Realität – Hegels Aufhebung des metaphysischen Wahrheitsbegriffs;* in: *Denken im Schatten des Nihilismus – Festschrift für W. Weischedel*, Darmstadt 1975, S. 192.
18 Hegel dürfte das Theorem, das Mangel als Produktivität zu denken erlaubt, Hölderlin verdanken, der »Gottes Fehl« als »Hilfe« und das Nicht-Vermögen der Himmlischen als Selbsterfahrungsmöglichkeit der Sterblichen deutet.
19 Cf. den § 27 der *Rechtsphilosophie,* der diese Struktur als »freien Wil-

len, der den freien Willen will«, begreift.
20 H. Hülsmann (*Der spekulative oder dialektische Satz – Zur Theorie der Sprache bei Hegel;* in: *Salzburger Jahrbuch für Philosophie* X/XI/ 1966/67, S. 65-81) verfehlt die hegelsche Pointe, wenn er die Kategorie »Subjekt« so interpretiert, als sei sie der Kategorie »Prädikat«, weil vorgängig, auch schon überlegen; cf. S. 70, 74.
21 Schellings Brief an Hegel vom 2.11.1807 (in: J. Hoffmeister (ed.): *Briefe von und an Hegel,* Bd. 1, Hamburg 1952, S. 194) bekundet die vollendete Lektüre der *Vorrede* zur *Phänomenologie.* Die Niederschrift der Freiheitsabhandlung erfolgte hingegen erst im Winter 1808/ 1809, so daß Hegels *Vorrede* auch philologisch als Schellings Referenzpunkt angesehen werden kann.
22 Cf. dazu M. Frank: *Der unendliche Mangel an Sein,* Frankfurt/M. 1975, V. Kap.
23 F. W. J. Schelling: *Stuttgarter Privatvorlesungen (1810);* in: SW Abt. I/7, S. 459.
24 Ibid., p. 427.
25 Th. W. Adorno: *Drei Studien zu Hegel – Erfahrungsgehalt;* in: GS 5, Frankfurt/M. 1971, S. 309.
26 *Stuttgarter Privatvorlesungen,* l.c., S. 445.
27 Ibid., S. 466.
28 M. Heidegger: *Schellings Abhandlung über das Wesen der menschlichen Freiheit* (1809), Tübingen 1971, S. 90. Eingeklammerte Seitenangaben im Text verweisen künftig auf Schellings *Freiheits-*Abhandlung in; SW I/7.
29 *Weltalter-*Fragmente (= Schelling: *WW* Nachlaßband, München 1846), S. 124.
30 Cf. Heideggers intensive Interpretation der »traditionellen Thesen über das Sein« in: *Die Grundprobleme der Phänomenologie,* Gesamtausgabe Bd. 24, Frankfurt/M. 1975.
31 M. Heidegger: *Schelling,* l.c., S. 94.
32 *Weltalter,* l.c., S. 228.
33 Ibid.
34 Schellings späte Rehabilitierung der scholastischen Unterscheidung von »quidditas« und »quodditas« ist terminologisches Indiz seines nun kaum mehr verdeckten Anachronismus.
35 Cf. H. Blumenberg: *Die Genesis der kopernikanischen Welt,* Frankfurt/M. 1975, S. 132 ff.
36 J. Habermas (*Dialektischer Idealismus im Übergang zum Materialismus – Geschichtsphilosophische Folgerungen aus Schellings Idee einer Contraction Gottes;* in: ders.: *Theorie und Praxis,* Frankfurt/M. 1971, S. 172-227) hat aus der Behauptung, das vor dem Erkennen vermutete Sein sei Basis aller Wesenheit, extrapoliert, daß »in Schellings Logik, hätte er eine geschrieben..., das dritte Buch dem zweiten, der Begriff

dem Wesen untergeordnet (bliebe). Philosophie kann nicht an ihr selbst die noch ausstehende Vermittlung leisten, denn die korrumpierte Welt ist nicht eine Negation, welche die bestimmte Negation des absoluten Wissens herausforderte, um ihr sich dann zu fügen«. (195)
37 Cf. M. Heidegger: l.c., S. 194: »Wenn aber das System nur im Verstande ist, dann bleibt dieser, der Grund, und die Gegenwendigkeit selbst aus dem System ausgeschlossen als das andere des Systems, und System ist, auf das Ganze des Seienden gesehen, nicht mehr das System.«
38 Cf. die »logische« Darstellung der Dialektik des Satzes: *Logik*, l.c., S. 301 ff.
39 Cf. K. Löwith: *Von Hegel zu Nietzsche – Der revolutionäre Bruch im Denken des neunzehnten Jahrhunderts*, Frankfurt/M. 1969. Löwith weist Schelling freilich nur eine marginale Rolle bei der Überwindung von Systemphilosophie zu.
40 WW, l.c., Bd. 5, S. 82.
41 J. Derrida hat, Heideggers Vorbild folgend, das Dilemma, noch beim Versuch einer Überwindung der okzidentalen Metaphysik deren Terme gebrauchen zu müssen, dadurch angezeigt, daß er sie kreuzweise durchstreicht (z. B. in: *De la Grammatologie*. Paris 1967, S. 65).
42 Cf. D. Henrich: *Autonomous Negation;* in: *Review of Metaphysics* XXVII/Dec. 1974.
43 Auf diese zentrale Problematik geht die ansonsten aufschlußreiche Arbeit von G. Wohlfahrt (Anm. 6) leider nicht ein.
44 L.c., S. 584.
45 N. Luhmann: *Soziale Systeme – Grundzüge einer allgemeinen Theorie*, Frankfurt/M. 1984, S. 649.
46 Ibid., S. 166.
47 Ibid., S. 292.

Norbert Bolz
Lebenslauf des Subjekts in aufsteigender Linie

I. Freispruch

Kants Experiment der reinen Vernunft bemüht eine metaphysische Analogie zur naturwissenschaftlichen Revolution, die sich an den Namen Kopernikus knüpft: ein sich drehender Zuschauer verkörpert die »Umänderung der Denkart« (B XVI). Das Sichdrehen entspricht einem Hineinlegen. »Bei der Drehung bleibt der Gegenstand nicht fix; er tritt in ein Verhältnis zur Drehung.« (H. Cohen) In Kants Inszenierung ist Kopernikus nicht selbst der Revolutionär der Wissenschaften, sondern der Metaphernstifter einer Inversion des Denkens, derzufolge die Gesetzmäßigkeit des Gegebenen dem Subjekt entspringt. Um diesen kopernikanischen Mut des Denkens zu beschwören, spricht Kant in der zweiten Vorrede selbst als ein Leser der Kritik der reinen Vernunft, dessen Position der des kopernikanischen Zuschauers genau entspricht.

Sollte Kants Rede vom »sich richten nach...« eine Ausrichtung ontischer Wahrheit nach der ontologischen implizieren, so wird damit, wie Heidegger bemerkt, die adaequatio-Lehre nicht in Frage gestellt; aber es zeigt sich doch schon das eigentliche Problem der modernen Philosophie, nämlich daß die Welt nicht mehr als geschaffene, sondern als eigenes Produkt des erkennenden Subjekts erfahren wird.

Daß die Natur sich nach dem Apperzeptionsgrund des Subjekts richtet, unser Verstand gar Quell ihrer Gesetze ist, »lautet wohl sehr widersinnig und befremdlich« – »so übertrieben, so widersinnig« (A 114, 127), bemerkt Kant vielfach. Und eben das ist das Entscheidende: Moderne Forschung ist »widersinnisch« (Anm. B XXII).

Kritik der reinen Vernunft – Kants Tat liegt in der Entfaltung dieses Titels beschlossen. Sie zielt auf eine durch Kritik als Katharsis geläuterte Metaphysik aus reiner Vernunft. Denn als »Läuterung unserer Vernunft« arbeitet Kants Kritik »in Ansehung der Spekulation (...) nur negativ« (B 25). Sie reinigt »einen ganz verwachsenen Boden« (A XXI) und exponiert die Systemprinzipien.

In der Figur des transzendentalen Arztes, die uns aus frühromantischen Fragmenten geläufig ist, hat sich Kant selbst schon verstanden. Sein Werk verabreicht dem alltäglichen Wahn »nüchterne Kritik« als »Katarktikon« (B 514), d.h. als Abführmittel gegen dogmatische Verstopfung. Zugleich versteht er sich als transzendentaler Polizist, der kraft Kritik die Ordnung des Systems gegen Gewaltanwendung sichert. Denn alle Unordnung im Reich der Wissenschaften entspringt aus der »polizeilosen Dialektik« (*Prol.* 164) der Metaphysik.

Die Positivität des kritischen Prozesses liegt darin, daß er die Verdrängung des praktischen Vernunftgebrauchs aufhebt. Wie eine dissuasive Schutzmaske gegen Uneingeweihte richtet Kant »das Medusenhaupt der Kritik« vor der intelligiblen Welt auf, um die ausschweifende Spekulation »zurück(zu)schrecken« (*Über eine Entdeckung* 26).

Wie Kant hier den Freispruch des Subjekts im Bildbereich des griechischen Mythos exponiert, wäre eigens zu untersuchen. Ich gebe nur Stichworte: Die kritische Fahrt zwischen der Szylla der Schwärmerei und der Charybdis des Skeptizismus (B 128); das nihil ulterius einer immanenten Grenzbestimmung unserer Vernunft an den herkulischen Säulen der Natur; und der Begriff der Kritik als Leitfaden im Labyrinth des Minotaurus (*An Mendelssohn* 16.8.83).

Die bekannteste Figur, in der sich Kant seine Aufgabe vergegenwärtigt, ist der transzendentale Jurist. Er fordert von der dogmatischen Vernunft den rechtlichen Beweis ihrer Ansprüche in Form einer juristischen Deduktion der Gründe. Indem sie traditionelle Metaphysik in einem Rechtshandel durcharbeitet, löst Philosophie als Gerichtsverfahren die Theodizee ab. Denn diese juristische Form der Fragestellung gründet in Kants »transzendenzfreier Auffassung des a priori« (Heidegger, *Vorl. KrV* 315), d.h. in einer radikalen Isolation des Subjekts.

Die entscheidende Frage lautet nun: Wie können apriorische Verstandesbegriffe, die rein subjektiv sind, einen Rechtsanspruch auf Objektbestimmung stellen? Wiederum interveniert eine juristische Metapher: Dem radikal isolierten Subjekt entspricht eine Natur, die dem Menschen nicht mehr aus freien Stücken antwortet oder ihn belehrt, sondern ihm nur noch unter Eideszwang Rede steht. Der Mensch nötigt die Natur, wie der Richter den Zeugen nötigt, auf seine Fragen zu antworten. Das Licht der

Aufklärung, das den neuzeitlichen Experimentalwissenschaften aufgeht, kommt also nicht von der Natur, sondern ist ein »Licht der formalen Präzedenz« (Blumenberg). In diesem Sinne spricht Kant vom »Entwurf« der Vernunft, die mit gesetzmäßigen Urteilsprinzipien vorangeht, nach einem »vorher entworfenen Plan« prozediert (B XIII). So wird die traditionelle Antithesis zu unserer mit der Blindheit bloßer Anschauung geschlagenen, nicht ursprünglichen Sinnlichkeit, nämlich die ursprüngliche Anschauung Gottes, umbesetzt. Weil die endliche Vernunft keinen intuitus originarius hat, muß sie einen anderen Ursprung suchen – den im Subjekt. Kant spricht vom »Radikalvermögen« (A 114) ursprünglicher Begriffe aus subjektiver Selbsttätigkeit. Das Register dieser »Urbegriffe« selbsttätiger Subjektivität heißt Kategorientafel; sie bietet die systematische Einteilung der ursprünglichen reinen synthetischen Begriffe a priori und fundiert eine Grammatik der Erkenntnis als System reiner Verknüpfungsformen.

Dieser Ursprung im Subjekt wird in der inneren Wahrnehmung erforscht; sie sucht auf, »was im Gemüte liegt« (B 68). Innerliche Selbstanschauung zeigt dem Subjekt aber, »wie es sich erscheint, nicht wie es ist«. (B 69) Wir kennen uns selbst nur als Erscheinung. Den Titel »Selbstbewußtsein« reserviert Kant für das »Ich denke« der Apperzeption und unterscheidet so in ein und demselben Subjekt das denkende Ich vom Ich der Selbstanschauung. Selbstbewußtsein heißt nicht Selbsterkenntnis.

Gegen den Fluß innerer Erscheinungen und die Zerstreutheit des empirischen Bewußtseins setzt Kant die Identität des Subjekts als »das stehende und bleibende Ich« (A 123), das nichts anderes ist als die intellektuelle Vorstellung der Selbsttätigkeit des denkenden Subjekts. Mit anderen Worten: Die Identität des Subjekts ist abgelesen an einer Bewußtseinseinheit, die »synthetisch, aber doch ursprünglich« (B 136) sein soll. Kant charakterisiert sie durch das Radikalvermögen einer vorausentworfenen synthetischen Einheit. Nichts anderes meint die Definition dieses »Ich als Instanz des reflektierenden Vor- und Überblicks« in der »Dialektik der Aufklärung«.

Kants Experiment der reinen Vernunft zeigt, daß diese »bei einerlei Gesichtspunkt« in einen Selbstwiderspruch gerät, der sich aber beim »doppelten Gesichtspunkt« im Blick auf die Dinge auflöst: a) Sinnengegenständlichkeit, b) bloße Denkgegenständlichkeit. Diese im Vernunftexperiment aufbrechende Seinsdifferenz zwischen Ansich und Erscheinung markiert die Endlichkeitserfahrung menschlicher Vernunft. Sofern das Unbedingte an den Dingen ist, kennen wir sie nicht. Aber nur »die notwendige Vernunftidee des Unbedingten« schafft als höchste Synthesis »Einhelligkeit« zwischen Erscheinung und Ansich (Anm. B XIX, XXI).

Synthesis ist die wesensbestimmende Leistung Kantischer Subjektivität; denn »unter allen Vorstellungen (ist) die *Verbindung* die einzige (...), die nicht durch Objekte gegeben, sondern nur vom Subjekte selbst verrichtet werden kann«. (B 130) Deshalb geht es Kant um den Erweis der objektiven Gültigkeit subjektiver Denkbestimmungen und damit der Synthesis in den Gegenständen. Das Subjekt ermöglicht die Natur, sofern sein Verstand durch apriorische Begriffe der »Urheber der Erfahrung« (B 127) ist. Er muß die Erscheinungen buchstabieren, um sie als Erfahrung zu lesen (*Prol.* 101).

So fängt unsere Erkenntnis zwar mit Erfahrung an, entspringt ihr aber nicht. Und obwohl Erfahrung das dem Begriff erst Wahrheit verleihende Ziel der Erkenntnis ist, erweist sich ihr sinnlicher Eindruck doch als bloßer Anlaß der Spontaneität des Subjekts. Deshalb hat Heidegger wohl zurecht Kants Frage nach möglicher Erfahrung und den Bedingungen der Möglichkeit als Index eines Mehr-als-tatsächlich-Seins des Daseins gelesen und mit dem Entwurfcharakter des Weltverstehens verknüpft. Mit anderen Worten: Der Endlichkeit menschlicher Vernunft eignet ein Index immanenter Transzendenz im Sich-zuwenden zu ... als Bedingung der Möglichkeit von Erfahrung (Heidegger, *Kant Probl.* 112).

Gerade indem sie Wissen auf Wissen häufte, hat uns die moderne Wissenschaft »den Abgrund der Unwissenheit aufgedeckt« (Anm. B 603) und einen neuen Blick auf das Telos der Vernunft erzwungen. Um uns sicheren Halt zu geben, muß der Boden der Erfahrung »auf dem unbeweglichen Felsen des Absolutnotwendigen« (B 612) ruhen. Aber: »Die unbedingte Notwendigkeit, die wir, als den letzten Träger aller Dinge, so unentbehrlich bedürfen, ist der wahre Abgrund für die menschliche Vernunft.« (B 641)

Auf die Frage des höchsten Wesens, durch dessen Willen alles ist, was ist – nämlich: »woher bin ich denn?«; die Frage, der Fichtes Ich = Ich und Hegels autonome Spekulation antworten werden, verweigert Kant einen systematischen Bescheid. Seine Destruktion des kosmologischen Gottesbeweises, in der »Gott sozusagen sich selbst als Abgrund erscheint« (Heidegger, *Vier Seminare* 37), dementiert jedes spekulative System. Aber gerade dadurch, daß das an sich Notwendige für Kant ein Abgrund bleibt, schärft sich sein Blick für die »Funken des Monotheismus« (B 618), selbst noch im natürlichen, mythisch befangenen Verstandesgebrauch. Dessen Naturgeschichte terminiert in Metaphysik als einer »universalen, die gesamte Erfahrung mit dem Gottesbegriff durch Ideen unmittelbar verknüpfenden Macht« (Benjamin). Denn in dieser Welt als dem »Schauplatz von Mannigfaltigkeit« ist »unser Urteil vom Ganzen« von Sprachlosigkeit bedroht. Gegen diese meontische Drohung aus dem »Abgrund des Nichts« (B 650) schützt uns nur die Idee einer höchsten Ursache.

Die moderne einzelwissenschaftliche Forschung dringt zwar immer tiefer ins »Innre der Natur«, doch die transzendentalen Fragen, »die über die Natur hinausgehen«, bleiben ewig unbeantwortet, »wenn uns auch die ganze Natur aufgedeckt wäre« (B 334). So gesehen sind die metaphysischen Ideen – Gott, Freiheit, Unsterblichkeit – Kants Vehikel, »um über die Natur hinaus zu kommen« (B 395). Zwar erlaubt es die Kritik des reinen Verstandes nicht, ins Intelligible vorzudringen, aber sie läßt doch einen Raum jenseits von Erfahrung und Verstand übrig, in dem die »Fesseln der Erfahrung« (*Prol.* 184) zugunsten unserer metaphysischen Naturanlage gelockert sind. Im Reich der Noumena verlieren die Kategorien ihre Bedeutung. Was hier zwar nicht erkannt, aber »unter dem Namen eines unbekannten Etwas« gedacht wird, ist ein »die Sinnlichkeit in Schranken setzender (…) *Grenzbegriff*« (B 311 f.), der die kritische Unterscheidung von Ding an sich und Erscheinung ermöglicht und dadurch die Freiheit rettet. Das ist Kants Freispruch des Subjekts vom Kontext der Natur.

Ihre höchste Evidenz gewinnt diese Konzeption in der Ästhetik des Erhabenen. »Zum Schönen der Natur müssen wir einen Grund außer uns suchen, zum Erhabenen aber bloß in uns.« (*Kr. d. U.*, B 78) Was Kant hier in reiner Reflexionsimmanenz konstituiert, darf als autonome ästhetische Subjektivität angesprochen werden. Und stets hat der deutsche Idealismus in der Nachfolge Kants das Erhabene als »Maximum der Autonomie« (Fr. Schlegel) gefeiert. Das Erhabene bezeichnet eine Grenzerfahrung: die natürliche Stellung des Subjekts zur Objektivität ist charakterisiert durch die Übermacht der Natur, der das rein Naturhafte am Subjekt nicht widerstehen kann. Doch diese Übermacht im naturhaften Subjekt-Objekt-Verhältnis hat keine Gewalt über die Macht des Gemüts aus Vernunft. »Das Erhabene verschafft uns also einen Ausgang aus der sinnlichen Welt.« (Schiller)

II. Occasionalisierung

Den Briefwechsel mit Novalis durchzieht eine eigentümliche Selbsteinschätzung Fr. Schlegels: aus der Familie des Untergangs, vom König von Thule abzustammen, gleichsam auf Kredit einer vagen Hoffnung zu existieren. »Ich Flüchtling habe kein Haus, ich ward ins Unendliche hinaus verstoßen (der Kain des Weltalls) und soll aus eigenem Herzen und Kopfe mir eins bauen.« (Ende August 1793) Prägnanter ist die frühromantische Gnosis des Fremdlings nicht zu formulieren. »Der Mann ist der Fremde« (Ritter) in einer Welt, die als Gefängnis aus Kontingenz erfahren wird. Schlegel ist Melancholiker. Er verkörpert die entschlußunfähige Reflektiertheit als Schicksal des romantischen Subjekts, das in Hamlet sein Paradigma erkennt. Weil er noch handelnd bloß Zuschauer ist, kennt er nur eine Dimension der Entwicklung: die Verunendlichung seines Ich. Kierkegaard hat das sehr klar gesehen: »Stolz verschlossen in sich selbst steht der Ironiker da, er läßt – ebenso wie Adam es mit den Tieren tat – die Menschen an sich vorüberziehen und findet keine ihm angemessene Gesellschaft.« (*Begriff der Ironie* 279)

Die Technik, mit der Schlegel und Novalis die Kontingenz der Welt parieren, nenne ich im Anschluß an Carl Schmitt Occasionalisierung. »Jedes Willkürliche, Zufällige, Individuelle kann unser Weltorgan werden. (...) Dies ist der große Realism des Fetischdienstes.« (Novalis XII 665) Das romantische Subjekt hat sein notorisches »Verwirrungsrecht« genau in dem Maße, als es umgekehrt fähig ist, den Zufall zu bilden. Geist weist sich aus in der Macht, alles, was zu-fällt, zum »Anfang eines unendlichen Romans« (Novalis IV 65) zu erheben. Urmodell dieses romantischen »Startmechanismus Zufall« (Luhmann) ist der Anfang einer Liebesbeziehung – at first sight. Bekanntlich hat Carl Schmitt die occasionelle Welt des romantischen Subjekts, die nur von der magic hand of chance geführt wird, als substanz- und entscheidungslos kritisiert. Anlaß, Anfang, elastischer Punkt, Inzitament, Vehikel – diese occasionalistischen Grundworte zeigen, daß das romantische Subjekt für das Gefühl der Weltbeherrschung einen hohen Preis zu entrichten hat: Wirklichkeit wird punktualisiert, d. h. die Dinge werden zu bloßen Anknüpfungspunkten entgegenständlicht. So haben das schon die Zeitgenossen gesehen. In einem Brief an A. W. Schlegel vom 29.11.1802 charakterisiert Schelling Novalis' Stellung zur Welt als »Frivolität gegen die Gegenstände (...), an allem herumzuriechen, ohne einen zu durchdringen«.

Die ganze Welt wird zur occasio des souveränen Subjekts. So verfällt der Romantiker der Verführung, Freiheit als jederzeitige Möglichkeit zu einem neuen Anfang zu verstehen und alles Wirkliche in einen Schwebezustand zu versetzen. Im Hintergrund dieser Konzeption steht »Kants Theorie vom freien Spiel der Gemütsvermögen (...), in welchem der Gegenstand als ein Nichts zurücktritt, um nur den Anlaß« (Benjamin, GS I 63 f.) allmächtiger Reflexion zu bilden. Die romantische Welt ist eine ästhetisch säkularisierte Schöpfung aus Nichts.

Occasio verdrängt die causa. An Stelle der Kausalität wissenschaftlicher Mechanik triumphieren unberechenbare Effekte, »völlig inkommensurabel, jeder Sachlichkeit sich entziehend« (C. Schmitt, PR 120 f.), die mit der nicht-faßbaren Relation des Phantastischen zaubern. Doch der Preis für diese occasionalistische Aufhebung der Wirklichkeit im souveränen Subjekt des Phantasie-Spiels ist die unbedingte Anerkennung des Gegebenen als solchen. Eine rein ästhetische Revolution ist nur als Poetisierung des Schicksals möglich. (Romantik ist eine Form des Vampirismus.)

Wenn Kierkegaard von der romantischen Wirklichkeit sagt, sie sei reines und bloßes Werden, so gilt dies zuoberst für die Inthronisierung des wahren Subjekts als der ganzen Erscheinung Gottes. Die empirischen Charaktere sind nur »Supplemente« dieses magnus ego. »Wir sind gar nicht Ich – wir können und sollen aber Ich werden. Wir sind Keime zum Ich werden.« (Novalis IX 398)

Diese Denkfigur scheint zunächst nur Schillers Briefen über Ästhetische Erziehung nachgebildet. Doch während Schiller die erfüllte Unendlichkeit ästhetischer Bestimmungsfreiheit noch aus dem schöpferischen Indifferenzpunkt, dem Null-Zustand des

Menschen, konstruiert und den ganzen Menschen nur im Spiel kennt, ästhetisiert die Frühromantik dessen Wahrheit insgesamt: der ganze tritt in Gegensatz zum bloß philosophisch konstituierten Menschen. »Die Ästhetik ist die Philosophie über den ganzen Menschen.« (Schlegel IV 132) »Nur die Ästhetik führt uns zur *intellektualen Anschauung* des Menschen.« (Schlegel IV 137)

Im ästhetischen Medium erscheint den Romantikern das Denken als intuitiv, weil reflektierend. Und indem sie die Wahrheit ästhetisieren, gewinnen sie dem Denken die von Kant aus dem Erfahrungsbereich ausgeschaltete Möglichkeit der intellektuellen Anschauung zurück. Den Weg weist die Wissenschaftslehre von 1794. »Fichte hat den thätigen Gebrauch des Denkorgans gelehrt – und entdeckt. Hat Fichte etwa die Gesetze des thätigen Gebrauchs der Organe überhaupt entdeckt. Intellectuale Anschauung ist nicht anders.« (Novalis VI 247) Das Ich als Artefakt – romantische Wissenschaft ist in ästhetischen Fakten fundiert, und sie hält sich von einer rein philosophischen Konstruktion des Subjekts im Kantischen Sinne genauso weit entfernt wie von der Naturgeschichte des Menschen. »Ich ist kein Naturprodukt – keine Natur – kein historisches Wesen – sondern ein artistisches – eine *Kunst* – ein Kunstwerk.« (Novalis IX 76) Was man schöne Seele genannt hat, ist »ein schön geordnetes Individuum« (Novalis I 565), in dem die Romantik eine rückhaltlose Immanenz der sittlichen in der ästhetischen Welt verklärt. Heimat des totalen, eigentlichen ganzen Ich ist das Kunstwerk, das sich als Gegenschöpfung vom Weltgefängnis eines partiellen, zerstückten Ich abhebt. Denn nur die ästhetische Existenz kann der Forderung entsprechen, »*Totalität* (...) in sich, *Individualität* in der Menschheit (zu) bewirken« (Schlegel V 191).

Nach dem Modell der Kunsteinheit bestimmt die Romantik das höchste Allgemeine als Individualität, um es vor dem Mißverständnis, es sei Resultat einer Abstraktion, zu bewahren. Das indizieren so berühmte Titel wie »Das individuelle Allgemeine« und »Das individuelle Gesetz«. »Das Individualisieren ist also das Begründende aller Communication des Außereinander.« (Ritter 54)

Das ist das eine. Zugleich aber gilt – denn es ist für das romantische Denken charakteristisch, daß das »Potenzieren des Objekts (...) mit den Stufen der Reflexion im Subjekt« (Schlegel V 1021) Schritt hält –, daß das intensivste Einzelne nach dem Modell der spiegelnden Monade eine Totalität in sich bildet. Das besagen die bekannten Formeln »synthetische Person«, »potenzierter Mensch«, »Dividuum«. In den Potenzen der Individualität beschwören die Romantiker den Repräsentanten der zeitparadigmatischen Form – Dämon und Genius meinen nichts anderes. »Wird das Ich vielleicht durch Potenzierung repräsentativ?« (Schlegel V 508)

Diese Frage weist ins ästhetische Zentrum frühromantischer Subjektivität; sie entspringt aus der Deutung artistischer Gesetze als Lebensimperative. Denn nur eine radikale poetische Occasionalisierung depotenziert die Welt zum Nur-Symbolischen von Gnaden des bedeutungsverleihenden Subjekts. Am Anfang war die poetische Tat. In einer derart ästhetisch säkularisierten Schöpfung lebt der Romantiker »symbolisch und betrachtet alles allegorisch. Wenn er thätig sein will, so wird er ein Autor.« (Schlegel IV 482) Romantische Autorschaft meint eine dichterische Apriorität der Wirklichkeit gegenüber. Und in den Koordinaten einer vollends ästhetisierten Wahrheit gilt dann in der Tat der poetische Imperativ des Blütenstaubfragments: »Das Leben eines wahrhaft canonischen Menschen muß durchgehends symbolisch seyn.« (Novalis IV 21)

III. Negativierung

Die schöne Seele der Romantik hat nicht die Kraft, dem Tod ins Angesicht zu schauen und das Negative festzuhalten. Ihre souveräne Subjektivität ästhetisiert die Wahrheit, und d. h.: sie läßt alles, wie es ist. Wie aber ist die moderne Spitzenposition des Subjekts zu halten, ohne den Preis romantischer Weltanpassung zu entrichten? Der occasionalistische Ausweg aus der Kantischen Situation absoluter Aposteriorität ist für Hegel nicht mehr möglich. Das Andere des Anfangs kann nicht mehr zum »elastischen Punkt« entgegenständlicht werden, sondern zwingt zu einer Neukonzeption des Erfahrungsbegriffs. Bevor der logische Gang in sich anhebt, erzählt Hegel die Genealogie des Subjekts in der Arbeit am Anderen. »Geist ist wesentlich Verarbeitung als eines Anderen.« (20/80) Der entscheidend idealistische Vorbehalt liegt in der Formel vom Sichanderswerden des Geistes beschlossen: Das Andere des Anfangs entspringt dem Sich-selbst-als-sein-Anderes-setzen des Geistes.

Hegels Definition der Phänomenologie als Wissenschaft der Erfahrung des Bewußtseins besagt im genitivus obiectivus: Erfahrung als Gegenstand der Wissenschaft, und zwar die Erfahrung vom Bewußtsein. Als genitivus subiectivus gelesen, besagt sie: Bewußtsein als erfahrendes Subjekt und Erfahrung als Subjekt der Wissenschaft. Der Schritt zum genitivus subiectivus vollzieht die »Umkehrung des Bewußtseins« (74). Es richtet die Aufmerksamkeit auf das Anwesen, das Gegenwärtige und damit auf das Dabeisein des Menschen im Wissen, sofern nur das gewußt wird, was in der Erfahrung ist. Als Erfahrung des Begriffs (genitivus subiectivus) ist es nicht mehr die Erfahrung des Zufälligen (genitivus obiectivus). Das Andere des Anfangs ist durch die Dialektik der Erfahrung immanent geworden, d. h. aufgehoben in der Rückkehr aus der Selbstunterscheidung des Geistes. »Aller Inhalt ist seine eigene Reflexion in sich« (45) – das macht seine Sichselbstgleichheit, sein Bestehen, seine Substanz aus. Jene Selbstbestimmung des Inhalts durch Reflexion-in-sich hat »die Beziehung auf Anderes in sich zurückgebeugt« (6/35). Nun hat das Sichselbstgleiche die Beziehung auf Anderes an sich selbst – d. h. aber: es ist selbst seine Ungleichheit und löst sich in Werden auf.

Damit hat Hegel allem Endlichen die Signatur des Widerspruchs aufgeprägt: »in seiner Gleichheit mit sich ungleich« (6/40) zu sein – fortgerissen in Selbstbewegung. Doch nun die Pointe: Daß die Sichselbstgleichheit sich in die Ungleichheit mit sich selbst auflöst, ist die dem Bewußtsein verschleierte Vermittlung – das Sichanderswerden mit sich selbst.

Hegel chiffriert seine Kant-Kritik im ruinösen Schicksal der abstrakten Selbstbeziehung: Abstrakt, unbewegt, ungeistig zeigt sich ein Sein, das Denken ist. Kants An-sich-Sein erweist sich so als abstrakte Reflexion-in-sich, die sich gegen die Reflexion-in-Anderes sperrt (8/254 f.). D. h. die abstrakte Reflexion-in-sich abstrahiert von jener Selbstunterscheidung, in der die Selbstbeziehung fundiert ist, und erzeugt so den Schein von Beziehungslosigkeit. Es geht hier also um ein Dasein, das sein Bestehen in der reinen Abstraktion hat, aber von sich selbst abstrahiert und darin sich in sich zurücknimmt. Und das ist das Entscheidende: Gerade die Selbstbehauptung des scheinbar nur Sich-selbst-Gleichen löst es zum Moment auf: das An-sich-Sein der bloßen Abstraktion ist bloß zum Schein beziehungslos, denn es ist durch das Nichtsein des Andersseins vermittelt.

Der Ruin abstrakter Selbstbeziehung bringt dem Subjekt Negativität bei. Nur im Anderssein reflektiert es sich wahrhaft in sich selbst. Subjekt ist das Agens der »Vermittlung des Sichanderswerdens mit sich selbst« (20). In der Zurücknahme des Anderswerdens realisiert die Sichselbstgleichheit eine Eigenbewegung, die Hegel doppelte Negation genannt hat – sie ist die »dialektische Seele« (6/563). Hegel entdeckt im Schmerz und in der Negation, im Ernst der Entfremdung, die höchste Macht des modernen Subjekts: die analytische Kraft und die Energie des Denkens. Das Leben des Geistes entspringt aus dem Festhalten des Toten. Hegels Subjekt ist die »Zauberkraft« des Verweilens beim Negativen, die es in das Sein umkehrt.

Ur-teil versteht Hegel als »*ur*sprüngliches *Teil*en des Begriffs« (29). Diese Tätigkeit des Scheidens im Begriff fundiert Hegel in einer Tätigkeit des Scheidens im Subjekt, der Entäußerung als einem Sich-von-sich-(unter)scheiden. So kann er die Genealogie des Subjekts als Geschichte der Negation erzählen: Vom »Anfang des Subjekts«, dem unbestimmten Insichsein, bestimmt sie sich fort bis zur »konkreten Intensität des Subjekts« im Begriff (5/123).

Hegels Negativierung des Subjekts zeichnet nun auch allen anderen Kategorien ihre dialektische Bahn vor. Jene Zauberkraft, der Urszene standzuhalten, ermöglicht die zentrale Erfahrung: daß das Sein des Endlichen das Nichtsein, daß seine Wahrheit sein Ende ist – es hat die »Bestimmung zum Untergang« (5/140). Damit aber hat Hegel die Negation in die Substanz eingeführt – sie ist das Aufgehobensein jenes Endlichen, dem nur die Negation zugeteilt ist, d. h. sie ist Negation der Negation und damit »unmittelbar Freiheit und Selbstbestimmung« (4/435).

Das experimentum crucis dieser Einführung der Negation in die Substanz bezeichnet das christologische Zentrum der Hegelschen Dialektik: die Deutung des Todes nicht als abstrakte Negation, sondern als Versöhnung. Hegel bestimmt den Tod Gottes als *immanente* Negation, als Subjektwerdung. Nach dem ersten Anderswerden des absoluten Wesens in der Menschwerdung Gottes bezeichnet der Tod Christi ein »zweites Anderswerden« (540), das die Negation in Gott einführt. Wir sind hier am Punkt der entscheidenden Umkehrung, dem Tod des Todes als Aufhebung der Entfremdung Gottes und sein »Erstehen als Geist«. Die geistige Auferstehung ist die Negation der Negation. Für Hegel markiert der Versöhnungstod Christi den Eintritt des Subjekts in die Geschichte. Er inauguriert den großen philosophischen Prozeß einer Enthüllung der Substanz als Genesis des Begriffs. In der Nacht der reinen Selbstgewißheit des Ich=Ich, da die Substanz verraten ward, hebt Subjektivität an. Der Verrat bringt das Subjekt auf seinen Weg durch die Substanz; diese Bewegung nennt Hegel Geist. Und was die Substanz als Subjekt hervorbringt, ist das Opfer. Um dieses Opfer ermessen zu können, muß man sich ansehen, wie Hegel seine christologische Dialektik zur Matrix des Menschenlebens ausprägt. Was Hegel »die entfremdende Vermittlung« (351) nennt, besagt, daß das Selbstbewußtsein Realität nur durch Selbstentfremdung gewinnt. Allein in der Trennung vom natürlichen Ursprung findet das Individuum seinen geistigen Ursprung. Hegels Mensch ist antiphysis: »Der Geist der Entfremdung des natürlichen Seins« definiert seine wahre Natur.

Was aber Physis am Menschen ist, das Sein des Leibs als »ursprüngliche Natur« (227f.) des Individuums, muß ins Werk gerichtet werden. Bewußtsein unterbricht »das Werk der Natur« (322), zerstört die reine Physis und trennt vom Ursprung. Das ist die letzte große Konsequenz der Hegelschen Negativierung des Subjekts. Denn vor dem Hintergrund jener komplexen Struktur, die Hegel als Selbständigkeit des In-sich-Negativen herausgearbeitet hat, wird nicht nur der Tod als natürliche *Negation ohne Selbständigkeit* durchschaubar, sondern auch das bloße Leben als natürliche Position, d.h. als *Selbständigkeit ohne Negativität*, entlarvt. Die natürliche Leiblichkeit ist also ein fremder Gewalt unterworfenes Ding und die Physis des Menschen deshalb seinem Begriff äußerlich.

IV. Eintritt in die totale Immanenz

Give that knife just one more little twist – die Geburt des Geistes aus dem Opferritual der Moderne war, wie gesehen, schon dem Denker des spekulativen Karfreitags geläufig. Zarathustra aber deutet diesen Prozeß der Subjektwerdung aus der Immanenz des Lebens: »Geist ist das Leben, das selbst ins Leben schneidet.« (Von den berühmten Weisen) Der Geist ist ein Opfertier, und seine Agenten bereiten sich die »Entzückungen der Kälte« (10/152). Die Erkennenden errichten die moderne Welt des Subjekts als Schlachthaus des Geistes. Deshalb ist Nietzsche ein Pessimist des Intellekts: frei heißt dieser Geist, weil er frei über den furchtbaren Ursprung des Geistes denkt und weil er dessen Grundwillen kennt – nämlich hin zum Schein. Heidegger ist die Einsicht zu verdanken, daß Nietzsches Ressentiment-Lehre eine Theorie der Zeit impliziert. Zeit läuft nicht zurück, fließt in die Zukunft ab, wie es auch keinen rückwirkenden Willen gibt. Demnach ist die Zeit qua Vergängnis der Feind des Willens, denn dieser ist zuinnerst Wider-Wille gegen die Zeit – so lautet die metaphysische Formel der Rache; sie formiert die Erkenntnishaltung des modernen Subjekts als *nachstellendes* Vorstellen. Nietzsches Zarathustra lehrt die Geburt der Metaphysik aus dem Geist der Rache. Aus dem Leiden am Vergehen entspringt ein Widerwille gegen das Vergängliche, der sich in überzeitlichen Idealen Beruhigungsmittel schafft. Denn – wie es in schöner Antithese zum »Faust« heißt – das Unvergängliche ist nur ein *Gleichnis*. Für den Pessimisten des Intellekts, der die modernen Opferrituale kennt, ist »der Geist nur noch *gleichsam* Geist« (Von den Dichtern). Diese Formel lautet, aus der französischen Übersetzung wörtlich rückübersetzt, so: Der Geist ist nicht mehr als eine Metapher. Der Übersetzung verdankt Derrida die schöne Definition des Geistes als *aliénation du corps dans la métaphore*. Das alles ist Klartext zur berühmten Chiffre des Gottestodes. Ist der Geist erst einmal als Totem und Opfertier durchschaut, d. h. physiologisch reduziert, so stürzt der ideale Himmel ein, und die Entdeckung der Erde des Menschen wird möglich. »An der Erde zu freveln ist jetzt das furchtbarste« – also sprach Zarathustra.

Der Ort Gottes bleibt leer, aber die Leerstelle des toten Gottes wird umbesetzt: der Übermensch ist Nietzsches Name für die totale Immanenz moderner Subjektivität – sie realisiert sich im Angriff auf die Erde, in der technischen Erdherrschaft, der »totalen Mobilmachung«.

In der Unheimlichkeit des menschlichen Seins ohne Sinn und Wozu ist der gottverlassene Mensch sich selbst zur Scham geworden. Ihn erlöst der Übermensch: »Besieger Gottes und des Nichts.« (5/336) Er ist der Sinn der Erde, sofern er sie in totaler Immanenz beherrscht. Eine berühmte Definition charakterisiert ihn als Synthesis der Extreme: Der Übermensch ist der »römische

Cäsar mit Christi Seele« (11/289). Das besagt: Er verkörpert einen Willen zur Macht, der erlöst ist vom Geist der Rache.

Nietzsches Übermensch steht auf der transzendenzlosen Erde wie das frühromantische Subjekt auf dem Schauplatz seines Lebensromans: als absoluter Souverän. Auch für ihn sind die empirischen Subjekte nur Fragmente ihrer selbst, Bruchstücke der Zukunft; auch er tritt der kontingenten Welt mit einem dichterischen Apriori gegenüber. Das Subjekt, das sich in absoluter Immanenz behauptet, muß zum »Erlöser des Zufalls« werden: das souveräne Subjekt erlöst sich selbst vom Zu-fall des Da-seins.

Kein Wille wirkt rückwirkend – das »Es war« ist sein Gefängnis: Wo Es war, soll Ich werden. Freuds Programm ist ein Zarathustra-Wort; es lehrt, »alles ›*Es war*‹ umzuschaffen in ein ›So wollte *ich* es!‹« (Von der Erlösung). Der Wille befreit sich, indem er Schuld sein will an dem, was war, d. h. zú-fiel. Daß »*aus* Es Ich werden soll«, ist ein »Imperativ«, den nicht Freud sondern Habermas aufgestellt hat (vgl. *Der philosophische Diskurs der Moderne* 309). Als Programm der Erdherrschaft fordert die absolute Immanenz moderner Subjektivität nicht das Schweben romantischer Ironie sondern die Gravitation absoluter Verantwortlichkeit. Simmel hat Nietzsches berühmte Lehre wohl zurecht als die Maxime verstanden, so zu leben, *als ob* es eine Ewige Wiederkunft gäbe. In einer Randglosse hat Max Weber diese Leseart emphatisch unterstützt und Nietzsches Ewige Wiederkehr in Analogie zur calvinistischen Prädestinationslehre gedeutet. »Nur handelt es sich hier um die Verantwortlichkeit für ein mit dem Handelnden durch keinerlei Bewußtseinskontinuität verbundenes Zukunftsleben, – während es bei den Puritanern hieß: Tua res agitur.« (*Religionssoziologie* I 111)

»Das größte Schwergewicht« heißt der § 341 der Fröhlichen Wissenschaft – gemeint ist jene Lehre von der Ewigen Wiederkunft, die, einmal wirklich einverleibt, dem Menschen die Gravitation zur Erde verleiht. Ewige Wiederkunft ist nur der Gedanke einer Möglichkeit – aber einverleibt kann er so mächtig wirken wie einmal die Möglichkeit ewiger Verdammnis. Denn »das Sichhalten in diesem Gedanken (ist) für sein Wahrsein selbst mit wesentlich.« (Heidegger, *Nietzsche* I 392) In dieser Haltung als ob endet die Geschichte des Subjekts.

Textausgaben und Abkürzungen

W. Benjamin, *Gesammelte Schriften*, Frankfurt/M. (zit.: *GS*).

J. Habermas, *Der philosophische Diskurs der Moderne*, Frankfurt/M. 1985.

G. W. F. Hegel, *Phänomenologie des Geistes*, Philosophische Bibliothek Bd. 114 (zit.: Seitenzahl).

Ders., Suhrkamp-Werkausgabe (zit.: Band-/Seitenzahl).

M. Heidegger, *Phänomenologische Interpretation von Kants Kritik der reinen Vernunft*, Gesamtausgabe Bd. 25, Frankfurt/M. 1977 (zit.: *Vorl.KrV*).

Ders., *Kant und das Problem der Metaphysik*, Frankfurt/M. [4]1973 (zit.: *Kant Probl.*)

Ders., *Vier Seminare*, Frankfurt/M. 1977.

Ders., *Nietzsche I*, Pfullingen [4]1961.

I. Kant, *Kritik der reinen Vernunft* (zit.: Ausgabe A/B und Seitenzahl).

Ders., *Prolegomena zu einer jeden künftigen Metaphysik, die als Wissenschaft wird auftreten können*, Riga 1783 (zit.: *Prol.*).

Ders., *Über eine Entdeckung, nach der alle neue Critik der reinen Vernunft durch eine ältere entbehrlich gemacht werden soll*, Königsberg 1790.

Ders., *Kritik der Urteilskraft* (zit.: *Kr.d.U.*).

S. Kierkegaard, *Über den Begriff der Ironie*, Frankfurt/M. 1976.

Fr. Nietzsche, *Also sprach Zarathustra*.

Ders., *Sämtliche Werke*, dtv-Ausgabe (zit.: Band-/Seitenzahl).

Novalis, *Schriften II und III: Das philosophische Werk*, hrg. v. Kluckhohn/Samuel (zit.: Abteilung und Fragmentnummer).

J. W. Ritter, *Fragmente aus dem Nachlasse eines jungen Physikers I*, Heidelberg 1810.

Fr. Schlegel, *Philosophische Lehrjahre*, KA XVIII, hrg. v. E. Behler (zit.: Abteilung und Fragmentnummer).

C. Schmitt, *Politische Romantik*, Berlin [3]1968 (zit.: *PR*).

M. Weber, *Gesammelte Aufsätze zur Religionssoziologie I*, Tübingen [5]1963.

Jean-François Lyotard
Der Name und die Ausnahme

Im Folgenden möchte ich mich der Frage des Eigennamens im Zusammenhang mit dem soziopolitischen Problem der Identität und dem, was ich Ausnahme nenne, widmen.

Indem ich die Frage so stelle, räume ich der Sprache – oder besser den Sätzen – in der Politik eine herausragende Stellung ein. Tatsächlich scheint mir, daß die Politik kein »Genre« ist, genausowenig wie ein Gebiet getrennt von anderen »Genres« oder von anderen Gebieten, nicht zuletzt deshalb, weil sie wirklich wichtig für alle und keine Profession ist. Ich glaube vielmehr, daß die geringste Verknüpfung eines Satzes mit einem anderen Satz (*Baby weint – Laß es ein wenig weinen*) ein Problem der Politik aufwirft, und dies aus zwei Gründen. Der erste besteht darin, daß man verknüpfen muß; es ist unmöglich, nicht zu verknüpfen. Schweigen ist ein Satz. Dieser erste Grund erinnert uns daran, daß die Politik von Dringlichkeit beherrscht wird. In dem Moment muß eine Verknüpfung hergestellt werden. Der zweite Grund besteht darin, daß die Art der Verknüpfung nicht zwingend, sondern im Prinzip immer »frei« ist. Diese Kontingenz wird jedoch im allgemeinen in unserer Praxis nicht sichtbar, da sie von – durch bestimmte Diskursgenres oder, wenn man will, Institutionen – empfohlenen oder vorgeschriebenen Formen der Verknüpfung überlagert ist. Diese Genres legen die angestrebten Ziele fest (gefallen, zum Lachen bringen, überreden, überzeugen, informieren etc.) und sie bestimmen die Mittel zur Erreichung dieser Ziele. Diese Mittel bestehen im wesentlichen aus den Formen der Verknüpfung der Sätze untereinander.

Die Politik ist kein Genre, sie ist auch nicht das Genre aller Genres. Sie ist die Drohung des Konflikts zwischen den jeweils möglichen Verknüpfungen. Ich stelle mir jeden Satz wie einen komplexen Mikrokosmos vor, er präsentiert eine Bedeutung, aber auch einen Referenten, einen Sender, einen Empfänger. Wenn er mehrdeutig ist, kann er sogar mehrere Empfänger, mehrere Referenten etc. präsentieren. Die minimalste Anforderung an Politik besteht darin, diesen Mikrokosmos mit einem anderen zu verknüpfen, und das Ziel von Politik ist es, darauf zu achten, daß die Verknüpfung den anderen Mikrokosmen, den Sätzen, die man mit dem ersten hätte verknüpfen können, möglichst wenig Schaden zufügt.

Ich stelle mir folglich die Sätze, wenn man so will, wie Leibnizsche Monaden vor, sie bilden jedoch eine Welt. Die Welt ist nicht bereits nach einem höheren Denken geschaffen. Es gibt zwischen den Sätzen keine durch einen allwissenden Gott, der alles im voraus weiß und das Gute will, bereits prästabilierte Harmonie. Deshalb gibt es die Politik. Sie ist nicht die Fortsetzung des Krieges mit anderen Mitteln. Der Krieg und die Politik, aber auch die Philosophie (und ohne Zweifel die Liebe) sind Ausdruck eines Krieges zwischen den Monaden der Sprache, die ich Sätze nenne, und alle sind Versuche (jeder auf seine Art), diesen Krieg, den ich ontologischen Krieg nennen möchte, zu regulieren.

Diese Herangehensweise, die vielleicht an Heraklit, Demokrit oder an Spinoza erinnert, hat zur Voraussetzung, daß die Menschen nicht die Herren der Sprache sind, sich ihrer nicht für ihre eigenen Ziele bedienen, um z.B. zu kommunizieren oder um sich auszudrücken; sie haben keine andere »Identität« als jene, die ihnen durch die Situation, die ihnen im Universum der Sätze geschaffen wurde, zugewiesen ist. Wenn jemand zu mir sagt *Schließ die Tür*, so bin ich in diesem Augenblick vollständig der Empfänger eines vorschreibenden Satzes, d.h. »meine« Verantwortung liegt darin, diesen Befehl mit einem anderen Satz zu verknüpfen; es gibt diese Verantwortung nur deshalb, weil im Anschluß daran viele Sätze möglich sind. Diese Verantwortung übt keine Herrschaft über mich aus, da mir keine Regel die »richtige« Verknüpfung zeigen kann. Die Verknüpfung ist richtig in bezug auf das verfolgte Ziel, also im Rahmen eines gegebenen Genre – gibt es jedoch ein »richtiges» Genre? Wenn Gott nicht existiert, gibt es kein absolut richtiges Genre. Ich muß nur darüber urteilen, was ich tun muß, vorausgesetzt ich erkenne an, daß ich weder nichts tun noch alles sagen kann. Und Kant hat uns gelehrt, daß die Urteilskraft ohne Regel funktioniert. In dem Universum, das durch den Satz, der an *Schließ die Tür* anknüpft, erschlossen wird, bin »ich« nicht mehr in derselben Situation und übernehme nicht mehr dieselbe Verantwortung wie in dem Universum von *Schließ die Tür*.

Von diesem Atomismus der Sätze ausgehend, erscheint das Problem der Identität in seiner ganzen Tragweite. Das Pronomen *ich* erlaubt offensichtlich keine Festlegung der persönlichen Identität. Eine unendliche Anzahl von Sprechern kann den Platz des Senders in einem gegebenen Satz einnehmen, und jeder von ihnen ist im Universum dieses Satzes durch das Pronomen *ich* (oder sein Äquivalent in anderen Sprachen) gekennzeichnet. Umgekehrt bedeutet dies, daß zwischen einem Satz und dem folgenden durch nichts sichergestellt ist, daß »ich« noch dieselbe Entität bezeichnet. Selbst die vorgeblich unwiderrufliche Gewißheit des *Ich bin* bei Descartes ist seiner jeweilig aktuellen Aussage untergeordnet: » ... dieser Satz: »*ich bin, ich* existiere«, [ist] sooft ich ihn ausspreche oder in Gedanken fasse, notwendig wahr«. (Descartes, *Zweite Meditation*, § 3) Von einem auf das andere Mal gibt es keine Gewißheit, daß es sich bei *ich* noch um denselben handelt.

Versucht man, diese Schwierigkeit zu umgehen, indem man die Identität des jeweils eigenen Körpers heranzieht, so vervielfältigt sie sich nur. Grosso modo: das, was man »Körper« nennt, »spricht« entweder selbst oder ist Objekt eines Satzes. Er ist also im Universum der Sätze entweder in der Situation des Senders oder des Referenten. Im ersten Fall untersteht der Satz des Körpers (*Ich habe Zahnschmerzen, Ich fühle mich nicht wohl, Es geht so*) dem, was Wittgenstein als »Idiolekt« bezeichnet. Er ist durch keinen anderen Sprecher als besagten Körper falsifizierbar. Das gleiche gilt auch für das Gefühl. Es ist unmöglich, »meine« Traurigkeit oder »mein« Herzjagen zu erkennen, wenn ich sie nicht erkläre (oder ausdrücke). Überdies – bleiben wir bei dem, was als »Innerlichkeit« bezeichnet wird – ist durch nichts sichergestellt, daß es stets derselbe Körper ist, der einmal sagt: *Ich habe Schmerzen* und ein anderes Mal: *Es geht besser*. Auch hier begegnen wir wieder dem Rätsel der momentanen Synthese, die an den Augenblick gebunden ist.

Eine Möglichkeit, diese Zustände (diese Sätze, die der Körper äußert) zu bestimmen, besteht darin, sie »objektiv« zu betrachten. Man muß also den Körper in die Position des Referenten kognitiver, vorschreibender Sätze etc. bringen. Der Zahnarzt verknüpft: *Ich habe Zahnschmerzen* mit: *Ja, Sie haben Karies am Zahnhals*; der praktische Arzt: *Ich fühle mich nicht sehr gut* mit: *Sie haben ja auch zu hohen Blutdruck* oder der Geistliche: *Lerne zu leiden*. Woher weiß man, daß es sich jedes Mal noch um denselben Körper handelt, wenn man vom Universum medizinischer Sätze zu dem theologischer, erotischer, militärischer, kulinarischer oder sportlicher Sätze übergeht. Der vorgebliche Körper wird stets »enteignet«, seine Identität ist nicht weniger problematisch als die des Ich. Zu seiner Atomisierung durch das Wirken der Zeit (ist der Körper zum Zeitpunkt *t* derselbe wie zum Zeitpunkt *t + 1*?) gesellt sich die Vielfalt der Bedeutungen, die ihm je nach Art des sich an seinen idolektischen Satz anknüpfenden Diskurses (Institutionen, Professionen) zugewiesen werden können.

Aus diesen wenigen Betrachtungen ziehen wir den trivalen Schluß, daß sich Identität nicht mit Hilfe einzelner Bedeutungen oder Hinweise bestimmen läßt. Die Personalpronomen: *ich, du, wir, sie* gehören der gleichen Familie an wie die deiktischen: *dieses, jenes, dort, hier, jetzt, gestern* etc. Ihre Präsenz in einem Satz macht aus ihm einen ostensiven Satz, d.h. einen Satz, der eine Instanz des Universums, das er darstellt, bezeichnet (Sender, Empfänger, Referent) oder eine Instanz ihrer Situation, und zwar beide in ihrem wechselseitigen Zusammenhang (die Situation in Zeit und Raum), ohne daß eine Ortsbestimmung außerhalb dieses Universums möglich wäre. Ein ostensiver Satz *zeigt*, was er darstellt, und zwar jetzt, sagt Wittgenstein. Durch nichts kann bewiesen werden, daß das *dieses* eines zweiten ostensiven Satzes das gleiche bezeichnet wie das *dieses* des ersten, zumindest solange man sich auf die Familie der ostensiven Sätze bezieht.

Die Ostension erlaubt also keine Identifizierung, aber auch keine eindeutige Definition, zumindest solange es darum geht, reale, d.h. einzigartige Objekte zu definieren. Die Definition des Präsidenten der französischen Republik gibt eine Klasse an, kein Individuum. Genauso wenig wie die Definition des Sinus im Vergleich zum Radius eines Kreises dem Navigator ausreicht, seine Position mit dem Sextanten zu bestimmen. Und umgekehrt, wenn man vom Individuum »ausgeht« (indem man es als bereits identifiziert voraussetzt), kann man nicht a priori die besonderen Eigenschaften aufzählen, die ihm zugewiesen sein müssen, um es von den anderen Mitgliedern seiner Klasse unterscheiden zu können. François Mitterand übt momentan das Amt des französischen Präsidenten aus, aber er ist auch das Individuum, das ich als Beispiel heranziehe, um zu zeigen, daß definieren nicht ausreicht um zu identifizieren, und das ist in seinem »Begriff« nicht angelegt.

Die Wissenschaft kennt diese Zwänge zur Genüge. Wenn man

die Identität irgendeines Objektes bestimmen will, muß man es definieren, zeigen und auch benennen können. Es zu benennen heißt, es in ein System von Namen einzuordnen. Diese Namen bezeichnen Personen, Orte, Zeiten und Maßstäbe. Sie sind also wie die deiktischen Pronomen »Bezeichnungsausdrücke«, aber diese »Bezeichnungsausdrücke« sind unabhängig vom gegebenen Satz, in dem sie erscheinen. Sie bezeichnen im Prinzip immer dasselbe Objekt, ob es im Moment vorhanden ist oder nicht, ob es die Eigenschaften, die man ihm zuweisen will, anerkennt oder nicht. Aus diesem Grund nennt sie Kripke »starre Bezeichnungsausdrücke«.

Ihre Starrheit ist eine doppelte: Jeder Eigenname bezeichnet einen einzigen Referenten und zwar immer denselben, aber er steht auch mit den anderen Namen in der »Welt der Namen« in einem stabilen Verhältnis. Mitterand ist der Nachfolger von Giscard d'Estaing im Amt des Präsidenten der Republik. Der Tag seiner Wahl ist dafür maßgebend. Das gleiche gilt auch für die Position der Gestirne in einem Planetarium, die Familienmitglieder in einem Stammbaum, die Städte auf einer Landkarte. Diese Bestimmung legt nahe, daß die Definition eines bestimmten Individuums, das also schon bezeichnet ist, immer auf andere Eigennamen rekurrieren muß, mit denen sein Name in einer festen Beziehung steht. Selbst wenn die Wissenschaft zeigen sollte, daß diese Beziehung eine andere ist, als man glaubte, so würde sie dennoch nur eine andere an ihre Stelle setzen. Auf diese Weise präzisiert und verfeinert sich das System der Namen. Diese Anpassungen werden von dem Ideal der größtmöglichen Starrheit geleitet (z.B. bei Messungen), da sie die beste Möglichkeit bietet, die Identifizierung zu wiederholen und so zu beweisen, daß das, wovon man spricht real und das, was man sagt wahr ist.

Mit einem Namen versehen heißt also weder zeigen noch definieren (oder allgemein gesprochen: eine Bedeutung geben). Der Name ist der Angelpunkt, der das Zeigen und die Definition verbindet. Zeigen: *Hier ist die Stadt;* Definition: *Die Hauptstadt der Palästinenser* (oder: *die Hauptstadt der Juden) ist eine Stadt.* Der Name *Jerusalem* kann für *die Stadt* oder *eine Stadt* stehen: *Hier ist Jerusalem, die Hauptstadt der Palästinenser* (oder: *der Juden*).

Ich habe die Funktion des Namens in der Wissenschaft bzw. im kognitiven Bereich angesiedelt. Sie gilt auch für zivile oder polizeiliche Identifizierung. Der Name im Personalausweis, im Führerschein oder im Paß oder auch die Identitätsnummer, die sich vorteilhaft anstelle des Namens verwenden läßt, da sie Homonyme ausschließt, ermöglichen die ausschließliche Lokalisierung in einem Universum von Namen, und zwar nicht nur Personennamen, sondern auch Bezeichnungen von Orten, Daten und Maßstäben (z.B. Körpergröße). In einer Datei dient diese ID-Nummer, die also ein Name ist, als *Adresse*. Wenn man sie abruft, erhält man den »Begriff« des Individuums, d.h. alle Informationen über dieses so bezeichnete Individuum, die für den Benutzer des Computers von Nutzen sind.

Dieser Begriff ist niemals gesättigt. Daß Präsident Kennedy ermordet, Präsident Nixon Gegenstand eines *Impeachment* werden und Neil Amstrong der erste Mensch, der den Mond betritt, sein würde, sind Eigenschaften, die nicht a priori in ihrer Definition enthalten waren. Diese wird also durch Ereignisse oder Geschehnisse verändert. Diese Geschehnisse greifen auch nach dem Tode des Individuums noch in die Definition ein. Der Tod genügt nicht, um einen Namen abschließend mit Bedeutung zu füllen. Die Berühmtheit des Namensträgers mißt sich an der Zahl der Ereignisse, die seine Bedeutung auch dann noch beeinflussen, nachdem er aufgehört hat, *ich* zu sagen. Die Forscher, die über Aristoteles arbeiten, fügen dem Namen des Philosophen neue Bedeutungen hinzu.

Die Inflation an Bedeutungen, die den Namen durch die Forschung hinzugefügt werden und die sich Weiterentwicklung der Erkenntnis nennt, ist jedoch nichts gegen jene, die aus dem Gebrauch der Alltagssprache herrührt. Diese besteht nicht vorrangig aus kognitiv zielgerichteten Sätzen, in ihr vermischen sich alle Genres, wie in der Unterhaltung, den kleinen Geschichten, oder diesem Gemisch von Sätzen, das die Römer Satire nannten. Hier ist die Konsistenz der Verknüpfungen am schwächsten. Die Prosa besteht aus Sprachwolken (ebenso wie die Astrophysiker von kosmischen Wolken sprechen) bzw. dem Volk der Sätze. Die Prosa belädt die Namen nicht nur mit falsifizierbaren Bedeutungen, sondern auch mit Werten aller Art, die nicht dem Kriterium wahr oder falsch unterliegen. Sätze, die Namen mit dieser Kategorie von Werten ausstatten, sind weder wohlgeformte Aussagesätze, noch Aussagen mit referentiellem Gehalt. Es sind Ausrufe, Vorschriften, unvollständige Sätze, Schweigen, die mit den logischen und kognitiven Sätzen in Konflikt geraten. Durch ihre Heterogenität können sie kein System, bzw. kein Genre begründen und bleiben in einem nebulösen Zustand.

Diese Sätze verschiedener Ordnung, die untereinander nicht austauschbar sind und deren Zahl sich im Laufe der Zeit erhöht, können jedoch zumindest mit Hilfe der Eigennamen von Personen, Orten, Momenten, Maßstäben »frei« verknüpft (Freud sagt: assoziiert) werden. Soweit sie tatsächlich ihre Referenten, Sender, Empfänger und Bedeutungen oder die Beziehungen zwischen diesen Instanzen nennen, ermöglichen sie eine Interaktion mit Hilfe der starren Bezeichnungsausdrücke. Die aus ihnen gebildete Wolke kann sich unaufhörlich umbilden, neubilden oder aufblähen; die Namen, um die herum sie sich gruppieren, genügen, da sie ein System bilden, um diese Wolke von Sätzen in einer einzigen »Welt« zu situieren. Offensichtlich hat jedoch niemand einen vollständigen Überblick über diese Welt. Das vollständigste Wörterbuch der Eigennamen, der genaueste Atlas, die umfangreichsten Chronologien und Meßtafeln erscheinen erbärmlich neben dieser, mit allen möglichen Werten ausgestatteten Welt, die einer ständigen Veränderung unterworfen sind.

Indes schuldet eine Gemeinschaft ihre Identität innerhalb dieser Staubwolke jedoch genau dieser Welt. Am Extremfall einer kleinen, relativ homogenen Gemeinschaft mit einer endlichen Zahl von Familiennamen und einer, wegen ihrer geringen geographischen Ausbreitung kleinen Anzahl von Ortsnamen, läßt sich zeigen, wie sich diese Identität konstituiert. Erkenntnisse und Werte, die das »Wissen« dieser Gemeinschaften bilden, sind in Form kleiner Geschichten (Legenden, Märchen, Mythen) organisiert. Sie werden sehr gewissenhaft erzählt. Ihre Widergabe folgt einem Bezeichnungsritual: »Ich werde euch die Geschichte von *x* erzählen. Ich habe sie schon sehr oft gehört. Ihr hört sie aus dem Munde von *y*.« Die Namen *x* und *y* bzw. die des Helden (des Referenten der Geschichte) und des Erzählers (des Senders der Geschichte) gehören derselben Welt von Worten an (der Erzähler Jakob erzählt z.B. die Geschichte der Heldin Sarah). Die Empfänger der Geschichte können ihrerseits die Geschichte von *x* weitergeben, vorausgesetzt, sie tragen einen Namen, der im Verwandtschaftssystem, dem *x* angehört, vorhanden ist.

Ein Kind, das in eine derartige Gemeinschaft hineingeboren wird, ist von Anfang an, aufgrund seines Namens, in eine stabile

Matrix von Namen eingebettet (im Gegensatz zu den sogenannten entwickelten Gesellschaften). Wenn es später die Geschichten hört, in die das Wissen seiner Gemeinschaft eingebettet ist, lernt es, was sein Name »bedeutet«. Und dieses Lernen ist letztlich auch durch die Zwänge der Namensgebung pragmatisch geregelt. Nicht nur die Unterteilung der Individuen (nach Geschlecht, Alter und in »besseren Hälften«) wird also durch Namen geregelt, sondern auch jene der Sätze, die die Kultur einer Gemeinschaft bilden: Unter der Ägide der Namen werden die »Inhalte« in die Erzählform gebracht und ihre Verbreitung unterliegt dem Zeremoniell der Namensgebung. Die Identifizierung einer Gemeinschaft mit sich selbst ist um so stärker, je mehr ihre Kultur und ihre Wissensvermittlung durch »starre Bezeichnungsausdrücke« bestimmt sind.

Die Ausdrücke, *seinen Namen zu Recht tragen, seinem Namen alle Ehre machen, ein unvergänglicher Name, seinen guten Namen verlieren*, selbst *sich einen Namen machen* (nämlich Held einer Geschichte zu werden, die dazu geeignet ist, weitergetragen zu werden) sind in dieser Struktur leicht verständlich. Ebenso einleuchtend ist es, daß jede Identitätskrise, in die eine solche Gemeinschaft gerät, eine Krise der Bezeichnung ist. Ein Kolonisator nimmt einem vorhandenen Ort seinen Namen und tauft ihn um, registriert die Menschen, die bereits einen Namen haben, unter anderen Namen, die aus seiner Kultur stammen und läßt in seinen Schulen die Geschichte der Helden unterrichten, die keinen Namen in der lokalen Kultur haben. Ein Einwanderungsbeamter auf Ellis Island registriert die Namen der russischen Juden in einer für seine nominative Tradition akzeptablen Weise, ein jakobinischer Beamter bringt die okzitanischen Namen in eine französische Form. Ein Widerstandskämpfer nimmt einen falschen Namen an, um der Identifizierung durch die Unterdrücker zu entgehen, ein Schriftsteller, um die Zensur zu täuschen. Als 1968 Prag von sowjetischen Truppen besetzt wurde, änderte die Bevölkerung die Straßennamen. Jeder dieser Fälle verdient neben anderen eine ausführliche Analyse. Sie weisen alle auf die Zerstörung der Identifizierungsmöglichkeiten einer Gemeinschaft durch Umformung der Welt der Namen hin, wenn auch in unterschiedlichem Ausmaß und in unterschiedlichen Zusammenhängen. Dieser Umsturz beeinträchtigt, wie wir gesehen haben, unmittelbar den Wert der ostensiven und kognitiven Sätze, die mit den Namen verbunden sind.

Es ist an der Zeit, darauf hinzuweisen, daß die Identifizierung mit Hilfe einer Welt von Namen sich weit über die begrenzten Gruppen hinaus erstreckt, die von der Ethnologie untersucht werden. Ohne ins Detail gehen zu wollen, behaupte ich, daß sie in allen Gemeinschaften, gleich welcher Größe, die zu ihrer Existenzlegitimierung auf den Namen als Bezug angewiesen sind, wirksam ist. Ich möchte dies das Konzept der Legitimierung und Autorisierung nennen, das mit der Familie der normativen Sätze korrespondiert, es ist mir aber nicht möglich, es hier zu entwikkeln. Wir haben jedoch bereits gesehen, wie in sogenannten »primitiven« Gesellschaften das Bezeichnungssystem und der Rückgriff darauf für die Legitimierung des Wissens und der Werte, die mit den Namen verbunden sind, sorgen. Man muß sich auf eine bestimmte Art und Weise verhalten, weil es die Alten immer schon so gemacht haben. Das normative Subjekt, das die Vorschriften sanktioniert, sind *die Alten*. Sie sind die heutigen Namen, eingebettet in die uralte Zeit, aber doch in Kontinuität mit der Gegenwart der Erzählung, und beladen mit den Geschichten, die ihnen das Wissen und die Werte gegeben haben, die es heute zu lehren gilt. Diese Legitimation durch die Tradition ist ausschließlich auf die Bewahrung der Eigennamen angewiesen; sie haben die gleiche Macht der ostensiven Evidenz, wie die deiktischen Wörter; ihre Starrheit macht sie vom aktuellen Satz unabhängig. Sie sind also unwiderlegbar und unsterblich. Alles, was mit einem Namen verbunden ist, ist legitimiert, da es der Zeit und dem Zweifel entkommt.

Eine entwickelte Gesellschaft ist von dieser Legitimationsform nicht ausgenommen. Wenn sie sich als eine Nation versteht, funktioniert sie im großen und ganzen nach der gleichen identifikatorischen Logik. Die Beeinträchtigung oder Bedrohung ihrer nationalen Identität genügt, um die traditionelle Legitimationsform wieder aufleben zu lassen. Die mit dem Ende der Kolonialreiche und der Ausbreitung des ökonomischen Imperialismus zunehmenden Widerstands- und Befreiungskämpfe liefern ausreichende Beispiele der Macht des Namens mitten im 20. Jahrhundert und in den entwickelten Gesellschaften.

Die Modernität, in Gestalt der Französischen Revolution und der Menschenrechtserklärung hat jedoch der Legitimität durch Tradition eine völlig andere Form der Autorität hinzugefügt, die eher in die Zukunft blickt als in die Ewigkeit. In ihrer Ungeduld, Universalität zu erlangen und dem Wissen um die Schranken, die der Rekurs auf die nationalen Namen vor der Freiheit errichtete, sah sie in der Tradition die hauptsächliche Unterstützung des Despotismus. Nur die Idee der Vernunft, eines kosmopolitischen Bürgers, wie Kant sagt, kann für die Modernen das Wissen, die Werte und die Erziehung legitimieren. Befreit von Unwissenheit, Unterwerfung, Armut und Ausbeutung muß der mit allen Rechten ausgestattete Bürger von der Vergangenheit und der Tradition der Namen befreit werden. Der Name schreibt eine Eigenheit fest. Die universelle Freiheit jedoch trägt keinen Eigennamen. Nach dieser Logik versuchten die Mitglieder des Nationalkonvents die Namen von Personen, Orten, Maßeinheiten und den Kalender zu verändern, um sie einer vernunftorientierten Onomastik näher zubringen, bei der das Konzept, nicht die Tradition, im Namen eingraviert ist. Mit der gleichen Logik erklären sie, niemals Krieg gegen ein Volk führen zu wollen. Sie verstehen unter Volk offensichtlich die Gesellschaft freier Bürger, die potentiell in den Staatsgemeinschaften existiert, jenseits deren Beziehung zur Tradition und ihren Namen.

Diese Revolution in der Legitimierung bestimmt die politische Geschichte des 19. und 20. Jahrhunderts. Ich möchte diese Geschichte hier weder beschreiben, noch eine Bilanz ziehen. Ich begnüge mich mit der Feststellung, daß die Idee des universellen Bürgers die nationalen Namen nicht besiegen konnte. Der Konflikt zwischen den beiden Formen der Legitimität hat sich bis in Gemeinschaften ausgebreitet, die nichts von bürgerlichen Rechten wußten. Umgekehrt hat, besonders im Nazismus, der massive Rückgriff auf die Identifikation durch Eigennamen und die erzählerische Tradition in Verbindung mit einer tiefgehenden Identitätskrise, zu einer exterminatorischen Politik der Ausnahme ohne Beispiel in der Moderne geführt. Bisher konnte man davon ausgehen, daß der Rückgriff auf Name und Tradition Sache konservativer Parteien und Strömungen ist, der Rekurs auf Bürgerrechte und Freiheiten der der fortschrittlichen. Es trifft oft zu, daß in der Rhetorik der Rechten Sicherheit (und damit die Ausnahme) das Hauptargument bildet, in der Rhetorik der Linken die Freiheit. Die im 19. Jahrhundert noch eindeutigen Unterscheidungen in der politischen Philosophie gestalten sich heute, am Ende des 20. Jahrhunderts, zunehmend verschwommen. Der

Grund dafür liegt in der kapitalistischen Entwicklung im Weltmaßstab und im Niedergang der letzten großen modernen Erzählung der Emanzipation, dem Kommunismus. Unter dem gemeinsamen Namen von Freiheit und Universalität bahnen sich sowohl kapitalistische Expansionsinteressen als auch die einer sich in der Defensive befindenden national-kommunistischen Macht ihren Weg. Dieser führt nicht zur Emanzipation, sondern ersetzt einen Despotismus – zumindest jedoch eine Herrschaft – durch einen anderen. Umgekehrt kann der Kampf für die Ehre des nationalen Namens für eine gewisse Zeit eine authentische Befreiungsbewegung gegen den falschen Universalismus der Unterdrücker entfachen; nach der Unabhängigkeit jedoch kann er unter dem Vorwand, zu den Wurzeln der nationalen Identität zurückzukehren, als Maske des lokalen Despotismus dienen.

Bis jetzt habe ich noch kaum etwas über die Ausnahme gesagt. Es handelt sich um eine Politik der Namen. Bestimmten Namen ist es untersagt, einen bestimmten Platz in einem bestimmten Genre einzunehmen. Diese Politik ist in den meisten traditionellen Gesellschaften die Regel. Familien-, Orts oder Gebietsnamen sind bestimmten Beschäftigungen, Berufen oder Funktionen gewidmet. Die Affäre Dreyfus in Frankreich war die Geschichte einer Ausnahme: ein jüdischer Name im militärischen Metier. Die beiden Legitimitäten konnten sich in aller Ordnung konfrontieren.

Die Ausnahme geht durch die Gemeinschaft hindurch und schützt sie von außen. Namen aus anderen Gemeinschaften werden nicht anerkannt. Die alten Griechen, die unser demokratisches Ideal verkörpern, bezeichneten nicht-griechische Namen als barbarisch, d.h. unsäglich. Die Ausnahme zielt auf die Säuberung der Namen, also auf die Negation der Identität anderer Gemeinschaften. Ohne diesen Punkt weiter ausführen zu wollen, möchte ich behaupten, sie ist die Verweigerung des Geschehens par excellence.

Wir alle kennen Hunderte von großen oder kleinen Fällen der Politik der Ausnahme. Ich erinnere nur an ihre Beständigkeit, um zu den Fragen zu kommen, mit denen ich schließen möchte.

Die Idee der Freiheit als Grundlage von Recht und Gesetz, das republikanische Prinzip, wie es im 18. Jahrhundert verstanden wurde, ist immer eine Bedrohung für die durch Namen bestimmte Identität einer Gemeinschaft, ebenso wie das Allgemeine

eine Bedrohung für das Einzelne darstellt. Diese Bedrohung kulminiert im Terror von 1792/93: Im Diskurs der Emanzipation ist keiner mehr des Ortes würdig, den er innehat, jeder ist zu singulär, zu sehr durch seinen Namen bezeichnet.

Umgekehrt ist die traditionelle Legitimität eine Bedrohung für die Freiheit und begünstigt den Despotismus, indem sie sich durch die Ausnahme abgrenzt. Sie kulminierte im Nazismus. Niemand ist ausreichend bezeichnet. Jeder muß seinen Stammbaum, seine Herkunft nachweisen können.

Heute wissen wir, daß eine universelle Geschichte ohne Namen nicht denkbar ist, denn die Geschichte ist der Name (er geht uns voraus, er ist gegeben und mit der Geschichte behaftet; er kann nicht abgeleitet werden, sondern ist mit zukünftigem Sinn behaftet). Wir wissen, daß eine Geschichte ohne den Ausblick auf die Universalität, bestehend aus Welten von Namen, die sich gegenseitig ausschließen, unmöglich ist, denn Geschichte wird gemacht, nicht nur festgehalten. Wir wissen, daß es keine Dialektik gibt, die vom Namen zur Universalität führt. Wir wissen auch, daß die weltweite Verallgemeinerung des kapitalistischen ökonomischen Genres, die Entwicklung eines Weltmarktes, die Emanzipation nicht vorantreibt, und nicht zu dem führt, was die Aufklärung universelle Geschichte nennt. Und an diese Situation müssen wir anknüpfen.

(Aus dem Französischen von Sylvia Behnisch und Eva-Maria Jilg)

Jacob Rogozinski
Der Aufruf des Fremden
Kant und die Frage nach dem Subjekt

> »Von sich selbst hintergangen zu werden, ist doch das Allerärgste. Wenn nämlich der, der uns täuschen will, keinen Augenblick von unserer Seite weicht, sondern immerfort zugegen ist, wie sollte das nicht schrecklich sein?«
>
> *Platon*

> »Im Bewußtsein meiner Selbst beim bloßen Denken bin ich das *Wesen selbst*, von dem mir aber freilich dadurch noch nichts zum Denken gegeben ist.«
>
> *Kant*

Wer bin ich? Auf diese Frage gibt die *Kritik der reinen Vernunft* eine rätselhafte Antwort: im reinen Denken meiner selbst »bin ich das *Wesen selbst*« – was die französischen Übersetzer ein wenig voreilig mit »je suis l'être même« wiedergeben.[1] Es wäre allerdings falsch, eine solche Übersetzung einfach abzulehnen. Denn dieses *Wesen*[*2], das ich bin, reduziert sich keineswegs auf »mein« eigenes Wesen (»mon« essence propre), sondern behält hier die unbestimmte Neutralität des Wesentlichen (l'Essentiel, des Seins selbst (l'être même). Wir wissen von anderer Stelle, daß Kant Sein (l'être) als *Setzung* definiert. Aber das Gesetztsein kommt erst vom transzendentalen Horizont, den die synthetische Einheit der Apperzeption entfaltet, aus gesehen in Betracht. Sofern *Ich denke*, öffne ich die ursprüngliche Dimension allen Seins und Denkens: ich bin das Sein selbst, verstanden als Subjektivität. Die *Kritik* unterschreibt so ihre Zugehörigkeit zur Moderne – zu jener Epoche der Metaphysik, in der das Sein in seiner äußersten Vergessenheit als Subjekt abdankt, während die Wahrheit zur Vorstellungsgewißheit gerät. Und die befremdliche Sentenz, die wir zitierten, tut demnach nichts anderes, als die Grundaussage dieser Zeit in anderer Form zu bestätigen: *Ego cogito, ego sum*.

Es war Descartes' »Aufgabe ..., der Befreiung des Menschen ... als (der) ihrer selbst sichere(n) Selbstgesetzgebung den metaphysischen Grund zu gründen«.[3] Nach Heidegger deuten Descartes und seine Nachfolger die *cogitatio* als vorstellungsmäßiges Erfassen, das vom Seienden Besitz ergreift und es in völliger Sicherheit (bei sich) »zustellt«.⁴ Was der Vorstellung ihre unbedingte Gewißheit verleiht, ist das zum Grunde liegende (unter-liegende), sub-jektive »Stehen« (la stance), »worauf alles wie auf einen unerschütterlichen Grund versetzt ist«, die Sicherung des Ego als Subjekt. Von da an bewegt sich die Metaphysik auf ihren Zerfall zu, nämlich auf die Epoche, in der die freie menschliche Subjektivität sich als Wille zum Willen ausfaltet und die totale Beherrschung der Welt beansprucht.

Nun kann uns Heideggers Descartes-Interpretation trotz ihres erhellenden Werts, der sie buchstäblich unhintergehbar macht, nicht ganz befriedigen. Man könnte sie gelten lassen für die ersten beiden *Meditationen*, jene Gedankenentwicklung, wo am äußersten Punkt des Zweifels das Cogito sich in seiner unmittelbaren Evidenz erfaßt. Aber sie erklärt nicht den weiteren Gang der *Meditationen* und die sich dort vollziehende ontologische Wende. Nachdem ich, wenn ich zur Bestandsaufnahme meiner Gedanken übergehe, mich meiner Existenz vergewissert habe, treffe ich auf jenen einzigartigen Begriff: die Idee des Unendlichen, die einzige, »die nicht von mir selbst hat kommen können«, weil sie meine endliche Subjektivität übersteigt. Ich entdecke dann, »daß ich nicht allein in der Welt bin«, daß es ein Anderes gibt, dessen Unendlichkeit mich umfaßt und mich ins Dasein trägt. Die Idee dieses Anderen offenbart sich als die wahrste von allen, evidenter und gewisser als die Intuition des Cogito – älter und sicherer in mir als ich selbst. Die Wahrheit des *Ich denke* ist die, daß ich gedacht werde. Durch eine Umkehrung der Perspektive, eine »ontologische Revolution« (Levinas), nimmt das unendliche Andere, das Descartes mit dem Gott der Ontotheologie identifiziert, wieder die Stelle des obersten Prinzips ein. Das Ego, das diese Stelle besetzt hatte, wird wieder ausquartiert. Der Vorrang des Cogito war nur ein scheinbarer, ein ganz und gar provisorischer Vorrang, der durch die Kapitelfolge der *Meditationen* erfordert war. Nunmehr wird es schwierig, die Behauptung aufrechtzuerhalten, für Descartes gründe die Gewißheit der Vorstellung auf dem »Stehen« des menschlichen Subjekts. Ohne den Rekurs auf die göttliche Wahrhaftigkeit bliebe die autistische Evidenz des Cogito in sich selbst verschlossen und wäre unfähig, sich der Wirklichkeit der Welt zu vergewissern.⁵

Vielleicht gelingt es selbst dem Ego nicht, seine eigene Existenz solide zu begründen. Gewiß, die Anschauung meiner selbst im Cogito kann nicht in Zweifel gezogen werden. »*Ich bin, ich existiere*: das ist gewiß« – »aber«, fährt Descartes fort, »wie lange?«[6] Wenn ich als Ego nur ein denkendes Wesen[7] bin, dessen Gewißheit mit dem Bewußtsein des Denkens einerlei ist, ist die Wahrheit des Cogito gesichert, aber nur »sooft ich ihn (scil. den Satz: ›Ich bin, ich existiere‹; Anm. d. Übs.) ausspreche oder in Gedanken fasse«.[8] Sobald ich aufhöre, mich zu denken, bin ich mir nicht mehr bewußt, daß ich existiere.[9] Nun wissen wir, daß für Descartes die »Zeit meines Lebens« wesentlich diskontinuierlich ist. So ist meine absolute Gewißheit zu existieren nur im Aufblitzen des Augenblicks gegeben, um alsbald wieder zu verlöschen, und ich muß den darauffolgenden Augenblick mein Selbstbewußtsein wieder aufnehmen, meine verlorene Evidenz neu erfassen, mich über diese Fraktur eines Nichts (fracture de néant) hinweg wiederfinden. Aber kann ich mich denn überhaupt wiedererkennen, mich erneut identifizieren, wenn ich mich in jedem Augenblick wieder gänzlich verliere, wenn ich durch die Fragmentierung meiner zeitlichen Dauer nicht eine minimale Identität, eine hauchdünne Beharrlichkeit eines Selbstheitspols bewahre? Diese intermittierenden Momente meines Aufblitzens sind niemals ich selbst. Was dem cartesischen Cogito fehlt, ist die *Personalität*, und zwar in dem Sinne, den Kant diesem Terminus geben wird, dem eines Bewußtseins meiner Identität »in verschiedenen Zeiten«. Und wenn es mir nicht gelingt, mich als mich selbst anzuvisieren, weder in meiner Vergangenheit noch in meiner Zukunft, so ist die Wiedererfassung meiner selbst im gegenwärtigen Augenblick, »der nur durch sie (scil. meine Vergangenheit und meine Zukunft; Anm. d. Übs.) Bedeutung hat, ihrerseits in Mitleidenschaft gezogen. Das Bewußtsein der Instantaneität des Subjekts ist eine widersprüchliche Konzeption«. Als »fragmentarisches Bewußtsein eines ebenso fragmentarischen *ich denke*« erfordert es eine »äußere Garantie der Wahrhaftigkeit«.[10] In seiner Mangelhaftigkeit muß das Cogito selbst hier noch an die Bürgschaft Gottes appellieren. Mächtiger als der böse Geist stellt die Zeit die unmittelbare Selbstgegenwärtigkeit des Ego in Zweifel. Meine zeitliche Brüchigkeit, die das Mal meiner Endlichkeit ist, verbietet mir, mich als Grund meines Seins zu setzen: nicht nur, daß mein Dasein in der Zeit, wie alle endliche Wirklichkeit, eine kontinuierliche Wieder-Erschaffung durch die göttliche Kausalität voraussetzt, sondern es erfordert einen unaufhörlich erneuerten, aus dem Unendlichen kommenden Appell, der mich jedesmal in meiner Ichheit wieder bestätigt.

Alle Wege des Cogito führen zu Gott. Aber vom Cogito aus kann sich das Denken der Idee des Unendlichen öffnen. Wenn diese dem Begriff des Endlichen, d.h. meiner selbst, voraufgeht, so tut sie dies doch »in mir«. In der absoluten Einsamkeit meiner Selbstheit finde ich Zugang zu ihr, und obwohl sie mein Fassungsvermögen übersteigt, bleibt diese transzendente Idee meine. Das Cogito gründet in Gott, der das Cogito voraussetzt: Descartes' Vorgehensweise scheint sich hier in einer Aporie festzufahren. Aber dieser von den Kommentatoren oft hervorgehobene Zirkel hat seinen Ursprung zweifellos in der eigentümlichen Situation des Ego »in der Mitte« zwischen Nichts und Sein, Selbem und Anderem, Endlichem und Unendlichem. In seinem dissymetrischen Schnittpunkt scheint uns der cartesische Chiasmus treu jene paradoxe Bewegung zu beschreiben, die zu Anderem überhaupt nur gelangt, indem sie auf sich selbst zurückkommt, und sich lediglich um das Ego zentriert, um es zu dezentrieren. Sie ist das permanente Schwanken eines Denkens, dessen Grund sich entzieht und »immer gesucht bleibt, weil er ständig in der einen oder anderen Form erscheint – das Ego oder/und Gott«.[11]. Der Neubeginn der Metaphysik »bleibt von einer Ambivalenz belastet«, und diese ontologische Ambivalenz wäre demnach das Vermächtnis Descartes' an die Moderne. Die neuzeitliche Metaphysik wäre weniger eindeutig, als Heidegger dachte. Die sichere Begründung des Subjekts wäre in ihr ständig bedroht und labil. Aber diese Ambivalenz bleibt ungedacht und entgeht selbst denen, die sie zu bewerkstelligen suchen. Je weiter sich der cartesische Beginn entfernt, desto mehr gerät seine wesentliche Bedeutung in Vergessenheit. Er erscheint von nun an als eine unvollendete und inkonsequente Grundlegung, die man im Namen des Prinzips, das er einführt, von ihrer Begrenztheit zu befreien hat. Wird es dem auf totale Emanzipation der menschlichen Subjektivität abzielenden Projekt der Moderne hingegen gelingen, seine anfängliche Zweideutigkeit zu überwinden? Ist die Moderne nicht in jedem ihrer Hauptwerke mit der cartesischen Aporie konfrontiert und dazu verdammt, deren Zirkel neu zu durchlaufen?

Unter der Sonne des Subjekts

Was die Sicherung des Cogito empfindlich trifft und ihm verbietet, sich als absoluten Grund zu setzen, ist seine zeitliche Bestimmung. Es würde also genügen, es von der Zeit zu befreien, die Zeitlosigkeit des Ego zu behaupten, um die Aporie aufzulösen und das Subjekt wieder in seiner metaphysischen Würde einzusetzen. Es käme Kant zu, diese Neu-Begründung unter Berufung auf die *kopernikanische Revolution* durchzuführen. Ihren traditionellen Interpretationen zufolge richtet diese die Gesamtheit der Erscheinungen auf die Sonne des Subjekts aus, das sie zu Erfahrungsgegenständen macht. Man wird zugestehen, daß das Subjekt, das die Welt der Erscheinungen konstituiert, nicht selbst eine Erscheinung sein kann, daß es sich nicht um ein empirisches, sondern transzendentales Bewußtsein handelt, das aller Erfahrung vorausliegt und sie möglich macht. Die usprünglich-synthetische Einheit der Apperzeption ist nichts anderes als das Cogito, das *Ich denke*, das »alle meine Vorstellungen (muß) begleiten können« (B 131)[12] und die oberste Bedingung aller Erkenntnis bleibt. Während das empirische Ich wie alle Erscheinungen in der Zeit ist, verhält es sich nicht so mit dem transzendentalen Subjekt, das Kant als ein »reine(s), ursprüngliche(s), unwandelbare(s) Bewußtsein« (A 107), ein »stehende(s) und bleibende(s) Ich« (A 123) definiert. Die in der *Kritik* durchgeführte Aufspaltung des Subjekts erlaubt also, den bösen Geist der Zeitlichkeit auszutreiben, der die Evidenz des Cogito ins Wanken brachte.

Wie die meisten Denker der Moderne erweist sich Kant »cartesianischer« als Descartes: er kritisiert ihn nur auf seinem eigenen Terrain. Er geht von derselben Grundposition aus und will sie auf dem Boden der Wahrheit neu begründen. Was er der »rationalen Psychologie« Descartes' vorwirft, wäre demnach nicht so sehr, das Subjekt als reines Denken ins Zentrum seiner Theorie zu rücken, sondern im Gegenteil sich nicht daran zu halten: das »Bewußtsein des *Bestimmenden*« und das »des *bestimmbaren* Selbst, d.i. meiner inneren Anschauung« (B 407), zu verwechseln und umstandslos vom *Cogito* zum *Sum*, von der »rein intellektuellen Vorstellung« *Ich denke* zum »empirischen Satz« [13] *Ich bin* überzugehen. Eine ruinöse Verwechslung, die das cartesische Cogito zu einer Erscheinung herunterkommen läßt und es auf diese Weise dem Fließen des Werdens ausliefert. Dadurch daß die Kritik das Ich des *Ich denke* von dem des *Ich bin* unterscheidet, befreit sie das transzendentale Subjekt von der Zeitbedingung und macht den Rückgriff auf die göttliche Wahrhaftigkeit überflüssig. Zudem ist eine derartige Bürgschaft ebenso unnütz, wenn es darum geht, die Wirklichkeit der (Außen-)Welt zu sichern. Denn die »Widerlegung des Idealismus« zeigt, daß die Gewißheit der äußeren Erfahrung »eigentlich unmittelbar« und unzertrennlich mit dem Bewußtsein meiner Existenz verbunden ist. Und das, präzisiert Kant, gilt auch noch »in Träumen sowohl als im Wahnsinn« (cf. B 274-279).

Durch sich selbst, aus eigener Ermächtigung hat das Cogito seine zeitliche Brüchigkeit und Isolierung überwunden. Dadurch daß die kopernikanische Revolution das neue Prinzip in seiner unbedingten Gewißheit bestärkt, markiert sie einen entscheidenden Wendepunkt in der neuzeitlichen Metaphysik. Es genügte, Kants transzendentales Subjekt von seinen Beschränkungen zu emanzipieren – es »vom Joch des Dings an sich zu befreien« (Fichte) –, damit es in seinem ganzen Umfang zum Tragen kommt. Die Kritik arbeitete demnach bereits am metaphysischen Aufstieg des Subjekts zum reinen Ich und absoluten Geist. Sie zeichnete ihn wenigstens vor und skizzierte in ihrer Konzeption der ursprünglichen Apperzeption dessen Struktur. Die Apperzeption wird hinsichtlich ihrer Konstitutionsfunktion als die Möglichkeitsbedingung der Welt der Erscheinungen angesetzt: nach Kant sind alle Erscheinungen »insgesamt in mir, d. i. Bestimmungen meines identischen Selbst« (A 129). Und »wenn ich das denkende Subjekt wegnähme, (muß) die ganze Körperwelt wegfallen ..., als die nichts ist, als ... eine Art Vorstellungen desselben« (A 383). Dann wird nur noch die Grenzlinie zwischen Phaenomena und Noumena zu tilgen sein, damit sich das Subjekt zum Grund des Seienden machen kann. Es wird nicht mehr nur der Urheber der »*formalen* Einheit der Natur« (A 127; H.v.Vf.), sondern auch der Schöpfer ihrer *materiellen* Wirklichkeit sein, die ursprüngliche Einheit des Ich und der Welt, des Subjekts und des Objekts – der in seine eigene Schöpfung entäußerte göttliche Logos.[14] Diese absolute Subjektivität – vollkommen autonom, da sie es immer nur mit sich selbst zu tun hat – darf nicht mit dem einzelnen Bewußtsein eines empirischen Individuums verwechselt werden. Sie muß ein universales Subjekt oder eine unmittelbare Intersubjektivität sein, »ein Ich, das ein Wir ist, und ein Wir, das ein Ich ist« (Hegel). Auch hier hätte Kant den Weg geebnet. Denn er findet – gegen Leibniz – das *Individuationsprinzip* in den Bedingungen der sinnlichen Anschauung, d. h. im Dasein in Raum und Zeit. Wenn das transzendentale Ich unzeitlich ist, entzieht es sich diesen Bedingungen, emanzipiert es sich von jeder individuellen Bestimmung und kann sich nur als universales Subjekt definieren, als die »Form des Bewußtseins überhaupt«, »gültig für alles was denkt«.[15] Aber ist dies das letzte Wort der *Kritik*? Ist die absolute Subjektivität der neuzeitlichen Metaphysik wirklich das Subjekt Kants?

Die Interpretation, der wir bis hierhin gefolgt sind, ist nicht falsch. Sie gibt treu eine der Grundorientierungen des kantischen Denkens wieder, diejenige nämlich, die insbesondere in der *transzendentalen Deduktion* zum Ausdruck kommt. Dennoch ändert sich, sobald wir zur *Dialektik* übergehen, die Perspektive. Dort ist in der Tat vom universalen und selbstgenügsamen »absoluten Subjekt« die Rede – dies aber in der Absicht, es als transzendentalen *Schein*, als metaphysische *Illusion* zu denunzieren. Kant tritt im voraus dem entgegen, was später das Prinzip der nachkantischen Systeme werden sollte, und seine Kritik des cartesianischen Dogmatismus gilt genauso für Fichte, Hegel oder Feuerbach. Sie trifft ebenso seine eigene Konzeption des transzendentalen Bewußtseins, insofern diese bereits die Lehren des absoluten Subjekts antizipiert. Damit aber stellt sich das Problem der inneren Kohärenz der *Kritik der reinen Vernunft*, die hier in ihrem innersten Kern zerrissen scheint: durchquert von einer *ontologischen Ambivalenz*.[16]

Seit der ersten Auflage der *Kritik* scheint Kant in der Tat zwischen zwei sehr verschiedenen, sogar sich widersprechenden Konzeptionen des transzendentalen Subjekts geschwankt zu haben. Während die *Analytik* den Akzent auf dessen Spontaneität, seine dynamische Synthesis-Aktivität legt, scheint die *Dialektik* ihm sein Konstitutionsvermögen wieder zu nehmen: es ist »die bloße Form des Bewußtseins« (A 382), »die ärmste aller Vorstellungen«, der »an Inhalt gänzlich leere Ausdruck Ich« (A 355). Die formale Abstraktion des Cogito drücke nur den tautologischen Satz *Ich=Ich* aus. Auch seine Prädikate sind immer nur analytische (und nicht synthetische) Urteile, die nur die logischen Implikationen dieser abstrakten Identität erläutern, ohne uns irgend etwas Wirkliches zu erkennen zu geben. Und wenn das *Ich denke* nur eine leere Form ist, kann es nicht radikal von dem, was es in eine Form bringt, dissoziiert sein. Es wird also unmöglich, eine Wesensunterscheidung zwischen einem unzeitlichen transzendentalen Bewußtsein und einem in der Zeit situierten empirischen Bewußtsein aufrechtzuerhalten. Kant zögert, das zuzugestehen, aber die Kritik des dritten Paralogismus bringt schließlich die Entscheidung: wir werden niemals beweisen können, daß das Cogito »nicht ebenso fließe, als die übrigen Gedanken, die dadurch aneinander gekettet werden« (A 364). Der böse Geist der Zeitlichkeit wäre demnach nicht ausgetrieben worden, und die Kritik müßte der cartesischen Aporie, die sie versucht hatte aufzulösen, anheimfallen. Wie steht es aber nun mit der Wirklichkeit der (Außen-)Welt und der Identität des Ich? Halten wir vorläufig nur fest, daß diese Fragen anläßlich der Kritik des Paralogismus der Personalität auftauchen. Diese hat demzufolge eine entscheidende Bedeutung, und wir werden auf sie zurückkommen müssen.

Der dargestellten Interpretation zufolge sichert die kopernikanische Revolution das Cogito in seiner unbedingten Gewißheit ab und reiht sich in das Epos der neuzeitlichen Metaphysik ein. Diese Interpretation hat sich als einseitig erwiesen: sie beschreibt nur eine der Orientierungen des kantischen Denkens, ohne die Ambivalenz, die es durchzieht, zu berücksichtigen. Retrospektiv von der *Dialektik* aus betrachtet zeichnet sich jedoch eine andere Orientierung ab – authentischer »kopernikanisch« und der Grundabsicht Descartes' näher. Weit davon entfernt, die Welt wieder um eine konstitutive Subjektivität zu zentrieren, dezentriert sie das Ego und nimmt ihm das Privileg, das die Moderne ihm verleiht. Von diesem Gesichtspunkt aus besteht die kopernikanische Revolution nicht mehr darin, »das Sein dem Subjekt zu unterwerfen, sondern im Gegenteil darin zu zeigen, daß das Subjekt, da es der Autor seiner Erkenntnis ist, das Sein nicht erfassen kann«.[17] Was mit einschließt, daß das Ego *sich selbst* in seinem Sein nicht erfassen kann, daß von dem Wesen, das ich bin, mir »nichts zum Denken gegeben ist« (B 429). Indem ich mich als Cogito anvisiere, treffe ich nur auf eine leere Form. Als Erscheinung würde ich mir selbst unaufhörlich im Fluß der Zeit entweichen. Jedesmal, wenn ich glaube, mich in mir wiederzufinden, mich (wieder) zu erkennen, wie ich bin, verliere ich mich im transzendentalen Schein.

Die Metaphysik fürchtet sich vor der Leere. So beeilt sie sich, die klaffende Leere des Subjekts auszufüllen, indem sie »die Lücke durch Paralogismen der Vernunft ausfüllt, ... woraus eingebildete Wissenschaft ... entspringt« (A 395), eine dogmatische »rationale Psychologie«. Dadurch daß die *Dialektik* diese Paralogismen – die die Substantialität, Simplizität, Personalität und Idealität des Ich behaupten – kritisiert, nimmt sie es nicht nur mit philosophischen Thesen über die Subjektivität auf. Sie hat es hier mit einem unvermeidlichen »natürlichen Schein« zu tun, der »in meinem eigenen Bewußtsein unausbleiblich anzutreffen« ist (A 362). Die metaphysischen Konzeptionen des Subjekts sind verwurzelt in mir – in der Art, wie ich mich selbst notwendig vorstelle. Und Kant unterstreicht, daß »selbst der Weiseste unter allen Menschen ... den Schein ..., der ihn unaufhörlich zwackt und äfft, niemals völlig loswerden kann« (B 397/A 339). Was übrigens eins der gefürchtetsten Probleme der *Kritik* stellt. Selbst wenn die Paralogismen nur einen »einseitigen Schein« (B 433/A 406) mit sich führen, so bleibt dieser doch gefährlicher und schwieriger aufzulösen als die Hypostasen der Welt und Gottes. Denn es ist *mein eigener* Schein, eine Illusion, die mich durch und durch in Bann hält. Und man sieht nicht, wie und *von welchem Standpunkt aus* ich mich von diesem Schein, der ich selbst bin, losreißen könnte. Auch darauf werden wir zurückkommen.

Im Moment ist es wichtig, präzise anzugeben, worin das »dialektische Laster« der rationalen Psychologie besteht. Wir können nicht mehr die Verwechslung des *Cogito* und des *Sum*, des bestimmenden und des bestimmbaren Selbst verantwortlich machen. Da das erste nur die formale Bedingung des zweiten ist, besteht der Irrtum weniger darin, beide gleichzusetzen, als vielmehr darin, sie zu trennen, d.h. das *Ich denke* vom Ich als Erscheinung, dessen immanente Form es ist, willkürlich zu isolieren, um es so, wie es an sich selbst wäre, »in seiner abgetrennten Existenz«, als ein Ding an sich zu erfassen versuchen. Man hält nämlich dann eine leere Form für eine substantielle Wirklichkeit und verwandelt sodann die (analytischen) logischen Prädikate des formalen Subjekts in (synthetische) reale Eigenschaften eines substantiellen Subjekts. Da die rein tautologischen analytischen Urteile keine Beziehung auf die Bedingungen der sinnlichen Anschauung haben, versucht man nun, die Existenz des Subjekts unter Absehung von der Zeit zu bestimmen. So entsteht der dialektische Schein eines unzeitlichen »Subjekts an sich«.

Heißt das, daß Kant die *wirkliche* Existenz dieses Subjekts an sich, das dem Ich als dessen unerkennbares Substrat zugrundeliegt (cf. A 350), voraussetzt? Wir glauben nicht, denn die kantische Grenzziehung zwischen Erscheinung und Ding an sich stellt nicht zwei verschiedene Gegenstände einander gegenüber, sondern zwei Erkenntnisweisen: die der sinnlichen Anschauung unterworfene rezeptive Spontaneität der endlichen Erkenntnis und die absolute Spontaneität einer intellektuellen Anschauung, die auf das Seiende nicht mehr angewiesen wäre, sondern es durch einen schöpferischen Akt aus sich selbst hervorbrächte. Aus diesem Grunde kann »der Mensch ... sich nicht ... erkennen, wie er an sich selbst sei ..., da er doch sich selbst nicht gleichsam schafft«.[18] Mein Unvermögen, das Subjekt, das ich bin, »an sich selbst« zu erfassen, ist schlicht das Mal meiner Endlichkeit. Es verweist nicht auf die obskure Anwesenheit eines weiteren Ich »hinter« dem empirischen Ich. Es erinnert mich lediglich an jene cartesische Wahrheit: daß ich nicht causa mei bin, daß es keine Selbstkonstitution oder Selbstbegründung des Ich gibt. Das Subjekt der Metaphysik ist nur eine Illusion der reinen Vernunft.

Muß man daraus schließen, daß wir den Begriff des Subjekts überhaupt verwerfen müssen? Bekanntlich hat der »negative Nutzen« der Kritik sein positives Gegenstück. Sie verwirft die grundlegenden Begriffe der Metaphysik nicht ganz und gar, sondern tritt nur ihrem illegitimen spekulativen Gebrauch entgegen. Sie bewahrt sie hingegen als regulative Ideale auf, und vor allem garantiert sie die Möglichkeit ihres moralischen Gebrauchs. Gott, Freiheit, Unsterblichkeit der Seele finden, sobald sie ihrer traditionellen Funktion einmal entledigt sind, rasch einen Gebrauch als Postulate der praktischen Vernunft ... Im Unterschied zu unseren »dekonstruktivistischen Barbaren« hätte die vorsorgliche »kritizistische« Weisheit das Subjekt der Metaphysik nur erschüttert, um eine »nicht-metaphysische Konzeption der Subjektivität« zu begründen ... Ist das aber wirklich so? Müßte man nicht eher den Wust dieser wohlbekannten (vermeintlichen) Selbstverständlichkeit, die immer noch um Kants Werk kreisen, in Frage stellen? Kann man sich darauf beschränken, den illegitimen Gebrauch eines Begriffs oder einer Kategorie zu verurteilen, bevor man ihnen eine neue Funktion zuspricht – als ob man ihren Mißbrauch von ihrem Sinn trennen könnte? Ist der Subjektbegriff nicht völlig impliziert in der Bestimmung, die ihm die metaphysische Tradition zuschreibt?

Der erste Paralogismus der rationalen Psychologie besteht in der Bestimmung des Selbst (oder Ich) als Substanz. Nach der *Analytik* bezeichnet die Kategorie der Substanz das, was in der Zeit, »als Substrat alles Wechsels«, beharrt.[19] Dialektisch aufs Subjekt angewandt bringt sie den Schein einer »objektive(n) Beharrlichkeit meiner Selbst« (A 363) hervor, eine *Ent-Zeitlichung* des Ich. Aus dieser Beharrlichkeit in der Zeit schließt die rationale Psychologie dogmatisch auf eine Beharrlichkeit außer der Zeit, auf »die absolute Beharrlichkeit derselben (scil. der Seele) über das Leben hinaus« (B 415). Das Substanz-Subjekt der Metaphysik ist zunächst die unsterbliche Seele. Aber der Text der *Kritik* gebraucht diesen Begriff auch in seiner traditionellen Bedeutung: der »eines für sich bestehenden Subjekts« (B 413) – eines vollkommen autonomen und selbstgenügsamen, absoluten Seienden. Ich wäre selbst dieses autarke Subjekt, wenn ich einen Zugang hätte zu einer »Bestimmung meines Daseins durch intellektuelle Anschauung«, denn dann »wäre zu derselben (scil. zur Bestimmung meines Daseins) das Bewußtsein eines Verhältnisses zu etwas außer mir nicht notwendig gehörig« (B XL Anm.). Diese beiden Bedeutungen des Substanzbegriffs sind eng miteinander verbunden: einzig ein Seiendes, in dem das Vermögen, sich selbst zu setzen, liegt, könnte in seiner Selbstsetzung fortbestehen und der unaufhörlichen Veränderung des Daseins in der Zeit Widerstand leisten. Seine zeitliche Beharrlichkeit beruhte so auf seinem sub-stanz-haften Bestand, auf dem, was es zu einem *hypo-keimenon* macht: nämlich *das von sich aus schon Vorliegende**, das Unter-liegende, das sich immer schon aus sich selbst gesetzt hat.[20] Bekanntlich ist dieser griechische Terminus mit *subiectum* übersetzt worden. So bezeichnet das Subjekt, noch ehe es das menschliche Subjekt bezeichnet, den *Unterstand** oder *Unterwurf**, der seine stabile Erhaltung und Selbstgegenwärtigkeit sichert. Von Aristoteles bis Hegel ist – wenn auch jedesmal in einem verschiedenen Sinn – *ousia* als hypokeimenon gedacht worden: »die Subjekte aller Akte werden als Substanzen verstanden« (Descartes), und die Substanz vollendet sich im absoluten Subjekt.

Das sub-iectum greift Platz unter den Begründungsprinzipien der abendländischen Philosophie, die das Sein des Seienden immer bestimmt hat als beständige Gegenwart, stabiles und sicheres Fortbestehen, als eine vorherrschende Über-Macht – als energeia, actus, Grund*, Wille. Das Ego, das sich zum Subjekt macht, wendet sich von seiner Endlichkeit ab und verleugnet unter der Illusion einer substantiellen Beharrlichkeit seine zeitliche Bedingung und Not. Es beansprucht, aus und durch sich selbst zu subsistieren, ohne sich durch seinen Bezug auf ein Außen, ein gesetzgebendes Anderes verändern zu lassen. Seine Selbstgefälligkeit genießend verharrt es in dem, was es ist. War der Subjektbegriff immer mit dem Substanzbegriff verbunden, so nimmt es die *Kritik*, wenn sie den Paralogismus der Substantialität kritisiert, notwendigerweise auch mit dem Subjekt auf, dem Subjekt als Paralogismus der Vernunft, als transzendentalem Schein. Sie ruiniert eine der Hauptstützen der Metaphysik, und die Zeit, die alle Beharrlichkeit davonträgt, ist der Agent dieser Ruinierung. Jener Text, der gelassen mit Jahrhunderten von Tradition bricht, verdient es, ohne Kommentare zitiert zu werden: »der Begriff eines Dinges, was für sich selbst als Subjekt ... existieren kann, (führt) noch gar keine objektive Realität bei sich ... Soll er also unter der Benennung einer Substanz ein Objekt, das gegeben werden kann, anzeigen; soll er eine Erkenntnis werden: so muß eine beharrliche Anschauung ... zum Grunde gelegt werden. Nun haben wir aber in der inneren Anschauung gar nichts Beharrliches ...; also fehlt es uns auch, wenn wir bloß beim Denken stehenbleiben, an der notwendigen Bedingung, den Begriff der Substanz, d. i. eines für sich bestehenden Subjekts, auf sich selbst als denkend Wesen anzuwenden, und die damit verbundene Einfachheit der Substanz fällt mit der objektiven Realität dieses Begriffs gänzlich weg« (B 412 f.). *Unsterbliche Seele, absolutes Subjekt, Identität der Person* – alles sinnleere Ausdrücke.

Vom »Subjekt« bleibt nichts übrig, es sei denn bestenfalls seine logische oder grammatische Bedeutung. Aber von der ontologischen Subjektkategorie ist kein kritischer oder regulativer Gebrauch mehr möglich. Will man sie auffrischen, indem man sie auf die praktische Ebene überträgt, importiert man nur die dogmatische Metaphysik in den Bereich der Moral. Kant entgeht diesem *Paralogismus der praktischen Vernunft* nicht. Während die *Analytik* der Subjektivität einen eminenten Platz einräumte, neigt die *Dialektik* dazu, ihn ihr abzusprechen. Allerdings schreckt Kant vor der Radikalität seines eigenen Vorgehens zurück und wird versuchen, »praktisch« wieder das einzuführen, was die *Dialektik* zerschlagen hat. So taucht in anderer Form die von Descartes geerbte ontologische Ambivalenz wieder auf, auf die wir bereits aufmerksam geworden waren. Damit aber stellt sich die Frage, ob eine Absetzung der Subjektivität nicht ein ethisch und politisch gefährliches Unternehmen ist. Wenn man der »Dehumanisierung«, der »entfremdenden« Dominierung einer verdinglichten Objektivität sich widersetzen will, muß man dann nicht für den Menschen Partei ergreifen, muß man dann nicht »immer mehr Subjektivität« einklagen?

Dem können wir eben nicht zustimmen. Jene pathetischen Mahnungen bleiben inkonsistent, solange sie naiv das Subjekt, den Menschen, das Individuum, das Ego gleichsetzen. Denn *das Subjekt ist nicht der Mensch*. Die transzendentale Subjektivität läßt sich nicht auf die empirische Wirklichkeit des Menschen reduzieren. Die Kritik ist keine Anthropologie. Auf der transzendentalen Ebene, auf der sie sich ansiedelt, kann noch nicht die Rede sein von jenem Phänomen, dem Menschen.[21] Und vor allem *ist das Ego nicht notwendig Subjekt*: das Subjektsein ist nicht die einzige Seinsweise des Ego. Sie kommt ihm erst während einer späten Epoche zu, und dies um den Preis einer gewaltigen Aufbürdung, die es entstellt und erdrückt. Als Subjekt bin ich nicht mehr ich selbst. Das sub-iectum ist nämlich nicht nur der subsistierende Grund, der das Seiende trägt, es ist auch jener *Wurf*, der sich nach außen wirft, um sich das Seiende entgegenzustellen (ce *jet* qui se projette au-dehors pour s'objecter l'étant). Das transzendentale Bewußtsein ist unmittelbar Gegenstandsbewußtsein. Das Subjekt konstituiert den Gegenstand, indem es sich vergegenständlicht, und diese Vergegenständlichung ist das Wesen (l'essence) der Subjektivität. So hat der größte Teil der Nachkantianer die kopernikanische Revolution interpretiert. In dieser Perspektive gibt es kein Subjekt, das nicht, wie Schelling hervorheben wird, »zugleich Subjekt und Objekt« ist. Die absolute Subjektivität fällt dann mit der Objektivität des Objekts zusammen. Die Metaphysik des Subjekts ist ein Objektivismus: wenn sie versucht, sich durch diesen Gewaltakt dem Ego aufzuzwingen, nimmt sie ihm seine Ichheit.[22]

Das Subjektivitätsprinzip dekonstruieren läuft demnach darauf hinaus, jene Vergegenständlichung zu reduzieren und folglich das ursprüngliche Wesen des Ego zu befreien, das nun nicht mehr als subiectum wird bestimmt werden können. Was in mir das »Subjektivste« – Singulärste – ist, ist nicht Subjekt. Zu dieser Befreiung veranlaßt uns die *Dialektik*. Die von ihr auseinandergenommenen Paralogismen bestehen stets darin, die transzendentale Ich-Form »für eine metaphysische Bestimmung des Objekts« (B 409), eine »Anschauung des Subjekts als Objekts« (B 421) zu halten. Das Subjekt als Subjekt-Objekt – *das* ist der metaphysische Schein. Ein Schein, der seinen Ursprung in der Seinsweise des Ego hat. Ob ich mich als Erscheinung oder als transzendentales Ich anvisiere – jedesmal erfaße ich mich nur im Horizont der Objektivität. Als Cogito »denke (ich) mich nur wie ein jedes Objekt überhaupt« (B 429), und *das* bin nicht ich. Es kann nicht *dieses* Ego sein, das ich bin. Als Erscheinung unterwerfe ich mich noch sicherer der Objektivität: im unaufhörlichen Fluß des inneren Sinnes kann ich mich nur mit Hilfe der objektiven Beharrlichkeit der Dinge vorstellen. Je mehr ich mich als Subjekt behaupte, desto mehr verliere ich mich im Objekt – ich verzweifle daran, nicht ich zu sein.

Das Ego als Gefühl und Singularität

Unsere Ausgangsfrage kehrt noch einmal wieder: Wer bin ich in meinem Sein, wenn ich weder Subjekt noch Objekt bin, wenn ich mich weder in der Erscheinung des Ich noch in seiner transzendentalen Form und noch weniger in seiner metaphysischen Hypostase erfasse? Die *Dialektik* hat mich darüber belehrt, daß ich nicht erkennen kann, *was* ich bin. Kann ich mich wenigstens vergewissern, *daß* ich bin? Ist Kants Denken imstande, die Frage des Daseins des Ego zu erörtern, das Verhältnis zwischen dem *Ich denke* und dem *Ich bin* aufzuklären?

So überraschend es auch sein mag, Kants Position ändert sich in diesem Punkt nicht: ihre Beziehung ist nicht synthetisch, sondern analytisch. Der Satz *Ich denke* »drückt unmittelbar« ein Dasein »aus«. Er ist ein Satz, »der schon ein Dasein in sich schließt, als gegeben« (B 418). Hier sind wir mit einem – äußerst wenig »kantischen« – Ausnahmefall eines analytischen Urteils konfrontiert, das direkt eine Existenzsetzung impliziert. Wenn Kant den ontologischen Gottesbeweis kritisiert, wird er allerdings erneut behaupten, daß »ein jeder Existenzialsatz synthetisch sei« (B 626/

A 598). Aber was für die »hundert Taler« gilt, gilt nicht für mich. Was Kant dem Gottesbegriff absprechen wird, spricht er hier dem Begriff des Ego zu. Wie hat man dieses befremdliche Gegebensein einer Existenz, die aus dem bloßen Denken hervorzugehen scheint, zu verstehen? Die zweite Auflage der *Kritik* bemüht sich, das Problem zu formulieren, indem sie zwei Modi des Cogito unterscheidet: seinen rein formalen und seinen existentialen Sinn. »Der Satz..., *Ich denke*, sofern er soviel sagt, als: Ich *existiere denkend*, ist nicht bloße logische Funktion, sondern bestimmt das Subjekt... in Ansehung der Existenz« (B 429). Im zweiten Sinn genommen ist der »Satz, Ich denke, oder, ich existiere denkend, ... ein empirischer Satz«, weil ihm »empirische Anschauung ... zu Grunde« liegt (B 428), die zum »Aktus, Ich denke« »den Stoff ... abgibt« (B 423 Anm.). Es kann nicht die Rede sein von der bestimmten Anschauung des Gegenstandes des inneren Sinnes, des erscheinenden Ich mit seinem Fluß von Erlebnissen, seiner scheinbaren Einheit, seiner Geschichte. Kant bemüht sich zu präzisieren, daß es sich um eine »unbestimmte empirische Anschauung«, eine »unbestimmte Wahrnehmung« handle (B 422 f. Anm.), oder auch um das »Gefühl eines Daseins ohne den mindesten Begriff«.[23] Dieses Gefühl »bedeutet hier nur etwas Reales, das gegeben worden ... als etwas, was in der Tat existiert, und in dem Satze, ich denke, als ein solches bezeichnet wird« (B 423 Anm.). Diese rohe Faktizität des Cogito, in einer vorobjektiven, vorkategorialen Quasi-Wahrnehmung empfunden, in der Undurchsichtigkeit des Gefühls, diese morgendliche Umklammerung des Denkens und des Seins vor aller Konkretion eines Subjekts und eines Objekts – das ist das Dasein des Ego, das ich bin. Das ganze Gewicht der Welt ruht so auf dem Rätsel einer inaugurierenden Wahrnehmung. In diesem reinen Daseinsgefühl bin ich *das Wesen selbst**, der Grundgehalt meiner selbst, der Dinge und der Welt. Von diesem Wesen (être), das ich bin, ist mir nichts zum Erkennen gegeben, sondern nur zum Warnehmen, zum Empfinden.

Dennoch wird dieses Gegebensein des Ego in dem Augenblick, in dem es sich in den kantischen Text einschreibt, sogleich wieder verdeckt und abgeleugnet. Denn, die Seinsweise des Ego einer Wahrnehmung oder einem Gefühl gleichkommen zu lassen, läuft innerhalb der Problematik der ersten *Kritik* darauf hinaus, es als eine empirische Affektion zu bestimmen, die vom Fluß des inneren Sinnes davongetragen wird. Nun ist das aber gerade das, was Kant vermeiden möchte: »so scheint es, als wenn nach unserer Theorie die Seele ganz und gar ... in Erscheinung verwandelt würde, und auf solche Weise unser Bewußtsein selbst, als bloßer Schein, in der Tat auf nichts gehen müßte (B 428).[24] Wenn man dieser Vernichtung des Ego zuvorkommen will, ist es wichtig, es der Welt der Erscheinungen zu entziehen. Das aber erweist sich als unmöglich, und die *Kritik* zögert und wird kopflos am Rande des Unmöglichen: »es ist zu merken, daß, wenn ich den Satz: ich denke, einen empirischen Satz genannt habe, ich dadurch nicht sagen will, das *Ich* in diesem Satz sei eine empirische Vorstellung, vielmehr ist sie rein intellektuell, weil sie zum Denken überhaupt gehört.« (B 423 Anm.) Kant sieht sich hier gezwungen, die Quasi-Wahrnehmung des Ego sowohl in der sinnlichen Welt als auch im reinen Denken anzusiedeln, im Empirischen und im Transzendentalen, das heißt: nirgendwo. Daher jenes Eingeständnis des Unvermögens des Philosophen, dem entgleitet, was er denken muß: »Eine unbestimmte Wahrnehmung bedeutet hier nur etwas Reales, das gegeben worden, und zwar nur zum Denken überhaupt, also nicht als Erscheinung, auch nicht als Sache an sich selbst (Noumenon)« (ibid.). Dann kann man auch gleich sagen, die reale Existenz des Ego sei dem reinen Denken unmittelbar gegeben, ohne in einer sinnlichen Anschauung (als Erscheinung) rezipiert zu werden, noch durch eine intellektuelle Anschauung (als Ding an sich) hervorgebracht zu sein. Im strikten Rahmen der *Kritik* scheint eine solche Behauptung sinnlos.

Weder Subjekt noch Objekt, weder Erscheinung noch Ding an sich, weder bloß empirisch noch rein transzendental, zugleich analytisch und synthetisch – das Ego, das ich bin, findet keinen Platz im kantischen System. Er bringt es zum Zerspringen, es *dekonstruiert* es. Im Begriff, die Wahrheit des Ego, die oberste Bedingung der Welt, aufzudecken »in seinem Wesen (essence) selbst« zu erfassen, scheitert die Kritik.

Erwähnen wir nebenbei, daß eine »dekonstruktive« Lektüre nicht die Ausübung einer willkürlichen Gewalt ist, die den ehrwürdigsten Philosophien angetan wird. Man kann vielmehr dadurch, daß man den Fortgang der Texte selbst gemäß dem ihnen je eigentümlichen Vorgehen verfolgt, den Punkt entdecken, an dem ihre Grenzziehungen ins Schwanken geraten, ihre Architektonik den Halt verliert. So verhält es sich mit jedem bedeutenden

Werk, genau deswegen nämlich, weil es auf das Wesentliche abzielt, die »Sache selbst«, die sich ständig entzieht. Es vermag sich ihm flüchtig nur anzunähern, indem es über seinen eignen Verständnishorizont hinausdenkt und den transzendentalen Schein durchquert, der jedes Denken in seinen Bann nimmt. Es ist unwesentlich, daß Kant daran scheitert, den Status des Ego klar zu definieren, und daß dessen Dasein nur um den Preis der Aufgabe der gängigen begrifflichen Unterscheidungen des Kantianismus verortet werden kann. In seiner Zerrissenheit und Not bewegt sich Kants Denken sicherer auf das Sein des Ego zu, als Fichtes Fünffach-Synthesen oder die majestätischen Konstruktionen des Hegelschen Systems.

Wer bin ich, sofern ich »denkend existiere«? Ich bin nichts als das Gefühl meines eigenen Daseins. Unbestimmte Selbstaffektion, ohne psychischen »Inhalt« und affektive Tönung, gleichwohl im Raum und in der Zeit, weil – woran die dritte *Kritik* erinnern wird – unserer Gefühle »immer ... zuletzt doch körperlich«, in einer leiblichen Materialität verwurzelt sind.[25] Das *Sum* des *Cogito* entstammt einer nicht-empirischen – gewissermaßen »untersinnlichen« – Sinnlichkeit, einer transzendentalen Sentimentalität, die so etwas wie der lebendige Leib des Ego wäre, der noch diesseits aller phänomenalen Konkretion und *Selbstverkörperung* in einem menschlichen Organismus empfunden wird. Die Individuation setzt nach Kant die Bedingungen des Raumes und der Zeit voraus: eine »rein intellektuelle Vorstellung« des Ego wäre nur die entkörperlichte Vorstellung eines »Ich« überhaupt, durch sie wäre mir nicht jenes einzelne Ego, das ich bin, gegeben. Aber die Singularität des Ego ist nicht nur die eines innerhalb des Seienden bestimmten Seienden, eines besonderen menschlichen Individuums unter anderen. Was weder Subjekt noch Objekt, weder Erscheinung noch Ding an sich ist, was weder zur sinnlichen noch zur intelligiblen Welt gehört, das kann nur am Endpunkt einer Reduktion aller weltlichen Idealität und Realität erfaßt werden. Sein rätselhaftes Dasein muß in seinem radikalen Unterschied zu allem, was nicht es selbst ist, gesehen werden. Die Beziehung des Ego zum Non-Ego impliziert eine ursprüngliche Dissymetrie, die wir die *egologische Differenz* nennen werden.[26] In der Quasi-Wahrnehmung meiner Ichheit empfinde ich mich als verschieden von allem anderen, ich erfahre mich als Anderes als alles Seiende: als ob ich das Sein selbst, das Eine und das

Singuläre wäre. Das Gefühl meiner Differenz ist die erste Evidenz, die einzige absolut unbedingte Wahrheit – so weit, daß sie unmittelbar eine Existenzsetzung einschließt. Es ist dieses Gefühl, das in der ursprünglichen Apperzeption »alle meine Vorstellungen begleiten« muß, das jeder Erscheinung einer Welt, die vor allem meine eigene Welt bleibt, meinen Stempel aufdrückt. Die egologische Differenz bleibt unreduzierbar. Welches auch immer die transzendente Andersheit sei, die ich im Blick habe – die des Anderen, des Seins oder Gottes –, dieses In-den-Blick-Nehmen ist meines, und von diesem Punkt Null der Welt aus, diesem Ego-Zentrum, wird es mir möglich sein, mich ihr zu öffnen.

Allerdings ist nichts prekärer und instabiler als dieses ursprüngliche Gefühl. Weit entfernt davon, zur gesicherten Gewißheit der Subjektivität Zugang zu erlangen, verdunkelt sich die Ego-Wahrheit unaufhörlich, verblaßt die egologische Differenz und gerät in der Bewegung ihres Gegebenseins in Vergessenheit. Im nivellierten Raum und in der nivellierten Zeit einer objektiven Welt stelle ich mich als Einen-unter-anderen vor, als ein Glied des sozialen Körpers, eine Parzelle des großen Ganzen, Körper unter Körpern, Seiendes unter Seiendem. Unter dieser Streichung (rature), die die egologische Differenz verdeckt, beharrt diese gleichwohl: mein Gefühl, ich zu sein, bleibt die ursprüngliche Evidenz, die in jeder Setzung eines anderen Daseins vorausgesetzt ist. Um in der Gemeinschaft aufzugehen oder mich in der Objektivität zu verlieren, muß ich bereits den Horizont geöffnet haben, in dem sie mir als von-mir-verschieden erscheinen können. Ich muß mir vom Gefühl meiner Differenz ausgehend die Wirklichkeit der Welt und die Andersheit des Anderen gegeben haben. In diesem Sinne hatte die *Deduktion* nicht Unrecht zu behaupten, daß »alle Erscheinungen in mir sind«, als soviele »Bestimmungen meines identischen Selbst« (A 129). Es würde dann also darum gehen, die verschiedenen Konstitutionsmodi dieser Erscheinungen genauer zu analysieren, etwa zu zeigen, wie bzw. durch welche Änderung des Ichheitsgefühls »in mir« der Seinssinn des alter ego auftritt. Erst dann wird man die in der Erfahrung gegebene tatsächliche Pluralität der Egos bedenken und die Strukturen ihres Zusammen-Seins zu beschreiben versuchen können. Beansprucht man, eine Theorie der Interaktion oder des »kommunikativen Handelns« zu konzipieren, ohne auf eine zuvor entwickelte Analyse des Ego und der egologischen Differenz zu rekurrieren und ohne die wesentliche Dissymetrie des transzendentalen Feldes zu berücksichtigen, läuft man Gefahr, bloß auf Sand zu bauen. Diejenigen, die sich auf die »Kommunikation« und die »Intersubjektivität« berufen, um die »Subjektphilosophie« herunterzumachen, können die Wahrheit des cartesianischen Chiasmus nur verkennen: daß ich zunächst alle innerweltliche Vorhandenheit reduzieren und mich selbst in der Einsamkeit des Absoluten erfassen muß, um »in mir« das Indiz einer Andersheit, die mich übersteigt, entdecken und schließlich Zugang zur Welt und den anderen finden zu können. Die Öffnung der egologischen Differenz impliziert bereits einen Bezug auf das Von-mir-Verschiedene, sie setzt voraus, daß »das Ego nicht ohne ein Non-Ego denkbar« ist (Husserl), oder auch daß »das Dasein wesentlich und an ihm selbst Mitsein« ist (Heidegger). Aber dieses Treffen auf das Andere im Selben, dieses Vor-Gegebensein einer unendlichen Transzendenz in der Immanenz der egologischen Sphäre ist das Problematischste. Der Andere ist das Rätsel, die ursprüngliche Befremdung.

Ohne es jemals wirklich thematisiert zu haben, hat es die *Dialektik* doch nicht versäumt, sich wenigstens einmal damit auseinanderzusetzen: »Es muß ...gleich anfangs befremdlich scheinen, daß die Bedingung, unter der ich überhaupt denke, und die mithin bloß eine Beschaffenheit meines Subjekts ist, zugleich für alles, was denkt, gültig sein solle ... Nun kann ich von einem denkenden Wesen durch keine äußere Erfahrung, sondern bloß durch das Selbstbewußtsein die mindeste Vorstellung haben. Also sind dergleichen Gegenstände nichts weiter, als die Übertragung dieses meines Bewußtseins auf andere Dinge, welche nur dadurch als denkende Wesen vorgestellt werden.« (B 404 f./A 346 f.) Ein elliptischer Text, in dem Kant explizit die Zentralität des Ego und den unreduzierbaren Charakter dessen, was wir die egologische Differenz genannt haben, anführt. Aber er analysiert nicht jene Operation, die die Ichheit aus dem Ego auf ein Anderes »überträgt«. Er erlaubt nicht, die legitimen Modi dieser Übertragung von ihren illegitimen Modi zu unterscheiden, etwa von dem Modus, der es Leibniz ermöglichte, das geringste Materie-Teilchen mit unzähligen Seelen zu bevölkern. In Ermangelung einer Thematisierung der *Veränderung* des Ego gelingt es Kant nicht zu zeigen, wie das Ego in seiner anfänglichen Öffnung zum Sein und zum Anderen sich verlieren, sich objektivieren oder hypostasieren lassen und sich dem transzendentalen Schein *unterjochen* (*s'assujettir*) kann.

Die *Dialektik* wird uns wenigstens erlaubt haben, den Hauptzug dieses Scheins festzumachen. Man kann jene bemerkenswerte Passage, die die Kritik der rationalen Psychologie beschließt, in diesem Sinne interpretieren: »Die Behauptungen der reinen Psychologie ... müßten also billig auf Prinzipien und allgemeine Begriffe von denkenden Naturen überhaupt gegründet sein. An dessen Statt findet sich: daß die einzelne Vorstellung, Ich bin, sie insgesamt regiert, welche eben darum, weil sie die reine Formel aller meiner Erfahrung (unbestimmt) ausdrückt, sich wie ein allgemeiner Satz, der für alle denkenden Wesen gelte, ankündigt, und, da er gleichwohl in aller Absicht einzeln ist, den Schein einer absoluten Einheit der Bedingungen des Denkens überhaupt bei sich führt, und dadurch sich weiter ausbreitet, als mögliche Erfahrung reichen könnte.« (A 405) Wenn das Ego das Singuläre, das Differente ist – was lediglich als von allem Seienden verschieden gegeben ist –, impliziert der metaphysische Schein die Auslöschung der egologischen Differenz. Durch ein illegitimes Hinausgehen aus seiner Ichheit hebt er die Singularität des Ego in transzendenten Universalien, in der Abstraktion eines Gattungssubjekts auf. Eine dogmatische Subreption, die den Hypostasen des Subjekts der nachkantischen Systeme zugrundeliegt und die die *Dialektik* uns im voraus zu dekonstruieren erlaubt. Reines Ich oder absoluter Geist, Gattungsmensch, Proletariat oder Übermensch – alles Idole, denen das singuläre Ego, das sie zermalmen, den Schein seines Leibes und seines Lebens bietet.

Das unheimliche Ego

Wir verstehen nun Kants Berechtigung zu behaupten besser, daß »der transzendentale Paralogismus einen bloß einseitigen Schein, in Ansehung der Idee von einem Subjekte unseres Denkens, bewirkte« (B 433/A 406). Der Schein der Subjektivität war nicht ganz oder gar illusorisch: seine kritische Reduktion enthüllt das Ersuchen der Ichheit, das sie durchzieht. Seele, Geist, Subjekt benennen den metaphysischen Schein des Ego, sein transzendentes (Er-)Scheinen, das es z. T. dadurch auf entstellende Weise enthüllt. Unter diesen Bedingungen läuft das Dekonstruieren der

Subjektivitätsmetaphysik darauf hinaus, die Wahrheit, die sie verbirgt, freizulegen: in ihrer untreuen Treue zu Descartes gehört Kants Kritik zur Moderne.

Aber eine Illusion, so einseitig sie auch sein mag, bleibt illusorisch. Die Wahrheit des Ego offenbart sich nur in ihrer Verschleierung, auf immer verflochten mit einer transzendentalen Unwahrheit: ich bin und ich bin nicht das Ego, das ich bin. Wie soll man über dieses Paradox Rechenschaft ablegen: daß sowohl die Wahrheit als auch der Schein beide gleichermaßen zum Gefühl meines eigenen Daseins gehören? Es scheint mir evident, daß ich dieses Ego bin, daß die eigentümliche Identität dieses Ego das Ich-selbst-Sein ist. Aber ist nicht selbst das noch ein Schein? Die Gewißheit des Selbstseins, die Sicherung der Selbstheit könnte bloß eine weitere Version des transzendentalen Scheins sein, die schwieriger zu enthüllen ist, weil sie tiefer in meinem Existenzgefühl verwurzelt ist. Denn *Ichheit ist nicht Selbstheit*: das unreduzierbare Gefühl, daß *ich bin*, bedeutet nicht unbedingt, daß ich *derselbe* bin – identisch mit mir selbst jedesmal, wenn ich empfinde, daß ich bin. Kann ich mich noch auf mich als »mich selbst« beziehen, wenn ich nur zeitweilig, heimlich (à la dérobée) bin? Wenn ich mich nur im flüchtigen Aufblitzen des Augenblicks empfinde, ohne mich erkennen und eine gewisse Identität durch den diskontinuierlichen Fluß der Augenblicke bewahren zu können? Auf diese Aporie stieß – wie wir uns erinnern – die cartesische Einführung des Cogito. Weit davon entfernt, ihr auszuweichen, hält sich die *Dialektik* bei ihr auf und verschärft sie noch. »Was sich der numerischen Identität seiner selbst in verschiedenen Zeiten bewußt ist, ist sofern eine *Person*: Nun ist die Seele usw. (scil. sich einer solchen Identität bewußt). Also ist sie eine Person.« (A 361) So lautet der dritte Paralogismus der rationalen Psychologie, der *Schein der Personalität*. Auf wenigen dichten und gelassenen Seiten (A 361–A 366) tritt die *Dialektik* dem trügerischsten Schein, der »Illusion einer ununterbrochenen Kontinuität des Selbst« entgegen.

Die Kritik dieses Paralogismus wird darin bestehen zu zeigen, daß die Identitätsbestimmung des Ich nicht synthetisch, sondern rein formal und analytisch ist, daß sie nur die logische Identität des Ich=Ich in der Apperzeption ausdrückt und »gar nicht die numerische Identität meines Subjekts beweiset« (A 363). »Auf diesen Fuß«, sagt Kant weiter, »müßte die Persönlichkeit der

Seele nicht einmal als geschlossen ... angesehen werden« (A 362) – nicht einmal im Falle des transzendentalen Ich. Dieser Identitätspol, der »bei allem Denken immer wiederum vorkommt«, ist keine »stehende und bleibende Anschauung ..., worin die Gedanken (als wandelbar) wechselten« (A 350). Er ist nicht unzeitlich, sondern allzeitlich, oder besser: »durchzeitlich«. Er ist genauso zeitweilig wie das erscheinende Ich, das er in eine Form bringt. So ist das Ego dazu bestimmt, *sich* in jedem Augenblick zu *identifizieren*, seine Identität unaufhörlich durch einen Dauerkrampf, eine ständig fortgesetzte zeitliche Kontraktion neu zu etablieren. In seinem unregelmäßigen Pulsschlag wird jener rein formale Akt, jene transzendentale Akt-Form in einer Quasi-Wahrnehmung empfunden, in der ich in jedem Augenblick wieder von neuem erfahre, daß ich existiere. Von einem Augenblick zum anderen bin ich also niemals sicher, mich selbst wiederzufinden und mich in meiner Selbstheit erneut zu erfassen.

Das Ego als Gefühl bestimmen heißt, es in der Zeitlichkeit zu verankern und so seinen Status prekärer zu machen. Aber das Individuationsprinzip erfordert die Bedingungen der sinnlichen Anschauung. Wenn es unmöglich wäre, es im Raum und in der Zeit zu situieren, wäre es nicht mehr das Gefühl, dieses singuläre Ego, das ich bin, zu sein, und die egologische Differenz würde dahinschwinden. Die Verzeitlichung des Ego, die die Bedingung seiner Singularität ist, ruiniert mit einem Schlag seine Selbstheit und macht es anonym. Wenn ich Ego bin, bin ich nicht mehr ich selbst. In jedem Augenblick in mir selbst gespalten, bin ich nicht mehr wahrhaft ein *Individuum*, bin ich nicht mehr *Person*. Vielleicht bin ich das Wesen selbst (l'être même) in seiner unpersönlichen Neutralität, aber ein fragmentarisches, verstreutes Wesen, das sich nur um den Preis einer grenzenlosen Zerstreuung erfährt.

Dieses namenlose Aufblitzen, dieses Atom einer zeitlichen Dauer, das bin gleichwohl ich, Ego. Die Kritik des dritten Paralogismus, die die Illusion der Persönlichkeit zerstört, respektiert einen minimalen harten Kern der Singularität des Ego. Der cartesische Zirkel wird nicht aufgebrochen: Kant stellt die Unreduzierbarkeit der egologischen Differenz nie in Frage. Er behauptet sogar, daß die Bestimmung meiner Identität in der Zeit »a priori gilt« – mit dem Vorbehalt allerdings, daß sie in einem transzendentalen Sinn verstanden wird: sie »sagt wirklich nichts mehr, als in der ganzen Zeit, darin ich mir meiner bewußt bin, bin ich mir dieser Zeit, als zur Einheit meines Selbst gehörig, bewußt, und es ist einerlei (zu sagen), ich bin, mit numerischer Identität, in aller dieser Zeit befindlich.« (A 362) Wenn das Selbstbewußtsein Zeitbewußtsein ist, kann das Ego sich nicht von der zeitlichen Zerstreuung (division temporelle) lossprechen. Seine Identität-mitsich »zu jeder Zeit«, in jeder Zeitspanne, bedeutet nicht gezwungenermaßen seine beharrliche Identität »in verschiedenen Zeiten«, und es wäre denkbar, daß auf ein Ego A zu einem Zeitpunkt A ein Ego B zu einem Zeitpunkt B folgt etc. Jedes punktuelle Ego, jeder Ego-Punkt wird gleichwohl Ego bleiben.[27]

Die *Dialektik* erwägt – implizit ein Argument Humes aufnehmend – tatsächlich jene Eventualität: die Möglichkeit einer »völligen Umwandlung« des Ich, die »es nicht erlaubt, die Identität desselben beizubehalten; obzwar ihm immer noch das gleichlautende Ich zuzuteilen, welches in jedem anderen Zustande ... doch immer den Gedanken des vorhergehenden Subjekts aufbehalten und so auch dem Folgenden überliefern könnte.« (A 363) Eine buchstäblich verrückte Hypothese, die es uns aber von nun an unmöglich ist, außer Kraft zu setzen oder auszuschließen. Ebenso wie eine »elastische Kugel« die auf eine andere stößt, dieser »ihre ganze Bewegung« mitteilt, so könnte man sich eine Reihe von Egos vorstellen, deren jedes dem folgenden seinen »ganzen Zustand mitteilt« (cf. A 363 Anm.). Das letzte Ego der Reihe wäre sich der Gedanken und Gefühle der »vor ih(m) veränderten ... als (seiner) eigenen bewußt, weil jene zusamt dem Bewußtsein in (es) übertragen worden, und demunerachtet, würde (es) doch nicht ebendieselbe Person in allen diesen Zuständen gewesen sein.« (A 364 Anm.) Wie steht es nun aber mit dem Ego, wenn es die ganze Ichheit eines anderen Ego in sich übertragen und sie, noch um seine »eigene« Ichheit ergänzt, einer ganzen Reihe folgender Egos weitergeben kann? Haben wir es nun mit einer zeitlichen Version der rätselhaften Übertragung zu tun, die die Andersheit des Anderen durch die egologische Differenz konstituiert? Aber das intentionale Vermeinen des anderen Ego konstituiert es eben gerade in seiner Andersheit, in einer ursprünglichen Abstandnahme, die *Achtung* ist, ohne daß ich mich jemals völlig mit ihm identifizieren kann. Dieser Text legt im Gegenteil einen gänzlichen Verlust der Egos nahe, die sich ihres egologischen Gehalts enteignen und restlos ineinander übergehen. Es ist nicht sicher, daß in diesem schwindelerregenden Billardspiel der alte Spieler aus Königsberg seinen Einsatz wieder reinzuholen weiß. Radikaler als der cartesische böse Geist läuft die kantische Hypothese der elastischen Kugel Gefahr, die Identität des Ich zu erschüttern. Denn was bleibt vom Ego, das ich bin, wenn ich mich unaufhörlich meiner selbst enteigne? Wenn von meinem Übergang nur jenes befremdliche »gleichlautende Ich«* bleibt, das über die Differenz der Zeiten hinweg immer gleich klingt und vielleicht auf die prekäre Identität eines Eigennamens hinausläuft? Wo soll ich mich in diesem Spiegellabyrinth situieren, in dieser überhandnehmenden Reihe von Egos, die sich verdoppeln und voneinander schmarotzen und von denen keines ich selbst bin, obwohl jedes behauptet, ich zu sein? Was soll man schließlich vom letzten Ego der Reihe denken, in das sich alle anderen übertragen haben und das sie alle mitumfaßt, das sie wieder ins Gedächtnis ruft, wie am Vorabend einer Agonie? Ist es bereits eine Vorform des alles in sich aufnehmenden Stehens (la stance recueillante) des absoluten Geistes? Oder eher des Schwindels der ewigen Wiederkehr, wo dem Delirium nahe geäußert wird, »daß jeder Name in der Geschichte ich bin«?[28] Wenn sich meine Ichheit mir nur in ihrer Veränderung* präsentiert, durch die Zeit gebrochen, wie verhält es sich dann mit der Welt der Erscheinungen? Der *Analytik* zufolge gründet sich die Möglichkeit der Erfahrung auf die ursprüngliche Einheit der Apperzeption, die in der Synthesis der Rekognition impliziert ist. Wenn dieses Einheitsbewußtsein problematisch würde, wenn das *Ich denke* sich nicht mehr selbst *(wieder)erkennen* würde, könnten »meine« Wahrnehmungen nicht mehr zur kohärenten Einheit einer möglichen Erfahrung gehören, sie würden »nichts als ein blindes Spiel der Vorstellungen, d. i. weniger, als ein Traum sein« (A 112). Die Welt würde im Chaos versinken. Diese bedrohliche Möglichkeit, die mehrfach in der *Deduktion* erwogen, aber rasch wieder ausgeräumt wird, verstärkt sich von der Kritik des dritten Paralogismus an. Wenn das transzendentale Ich in der Zeit »ebensowohl fließ(t), als die übrigen Gedanken, die dadurch aneinandergekettet werden« (A 364), und die personale Identität des Ego nur Schein ist, könnte die Welt der Erscheinungen durchaus bloß auf einem transzendentalen Schein beruhen.

Während der gesamten Geschichte der Metaphysik denken die bedeutenden Denker das Selbe noch auf dieselbe Art und Weise, obwohl sie sich nicht in derselben Sprache auf es beziehen. Wenn ein Denken das Wesentliche (l'Essentiel) zu erfassen sucht, muß es sein eigenes Evidenz-Universum dekonstruieren, sich ihm von jenem kritischen Punkt – der Krypta der Metaphysik – aus annähern, an dem die Gewißheit der Welt und des Ich wankt. Chôra, Chaos, böser Geist oder nächtlicher Dämon der ewigen Wiederkehr, unter diesen Namen faßt das Denken jedesmal eine Ent-Stellung der Welt, ein Aufbrechen ihrer zeitlichen Verkettung oder einen panischen Rückzug ihres Gesetzes, wo alle Identität bebt und sich verliert. Kants *Kritik*, die dieses chaotische Universum beschreibt, in dem der Zinnober »bald rot, bald schwarz, bald leicht, bald schwer« wäre (A 100), oder eine entfesselte Aneinanderreihung von intermittierenden Ego-Punkten erwägt, hallt wider im platonischen Mythos der *Gesetze*: Kosmos im Delirium, der der Willkür eines bösen Demiurgen ausgeliefert ist, der »alles durch Umgestaltung bilden wollte und so z.B. aus Feuer eisiges Wasser machte« und der »die Dinge der Zahl unbegrenzt vervielfältigte, indem er sie bei ihrer ersten, zweiten oder dritten Entstehung umgestaltet«.[29]

Bekanntlich rekurriert Platon alsbald auf einen regulierenden Mechanismus, göttliche Machenschaften, die die stabile Anordnung der Welt wiederherstellen und die moralische Beurteilung der Seelen rechtfertigt. Die Moralität arbeitet stets an der Wiederherstellung einer bedrohten Ordnung, die »kantische Moral« macht da kaum eine Ausnahme. Wenn man sich hingegen an die Lektion der *Dialektik* hält, muß man zugestehen, daß Kant den Abgrund des Denkens, den er – zumindest hypothetisch – offen läßt, nicht wieder zudeckt und die Möglichkeit einer zeitlichen Verstreuung des transzendentalen Ich, einer unbestimmten Enteignung des Ego, nicht wirklich zurücknimmt. Der dialektische Schein, den die *Kritik* enthüllt, besteht genau darin, diese Bresche des Ego zuzukitten, das Ich in der Gewißheit seiner Selbstheit rückzuversichern. Von der Setzung meiner Identität in jedem Augenblick – die von Kant nicht bezweifelt wird – wird umstandslos zur Behauptung meiner personalen Identität »in verschiedenen Zeiten«, sodann zu der meiner substantiellen Beharrlichkeit zu jeder Zeit, also außerhalb der Zeit, übergegangen und so die Illusion der Sub-jektivität erzeugt. Der Schein der Personalität ist also die fundamentale Illusion, die Matrize jeglicher Hypostase, einschließlich der Hypostase Gottes.[30] Dieser Schein ist es, der das Vergessen der egologischen Differenz und die verschiedenen

Weisen der Verschleierung und Unterwerfung (d'occultation et d'assujettissement) des Ego möglich macht. Ein Nivellierer meiner zeitlichen Dauer, der meine zeitliche Zerstreuung (ma division temporelle), die Diskontinuität meines Mir-Erscheinens verhehlt. Die *Person* ist jene Maske (persona) einer erheuchelten Identität, deren scheinhafte Sicherung durch die Differenz der Zeiten hindurch widerhallt (per-sonare).

Zu einer Kritik der reinen Gewalt

Man kann sich dann fragen, welches die Herkunft einer solch radikalen Illusion ist und woher sie ihre Kraft nimmt, die zeitliche Differenz und die egologische Differenz zu verwischen. Damit ich mir mit Bezug auf diesen Schein Fragen stellen kann, muß er mir allerdings bereits als ein solcher klar geworden sein. Ist das denn überhaupt möglich? Wärend die (Selbst)Gewißheit des Subjekts oder der Glaube an die Unsterblichkeit (der Seele) erst während einer bestimmten Epoche der Metaphysik sich stabilisieren, sich also nicht notwendigerweise aufdrängen, ist die Personalität hingegen das proton pseudos, die übergeschichtliche ursprüngliche Illusion, bezüglich derer Kant unterstreicht, daß sie »in meinem eigenen Bewußtsein unausbleiblich anzutreffen« ist[31], und die der Seinsweise des Ego inhärent zu sein scheint. »Von sich selbst hintergangen zu werden«, sagt Platon, »ist doch das Allerärgste. Wenn nämlich der, der uns täuschen will, keinen Augenblick von unserer Seite weicht, sondern immerfort zugegen ist, wie sollte das nicht schrecklich sein?«[32] Wenn das Erfassen meiner selbst stets lügenhaft ist, wie werde ich dann dem Schein entkommen, der mir nachstellt und mich in seinem Bann hält? Wie soll ich mich mir wahrhaftig offenbaren?

Eine solche Offenbarung kann nicht von mir kommen, von dieser Falschheit, die ich bin. Sie kann mir nur von außen zukommen, vom Anderen-als-ich. Die Kritik des dritten Paralogismus impliziert diesen Perspektivenwechsel, die Dezentrierung des Ego: sie fordert, daß »ich mich ... aus dem Gesichtspunkte eines andern (als Gegenstand seiner äußeren Anschauung) betrachte« (A 362). Selbst wenn dieser »äußere Beobachter« in mir die Identität des transzendentalen Ich erkennen könnte, würde er daraus »doch noch nicht auf die objektive Beharrlichkeit meiner selbst schließen. Denn da alsdenn die Zeit, in welche der Beobachter mich setzt, nicht diejenige ist, die in meiner eigenen, sondern die in seiner Sinnlichkeit angetroffen wird, so ist die Identität, die mit meinem Bewußtsein notwendig verbunden ist, nicht darum mit dem seinigen ... verbunden« (A 363). Nur vom »Standpunkt eines Fremden«* aus kann der Schein meiner Personalität aufgelöst werden und das Ego sich schließlich in seinem Wesen (dans son être) enthüllen.

Wie vollzieht sich diese Enthüllung? Wer ist der Fremde und wie gelangt er dazu, die Macht einer tiefverwurzelten Illusion zu vereiteln? Der transzendentale Schein webt sich an der Verkettung der Zeitlichkeit entlang. Die Zeit des Ego, das Ego als Zeit stellt sich notwendig unter dem Schein einer homogenen Kontinuität vor. Durch die Offenbarung des Anderen wird diese lineare Vorstellung brüchig und die zeitliche Zerstreuung des Ego entdeckt. Wie kann jene andere Zeit, die Zeit des Anderen, die in meine Zeitlichkeit einbricht, das Gewebe des Scheins auftrennen? Auf diese Frage gibt die *Kritik der reinen Vernunft* keine befriedigende Antwort. Denn die Beziehung zum Anderen wird in ihr nie thematisiert, und man sieht nicht so recht, inwiefern jener mich von außen beobachtende Zuschauer mich in meinem Sein beeinträchtigen könnte. Wenn ein anderer mich als Gegenstand seiner äußeren Anschauung betrachtet, ist es für mich belanglos, ob er an meiner Identität zweifelt: für mich selbst bleibt die Evidenz meiner Selbstheit unberührt.

Es sei denn, es handle sich um eine wesentliche Beziehung und der Fremde erreiche mich noch diesseits aller Objektivierung, aller Vorstellung, so daß seine Weise, sich auf mich zu beziehen, eine ursprünglichere ist als die des Begriffs und der Theorie. Die auf die Konstitution der theoretischen Erkenntnis hin orientierte erste *Kritik* erlaubt es nicht, diesen vorobjektiven, vorphänomenalen Bezug in Betracht zu ziehen. Sie verbietet uns, jenes Aufbrechen der Zeiten zu denken, in dem sich angesichts des Fremden die Zersplitterung des Ego zeigt. Die lineare und homogene Zeitlichkeit, wie sie die *Analytik* beschrieben hat, ist die von der dreifachen Synthesis der Einbildungskraft geordnete Zeit der Erscheinungen. Die urspüngliche Apperzeption ist jenes »*eine* Bewußtsein ..., was das Mannigfaltige, nach und nach Angeschaute, und denn auch Reproduzierte, in eine Vorstellung vereinigt« (A 103). Die Identität des *Ich denke* ist die oberste Bedingung der

Einheit und der Kontinuität der Zeit, ist der Möglichkeitsgrund aller Erfahrung. Und »das Subjekt, in welchem die Vorstellung der Zeit ursprünglich ihren Grund hat, (kann) sein eigenes Dasein in der Zeit dadurch nicht bestimmen« (B 422).[33] Die ontologische Ambivalenz der *Kritik* zeigt sich hier in aller Deutlichkeit. Daß das transzendentale Ich in der Zeit (ver)fließen kann, daß es sich dort von sich selbst absondert und ständig enteignet – eben das soll ein solcher Ansatz ausschließen. Dies ist *auch*, wie wir gesehen haben, das wichtigste Resultat der Kritik der Paralogismen. Die von der *Dialektik* ins Werk gesetzte Dekonstruktion der Subjektivität stößt sich an den Grenzen der ersten *Kritik*. Um konsequent durchgeführt zu werden, erforderte sie ein anderes Denken der Zeit und der Zeitlichkeit des Ego. Und unter Umständen ist dieses Erfordernis Kant auch nicht entgangen: vielleicht bezeugt der Fortgang seines Werks seine Bemühung, die anfängliche Ambivalenz aufzuheben.

Da die Identität des *Ich denke* und die Einheit der Zeit sich auf die transzendentale Synthesis der Einbildungskraft gründen, müssen das Aufbrechen der Zeitreihe und die Zerstreuung des Ego auf eine Ohnmacht der Synthesis, einen Zusammenbruch der Einbildungskraft hinweisen. Diese im Rahmen der ersten *Kritik* unbegreifliche Ohnmacht ist es, die die *Kritik der Urteilskraft* am Ursprung des Erhabenen entdeckt. Dieses Gefühl taucht nämlich dann auf, wenn die Einbildungskraft, »in ihrer größte(n) Anstrengung«[34], eine unermeßliche Größe darzustellen, in der »Zusammenfassung (comprehensio aesthetica)« »ihr Maximum erreicht« und zusammenbricht.[35] Aber die kolossalischen Figuren und die verwüsteten Naturlandschaften erscheinen uns nur erhaben, insofern sie auf die Undarstellbarkeit der Ideen verweisen. Die Natur kann nur als erhaben angesehen werden, »weil sie unsere Kraft (die nicht Natur ist) in uns aufruft« (§ 28).[36] Von der unmöglichen Darstellung des sinnlichen Unendlichen führt uns das Urteil über das Erhabene zu einem *anderen Unendlichen*, zum »Gefühle einer Bestimmung ..., welche das Gebiet der ersteren (scil. der Einbildungskraft) gänzlich überschreitet«.[37] Wenn das Gefühl des Erhabenen aus einem Versagen der Einbildungskraft entsteht, so heißt das, daß diese sich zerreißt und zusammenbricht unter dem Übermaß einer unendlichen Transzendenz. Deshalb kann Kant sogar schreiben, daß das Gefühl des Erhabenen »gewalttätig für die Einbildungskraft« ist (§ 23).[38]

Was hat es mit dieser Gewalt des Unendlichen auf sich? Wozu bestimmt uns diese gewaltsame Ent-Stellung, die auch Aufruf ist?

Dem elliptischen Text der dritten *Kritik* zufolge scheint sich der Appell des Unendlichen als Gewalt zu manifestieren, sofern er mit einer anderen Gewalt konfrontiert ist: mit der gewaltsamen Synthesis der Einbildungskraft. Denn Kant beschreibt dort die transzendentale Synthesis als eine »subjektive Bewegung der Einbildungskraft, wodurch sie dem inneren Sinne Gewalt antut« (§ 27).[39] Eine allusive Formulierung, die allerdings eine Neuerarbeitung der Zeitlichkeitsproblematik in Gang bringt. Die Einbildungskraft tut der Zeit Gewalt an, weil sie die »Zusammenfassung ... des Sukzessiv-Aufgefaßten in einem Augenblick« ist[40] und die diskontinuierliche Vielheit der Apprehensionen in der Einheit einer kontinuierlichen Zeitreihe aufnimmt. Die *Analytik des Erhabenen* enthüllt in der Synthesis der Einbildungskraft eine *reine Gewalt* – unreduzierbar auf jeglichen empirischen Konflikt –, eine *transzendentale Gewalt*, die den Horizont vor-formt, in dem uns die Welt der Erscheinungen gegeben werden kann.[41] Aber die Einbildungskraft könnte der Zeit keine Gewalt antun, wenn sie nicht schon zeitlich wäre. Die reine Einbildungskraft ist die ursprüngliche Zeitlichkeit, die sich verzeitlicht, indem sie *sich Gewalt antut*, und diese Gewalt gehört dem Vorgang der Verzeitlichung selbst an. Sie konstituiert in ihrer nivellierten Zeitlichkeit die Zeit der Erscheinungen, deren Schematisierung die objektive Erkenntnis des Seienden ermöglicht. Durch ihre Phänomenalisierung *ent-zeitlicht* sich die ursprüngliche Zeitlichkeit, ihre zusammenfassende Synthesis ist derart, daß sie »die Zeitbedingung im Progressus der Einbildungskraft wieder aufhebt«.[42] Der Ermöglichungsgrund aller Erfahrung und aller ontischen Wahrheit verursacht so den metaphysischen Schein, nämlich als Verleugnung der Zeitlichkeit. Die transzendentale Einbildungskraft selbst hingegen ist kein Schein – selbst wenn sie ihn präfiguriert und möglich macht. Dafür daß die phänomenale Ent-Zeitlichung der Zeit sich im Trugbild des Unzeitlichen vollzieht, ist ein Zuwachs an Gewalt derart notwendig, daß die Einbildungskraft, die ihr zeitliches Wesen und ihre Endlichkeit vergißt, sich bis zum illusorischen Überschreiten des Horizonts der Erscheinungen aufschwingt. Erst dann wird sie reine Vernunft, wird sie die trügerische Macht, die die transzendenten Ideen der Vernunft, die Hypostasen des Subjekts, der Welt und Gottes erzeugt.

Deshalb bezeichnet die dritte *Kritik* die transzendentale Synthesis als eine »*subjektive* Bewegung der Einbildungskraft«, eine »Gewalt, die dem *Subjekte* durch die Einbildungskraft widerfährt«.[43] Diese Gewalt ist »subjektiv«, weil sie das Subjekt als solches konstituiert. Der Paralogismus der Personalität und der Schein der Subjektivität beruhen, wie wir wissen, auf dem »Schein einer ununterbrochenen Kontinuität« des Selbst durch die Zeit. Aber das Selbst kann sich nur kontinuierlich während seiner gesamten zeitlichen Dauer identifizieren, wenn die Zeit selbst kontinuierlich fließt. Die Paralogismen der rationalen Psychologie setzen bereits die von der Gewalt der Einbildungskraft nivellierte und schematisierte lineare Zeit der Erscheinungen voraus. Dadurch daß der Schein der Personalität die diskontinuierlichen Ego-Punkte fusioniert, überdeckt er die zeitliche Differenz, die das Ego fragmentiert: er nimmt so an der gewaltsamen Ent-Zeitlichung der Zeit teil und folgt deren Bewegung. Wenn der Akt der Einbildungskraft transzendent wird, verschärft sich die Entzeitlichung des Ich und kulminiert im Schein einer unzeitlichen Beharrlichkeit. Aber dieses Übermaß an Gewalt stützt sich auf die transzendentale Gewalt, die sie intensiviert und radikalisiert. Das Subjekt der Metaphysik taucht also aus einer anfänglichen Gewalt auf – der dem Ego eigentümlichen Gewalt. Wenn es wahr ist, daß, wie Heidegger behauptet, das *Ich denke* die transzendentale Einbildungskraft selbst ist und das *Ich denke* und die ursprüngliche Zeit identisch sind[44], dann ist das Cogito Gewalt, und diese Gewalt macht das Gewebe des Denkens aus. Vielleicht ist sie sogar diesseits des *Ich denke*, also noch diesseits der Rekognition und der Reproduktion im ersten Modus der dreifachen Synthesis verwurzelt. Der *transzendentalen Deduktion* zufolge schließt die Synthesis der Apprehension, in der die Jetzt-Gegenwart sich manifestiert, schon ein Durchlaufen*, das eine Reihe von sukzessiven Eindrücken aufnimmt, und eine Zusammennehmung*, die die Vielheit in die Einheit bringt, ein (cf. A 99). Sie ist bereits Syn-thesis, d. h. Gewalt. Wir erreichen hier zweifellos die ursprüngliche Schicht der reinen Gewalt, ihren innersten Kern. Eine elementare Gewalt, die in jedem Augenblick – in jedem Ego-Punkt – im Herzen meines Existenzgefühls auftaucht; jedesmal wenn das Ego sich durch eine unaufhörlich fortgesetzte Implosion, eine wütende Kontraktion, die alles, was nicht Ich ist, ausstößt und annulliert, in seiner Differenz erfährt.

Als wir Kants Ontologie von der *Analytik des Erhabenen* aus neuinterpretierten, schien es uns, daß das Ego in seinem Wesen selbst (en son être même) Gewalt ist und daß diese Gewalt die Welt der Erscheinungen hervorbringt. Aber das gewaltsame Wesen (l'essence) der Welt und des Ich bleibt uns gewöhnlich verborgen, latent und abseits: es offenbart sich nur dem Gefühl des Erhabenen, wenn die synthetische Gewalt der Einbildungskraft in ihrer Anstrengung, die Ideen darzustellen, bis zum äußersten anwächst, bis zu dem Punkt nämlich, an dem sie ohnmächtig wird und zugrundegeht. Ihre Niederlage scheint der Effekt oder Gegenschlag einer anderen Gewalt, der erhabenen Gegengewalt des Unendlichen zu sein. Welches ist diese fremde Gewalt, die die Gewalt dieser Welt vernichtet? Wo kann ihr Aufruf herkommen, und wie kann er mich affizieren, wenn ich durch und durch Gewalt bin? Das Erhabene, die negative Darstellung des übersinnlichen Unendlichen, »ist in keinem Dinge der Natur ... enthalten«.[45] Es entsteht »in der Anlage zum Gefühl für (praktische) Ideen, d. i. zu dem moralischen«.[46] Was mich an den Aufbruchstellen der Zeiten und in der Zerrüttung der Einbildungskraft erfaßt, ist der Aufruf des Gesetzes.

Die Ontologie des Erhabenen führt uns also zur Ethik zurück, zu einer *transzendentalen Ethik*, die durch die wohlbekannten Formeln der »kantischen Moral« verdunkelt ist. Es handelt sich hier nicht um die verschiedenen Formulierungen des praktischen Prinzips als kategorischen Imperatifs, sondern, radikaler, um die Gegebenheitsweise des Gesetzes – um jenes apriorische Gefühl, das Kant *Achtung* nennt. Die Achtung ist nämlich nicht etwa ein Hilfsmittel des Gesetzes: sie ist das Gesetz selbst, insofern es das Ego unmittelbar bestimmt. Daher trifft mich sein Appell in meinem Wesen (dans mon être). Denn das Ego ist Gefühl, und das Gesetz ist nur als Gefühl der Achtung gegeben. Im Gefühl der Achtung tut mir das Gesetz Gewalt an. Denn das Ego ist Gewalt, die sich vom Gesetz abwendet und sich seinem Aufruf verschließt. Die *Kritik der praktischen Vernunft* bezeichnet das Prinzip der Gewalt des Ego als Selbstsucht*. Dieser Hang des Ego manifestiert sich auf zwei verschiedene Weisen, als Eigenliebe* und als Eigendünkel*.[47] Wenn das Gesetz die Eigenliebe bezwingen und seinem Befehl unterordnen kann, muß es dafür meinen Eigendünkel zunichte machen. Denn der Eigendünkel nimmt für sich in Anspruch, sich selbst das Gesetz zu geben, sich zu einem unbedingten praktischen Prinzip *anstelle* des Gesetzes zu erheben. Der eigendünklerische Wille ist die Gewalt desjenigen Willens, der frei sein Gesetz schaffen will – was darauf hinausläuft, sich von jeglichem Gesetz loszusprechen, sich von ihm völlig zu befreien: er ist Wille des absoluten Subjekts, des nicht mehr entfremdeten Menschen, übermenschlicher Wille zur Macht.

Die Dekonstruktion des Subjekts der Metaphysik ist also nicht nur eine intellektuelle Unternehmung, nicht nur eine Kritik der theoretischen Vernunft. Sie ist die praktische Kritik der reinen Gewalt, das Werk des Gesetzes selbst, wenn sein Aufruf mich vor Achtung erstarren läßt. Diese Dekonstruktion wird im Gefühl des Erhabenen ins Werk gesetzt, wenn nämlich die gewaltige Anspannung der Einbildungskraft – die Gewalt meiner Endlichkeit – vor der Gewalt des Unendlichen zusammenbricht. Wir wissen, daß keine der Erscheinungen der Natur erhaben genannt werden kann, daß die Dinge keine Achtung erwecken können. Dieses Gefühl wendet sich nur an den Anderen, an den »Menschen, den ich vor mir sehe«, dessen »Beispiel ... mir ein Gesetz vor(hält), das meinen Eigendünkel niederschlägt«, der mir »das Gesetz durch ein Beispiel anschaulich macht«.[48]

Eine vorobjektive und vorkategoriale Beziehung, ursprünglicher Chiasmus des Selben und des Anderen, des Endlichen und des Unendlichen, wo in der Distanz der Achtung der Andere sich mir als der Leib des Gesetzes darstellt. Diesen Anderen, der meinen Subjektdünkel niederschlägt, der mich in meinem Wesen selbst (en mon être même) affiziert, nannte die *Dialektik* den Fremden. Es ist die Zeit des Anderen, der Andere als Zeit, der in die Zeit des Ego einbricht, die immer schon vergangen, überdeckt und vergessen ist in der Nahtstelle meiner zeitlichen Dauer, in der unaufhörlichen Wiederaneignung meiner selbst, der doch in Erwartung verharrt, immer neu und zukünftig. Wie der lebendige Leib des Seins, das Leben selbst, das sich in jedem Augenblick und jeder Geburt eine neue Chance gibt. Die Dekonstruktion des Subjekts und der Personalität wäre älter als die Metaphysik selbst und immer aufgeschoben und versprochen: sie ist der Aufruf des Fremden, der mir meine zeitliche Zerstreuung, meine Endlichkeit ins Gedächtnis ruft und mir meine latente Gewalt enthüllt, sie mir als den geheimen Kern meines Wesens (de mon être) offenbart.

Alle Kräfte des Ich widerstehen dem Aufruf des Fremden. Dem Anderen preisgegeben hört das Ego nicht auf, *sich zurückzuzie-*

hen: ihn zu verleugnen, sich auf sich selbst zurückzuwenden. Und wenn jener Andere mir fremd scheint, so bedeutet das, daß er der Exilierte ist, der, den ich von Anfang an aus meinem Leben verjagt habe. Der, dem ich Unrecht getan habe. Sein Aufruf *gibt mir Unrecht*: was Kant von 1792 an als das *radikal Böse* kennzeichnet, ist dieses ursprüngliche Unrecht, eine schuldhafte Verkehrtheit, die mich vom Anderen und seinem Gesetz abwendet. Er definiert sie als eine »ursprüngliche, oder überhaupt vor jedem Guten, was (ich) immer tun mag, vorhergehende Schuld«, die »nie auszulöschen möglich« ist.[49] Sie kann keine Erbsünde oder die Züchtigung einer Kollektivschuld sein, denn sie ist »die allerpersönlichste«, die singulärste Schuld, in jedem Augenblick wieder von neuem begangen und tiefer in meinem Innersten verankert als ich selbst. Sie bestimmt mich zum Verpflichtetsein. Sie bezeichnet jenes Unrecht, das ich bin. Heißt das, daß das Ego von Grund auf schlecht ist, daß Ich zu sein das radikal Böse ist? Die Gewalt des Ego, als Gewalt der Endlichkeit, ist nicht an sich selbst schlecht. Erst wenn die Selbstliebe sich zum Eigendünkel wendet, wenn – durch einen Zuwachs an Gewalt, eine zusätzliche Verkehrtheit – der Widerstand des Ich sich im »Stehen« des Subjekts (dans la stance du sujet) übersteigt, dann wird das Unrecht radikal und böse, wird Verkehrtheit*, in der sich meine Beziehung zum Gesetz umkehrt. Die höchste Macht des Unrechts ist der Eigendünkel desjenigen Willens, der beansprucht, den obersten Platz an sich zu reißen, sich zum Subjekt an der leeren Stelle des Gesetzes zu erheben. Die Autonomie des Subjekts – das ist das radikal Böse.

Das ist die Lektion Kants, die von Schelling aufgenommen und ontologisch ausgearbeitet wird. »Das Böse«, wird Schelling schreiben, »kommt nicht aus der Endlichkeit an sich, sondern aus der zum Selbstsein erhobenen Endlichkeit.«[50] Es taucht auf, wenn der Mensch danach strebt, »seine Selbstheit ... zum Herrschenden und zum Allwillen zu erheben ..., um selbst schaffender Grund zu werden, mit der Macht des Centri, das er in sich hat, über alle Dinge zu herrschen.«[51] Aufstand des Grundes, Erhebung des Eigenwillens, der sich »an die Stelle (schwingt), da Gott sein sollte«[52], der absoluter Wille des Subjekts sein will – da erkennt man das metaphysische Projekt der Moderne wieder. Das ist, von einem gewissen Gesichtspunkt aus betrachtet, die Bedeutung der kopernikanischen Wende, die von den Nachkantianern als eine Re-Zentrierung der Welt um die Sonne der menschlichen Subjektivität verstanden wurde. Hingegen haben wir gesehen, daß der Sinn der kopernikanischen Wende im Gegenteil letztlich darin besteht, das Subjekt zu dekonstruieren, das Ego zu dezentrieren, indem man ihm die ursprüngliche Veränderung offenbart, die es seiner selbst enteignet. Im modernen Pathos der menschlichen Emanzipation, in der Revolte des Subjekts gegen seine Entfremdung*, zeigt sich eine Wut der Fremdheit*, eine eigendünklerische Gewalt, die das Fremde verflucht.[53]

Muß man daraus schließen, daß das Werk Kants nicht zur Moderne gehört? Uns scheint eher, daß sie deren geheime Zweideutigkeit bezeugt, die ontologische Ambivalenz, die sie seit ihrem cartesischen Beginn stillschweigend durchkreuzt. Seit jenem Zirkel eines Denkens, das das Ego nur zur Würde des Prinzips erhebt, um es von ihm alsbald wieder abzusetzen; das es in seiner einsamen Evidenz nur erfaßt, um dort die Spur des Anderen zu entdecken, die ihm von Anfang an seinen Leib und sein Leben gegeben hat. Obwohl Kant das cartesische Cogito kritisiert, hat er wie die meisten Denker der Moderne nur von neuem die Aporie seiner Einführung erfahren und deren Zirkel wieder durchlaufen. Allerdings denken die einschlägigen Denker das Selbe niemals auf dieselbe Weise. Im Horizont der Kritik verweist die Andersheit des Unendlichen nicht mehr auf einen Gott der Güte, der den bösen Geist beseitigen könnte, sondern auf die unbedingte Gewalt eines Gesetzes, das diesseits von Gut und Böse wirkt und mich nicht mehr in der Gewißheit meiner Vorstellung versichert. Wenn ich das Wesen selbst (l'être même) bin, so hat sich die Wahrheit meines Seins von mir zurückgezogen. Nichts mehr wird mir das Rätsel lösen, das ich bin.

(Aus dem Französischen von Georg Mohr[54])

Anmerkungen

1 I. Kant, *Kritik der reinen Vernunft*. Im folgenden zitiert als A (1. Auflage von 1781) bzw. B (2. Auflage von 1787) mit Seitenzahl nach der von R. Schmidt besorgten Ausgabe der Philosophischen Bibliothek, Hamburg 1976. Hier: B 429.

2 Ein * hinter einem Wort bedeutet: deutsch im Original. (Anm. d. Übs.)
3 M. Heidegger, *Nietzsche*. Pfullingen 1961, Bd. 2, S. 147.
4 Im französischen Original fehlen die Anführungszeichen. Dort heißt es: »le dispose en toute sûreté par devers soi«. Zu dieser Formulierung cf. die frz. Übersetzung von Heideggers Nietzsche-Buch, besorgt von P. Klossowski, Paris 1971, Bd. 2, S. 347: »la dis-position-devers-soi de l'op-position de l'objet«, wodurch Heideggers Ausdruck »die Zustellung des Entgegenstehens des Gegenstandes« (loc. cit., S. 433) wiedergegeben wird. (Anm. d. Übs.)
5 Wir folgen hier der von M. Guéroult, *Descartes selon l'ordre des raisons*, Paris 1968, Bd. 1, vorgeschlagenen Interpretation. Die grundlegende Bedeutung der *Dritten Meditation* ist herausgestellt worden von E. Lévinas, *Totalité et infini*, Den Haag, Neuauflage 1984, S. 19-25.
6 R. Descartes, *Meditationes de prima philosophia*. Lat.-dt., hg. v. L. Gäbe, durchges. v. H. G. Zekl, Hamburg 1977, S. 46/47 (Med. II, § 6). (Anm. d. Übs.)
7 Hier in dem Ausdruck »denkendes Wesen« ist »Wesen« die gängige deutsche Übersetzung von »res (cogitans)« bzw. »chose (qui pense)«. (Anm. d. Übs.)
8 R. Descartes, loc. cit., S. 44/45 (Med. II, § 3). Anm. d. Übs.).
9 Im französischen Original heißt es: »il ne m'apparaît plus que«. Descartes' Worte sind: »videor (videre)« bzw. »il me semble que (je vois)«. Die verbreitete deutsche Übersetzung »es scheint mir, als ob (ich sähe)« verleitet aber leicht zu Mißverständnissen. (Anm. d. Übs.)
10 P. Lachièze-Rey, *L'idéalisme kantien*. Paris ³1972, S. 20 u. 41. Wir haben uns häufig nach diesem bemerkenswerten Buch gerichtet, ohne seine Gesamtorientierung zu teilen.
11 J. L. Marion, *Sur la théologie blanche de Descartes*. Paris 1980, S. 451. Wir haben unsere Descartes-Interpretation näher auszuführen versucht in einer Studie mit dem Titel »Wer bin Ich, der Ich gewiss bin, daß Ich bin?«, die in der Zeitschrift *Wiener Reihe* 2 (1987) erscheinen wird.
12 Hervorhebung vom Verfasser aufgehoben. (Anm. d. Übs.)
13 Cf. B 422 f. Anm. (Anm. d. Übs.)
14 Man erkennt hier das Prinzip der neohegelianischen Kant-Interpretationen wieder, wie etwa bei R. Kroner, *Von Kant bis Hegel*. Tübingen 1921, Bd. 1, S. 60 f., 139 f., und in Frankreich bei A. Kojève.
15 Cf. A 382 u. B 404/A 346. (Anm. d. Übs.)
16 Wir entnehmen diesen Begriff der Untersuchung von G. Granel, *L'équivoque ontologique de la pensée kantienne*. Paris 1970, obgleich wir ihn anders situieren.
17 F. Alquié, *La critique kantienne de la métaphysique*. Paris 1968, S. 64.

18 I. Kant, *Grundlegung zur Metaphysik der Sitten*. Akademie-Ausgabe (im folgenden zitiert als AA), Bd. IV, S. 451.
19 Cf. B 225. (Anm. d. Übs.)
20 M. Heidegger, loc. cit., S. 141 f.; cf. auch S. 429 ff.
21 Die »humanistischen« Interpretationen, die dem Neokantianismus lieb und teuer sind und heute wieder an Einfluß gewinnen, beruhen auf einer schwerwiegenden Sinnwidrigkeit und verbieten jedes echte Verständnis der kantischen Ethik. Cf. die Richtigstellung J. Derridas in *Les fins de l'homme*, in: *Marges de la philosophie*. Paris 1972, S. 144-146.
22 Diesbezüglich cf. die beeindruckenden Arbeiten von M. Henry, insbesondere *L'essence de la manifestation*. Paris 1964, Bd. I. Cf. auch seine *Généalogie de la psychanalyse*. Paris 1985, S. 125-157, die uns gleichwohl ungerecht gegenüber Kant zu sein scheint.
23 I. Kant, *Prolegomena zu einer jeden künftigen Metaphysik, die als Wissenschaft wird auftreten können*, § 46 Anm., AA IV 334 Anm. An jeder seiner Gelenkstellen stößt Kants Werk auf das Motiv des *Gefühls* – Achtung fürs Gesetz, ästhetisches Gefühl des Schönen und Erhabenen, oder »Geschichtszeichen« des Enthusiasmus. Schließlich ist zu bemerken, daß Kant, wenn er das Sein des *Ich denke* als Gefühl bestimmt, auch da noch mit einer grundlegenden These Descartes' übereinkommt: »ich bin mir bewußt, daß ich sehe, höre, Wärme fühle; und das ist eigentlich das, was in mir Empfinden genannt wird, und dies, genauso verstanden, ist nichts anderes als denken.« *Oeuvres philosophiques de Descartes*. Hg. v. F. Alquié, Paris, Bd. 2, 1967, S. 422. (Cf. die oben, Anm. 5, zitierte dt. Ausgabe, S. 51; Anm. d. Übs.) Das *Ich denke* »denkt« nicht: es ist sich bewußt zu denken, es empfindet sich denken.
24 In diesem Sinne hatte der größte Teil der Zeitgenossen die erste Auflage der *Dialektik* interpretiert. Die Überarbeitungen der zweiten Auflage beabsichtigen zweifellos, solche Interpretationen richtigzustellen und die Seinsweise des Ego genauer zu bestimmen. Cf. J. Nabert, *L'expérience interne chez Kant*, in: *Revue de métaphysique et de morale* 31 (1924) 218 f.
25 I. Kant, *Kritik der Urteilskraft* (im folgenden zitiert als *KU*). AA V 277. Wir werden später auf die Frage des Körpers und des Leibes bei Kant und Fichte zurückkommen.
26 Wir entnehmen diesen Begriff dem schönen Buch von C. Morali, *Qui est moi aujourd'hui?* Paris 1984.
27 Die von J. F. Lyotard ausgeführte Kritik des »neuzeitlichen Cogito« scheint uns diesem Argument Kants sehr nahe zu kommen. Cf. *Le différend*. Paris 1983. S. 76, § 72.
28 F. Nietzsche, *Brief an J. Burckhardt vom 5. Januar 1889*, in: F.N., *Werke*, hg. v. K. Schlechta, München ⁶1979, Bd. III, S. 1351.

29 Platon, *Nomoi*, X, 903e-904a. Cf. den Kommentar zu diesem Text von P. M. Schuhl, der in diesem Zusammenhang den cartesischen bösen Geist und den Zinnober der ersten *Kritik* zur Sprache bringt. *Etudes platoniciennes*. Paris 1960, S. 85-89.
30 Cf. B 611 Anm./A 583 Anm. Es bliebe die praktische Wiederaufnahme der Kategorie der Persönlichkeit in Kants Moralphilosophie zu erklären. Erhält sie da eine neue Bedeutung oder bezeichnet sie nur den »praktischen transzendentalen Schein par excellence«, die Verwechslung der gesetzgebenden und der ans Gesetz gebundenen Instanz, wie Lyotard, *op. cit.*, S. 183 f., meint? Bezüglich dieser Frage cf. auch die klassische Studie von H. Heimsoeth, *Persönlichkeitsbewußtsein und Ding an sich in der kantischen Philosophie*, in: ders., *Studien zur Philosophie Immanuel Kants. Metaphysische Ursprünge und Ontologische Grundlagen*. Köln 1956, S. 227-257.
31 A 362 (Anm. d. Übs.)
32 Platon, *Kratylos*, 428d.
33 Gemäß der Text-Emendation von B. Erdmann. (Anm. d. Übs.)
34 *KU* § 27, AA V 257. (Anm. d. Übs.)
35 *KU* § 26, AA V 252. Wir kommen auf diese Fragen zurück in einer in der Zeitschrift *Glyph*, Minnesota University Press, 1987, erscheinenden Arbeit. Eine frz. Fassung dieser Arbeit wird 1987 in dem Sammelband *Analytique du sublime*, Paris erscheinen.
36 *KU* § 28, AA V 262. (Anm. d. Übs.)
37 Ibid., S. 268. (Anm. d. Übs.)
38 *KU* § 23, AA V 245.
39 *KU* § 27, AA V 259.
40 Ibid., S. 258. (Anm. d. Übs.)
41 Zu diesem Begriff der *transzendentalen Gewalt* cf. J. Derrida, *L'écriture et la différence*, Paris 1967, S. 188-195.
42 *KU* § 27, AA V 258 f. (Anm. d. Übs.)
43 Ibid., S. 259. (Hervorhebung vom Verfasser; Anm. d. Übs.)
44 Cf. M. Heidegger, *Kant und das Problem der Metaphysik*. §§ 33-34, Frankfurt/M 1973, S. 170-189. Es ist uns hier nicht möglich, uns mit Heideggers Kant-Interpretation auseinanderzusetzen.
45 *KU* § 28, AA V 264.
46 *KU* § 29, AA V 265.
47 I. Kant, *Kritik der praktischen Vernunft*. AA V 73.
48 Ibid., AA V 77.
49 I. Kant, *Die Religion innerhalb der Grenzen der bloßen Vernunft*. AA VI 72. Zur Frage des radikal Bösen cf. unsere Studie *Ça nous donne tort*, in: *Passé-présent* 4 (1984).
50 F. W. J. Schelling, *Philosophische Untersuchungen über das Wesen der menschlichen Freiheit und die damit zusammenhängenden Gegenstände*. In ders., *Sämtliche Werke*. Bd. 7, 1805-1810, Stuttgart/Augs-

burg 1860, S. 370 Anm. 2.
51 Ibid., S. 389 f.
52 Ibid., S. 390.
53 Th. W. Adorno, *Negative Dialektik*. In ders., *Gesammelte Schriften*. Bd. 6, Frankfurt/M. 1973, S. 191 f.
54 Martine Chavaz und Jean-Pierre Schneider danke ich für hilfreiche sprachliche Erläuterungen. (Anm. d. Übs.)

Herta Nagl-Docekal
Das heimliche Subjekt Lyotards

Die Frage nach dem Subjekt, die zunehmend ins Zentrum nicht nur des fachphilosophischen Interesses rückt, ist, näher besehen, keineswegs nur *eine* Frage. Sie ist jedenfalls nicht nur die Frage nach einem einzigen Subjekt. Mit dem Terminus Subjekt werden vielmehr eine Reihe von Konzeptionen bezeichnet, deren gravierende Differenzen jedoch gewöhnlich unexpliziert bleiben. Letzteres bedeutet für die gegenwärtige Debatte eine empfindliche Einbuße an Schärfe, und damit gewinnt die Aufgabe einer Begriffspräzisierung an Dringlichkeit. Dabei sind zunächst jene Konzeptionen von Subjekt zu unterscheiden, welche die aktuellen Programme der Verabschiedung der Moderne bestimmen. Zum anderen ist zu untersuchen, welche Motive für die kritisierten Klassiker der Subjekttheorie ausschlaggebend waren. Erst auf dieser Basis kann gefragt werden, ob das Subjekt der Moderne in der Tat, und das heißt in allen seinen Bestimmungen, als überholt zu betrachten ist.

Im folgenden wird die Notwendigkeit einer derartigen Differenzierung am Beispiel Lyotards zu zeigen versucht, genauer gesagt, am Beispiel seiner Stellung zur Geschichtsphilosophie. Dabei ist erstens jenes Subjekt zu rekonstruieren, dem Lyotards Distanznahme gilt: das Subjekt, welches als »Held« des geschichtlichen Fortschritts Normierungsinstanz ist und damit totalitäre Züge aufweist; zweitens soll in der Geschichtsphilosophie der Aufklärung, bzw. als deren Grundlage, ein anders bestimmtes Subjekt aufgezeigt werden; und drittens wird sich herausstellen, daß Lyotard selbst eben dieses andere Subjekt voraussetzt bzw. voraussetzen muß.

Lyotards Stellung zur Geschichtsphilosophie erweckte vor allem in Gestalt der These, daß der Entwurf der Emanzipation unglaubwürdig geworden sei, Aufmerksamkeit.[1] Diese These ist freilich durchaus nicht eindeutig, sie läßt zumindest zwei Lesarten zu – die allerdings beide in Schwierigkeiten einmünden. So kann sie zum einen im Zeichen eines deskriptiven Anspruchs aufgefaßt werden, d.h. als Diagnose einer tatsächlich vollzogenen Abkehr vom Emanzipationsgedanken. In diesem Fall stellt sich die Frage, auf wen diese Beschreibung zutrifft. Denkt man z.B. an die Artikulation und Formierung von Widerstand auf seiten jener, deren Lebensverhältnisse durch die Konsequenzen des politischen und ökonomischen Kolonialismus bestimmt sind, so schränkt sich der Kreis derer, die durch Lyotards Befund möglicherweise adäquat beschrieben sind, rasch ein. Es wäre, wie Lyotard selbst andeutet[2], zu überlegen, wieweit das Obsoletwerden des Emanzipationsgdankens mit der spezifischen Situation der Wohlstandsgesellschaften der Nachkriegsära korreliert. Freilich müßte auch hier differenziert werden, z.B. im Hinblick auf die feministische Debatte wie auch auf die verschiedenen Alternativbewegungen der Gegenwart. Feyerabend sah in letzteren (bei einem im Herbst 1985 in Wien gehaltenen Vortrag) eine Wiederaufnahme des Emanzipationskonzepts der Aufklärung: Nach einer Periode, in der praktische Entscheidungen zunehmend an wissenschaftliche Experten delegiert worden waren, artikuliere sich nun, ganz im Sinne der Aufklärungsschrift Kants, der Widerstand gegen die Bevormundung bzw. der Anspruch auf Autonomie.[3] Lyotards These dürfte somit als Beschreibung kaum allgemeine Gültigkeit beanspruchen können.

Hier stellt sich nun die Frage, ob es dennoch gute Gründe gibt den Entwurf der Emanzipation zu verabschieden, und die These Lyotards läßt sich auch im Zeichen dieser Frage lesen, als Resümee eines Argumentationsganges. Welche guten Gründe aber sind dies? Lyotards Ausgangspunkt ist ein Begriff von Geschichtsphilosophie als Legitimationserzählung. Bezugnehmend auf Kant, Hegel und Marx sieht er die eigentliche Pointe der Geschichtsphilosophie darin, daß sie der Geschichte ein einziges Subjekt unterstellt, dessen stetig fortschreitende Entwicklung sie in einer »großen Erzählung« präsentiert. Für diese Erzählung wird der Anspruch erhoben, letzte Legitimationsinstanz zu sein. Die Geschichtsphilosophie erzählt demnach entweder die Geschichte des »Helden der Freiheit«, in welcher die Praxis fundiert werden soll, oder die Geschichte des »Helden der Erkenntnis«, aus welcher u.a. das Konzept des wissenschaftlichen Fortschritts abgeleitet wird. Während Lyotard bei der ersten Variante Kant im Auge hat und bei der zweiten Hegel, schreibt er Marx eine Zwischenstellung zu.[4] Seine Distanznahme gilt freilich allen Spielarten der Geschichtsphilosophie gleichermaßen. Ausschlaggebend ist dabei die Überlegung, daß jede mit normativem Anspruch erzählte Geschichte auf ein Programm der Isomorphisierung der Menschen hinausläuft und somit »terroristische« Konsequenzen hat[5]; der Entwurf der Emanzipation ist für Lyotard deshalb unglaubwürdig geworden, weil er auf die Unterdrückung der Vielfältigkeit menschlichen Denkens und Handelns hin ausgelegt ist.

Diese Charakterisierung der Geschichtsphilosophie wäre in vielfacher Hinsicht zu befragen. Vor allem müßte für die drei genannten Hauptadressaten der Kritik gesondert untersucht werden, ob oder inwieweit ihre eigentlichen Intentionen adäquat erfaßt und damit auch getroffen werden. Im Hinblick darauf aber, daß für Lyotard aus dem Bereich der deutschsprachigen Philosophie Kant die ungleich größere Herausforderung darstellt[6], soll hier diese Problematik nur mit Bezug auf Kant erörtert werden. Dabei ergibt sich freilich, daß Lyotards Begriff von Geschichtsphilosophie entscheidend von dem Kantischen abweicht. Bei Kant hat die Geschichtsphilosophie weder die Aufgabe, dem historischen Geschehen ein in stetigem Fortschreiten begriffenes Subjekt zu unterstellen, noch die, eine Legitimationserzählung zu entwerfen.

Um kurz zu rekapitulieren: Ausgangspunkt der Geschichtsphilosophie ist bei Kant das Subjekt als praktisches, d.h., das allen Menschen zukommende Vermögen der praktischen Selbstgesetzgebung, welches im Lehrstück vom kategorischen Imperativ näher bestimmt wird. Diese Autonomie des Subjekts verweist auf die Geschichte insofern, als sie eine Aufgabe impliziert, die weder von einzelnen Individuen noch von einer einzigen Generation zu bewältigen ist, nämlich, ein »ethisches gemeines Wesen«[7], d.h., ein Zusammenleben aller Menschen auf der Basis dieses moralischen Grundprinzips zu etablieren. In seiner Rechtsphilosophie erläutert Kant, daß sich aus dem kategorischen Imperativ auch ein gewissermaßen näher gestecktes Ziel ableitet, nämlich die Errichtung einer vollkommenen Verfassung, welche für die Moralisierung der menschlichen Gemeinschaft Bedingung ist. Zentrale Bestimmung dieser Verfassung ist, daß sie »die größte Freiheit«[8] garantiert. Demnach kommt jedem Staatsbürger die größtmögliche Freizügigkeit im Gebrauch seiner Willkür zu, was impliziert, daß die Freiheit eines jeden gleichermaßen, jedoch gerade nur soweit eingeschränkt wird, als es nötig ist, damit sie mit der Freiheit von jedermann zusammen bestehen kann.[9] Dieser Begriff einer vollkommenen Verfassung ist freilich ebenfalls nicht unmittelbar in die Realität umzusetzen, sondern hat die Funktion eines Leitfadens für Kritik und Verbesserung der jeweils bestimmten Verfassungen. Aus dem kategorischen Imperativ leitet sich somit das Engagement für eine bessere Zukunft im Sinne von Freiheit und Gleichheit als moralische Pflicht ab.

Entscheidend ist nun, daß diese durch die praktische Vernunft bestimmte Aufgabenstellung für Kant keineswegs als Instrument für die Analyse der konkreten historischen Geschehnisse tauglich ist. Kant präsentiert also keine geschichtsphilosophische Erzählung derart, daß die Gattung, als Subjekt der Geschichte, kontinuierlich an der Realisierung dieser moralischen Aufgabe arbeite. Im Gegenteil: er betont immer wieder, daß von den Menschen nicht zu erwarten sei, daß sie sich in ihrem Handeln durchgängig vom Sittengesetz bestimmen lassen (was ja auch die imperativische Form desselben begründe)[10] – und daß der Verlauf der Geschichte primär durch die Antagonismen der Partikularinteressen und deren gewaltförmige Konsequenzen bestimmt sei.[11]

Daraus ergibt sich die eigentliche Ausgangsfrage der Geschichtsphilosophie Kants: Kann der Fortschritt in Richtung Gerechtigkeit, der moralisch geboten ist, überhaupt als geschichtlich möglich gedacht werden? In Auseinandersetzung mit dieser Frage entwickelt Kant sein Konzept der ungeselligen Geselligkeit, demzufolge die dem Antagonismus der Partikularinteressen entspringende Eskalation der Gewalt die jeweils Betroffenen dazu nötigt, sich in das »Gehege« des Rechts zu begeben bzw. dasselbe zu verbessern. Ein wesentliches Moment dieser Überlegung liegt darin, daß sich die Nötigung zur rechtlichen Vereinigung nicht bloß auf die Errichtung und Entwicklung einzelner Staaten erstreckt, sondern darüber hinaus auch auf das Verhältnis der Staaten zueinander.[12] Der Terminus »nötigen«, den Kant hier gebraucht, ist freilich nicht als Indiz eines mechanistischen Geschichtskonzepts zu sehen. Er bezieht sich darauf, daß sich für den Verstand, welcher aus der Perspektive des Partikularinteresses die Kosten-Nutzen-Bilanz zieht, angesichts der Spirale der wechselseitigen Bedrohung die rechtliche Absicherung als Sachzwang darstellt. Überdies geht Kant davon aus, daß sich der pragmatische Verstand häufig nicht gegenüber kurzsichtig bestimmten Eigeninteressen als Handlungsprinzip durchzusetzen vermag. Geschichte stellt sich also auch auf der Basis des Konzepts der ungeselligen Geselligkeit nicht als ein kontinuierlicher Fortschrittsprozeß dar. Kant unterstreicht, daß sie durch viele »Verwüstungen« und »Umkippungen«, kurz: durch »viel traurige Erfahrung« gekennzeichnet sei.[13] Er war freilich gar nicht mit jenem naiven Fortschrittsglauben, der der Aufklärungsphilosophie zur Zeit gerne unterstellt wird, an die Geschichte herangetreten. Er ging vielmehr von der Frage aus, ob die zunehmende Realisierung von Freiheit und Gleichheit, die moralisch notwendig ist, überhaupt geschichtlich möglich – nicht, ob sie auch geschichtlich notwendig – ist. Kant bejaht diese Frage, indem er aufzeigt, daß sich Rechtsverhältnisse auch dann entwickeln können, wenn Handeln durchgängig am Partikularinteresse orientiert ist – in diesem Sinne ist auch der häufig mißverstandene Satz, daß »das Problem der Staatsverfassung ... selbst für ein Volk von Teufeln (wenn sie nur Verstand haben) auflösbar« ist[14], zu lesen – und er fordert in der Folge dieser grundsätzlichen Erwägung, das historisch Überlieferte darauf abzusuchen, ob bzw. wo bereits Schritte in Richtung einer gerechten Verfassung erfolgt seien.

Von hier aus ist der Begriff der geschichtsphilosophischen Erzählung, der sich bei Kant zwar nicht in dieser Terminologie, wohl aber der Sache nach findet, bestimmt. Das Programm für die Abfassung einer Weltgeschichte, das Kant entwirft, ist durch ein Auswahlkriterium definiert: zu untersuchen ist, »was Völker und Regierungen in weltbürgerlicher Absicht geleistet oder geschadet haben«.[15] Das Ergebnis einer solchen Untersuchung kann nicht die Darstellung der Geschichte als Entwicklungsgang eines kontinuierlich fortschreitenden Subjekts sein. Bei Kant ergibt sich also weder von der praktischen Vernunft noch vom pragmatischen Verstand her das Konzept einer philosophischen Geschichtsdarstellung, die einer »großen Erzählung« im Sinne Lyotards entspräche. Aber die philosophische Bearbeitung der Weltgeschichte, auf die Kant abzielt, ist auch keine »Legitimationserzählung«. Ihre Bedeutung für die Praxis liegt nicht darin, bestimmte Handlungen zu rechtfertigen, sondern sie liegt in zwei anderen Dimensionen. Wie sich bereits in der Ausgangsfrage seiner Geschichtsphilosophie abzeichnet, geht es Kant primär um den Sinnhorizont des praktischen Engagements: dadurch daß die Verbesserung der rechtlichen Verhältnisse als geschichtlich möglich gezeigt wird, eröffnet sich erst jene »tröstende Aussicht in die Zukunft«[16], ohne welche die moralische Verpflichtung zur Gerechtigkeit bzw. jedes von dieser bestimmte Handeln als sinnlos erscheinen würde. Darüber hinaus sieht Kant die philosophische Geschichtserzählung als ein Instrument der Aufklärung: indem sie die jeweiligen Schritte zur Realisierung von Freiheit und Gleichheit als die eigentliche Leistung der Völker und Regierungen präsentiert, lenkt sie das Augenmerk auf die zentrale Aufgabenstellung gesellschaftsbezogenen Handelns und ist damit selbst der Realisierung derselben »beförderlich«.[17] Doch das bedeutet nicht, daß es umgekehrt für die Legitimation von Handlungen ausreichend wäre, auf ihre Übereinstimmung mit dem historischen Fortschritt zu verweisen. Ein derartiger Legitimationsversuch entspräche dem Prinzip, wonach der Zweck die Mittel heiligt, welches mit der Ethik Kants unvereinbar ist. Die Begründung von Praxis kann Kant zufolge nur über den kategorischen Imperativ erfolgen, und das bedeutet für den vorliegenden Zusammenhang, daß auch für ein Handeln »in weltbürgerlicher Absicht« zu prüfen ist, ob seine Mittel mit dem Sittengesetz übereinstimmen. Praktisches Engagement für Freiheit und Gleichheit ist also nicht eine Konsequenz aus der Geschichtsphilosophie, sondern die Voraussetzung, auf welche dieselbe als ein Mittel der Absicherung und Orientierung bezogen ist.

Aus all dem ergibt sich, daß der Begriff des Subjekts für Kants Geschichtsphilosophie nicht im Sinne einer im Singular gedachten Geschichte relevant ist, sondern insofern, als die praktische Vernunft mit der moralischen Verpflichtung zur Gerechtigkeit die geschichtsphilosophische Fragestellung auslöst. Im Hinblick auf die hier zu führende Auseinandersetzung mit Lyotard stellt dies einen Einwand gegen dessen Charakterisierung der Geschichtsphilosophie dar – doch das eigentliche Motiv, das dieser Charakterisierung zugrundeliegt, bleibt noch unberührt. Wie Honneth zu Recht unterstreicht, ist Lyotard geradezu von einem »Affekt gegen das ›Allgemeine‹, gegen den Universalismus überhaupt« bestimmt.[18] Das Argument, das diesen Affekt trägt, geht dahin, daß jede allgemeine Regel auf Isomorphie abzielt und damit den Reichtum des Vielfältigen bedroht. Dieses Argument ist nicht durch den Hinweis auf die eben rekapitulierten Differenzierungen der Geschichtsphilosophie Kants zu entkräften; es erhebt sich vielmehr die Frage, ob nicht Lyotards Verdächtigung des Subjekts aus dem problematischen Kontext einer simplifizierenden Rezeption von Geschichtsphilosophie herausgelöst und gegen das praktische Subjekt Kants gewendet werden müßte? Ist sie nicht eigentlich auf dieses durch den kategorischen Imperativ, als ein einziges Sittengesetz, bestimmte Subjekt zugeschnitten?

Mit der so präzisierten Fragestellung wird jedoch die Problematik der Argumentation Lyotards um so deutlicher. Der Isomorphie-Vorwurf wäre nur dann gerechtfertigt, wenn der kategorische Imperativ eine Verpflichtung zu bestimmten und das heißt inhaltlich definierten Handlungen bedeutete, bzw. wenn die im Rahmen der Rechtsphilosophie aus dem kategorischen Imperativ abgeleitete Emanzipationsforderung auf Gleichheit im Sinne einer Nivellierung aller Besonderheiten hinausliefe. Doch beides ist bei Kant nicht der Fall – ihn so zu interpretieren hieße, die für ihn zentrale Konzeption der Formalität unberücksichtigt zu lassen. In diesem Zusammenhang ist vor allem aufschlußreich, daß Kant das Grundprinzip des Rechts – und damit das Programm der Emanzipation – auch bestimmt als »die Freiheit für jeden, seine Glückseligkeit selbst, worin er sie immer setzen mag, zu besorgen, nur daß er anderer ihrer gleich rechtmäßigen Freiheit nicht Abbruch tut«.[19] Aus dieser Formulierung wird unmittelbar deutlich, daß der Entwurf der rechtlichen Gleichheit bei Kant formalen Charakter hat. Die Grundregel des Rechts zielt bloß auf eine Gleichheit der Möglichkeiten ab, d.h., auf die gleiche Möglichkeit aller, ihren individuellen Bestrebungen nachzugehen; dementsprechend hat die restriktive Funktion des Rechts die Bedeutung, diese Gleichheit der Möglichkeiten sicherzustellen. Das heißt aber nicht weniger, als daß die Pointe der Rechtsphilosophie Kants gerade in der Absicherung und Beförderung von Pluralität liegt.

Hier ist allerdings zu bedenken, daß die Intensität, mit der Lyotard die Gefahr der Isomorphisierung verfolgt, ihren Grund nicht in der philosophischen Fachdebatte hat, sondern in Erfahrungen der Gegenwart. Lyotard zielt in seiner Kritik eigentlich auf die Vernichtung lokaler Traditionen unter kapitalistischen Bedingungen ab, wie etwa sein Essay *Mauer des Pazifik*[20] zeigt, die Problematik des Verhältnisses von Zentrum und Peripherie. Seine zentrale Intention ist es also, Kategorien zu entwickeln, welche es ermöglichen, diese Zerstörung von Vielfalt zu exponieren und zu analysieren, nicht zuletzt im Hinblick darauf, daß das Marxsche Instrumentarium an diesem Punkt versagt. Ähnliche Intentionen verfolgte z.B. Derrida in seinem in Wien gehaltenen Vortrag »Le fantome de l'autre. Nationalité et nationalisme philosophiques«[21]. Sollen also vor allem Entwicklungen der Gegenwart problematisiert bzw. allererst deutlich gemacht werden, so ist dies gewiß attraktiv. Die eingehende Diskussion, die dieses Programm beanspruchen kann, ist freilich im vorliegenden Kontext nicht möglich; doch die bisherige Erörterung erbrachte ein Ergebnis, das für diese Diskussion von Relevanz ist: Wenn das aus dem kategorischen Imperativ abgeleitete Grundprinzip des Rechts gerade auf die Absicherung und Beförderung von Pluralität abzielt, so erweisen sich alle Versuche, die Nivellierungstendenzen der Gegenwart mit dem ethischen Universalismus zu identifizieren, schlicht als Fehleinschätzungen. Das bedeutet, daß die soeben unternommene Rekapitulierung von Differenzierungen Kants nicht bloß unter dem Aspekt einer Rektifizierung der Philosophiegeschichte zu sehen ist, läßt sie doch deutlich werden, daß die Kategorien für die Analyse der totalitären Tendenzen der Gegenwart erst noch zu präzisieren sind.

Analoges gilt für den von Lyotard vorgeschlagenen Ausweg aus der gegenwärtigen Problemlage. An dieser Stelle ist die Pluralitätsforderung näher zu betrachten, in welche Lyotards Überlegungen immer wieder einmünden, von dem in der ersten Hälfte der siebziger Jahre entworfenen Konzept eines neuen Polytheismus der Begierden[22] bis hin zu dem zuletzt präsentierten Programm, eine Vielzahl lokal begrenzter Verträge an die Stelle des einen, allgemein gültigen Sozialvertrags zu setzen.[23] Unter Bezugnahme auf Wittgenstein, Kuhn und Feyerabend expliziert Lyotard diese Forderung dahingehend, daß es darauf ankomme, »der Vielfalt und Unübersetzbarkeit der ineinander verschachtelten Sprachspiele ihre Autonomie, ihre Spezifität zuzuerkennen, sie nicht aufeinander zu reduzieren«.[24] In diesem Zusammenhang kann die Frage außer Acht gelassen werden, inwieweit Lyotard sich zu Recht, insbesondere auf Feyerabend beruft[25] – entscheidend ist vielmehr die Zielsetzung als solche, welche sich auf das vielzitierte »Laissez-jouer« zuspitzt – eine Formel, die Lyotard noch durch den Zusatz ergänzt: »und laßt uns in Ruhe spielen«.[26]

Hier ergeben sich abermals zwei Interpretationsvarianten. So läßt sich Lyotards Aufruf zum einen – wie Wellmer es ausdrückt – im Sinne »eines postutopischen politischen Liberalismus« lesen.[27] Diese Lesart bringt freilich gravierende Probleme mit sich. Aus dem Spiel droht dadurch rasch Ernst zu werden, daß gewisse

Gruppen ein Spiel spielen, das andere ihrer Spielmöglichkeit beraubt. Aus diesem Grunde wirft Manfred Frank die Frage auf, ob Lyotard den »Sozial-Darwinismus der frühkapitalistischen Konkurrenzgesellschaft uns als postmodernes Denken verkaufen« wolle.[28] Nicht mehr bloß als Frage, sondern als Vorwurf formuliert, findet sich diese Überlegung auch bei Seyla Benhabib[29] und Gérard Raulet.[30] Für Raulet hat der Liberalismus Lyotards allerdings nur den Charakter eines Sekundärphänomens. Die eigentliche Problematik besteht Raulet zufolge darin, daß Lyotard die Zerfallserscheinungen, welche die Moderne kennzeichnen und welche bereits von Max Weber diagnostiziert wurden, schlicht zur Kenntnis nimmt, in einem positivistischen Gestus[31], welcher zunächst nur zu politischer Ohnmacht führen kann. »Fragt man nach seinen praktischen Perspektiven, so erscheint der Postmodernismus als das Hinnehmen einer zweiten (oder dritten) Natur, welche geboren ist aus dem Scheitern der emanzipatorischen Vernunft und die zu beherrschen die Vernunft somit nicht mehr beanspruchen kann; die Hoffnungen, die er nicht ganz aufgibt, flüchten sich in eine bis zum Äußersten getriebene eklektizistisch-historische Version des Pluralismus, die letzten Endes mit einer Erneuerung des abgedroschensten Liberalismus zusammentrifft.«[32] Raulets Einwand richtet sich daher primär gegen den Positivismus Lyotards. Demgegenüber moniert Burghart Schmidt allerdings, daß dieser Einwand Lyotards Interesse am Widerstand unberücksichtigt lasse. »Lyotard ... sinnt unaufhörlich auf Chancen der Veränderung, er richtet sich in Bruch oder Zerfall nicht ein.«[33]

Festzuhalten bleibt, daß liberalistisch gelesen, die Pluralismusforderung Lyotards letztlich ihrerseits zu terroristischen Konsequenzen führt, zumindest in Form der Ohnmacht gegenüber terroristischen Übergriffen. Es ist jedoch zu fragen, ob diese Lesart gerechtfertigt ist, wobei es zu bedenken gilt, daß Lyotard mit seinem Pluralismuskonzept ein Mehr an Gerechtigkeit intendiert. Man sieht sich also genötigt, die andere sich anbietende Lesart zu wählen, derzufolge das Programm Lyotards gerade auf die Möglichkeit des freien Spiels für alle abzielt. Doch auch diese Interpretationsvariante führt in einen Widerspruch. Einerseits steht fest, daß für Lyotard in der Folge seines an das Subjekt gerichteten Isomorphie-Vorwurfs die Forderung nach Pluralismus gleichbedeutend ist mit dem Programm der Distanznahme von jedem ethischen Universalismus – andererseits läuft seine Forderung in dieser zweiten Lesart selbst auf eine praktische Regel hinaus. Dabei geht es um die Gerechtigkeit der gleichen Möglichkeit für alle, ihr jeweiliges Spiel »in Ruhe« spielen zu können; diese Konzeption impliziert, daß die Ruhe vor Übergriffen, wie sie im Rahmen der liberalistischen Lesart nicht auszuschließen waren, zu sichern ist, wofür nur die Vorgangsweise einer gleichen Einschränkung aller in Frage kommt. Wenn Lyotard sein in »Le différend« skizziertes Programm der limitierten Verträge mit dem Anspruch auf größtmögliche Demokratie verbindet, so kann er dies nur unter Voraussetzung eines allgemeinen Prinzips, welches auf die gleiche Chance aller, jeweils neue Verträge einzugehen, abzielt. Lyotard fordert demnach, genau besehen, die Freiheit für jeden, seine Spiele »selbst zu besorgen, nur daß er anderer ihrer gleich rechtmäßigen Freiheit nicht Abbruch tut«. Die Übereinstimmung mit Kant ist damit augenfällig.

Dieser Widerspruch wurde bereits ganz ähnlich von Axel Honneth bemerkt: »Aber am Ende muß sich Lyotard ... in den Prämissen seines eigenen Denkens verfangen; der Affekt gegen den Universalismus verbietet ihm eine Lösung des Problems, auf das er mit seiner Forderung nach einem zwanglosen Pluralismus der Sprachspiele selber gestoßen war ... Wie nämlich läßt sich ein moralisches Prinzip des gleichen Rechtes aller Sprachspiele begründen, wenn zugleich auf jede allgemeine, die kulturspezifischen Normen übergreifende Regelung des gesellschaftlichen Verkehrs verzichtet werden soll?«[34] Es wäre freilich zu fragen, inwieweit Honneth im Zuge seiner Orientierung an der Diskurstheorie für die nähere Bestimmung dieser allgemeinen Regelung seinerseits eine Distanznahme vom Kantischen Subjekt für geboten erachtet. Doch die bisherige Debatte um die Diskursethik scheint jedenfalls soviel sichergestellt zu haben, daß diese Ethik nur dann plausibel zu machen ist, wenn sie nicht in negativer Abgrenzung zur Konzeption des kategorischen Imperativs, sondern als eine Weiterführung derselben definiert ist.[35]

Das universalistische Element bei Lyotard unterstreicht auch Wellmer; ausgehend von der Überlegung am Schluß der »condition postmoderne«, daß die Informatisierung der Gesellschaft dem Wunsch nach Gerechtigkeit untergeordnet werden könnte, und der darauf beruhenden Forderung Lyotards: »die Öffentlichkeit müßte freien Zugang zu den Speichern und Datenbanken erhalten«³⁶ schreibt er: »Eine frei diskutierende Öffentlichkeit – dies ist immerhin eine wichtige Konzession an den demokratischen Universalismus der Aufklärung«.³⁷ Wellmer moniert damit aber nicht eine Widersprüchlichkeit, sondern sieht darin die eigentliche Herausforderung Lyotards an die Philosophie der Gegenwart: das Konzept eines demokratischen Universalismus zu entwickeln, welcher nicht länger im Subjekt der Aufklärung fundiert ist. »In dem Versuch, dies zu tun, würde ich einen genuin ›postmodernen‹ Impuls zu einer Selbstüberschreitung der Vernunft sehen«.³⁸ Wellmers eigene Überlegungen in diese Richtung machen allerdings die Problematik eines solchen Programms deutlich. An die Stelle des Subjekts rückt er »fundamentale Gemeinsamkeiten«; sein demokratischer Universalismus gründet also auf »eine(m) gemeinsamen Boden von Gewohnheiten zweiter Ordnung: Gewohnheiten rationaler Selbstbestimmung, demokratischer Entscheidungsbildung und gewaltloser Konfliktbewältigung. Dies wäre eine Realisierung von ›Freiheit, Gleichheit und Brüderlichkeit‹ in dem Sinne, daß die Probleme, die einmal in diesen Ideen sich artikulierten, einer erwachsenen Menschheit abhanden gekommen wären«.³⁹ Die Frage ist jedoch, ob nicht eine Gerechtigkeit, die nur auf Gewohnheiten gründet, ihrerseits leicht abhanden kommen kann. Anders gesagt: der Verweis auf Gewohnheiten macht die Frage nach deren Legitimation keineswegs überflüssig. Wenn man bedenkt, daß die von Wellmer aufgezählten Gewohnheiten nicht als gegeben angenommen werden können, sondern erst einzuüben wären, wird die Unabweisbarkeit dieser Frage unmittelbar deutlich. Wie aber sollte Gerechtigkeit anders begründet werden, als über eine Theorie der Menschenwürde, welche allen Einzelnen, unabhängig von individuellen Unterschieden, gleichermaßen zukommt, d.h. letztlich über eine Theorie des praktischen Subjekts? Wellmers Anspruch, den Universalismus der Aufklärung in einer höherrangigen Konzeption »aufzuheben«⁴⁰, kann also nicht zu Recht aufrechterhalten werden. Wird aber die Theorie des Subjekts schlicht umgangen, so droht die Gefahr einer (um in Wellmers lebensgeschichtlicher Metaphorik zu bleiben) Regression in die Philosophiegeschichte vor Kant. Man wird daran erinnert, daß es in der Entwicklung der Erkenntnistheorie nicht zuletzt Humes Versuch einer Fundierung der Erkenntnis in Gewohnheit war, durch den sich Kant zu seinem transzendentalphilosophischen Entwurf des

Subjekts provoziert sah.

An diesem Punkt nimmt Rortys Lyotard-Interpretation indessen eine ganz andere Wendung. Überzeugt, daß die Erledigung des Subjekts geglückt ist, schreibt Rorty in »Habermas and Lyotard on Postmodernity«, »that working through ›the principle of subjectivity‹ (and out on the other side) was just a side-show, something which an isolated order of priests devoted themselves to for a few hundred years«[41] (wobei er, unter Berufung auf Lyotard, Habermas in die Reihe der Ordensleute stellt). Im Zeichen dieser Überzeugung wirft Rorty Lyotard schließlich Inkonsequenz vor, wobei er jedoch nicht die Wiederaufnahme universalistischer Motive, sondern einen Mangel an Konkretheit moniert: »Foucault and Lyotard were so afraid of being caught up in one more metanarrative about the fortunes of ›the subject‹ that they cannot bring themselves to say ›we‹ long enough to identify with the country or the generation to which they belong«.[42] Diese Forderung der Identifikation mit dem »Wir« einer bestimmten historisch gewordenen Gemeinschaft muß so gelesen werden, daß Rorty die poststrukturalistischen Überlegungen in Richtung einer Neuauflage des Liberalismus wendet. Damit belastet er sich jedoch mit jenen Konsequenzen, denen sich Lyotard durch seinen universalistischen Rückgriff zu entziehen verstand. Seyla Benhabib konstatiert demnach zu Recht bei Rorty »eine eigentümliche Konvergenz von Postmoderne und Neokonservativismus«[43], womit sich Lyotards Position in dieser Konstellation dadurch als die überlegene erweist, daß sie bei aller immanenten Widersprüchlichkeit das Programm der Gerechtigkeit noch im Blick behält.

Als Bilanz aus dem Bisherigen ergibt sich zum einen, daß das von Lyotard verabschiedete Subjekt nicht jenes ist, von dem Kant in seiner praktischen Philosophie spricht (und in dem seine Rechts- ebenso wie seine Geschichtsphilosophie begründet ist); und zum anderen, daß Lyotard implizit auf eben dieses Subjekt Kants zurückgreift. Die Struktur dieses uneingestandenen Rückgriffs bleibt bei Lyotard nicht nur auf die praktische Philosophie beschränkt. Wie Raulet an verschiedenen Beispielen erläutert, bricht in »Le différend«, »auch in der Form eines Inchoativums, ein Subjekt durch, und zwar ein erkenntnistheoretisch zu bestimmendes«.[44] Ferner konnte gezeigt werden, daß die daraus zu ziehende Konsequenz nicht darin liegen kann, diese heimliche Liaison aufzugeben, sondern daß es vielmehr darauf ankäme, sie publik zu machen. Dies gerade auch um der zentralen Intention Lyotards willen: ohne eine Begründung des Anspruchs auf Autonomie sind die Nivellierungstendenzen der Gegenwart weder präzise zu analysieren, noch mit einem Alternativmodell zu konfrontieren, welches auch plausibel zu machen ist.

In den neueren Publikationen hat sich Lyotard diesen Ausweg allerdings noch erschwert, paradoxerweise gerade durch seine Kantlektüre. Indem er das Konzept der reflektierenden Urteilskraft aus dem Blickwinkel seiner Pluralismusforderung rezipiert, ergibt sich eine folgenschwere Entdifferenzierung. So heißt es in einem von Lyotard und Rogozinski gemeinsam gezeichneten Artikel: »Notre faculté de juger réfléchissante ne se fonde pas sur une catégorie ou un principe universel déjà donné qu'il n'y aurait plus qu'á appliquer, mais il lui faut, sous le coup d'une donne singulière, d'un cas inattendu, juger sans règle afin d'établir la régle. De cet usage réfléchissant du jugement procède l'activité de l'artiste, du philosophe critique, du politique ›républicain‹ et toute démarche inventive qui, sur la trace de l'inconnu, de l'inacceptable, brise avec des normes constituées, fait éclater les consensus, ravive le sens du différend. C'est évidemment ce que ne supporte pas le néokantien dogmatique, toujours soucieux de restaurer l'unité et l'identité«.[45] Doch Kant intendierte mit dem Konzept der reflektierenden Urteilskraft keineswegs eine Zurücknahme seiner vorangegangenen Differenzierungen und eine Auflösung der Vernunft in eine Vielzahl heterogener Sprachspiele, wie van Reijen zu Recht unterstreicht.[46]

Im Hinblick auf die hier erörterte Frage ist vor allem zu beachten, wie bei Kant die Urteilskraft mit der praktischen Vernunft vermittelt ist. Das Entwerfen verschiedener politischer Programme angesichts konkreter gegenwärtiger Problemstellungen leistet nicht auch schon deren Legitimierung. Die heterogenen Entwürfe sind also erst noch auf ihre Vereinbarkeit mit dem Gerechtigkeitsprinzip hin zu befragen, wie Kant z.B. in den Schlußpassagen seiner Schrift »Zum ewigen Frieden« erläutert.[47] Ferry und Renaut können sich demnach in der Tat auf Kant berufen, wenn sie gegenüber Lyotards These von der »autorité de l'infini« auf der Unverzichtbarkeit der Menschenrechte insistieren.[48]

Daß Lyotard den Begriff der reflektierenden Urteilskraft von seinem systematischen Kontext abtrennt, ist auf ein bereits bekanntes Problem zurückzuführen. Um es noch einmal zusammenzufassen: Indem Lyotard Universalität mit Uniformität identifiziert, kann er den Pluralismus nur in Form einer unversöhnbaren Gegenposition thematisieren. Diese Disjunktion bedeutet aber, wie sich gezeigt hat, eine gravierende Beschneidung eigener Intentionen, insofern keine der beiden Alternativen die Voraussetzungen bietet, seine Gerechtigkeitsforderung systematisch zu entfalten. In dem Artikel »Le nom et l'exception«[49] präsentiert Lyotard diese Disjunktion erneut in pointierter Form, gleichzeitig jedoch in ihrer Problematik. Dabei moniert er, daß das historisch gewordene Besondere – hier am Beispiel der Identitätsbildung über Namen entwickelt – nicht zu harmonisieren sei mit dem universellen Emanzipationsanspruch der Aufklärung. »Nous savons qu'il n'y a pas de dialectique qui méne du nom à l'universalité«.[50] Die vorliegende Studie hat es sich dagegen zur Aufgabe gemacht zu zeigen, daß der Universalismus in der Ethik (und dies gilt sowohl für Kant als auch für die Diskursethik) die Vielfalt des Besonderen nicht nur nicht zu vernichten droht, sondern selbst als Forderung impliziert. Würde sich Lyotard auf die Bestimmung der Formalität einlassen, welche für Kants kategorischen Imperativ zentral ist, so wäre für die in der zuletzt zitierten Passage thematische Vermittlung eine entscheidende Voraussetzung geschaffen.

Dies bedeutet freilich nicht, daß es bei einem schlichten Rückgriff auf die Philosophie Kants bleiben könnte, sondern lediglich, daß die Differenzierungen derselben nicht zu umgehen sind. Zeichnet sich dadurch aber die Aufgabe ab, die Konzeption des Subjekts zu rekonstruieren und weiterzuführen, so erhebt sich eine weitere Frage: gilt dies auch für die Geschichtsphilosophie? Wie sich gezeigt hat, geht der gängige Versuch einer Erledigung der Geschichtsphilosophie an Kant vorbei, da dieser keineswegs einem unerschütterlichen Glauben an den linearen Fortschritt des Weltgeschehens anhing. Kants eigentliche Frage aber, ob die Geschichte so bestimmt werden kann, daß sich das praktische Engagement für Autonomie nicht als absurd erweist, dürfte auch heute kaum als überholt zu betrachten sein. Vielmehr scheint gerade das Argument, daß im Blick auf die Erfahrungen des 20. Jahrhunderts der geschichtsphilosophische Emanzipationsbegriff unglaubwürdig geworden sei, geeignet, die Frage nach dem Sinnhorizont des Einsatzes für Gerechtigkeit zu radikalisieren. In der gegenwärtigen philosophischen Debatte ist aber nicht einmal diese Problemstellung hinlänglich thematisiert.

Anmerkungen

1 J.-F. Lyotard, *Das postmoderne Wissen*, in: *Theatro machinarum*, Heft 3/4, 1982, S. 71.
2 Ebd.
3 P. Feyerabend, *Demokratische Überwachung wissenschaftlicher Manieren und Ergebnisse*, Vortrag am 17. 10. 1985 im Rahmen des von der Katholischen Akademie in Wien veranstalteten Symposiums *Vom Ethos der Wissenschaften und ihrer Praxis*.
4 *Das postmoderne Wissen*, S. 59-70.
5 *Ödipus oder Don Juan? Legitimierung, Recht und ungleicher Tausch. Ein Gespräch zwischen J.-F. Lyotard und J. P. Dubost*, in: *Das postmoderne Wissen*, S. 147.
6 Vgl. v.a. J.-F. Lyotard, *Le différend*, Paris 1984, sowie ders. und J. Rogozinski, *La Police de la Pensée*, in: *L'Autre Journal*, Nr. 10, Décembre 1985, S. 27.
7 I. Kant, *Religion innerhalb der Grenzen der bloßen Vernunft*, in: *Werke in sechs Bänden*, hg.v. W. Weischedel, Darmstadt 1964, Bd. 4, S. 752.
8 I. Kant, *Idee zu einer allgemeinen Geschichte in weltbürgerlicher Absicht*, in: *Werke*, a.a.O., Bd. 6, S. 39.
9 I. Kant, *Metaphysik der Sitten*, in: *Werke*, a.a.O., Bd. 4, S. 336f.
10 I. Kant, *Grundlegung zur Metaphysik der Sitten*, in: *Werke*, a.a.O., Bd. 4, S. 74.
11 I. Kant, *Idee zu einer allgemeinen Geschichte*, S. 37ff.
12 Ebd. S. 41 ff.
13 Ebd. S. 42.
14 I. Kant, *Zum ewigen Frieden*, in: *Werke*, a.a.O., Bd. 6, S. 224.
15 I. Kant, *Idee zu einer allgemeinen Geschichte*, a.a.O., S. 50.
16 Ebd. S. 49.
17 Ebd. S. 47.
18 A. Honneth, *Der Affekt gegen das Allgemeine. Zu Lyotards Konzept der Postmoderne*, in: *Merkur*, 38. Jg., Heft 8, Dez. 1984, S. 900.
19 I. Kant in einem Brief an Jung-Stilling, nach dem 1. März 1789.
20 J.-F. Lyotard, *Le mur du Pacifique*, Paris 1979, dt.: *Die Mauer des Pazifik*, Graz-Wien 1985.
21 Vortrag am 11. 1. 1986 im Rahmen der vom Institut für die Wissen-

schaften vom Menschen in Wien veranstalteten Tagung *Philosophie der Nationalität – Nationalität der Philosophie*.
22 Vgl. J.-F. Lyotard, *Economie libidinale*, Paris 1974, dt.: *Die Ökonomie des Wunsches*, Bremen 1984; ders., *Sur la force des faibles*, in: *L'Arc*, Nr. 64, 1. Trim. 1976, dt.: *Über die Stärke der Schwachen*, in: *Das Patchwork der Minderheiten*, Berlin 1977, S. 73; sowie ders., *Instruction paiennes*, Paris 1977.
23 J.-F. Lyotard, *Economie libidinale*.
24 J.-F. Lyotard und J. P. Dubost, *Ödipus oder Don Juan?*, a.a.O., S. 131.
25 Zusätzlich zu der von Rorty und Honneth bereits aufgezeigten Differenz wäre zu erörtern, daß für Feyerabend im Zuge seiner oben zitierten Argumentation die Alltagssprache den Charakter einer allgemeinen Metasprache, jedenfalls für praktische Belange, hat. Vgl. R. Rorty, *Habermas and Lyotard on Postmodernity*, in: *Praxis International*, Jg. 1985, S. 4; sowie A. Honneth, *Der Affekt gegen das Allgemeine*, S. 899.
26 J.-F. Lyotard und J. P. Dubost, *Ödipus oder Don Juan?*, a.a.O., S. 131.
27 A. Wellmer, *Zur Dialektik von Moderne und Postmoderne. Vernunftkritik nach Adorno*, Frankfurt 1985, S. 53.
28 M. Frank, *Was ist Neostrukturalismus?*, Frankfurt 1983, S. 111.
29 S. Benhabib, *Kritik des »postmodernen Wissens« – eine Auseinandersetzung mit Jean-François Lyotard*, in: A. Huyssen und K. R. Scherpe (Hg.), *Postmoderne. Zeichen eines kulturellen Wandels*, Reinbek bei Hamburg 1986, S. 121.
30 G. Raulet, *Zur Dialektik der Postmoderne*, in: A. Huyssen und K. R. Scherpe (Hg.), *Postmoderne*, a.a.O., S. 128.
31 Ebd. S. 138.
32 Ebd. S. 139.
33 B. Schmidt, *Postmoderne – Strategien des Vergessens*, Darmstadt-Neuwied 1986, S. 41.
34 A. Honneth, a.a.O., S. 902.
35 Vgl. H. Nagl-Docekal, *Von der Notwendigkeit einer transzendentalphilosophischen Transformation der Diskurstheorie*, in: W. v. Reijen und K.-O. Apel (Hg.), *Rationales Handeln und Gesellschaftstheorie*, Bochum 1984, S. 219.
36 J.-F. Lyotard, *Das postmoderne Wissen*, a.a.O., S. 124 f.
37 A. Wellmer, a.a.O., S. 105.
38 Ebd. S. 108.
39 Ebd. S. 107.
40 Ebd. S. 106.
41 R. Rorty, a.a.O., S. 16; zu Rortys Annäherung an die poststrukturalistische Philosophie vgl. auch L. Nagl und R. Heinrich (Hg.), *Wo steht die Analytische Philosophie heute?*, Wien/München 1986.
42 R. Rorty, a.a.O., S. 18.

43 S. Benhabib, a.a.O., S. 123.
44 G. Raulet, *Gehemmte Zukunft. Zur gegenwärtigen Krise der Emanzipation*, Darmstadt und Neuwied 1986, S. 209; vgl. auch S. 178, sowie ders., *Bloch und die Postmoderne*, in: *Zum hundertsten Geburtstag von Ernst Bloch, Tüte Sonderheft*, Juni 1985, S. 26.
45 J.-F. Lyotard und J. Rogozinski, a.a.O., S. 33.
46 W. v. Reijen, *Ethik – Ästhetik – Informatik: Hegel/Lyotard*, erscheint in den *Akten des Züricher Hegelkongresses 1986*.
47 I. Kant, *Zum ewigen Frieden*, a.a.O., S. 244 ff.
48 L. Ferry und A. Renaut, *La Pensée 68*, Paris 1985.
49 J.-F. Lyotard, *Le nom et l'exception*, in: H. Nagl-Docekal und H. Vetter (Hg.), *Tod des Subjekts?*, Wien/München 1987.
50 Ebd.

Jacques Poulain
Die pragmatische Dekonstruktion des Menschen

I. Die Frage nach der Wahrheit und die Notwendigkeit der Dekonstruktion des Menschen

Es ist wohlbekannt, daß die gegenwärtige Philosophie die philosophischen Probleme der Subjektivität als solche aufzugeben hatte, um sie in sprachphilosophische Probleme umzuwandeln. Man nimmt an, die Subjektprobleme durch diese Umwandlung zu lösen, insofern als sie dazu zwingt, in der Sprache selbst die beständigen Gesetze zur Konstituierung und Regulierung der redenden Subjekte aufzudecken. Man nimmt ferner an, daß es genügen würde, diese Gesetze als logische, semantische und pragmatische anzuerkennen, um die Menschen in der Praxis diesen Gesetzen unterwerfen zu können. Dadurch würde das moderne Subjektivitätsproblem also lösbar werden.

Im Verhältnis des Denkens zu sich selbst, welches die Identität des Subjekts mit sich selbst definieren sollte, mußte das moderne Subjekt das universelle vom privaten Wunschdenken unterscheiden. Es mußte von seiner Urteilskraft Gebrauch machen, um seine Erkenntnisse *a priori* zu begrenzen, um seine Handlungen zu regulieren und um sich an die als universal anerkannten Begierden zu binden. Hierbei mußte es jedoch zur Erkenntnis gelangen, daß es dessen unfähig war. Das Denken war auf das reine Phänomen reduziert, d. h. auf ein Selbstbewußtsein als ein Bewußtsein, das seine Gedanken, seine Handlungen und seine Begierden denkt. Ein solches Bewußtsein wäre unfähig gewesen, dem transzendentalen Schein seine theoretischen und praktischen Objektivitätsurteile abzuringen, welcher es dazu verleitete, seine Wünsche für Wirklichkeit anzusehen. Die Absolutierung dieses Subjekts, nämlich der Wunsch, den Menschen als die einzige Wirklichkeit anzuerkennen, erscheint als eine vergebliche Leidenschaft. Um den Menschen daran zu erinnern, daß er kein Gott ist, würde es genügen, die *Inkohärenz des modernen Ideals zu denunzieren*, d. h. zu behaupten, daß es unmöglich ist, den Traum von der Allwissenheit und Allmächtigkeit des Menschen hinsichtlich der Welt und sich selbst zu verwirklichen. Wäre sein

Erkenntnis- und Machtwille einmal dekonstruiert, dann könnte er auch seine Endlichkeit anerkennen und die Unverfügbarkeit seines Sachverständnisses akzeptieren. In dem Moment würde er verstehen, daß er sich selbst bisher noch nicht verstanden hat. Sodann könnte er sich wieder sich selbst überantworten und den Traum aufgeben, sich selbst als Subjekt, d. h. als bestimmender Wille über alle anderen Wirklichkeiten, zu betrachten.

Darüber hinaus ist meines Erachtens *die Frage* angebracht, *ob die philosophische Dekonstruktion vom metaphysischen Mythos der Subjektivität genügt, um den Menschen sich selbst gegenüberzustellen*. Indem die philosophische Hermeneutik Heideggers den Menschen dazu gebracht hat, die Unverfügbarkeit seines Selbstverständnisses anzuerkennen, hat sie versucht, jeden gegenüber der Wahrheit der Erfahrung offen zu halten. Dem Menschen sollte also gezeigt werden, daß er sich selbst von den wissenschaftlichen, methodologischen und institutionellen *a priori* zu befreien hat, damit er in jeder Erfahrung die Erfahrung seiner selbst machen kann. Diese Befreiung sollte ihn seiner äußersten Existenzmöglichkeit gegenüberstellen, eben der Möglichkeit, auf sich selbst als Wahrheits- und Machtwille zu verzichten. Dabei stellt sich die Frage, ob die Experimentierung des Denkens an den Tod angesichts jeglicher Existenzentwürfe den Menschen magisch in diese einzige Existenzmöglichkeit versetzt, in der er einzig und allein diese Freiheit leben kann? Offensichtlich ist das nicht der Fall. Denn wenn man sich zugunsten dieses Triebzwanges zur Eigentlichkeit entschließt, so fragt man sich, ob hier nicht dieselbe Denkstruktur wiederholt wird, welche dem modernen Subjekt zugeschrieben wurde, von dem behauptet wurde, es wolle zu einem ursprünglichen Wissen seiner selbst mithilfe einer Kontrolle seines Denkens gelangen. Bei Heideggers Hermeneutik würde man also nur eine neue Form der Herrschaft begehren, da man nur zu dem Bewußtsein gelangen würde, daß man seinen eigenen Wissens- und Machtwillen kennt und hemmen kann. Dadurch aber würde man die Experimentierung des Verstehens in die Mitte des Denkens verlegen und so nur die Art und Weise verstärken, in der man gewöhnlich die wissenschaftliche und technische Experimentierung der Welt in die Experimentierung des Menschen hineinverlegt. Die Experimentierung der Wahrheit einer Hypothese ist ein Mittel zum Erlangen eines vorher unbekannten Endziels, nämlich die wirkliche Anerkennung der Wahrheit oder der Falschheit dieser Hypothese. Dasselbe trifft zu, wenn sich der Mensch der Zufälligkeit seines Selbstverständnisses überantwortet. So nämlich wäre er der wirklichen Anerkennung seiner selbst durch sein eigenes Selbstverständnis ausgeliefert. Die Freiheit würde er sich dann – und nur dann – geben, wenn er der Wirkung des Selbstverständnisses oder des Selbst-unverständnisses durch die Erfahrung die Aufgabe überlassen würde, zu beurteilen, ob er das ist oder ob er es nicht ist, was er über sich selbst, über die anderen und über die Sachen denkt. Überläßt man sich den blinden Vorkommnissen dieses Selbstverständnisses oder Selbst-unverständnisses, dann bleibt zu fragen, ob man in diesem Fall nicht auf jedes Objektivitätsurteil verzichtet und nicht vielmehr das alleruneigentlichste Verhältnis zu sich selbst erzeugen würde, welches im theoretischen und philosophischen Verhältnis erfahrbar ist?

Eine Antwort auf diese Problematik der Subjektivität kann nur gegeben werden, wenn man das Verhältnis des Selbstbewußtseins zu sich selbst wieder in die objektiven und dynamischen Kommunikationsverhältnisse hineinversetzt. Dabei wird angenommen, daß diese Kommunikationsverhältnisse das Bewußtsein der Subjekte bestimmt, um diese Subjekte den ontologischen Identifizierungsverhältnissen mit der Sprache unterzuordnen, über die ihr Wille jedoch nicht verfügen kann. Die verschiedenen Sprachpragmatiken, seien sie mentalistisch oder behavioristisch, deskriptiv oder normativ, geben vor, die Gesetze des dynamischen Anhaftens an die eigene Rede zu beschreiben. Diese Pragmatiken behaupten, daß sie die Art und Weise herausstellen, wie die Kommunikationspartner durch eine transzendente Instanz bestimmt werden, nämlich durch den vergangenen, gegenwärtigen und zukünftigen Konsensus. Es würde ihnen nur übrigbleiben, diesen Gesetzen und Notwendigkeiten zu gehorchen, um sich mit dem, was sie selbst sind, konform zu machen. Ist aber dieser pragmatische Traum eher realisierbar als derjenige der Moderne? Dies scheint nicht der Fall zu sein. Es ist nämlich so, daß der Wille, der der transsubjektiven Instanz des Konsensus gehorchen möchte, von der radikalen Ungewißheit hervorgerufen wird, welche ihrerseits durch die gegenseitige Experimentierung im Spätkapitalismus bedingt ist. So wie die wissenschaftliche Experimentierung versucht, eine transzendente Instanz sprechen zu lassen, die von den Wahrheitswünschen der Wissenschaftler unabhängig wäre, sozusagen die transzendente Instanz der Weltinstanz, so würde es die Experimentierung der transsubjektiven Instanz des Konsensus auch nicht erlauben, weder diese Ungewißheit zum Schweigen zu bringen, noch aus einem blinden Konsensus eine theoretische und praktische Lebensform zu machen. Um sich dessen bewußt zu werden, genügt es, die Logik und Dynamik der kommunikativen Experimentierung der sozialen Partner mit Hilfe der naiven und rauhen Kategorien der behavioristischen Pragmatik zu beschreiben. Danach können die notwendigen Wirkungen getestet werden, die entstehen, wenn den pragmatischen Gesetzen gehorcht wird. Diese Wirkungen aber sind das genaue Gegenteil dessen, was die Sprechakttheoretiker erwarten. Die Kommunikation wird hier notwendigerweise neutralisiert und die Subjekte dekonstruieren sich selbst, diesmal allerdings in pragmatischer und negativer Weise. Sie geben ihren kommunikativen Herrschaftstraum dann auf, wenn sie das Gegenteil dessen werden, wonach sie trachten. Das bedeutet aber, daß sie mit sich selbst, mit den anderen und mit der Welt uneinig werden ohne zu wissen, warum und wieso. Dabei vergessen sie ihre Wahrheitsreflexion und ersetzen diese Wahrheitsinstanz durch die performativen Konventionen, durch die Identifizierung mit ihren Überzeugungen, Begierden und Intentionen und durch die Identifizierung mit dem Interesse des anderen. Dadurch vermeiden sie es, die einzige Wirklichkeit zu sein, die sie durch die kommunikative Erfahrung sein könnten; die einzige Wirklichkeit, die darin bestände, das Objektivitätsurteil zu sein, welches sie aussprechen über das, was sie sind, und über das, was sie dabei aus der Welt und aus sich selbst machen. Sogar die hermeneutische Theorie, die dieses Urteil als ein allgemeingültiges Urteil herbeizuführen versucht, sowie die Transzendentalpragmatik Apels, führt letzten Endes zur Vermeidung dieses Urteils.

Das Objektivitätsurteil scheint mir jedoch unvermeidbar zu sein, denn es bestimmt die transzendentale Funktion der Sprache, d. h. die Art und Weise, wie die Sprache jede Erfahrung konstituiert und reguliert. Diese Funktion scheint aufzeigbar, wenn man die in jedem Sprechakt begriffene Dynamik der Behauptung rekonstruiert. Das *Objektivitätsurteil* ist in der Tat *nicht* die Wirkung einer Reflexion, die *nachträglich* eine irrationale Geste, nämlich die verbale Erzeugung des Sinnes, regulieren könnte. Sie ist vielmehr *das, was schon jede Äußerung und jeden Gedanken erzeugt.* Man kann keinen Satz sagen oder denken, ohne ihn *wahr* zu denken. Somit wird sowohl die Wahrheit der Äußerung und des Gedankens als auch die notwendige Objektivität der Erfahrung virtualisiert. Und somit wird es ebenfalls möglich, diese Äußerung oder diesen Gedanken selbst anzunehmen, und zwar im selben Vorgang wie die Wahrnehmungen, Handlungen und Begierden objektiviert und selbst erfahren werden. Hierdurch verläßt man den platonischen Dualismus, der noch die Hermeneutik und die Pragmatiken belastet, und man verzichtet tatsächlich auf die Bewußtseins- und Konsensusethik. Man kann in der Selbstobjektivation des Urteils zweierlei erfahren: erstens das Reich der Notwendigkeit, d. h. die Gesetze der wirklichen Identifizierung mit dem, worin man sich anerkennt; zweitens das Reich der Freiheit, d. h. die Möglichkeit nur das zu sein, was man selbst anerkennt, *wirklich zu sein*, sowie auch die Möglichkeit, sich von all dem zu befreien, was man selbst anerkennt, *nicht zu sein*. Bevor man aber diese beiden Reiche betreten kann, ist es notwendig, das Problem der Neutralisierung dieses Urteils im gegenwärtigen Kontext zu erörtern.

II. Der Horizont der Ungewißheit im Kontext der gegenseitigen Experimentierung

Man kann das dynamische Problem der Kommunikation, das in diesem experimentellen Kontext zutage tritt, ganz einfach mit Hilfe der behavioristischen Kategorien von Morris beschreiben. Für den Behavioristen bedeutet Sprechen entweder
– Informationen mitteilen oder
– den anderen bestimmte Sachen oder Ziele vorziehen zu lassen oder
– zum Handeln anzuregen oder
– das durch die Rede organisierte sprachliche bzw. nichtsprachliche Verhalten zu systematisieren.

Im informativen Gebrauch versucht man, jemanden so zum Handeln zu bewegen, als ob eine bestimmte Sachlage bestimmte Merkmale aufzeige. Man versucht den Adressaten zu überreden, ihn die Stimuli so wahrnehmen zu lassen, wie man sie selbst wahrzunehmen vorgibt, und wenn man ihn dementsprechend zum Handeln bringt.

Im appreziativen Gebrauch versucht man, gewisse Dinge oder Zwecke durch Zeichen attraktiv werden zu lassen. Das gelingt, wenn man den anderen dazu bringt, sich diese Dinge oder Zwecke wirklich zum Ziel zu setzen, d. h. wenn er sich die gewollte *consumatory action* zum Ziel setzt.

Im inzitativen bzw. anregenden Gebrauch versucht man, das Verhalten des Adressaten durch Zeichen zu bestimmen: je überzeugender man ist, desto mehr wird man die gewünschte Reaktion, d. h. das gewünschte motorische Verhalten, auslösen können.

Der systematische Gebrauch der Sprache zielt darauf ab, das Verhalten, das andere Zeichen auszulösen versuchen, zu organisieren. Die Kommunikationspartner geben sich gegenseitig zu erkennen, daß die gemeinsam experimentierte Welt in der Tat die wünschenswerteste aller Welten ist, und zwar einer Welt, in der nur die richtigen Realitäten erkannt werden und in der alle Handlungen diesen Realitäten angepaßt und wirksam sind. Das ökonomische und dynamische Gesetz dieses harmonisierten Experimentierens ist in dem Maße einfach, wie es auf dem Lustprinzip beruht. Dabei wird versucht, ein Maximum an Gratifikationen bei einem Minimum an Anstrengung zu erreichen. Die Kommunikation wird auf ihre dynamische Wirkung reduziert. Sie findet dann und nur dann statt, wenn der Sprecher seinen Adressaten mit dem, was er sagt, und mit dem, wozu er den anderen bringen will, identifiziert. Weil man sich selbst das Urteil erläßt über das, womit man ihn identifiziert, wird dieses Experiment einem Ungewißheitsprinzip unterstellt, und die institutionellen, d. h. juristischen, moralischen und politischen Gewißheiten verschwinden. Da man vor dem Erreichen der appreziativen Wirkung nicht wissen kann, ob der Adressat derjenige ist, der sich das wünschen wird, was man versucht, ihn sich wünschen zu lassen, kann man nicht vorher beurteilen, ob er derjenige ist, der sich diese Sache wünscht. Die juristischen Institutionen aber haben schon im voraus beurteilt, welche Wünsche die des Menschen sein könnten und welche es nicht sein könnten, indem sie bestimmte Bedürfnisse und bestimmte Rechte als solche anerkannt hatten. Diese vorherbestimmten Gewißheiten, die die bürgerliche und kapitalistische Gesellschaft seit Ende des 18. Jahrhunderts reguliert hatten, gehen im gegenwärtigen experimentellen Kontext verloren. Die Bedürfnisse, die die juristischen Institutionen anerkannt hatten, indem sie den Individuen das Recht zusprachen, diese zu befriedigen, verschwinden im kommunikativen Experimentieren als ontologische *a priori*, die den Menschen vorher bestimmten. Aber diese Rechte entsprachen gewissen Verpflichtungen. Der Bürger hatte das Recht, seine Bedürfnisse zu befriedigen, dann und nur dann, wenn er die sozialen Rollen erfüllte, mit denen die Gesellschaft ihn identifizierte und für deren Erfüllung sie ihm die Kompetenz und die Verpflichtung zuerkannte. Die Gewißheit von der Notwendigkeit einer bestimmten Handlung, die man moralisches Bewußtsein oder Gewissen nannte, taucht im kommunikativen Experimentieren durch den inzitativen Gebrauch der Zeichen nicht mehr auf. Es wird vorausgesetzt, daß der Adressat nur dann weiß, was er zu machen hat, wenn der Sprecher den Adressaten dazu bringt, die von ihm gewünschte Handlung ausführen zu lassen. Wenn der Adressat sich nicht so verhält, wie es der Sprecher von ihm erwartet, dann ist klar, daß der Sprecher nicht weiß, was der Adressat, der die Ausführung des Befehls verweigert, machen sollte. Indem die juristischen und moralischen Gewißheiten aufgegeben werden, verwandelt sich das kommunikative Experimentieren in ein reines Kräftespiel, d. h. in ein sogenanntes politisches Spiel, das die Abhängigkeit der Adressaten von den Sprechern verstärkt. Diejenigen, die in der Gesellschaft das Wort führen, entlasten sich maximal von den Verpflichtungen ihrer eigenen Rollen durch das Wort; das bedeutet durch die Handlung, die sie die minimalste Anstrengung kostet. Dadurch aber belasten sie die sozialen Partner, wodurch sich die Herrschenden und die Beherrschten immer mehr der Willkürlichkeit ihrer Bedürfnisse, Wünsche, Rechte und Verpflichtungen bewußt werden. Auf *theoretischer Ebene* verallgemeinert sich die Ungewißheit: Man weiß nicht mehr, was der Mensch als sozialisiertes und lebendiges Wesen ist. Auf *praktischer Ebene* fliehen die sozialen Partner vor den Verpflichtungen ihrer Rollen, die der soziale Kontext sie gezwungen hatte anzunehmen.

III. Die pragmatische Regulierung im Kontext der Experimentierung bzw. die pragmatische Dekonstruktion des Menschen

Die in diesem Kontext herrschende Ungewißheit läßt sich aus der radikalen Umwandlung des Verhältnisses des Menschen zur Handlung ableiten. Die Handlung ist kein Mittel mehr, um einen bereits determinierten Endzweck zu erreichen, von dem man sicher ist, daß man ihn erreichen muß. Der experimentelle Gebrauch der Sprache ist eine Weise der Verständigung oder des experimentierenden Konsensus, um zu sehen, was dabei herauskommt. Die Sprechakttheoretiker wollen wieder die Identifizierung der Kommunikationsteilnehmer mit der Sprache und deren Gewißheiten ermöglichen, indem sie versuchen, die traditionelle Einstellung zur Sprache zu regenerieren.

Gegen den Behaviorismus, der sich damit begnügt, in naturalistischer Weise das kommunikative Experimentieren durch sprachliche Stimuli und Antworten zu registrieren, behauptet Austin, daß ein soziales Urteil in den institutionellen Konventionen wirksam ist, und er zeigt, wie dieses Urteil notwendigerweise in jeder Aussage reaktiviert wird. Jeder beurteilt selbst, ob die performative Äußerung angesichts des perzeptiven und sozialen sowie des psychischen Kontextes seiner Meinungen, Wünsche und Absichten angebracht ist. Die Kraft der performativen Äußerung, die bezeichnete Handlung durch das Bezeichnen selbst zu verwirklichen, beruht auf diesem sozialen, transsubjektiven Urteil, das jeden Wunsch zum Experimentieren transzendiert und das jedesmal, wenn an eine soziale Konvention appelliert und wenn die sie begleitende Prozedur befolgt wird.

Wo Austin versucht, die Gesetze eines informellen und der Sprache eigenen Rechtes gelten zu lassen, da reaktiviert Grice eine Art von reiner Moral des Experimentierens. Der experimentelle Test des Einverständnisses mit dem Adressaten läßt eine objektive und universale Instanz gelten. Diese Instanz erlaubt es, die Willkürlichkeit der Traditionen und der geschichtlichen Institutionen sowie die Willkürlichkeit der subjektiven Urteile, Meinungen und des Willens zu vermeiden. So wie man seine kommunikative Absicht erkennen läßt und sich unabhängig von seinem subjektiven kommunikativen Wunsch zu verstehen gibt, so läßt man auch die Objektivität der Meinungen und Wünsche erkennen, unabhängig von seinem eigenen subjektiven Wunsch, diese Meinungen und Wünsche erkennen zu lassen. Die Kommunikation ist ein Test der Mitteilbarkeit und der Objektivität dieser Meinungen und Wünsche. Es genügt, die Regeln dieses Mitteilens zu erkennen, um zu wissen, wie man sich dem Urteilsspruch dieses Einverständnisses oder Nicht-Einverständnisses mit dem anderen zu unterwerfen hat.

In den Augen Searles erweist sich der Test der Mitteilbarkeit als genauso ungenügend und unwirksam wie Austins konventionelles Urteil. Das kommunikative Einverständnis mit den mitgeteilten Meinungen und Wünschen kann sehr gut nur eine psychologische Wirkung haben. Man kann theoretisch mit dem Mitgeteilten einverstanden sein, ohne praktisch die gewünschte Handlung zu vollziehen und ohne die mitgeteilte Meinung verbindlich zu machen. Jede Äußerung ist illokutiv, d. h. sie hat eine Selbstimplikation zur Folge. Beim Sprechen identifiziert man sich mit der Handlung, die man *sprachlich vollzieht*, z. B. mit der eigenen Behauptung, dem eigenen Befehl, dem eigenen Versprechen. Man identifiziert sich ebenfalls mit der Handlung, die man *zu verwirklichen verspricht*. Diese pragmatische Selbstimplikation ist durch eine vorbereitende Bedingung vorausgesetzt, und zwar durch die Identifizierung mit dem Interesse des Adressaten. Der Sprecher muß glauben, daß das von ihm ausgesprochene Versprechen dem Adressaten günstig ist. Die illokutive Äußerung ist bereits ein Mittel, den Adressaten erkennen zu lassen, daß man das eigene Wissen und die eigene Handlung in seinen Dienst stellt. Jeder Sprechakt zieht seine illokutive Kraft aus dem Gehalt der Mitteilung und dem Erkennen der Identifizierung des Sprechers mit seiner Rede. Jede illokutive Äußerung ist somit eine Art Versprechen. Durch sein Einverständnis erkennt der Adressat die praktische Verpflichtung, die er sich auferlegt. Er erkennt ebenfalls die Aufrichtigkeit dieser Verpflichtung sowie den besonderen Wert von Behauptung, Befehl, Erklärung oder Gefühlsausdruck, den der Sprecher seinem Versprechen gibt.

Indem man diese Theorien aber schon im Kontext der gegenseitigen Experimentierung befolgt, ohne sie kennengelernt zu haben, wird das Gegenteil von dem erzeugt, was man zu erzeugen versucht. Man falsifiziert sie, indem man notwendigerweise die eigene Uneinigkeit mit sich selbst sowie mit den sozialen Partnern erkennt, oder indem man sich notwendigerweise die Unmöglichkeit einer Verständigung oder Übereinstimmung bewußt macht. Die Reduktion der kommunikativen Interaktion auf ein Verdikt, das erklärt, gewisse konventionelle Performative seien gewissen Kontexten angepaßt, ist dasjenige, was die Institutionsträger benötigen, um ihre privaten Begierden als universal oder allgemeingültig, d. h. als institutionell, anzuerkennen. Das geschieht z. B. im sowjetischen Staatskapitalismus, in der römischen Kurie oder im amerikanischen Staatsministerium. Die Institutionsträger sprechen im Namen der institutionellen Konventionen; sie sind mit ihnen identifiziert, da von ihnen angenommen wird, daß sie die Bedürfnisse eines jeden kennen und daß sie somit über die sozialen Mittel verfügen, die es ihnen erlauben, sie durch jede Äußerung zufriedenzustellen. Die soziale institutionelle Asymmetrie wird insofern im Experimentierungskontext verstärkt als die experimentellen Kräfteverhältnisse den institutionellen Kräfteverhältnissen untergeordnet werden. Das gleiche gilt für die nichtinstitutionellen Performative. Von dem Augenblick an, wo ein jeder rechtfertigt, daß seine performative Äußerung als Anwendung der Konventionen den äußeren – d. h. dem perzeptiven und sozialen Kontext – und dem inneren – d. h. dem psychischen Kontext – angepaßt sei, versucht ein jeder, sich in einen Reflex des Anpassungsverdiktes zu verwandeln und bei seinem Interaktionspartner denselben Reflex hervorzurufen, den er selbst geäußert hat. Da aber die Objektivität der Äußerung nur auf der ihr innewohnenden konventionellen Übereinstimmung beruht und da diese Objektivität vergessen wird, sobald die konventionelle Übereinstimmung dem privaten experimentellen Willen, die Gratifikationen zu maximisieren, untergeordnet wird, werden die Verdikte der Teilnehmer notwendigerweise und auf gegenseitige Weise als unangepaßt, d. h. als antagonistisch, erkannt. Da aber diejenigen, deren Verdikt bestimmend wirkt, die institutionellen Herrscher sind, funktioniert ihr Verdikt nur, wenn es ihnen gelingt, sich zu maskieren, d. h. sich eine institutionelle Rechtfertigung zu geben. Ob es nun funktioniert oder nicht, immer findet man sich in einen Urteilskrieg impliziert, und man glaubt, das eigene Urteil sei absolut gerechtfertigt, so wie man sicher ist, daß das Urteil der anderen absolut ungerechtfertigt ist. Diese gegenseitigen Verdikte sind unreduzierbar und ein solcher Streitfall erzeugt eine grenzenlose und gegenseitige Intoleranz.

Denen, welchen die soziale Rolle der Beherrschten und der

Adressaten zukommt, versuchen, ihre Begierden, Überzeugungen und Intentionen als objektiver denn diejenigen der Institutionsträger anerkennen zu lassen. Ihr einziger Ausweg besteht darin, der Moral der kommunikativen Intentionen zu gehorchen, egal ob sie den Staat- oder den Privatkapitalismus erdulden müssen. Notwendigerweise machen sie jedoch die Erfahrung, daß die Fakten der Überzeugungen, der Intentionen und der Begierden nur für sie allein allgemeingültige psychische Instanzen sind. Die protreptischen Wirkungen ihrer Äußerungen sind dabei auf exhibitive Wirkungen reduziert. Die Überzeugungen, Begierden und Intentionen wechseln also ihre pragmatische Valenz, indem sie selbst zu Wirkungen reduziert werden; sie erscheinen somit als Wirkung von Reflexen, die auf irrationale und subjektive Weise ihrem Inhalt angehaftet wird. So vollzieht sich eine Umkehr des Kommunikationsverhältnisses. Man hatte versucht, dieselben Überzeugungen, Begierden und Intentionen bei den Partnern hervorzurufen; nun aber erfährt man nur noch die Möglichkeit, sie als Symptome vorzuführen. Aus diesem Grunde fühlt man sich um so mehr gezwungen, sie auszudrücken, als sie ungerechtfertigt, unaufhaltbar und privat erscheinen. Diese Umkehr des kommunikativen Verhältnisses wird zu einer Umkehr des psychischen Verhältnisses. Das Gesetz dieser Umkehr ist es, das die Privatisierung und die Psychologisierung der sozialen Probleme reguliert. Die Begierden und Intentionen werden gewöhnlich nur als rational empfunden, wenn sie den gerechtfertigten Überzeugungen angepaßt erscheinen. Hier aber trifft das Gegenteil zu.

Das Begehren zu glauben ist hier dem Begehren zu genießen und dem Begehren zu handeln untergeordnet. Somit werden die Überzeugungen als irrational empfunden, was ihren Inhalt und was ihre Annahme als Überzeugungen anbetrifft. Im pragmatischen Kommunikationskontext ruft die Unreduzierbarkeit der Urteile eine Entritualisierung des Lebens hervor. Im Kontext der Moral der Kommunikation aber enthüllt sich der pragmatische Wille als pathologisch. Das psychische und das soziale Leben scheint in jedem seiner Momente entpragmatisiert.

Wenn man versucht, sich dem Kontext der gegenseitigen Experimentierung anzupassen, findet man sich genötigt, seine eigenen Wünsche vom anderen erfüllen zu lassen, indem man vorgibt, diejenigen des Partners erfüllen zu wollen. Auf diese Weise wird jede Rede zu einer Art Versprechen, die von vornherein so erscheinen muß, als ob sie den Interessen des Partners diene. Die Kommunikationspartner sind gezwungen, sich gegenseitig als mit dem Versprechen identifiziert anzuerkennen, und die kommunikativen Leitungen müssen als gegenseitige Erkenntnis und Anerkennung funktionieren. Jeder muß hier Psychologe und Knecht des anderen sein, aber jedes Versprechen pendelt auch zwischen zwei Polen. Es muß als performative und illokutive Äußerung mit deklarativer Kraft anerkannt werden, d. h., es muß die bezeichneten Handlungen und Sachverhalte dadurch selbst erzeugen, daß es sie äußert. Andererseits aber ist es nur eine expressive Äußerung, sofern es nur den vorausgesetzten geistigen Zustand der Überzeugungen, Begierden und Intentionen äußert, durch den sich der Versprechende das Bewußtsein gibt, eine Verpflichtung einzugehen. In der illokutiven Äußerung aber institutionalisiert der Sprecher seine Rede nur dann als ein Versprechen, wenn er diese Überzeugungen, Begierden und Intentionen als bestimmend ausspricht, auch wenn er selbst nicht daran glaubt. In diesem gegenseitigen Experimentierungskontext, den diese Theorie widerspiegelt und verstärkt, erreicht die Kommunikation mehr und mehr, daß sich die Individuen gegenseitig zum geringstmöglichen Preis immer mehr Gratifikationen geben. Infolgedessen reduzieren sie ihre Handlungen soweit wie möglich auf ihr verbales Versprechen, doch wird dieses Versprechen immer weniger eingehalten. Die Sprecher befreien sich von ihren eigenen Versprechen, sobald sie die von ihren Adressaten erwarteten Vorteile erhalten haben. Was am Versprechen wesentlich erscheint, ist die Möglichkeit, sich dem Versprechen entziehen zu können. Diese Handlung ist nämlich die einzige Handlung, bei der man sich nur verbal verpflichtet, bei der man die soziale Anerkennung genießen kann und die nur die Äußerung als solche kostet. Das gegenseitige Vertrauen verschwindet jedoch, und die Kommunikationspartner entdecken, daß sie den versprechenden Partner nicht kannten. Ihre psychologische Kenntnis des Partners erscheint ihnen unweigerlich als eine parapsychologische Erkenntnis, und das Verhalten des anderen erscheint ihnen so unvorhersehbar, wie den Astrologpatienten die reelle Wirksamkeit der Sterne erscheint. Die Aufrichtigkeit und Unaufrichtigkeit ihrer Kommunikationspartner müssen zwangsweise erkannt und anerkannt werden; in Wirklichkeit aber verschwinden sie als unerreichbare Geheimnisse. Sie können also nicht mehr miteinander sprechen, ohne Affekte des Mißtrauens und ohne eine Gewöhnung an die gegenseitige Unwissenheit hervorzurufen. Die Fakten von den gegenseitigen Affekten stellen das Alpha und Omega ihres Lebens dar, das hierdurch romantisiert wird. Gehorcht man Searles Moral des Versprechens, dann würde die experimentelle Auflösung der intersubjektiven und sozialen Verhältnisse verallgemeinert; denn wenn das soziale Leben dem Interesse des Adressaten unterworfen wird, wird der Prozeß des gegenseitigen Erkennens in einen Prozeß der gegenseitigen Unkenntnis umgekehrt, und die kognitiven Kommunikationsleitungen werden in affektive Entlastungsleitungen umgewandelt.

IV. Die philosophische Sublimierung der Sprachspiele und die Naturalisierung der Rede

Der transzendentalen Pragmatik von Karl-Otto Apel gelingt es, diese Theorien im gegenwärtigen experimentellen Kontext zu lokalisieren, indem sie den Analysen Heideggers und Gehlens folgt und den pragmatischen Einsatz derselben herausstellt. Durch das Scheitern des kommunikativen Experimentierens und durch den Willen, dieses Scheitern mit Hilfe der Sprachtheorien zu beherrschen, wird es dem Menschen bewußt, daß er sich zu dem zu machen hat, was die Gehlensche Anthropologie und die Heideggersche Ontologie als schon erreicht annahmen, d. h. sich zu einem kommunikativen Wesen in seinem sozialen Sein und in seiner Psyche zu machen. Er muß sich bewußt mit seiner kommunikativen Natur konform machen, indem er erkennt, daß er sich selbst schon immer in jeder Kommunikation in Gestalt des Einverständnisses mit sich selbst und mit dem anderen antizipiert hat. Apel überträgt auf das Verhältnis zum Konsensus das zeitliche Verhältnis zu sich selbst, das Heidegger in dem Verhältnis zur Welt als wesentlich erkannt hat. Dieses Verhältnis wird in *Die Logik* und in *Sein und Zeit* als »sich selbst vorweg schon bei seiner Welt sein« benannt. Was hier in jedem Verhältnis zur Welt transzendental und transzendentale Handlung ist, das ist das Herstellen des Verhältnisses zur Welt als eines Verhältnisses, das bereits ein Konsensus mit sich selbst und mit dem anderen ist. Das Verhältnis zur Erkenntnis, zur Handlung oder zur Begierde kann nur objektiviert werden, wenn man denkt, daß es einen

Konsensus mit der virtuell unbegrenzten Gemeinschaft der Kommunikationspartner und mit sich selbst ausdrückt. Man wird nur dann ein Kommunikationswesen, wenn man die normative Kraft des Konsensus anerkennt, sowohl in der pragmatisch transzendentalen Theorie als auch in der Praxis.

Apels Transzendentalpragmatik stützt sich somit auf die philosophische Hermeneutik, um den Handlungsbegriff zu korrigieren, den diese Theorien von der Moderne ererbt haben. Doch verdammt der platonische Dualismus weiterhin die Kommunikationspartner zum Erleben ihres unglücklichen Bewußtseins, was sich in seine theoretischen und normativen Vorstellungen verliert. Die vitalen Erfahrungen werden von diesem Bewußtsein abgetrennt, und es findet eine Naturalisierung und Vertierung dieser Erfahrung statt, die einem unbewußten Mechanismus untergeordnet werden. Dieses unglückliche Bewußtsein möchte die Gültigkeit der neokantischen Theorie auf der Ebene der Sprache anerkennen, weil sich die Sprach- und Denkstrukturen autonomisieren und gleichzeitig jegliche Motivationskraft verlieren. Die Reflexion, die die Äußerung im Namen aller auswählt, um den Konsensus zu erzeugen, betrachtet ihn als eine Art Geist, der den Körper der Begierde und des Sinnes reguliert. Dieser Konsensus muß einen jeden von den Kräften befreien, die dem Imaginären der Sprache und des Denkens innewohnt, denn er scheint die einzige Garantie zur Befreiung vom anderen und von sich selbst zu sein. Doch kann dieser Konsensus nicht seine eigene Freiheit und die der anderen erfahren lassen. Die Freiheit wird hier ebensowenig erfahren wie die wesentlichen Wirklichkeiten und Eigenschaften in den wissenschaftlichen Pragmatiken von Peirce, Wittgenstein und Kripke. Die Art und Weise, wie man *a priori* das kollektive Urteil über die Erkenntnisse, Handlungen und Begierden an sich reißen will, macht dieses Urteil blind und beraubt es seiner Objektivitätskraft. Das Urteil muß respektiert werden, so lautet die Norm, die zum Gehorchen einer jeglichen Norm zwingt. Man kann jedoch nur sicher sein, daß man diese Konsensusnormen befolgt, wenn man weiß, inwiefern die befolgten Normen mit den idealen Normen des Konsensus noch nicht konform sind. Um wirksam zu sein, muß dieses Konsensusideal immer so unerreichbar wie das absolute Wissen erscheinen. Dieses Ideal ist nur mit seiner Funktion als Ideal konform, wenn es ein Ideal bleibt. Die ideale Autonomie, die man sich hiermit anzueignen versucht, wird selbst nur auf authentische Weise erstrebt, wenn sie als noch nicht erreicht erscheint. Um zu wissen, ob man mit diesem Norm- und Freiheitsideal identifiziert ist, muß sich das Konsensusbewußtsein *a priori* bezüglich seiner Ergebnisse unsicher machen. Nur dann ist dieses Bewußtsein zufrieden, wenn es ihm gelingt, seine theoretischen und praktischen Gewißheiten in Frage zu stellen. So genießt es zugleich die Wirksamkeit und die Unerreichbarkeit des Ideals. Es bleibt im Kreis seiner privaten und kollektiven Reflexionsübungen eingeschlossen und trennt sich von seinen Erkenntnissen, Handlungen und Gratifikationen. Das von diesem Bewußtsein ausgesprochene Urteil hinsichtlich dessen, was es verwirklichen kann, erkennt die Wirklichkeit seiner Erkenntnisse, Handlungen und Gratifikationen nur, wenn es zu wissen glaubt, daß diese Wirklichkeiten diesem Ideal nicht gehorchen. Die Erkenntnisse, Handlungen und Begierden naturalisieren sich, indem sie auf die motorischen Automatismen reduziert werden. Das aber heißt, daß letztere auf die unbewußten Phänomene reduziert werden, deren Wirkung sie angesichts dieser abstrakten Reflexion zu sein scheinen. Die autonomisierten Automatismen sind folgende: die gegen den Willen der Experimentatoren wieder institutionalisierten juristischen Riten; die abstrakte und unwirksame Reaktivierung der Sprachintentionen und die Experimentierungsmechanismen der Triebfixierungen. Das Handlungsbewußtsein enthüllt sich als zynische Rationalität. Es macht den sozio-politischen Kontext für diese Wirkungen verantwortlich, kennt seine Pflichten und ist sicher, diese nicht erfüllen zu können. Es kann sich schließlich als zynische Rationalität und als aufgeklärtes falsches Bewußtsein mit Peter Sloterdijk anerkennen und sich im Lachen vom Gewicht dieser Enthüllung entlasten.

Indem Apel jede Rede, jede Wahrnehmung, jede Handlung und jede Begierde im Namen aller beurteilen läßt, unabhängig von jeglichem Objektivitäts- und Wahrheitsurteil, verstärkt und sanktioniert er den chronischen Charakter der Reflexion, d. h. ihre chronische Unzufriedenheit, endgültig. Zugleich unterwirft er die Subjektivität den Gesetzen des sozio-politischen Kräftespiels, d. h., den Gesetzen, die die Kommunikation und das Leben wieder neu ritualisieren, pragmatisieren und triebhaft werden lassen, und zwar ganz unabhängig von den Subjekten.

V. Die Pragmatik der Wahrheit

Solange die Kommunikation die Frucht einer Reflexion und eines blinden Konsensus hinsichtlich unbewußter Begierden, Überzeugungen und Intentionen ist, bleibt die Sprachtheorie eine pseudotranszendentale Theorie und ein System des experimentellen Kontextes. Die pragmatische Dekonstruktion dieser Kommunikation bleibt *negativ*; das bedeutet, daß man sich nicht als etwas anderes als die pragmatischen Begierden und diese pathologischen Wirkungen zu sehen vermag, dennoch fühlt man sich in unbestimmter Weise gezwungen, doch etwas anderes zu sein. Um die *positive* Dekonstruktion, die jede Kommunikation unterstützt und die notwendigerweise diese Blindheit überwindet, aufzuzeigen, muß der transzendentale Charakter des *Objektivitätsurteils* wieder hergestellt werden. Die beurteilende Reflexion wird von Apel nicht anerkannt als das, was sowohl jede dynamische Identifizierung der Kommunikationsteilnehmer mit ihren Reden und Partnern bedingt, als auch nicht als das, was ihre Identifizierung mit ihren perzeptiven, motorischen oder gratifikatorischen Erfahrungen bedingt, welche sich hierin objektivieren. Diese Theorien systematisieren nur falsche Beschreibungen der Kommunikation. Man glaubt, in der Kommunikation folgendes unterscheiden zu können: 1. das Moment der Übertragung vom Sinn; 2. die Wahrheitsreflexion und 3. die Möglichkeit, sich mit diesem Sinn in den Überzeugungen, Begierden und Intentionen zu identifizieren. Diese drei Momente sind jedoch untrennbar. Wie Herder, G. Mead, A. Gehlen, Fr. Kainz und A. Tomatis aufgezeigt haben, braucht das menschliche Lebewesen die Sprache, um seinen motorischen Apparat dem rezeptiven Apparat anzupassen. Doch kann die Sprache die Handlung nur dann der Erkenntnis anpassen, wenn sie die Objektivität der Wahrnehmungen, Handlungen und Begierden beurteilen läßt.

Was die *antizipatorische Bewegung von sich selbst* und von den anderen trägt, ist die *Tatsache*, daß man nur dann einen Satz sagen oder denken kann, wenn man dessen Wahrheit virtualisiert, d. h. daß man ihn *überhaupt nur denken kann, wenn man gleichzeitig als wahr denkt, was man sagt*. Man kommt hier zu demselben Resultat wie Charles S. Peirce, F. P. Ramsey, H. Lipps und A. Prior. Wenn man einen Satz »p« ausspricht oder denkt, so muß man ihn als wahr denken, um das einzige Objekt, von dem man spricht, isolieren zu können, und um ihm seine Eigenschaften als genauso objektiv zuteilen zu können wie dieses Objekt selbst objektiv ist. Wenn man denkt oder sagt: »das Gras ist grün«, denkt oder sagt man, daß das Gras genauso objektiv grün ist wie es wahr ist, daß es Gras gibt. Man gibt hiermit im selben Vorgang zu erkennen, daß es genauso wahr ist, daß das Gras grün ist wie es wahr ist, daß man es sagt. *Der Gedanke von der Wahrheit des Satzes definiert den Gebrauch des Satzes in der Kommunikation mit sich selbst und mit dem anderen.* Einen Satz gebrauchen, bedeutet, daß er wahr gedacht wird.* Der Gedanke von der Wahrheit des Satzes ist notwendig für seine Produktion. Er hängt vom Gebrauch der Kopula *ist* oder vom Verb des Hauptsatzes ab. Man kann also einen Satz nur verstehen, wenn man ihn wahr denkt. Der Konsensus mit sich selbst und mit dem anderen, den man voraussetzt, um zu sich selbst oder zu anderen zu sprechen, ist *keine intuitive Setzung* von der Identität der Sprechaktvorstellung mit der Vorstellung seiner Rezeption, *sondern er ist ein transzendentaler Konsensus*. Das bedeutet, daß er sich notwendigerweise nur dann antizipiert, um sich als existierend oder nicht-existierend zu erkennen, wenn er von einer transzendentalen Wahrheit getragen ist. Der Satz läßt seine Wahrheit oder Falschheit nur erkennen, wenn er als wahr vorausgesetzt wird, damit er gesagt oder gedacht werden kann. Einen Satz gebrauchen, das ist notwendigerweise

1. seine Wahrheit antizipieren und voraussetzen,
2. erkennen, daß er genauso wahr oder falsch ist, wie man ihn hat wahr denken müssen, um ihn überhaupt denken zu können.

Im Rahmen der Sprachpragmatik bedeutet das eine Umkehrung des Primats des praktischen Subjekts zugunsten des theoretischen Subjekts, was besagt, daß die Sprache die transzendentale Kraft in der Tat nur dann hat, – d. h. die Kraft, die Wahrnehmung, die motorische Handlung und die Begierde durch ihre Objektivierung möglich zu machen –, wenn sie diese so objektiv setzt, daß man sie wirklich denken muß, um sie überhaupt denken zu kön-

---

* Das gilt auch dann, wenn ich eine *Unwahrheit* sage wie z. B. »Das Gras ist rot.« Um diese Unwahrheit denken oder sagen zu können, muß ich
a) *entweder* farbenblind sein: in diesem Fall denke ich, daß es wahr ist, daß das Gras rot ist:
b) *oder* ich weiß, daß das Gras *nicht* rot ist; das bedeutet aber wiederum: ich weiß und beurteile, daß ich Unwahres sage, ich denke also als wahr, daß ich Unwahres sage.

nen, und wenn sie diese mit dem Gesagten konform denken läßt, um sie überhaupt so oder so denken lassen zu können.

Was an Psychologismus bei den Theoretikern der Wahrheitsredundanz und der Wahrheitskorrespondenz übrigbleibt, ergibt sich daraus, daß die deskriptiven Äußerungen so gedacht werden, als ob sie mannigfaltigen Fakten – seien sie extern oder intern – gegenüberstellten. Man beseitigt den Faktualismus, den Tychismus und den transzendentalen Schein, der sie stützt, wenn man die Kopula oder das Verb des Satzes wieder neu interpretiert. Die Kopula muß so gedacht werden, daß sie es nicht mehr erlaubt, das Existenzurteil vom Prädikationsurteil zu trennen. Es wird in jedem Satz folgendes behauptet: Existieren für das Referenzobjekt bedeutet, so oder so zu sein. Die Wirklichkeit des Objektes besteht darin, diese Eigenschaft zu sein, die man durch das Prädikat bezeichnet. So wird die Objektivität des Objektes in jeder Äußerung und in jedem Gedanken beurteilt. Infolgedessen genügt es nicht, daß man eine Tatsache durch den Gedanken existieren läßt. Die Selektion des Referenzobjektes und die Selektion dessen, was in ihm Wirklichkeit ist, muß man anerkennen als das, was sich als die Sache selbst behauptet. Diese doppelte Behauptung geschieht sowohl in der Erfahrung, die man mit diesem Objekt macht, als auch in der Sprache, die diese Erfahrung ermöglicht. So geschieht die ontologische Identifizierung der Wörter mit den Sachen und der Sachen mit den Wörtern, und so erkennt diese Identifizierung, ob sie selbst wirklich geschieht oder nicht. Doch dieses Verhältnis zwingt nicht dazu, automatisch den Überzeugungen, Begierden und Intentionen anzuhaften. Und es zwingt ebenfalls nicht dazu, sich durch eine Reflexion davon zu befreien. Als Phantasmen, die die Kraftkategorie in die Rede und ins Denken projizieren, können diese Automatismen sowie die Befreiung von ihnen nur für diejenigen eine Wirklichkeit darstellen, die phantasieren, daß diese Wirklichkeit existiert. Diese Phantasmen zwingen sich auf, wenn man die dynamischen Redeverhältnisse autonomisiert und wenn man sie von den anderen Verhältnissen trennt.

Gewöhnlich trennt man die dynamischen Verhältnisse der Kommunikationsteilnehmer von der Wahrheitsreflexion. Der magische Charakter, der im illokutiven Sprechakt weitergegeben wird, legitimiert diese Trennung, weil vorausgesetzt wird, daß die Wahrheitsreflexion nicht in Rechnung gezogen wird. Es ist notwendig, gegen die gewöhnlichen Sprechtakttheorien aufzuzeigen, daß ein jeder Sprechakt auf die Behauptung reduzierbar ist. Infolgedessen ist jeder Sprechakt wie die Behauptung selbst einem Objektivitäts- und Wahrheitsurteil unterworfen. Nur unter dieser Bedingung gehorchen Denken und Sprechen derselben Logik. Im Versprechen erkennt man z. B. nicht nur, daß man an der Vorstellung einer Handlung festhält, in welcher man erkennt, daß man das, was man verspricht, wirklich machen will. Die Äußerung: »Ich verspreche Dir, morgen zu kommen« bedeutet vielmehr: »Es ist genauso wahr, daß ich morgen komme, wie es wahr ist, daß ich es sage.« Der Sprecher beurteilt, daß er in dieser Äußerung nur existiert, indem er sich schon jetzt als derjenige anerkennt, der morgen kommen wird. Er erkennt an, daß er heute genauso wesentlich dieses Urteil ist, wie er es auch noch morgen sein wird. Er beurteilt sich hierdurch als identisch mit dem Urteil, das er über sich selbst abgibt und durch das er sich mit dieser Handlung identifiziert. Dabei beurteilt man jedoch vor allem, daß man die Handlung ist, die man später vollziehen wird, so wie man in der Behauptung »Das Gras ist grün« beurteilt, daß das Gras grün ist. Der Sprechakt objektiviert die Art und Weise, wie sich die Subjektivität der Sprecher und Adressaten logisch und dynamisch konstituiert, und zwar als logische und ontologische Selbstidentifizierung mit ihren Sprechakten. Diese Identifizierung ist eine Identifizierung mit dem Objektivitätsurteil, das sich auf das, was sie beim Sprechen sind, bezieht. Der Sprechakt objektiviert diese Identifizierung und vollzieht sie zugleich. In dem Maße wie er selbst beurteilt, daß er der und der ist, objektiviert sich der Sprechakt als ein Urteil, das entweder die Objektivität der beschriebenen Tatsachen beurteilt oder die Objektivität der Identifizierung der Kommunikationspartner mit der beschriebenen Handlung. Dieses Urteil erkennt sich als genauso objektiv und wahr wie es sich beim Sprechen zeigen muß, um sich selbst ausdrücken zu können. Das Wahrheitsgesetz reguliert die Konstituierung der Subjekte, der Sprechakte und der Identifizierung der Subjekte mit ihren Reden, so wie es die transzendentale Konstituierung der Referenzobjekte reguliert.

Wenn sich die Kommunikationspartner sowohl in ihren Äußerungen und Gedanken wie in ihren Wahrnehmungen, Handlungen und Begierden selbst behaupten, und wenn sie weder äußere noch innere Fakten erdulden, dann lösen sie notwendigerweise das Problem ihrer Freiheit in der Kommunikation. Sie lösen es, erstens dank der Objektivität und der Wahrheit des dabei ausgesprochenen Urteils, und zweitens dank der Objektivität des sich selbst objektivierenden Sprechaktes.

Wenn sich die Subjekte auf sich selbst und auf den anderen beziehen, nur indem sie sich auf die universale Urteilskraft beziehen, die sich selbst darin notwendigerweise behauptet, dann behaupten sich diese Subjekte damit als *transzendentale Sprachsubjekte*. Diese transzendentalen Subjekte sind keine platonischen Schatten; was sie als Subjekte konstituiert, ist die Tatsache, daß sie anerkennen, *sowohl im Denken und im Sprechakt zu sein als auch in der Erfahrung, die diese Akte objektivieren*. Diese Identifizierung ist es, die so objektiv und so universal anerkannt wird, wie sie als wirklich existierend anerkannt wird und wie ihr hetero-referentieller Erfahrungsinhalt anerkannt wird. Wenn Existieren für den Sprecher oder für den Adressaten bedeutet, derjenige zu sein, der sich in der *simultanen Anerkennung der Wahrheit seiner Sätze und der Objektivität seiner Erfahrung* behauptet, dann stimmen entweder die Objektivität und die Wahrheitsreflexion miteinander überein ode sie tun es nicht. Demnach existiert man oder man existiert nicht.

Wenn man sich die Absolutheit, die Unreduzierbarkeit und die unvermeidbare Endlichkeit dieser Übereinstimmung bewußt macht, so versteht man, daß es pragmatisch unmöglich ist, von der Okkurrenz dieser Übereinstimmung abzusehen, um die regulierenden Wirkungen der Erkenntnisse, Handlungen und Begierden in einem Gesetzsystem zu programmieren. *Nur wenn man sich selbst als diese Übereinstimmung herstellt, dann geschieht die Kommunikation mit sich selbst und mit den anderen*. Die Wahrheit dieser Übereinstimmung geschieht nur und erkennt sich nur, wenn sie sich als solche behauptet und wenn sie sich als theoretische *und* praktische Wahrheit anerkennt.

(Aus dem Französischen von Elfie Poulain)

Heinz Kimmerle
Ist Derridas Denken Ursprungsphilosophie?
Zu Habermas' Deutung der philosophischen »Postmoderne«

1. Zwei Traditionslinien in Habermas' Deutungsschema des philosophischen Diskurses der Moderne

Das Deutungsschema des philosophischen Diskurses der Moderne, wie es von Habermas aufgestellt worden ist, enthält eine Hauptlinie, die nach Hegel zu einer Spaltung in Links- und Rechtshegelianer führt. Diese Linie findet ihre Fortsetzung einerseits in der Praxisphilosophie, die bei Marx anschließt, und andererseits in der neukonservativen Philosophie, die Motive der Rechtshegelianer aufgreift und weiterführt, ohne sich in der Regel direkt auf diese Denker zu berufen. Horkheimer und Adorno beziehen sich in der *Dialektik der Aufklärung* auf einen linkshegelianisch-marxistisch interpretierten Hegel, daneben aber auch auf Nietzsche als dritte philosophische Grundorientierung, die eher der Seite der Rechtshegelianer und Neokonservativen zuzuschreiben ist, darin jedoch nicht ohne weiteres aufgeht. Nach Horkheimer und Adorno kommt es zu einer erneuten Weggabelung im philosophischen Diskurs der Moderne. Auf der einen Seite steht Habermas mit einer Reihe von Schülern und Gesprächspartnern, die das Konzept der Moderne in einem erweiterten und modifizierten Sinn verteidigen. Sie wollen daran festhalten, daß die dialektische Vernunft komprehensiv ist, wenn sie als in sich differenziert begriffen wird. Auf der anderen Seite stehen Derrida, Foucault und die sog. Neostrukturalisten, deren Philosophie als »postmodern« bezeichnet wird. Von ihnen heißt es, daß sie sich wie Nietzsche mit ihrer Vernunftkritik »außerhalb des Horizonts der Vernunft« stellen.[1]

Die »postmodernen« Philosophen schließen sich mit ihrer Vernunftkritik einer Traditionslinie an, die von Nietzsche ausgeht und auf je verschiedene Weise durch Heidegger und Bataille weitergeführt wird. Was Habermas mit dieser Denkrichtung verbindet, ist der Versuch, im Rückgriff auf Adorno die Subjektphilosophie bzw. die subjektzentrierte Vernunft zu überwinden, gleichzeitig jedoch an einem umfassenden Vernunftbegriff festzuhalten, wobei er den »Postmodernen« vorwirft, daß ihnen die Überwindung der Subjektphilosophie nicht gelingt. Habermas zufolge bleiben sie einer radikalisierten Form des Ursprungsdenkens verhaftet, bei dem das Subjekt auch weiterhin im Zentrum steht. In diesem Zusammenhang verweist Habermas auf den »Willen zur Macht« bei Nietzsche, auf den »Hirten des Seins« bei Heidegger oder auch auf den Urheber der Urschrift bei Derrida.[2] In der folgenden Skizze ist die Hauptlinie der Habermasschen Deutung des philosophischen Diskurses der Moderne mit durchgehenden Strichen eingezeichnet. Der zweite Überlieferungsstrang, der zur »postmodernen« Philosophie führt, ist zur Unterscheidung mit unterbrochenen Strichen gezeichnet. Eine weitere Traditionslinie, die Habermas weniger hervorhebt, zeigt an, daß sowohl für Heidegger und Bataille als auch für Derrida neben ihrer Orientierung an Nietzsche ein Rückbezug auf Hegel von großer Wichtigkeit ist.

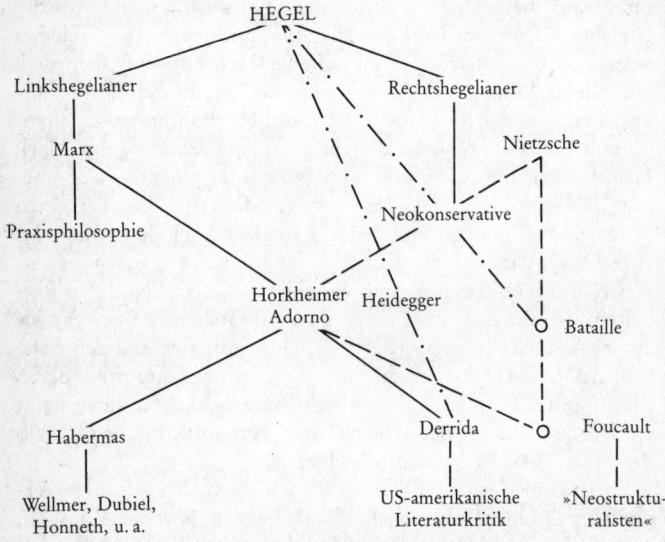

Man kann zeigen, daß sich die Hauptlinie dieses Deutungsschemas relativieren läßt. (Dies habe ich an anderer Stelle versucht.) Im vorliegenden Beitrag wird die umgekehrte Strategie eingesetzt. Die Bedeutung der Nebenlinie, die zur philosophischen »Postmoderne« führt, soll stärker herausgearbeitet werden, und zwar in Form einer gegenkritischen Auseinandersetzung mit Habermas' Kritik an diesen theoretischen Entwürfen. Ich wähle hierfür die Position J. Derridas, die nicht zu Unrecht als eine Radikalisierung der Heideggerschen Auffassung der »ontologischen Differenz« sowie seines Programms einer kritischen Destruktion der Metaphysik eingeführt wird. Das soll indessen nicht heißen, daß ich der Überschrift des VII. Kapitels des Habermasschen Buches »Überbietung der temporalisierten Ursprungsphilosophie« zustimmen möchte. Ich sehe die Radikalisierung des Heideggerschen Programms durch Derrida in einer andererRichtung. Ich möchte weiterhin zeigen, daß Derridas Konzeption überhaupt nicht als eine Ursprungsphilosophie gelesen werden kann, eben auch nicht als Überbietung einer temporalisierten Ursprungsphilosophie, was immer das sein mag. Wenn das gelingt, wäre damit auch Habermas' Kritik an Heidegger in gewisser Weise widerlegt, dessen Denken als »temporalisierte Ursprungsphilosophie« gedeutet wird. Zumindest ließe sich nicht mehr die These aufrechterhalten, daß die »Heideggersche Denkbewegung« von ihrer Radikalisierung her als ein »umgekehrter Fundamentalismus« bloßgestellt wird.[3]

Es stellt sich also die Aufgabe, die Weiterführung des Heideggerschen Denkens durch Derrida auf andere Weise verständlich zu machen. Eine direkte gegenkritische Erörterung der Behandlung von Heidegger in Habermas' Buch kann auf diese Weise umgangen werden. Trotz des deutlichen Bemühens um Sachlichkeit in der philosophischen Diskussion der Heideggerschen Auffassungen, bei der es auch durchaus berechtigt ist, auf seine politische Haltung einzugehen, zeigt sich doch immer wieder, daß Habermas nicht davon frei ist, was Derrida im Anschluß an den späteren Levinas eine »allergie heideggerienne« genannt hat.[4]

2. Derridas Wendung gegen den Vorrang des gesprochenen Worts und seine Haltung gegenüber der philosophischen Tradition

Derridas Ansatz der Grammatologie – der Wissenschaft von der Schrift, die zu einer Art Leitfaden der Metaphysikkritik gemacht wird – und dessen Auseinandersetzung mit Husserls Zeichenlehre, die von hier aus geführt wird, gibt Habermas zutreffend und mit gewisser Zustimmung wieder. Er selbst hätte den Ausgangspunkt der Kritik an Husserl anders gewählt, kann jedoch dem »Bedeutungsplatonismus« Husserls, der dem Zeichen nur die Funktion der äußeren Anzeige »für die sinngebenden psychischen Erlebnisse« zuerkennt, ebensowenig zustimmen.[5] Habermas geht jedoch noch einen Schritt weiter: er kritisiert Derrida, weil dieser – wie die Subjektphilosophie – nach wie vor fundamentalistisch denkt und die Ursprungsphilosophie radikalisiert, indem er sie sozusagen in ihrer eigenen Bewegungsrichtung noch einmal überbietet. (Das beruht m. E. auf einem Mißverständnis der Texte Derridas, das deren Interpretation von Anfang an in eine verkehrte Richtung lenkt.)

Wenn Derrida von einer »Urschrift« spricht und auf den letzten Seiten des Essays über Husserl ein »vor-ursprüngliches« Denken erwähnt, kann eine solche Deutung nahegelegt werden.[6] Die différance, die Heideggers Gedanken der »ontologischen Differenz« weiterzuführen, in gewissem Sinn radikaler zu fassen sucht, indem sie ihm seine »provokative Kraft« zurückerstattet, kann dann schließlich als »umgekehrter Fundamentalismus« erscheinen, der den Ursprung wiederum eine Etage tiefer legt.[7] Hier ist jedoch Vorsicht geboten. Derrida schreibt in diesem Zusammenhang ausdrücklich, daß er eine Frage offen legen will, daß die Zurücknahme des Vorrangs der gesprochenen Sprache gegenüber der Schrift ein Verhältnis zwischen beiden schafft, über das wir nichts wissen, weil wir nicht die Sprache haben, um darüber »sprechen« zu können, und in der dies Verhältnis zu denken wäre.[8] Die différance ist weder ein Wort noch ein Begriff«, sondern eine »Neuschreibung«, die verschiedene Bedeutungsrichtungen in einem »Bündel« zusammennehmen soll.[9] Man wird diese Passagen also nicht als einfache Aussagesätze lesen dürfen. Ich werfe Habermas demnach nicht einen Interpretations-, sondern einen Lesefehler vor.

In der Kritik der Metaphysik als Ursprungsphilosophie geht es darum, daß ihre gesamte Erklärungsleistung auf *einen* Ursprung zurückgeführt wird. Zweifelsohne sind Entwicklungen aus bestimmten Ursprüngen heraus erklärbar. Das entscheidende Problem ist jedoch, daß alles, alle Entwicklung und die daraus entstehenden Strukturen auf *einen* in sich einfachen Ursprung zurückgeführt werden. Dies aber tut Derrida gerade nicht, sondern wendet sich gegen solche Erklärungen, ist also Kritiker der Ursprungsphilosophie. Die différance, sofern sie selbst Differenz ist, ist nicht Ursprung von Differenzen, und sofern sie Differenzen sein läßt, also etwas Originäres hat, ist sie nicht »einfacher Ursprung«, sondern »strukturierter und Differenzen differenzierender Ursprung«.[10] Auch an anderer Stelle, wo die »originäre différance« als Supplementarität beschrieben wird, heißt es, daß sie von Anfang an und grundsätzlich »als Struktur« gedacht werden muß. »Struktur besagt hier die nicht weiter reduzierbare Komplexität ... worin die Metaphysik wohl entstehen kann, was sie jedoch nicht zu denken vermag«.[11] Der Ursprung als Struktur, als nicht einfach, sondern in sich komplex, ist demnach nicht Ursprung im Sinn der Ursprungsphilosophie, sondern gegen diese gerichtet. Er liegt nicht zugrunde, sondern gibt den in sich komplexen Charakter an, der das welthafte Geschehen kennzeichnet.

Im letzten Kapitel von *L'écriture et la différence* beschreibt Derrida das Problem auf unmißverständliche Weise. Er zitiert aus E. Jabès' *Livre des questions* (Paris 1963): »Schreiben heißt, die Leidenschaft des Ursprungs besitzen.« Und er kommentiert diesen Satz wie folgt: »Was sie (die Schrift) aber in diesem Maße bewegt, ist, wie man jetzt weiß, nicht der Ursprung, sondern das, was seine Stelle einnimmt; es ist ebensowenig das Gegenteil des Ursprungs.« Dieser erweist sich als ein Trugbild, das die Leidenschaft des Schreibens in Gang gesetzt und gehalten hat, die sich nun durch die Wiederkehr des Buches (Buch folgt auf Buch) zu befriedigen sucht. »Trugbild des Ursprungs, des Endes, der Linie, der Schleife, des Bandes, des Zentrums.« Denn: »Dieselbe Linie ist nicht mehr dieselbe, wenn sie wiederholt wird, die Schleife hat nicht mehr ganz dasselbe Zentrum, *der Ursprung hat ausgespielt*.«[12]

Andererseits sind die Denkbewegungen Derridas sehr viel direkter gemeint und viel schlichter im Sinne einer äußerlich ansetzenden Strategie zu verstehen, als sie in der Deutung und Kritik von Habermas aufgenommen werden. Daß die Schrift »älter« ist als das gesprochene Wort, als das »Sich-sprechen-hören-Wollen«, steht durchaus auch für »die empirische Behauptung, daß die Schrift chronologisch früher aufgetreten« ist als die Rede.[13] Schrift ist dabei freilich sehr weit gefaßt, findet sich auch in einem gebrochenen Zweig oder einer Bemalung des Körpers. Worauf es ankommt, ist dies äußere Vorkommen, die Materialität des Schriftzeichens, für die alle daran geknüpften Interpretationen sekundär bleiben.

Ähnlich verhält es sich mit der »Dekonstruktion«. Sie ist keine Methode, die umstandslos auf verschiedenen Gebieten angewendet werden könnte. Sie steht für ein Verfahren, bei dem zwar eine äußere Technik eingesetzt wird, die aber in bezug auf den behandelten Gegenstand jeweils völlig anders funktioniert. Deshalb ist es auch ein Mißverständnis, wenn die amerikanische Literaturkritik sich der Dekonstruktion als einer allgemeinen Methode bedient. Den Exkurs von Habermas *Zur Einebnung des Gattungsunterschiedes zwischen Philosophie und Literatur* möchte ich deshalb hier beiseitelassen. Nach seinen eigenen Worten unterscheidet er nicht zwischen Derrida, der »nicht zu den argumentationsfreudigen Philosophen« gerechnet wird, und »seinen im angelsächsischen Argumentationsklima aufgewachsenen literaturkritischen Schülern«.[14] Das hat zur Folge, daß er mit seiner Gegenargumentation möglicherweise gar nicht Derrida trifft, sondern – wie er sich ausdrückt – »Derridas Gefolgschaft in den literary departments« der US-amerikanischen Universitäten.[15]

Die Wortbildung »Dekonstruktion« enthält das Moment des äußerlichen Konstruierens, darauf basierend, daß die »alte Struktur«, die kritisiert wird, mit ihren eigenen »strategischen und ökonomischen Mitteln« angegangen wird.[16] Wenn Derrida schreibt, daß »es möglich sein(müßte), die Regeln dieser ... Arbeit zu formalisieren«, meint er damit nicht, daß eine allgemeine Formel gefunden werden könne, mit der dann auf allen möglichen Gebieten gearbeitet wird. Die nachträgliche Formalisierung dieser Arbeit, wenn sie möglich ist, kann nur der in sich höchst komplizierte Ausdruck von immer anderen kreativen Prozessen sein. Diese Arbeit ist ein Spiel, das sich seine Regeln jeweils selbst gibt und stets auf andere Weise mit neuen Regeln operiert. Die Destruktion der Metaphysik und ihrer Geschichte, an der Heidegger in einer bestimmten Phase seines Denkens gearbeitet hat, wird insofern weiterfortgeführt, als die Destruktion selbst schon Konstruktion, der Abbruch selbst schon Neubau ist. Das Bild wird auf diese Weise gesprengt; was es sagt, entspricht jedoch der Sache. Diese wird m. E. von Adorno in der *Negativen Dialektik* als das Programm umschrieben, »über den Begriff durch den Begriff hinauszugelangen«: »Die Kategorien der Kritik am System sind zugleich die, welche das Besondere (außerhalb jeder philosophischen Systematik Stehende) begreifen.«[17] Die Dekonstruktion der Metaphysik und damit der Philosophie und ihrer auf Systematik ausgerichteten Denkweise bleibt auf das Zu-dekonstruierende angewiesen, sie kann nur mit begrifflichen Mitteln zeigen, was das davon ausgeschlossene Nichtbegriffliche ist, um so die »Richtung der Begrifflichkeit zu ändern, sie dem Nichtidentischen zuzukehren«.[18]

Derrida sieht – deutlicher als Adorno – die Notwendigkeit einer neuen Sprache, in der klarer formuliert werden kann, was es bedeutet, daß die Schrift »älter« ist als die gesprochene Sprache, da sie in eine Zeit zurückreicht, die »un-geschichtlich« ist, weil sie Geschichte als Präsenz der Wahrheit nicht kennt. Die »différance«, die als ein Bündel verschiedener Bedeutungsrichtungen semantisch ausgelegt wird, ist eine vorläufige Bildung dieser veränderten Sprache. Es ist möglich, im Blick auf eine solche Sprache mit Habermas von einem »Vexierbild« zu sprechen, um die labyrinthischen Spiegeleffekte solcher Bildungen, die in dieser Hinsicht sehr alten Texten und mythologisch-vieldeutigen Wendungen gleichen, zu beschreiben. Derrida verweist zur Veranschaulichung auf ein Bild von Tenier in der Dresdner Gemäldegalerie, das eine Gemäldegalerie mit Bildern zeigt, auf denen wiederum das gleiche Motiv abgebildet ist.[19] In dem Vortrag über »différance« und an anderen Stellen steht dafür ohne Bildsprache: das »Simulacrum eines Anwesens, das sich auflöst, verschiebt, verweist, eigentlich nicht stattfindet« und dazu führt, daß die »Spur«, die als Anwesenheit gedeutet würde, in ihrer Struktur erlischt.[20] Wie Adorno ist sich Derrida darüber im klaren, daß die Richtungsveränderung der philosophischen Begriffe eine gegen die Philosophie gerichtete philosophische Strategie ist, die, um von der Philosophie loszukommen, dieser bedarf, immer tiefer in sie hineingehen und dann »von innen her« an ihrer Auflösung und Verschiebung arbeiten muß.

Es geht also nicht um eine einfache Umkehrung. Damit wäre nichts gewonnen. Wollte Derrida an die Stelle des Vorrangs der gesprochenen Sprache gegenüber der Schrift den umgekehrten Vor-Rang stellen, würde er eine Herrschaft durch die andere ersetzen. Es ist zwar richtig, daß darin ein »anarchistischer« Zug liegt[21], nicht jedoch als ordnungsloses Durcheinander, sondern im Sinne der Abwesenheit von Herrschaft und Gewalt. In seinem

Essay über das Denken Emmanuel Levinas hat Derrida den Zusammenhang von »Gewalt und Metaphysik« ausführlicher behandelt.²² Er bestreitet, daß Levinas »höchste Forderung nach Gewaltlosigkeit«, die eine »gesetzlose Ethik« und eine »satzlose Sprache« voraussetzt, jemals erfüllbar ist: »Das wäre durchaus kohärent, wäre das Gesicht (des Fremden, der mich als Anderer anblickt und betroffen macht) nur Blick und nicht auch noch Sprache.«²³ Jede historische Sprache ist, so Derrida, satzbildend bzw. enthält ein »irreduzibles begriffliches Moment und deshalb eine bestimmte Gewalt«. Die sprachlich-begriffliche Artikulation »aber wird erst durch die (vorerst vorbegriffliche) Zirkulation des Seins eröffnet«. Das Denken des Seins, das nach Derridas Auffassung als unbegrenztes Spiel der Interpretationen der Urschrift (archi-écriture) vollzogen wird, kennt keinen Vor-Rang im Sinne von Überordnung, »keine Archie« im Sinne von Herrschaft. Es »ist der Gewaltlosigkeit deshalb so nahe wie nur möglich«.²⁴ Weil das Sein jedoch, indem es als anwesend gedacht wird, immer auch abwesend ist und jede Interpretation, indem sie etwas sagt, anderes verschweigt, gibt es keine »reine Gewaltlosigkeit«. Derrida räumt gegenüber Levinas ein, daß dessen Auffassung einer »gewaltlosen Sprache« und Praxis als Grenzfall einer Sprache ohne jede Prädikation denkbar wäre, als »reine Anrufung ... die nur Eigennamen hervorbrächte, um den Anderen in der Ferne anzurufen«.²⁵ Mehr als ein solcher Grenzfall, der sich in der Wirklichkeit nicht findet, läßt sich indessen nicht vertreten.

Soviel zu Habermas' Kennzeichnung der politischen Konnotation des Denkens von Derrida. Im Vergleich zu Heidegger scheint er besser abzuschneiden. Es ist jedoch verräterisch, wie Habermas Derridas Verhältnis zu »Politik und Zeitgeschichte« beschreibt, daß nämlich die konkreten Fragen auf diesem Gebiet »ins Ontisch-Vordergründige« abgeschoben werden, »um sich desto ungebundener und assoziationsreicher im Ontologisch-Urschriftlichen tummeln können«. Meiner Meinung nach liegt hier nicht der tatsächliche Dissens zwischen Habermas und Derrida. Dieser wäre im Blick auf den Begriff »Identität« plastisch herauszuarbeiten. In anderem Zusammenhang habe ich darauf hingewiesen, daß die vernünftige Argumentation der Diskurse, die fragwürdig gewordene Geltungsansprüche auf den verschiedenen Ebenen des Handelns zu rechtfertigen suchen, insofern mit sich identisch sind, als jeder vernünftig Argumentierende zustimmen können muß; deshalb sind diese Diskurse im Grunde monologisch. Der andere tritt darin nicht wirklich als anderer auf, sondern nur als Prolieferant anderer vernünftiger Argumente. Es kommt hinzu, daß Habermas auch in anderen Kontexten ungebrochen von »Identität« spricht, sei es, daß es sich um die Entwicklung zur persönlichen Identität des erwachsenen Individuums handelt, oder darum, ob »komplexe Gesellschaften eine vernünftige Identität ausbilden« können.[26] In einem zunächst in niederländischer Sprache veröffentlichten Aufsatz habe ich zu zeigen gesucht, daß Habermas mit dem gesamten Programm seiner rekonstruktiven Philosophie, die teils horizontal ausgerichtet ist und die Kompetenzen handelnder Personen zu erfassen sucht, teils vertikal auf historische Genesen orientiert ist, letztlich »Identität« rekonstruieren will. Diesem Bemühen, »Identität« zu *re*konstruieren, steht Derridas Unternehmen entgegen, diese zu *de*konstruieren. Denn die Metaphysik, die man mit Adorno auch Ursprungsphilosophie nennen kann, wird von ihm wie in der *Negativen Dialektik* als »Denken der Identität« interpretiert.[27]

Ich komme zu einem weiteren und letzten Punkt der Auseinandersetzung mit Habermas. Gegen Ende seiner Kritik an Derrida gibt er seinem Erstaunen darüber Ausdruck, daß Heidegger, Adorno und Derrida noch immer so denken, »als lebten sie, wie die erste Generation der Hegel-Schüler, im Schatten des ›letzten‹ Philosophen; sie streiten noch gegen jene ›starken‹ Begriffe von Theorie, Wahrheit und System, die doch seit mehr als hundertfünfzig Jahren der Vergangenheit angehören ... Das fallibilistische Bewußtsein der Wissenschaften hat längst auch die Philosophie ereilt.«[28] Habermas geht offensichtlich von einem anderen Typus von Philosophie aus als diese Denker, nämlich jenem, der stärker an den Wissenschaften ausgerichtet ist und sich von ihnen bestimmte Evidenzen als selbstverständlich vorgeben läßt. Er ist darüber hinaus direkter auf die politische Situation bezogen, deren Frontstellungen er sich ohne große Umstände zuordnen läßt. Die Denkweise Heideggers, Adornos und Derridas, um bei Habermas' eigener Aufzählung zu bleiben, ist jedoch eine andere. Im Sinne des geographischen Denkens, wie es von M. Foucault vorgeschlagen worden ist, sollen beide Typen als je zwei verschiedene Gebiete auf der Landkarte der theoretischen Entwürfe gelten, die beide autonom sind und zwischen denen ein wechselseitiger Reiseverkehr erlaubt und möglich ist. Von Habermas'

Standort aus führt dies zu einer Auseinandersetzung mit der »Postmoderne«. Dieser Begriff geht m.E. an der Sache vorbei. Dabei ist es unverständlich, daß sich Habermas, Wellmer und Dubiel, die sich selbst mit der Postmoderne auseinandersetzen, zugleich von diesem Ausdruck distanzieren.[29] Wäre es nicht konsequenter, diesen Begriff evtl. gar nicht zu verwenden?

Kehren wir zurück zu der zitierten Passage. Es ist wahr: die Begriffe »Theorie«, »Wahrheit« und »System« sind heutzutage keine »starken« Begriffe mehr im Sinne der systematischen Philosophie. Im Zeitalter des Fallibilismus und des Falsifikationismus werden sie in abgeschwächter Form, relativiert, nur hypothetisch gebraucht. Die Philosophie, die von der Wissenschaft ernst genommen werden will, tut gut daran, dies als Faktum zu akzeptieren. Die Schwierigkeit liegt nur darin, daß unklar bleibt, warum die ehemals »starken« Begriffe zum wissenschaftlichen Wechselgeld pragmatischer Diskurse geworden sind. Welche geistesgeschichtliche Situation ist entstanden, wenn dem so ist? Wie läßt sich diese Situation aus sich selbst heraus erklären, ohne daß sie nur als Abwandlung oder abgeschwächte Form eines vorangegangenen Philosophiemodells bestimmt wird? Die von Habermas kritisierten Denker bemühen sich im Rekurs auf Hegel, diesen Fragen gerecht zu werden. Sie teilen Hegels Selbsteinschätzung, daß nämlich seine Philosophie jenes Denken darstellt und vollendet, das durch Parmenides, Plato und Aristoteles begründet und auf den Weg gebracht worden ist. Es tut nichts zur Sache, ob man dies nun Metaphysik, identifizierendes Denken oder ganz allgemein Philosophie nennen will. Hegel ist zwar derjenige, der die Moderne auf den Begriff gebracht hat. Dies kann jedoch bei ihm nicht davon losgelöst werden, daß die Moderne die letzte Etappe der gesamten griechisch-jüdisch-christlich-germanischen Geistesgeschichte ist und nur von ihm aus begriffen werden kann. Die Destruktion der Hegelschen Metaphysik oder ihre Dekonstruktion führt deshalb nicht von der »Moderne« zur »Postmoderne«, sondern wirft die Frage nach jenem Denken auf, das *nach* der philosophischen Tradition, die von Parmenides bis Hegel reicht, entstehen kann. Deshalb ist es notwendig, die Konstitution der Metaphysik zu erörtern, weil darin die Weichenstellung des Denkens sichtbar wird, die zur Ausrichtung dieser Geistesgeschichte geführt hat. Denn daran läßt sich ablesen, wie es potentiell hätte weitergehen können und ob die damals nicht eingeschlagene

Richtung für uns bestimmte Möglichkeiten eröffnet, nicht im Sinne ihrer Repristination, sondern im Sinne ihrer Wieder-holung unter den veränderten Bedingungen der heutigen Zeit. Es ist darüber hinaus erforderlich, durch die Konstitution der Metaphysik hindurch diese zu hinterfragen, und eine Dimension des Denkens wieder zugänglich zu machen, die von anderer Seite mit dem unglücklichen Begriff des »wilden Denkens« belegt worden ist. Die Kulturanthropologie erkennt immer mehr das Versäumnis, »fremde Mythengemeinschaften« nicht als fremde gesehen, und in ihrer Eigenart belassen zu haben.[30] Der Umgang mit solchen Denktypen, der diese nicht vereinnahmt, wohl aber mit ihnen in ein Verhältnis des Gebens und Nehmens tritt, ist auch aus aktuellen Erfordernissen heraus völlig neu zu erlernen. Auch aus diesem Grund ist die Erforschung mythischer Denkformen und Denkrichtungen der eigenen Vergangenheit von großer Bedeutung.

3. Derridas Auseinandersetzung mit Hegel und seine Interpretation der »ontologischen Differenz«

Selbst wenn sich Heidegger, Adorno und Derrida im wesentlichen mit Hegel auseinandersetzten, ist es nicht der lange Schatten dieses »letzten« systematischen Philosophen, in dem einige rückwärts gewandte Philosophen immer noch stehen. Mit Hegel steht die Geschichte der europäischen Philosophie zur Diskussion, deren Grundvoraussetzungen fragwürdig geworden sind und nun auch radikal in Frage gestellt werden, um zu sehen, wo sie noch tragfähig sind oder wo sie einem anderen Denken Platz machen müssen. Wenn ich nun abschließend auf Derridas Texte über Hegel eingehe, wird damit zugleich angedeutet, in welche Richtung meine alternative Interpretation des Denktyps zielt, der von Habermas als »postmodern« bezeichnet wird. So wichtig die Auseinandersetzungen mit Husserl, mit Heidegger, De Saussure und Austin, aber auch mit Levi-Strauss und Rousseau, mit Levinas und Bataille, mit Freud und Artaud, mit Jabès und Foucault auch immer sein mögen, die bedeutendsten Arbeiten beziehen sich auf Nietzsche und Hegel. Das gilt m. E. auch noch im Blick auf den Versuch Derridas, den Bogen von Sokrates (und Plato) bis zu Freud (und darüber hinaus) zu spannen.[31] In *Glas* (1974) und *Éperons* (1978) kommt das Wort »Dekonstruktion« nicht mehr vor; es geht um Vieldeutigeres und Differenzierteres, was sich in wenigen Worten kaum adäquat wiedergeben läßt. Am Beispiel von *Glas* möchte ich versuchen, es annäherungsweise verständlich zu machen. (Das Thema Nietzsche bleibt hier ausgespart, in anderen Zusammenhängen habe ich mich darüber ausführlicher geäußert.[32])

Glas bedeutet nach dem Französisch-deutschen Wörterbuch von Köhler-Grander: Toten-geläute, Toten-glocke; Artilleriesalve. Derrida fügt noch folgende weitere Bedeutungsrichtungen hinzu: classicus-Bürger der ersten Klasse (in Rom); classis-Abteilung, mit den zugehörigen Subrichtungen: Flottenformation und Klasse, wobei die letzteren soziologisch oder klassifikatorisch gemeint sein kann; classum-Lärm; diese Bedeutungsrichtung wird im 13. Jahrhundert zum »Läuten aller Kirchenglocken« spezifiziert, das unter anderem dazu dient, die Gemeinde zur Taufe oder zur Totenfeier zusammenzurufen; classicum-Trompetenstoß wird zurückgebildet zu classum, so daß dieser nicht nur auf den »Klang der Glocken«, sondern auch auf die »Artilleriesalve« eingeschränkt werden kann. Das Verfahren, das die Auseinandersetzung mit Hegel bestimmt ist dadurch indessen nur indirekt und unvollständig beschrieben, zumal diese grammatologischen und semantischen Erörterungen in der Spalte zu Genet stehen, die in diesem Text auf jeder Seite rechts neben der Spalte über Hegel plaziert ist.[33]

Im Sinne des letzten Artikels in *L'écriture et la différence* ist die »Geschlossenheit des Buches« aufgebrochen.[34] Der Text von *Glas* ist Teil eines Diskurses, der früher beginnt und länger fortdauert, als er in einem Buch überhaupt faßbar wäre. Überschriften und Kapiteleinteilungen sind offeneren Formen der Unterteilung und der hinzugefügten Erläuterung sowie zwanglosen wechselnden Textsorten gewichen. Die Verschiebung im Blick auf traditionelle philosophische Texte, die hier vorgenommen wird, ist alles andere als die unbedachte »Einebnung des Gattungsunterschiedes zwischen Philosophie und Literatur«. Es handelt sich um ein gegen die Philosophie gerichtetes philosophisches Unternehmen, das aufgrund seiner denkerischen Intensität, ungeachtet des gewollten Bruchs, keiner anderen Tradition zugeordnet werden kann als der im strengen Sinn philosophischen.

Hegels Philosophie wird in einer Weise neu gefaßt und interpretiert, die nicht nur ein gründliches und tiefgehendes Studium der Texte und der biographischen Dokumente erkennen läßt, sondern auch Querverbindungen und Schichtungen dieser Philosophie aufdeckt, an denen die gängige Hegelforschung bislang konsequent vorbeigegangen ist. Der Begriff der »Liebe«, der in den *Jugendschriften* Hegels von 1797–1799 eine so zentrale Stellung einnimmt, um die Einheit der Gegensätze denkbar zu machen, wird, wie Derrida zeigt, schon hier tendenziell völlig spirituell gefaßt. Das Einssein im Anderssein kann sich unter endlichen Bedingungen letztlich nicht verwirklichen, weil die Liebe an den Körper gebunden bleibt. Auch die pfingstliche Gemeinde versichert sich ihrer Liebesgemeinschaft im heiligen Geist durch die stofflichen Elemente des Brotes und des Weines. Das bedeutet: Hegel kann seine Tendenz der völligen Spiritualisierung nicht ohne Rest ausführen.

Der Liebesbegriff verschwindet Derrida zufolge seit 1801 keineswegs aus dem Mittelpunkt des Hegelschen Denkens; er wird als solcher nur unkenntlich gemacht. Alle Ausführungen zur Geschlechtlichkeit finden sich in der Naturphilosophie. Die menschliche Liebesbeziehung soll davon soweit wie möglich freigehalten werden. Die Liebe als Grundlage der Ehe und Familie wird deshalb in der Geistesphilosophie sogleich »in eine *geistige* (Einheit), in selbstbewußte Liebe, umgewandelt«.[35] Die Schwester war nicht nur zu Antigones Zeiten die eigentlich tragische Gestalt; ihr tragisches Schicksal wiederholt sich in bezug auf Hegel selbst. Die Diversität der Geschlechter in der Natur ist überschritten, nun kann es nur noch ihre Opposition geben. Brüder sind weder im Natürlichen noch im Kulturellen möglich. Das weibliche Begehren bleibt der Natur zu nahe, in der Schwester gelangt es zwar an die Grenze seiner Vergeistigung, kann diese Grenze aber nicht überschreiten. Hegel selbst versucht zeitlebens, seine Schwester Christiane, die ihn bedingungslos liebt, in diese Neutralität zurückzuzwingen. Der gesamte diesbezügliche Briefwechsel ist in *Glas* abgedruckt.

Die geistige Familie ist in letzter Konsequenz nur der Vater in seiner Beziehung zum Sohn, der insofern mit dem Vater identisch ist, als er selber zum pater familias heranwächst. Die irdische Familie, wie sie in der bürgerlichen Gesellschaft entsteht, ist das Modell der heiligen Familie, die von Hegel in der Trinität gedacht wird. Auch der letzte Rest an Weiblichkeit und Natürlichkeit, die

»wirkliche Mutter« Jesu, von der in der *Phänomenologie des Geistes* von 1807 noch die Rede ist[36], wird später aus der Trinität ausgeschlossen. So spannt sich der Bogen von Antigone zur bürgerlichen Gesellschaft. Die Moderne fügt sich in umfassendere geschichtliche Zusammenhänge ein, von denen aus ihre Konstitution überhaupt erst verständlich wird. Die tragischen Grundlagen der bürgerlichen Gesellschaft bleiben in ihr virulent.

Heideggers Gedanke der »ontologischen Differenz« wird auf diesem Wege zu dem der Geschlechtsdifferenz weitergebildet, in der »diversité« und »opposition« auf tragische Weise verbunden werden.[37] Die Auszeichnung *eines* Seienden als des höchsten findet ihre äußerste Zuspitzung in der Einzigkeit des Vaters. Somit ist die Geschichte der Metaphysik Bestandteil der Geschichte des Patriarchats. Hegel denkt zwar an das Leben als die offene innere Bewegungsform des welthaften Geschehens, aber er denkt es als Geist, der alle Reste des Natürlichen in sich vernichtet und so zur reinen Selbstbezüglichkeit der absoluten Subjektivität gesteigert werden kann, die das Andere ihrer selbst vollständig in sich enthält. Die dialektische Vernunft, die sich selbst als Subjektivität bestimmt, hat nicht nur theoretisch-begriffliche Voraussetzungen, die von Heideggers Seinsgeschichte aus erklärt werden können, sondern auch konkret-geschichtliche und solche, die mit der Natürlichkeit und Leiblichkeit des Menschen zusammenhängen, wie sie in der Geschlechtsdifferenz gegeben sind.

Anmerkungen

1 Vgl. J. Habermas: *Der philosophische Diskurs der Moderne*, Frankfurt 1985, S. 119.
2 Vgl. a.a.O., S. 70, 107-109, 178-181, 213 f.
3 Vgl. a.a.O., S. 213.
4 Vgl. J. Derrida: *Die Schrift und die Differenz*, Frankfurt 1976, S. 221.
5 Vgl. Habermas, a.a.O., S. 197-205, bes. 202 f.
6 Vgl. Derrida: *Die Stimme und das Phänomen. Ein Essay über das Problem des Zeichens in der Philosophie Husserls*, Frankfurt 1979, S. 164 f.
7 Vgl. Habermas, a.a.O., S. 213.
8 Vgl. Derrida, a.a.O., S. 163 f.

9 Vgl. Derrida: *Randgänge der Philosophie*, Frankfurt/Berlin/Wien 1972, S. 6f.
10 Vgl. a.a.O., S. 17. Die Wendung »l'origine structurée et différante des différences« ist in der deutschen Übersetzung weggefallen.
11 Vgl. Derrida: *Grammatologie*, Frankfurt 1974, S. 286f.
12 Vgl. Derrida: *Die Schrift und die Differenz*, a.a.O., S. 444f. (Hinzufügung in Klammern von mir, H. K.; Hervorhebung von Derrida).
13 Vgl. Habermas, a.a.O., S. 212; vgl. Derrida: *Die Stimme und das Phänomen*, a.a.O., S. 164.
14 Vgl. Habermas, a.a.O., S. 228.
15 Vgl. a.a.O., S. 246.
16 Vgl. Derrida: *Grammatologie*, a.a.O., S. 45; vgl. auch zum folgenden.
17 Vgl. Th. W. Adorno: *Negative Dialektik*, Frankfurt 1966, S. 38. (Hinzufügung in Klammern von mir, H. K.).
18 Vgl. a.a.O., S. 24.
19 Vgl. Derrida: *Die Stimme und das Phänomen*, a.a.O., S. 165.
20 Vgl. Derrida: *Randgänge der Philosophie*, a.a.O., S. 32.
21 Vgl. Habermas, a.a.O., S. 214.
22 Vgl. Derrida: *Die Schrift und die Differenz*, a.a.O., S. 121-235.
23 Vgl. a.a.O., S. 226 (Hinzufügung in Klammern von mir, H. K.); vgl. auch zum folgenden.
24 Vgl. a.a.O., S. 214 und 224.
25 Vgl. a.a.O., S. 225.
26 Vgl. Habermas: *Zur Rekonstruktion des Historischen Materialismus*, Frankfurt 1976, S. 63 ff. und 92 ff.
27 Vgl. H. Kimmerle: *Identiteit bij Habermas en Derrida: reconstrueren of deconstrueren?*, in: *Kennis en Methode* 7 (1983), S. 402-415.
28 Vgl. Habermas: *Der philosophische Diskurs der Moderne*, a.a.O., S. 240f., Anm. 74.
29 Vgl. Habermas, a.a.O., S. 74; A. Wellmer: *Zur Dialektik von Moderne und Postmoderne. Vernunftkritik nach Adorno*, Frankfurt 1985, S. 160; H. Dubiel: *Was ist Neokonservatismus?*, Frankfurt 1985, S. 7f.
30 Vgl. M. Duala-M'bedy: *Xenologie. Die Wissenschaft vom Fremden und die Verdrängung der Humanität in der Anthropologie*, (Fermenta philosophica) Freiburg/München 1977, S. 18-31.
31 Vgl. Derrida: *Die Postkarte. Von Sokrates bis Freud und darüber hinaus*, Berlin 1983.
32 Vgl. Kimmerle: *Die Nietzsche-Interpretation der französischen Differenzphilosophie*, in: K. Macha (Hrsg.), *Zur Genealogie einer Moral: Beiträge zur Nietzsche-Forschung*, München 1985, S. 47-80, bes. S. 74-78.
33 Vgl. J. Derrida: *Glas*, Paris 1974, S. 100-104 (rechte Spalte).
34 Vgl. Derrida: *Die Schrift und die Differenz*, a.a.O., S. 443.
35 Vgl. Hegel: *Grundlinien der Philosophie des Rechts* (Hrsg. von

J. Hoffmeister), Hamburg 1967, S. 150 (Par. 161) (Hinzufügung in Klammern und Hervorhebung von mir, H. K.).
36 Vgl. Hegel: *Phänomenologie des Geistes* (Hrsg. von J. Hoffmeister), Leipzig 1949 (5. Aufl.), S. 548.
37 Vgl. Derrida: *Glas*, a.a.O., S. 189 (linke Spalte).

Gérard Raulet
Die neue Utopie
Die soziologische und philosophische Bedeutung der neuen Kommunikationstechnologien

Seit einigen Jahren werden von der französischen Regierung und der für die Telekommunikation zuständigen Behörde umfangreiche Programme von neuen Technologien für die breite Öffentlichkeit entwickelt: die Telematik, die sich seit 1981 in großem Maßstab durchsetzt, und die geplante Verkabelung der Fernmelde- und Fernsehsysteme, deren Grundlage 1982 gelegt wurde. Diese voluntaristische Politik, die sich vor allem nach Zielvorstellungen aus der Industrie richtet, führt zu neuen Informations- und Kommunikationspraktiken, deren Auswirkungen auf die Gesellschaft man erst ermessen kann, wenn man es nicht bei den Ergebnissen soziologischer Untersuchungen beläßt, sondern diese im Lichte des sogenannten »postmodernen« Denkens zu interpretieren versucht.

Auf der anderen Seite sind jedoch auch dessen Kategorien zu hinterfragen. Es geht darum, inwiefern die Auswirkungen dieser Modernisierungspolitik eine Illustration oder ein inhaltliches Beispiel dafür abgeben, was in der soziologischen und philosophischen Diskussion schon seit einem Jahrzehnt als »Postmoderne« bezeichnet wird.

Die Entwicklung der Teletechnologien – Technologien der Fernkommunikation und Informationsübermittlung – verallgemeinert die soziale Interaktivität und Verflechtung; sie bringt eine radikal neue Technokultur hervor, die noch marginal und erst in Ansätzen begriffen sein mag, aber doch real ist – und auf alle Fälle unzureichend analysiert.

Ein neuartiges System interindividueller Kommunikation entsteht nämlich jedesmal, wenn die Künstlichkeit der Kommunikationsbedingungen bislang undenkbare Sprechakte begünstigt: nah sein und fremd sein fallen dann zusammen, beide Haltungen verstärken sich gegenseitig und weiten sich dergestalt aus, daß die neuen »Kommunikations«mittel nicht notgedrungen eine Bereicherung und Konsolidierung der individuellen und sozialen Identität bedeuten, sondern sie auch aushöhlen können, indem sie schwebende Identitäten und anomische Verhaltensweisen mit sich bringen. »Brechen wir in eine ›Informationsgesellschaft‹ auf, die von prinzipiell anderen Lebensweisen geprägt sein wird als die uns seit Jahrzehnten bekannten?«[1]

Diese Frage nach dem Bezug zwischen Lebens- und Denkweise soll im Mittelpunkt unserer Erörterung stehen, und deswegen wird es auch um die soziologische Geltung der »postmodernen« Diskurse gehen, das heißt, um ihre Fähigkeit, eine neue Geschichtsphilosophie zu umreißen. Man wird sich aber auch fragen müssen, ob ihre Geltung noch am Maßstab von soziologisch verbürgten Realitäten gemessen werden kann, da ja gerade diese »Realitäten« eine Derealisierung bedeuten, die jede Art von »Ideologiekritik« sinnlos zu machen scheint. Genau das ist die »neue Utopie«.

In einer pessimistischen Interpretation läuft sie auf einen totalen Verlust der Bezüge und Kriterien hinaus; in einer »optimistischen« oder zumindest an die vorgebliche Wertfreiheit der Wissenschaft anknüpfenden Version auf Alternativen, über die diese Wissenschaft nicht alleine zu entscheiden vermag: so bei Lyotard am Ende seines Buches *Das postmoderne Wissen*[2] oder auch bei Daniel Bell. Für Bell »(wohnt) der postindustriellen Gesellschaft (...) ein Prinzip der unaufhörlichen Neuerung und der ständigen gesellschaftlichen Reorganisierung inne; dieses kann gebraucht wie mißbraucht werden. Aber nichts in diesem Werkzeug bestimmt im Voraus seine Anwendung. (...) Sollte sich die Gesellschaft eines Tages zu einer radikalen Dezentralisierung der wirtschaftlichen Tätigkeit und des gemeinschaftlichen Lebens entschließen, so würde ihr die noch nicht vollentwickelte Revolution der Massenmedien außerordentliche Mittel zur Verfügung stellen. Die Technik gibt uns nie eindeutige Lösungen an die Hand, sie erzeugt nur eine Vielfalt von Möglichkeiten.«[3]

Bei jedweder Hypothese ist Vorsicht angebracht, in keinen deterministischen Diskurs zu verfallen. Brauchte doch der Scheck über hundert Jahre, bis er sich durchsetzte, und der Zahlungsverkehr mittels Kreditkarte ist heute noch tausendmal geringer als Zahlungen per Scheck. Darüber hinaus konstituieren die »neuen Kommunikationstechnologien« einen »Zusammenhang mit variabler Geometrie«[4], worin sich das Komplementäre und Gegensätzliche verschiedener Techniken sowie die Vielfalt und die Divergenzen der Anwendung einer jeden miteinander verbinden –

ohne selbstverständlich die Kompatibilität des Zusammenhangs und jeder einzelnen Technik (oder auch bestimmter Kombinationen davon) mit den in Begriffen von Bedürfnis oder Begehren gefaßten gesellschaftlichen Erwartungen zu vergessen. In Anbetracht dieser nicht ausschließlich auf technische Parameter reduzierbaren Komplementarität greift die Fragestellung nach der »soziologischen und philosophischen Bedeutung der neuen Kommunikationstechnologien« den berühmten Marxschen Satz – »Mit der Veränderung der ökonomischen Grundlage wälzt sich der ganze ungeheure Überbau langsamer oder rascher um«[5] – in seiner ganzen Tragweite auf. Diese Problemstellung impliziert jedoch bereits ein Postulat, das explizit benannt werden muß: Die neuen Technologien sind die neuen Produktivkräfte, und weil die neuen Kommunikationstechnologien die Produktionsbedingungen von Wissen direkt angehen, vollendet sich mit ihnen die Entwicklung von Wissen, Wissenschaft und Technik »als Ideologie«[6] zur ersten Produktivkraft. Sie bestätigen und radikalisieren die These von Adorno, Horkheimer und Marcuse über die Massenkultur – in ihnen gehen Unter- und Überbau ineinander über; die Technik selbst wird zum Schleier, den zuvor die Ideologie darstellte, und schränkt zugleich die Möglichkeit eines kritischen Diskurses beträchtlich ein. Der hier folgende muß sich deshalb eine Art »positiver Barbarei« gefallen lassen.

Delokalisierung und Dematerialisierung

Weil die hier gemeinte »neue Utopie« das Verschwinden des Örtlichen zugunsten des Räumlichen[7] bedeutet, kann die Kategorie der Delokalisierung die Einbeziehung der Logik der neuen Kommunikationstechnologien in die allgemeine Logik der als Rationalisierung und Affirmation einer rationalen Universalität verstandenen universellen Geschichte ermöglichen, die im Kapitalismus und in einer Technik auf Weltebene Gestalt angenommen hat. Diese Logik ist nicht neu; sie wohnt der rationalen Universalität von Anfang an inne; der Anspruch der Vernunft auf universelle Gültigkeit impliziert die Planetarisierung und Homogenisierung der Orte. In dieser »Deterritorialisierung« sieht der *Anti-Ödipus* den Sinn der bisherigen Weltgeschichte und im sich an ihrem Ende behauptenden Kapitalismus »die universelle Wahrheit« dieser Geschichte.⁸ Also Deterritorialisierung der Produzenten, ihrem Land und ihrer Heimat entrissener »vogelfreier Arbeiter« – dies ist nach Marx selbst der Ursprung des Kapitalismus⁹ –, Bildung von Handels- und Finanzkapital anstatt von Grundbesitz, allgemeines Äquivalent und Warenform, Delokalisierung der Bedürfnisse in Wünschströme¹⁰ und schließlich auch soziologische Delokalisierung, die innerhalb des Kapitalismus selbst die Polarisierung in Klassengegensätze entwertet, wie ich schon andernorts zu zeigen versuchte.¹¹ Die technische Utopie einer durch Telekommunikation dezentralisierten Gesellschaft bedeutet dabei vor allem eine Verräumlichung der Kommunikation, dergestalt, daß sie jedwede Lokalisierung unmöglich werden läßt und dadurch die Auflösung der Bindungen und der Orte, die die traditionelle Gemeinschaft über Symbole strukturierten, zum Ende bringt. »Die Integration durch die Medien hat zur Folge, daß Sie nicht mehr an einem bestimmten Ort wohnen, sondern eine bestimmte Position im Raum einnehmen. Denn: irgendwo wohnen = die Leute zu Nachbarn haben, die in Ihrer Umgebung wohnen. Aber die Integration durch Kommunikation hebt die örtliche Nähe, die Nachbarschaft auf. Ihre Nächsten sind nicht mehr Ihre Nachbarn, es sind Bilder, die Ihnen die Medien präsentieren. Überall setzt sich der Prozeß der De-lokalisierung durch. Das Örtliche ist nur noch ein Sektor des Räumlichen. Die sogenannten örtlichen Erzeugnisse – Landweine, bretonische Fleischwaren, Lyoner Wurst, Melonen aus Cavaillon ... – finden Sie nunmehr in einer Spezialabteilung des Großmarktes. Je mehr der örtliche Bezug auf der Verpackung in Erscheinung tritt (Landerzeugnis aus ..., nach althergebrachter Art hergestellt), desto mehr bestätigt sich die Herrschaft eines einheitlichen und homogenen Raumes, wo delokalisierte Ströme ungebunden zirkulieren.«¹²

»Das Land, die riesige, geographische Landschaft, ähnelt einem verlassenen Körper, dessen Ausdehnung nutzlos geworden ist (und dessen Durchwanderung einen langweilt).«¹³

In den neuen Kommunikationsnetzen gleichen sich alle Orte einander an und werden insofern austauschbar, als sie im Prinzip alle von jedem x-beliebigen unter ihnen aus gleichermaßen erreichbar sind, der seinerseits weder einen Ausgangs-, noch einen bevorzugten Endpunkt darstellt. Jede zielstrebige Prozeßhaftigkeit (bzw. säkularisierte Heilsgeschichte) ist zuende. »Verstreuung« und »Rhizom« sind die neuen philosophischen Kategorien, die die Wirklichkeit der Vernetzung metaphorisch erfassen.

Die Delokalisierung nimmt heute die Gestalt einer Zirkulation in alle Richtungen hin, die eine Metaphorik von Strom und Fließen zelebriert und – als idealer Ausdruck der Kommunikation gedacht – tatsächlich die unbegrenzte Kommunikabilität und Kommutation glorifiziert wie der Kapitalismus den verallgemeinerten Tausch. Die »optimistischen« Interpretationen, von denen die Rede war, und die ihre Hoffnungen in den »guten gesellschaftlichen Gebrauch« einer als wertfrei betrachteten Technologie setzen, sehen bezeichnenderweise selbst das Heil nur in einer *Relokalisierung*. »Tatsächlich ermöglicht die Entwicklung der Medien und der Telekommunikation, dem Lokalen eine andere Natur zuzuerkennen als die eines Endpunktes zum Empfang einer vom Zentrum kommenden und von dessen Hand stammenden Eingabe *(influx)*. Das Abenteuer der Freien Radios macht dies bereits explizit: Sie haben es verstanden, der Fragmentierung des Landes, der Differenzierung der Öffentlichkeit, der Verschiedenheit der Gebräuche und der Dialekte Ausdruck und Gestalt zu verleihen. (...) Desgleichen zeigen die Erfahrungen mit der Telematik, daß das *Mailbox*-System und die Interaktivität es ermöglichen, die Unbeweglichkeit der örtlichen Netze aufzubrechen und in Beziehung zu neuen Partnern für dieses oder jenes gemeinsame Projekt zu treten ...«[14]

Es liegt auf der Hand, wie aussichtslos solche Hoffnungen auf eine leichtfertig mit der sozialen Interaktion verwechselte »Interaktivität« sind; wir werden später darauf zurückkommen. Genauso offensichtlich ist die Konfusion zwischen Dezentralisierung/Relokalisierung und Dezentralisierung/Delokalisierung; auf die erstgenannte zielen die frommen Wünsche ab.

Die Delokalisierung betrifft jedoch nicht nur die Position im Raum, sondern auch die *in der Zeit*. So gibt es im Falle der digitalen Bilder kein Vorher und Nachher mehr (Modell und Reproduktion), sondern »eine potentielle Zeit, die zwischen dem Sicheren und dem Möglichen fließt.«[15] »Die endogenen Bilder, die so auf dem Bildschirm Form annehmen, sind nicht mehr der Schein der Wirklichkeit, sondern eher eine Simulation oder gar reine Zeichen. Mit der numerischen Bildersynthese ist ein weiterer Schritt in dieser Richtung eingeschlagen worden: Wirklichkeit, Bilder, Fiktionen, alles wird digital, und wir treten in eine neue Ordnung des Visuellen ein. Kein Bezug mehr, kein Augenblick mehr, in dem

Objekt und Bild zusammengehören; das letztere verweist nur noch auf eine Potentialität, auf ein ›es könnte sein‹.«[16] Die einzelnen Bilder, im Augenblick betrachtet, die Momentaufnahmen dieser Zeit sind austauschbar; sie unterstehen keiner zeitlichen Hierarchie mehr.

Deswegen kann man eine solche Delokalisierung nicht von einer Derealisierung trennen. Denn die »Realität« ist niemals nur ein leerer und homogener Raum, sondern ein Zusammenhang von einzelnen Orten in dem Sinne, wie L. Giard und M. de Certeau von der »Singularität eines durch die Intersektion einzelner Wege partikularisierten, zu einer Begegnung werdenden Ortes« sprechen.[17] Wie die Delokalisierung gehört auch die Derealisierung in die Logik des Universalitätsanspruchs der Vernunft und nimmt wie sie neue Ausmaße an, die der durch den Kapitalismus bewirkten Wendung der Rationalisierung entsprechen. Mit der »Erfindung« des allgemeinen Äquivalents als Bedingung für den Tausch sind alle Dinge austauschbar geworden, ihrer singulären Eigenschaften beraubt und somit derealisiert, der Wert ist von der Substanz, der Tauschwert vom Gebrauchswert losgelöst – bis hin zur »Semiokratie« der (im Sinne von Deleuze) »decodierten« Zeichen, die Marc Guillaume in *Le Capital et son double* beschreibt, und in der die Objekte nur noch Zeichen der von den Bedürfnissen und den anderen gesellschaftlichen Praktiken abstrahierten Begierde sind.[18]

In der Wissenschaft selbst zeigen die Erkenntnisansätze schon seit langem eine Tendenz zur »Dematerialisierung«. Die Wissenschaft geht heute über die »Des-Organisierung« hinaus, von der Bloch 1929 in *Die Angst des Ingenieurs* sprach[19] – die Reduzierung des bekannten Objekts auf ein theoretisches, ihn erfassendes Konstrukt und das Verschwinden aller Bindungen an das menschliche Organ – und *erzeugt* heute Erkenntnisobjekte, die sich jeder Wahrnehmung durch die Sinne und jeder sinnenhaften Repräsentation entziehen; wie schon im Fall des Photons existiert ihre »Realität« nur in Funktion der abstrakten Modelle, die ihre Konstruktion erst erlauben.

Der Computer ist ebenso das Kind wie der Vater dieser Entwicklung. Die Tätigkeit der Computer »leitet sich von Zeichen her und nicht von Kräften«[20], mit anderen Worten, sie operieren nur mit »Strukturen, deren Anordnungen sie modifizieren« (ibid.). »Der Computer ist keine Energie produzierende oder Stoffe verändernde Maschine mehr, sondern eine informationelle

Maschine, die Daten verarbeitet und sie auf ihren kleinstmöglichen logischen ›Ausdruck‹ reduziert: Zahlen, die selbst wieder auf ein binäres System reduziert und in elektronische Mikro-Impulse übersetzt werden. Das *bit*, die kleinste Darstellungseinheit einer Information, ist das Elementarteilchen, das die Kohärenz dieser Operationen gewährleistet.«[21]

Der Übergang zur Digitalisierung stellt eine entscheidende Etappe in der Derealisierung dar. Jedwede Nachricht, wie sie auch beschaffen sein mag (als Stimme, fixes oder bewegtes Bild), kann auf dieselbe Weise verarbeitet, gespeichert und übertragen werden. Aber vor allem öffnet die Digitalisierung den Weg zur Synthetisierung von Stimmen, Musik oder Bildern: »Ein digitales Bild ist ein auf eine Zahlenmatrix reduziertes Bild. Der Computer verarbeitet diese Zahlen auf verschiedene Weisen und visualisiert die Ergebnisse auf einem Monitor oder einem Ausdrucker. Also ist es möglich, ein Bild ausschließlich von Zahlenkombinationen aus herzustellen ... Es ist nicht nötig, sich auf ein Modell, ein reales Objekt zu beziehen. Nichts steht aber der digitalen Reproduktion eines Objekts entgegen, man braucht dem Computer nur die Daten seiner Eigenschaften (Maße, Farben, Positionen usw.) einzugeben. Von diesen Daten aus kann der Computer quasi unendlich viele verschiedene Bilder dieses Objekts restituieren, jeweils entsprechend des gewählten Repräsentationssystems. Kurz, die ›Aufnahme‹ eines einzigen Objekts entspricht einer unendlichen Zahl von ›Repräsentationen‹. Das synthetisierte Bild ist kein projiziertes Einzelexemplar mehr, keine dem Modell mehr oder weniger getreue Kopie, kein optisch-chemisches Duplikat wie die Photographie, keine Reproduktion; es ist ein Bild mit unendlich vielen Möglichkeiten...«[22]

Fiktion und Realität werden austauschbar, selbst dort, wo man die Daten eines realen Objekts aufnimmt, da der Computer eine unendliche Zahl von Bildern produzieren kann. Die Delokalisierung kommt auch im digitalen Bild zum Tragen, sofern man auf ein digitalisiertes Bild dadurch einwirken kann, daß man die dazugehörige Matrix modifiziert: »Das Bild präsentiert sich nicht mehr als geschlossener und festgefügter, einem unüberschreitbaren Perimeter einbeschriebener Raum.«[23] Das Zahlenbild ist eine extreme Form der »Utopie von der Transparenz«[24], in dem Sinne, daß es vom Prinzip her auf der Aufhebung der Opazität des Objekts beruht. Man braucht nur an den russischen Konstruktivismus zu denken, der als einer der ersten an die äußersten Grenzen dieser Praktik vorgestoßen ist:

»Es ging um die Suche nach reinen Beziehungssetzungen. Flach ausgedehnte Rechtecke und Streifen fließen in ununterbrochener Beziehung im Raum, für den es keinen wirklichen menschlichen Maßstab mehr gibt.«[25]

Desgleichen sucht der Kubismus das Erfassen des Objekts von allen Seiten her und bricht mit der euklidischen Geometrie des dreidimensionalen Raumes. Darin zeigt sich ein ambivalentes Phänomen: vollständiges Verschwinden der Form – wenigstens potentiell –, aber auch ständiges Hervorbringen neuer Formen – *Metamorphose*. Die Form des Objekts offenbart seinen stets anthropomorphen Bezug – die Tatsache, daß es nur für einen menschlichen Betrachter Gestalt annimmt. Wenn dieser der demiurgischen Macht entäußert ist, mit der ihn seine Eigenschaft als Betrachter ausstattet, bleibt die Produktion der Bilder ganz und gar sich selbst überlassen. Gleichzeitig ist das Bild nicht mehr Metapher eines Modells oder Symbol eines idealen Modells, auf das es verweist oder auf das es idealerweise bezogen werden muß. Die *Metamorphosen* verweisen von einer zur anderen ohne ursprünglich oder letztendlich einheitlichen Referenten. Die schon angesprochenen Auswirkungen dieser Metamorphosen auf die Zeit legen ihre Verwandtschaft zum Versuch einer Geschichtsphilosophie ohne einheitlichen (wenigstens tendenziell präsenten) Referenten nahe – auch wenn kausale Verbindungen zwischen beiden nicht eindeutig nachweisbar sind.

In diesem Sinne entlehne ich Benjamin und Bloch den Begriff der Allegorie.[26] Von »Allegorie« kann insofern die Rede sein, als der Postperspektivismus der synthetischen Bilder die Möglichkeit überhaupt jeder Symbolik angreift – jene, welche die prämodernen Gesellschaften strukturierte, wie jene, welche die Vollendung der »Vernunft in der Geschichte« und somit auch die konkrete Utopie (namentlich bei Bloch) rekonstruieren wollten. In Blochscher Terminologie verliert die Unterscheidung zwischen Oberfläche und Tiefe (Allegorie und Symbol) von dem Moment an jeden Sinn, wo es keinen Bezugspunkt »hinter« der Bildproduktion mehr gibt – was damit beginnt, daß von einem bestimmten Moment an Oberfläche und Tiefe durch eine einfache Manipulation der digitalisierten Daten austauschbar werden.

Meines Erachtens geht man an der gegenwärtigen Bedeutung

der Simulation vorbei, wenn man sie weiterhin als Imitation (wie im Falle der Flugsimulatoren) versteht. Heutzutage imitiert die Simulation nicht mehr, sie *kreiert* vielmehr selbst *ihre* Wirklichkeit. Bestimmte Anwendungen der Simulation bei chemischen Versuchen ermöglichen das Generieren und Testen noch nicht synthetischer Verbindungen. Diese Praktiken in der Wissenschaft treiben die an sich überhaupt nicht neue Tatsache auf die Spitze, daß die »Resultate abhängig von der Funktionsweise der Wissenschaft selber als Medium«[27] sind. Mit Baudrillard kann man also fragen: »Ist nicht die Photoplatte, auf der irgendein Lichtpunkt abgebildet wird, die wirkliche ›Ursache‹ dieses Punktes?« Die Tatsache, daß die Operationen sehr schneller, Realzeit simulierender Computer auf einen Augenblick verkürzt werden, macht die Informatik nicht »konkreter«; ganz im Gegenteil, sie hebt die Distanz zwischen Realität und Fiktion auf. Wir sind, wie Baudrillard sagt, in eine »Ära der Simulacra« eingetreten.[28]

»Die Erkenntnis ist keine (...) Reproduktion mehr, weder eine auf Analogie, noch eine auf Äquivalenz beruhende, sondern ein aus allen Teilen konfektioniertes Modell ohne anderen Ursprung als seine eigene operationale Matrix. Sie geht dem Realen voraus und erzeugt es.«[29] Dies ist nach Baudrillard »eine referenzlose Repräsentation«, weswegen die »Ära der Simulacra« den Verlust aller Bezugssysteme bedeutet.

Die von Platon erstellten Unterscheidungen zwischen künstlichen Erzeugnissen heben sich auf. Unter den *mimemata* (Erzeugnisse aus mimetischer Tätigkeit) unterschied Plato jene, die das Sein der Ideen reproduzieren, die »wahren Bilder« *(eika)*, und jene, die die Welt und ihre Erscheinungsformen, wie sie unsere Sinne wahrnehmen, reproduzieren (die Illusionen, *eidola, phantasmata*). Diese Problematik der Mimesis muß aber neu überdacht werden – nicht nur, wie Platon sie auffaßte, sondern auch, wie sie von Aristoteles in seiner *Poetik* entwickelt wurde; sie betrifft dann Geschichtsschreibung und Geschichtsphilosophie als fiktionale Erzählungen oder *Poetik*.[30] Wenn sie nicht dazu verdammt ist, nur Simulacrum zu sein, muß die Philosophie der Geschichte sicherlich in eine Theorie der Metamorphosen, das heißt, der historischen, auf die Zeit des Zusammen-Seins beschränkten Konfigurationen und ihrer Transmutationen ohne Teleologie oder Garantie der Vorsehung übergehen.[31] Es empfiehlt sich ganz offensichtlich auch, unter neuen Vorzeichen wieder auf Adornos Konzeption der Mimesis zurückzugreifen – und zwar insoweit, als es sich um den Archetyp einer punktuellen ästhetischen Praktik handelt, die der »Dialektik der Vernunft« entgegensteht, wie hinsichtlich ihrer Pervertierung zu einer »Mimesis ans Tote« in einer zur totalen Verdinglichung tendierenden Zivilisation. Es versteht sich nämlich von selbst, daß der Verdinglichungsbegriff selbst durch seinen heutigen Träger, den Prozeß der Derealisierung, radikal infragegestellt wird. Hier eröffnet sich ein Forschungsbereich, dessen Prämissen wir freilich hier nur umreißen können, der aber die vorläufigen Ergebnisse unseres Versuchs einer Neuformulierung der Geschichtsphilosophie in Begriffen einer Philosophie symbolischer Formen weiterführen würde.[32]

Kommunikation und Interaktion: Das Primat des Kognitiven

Die neuen Kommunikationstechnologien betreffen direkt die Sprache; der Computer ist »die erste Maschine, die nach der Sprache ›geht‹«[33]; als solche »schon verarbeiten sie direkt das soziale Band«, wie Lyotard hervorhebt.[34] Dieser Frageansatz sollte es möglich machen, der Tendenz zur Verharmlosung des Problems zu entgehen, die sich immer wieder hinsichtlich einer »Wiederaneignung« oder gar »personalisierten Aneignung« der neuen Medien kundtut und dabei zumeist die Interaktivität zum Allheilmittel macht. (Was davon zu halten ist, werden wir später noch eingehender betrachten.) In dieser Hinsicht haben die Autoren von *La société digitale* das Verdienst der Umsicht; mehrmals sprechen sie die Möglichkeit an, daß sich die neuen Technologien ins »Abseits« des durch die Deterritorialisierung der traditionellen Sozialstrukturen erzeugten Kommunikationsbedürfnisses stellen.[35]

Es ist nämlich ein Fehler, Überlegungen in der Richtung anzustellen, als müßten die Logik der Technologie und die Logik der Gesellschaft (insofern man ihre Besonderheiten anerkennt und die eine nicht auf die andere reduziert) im Gebrauch, den diese von jener macht, zusammengehen. Dieser Dualismus hat sicher einiges für sich (in erster Linie, die Erfordernis einer Resozialisierung nicht auszuklammern), aber sein Nachteil besteht darin, daß er den *Prozeß der Modernisierung* nicht wirklich ernst nimmt, nämlich die Übersetzung/Rationalisierung infragegestellter Traditionen oder Vorwissen.[36]

Die neue Verarbeitung der Sprache in den Kommunikationstechnologien beruht gerade auf der »Übersetzbarkeit«, auf technischen Verfahrensweisen der Codierung und Decodierung, mit der eine Utopie der totalen Transparenz einhergeht. Gegen diese Utopie steht eine entscheidende, von Jürgen Habermas getroffene Unterscheidung: Interaktion ist nicht auf Sprache reduzierbar. Die Kommunikationstechnologien entwickeln sich auf der Grundlage der Übersetzbarkeit und der Explizierung eines Hintergrundwissens; als solche gehorchen sie der Logik der Rationalisierung: der Aussage und argumentativen Rechtfertigung gemeinsamer Werte, die einst unausgesprochen blieben. Es geht also darum, wie Habermas zeigt, ob diese Explizierung von der Art ist, daß sie auf rationaler bzw. rationeller (mit anderen Worten: technischer) Grundlage den impliziten lebensweltlichen Konsensus rekonstituiert, durch den sich Interaktion von Sprache unterscheidet. Die Einführung technischer Verfahrensweisen bedeutet nämlich ein Anomiepotential, das zwar nicht neu ist, das aber heute bislang nie gesehene Ausmaße annimmt. Wie die Rekonstruktion der Rationalisierung durch Weber zeigt[37], wie auch Jaspers ausdrücklich hervorhebt[38] und Habermas mit Nachdruck bekräftigt, gibt es keine rein technische oder administrative Sinnstiftung.[39]

Von daher eben das Anliegen der interaktiven Experimente. Der Beweis, daß diese stets der Übersetzbarkeit Tribut zollen, ist jedoch leicht zu erbringen. So ging es bei dem Versuch einer kollektiven Schreibweise, der im Centre Georges Pompidou am Rande der Ausstellung über die *Immaterialien* unternommen wurde, bezeichnenderweise um die *Definition der Worte* – unabhängig von der Tatsache, daß ein solcher Versuch ansonsten sehr gut aufzeigt, wie die impliziten Präsuppositionen der Kommunikation durch die Vermittlung einer gemeinsamen Sprache der Maschine expliziert werden müssen.[40] Die Kommunikation, und mehr noch die Interaktion, gibt es in diesem »Definitionsspiel«, dem sich die Teilnehmer dieses Versuchs hingegeben haben, nur dem Namen nach; vorausgesetzt, sie hätten zu einer Übereinkunft gefunden, so wäre diese nur um den Preis einer Reduktion der Information auf ihren rein informativen Gehalt zustandegekommen – man könnte sogar sagen: durch den Versuch einer totalen Übersetzung der impliziten Präsuppositionen in eine performative Sprache. Es ist verlockend, wie die Autoren von *La société digitale* überzeugend darlegen, »die Idee der Interaktion auf diese technische Interaktivität innerhalb eines weiten Systems sozialer Kybernetik zu reduzieren. Einem technischen Stimulus folgte dann ein Feed-back von Seiten der Lebensweise, vermittelt durch die Tasten, die unsere Finger auf einer alphanumerischen Tastatur spielen, und das seinerseits eine Reaktion der Technik hervorriefe, und so weiter ... Die Analogie ist zweifellos nicht arbiträr, wenn auch leider etwas reduktiv ... Die Initialnachricht als Impuls für den interaktiven Prozeß geht praktisch immer vom technischen Objekt aus, das ›Soziale‹ kann dann nur nach Maßgabe von dessen Regeln und Sprache zum Ausdruck kommen, so wie bei den Videospielen, wo der Spieler erst das ›Spielfeld‹ der Maschine akzeptieren muß, bevor er es besetzt, um das Programm zu besiegen ... Die Interaktivität der Postulate der neuen Informationstechnologien zielt mehr darauf ab, die Beziehung Mensch/Maschine zu perfektionieren, als die Technik in den Dienst der interpersonellen Kommunikation zu stellen. In dieser Hinsicht scheint keine aktuelle Anwendung der neuen Technologien denselben Grad an Interaktivität zu bieten wie unser gutes altes Telefon.«[41]

Es dominieren die Operativität der Kommunikationsmittel, die Effizienz der Nachrichtenübertragung, das heißt, ein instrumentelles oder strategisches Modell. Die Subjekte sind nur die »Träger von Bedeutungssystemen, die sie in ihrer interrelationellen Kommunikation aktualisieren.«[42] In einem solchen Modell hängt die Nachricht völlig vom Code ab, und das Ausmaß ihrer Rezeption wird ebenfalls von der Einhaltung des Codes bedingt.[43] Der Code hat die *Performativität* zum Prinzip. An die Stelle der gesellschaftlichen Kontrolle durch Regeln setzt er die Kontrolle durch die reine Operationalität.[44]

Die Hybridisierung Mensch/Maschine in den Expertensystemen versucht freilich, eine andere Konzeption von »Dialog« und »Kommunikation« geltend zu machen – eine Konzeption, die sich dem Algorithmus entzieht: »Wenn man sie mit den klassischen Software-Programmen vergleicht, zeugen die Expertensysteme von einer expliziten Einbeziehung der menschlichen Herangehensweise in die Logik der Algorithmen (...) Diese Systeme übersetzen ein Basiswissen, das in deklarativer Form von Experten geliefert wird (...), ohne im geringsten der Art und Weise seiner letztendlichen Verwendung vorzugreifen. Die Übersetzung der Regeln als Motor der Überlagerung hat die Aufgabe, die einer bestimmten, vom Experten auf der Grundlage von Fakten beschriebenen Situation entsprechenden Regeln abzurufen. Hinzu kommt, daß diese Systeme auch nicht der Art und Weise vorgreifen, wie diese Regeln erhalten werden können. Es ist nicht erforderlich, daß sie wissenschaftlich bestätigt sind. Sie können aus pragmatischen Feststellungen, statistischen Resultaten, logischen Deduktionen oder aus einer Kombination dieser Faktoren hervorgehen. Das Wissen, von dem hier die Rede ist, ist also nicht auf das durch die Logik der sogenannten exakten Wissenschaften ausgewiesene Wissen reduzierbar (...). Das Expertensystem manifestiert die Konfrontation zweier »anormal vereinigten« Spezies. Diese beiden »Spezies« sind das menschliche Subjekt auf der einen Seite, das Informationssystem auf der anderen, insofern es Autonomie besitzt, die zwar ständig überwacht wird, aber nicht weniger tangibel ist. ›Anormal vereinigt‹ heißt, diese Expertensysteme sind gegen die rechnerische Logik, gegen die Idee gesicherten Entscheidungsverfahrens und absoluter Formalisierung konzipiert worden.«[45]

Mit anderen Worten: Die »Expertensysteme« stellen eine Neuformulierung des berühmten »Positivismusstreites« dar, und sie versuchen über das Verfahren, der Frage der gesellschaftlichen Determinierung der »Protokollsätze« Rechnung zu tragen.[46] Wird diese Frage nicht gestellt, dann ist und bleibt die mittels der neuen Techniken zirkulierende Information total desozialisiert: »Undifferenzierte, banalisierte, jeder gesellschaftlichen Bedeutung entleerte, gerade auf dem Niveau ihrer potentiellen Reduzierung auf eine Sequenz binärer Signale erfaßte Information ... Im Extremfall ist ›Information‹ alles, was Gegenstand einer digitalen Verarbeitung sein kann.«[47] An dieser nicht zu leugnenden Realität scheitern ganz offensichtlich die Spekulationen über den sozialen und interaktiven Gebrauch, der die Defizite der sozialen Integration, der Solidarität (angeblich) beheben soll.[48]

Hinzu kommt, daß der interaktive Gebrauch sich unter dem Strich *immer* als *strategisch* erweist. Nehmen wir ein extremes Beispiel: das des numerischen Bildes. Sicher kann ich das Bild

»sprechen lassen«[49], aber natürlich handelt es sich dabei nur um das Simulacrum eines Dialoges, denn ich unterwerfe es eher einem Verhör dadurch, daß ich es dazu zwinge, sich mir vollständig zu enthüllen. Zwischen dem es generierenden Programm und mir kommt ein strategisches Spiel zustande. Ein extremes Beispiel, gewiß, aber dennoch wollen wir ihm bei dem Versuch folgen, die Ausblendung des Sozialen zugunsten des Kognitiven und des Strategischen aufzuzeigen.

Die Absicht der interaktiven Versuche, das soziale Band wiederherzustellen, oder zumindest eine Brücke zwischen die beiden Bereiche des sozialen Austauschs und der schnellen und autonomen Entwicklung der Techniken zum Nachrichtentransport zu schlagen, scheint mir nämlich auf einer verkürzten Definition von »Kommunikation« zu beruhen, die sich von der Information ausschließlich durch ihre Reziprozität[50] unterscheiden soll. Die als konstitutive Aktivität einer intersubjektiven Gemeinschaft verstandene Kommunikation setzt hingegen immer eine »Metanachricht« voraus: »Wenn wir etwas sagen, sagen wir auch etwas darüber, was wir sagen.«[51]

Dieses »etwas« ist keine Information. Die Teilnehmer einer kommunikativen Handlung sind stets gleichzeitig auf zwei Ebenen präsent. Bis zu welchem Punkt kann diese Metanachricht von den neuen Technologien übernommen werden? Es empfiehlt sich, in der Begutachtung ihrer Kapazitäten dazu so weit wie möglich zu gehen, wenn man diese Frage unvoreingenommen beantworten will. Ohne Zweifel kann man die illokutionäre Komponente des Aussageaktes (Befehl, Erlaubnis, Frage usw.) codieren; man könnte also auch ihre *Erklärung* codieren. Man muß auch zumindest teilweise den »Geltungsanspruch« codieren können, der für Habermas die kommunikative Kompetenz ausmacht.[52] Die *Verständlichkeit* scheint in dieser Hinsicht kein Problem aufzuwerfen, da sie nur den Gebrauch desselben codes voraussetzt. Der Anspruch auf *Wahrheit* wiederum ist auf die Übermittlung des kognitiven Inhalts reduzierbar. Erst mit der *Wahrhaftigkeit* und der *Richtigkeit* beginnen die Schwierigkeiten; das gegenseitige Vertrauen und die Übereinstimmung in den Spielregeln sind nämlich nur um den Preis äußerst komplizierter, sehr aleatorischer und kaum zu bewältigender Verfahrensweisen codierbar; sie manifestieren den Widerstand eines Impliziten. Man mag dagegen einwenden, daß dieser Widerstand eigentlich nur die Kommunikation mittels dazwischengeschaltetem Computer oder PC betrifft, daß sich hingegen eine Konferenz über Video in nichts von einer realen Diskussion unterscheidet und daß die neuen Technologien nicht a priori schlimmer sind als das Telefon.[53] Nichts, es sei denn aller Wahrscheinlichkeit nach die Vermittlung durch den Apparat, die die Explizierung des Impliziten notwendig macht und seine Verfälschung[54] oder schlichtweg seine Ausblendung ermöglicht.

Die nicht codierbare Metanachricht entstammt einer unersetzbaren Lokalisierung und einer sozialgeschichtlichen Kontextualität, die von den neuen Technologien gerade ausgeklammert, das heißt: zerstört werden. In der traditionellen Gesellschaft oder ihren lokalen und ländlichen Überbleibseln ist diese Metanachricht kein Gegenstand einer Objektivierung durch den Diskurs oder die Schrift. Die Konvenienz oder Anständigkeit ist stumme Respektierung der Regeln, die die Zugehörigkeit zu einer Gemeinschaft besiegeln, in der man »immer schon« ist. Und, wie Louis Quéré hinzufügt, »der verbale Austausch (selbst) ist nicht privilegiert, denn die Präsentation des Körpers, die Gestik und Mimik mediatisieren ganz genauso die Konvenienzen wie das Wort. Desgleichen reduziert sich das Sprechen oft auf den Gebrauch von Stereotypen, vorgefertigter Ausdrücke, Höflichkeitsfloskeln.«[55]

»Zwischen dem, was man sagt, und dem, was man nicht sagt, ermöglicht die Konvenienz eine geheime Übereinkunft, durch die jeder weiß, daß das, wovon die Rede ist, nicht unbedingt dem entspricht, worum es geht, und doch charakterisiert die Kluft zwischen Sagen und Verschweigen die Struktur des gegenwärtig stattfindenden Austauschs.«[56] Genau *diese* Dimension ist von der Auslöschung durch das Privileg des Kognitiven und Performativen bedroht.

Nach der Weberschen, von Habermas übernommenen These zeichnen sich die modernen Gesellschaften durch die Explizierung und Rationalisierung dieser Normativität aus (die Entstehung eines Rechts und einer Moral, die nach der Vernunft definiert werden). Nichtsdestoweniger bleibt aber immer noch ein Abstand zur kognitiven Transparenz oder zur performativen Operationalität übrig. Nach Habermas[57] zielt das Prinzip der liberalen Öffentlichkeit auf die Formierung und Institutionalisierung eines kollektiven Willens ab, der an die Stelle der infragegestellten Tradition eine gesellschaftliche Selbstbestimmung setzt, durch die die sozialen Subjekte die Regelung der symbolischen Ordnung ihrer Interaktionen in die Hand nehmen: die »aufgeklärte Öffentlichkeit« bringt im Rahmen eines praktischen Diskurses die Gründe und Ziele der Gesellschaft zur Sprache, ebenso wie die Handlungsnormen, an die sich ihre Mitglieder zu halten haben. Bei diesem Ansatz bleiben das Normative und das Kognitive unterschieden und nicht aufeinander reduzierbar, die Ideen vermischen sich nicht mit den Taten, genauso wenig wie das Subjekt der Moral ein empirisches Ich ist; die aufgeklärte Öffentlichkeit ist ein supra-reales Subjekt, das man als fiktiv bezeichnen kann[58], und die Ideen (Humanität, Natur, Fortschritt, Freiheit...) (re)konstituieren eine symbolische Ordnung, die den sozialen Austausch regelt (oder regeln soll): »Die bürgerliche Repräsentation inszeniert gleichzeitig eine Unterscheidung und eine Äquivalenz zwischen dem Wirklichen und der Ordnung der Zeichen, wobei letztere die Aufgabe hat, die immanente Rationalität der ersteren zu beleuchten und sie zu benennen, dadurch, daß sie sie aus der Ferne und über ihr stehend symbolhaft reproduziert.«[59]

Wichtig ist die Aufrechterhaltung dieser Differenz, dieser Distanz, die noch die Metanachricht auszeichnet, selbst da, wo sie durch den Diskurs der Vernunft vereinnahmt wird. Ihr verdankt sich eine Opazität, deren Verschwinden die Reduzierung der Kommunikation auf die Information bedeutet. »Informieren«, schreiben Luce Giard und Michel de Certeau, »heißt zunächst, die Widerstände des Ortes und die ihm anhängende Opazität überwinden, um ein System der Transparenz herzustellen«[60]; es ist die Delokalisierung und Dematerialisierung mit dem Ziel einer Utopie der Transparenz, gegen die man auf der »Produktion der notwendigen Zweideutigkeiten für den Erhalt und die Mobilität der sozialen Interaktionen«[61] insistieren muß. Nach der Habermasschen Definition ist die Interaktion die »kommunikative Einigung *entgegengesetzter* Subjekte«.[62] »Die Transparenz und Obszönität des Raumes in der Promiskuität der Netze«, um mit Baudrillard zu sprechen[63], löst die Opazität, ohne die es keine Kommunikation gibt, gänzlich auf. Wie ich andernorts schon aufzuzeigen versuchte[64], tritt genau aus diesem Grunde die *Theorie des kommunikativen Handelns* von Jürgen Habermas gerade in dem Augenblick ins Spiel der dominierenden Rationalität ein, wo sie einen Diskurs bewerkstelligt, der es ermöglichen sollte, ihr zu entgehen.

Es ist ein Fehler zu glauben, daß die authentische Kommunikation auf der reziproken Transparenz von Ich und Anderem beruht; diese könnte allenfalls beide zu einer Identität »homogenisieren«, die die Notwendigkeit der Kommunikation selbst aufhöbe. Gewiß besteht Identität nicht notgedrungen im Verstehen; sie kann auch Identität von Identität und Differenz sein, aber man kann nicht die *Dialektik der Vernunft* ernst nehmen und zugleich seine Hoffnungen auf eine Rationalisierung setzen, die, selbst als argumentative, immer die Übersetzung des Impliziten in die Übersetzbarkeit, die dialektische Interaktion in eine informative Nachricht, die *Mitteilung*[65], führt.

Expressivität und Obszönität: Die Frage nach dem Subjekt

Während Habermas in *Strukturwandel der Öffentlichkeit*[66] die Bedeutung jener »Mediatisierung« der öffentlichen Sphäre erfaßt, die auf der Grundlage ihrer rationalen Rechtfertigung die Ablösung der traditionellen Normen gewährleistet hatte, scheint er ihre Auswirkungen in seiner *Theorie des kommunikativen Handelns* zu unterschätzen. Zumindest scheint er nicht dem klassischen linken Thema verhaftet zu bleiben, nach dem diese Auswirkungen Hand in Hand mit der Vereinnahmung und der Pervertierung der Öffentlichkeit durch die Lobbies gehen. Dort, wo die Kommunikationstechniken die vorherigen symbolhaften Vermittlungen (durch traditionelle Konvenienz oder die Ideen der Vernunft) ablösen, wird der öffentliche Raum seiner Substanz entleert; er wird zum einfachen Netz, das Informationen oder, wie wir sehen werden, persönliche, einer arbiträren Subjektivität entstammende Erzählungen befördert.

Wenn das Fürstengeheimnis oder das der Lobbies Feind jeder Demokratie ist, so ist die Utopie der Transparenz ebenso schädlich für die demokratische Repräsentation wie das Verschwinden der Etikette bei der feudalen Repräsentation.[67] Entgegen dem rousseauistischen Ideal von der Transparenz des »allgemeinen Willens« sich selbst gegenüber, verlangt das Funktionieren der demokratischen Repräsentation auch eine Distanz, eine Differenz, eine Opazität. Dies hatte Kant verstanden, als er Demokratie und Republik voneinander unterschied: Das Volk könne sich nicht unmittelbar repräsentieren, sondern nur durch die Vermittlung von Repräsentanten, deren Repräsentativität um so größer ist, wie ihre Zahl gering und die der Repräsentierten groß.[68]

Desgleichen ist der »Konsensus« keine Gleichung, sondern eine konfliktträchtige Übereinkunft zwischen den Partnern, und diese Übereinkunft beruht auf ihrer »Fähigkeit, mit den pragmatischen und semantischen Differenzen zu spielen«.[69] Der Konsensus erhält sicherlich seine Legitimität und auch seine historische Wirksamkeit aus seinem Anspruch auf Universalität, aber, wie schon angedeutet, gibt es davon zweierlei: die Universalität des Verstandes und die Universalität der Vernunft. Legitim und praktisch wirksam zu sein, verdankt er also seiner Koinzidenz mit einem allgemeinen Interesse, das nicht das Interesse aller ist.[70]

Die »Promiskuität der Netze« zerstört diesen Mechanismus. Die unbegrenzte Möglichkeit interindividueller Kommunikation ruft einen Effekt der »Überrepräsentation«[71] hervor, den man mit einer überbelichteten Fotografie vergleichen kann, die nichts mehr repräsentiert als das Licht selbst, das heißt, nur das Prinzip des auf seine Potentialität reduzierten, all seinen unrepräsentierbaren Möglichkeiten bloßgestellten Bildes. In meinen Augen ist das überbelichtete Bild erhaben, und wie das Erhabene bringt es den Terror mit sich. Es hat zunächst die Obszönität zur Folge. Zum Verständnis dessen müssen wir jedoch weiter ausholen.

Nach einem Paradox, dessen sich schon Hegel bewußt wurde, ist die rationale Universalität nämlich eine Logik der *Entzweiung* (Hegel dachte allerdings, daß seine eigene dem entgehe); sie führt zur Aufteilung, zur Koinzidenz von Masse und Einsamkeit, zur atomisierten Masse.

Diese Anomie-Effekte finden ihr Pendant in der Entwicklung wissenschaftlicher Verfahrensweisen: »Die Informatik hat die Fragmentierung der Operationsprozesse bis zum Äußersten getrieben.«[72] Das »bit« ist der »kleinste gemeinsame Teiler«.[73] Daher ist, verkürzt gesagt, die Wissenschaft weniger denn je in der Lage, auf ihren eigenen Grundlagen eine Normativität zu begründen, die die Tradition oder die Moral ablösen könnte.

Beispiele für die Anomie-Effekte sind leicht zu finden, etwa, wenn man an die Kreditkarten denkt. Es gibt keine zentrale Verwaltungsinstanz mehr für das monetäre System: »Was bedeutet noch der Buchungstag, wenn mit den weit verbreiteten Kreditkarten das Geld systematisch mit Lichtgeschwindigkeit von einem Ort zum anderen wandert (...). Daraus folgen offensichtlich grundsätzliche Konsequenzen für die Banque de France. Was wird aus ihrem jahrhundertealten Privileg der Münzprägung?«[74] Gleichzeitig verschwinden selbstverständlich auch die lokalen Regulierungsinstanzen.

Was für das Geld gilt, gilt auch für das Individuum: Seine Stellung in der Vernetzung macht seinen Status als Subjekt prekär. Die Subjektivitäten sind gleichermaßen austauschbar wie arbiträr, es gibt keine kollektive Norm, kein »Selbes« mehr oder eine symbolische Instanz mit lokalem Bezug oder universellem Anspruch, wo sie beheimatet wären; die Subjektivitäten sind der anomischen Expressivität ausgeliefert. Hinzu kommt, daß es auch da kein Subjekt mehr geben kann, sei es individuell oder kollektiv, wo kein Objekt mehr vorhanden ist; zur Delokalisierung tritt die Dematerialisierung; die Stellung des Subjekts wird unhaltbar, wenn es kein lokalisierbares oder materialisierbares Anderes greifbar hat. In den Worten Baudrillards: »Wir nehmen nicht mehr am Drama der Entfremdung, sondern an der Extase der Kommunikation teil.«[75]

Das Subjekt ist nur noch »operativ«.[76] Es ist nicht mehr Brennpunkt eines perzeptiven Raumes, reflektierendes Bewußtsein, dessen Spiegelmetapher zum gängigen Bild wurde. Der Post-Perspektivismus der synthetischen Bilder und, umfassender, der Netze, greift seine Position als fokaler Bezugspunkt an, während die Perspektive den Vorteil bot, «demjenigen, der sich *dort* aufhält, die topologische Gewißheit seiner Identität und seiner Permanenz zu geben«.[77] Es käme einer Plattitüde gleich, wollte man aus diesen Hinweisen lediglich den Schluß ziehen, daß das Informationsnetz die Priorität der Struktur über das Subjekt herstelle oder verschärfend reproduziere; in Wirklichkeit nämlich wird in dem schon erwähnten Versuch mit der kollektiven und interaktiven Schreibweise aus der Ferne »das Netz selbst zum Autor«.[78]

Gewiß ist die Identität immer schon eine im Schnittpunkt zwischen individuellem und gesellschaftlichem Spiel konstituierte Fiktion gewesen. Aber die neuen Kommunikationstechnologien stellen eben diesen Mechanismus in Frage. Das Netz erzeugt ein Kommutationsphänomen, welches das Lokale zerstört und es nur noch unter dem Aspekt ephemerer Momente, fließender Identitäten, vielfältiger und isolierter Sprachspiele, aleatorischer Nachbarschaften zuläßt. In der Untersuchung von Eddy Cherki über das »Gretel«-Netz (Minitel) von Straßburg hatte Ulysse *(Odysseus)*, einer der Protagonisten des Versuchs, nach einer psychoanalytischen Kur sein Pseudonym »ausgewählt«, indem er an den *Mythos* der Winde dachte, die aus dem geplatzten Sack des Äol in alle Himmelsrichtungen entweichen. Diese (im cinematographischen Sinne) Rekonstitution des Sozialen verdrängt die anderen Kommunikationsformen. »Es ist leichter, mit Leuten in Dialog zu treten, die man nicht kennt.« Anonymität und Anomie fallen zusammen, denn »was technisch möglich ist, ist moralisch erlaubt«[79] – eine faustische Technik, die Kräfte freisetzt, von denen Sexualität bei weitem nicht an letzter Stelle steht (sie hat einen beträchtlichen Stellenwert im *Gretel*-Netz, aber ihre Obszönität ist eine »weiße Obszönität«, sie ist dematerialisiert, der Körper absent – die Distanz zwischen der »Anmache« über Minitel und der physischen Begegnung ist praktisch unüberwindbar).

Die fließenden Aktivitäten beruhen auf einer Schizophrenie und einem Neo-Narzißmus mit einem Hang zu Pseudonymen, die aufwertend (»Superchef«) oder selbstironisch (»Obelix«) sind, und wie im Falle von »Ulysse« durch ebenso viele kleine individuelle Erzählungen unterstrichen werden. Man kann kaum umhin, in diesem Zusammenhang auf den *Anti-Ödipus* und seine Konzeption von Deterritorialisierung und Decodierung als »wesentlichste Tendenz des Kapitalismus« zurückzugreifen: »Unaufhaltsam nähert er sich seiner im eigentlichen Sinne schizophrenen Grenze. Unter Aufbietung aller Kräfte versucht er, den Schizo als Subjekt der decodierten Ströme aus dem organlosen Körper zu erzeugen (...), der Schizo, der stets taumelnd, strauchelnd unaufhörlich wandernd, sich verirrend immer tiefer in die Deterritorialisierung (...) sich versenkt.«[80]

Die gegenwärtigen Pathologien zeugen nämlich von einer bestimmten Entwicklung. Die klassischen Hysterien sind fast verschwunden, die Zwangsneurosen gehen zurück, dagegen nehmen die narzißtischen Störungen zu.[81] Viele Pathologien brechen mit dem ödipalen Primat. Wir können an dieser Stelle nicht in den komplizierten Sachverhalt der psychoanalytischen Theorie des Narzißmus und der Schizophrenie eintreten. In *Zur Einführung des Narzißmus* eröffnete Freud 1914 den Weg für eine Autismustheorie, indem er »den Narzißmus, der durch Einbeziehung der Objektbeziehungen entsteht«[82], als narzißtische

Neurose oder narzißtische Schizophrenie auffaßte. Ich habe schon mehrfach hervorgehoben[83], daß autistische Symptome Teil der sozialen Phantasmen des Spätkapitalismus sind: Rückzug auf sich selbst, Desozialisierung aus Depolitisierung, Individualismus, autarke Gemeinschaften als »Reterritorialisierungen«. Diese autistischen Erscheinungen stellen eine reaktive oder sekundäre Individualisierung dar und gehören durchaus in die Logik der Modernität als Zerfall der traditionellen Bindungen, Sieg des Individualismus und Auflösung der sozialen Bande. Ist die *Spaltung* nach Bleuler[84] die allgemeine Kategorie zur Bestimmung der verschiedenen Formen der Schizophrenie: Inkohärenz von Denken und Handeln, phantasmatisches Delirium ..., so sind das soziale Symptome, die sich in der postmodernen Expressivität der neuen Kommunikationstechnologien wiederfinden. Baudrillard schlägt seinerseits eine Definition vor, die auf ihre Weise die fehlende Objektbesetzung und den Rückzug aufs Ich variiert: »Sollte man nun zu pathologischen Mustern greifen? Wenn die Hysterie die Pathologie der übersteigerten Selbstdarstellung des Subjektes darstellte, die Pathologie des Ausdrucks, der theatralischen und operationalen Bekehrung des Körpers – wenn die Paranoia die Pathologie der Organisation und der rigiden und eifersüchtigen Strukturierung der Welt war – dann befänden wir uns mit der Kommunikation, der Information, mit der immanenten Promiskuität aller Netze und dem unaufhörlichen Zusammenschalten eher in einer neuen Form der Schizophrenie. (...) (Es ist) jener besondere Zustand, der den Schrecken des Schizophrenen ausmacht: die zu große Nähe aller Dinge, ihre widerliche Promiskuität, Dinge, die ihn berühren, besetzen und ihn, ohne daß er sie abwehren könnte, durchdringen.«[85]

Von der Hysterie als »Inszenierung« zur postmodernen Schizophrenie als Obszönität[86] treibt die Fortentwicklung der modernen Rationalität die Expressivität auf ihren Höhepunkt. Trotz der Schwerfälligkeit des Dialogverfahrens mittels dazwischengeschalteter Personal-Computer stellen die Experimentatoren einer kollektiven Schreibweise der »Immaterialien« fest: »Auch die Sprache erschien uns ein wenig vom gewohnten Stil der Autoren verschieden, manchmal familiärer, eher einer Konversation entsprechend, oft emotionaler.«[87]

Wegen des Verschwindens des normativen »symbolischen Dritten«[88] scheint sich also die »Kommunikation« auf die beiden anderen Pole zu konzentrieren, die von der Habermasschen Klassifizierung in das Kognitive und das Expressive unterschieden werden. Aber zweifellos sind die Thesen von Richard Sennett[89] diesbezüglich am erhellendsten. Sennett hebt hervor, daß die soziale Interaktion auf einer *Inszenierung* beruht; im Gegensatz zum privaten opfert der öffentliche Mensch seine Subjektivität, Empfindungen und Begierden dem Respekt vor den Konventionen. Die Subjektivität tritt nie unmittelbar auf, sondern ist stets durch kollektive Mythen vermittelt. Von daher die untrennbar damit verbundene Opazität der authentischen sozialen Interaktion, von der weiter oben die Rede war: »Je mehr Transparenz, desto weniger Soziabilität.«[90] Unter Berufung auf Sennett und auf die Habermassche Theorie der Öffentlichkeit zeigt Louis Quéré, daß diese Vermittlung, das symbolische Dritte, ebenso die traditionellen Gesellschaften (und ihre ländlichen und lokalen Überbleibsel) charakterisiert wie die rationale Öffentlichkeit der modernen Gesellschaft seit dem 18. Jahrhundert.[91] In den erstgenannten Formen einer »Gesellschaft umfassender gegenseitiger Kenntnis«, »steht jeder im Blickfeld des anderen und muß eine bestimmte Transparenz seiner Handlungen gewährleisten. Diese Transparenz aber (...) gilt für die Präsentation seiner selbst und nicht für die Persönlichkeit. Von daher ihr strikt unpersönlicher Charakter, sie ist eine Erfordernis der Ablesbarkeit der Verhaltenskonformität. Sie steht also in bezug zu einem Dritten: dem der eingerichteten Rollen, der Normen und Repräsentationen. Sie nimmt die Gestalt einer stummen kollektiven Regel an, die Pierre Mayol [in seiner Untersuchung über das Lyoner Stadtviertel »Croix Rousse«[92]] Konvenienz oder Anständigkeit nennt.«[93]

Das Verschwinden der Inszenierung ruft jene Obszönität hervor, die Baudrillard eine weiße Obszönität nennt, um sie von der traditionellen Obszönität zu unterscheiden und ihren moralisch neutralen Charakter anzudeuten: »Wir sind alle Schauspieler und Zuschauer, es gibt keine Bühne mehr, die Bühne ist überall, es gibt keine Regel mehr, jeder spielt sein eigenes Drama und improvisiert mit seinen eigenen Phantasmen. (...) Diese weiße Obszönität, diese Steigerung der Transparenz, erreicht ihren Höhepunkt im Zusammenbruch der politischen Szene. Seit dem 18. Jahrhundert wird sie moralisch und seriös. Sie wird zum Schauplatz für ein grundlegendes Signifikat: das Volk, der Wille des Volkes, die gesellschaftlichen Widersprüche etc. Sie soll dem

Ideal einer guten Repräsentation entsprechen. Während das frühere politische Leben, wie zum Beispiel das am Hofe, sich in einer theatralischen Weise auf der Basis des Spiels und der Machination abspielte, gibt es heute einen öffentlichen Raum und ein Repräsentationssystem (die Trennung entsteht parallel zum Theater und dessen Aufteilung in Bühne und Zuschauerraum). Das ist das Ende der Ästhetik und der Beginn einer politischen Ethik. (...) Eben da entsteht das Obszöne, außerhalb der Szene und im Schatten des Repräsentationssystems. Es bleibt daher zunächst im Dunkel: es setzt die Transparenz der Szene matt, so wie das Unbewußte und das Verdrängte die Transparenz des Bewußtseins matt setzen. (...) Das ist die traditionelle Obszönität, die Obszönität des gesellschaftlich oder sexuell Verdrängten, die Obszönität dessen, was weder repräsentiert wird, noch repräsentierbar ist. Heute verhält sich das für uns anders: ganz im Gegenteil bedeutet Obszönität jetzt *Über-Repräsentation*. (...) Zu Beginn gab es ein Geheimnis: das der Spielregel des Scheins. Dann gab es das Verdrängte: die Spielregel der Innerlichkeit. Und schließlich gab es das Obszöne: die Spielregel eines Universums ohne Schein und Innerlichkeit, eines Universums der Transparenz. Weiße Obszönität.«[94]

Legt man die Habermassche Klassifizierung – kognitiv, normativ und expressiv – zugrunde, dann ruft diese »Obszönität« eine individuelle, im wörtlichen Sinne *de-regulierte* Expressivität ins Leben, die mit dem Siegeszug des Kognitiven, Operativen und Performativen voranschreitet.[95] Erzählungen »dessen, was ich gesehen habe, was ich empfunden habe, was ich erlebt habe, ungeschminkt, ohne jedes Zurechtmachen oder Verfälschen meiner Erfahrung«[96] – die Zahl der kleinen Erzählungen nimmt zu, sie nehmen die Stelle dessen ein, was Lyotard die »Großen Erzählungen«, Erzählungen von der Vernunft in der Geschichte, von der Emanzipation, nennt. Sie markieren »die Inthronisierung der persönlichen Expressivität, des gegenseitigen ›Sich-Entkleidens‹, der Individuen.«[97] Besonders aufschlußreich in dieser Hinsicht ist die soziologische Studie über die Minitel-Netze, auf die wir schon zu sprechen gekommen sind.

Parallel zur Aufgabe der großen philosophischen und historischen Erzählungen und zur Parole, den Logos durch den Mythos zu ersetzen, kommt in den neuen Kommunikationstechnologien im Grunde das in extremer Form zur Vollendung, was Weber den

»Polytheismus der Werte« nannte. Wie Weber schon gezeigt hatte, ist dieser Polytheismus eine neue Mythologie, in der die Vernunft wieder zurückfällt.[98] Die kleinen Erzählungen können nämlich um so mehr grassieren, wie die Derealisierung die Bezugssysteme verschwinden läßt: »Das Verschwinden des Unterschieds zwischen dem Wirklichen und der symbolischen Ordnung, zwischen dem Diskurs und seinem Gegenstand, bringt es in die Nähe (...) primitiver Repräsentationsmodelle: die mythische oder religiöse Sprache ging der gesellschaftlichen Ordnung voraus und verkörperte sich in ihr über die rituelle Zeremonie zum Zwecke ihrer Modellierung.«[99]

Mit Hilfe einer Freudschen Kategorie[100] kann man sogar so weit gehen, diese Konfusion zwischen Realem und Fiktivem als Animismus zu bezeichnen.[101] Ein Animismus, der natürlich den »delegitimierten« philosophischen Diskurs betrifft und wahrscheinlich auch nicht jenen ausspart, den wir hier führen, wenn wir über die potentiellen Wirkungen der neuen Technologien räsonnieren, von dem Moment an, wo wir, wie eingangs erwähnt, kein Kriterium oder Metakriterium mehr besitzen, das uns einen kritischen, auf überzeugende Weise legitimierbaren Standpunkt ermögliche, indem er auf Werte verweist, die in einem sozialen Körper Gültigkeit besitzen.

An welchem Punkt die »kleinen Erzählungen«, die sich selbst ihre eigene Norm sind, sich als unfähig erweisen, eine solche normative Grundlage wiederherzustellen, kann man ermessen, wenn man feststellt, daß die Expressivität, die die interaktiven Gebräuche der neuen Kommunikationstechnologien besetzt, sich als grundsätzlich strategisch erweist und sich nicht grundsätzlich von den Video-Spielen unterscheidet, die auf Wettkampf und Strategie beruhen, auf der Erfindung von »Coups«.[102] Laut Eddy Cherkis Untersuchung über das Gretel-Netz von Straßburg gibt der Dialog über Minitel nicht nur Gelegenheit zur Erfindung individueller Erzählungen, die sehr häufig, wenn nicht sogar prinzipiell fiktive Identitäten sind, sondern auch zu einem strategischen Spiel, das darin besteht, sich zu »verstecken« (»Man weiß nie, was die Leute über einen wissen«; »Bist du hübsch?« – »Ja, aber ich könnte auch häßlich sein.«) und sich entdecken (»entkleiden«) zu lassen. Mehr noch: Der »Piratenakt«, das heißt, die bewußte Erfindung falscher Identitäten, besteht darin, sich nicht erwischen und nicht entdecken zu lassen, aber auch darin, die

Identität (und ganz typisch, am Rande erwähnt, auch das Geschlecht) zu wechseln.[103] Nichts illustriert besser, so scheint es, die »Sveltezza«, die Gelenkigkeit, für die Jean-François Lyotard eintritt, und wenn sie, wie er behauptet, uns nicht entfremdet, so zweifellos, weil wir uns nicht mehr »im Drama der Entfremdung, sondern in der Ekstase der Kommunikation befinden«.[104]

Enthaltendes und Enthaltenes: Die Wunschmaschinen

Vielleicht, sagten wir, sind wir im Begriff, einen »animistischen« Diskurs zu führen, der unfähig zur Unterscheidung zwischen Fiktivem und Realem und zur Gegenüberstellung der beiden Logiken von Technik und Gesellschaft ist. Zum Schluß noch ein Wort dazu.

Als plausibelste, aus den vorangegangenen Überlegungen resultierende Hypothese ergibt sich, daß wir nicht mehr einen (transzendentalen oder sozialen und kollektiven) Willen einer Logik der technologischen Evolution gegenüberstellen können, daß in den neuen Kommunikationstechnologien Überbau und Produktivkräfte völlig ineinander übergehen; in einem Wort, daß die »Kommunikationsmaschinen«, wenn man so will, »Wunschmaschinen« sind und, darüber hinaus »Junggesellenmaschinen«, die ihrer eigenen Wachstums- oder, wie Baudrillard sagt, Auswucherungslogik folgen.

Zur Trägheit führende Auswucherung der Information, das ist die »Überfüllung und Überfettung der Gedächtnissysteme und Informationsspeicher, die von nun an nicht mehr handhabbar sind«[105]; die Tendenz dazu springt ins Auge. Im Unterschied zu Baudrillard halte ich sie indessen für nicht so entscheidend wie das Anwachsen der Kapazität der »Enthaltenden«, das heißt, der *Netze* selbst und der Speicher*kapazitäten*, mithin der Kommunikabilität. Das Enthaltene erweist sich dabei als zweitrangig, und so kann man bezüglich des *Enthaltenden* Baudrillard darin Recht geben, daß »das Wachstum in Auswucherung erstarrt«.[106] Bald gibt es eine Million Halbleiter auf 16 mm² Silizium, 200mal mehr Informationen auf einer Glasfaser als auf einem Coaxialkabel. Wie ebenfalls bekannt ist, besteht das Problem bei der Beherrschung der neuen Technologien nicht im Erwerb von Wissen, sondern im Erlernen seiner Verarbeitungsmechanismen.

Die Entwicklung des Minitel in Frankreich verdankt sich einem ausschließlich industriellen und kommerziellen Vorstoß, der auf industrielle Entwicklung, die Zeit »nach dem Telefon« und den Aufschwung der Informatikindustrie setzt; die kommerzielle Logik besteht dann ihrerseits darin, den Markt zu »überschwemmen«, um ein Bedürfnis zu erzeugen (die Minitels wurden kostenlos zur Verfügung gestellt). Die Mediennatur des Produkts kommt erst in zweiter Linie ins Spiel, und wenn sein Erfolg auch von einem »Anschluß« zum Sozialen abhängt, so ist das Programm dennoch recht unabhängig davon gestartet worden (Primat des Angebots, Passivität der Nachfrage): »Hier wie anderswo muß natürlich erst das Werkzeug vorhanden sein, bevor es in Gebrauch treten kann. Indem der technischen Innovation ein Wert an sich zugedacht wird, steht man vor einem neuen technischen Mittel, für dessen ins Auge gefaßte Anwendungen es keine Garantie auf gesellschaftliche Nützlichkeit gibt.«[107]

De facto mußten die für 1990 vorausgesagten 20 Millionen Terminals auf 7 Millionen korrigiert werden. Aus Eddy Cherkis Arbeiten ist zu ersehen, daß der Effekt der Neuheit (aber vielleicht auch das spielerische Moment und die Entwicklung der Expressivität) in Vélizy rapide nachgelassen hat; zwischen 1981 und 1983 sind die Kommunikationen von 20000 auf 7000 gefallen und haben einem rationelleren Gebrauch Platz gemacht. Eine schwache Motivation bestimmter Benutzer (sozio-ökonomisch motivierte Ablehnung in den breiteren Volksschichten und bei älteren Personen), Schwierigkeiten beim Lernen, Kosten für die Benutzung, eine Kluft zwischen der Idealisierung des Mediums und seinem realen Gebrauch, zwischen Phantasterei und Realität – dergestalt sind die Beobachtungen von Cherki, der jedoch gleichzeitig anmerkt, daß in Bezug auf »Gretel« die *Mailbox*-Systeme die breiten Volksschichten erreicht hat und im Großen und Ganzen neben dem Sieg des elektronischen Telefonbuchs (95% Benutzer) der spielerische Gebrauch und die dialogischen *Mailbox*-Kommunikationen einen beträchtlichen Erfolg erzielt haben – das heißt, eben jene »expressive *Mailbox*-Kommunikation« und jene »Tele-Konvivialität«, die im vorigen Abschnitt im Hintergrund unserer Überlegungen standen.

Cherki vergißt nicht, die »Prothesen« anzusprechen – die »Anschlüsse«: Vereine, Gruppen bestimmter Affinitäten (nach Hobbies usw.); aber die Diagnose bestätigt das Fast-Verschwinden des Normativen zugunsten des Kognitiven und des Expressiven. Und was das Kognitive betrifft, so könnte man unablässig auf die Grenzen seiner »Resozialisierung« verweisen, und zwar, weil das Enthaltende dem Enthaltenen, das Angebot der Nachfrage vorausgegangen[108] und das Problem »sozialer und kultureller Art ist: ein Problem der Bedürfnisse, der Inhalte und der neuen Gebrauchsmöglichkeiten, die noch im Selbstfindungsprozeß stecken ...«[109]

»Wir sind gegenwärtig in der Lage, die Daten immer schneller zu verarbeiten und in Umlauf zu bringen, aber ... welche Daten? Und um was damit zu tun?«[110]

Womit es auch letztendlich »ausgefüllt« wird (und inwiefern es gesellschaftlich durchführbar ist – die Zweifel, die die juristischen Datenbanken aufwerfen, sind ein Beispiel dafür)[111], so ist das Enthaltene gut und gerne vom Grundsatz her indifferent und das Primat des Enthaltenden steht in einer technologischen Definition der Kommunikation.[112] Die anscheinend unbegrenzte Ausdehnung der Kapazitäten des Enthaltenden erscheint als das Wesentliche.

Natürlich kann man es als die Aufgabe der Benutzer, der sozialen Subjekte ansehen, den Inhalt zu »bestimmen«. Die Frage ist dann, was die Entwicklung der neuen Technologien aus ihnen macht. Ansonsten bedeutet die so gestellte Frage bereits, die Indifferenz oder die Willkürlichkeit des Inhalts zu billigen, dessen Beherrschung oder Resozialisierung von einer Vielzahl möglicher Entscheidungen abhängen, deren Kriterien man legitimieren können müßte. Gruppen könnten es tun. Aber von der Anlage her verbaut schon die Logik der neuen Kommunikationssysteme, wie wir sie hier darzulegen versuchten, die Rekonstitution einer solchen normativen Grundlage, die Gruppenbildung selbst wird von den Rhizomen der Netze untergraben – und um so mehr ihre Fähigkeiten zur Konstitution eines zwingenden Konsenses. An die Stelle der Gruppen als Zentren einer normativen Gemeinschaft tretend, können dann zweifelsohne die Lobbies die Kanäle für strategische Ziele vereinnahmen: »Das Pilotprojekt mit lokalen Kabelverbindungen in Québec, das lange Zeit als Muster für eine französische Perspektive in dieser Richtung galt, hat sich nach 1970 als Enttäuschung herausgestellt: diese technische Vernetzung hat die sozialen Strukturen vor Ort nicht verändert, sondern sie unter Verhärtung der Hierarchien noch weiter vorangetrieben.«[113] Unter den Enttäuschungen über die »Ausfüllung« der Möglichkeiten stößt man unvermeidlich auf die Verbreitung der neuen Technologien zur Entwicklung oder Übernahme bereits konstituierter Märkte; im Pilotprojekt von Biarritz[114], das sich bis heute darauf beschränkt hat, die Tür für interaktive Gebrauchsmöglichkeiten offen zu halten, findet man neben der einfachen Ausweitung des Zugangs zum existierenden Kabel- und Satellitenangebot (d. h. die europäischen Fernsehsender) die traditionellen Benutzer (Versandhäuser, Süd-West-Zeitung). In Anbetracht der fehlenden gesellschaftlichen Inhalte und der Krise der Kriterien sind der Erhalt der etablierten sozialen, kommerziellen und Informationsstrukturen und somit deren Verstärkung und das Risiko der Lobbies die plausibelsten Hypothesen dafür. Wichtiger ist aber, daß die Krise der Kriterien zweifellos nicht nur eine vorübergehende Situation wegen fehlender gesellschaftlicher Erwartungen an die noch neuen Medien ist, sondern daß sie in deren Wirkungen selbst eingeschrieben ist, und daß dies um so schwerer wiegt, wie sich ihr Gebrauch demokratisiert. Auf die individuelle Expressivität reduziert, repräsentieren die Besetzungen delokalisierter Sinne einen wortwörtlich indifferenten Inhalt.

Was das Gespenst der Intervention durch den Staat betrifft – vorausgesetzt, daß diese Entwicklung ihn nicht seinen Zusammenhalt verlieren läßt –, so fällt sie, wie schon gesagt, unter das Webersche Diktum: Es gibt keine administrative Sinnstiftung.

Unter der Insistenz auf dem »Primat des Enthaltenden« verstehen wir den Bruch mit dem bequemen Dualismus, der die voluntaristische Politik und die moralischen Anwandlungen auszeichnet, die sie unentwegt als ihr »seelisches Supplement« hervorbringt; zum Beispiel: »Es ist die Aufgabe einer Kulturpolitik, Experimente zu stimulieren, die einen sozialen Umgang des von den großtechnologischen Systemen vernetzten Raumes begünstigen.«[115]

Wenn die »technologische Entwicklung ein Faktum ist (und) keine Wahl mehr zuläßt«, muß man wohl eher diese Idee positivbarbarisch zu Ende denken und die Auswirkungen nach dem Maßstab ihrer extremsten Tendenz messen, als nun hastig »Optionen« vorzuschlagen. Die einzige »Wahl«, die es gibt, ist die des mehr oder weniger großen und mehr oder weniger schon begonnenen Widerstandes der etablierten sozialen Netze; sie hängt davon ab, inwiefern dieser Widerstand die der Entwicklung der

Inhalte eigene Logik beugen kann.

Gewiß sind die sozialen, politischen und ideologischen Auswirkungen der neuen Kommunikationstechnologien in dieser Hinsicht ambivalent; sie erlauben beispielsweise ebenso den Pluralismus wie den autoritärsten Zentralismus. Ist der technische Fortschritt insofern neutral und stellt er uns, wie Bell oder Lyotard meinen, lediglich vor Alternativen? Dieser Glaube an eine Wahl ist ein frommer Wunsch, arbiträr oder moralisch auf eine Logik aufgepfropft, die ihn gar nicht zuläßt, die ihm keinen Raum mehr gibt; in Lyotards »postmodernem Wissen« steht sie im Widerspruch zum aufgezeigten Siegeszug der Performativität – der man also am besten den der Expressivität hinzufügen sollte. Gibt es eine Neutralität der Techno-Wissenschaft, so steckt sie heute in dem Faktum, daß sie selbst uns ihre eigenen »Entscheidungen« aufdrängt, da den neuen Produktivkräften ohnehin die Besetzung der Sphäre zueigen ist, die ihnen einst eine Normativität entgegensetzen konnte.

(Autorisierte Übersetzung aus dem Französischen von Wolfgang Geiger)

Anmerkungen

1 P. A. Mercier, F. Plassard, V. Scardigli, *La société digitale*, Paris 1984, S. 11. Fortan zitiert als: SD.
2 J. F. Lyotard, *Das postmoderne Wissen*, Graz und Wien 1986, S. 192 f.; zur Kritik an dieser Alternative cf. Raulet, *Das Ende der Utopie*, in: Ders., *Gehemmte Zukunft*, Darmstadt und Neuwied 1986, S. 135 ff.
3 D. Bell, *The Coming of the Post-industrial Society*, New York 1973; zit. nach der französischen Ausgabe: *Vers la société postindustrielle*, Paris 1976, S. 431.
4 »Sie sind meist in dem Bereich zu fassen, wo die drei traditionell getrennten technischen Ketten von Informatik, Telekommunikation und elektronischen Medien zusammenlaufen; allen dreien kam der Fortschritt in der Elektronik und in den Netzwerken zugute ... Eine Großzahl der neuen Technologien wird gewöhnlich als Ergebnis einer Annäherung, genauer: einer Fusion bislang unvereinbarer einzelner Ketten aufgefaßt. Dies wäre der Fall bei der *Tele-Distribution*

(Television + Telekommunikation) oder der *Telematik* (Informatik + Telekommunikation) ...«, *SD*, S. 24 f. Die Autoren des Werkes analysieren Erfolge und Niederlagen verschiedener technologischer Kombinationen vor allem in Funktion der Erwartungen oder Reaktionen seitens der Gesellschaft.

5 K. Marx, *Vorwort zur Kritik der Politischen Ökonomie* (1859), in: MEW 13, S. 9.
6 J. Habermas, *Technik und Wissenschaft als »Ideologie«*, Frankfurt 1968.
7 Cf. P. Furter/G. Raulet (Hrsg.), *Stratégies de l'utopie*, Paris 1979.
8 G. Deleuze/Félix Guattari, *Anti-Ödipus*, Frankfurt 1974, S. 195.
9 *MEW* 23, S. 760 ff.
10 Cf. Marc Guillaume, *Le Capital et son double*, Paris 1975.
11 Raulet, *Gehemmte Zukunft*, op. cit., S. 143 ff.
12 V. Descombes, *Dé-localisation – Adresse aux utopistes*, in: Furter/Raulet, *Stratégies de l'utopie*, op. cit., S. 134.
13 J. Baudrillard, *Die fatalen Strategien*, München 1985, S. 80. Fortan zitiert als: *FS*.
14 Luce Giard/Michel de Certeau, *L'ordinaire de la communication*, Paris 1983, S. 27.
15 Edmond Couchot, *Hybridations*, in: *Les Immatériaux*, Paris 1985, S. 127.
16 Marc Guillaume, *Postmoderne Effekte der Modernisierung*, in: J. Le Rider/G. Raulet, *Verabschiedung der (Post-)Moderne?*, Tübingen 1987, S. 77.
17 Giard/De Certeau, *L'ordinaire de la communication*, op. cit., S. 4.
18 M. Guillaume, *Le Capital et son double*, op. cit., S. 45 f.
19 E. Bloch, *Die Angst des Ingenieurs*, in: Ders., *Verfremdungen I*, Frankfurt 1962, S. 163 ff.; cf. Raulet, »Encerclement technocratique et dépassement pratique«, in: Raulet (Hrsg.), *Utopie – marxisme selon Ernst Bloch*, Paris 1976, S. 293.
20 André Robinet, *Le défi cybernétique*, Paris 1973, S. 134.
21 E. Couchot, *Hybridations*, op. cit., S. 124.
22 Ibid., S. 125 f., cf. auch *SD*, S. 21 f.
23 Couchot, op. cit., S. 126.
24 Über die Tendenz in der Kunst cf. Raulet, *Natur und Ornament*, Darmstadt und Neuwied 1987, wo diese Utopie ausgehend von Bloch (*Das Prinzip Hoffnung*, Frankfurt 1959, Bd. 2, Kap. 38, S. 835–872) kritisiert wird.
25 Sigfried Giedion, *Raum, Zeit, Architektur. Die Entstehung einer neuen Tradition*, Zürich und München 1976, S. 282.
26 Cf. Raulet, *La fin de l'utopie*, op. cit., und *Gehemmte Zukunft*, op. cit., S. 222 ff.
27 Baudrillard, *FS*, S. 97 f.

28 Cf. Baudrillard, *Der symbolische Tausch und der Tod*, München 1985, und: *La précession du simulacre*, in: *Traverses* N°10, 1978.
29 Louis Quéré, *Des miroirs équivoques*, Paris 1982, S. 103. Fortan zit. als: *ME*.
30 Cf. Paul Ricoeur, *Temps et récit*, t. 1, Paris 1983.
31 Cf. Raulet, *Singuläre Geschichten und pluralistische Ratio*, in: Le Rider/Raulet, *Verabschiedung der (Post-)Moderne?*, op. cit.
32 Cf. Raulet, *Gehemmte Zukunft*, op. cit., *Natur und Ornament*, op. cit.
33 Couchot, *Hybridations*, op. cit., S. 125.
34 Lyotard, *Nouvelles technologies*, in: ders., *Tombeau de l'intellectuel*, Paris 1984, S. 52 f.
35 *SD*, S. 54, 59, 81 f.
36 J. Habermas, *Theorie des kommunikativen Handelns*, Frankfurt 1981, insbesondere Bd. 2, S. 589. Fortan zit. als: *TKH*.
37 Cf. die Rezeption bei Habermas in *TKH*.
38 Jaspers, *Die geistige Situation der Zeit*, 1931, reed. 1971, S. 130: »Doch wird kein Plan und keine Organisation vermögen, was schließlich nur der verwirklichende Mensch durch sich hervorbringen kann.«
39 Habermas, *Die neue Unübersichtlichkeit*, in: *Merkur*, Heft 1, 39. Jg., Januar 1985, S. 6; cf. bereits das Vorwort zu: *Stichworte zur geistigen Situation der Zeit*, Frankfurt 1979.
40 Chantal Noël/Nicole Toutcheff, *Une écriture immatérielle*, in: *Les Immatériaux*, op. cit., S. 33 ff.
41 *SD*, S. 62 f.
42 Quéré, *ME*, S. 21.
43 Ibid., S. 20.
44 Ibid., S. 140 f.
45 Jean-Louis Weissberg, *Simuler-interagir-s'hybrider*, in: *Les Immatériaux*, op. cit., S. 143 f. und 146.
46 Cf. den berühmten »Positivismusstreit« zwischen Adorno, Popper, Habermas und Albert, und zu dieser Frage der Basisaussagen: Renée Bouveresse, *Karl Popper*, Paris 1978, S. 25 ff.; über die Kontroverse zwischen Popper und der Frankfurter Schule cf. J. F. Malherbe, *La philosophie de Karl Popper et le positivisme logique*, Paris 1976, S. 255 ff.
47 *SD*, S. 23.
48 Cf. v.a. Giard/De Certeau, op. cit. (deren Positionen wir am Ende des vorliegenden Aufsatzes kritisieren).
49 Couchot, *Hybridations*, op. cit., S. 126.
50 Was eine technisch immanente Definition ist, wie die Verfasser von *Sociéte et informatique*, Kollektivarbeit des CREIS, Paris 1984, S. 106, sehr richtig bemerken.
51 Quéré, *ME*, S. 30.

52 Habermas, *Vorbereitende Bemerkungen zu einer Theorie der kommunikativen Kompetenz*, in: J. Habermas/N. Luhmann, *Theorie der Gesellschaft oder Sozialtechnologie*, Frankfurt a.M. 1971, S. 101 ff.
53 *SD*, S. 49 f.
54 Unterbrecher bei den Telefonen ermöglichen, die Tonverbindung zu trennen; eine Sekretärin kann immer behaupten, ihr Chef sei »abwesend« oder »in einer Konferenz«; bei einer Video-Konferenz können die Verhandelnden sich Informationen unter dem Tisch ohne Wissen ihrer Gesprächspartner zuschieben usw. usf. – so anekdotisch, wie diese Beispiele auch scheinen mögen.
55 Quéré, *ME*, S. 54.
56 Pierre Mayol, *Habiter*, in: *L'invention du quotidien*, Paris 1980, S. 31.
57 Habermas, *Strukturwandel der Öffentlichkeit*, Neuwied und Berlin 1962.
58 Quéré, *ME*, S. 156.
59 Ibid., S. 102.
60 Giard/De Certeau, *L'ordinaire de la communication*, op. cit., S. 4.
61 Ibid., S. 102.
62 Habermas, *Arbeit und Interaktion*, in: *Technik und Wissenschaft als »Ideologie«*, op. cit., S. 23 (Hervorhebung von mir, G. R.).
63 Baudrillard, *FS*, S. 29.
64 Raulet, *Singuläre Geschichten und pluralistische Ratio*, op. cit.
65 Cf. auch bei Jaspers seit *Die geistige Situation der Zeit*, op. cit., die rigorose Gegenüberstellung von *Mitteilung* und *Kommunikation* im Rahmen seiner Kritik der wissenschaftlichen und technischen Rationalität.
66 Cf. darüber Raulet, *Consensus et légitimité*, in: *Esprit*, Januar 1980. Cf. insbesondere im Werk von Habermas Kap. VI.
67 Cf. in *Strukturwandel der Öffentlichkeit*, Kap. I, § 2.
68 Cf. v. a. *Zum ewigen Frieden*, 1. Definitivartikel.
69 Giard/De Certeau, *L'ordinaire de la communication*, op. cit., S. 7.
70 Über diese Ambiguitäten cf. Raulet, *Consensus et légitimité*, op. cit.
71 Baudrillard, *FS*, S. 77.
72 Couchot, *Hybridations*, op. cit., S. 124.
73 Ibid.
74 Jean-François Rouge, *La monnaie perd son temps, on dématérialise*, in: *Les Immatériaux*, op. cit., S. 195 f. Die Anomie-Effekte beginnen nämlich bereits mit der Aufgabe der Golddeckung, seit der die Währungen gegeneinander frei »flottieren« und nicht in Bezug auf ein gemeinsames »Metakriterium«.
75 Baudrillard, *FS*, S. 80.
76 Quéré, *ME*, S. 113. »Eine neue Konstitution des Subjekts tritt in Erscheinung. Es definiert sich mehr durch seine Fähigkeit zur Erzeu-

gung und Produktion als durch seine Fähigkeit zur Reflexion und Interpretation.« (ibid., S. 114) – der Triumph der Performativität.
77 Couchot, *Hybridations*, op. cit., S. 128.
78 Chantal Noël/Nicole Toutcheff, *Une écriture immatérielle*, op. cit., S. 33.
79 Die Zitate wurden der Sendung von Eddy Cherki und Marianne Lamour, *Ulysse appelle Maldita* (Reportage über das Minitel-Netz von Straßburg), FR3/Vendredi 1984, entnommen.
80 Deleuze/Guattari, *Anti-Ödipus*, op. cit., S. 44 und 46.
81 Cf. Kohut, *Narzißmus*, 1973, *Die Heilung des Selbst*, 1979; C. Lash, *The Culture of Narcissism*, 1978.
82 S. Freud, *Gesammelte Werke*, Imago Publ., Bd. X, S. 140.
83 Cf. v. a. Raulet, *Marxisme et condition post-moderne*, in: *Philosophiques*, Montreal, Vol. XII, Oct. 1983, und: *La fin de la Raison dans l'histoire*, in: *Dialogue, Revue de la société canadienne de philosophie*, Vol. XXII, 1983, S. 631–646.
84 Bleuler, *Dementia praecox*, 1911.
85 Baudrillard, *FS*, S. 83.
86 Ibid., S. 75.
87 C. Noël/N. Toutcheff, *Une écriture immatérielle*, op. cit., S. 34.
88 So wie es Quéré, *ME*, op. cit., sehr richtig nennt.
89 Richard Sennett, *The Fall of Public Man*, New York 1974.
90 Quéré, *ME*, S. 49.
91 Ibid., S. 52 f.
92 P. Mayol, cf. Anm. 56.
93 Quéré, *ME*, S. 52 f.
94 Baudrillard, *FS*, S. 75–77.
95 Zu dieser Parallelität oder Korrelation cf. Quéré, *ME*, S. 149.
96 Sennett, *The Fall of Public Man*, op. cit., S. 92.
97 Quéré, *ME*, S. 48.
98 Cf. M. Weber, *Wissenschaft als Beruf*, (1919) und Adorno/Horkheimer, *Dialektik der Aufklärung*, 1944.
99 Quéré, *ME*, S. 103.
100 Cf. S. Freud, *Totem und Tabu*, 1913, in: *Gesammelte Werke*, Imago Publ., Vol. IX.
101 Cf. Raulet, *Gehemmte Zukunft*, op. cit., S. 181.
102 Und gehen darin mit der Definition des »sozialen Bandes« bei Lyotard, *Das postmoderne Wissen*, op. cit., konform.
103 Beispiele aus der Untersuchung von Eddy Cherki über den Minitel von Straßburg, cf. Anm. 79.
104 Cf. Baudrillard, *FS*, S. 80; Lyotard, *Grabmal des Intellektuellen*, op. cit., S. 80 ff.
105 Baudrillard, *FS*, S. 29; cf. auch S. 14 f.
106 Ibid., S. 14.

107 *L'informatisation quotidienne*, Kollektivarbeit des CREIS, Paris 1986, S. 96.
108 *SD*, S. 59 ff.
109 Ibid., S. 10.
110 Ibid., S. 34.
111 »Die Datenbank ist kein Moment der Chancengleichheit, im Gegensatz zu dem, was oft behauptet wird; es ist nicht der Zugang aller zur Information. Man muß wissen, wie man eine Bank abfragt.« (*Le droit sur l'ordinateur*, in: *L'informatisation quotidienne*, op. cit., S. 131).
112 »In der Wissenschaft der Ingenieure ist die Kommunikation nämlich nur ein besonderer Fall der Übermittlung ... In dieser Perspektive besteht das einzige Problem der Kommunikation in der Nachrichtenübertragung unter Bedingungen maximaler Effizienz, also in der Verbesserung der Performanz, in der Qualität des Kanals. Ihr Kommunikationsschema ist auf dem Primat des Kanals aufgebaut.« (Quéré, *ME*, S. 19).
113 Giard/De Certeau, *L'ordinaire de la communication*, op. cit., S. 8.
114 *Les vidéo-communications, images, sons et données en liberté*, von François Gérin, Beauftragter für die Video-Kommunikation, Rapport de la DAV, janvier 1986.
115 Giard/De Certeau, *L'ordinaire de la communication*, op. cit., S. 8.

Hermann Schwengel
Nach dem Subjekt oder nach der Politik fragen?
Politisch-soziologische Randgänge

Wie der Positivismusstreit in der deutschen Soziologie, die Debatte zwischen funktionalistischer Systemtheorie und kritischer Gesellschaftstheorie, so ist auch die neuere Diskussion zwischen Poststrukturalismus und Intersubjektivismus in mancher Hinsicht eine Variation der modernen philosophischen Frage nach dem Subjekt und der soziologisch aufgeklärter Subjekte nach der Moderne. Unter »Subjektphilosophie« könnte man Auffassungen verstehen, die glauben, die zweite Frage auf die erste reduzieren zu können. Ihr funktionales Äquivalent wäre eine »moderne Soziologie«, die umgekehrt reduzierte. Doch beide Fragen sind nicht in einer zusammenzufassen, die Geschichte dieser Debatten ist keinesfalls einer wachsender Aufklärung und Konzentration. Im Gegenteil, Subjekt und Philosophie, Moderne und Soziologie überschneiden sich um so stärker, je mehr man sie durch sachliche Differenzierung und disziplinäre Präzisierung auseinanderhalten will. Eine skeptische politische Philosophie könnte sich damit begnügen, die Unerfüllbarkeit des Versprechens der Subjektphilosophie (und der modernen Soziologie) bloßzulegen. Eine ambitionierte politische Philosophie reproduziert das Dilemma: Modern ist – könnte in Anlehnung an C. Schmitt formuliert werden –, wer über die Definition von Subjektivität und Subjekt, wer über die Definition der Moderne verfügt. Doch damit scheint die Analogie auch schon zu enden. Denn was ist der Ausnahmezustand, inwieweit sind alle soziologischen Begriffe »säkularisierte« philosophische, wer und wo ist die souveräne Instanz, die noch über die Differenz von Subjektivität und Moderne verfügt? Hinter einer derartigen Zuspitzung der Frage steht die Erfahrung, daß die kulturelle Konstellation »Subjektphilosophie« sehr viel mächtiger ist, als uns auf der Suche nach Auswegen aus ihr klar ist. Weil sie weit emergenter als eine philosophische oder soziologische Auffassung ist, einen ganzen »Zeitgeist« in Szene setzt, prägt sie auch die Auswege aus ihr. Im folgenden will ich Grundannahmen der kulturellen Konstellation »Subjektphilosophie« und ihrer potentiellen Gegenfigur skizzieren (1), anschließend im Rückgriff auf Jürgen Habermas zwei kritische Felder der Gesellschafts- und Politiktheorie markieren (2). Die beiden Ideen betreffen die Annahme eines dritten Sektors in der Gesellschaft – und nur eines dritten – neben ökonomischem und politisch-administrativem System sowie die »Erfindung« dieses Sektors in der populistisch-progressiven Epoche der Vereinigten Staaten, die in der Krise der europäischen Gesellschaft kein Komplement hatte (3). Diese Revisionen erlauben, die Frage nach Politik und Subjekt neu zu stellen, indem man die politischen Theorien Habermas' und Foucaults, den Hauptvertretern der dritten Debatte, auf ein tertium comparationis, die politische Philosophie Hannah Arendts bezieht (4). Schließlich möchte ich daraus Schlußfolgerungen für eine kritische Theorie der Gesellschaft bzw. postsoziologische Theorie des Politischen ziehen (5).[1]

I

Präzise Konstruktionen und die Geschichte von Disziplinen bestimmen weitaus seltener den Rahmen theoretischer Debatten, als dichte kulturelle Konstellationen. Indem sie unterschiedlichen, ja gegensätzlichen Fragen eine Gestalt geben, in der sie sich bewegen können, drücken sie den kritischen Auswegen aus ihr den eigenen Stempel auf.[2] Eine solche Konstellation ist »Subjektphilosophie« für die gegenwärtige Debatte um Status und Zukunft von Moderne bzw. Nachmoderne. Sie ist durch drei zeitliche, sachliche und soziale Grundströmungen definiert.

Erstens beruft sich die Subjektphilosophie auf die Kontinuität einer europäisch-amerikanischen Moderne der individuellen und kollektiven Selbstvergewisserung, die sich im späten 18. Jahrhundert herausbildete, sich in den Konflikten des 19. und 20. Jahrhunderts intensivierte und präzisierte und heute den Rahmen jeder kritischen Selbstprüfung abgibt.[3] Zweitens reflektiert die Zusammensetzung des Terminus eine doppelte sachliche Behauptung. Gegenüber der Gegebenheit äußerer, innerer und sozialer Natur ist die Behauptung einer nicht nur erkennenden, urteilenden und dramatisierenden, sondern auch sozial einigenden und entscheidenden Subjektivität die angemessene Form und Methode. Soweit wie möglich soll Subjekt werden, wo Gegebenheit war. Darüber hinaus ist »Philosophie«[4], nach Hegels Diktum, nicht nur die Antwort auf den Verlust der traditionalen »Macht der Vereinigung«, sondern auch Antwort auf eine Situation, in der das Wissen als wissenschaftliches, ausdifferenziertes Moralbewußtsein und Kunst selbst dezentriert ist. Gerade durch das Sprechen über Verfahren, meint sie, die allgemeine abstrakte Fähigkeit zur Zentralität zu erhalten. Drittens nimmt das Projekt der Subjektphilosophie ein einheitliches politisches Kontinuum der Weisen sozialer Einigung an. Es reicht von der sprachlich genormten Intersubjektivität bis zu einem diese Einigung zwar ausdrückenden, aber andererseits auch konstruierenden repräsentierenden Begriff des Politischen. Auch und gerade wenn die soziale Einigung als indirekte und subpolitische verstanden wird, muß sie die ganze Spanne sozialer Einigung, von einem elitären Liberalismus des 18. Jahrhunderts über Nation und Klasse bzw. Internationalismus und Universalismus der Weltgesellschaft in sich aufheben. Überall, wo ihr dies nicht gelingt, kehrt das Verdrängte in den Fehlleistungen des eigenen Diskurses wieder.

Niemals stellt sich die kulturelle Konstellation selbst dar, immer tritt sie in tausend Misch- und Kompromißbildungen, präzisen Ableitungen und gelehrten Abhandlungen auf. Man konfrontiert sie am besten mit einer Anti-Konstellation, die sie auf ihrem Niveau überbietet und dadurch reale Auswege freisetzt. Die Anti-Konstellation besteht ebenso wie die Konstellation selbst in gewisser Weise aus Vorurteilen, sie ist ein Gegengift.

Erstens: Nicht die aufklärerische Selbstvergewisserung der Neuzeit im 18. Jahrhundert und ihre aufsteigende Linie der Rationalität, – der eine mit der Romantik beginnende entgegenzusetzen wäre – ist der Rahmen der Selbstvergewisserung, sondern die soziokulturelle Umbruchperiode zur Moderne vom letzten Drittel des 19. Jahrhunderts bis zum Ersten Weltkrieg. Nicht der Mythos der westlichen Kontinuität, sondern die Diskontinuität der amerikanisch-europäischen Moderne, die ihrer wechselseitigen Formung vorausgeht, ist für sie kennzeichnend. Die unterschiedliche Antwort auf kapitalistische Industrialisierung und moderne Umwälzung aller Lebensverhältnisse strukturiert Wege und Auswege.

Zweitens reflektiert die Tatsache, daß sich am Ende des 19. Jahrhunderts neben der philosophischen Frage nach dem Subjekt eine sozialwissenschaftliche – und eine ästhetische – stellt, eine Veränderung der Sachlage selbst. Soziologie und Marxismus versuchen auch dort noch ein soziales Zentrum zu definieren⁵, wo die kritisch gewordene Subjektivität ihre tradierten Bewegungsformen sprengt und die philosophische Zentralität kein angemessenes Substitut mehr für die traditionale Macht der Vereinigung formulieren kann. Wo Philosophie, Staat und Revolution politisches Zentrum waren, sollen nun Soziologie, Gesellschaft und Reform soziales Zentrum werden. Das dezentrierte Wissen bedarf keiner Verfassung mehr, sondern der Anwendung von Gesetzen; ihre Schlußfolgerungen sind nicht mehr Anlaß oder Folge von Kämpfen, sondern Stimmzettel der Wahrheit, deren Resultate je nach sachbezogener Wahlregel variieren. Subjekt ist keine Behauptung gegenüber der Wirklichkeit, weder großes kompetentes noch klar definierendes Subjekt, sondern relativer Haltepunkt in einem ausdifferenzierten, beruhigten Prozeß der sozialen Selbstvergewisserung, gleichermaßen zivilisiert und kontrolliert – natürlich ein Selbst. Dieser Prozeß kann mit Norbert Elias zuerst unter der leitenden Idee eines Staatsbildungsprozesses analysiert werden, dann mit Max Weber als soziokultureller Prozeß der Herstellung protestantischer Wahlverwandtschaft zum kapitalistischen Ethos gesehen werden. Schließlich kann man ihn mit Michel Foucault als Transformation disziplinierender, eingrenzender Abschöpfungen der sozialen Kräfte in eine produktive, reflexive und selbsttragende Ausformung von »Macht« verstehen.⁶ Dieser zivilisatorische Prozeß der Staatsformation scheint sich, könnte man folgern, von seinen historischen Voraussetzungen, der Ablösung von Reich und Kirche, wie seinen historischen Trägern, den aristokratischen und bürgerlichen Oberklassen zu emanzipieren und ebenso »autopoietisch« zu werden wie der ökonomische und administrative Prozeß. Aber nichtsdestotrotz hat dieser Prozeß nicht die Stelle der Souveränität, der zentralen Herrschaft und der öffentlichen Autorität abgeschafft, sondern nur ihre »subjektphilosophische Form« überboten.

Gegenüber dieser Inklusion, Transformation und Reorganisation »subjektphilosophischer« Potenzen scheint, drittens, die Idee des politischen Kontinuums sozialer Einigungen hoffnungslos abstrakt, unfähig, die Mannigfaltigkeit der konkreten Subjekte zusammenzubringen. Sowohl eine durch die sozialen Verhältnisse von unten durchgreifende Politik der Subjektivität bzw. Intersubjektivität wie ein von oben eingreifender Begriff des Politischen greifen nicht. Demgegenüber wächst das Projekt einer »Machttheorie« und einer Politik der Macht. Sie erkennt an, daß sich unverrückbar zwischen die Instanz der politischen Verfassung sozialer Einigung und die intersubjektiven Verständigungsverhältnisse eine eigenständige, beide Seiten modifizierende, ja verformende »Politik des Sozialen« geschoben hat. Bei jeder Formulierung von Politik oder Ausdruck von Subjektivität spricht diese mit, ohne namhaft und verantwortlich gemacht werden zu können. Noch geprägt von ihrer Vorgeschichte, der Subjektphilosophie, neigt aber auch Machttheorie dazu, ein einziges Kontinuum der Macht, vom Vermögen der Subjekte bis zu den Zwecken und Mitteln der Kontrolleure, als Kontinuum von »Machttechniken« zu unterstellen. Es besteht kein Unterschied mehr zur kritisch wahrgenommenen und anerkannten Verschiebung der Gesellschaftsstruktur. Scheinbar bleiben ihr keine Einspruchsreserven gegen die Macht der »Politik des Sozialen«, weil sie selbst nichts anderes als Macht ist. Doch das Konzept setzt mit der Anerkennung einer Verschiebung der historisch-sozialen Realität an und nicht mit einer normativen Prämisse. Aber gerade, um gegenüber der »Politik des Sozialen« Distanz gewinnen zu können, um tatsächlich Unterbrecherkontakt sein zu können, wird Macht überhaupt eingeführt und an die Stelle von staatlicher Souveränität und ökonomischer Klassenherrschaft wie sozialem Pluralismus und Funktionalität gesetzt. Wie affirmativ sie den kritisierten Sachverhalten gegenüber auch bleiben mag, so klar insistiert dieses Projekt darauf, wie sehr – angesichts der Idee der Freiheit – die Subjekte an dieser »Politik des Sozialen« mit ihrem Selbst beteiligt sind. Wie weit müßte eine philosophische Kritik zurückgreifen – um dabei selbst konservativ zu werden – wenn sie demgegenüber Distanz gewinnen wollte? Jedenfalls legt eine Machttheorie nahe, nicht die Potenzen der Subjektphilosophie zu rekonstruieren, sondern danach zu suchen, wie die »Politik des Sozialen« politisch überboten werden kann. Sie verzichtet darauf, die Subjekte zu erziehen, sich nicht mehr von den schlechten gesellschaftlichen Spielen von Geld und Macht beeinflussen zu lassen.

II

In seiner überaus wichtigen Rede aus Anlaß der Verleihung des Hegelpreises hat Jürgen Habermas vor zwölf Jahren bereits die Problematik einer Subjektphilosophie sowie die Chancen und Risiken der Auswege aus ihr verdeutlicht.[8] »Eine Gesellschaft bringt ihre Identität in gewisser Weise hervor«, aber diese Weise scheint im folgenden zwei ganz verschiedene Dinge zu bezeichnen. Bereits Hegel hatte vor Augen, daß die in »universalistischen Strukturen gebildete Ich-Identität« und die »an Volk oder Staat haftende kollektive Identität auseinanderfallen«. Nun folgt Habermas nicht der Idee der Aufhebung von Moralität in Sittlichkeit, sondern rekonstruiert die Entzweiung des Subjekts von äußerer, innerer und sozialer Natur, um zu einer – philosophisch zu formulierenden – Wiederaneignung und Überbietung der sozialen Einigungsleistung des Mythos zu kommen. Nach einigen Zwischenschritten muß sich in der Konsequenz die Frage stellen, ob die moderne Idee des souveränen Verfassungsstaates und/oder ein Ersatz für die kollektive weltbildvermittelte Identität eine Lösung darstellen. Eine kollektive Identität ist für Habermas jedoch zu stark an ihre historische religiöse Gestalt gebunden, als daß sie als Substitut oder Komplement in Frage käme. Der souveräne Verfassungsstaat ist aber erstens durch Klassenstrukturen, zweitens durch den Internationalismus der Unternehmen, Waffentechnik und Weltöffentlichkeit, drittens durch Denormativierung der rechtlichen und administrativen Anbindung der Subjekte und ihrer Lebenswelt an die politischen und sozialen Regulativa, viertens durch das Zerbrechen der intermediären Gewalten kollektiver Identität, Nation und Partei, dekonstruiert.[9] Habermas setzt diesem irreversiblen Prozeß die Rekonstruktion der Erzeugungsregeln konsensuellen Handelns entgegen, die die relative Machtlosigkeit des Verfassungsstaates und der abstrakt gewordenen religiösen Gesinnung unterlaufen.

Kollektive Identität erfährt in diesem Prozeß einen bemerkenswerten Positionswechsel. Als Komplement des Verfassungsstaates wird sie durch die genannten vier Faktoren natürlich ebenfalls ihrer Geltungsbedingungen entlöst. Als indirekte Identität ermöglichender Satz von Erzeugungsregeln nutzt sie diese Abstraktion auf der anderen Seite aus, um gewissermaßen von unten der systemischen Vergesellschaftung den Als-ob-Verfassungsstaat der Intersubjektivität entgegenzuhalten. Die Philosophie erklärt nicht mehr die vernünftige Identität der Gesellschaft als Resultat des Verfassungsstaates, sondern die Rationalität und Legitimität intersubjektiver Verständigungsprozesse als Voraussetzung identischer Gesellschaftlichkeit. Doch wie soll diese neue Philosophie nicht abstrakt sein, nicht Hegels bereits formulierter Kritik des Kantischen abstrakten Republikanismus entgehen? Es fehlt ihr ein Stück soziologischer Aufklärung, die eine Aufklärung über die Herkunft der Soziologie einschließt. Durch diesen Positionswechsel wird ein für die Wende zum 19. Jahrhundert noch fremder Stoff des Vergesellschaftungsprozesses überdeutlich, der sich irreversibel zwischen die Fragen nach Souveränität und Legitimität des Verfassungsstaates einerseits und jenen nach den Regeln vernünftiger Subjektivität und Intersubjektivität schiebt. Solange »funktionale« Vergesellschaftung nur Ausdifferenzierung eines geldgesteuerten kapitalistischen und machtgesteuerten administrativen Systems bedeutet, scheint es noch, wie im 18. Jahrhundert möglich, Legitimität oder Illegitimität des Verfassungsstaates auf der Ebene gelungener oder mißlungener Intersubjektivität anzusiedeln wie umgekehrt die politische Subjektivität hochzurechnen. Die Parallelität von Gesellschafts- und Staatsbegriff schien bei aller Spannung zu halten. Im liberalen Falle relativieren die um die freien Produzenten gebauten Sozialstrukturen den Abstand von Verfassungsstaat und Intersubjektivität immer wieder, die Marktvergesellschaftung ist ein horizontales und vertikales Kontinuum. Im Falle kritisch-marxistischer oder elitetheoretischer Analyse gehen verfassungsmäßig allgemeine staatliche Institutionen, wie Beamtenschaft und politische Klasse, und durch das Privateigentum strukturell privilegierte besondere Segmente der intersubjektiv verfaßten Basis eine Verbindung ein, um eine allgemeine Dominanz eines Teils der Gesellschaft über den anderen zu garantieren.[10] Das eigentliche Hegelsche Modell einer reflexiven öffentlichen Autorität, die horizontale Differenz und vertikale Hierarchie des politisch-institutionellen Gefälles wie die zentrifugalen Kräfte der bürgerlichen Gesellschaft in sich aufhebt, ist dabei verlorengegangen. Wenn die Frage so gestellt werden kann, hat die Stunde der Sozialphilosophie geschlagen. Max Webers Theorie des homo oeconomicus-sociologicus und Carl Schmitts des homo politicus-sociologicus[11] stehen programmatisch gegeneinander und finden keine Form, in der sich die Widersprüche bewegen können. Wie auch immer man Weber und Schmitt diskutieren mag, in diesem Kontext liegt die Bedeutung darin, gerade die Paralyse einer historisch-politischen Konstellation zum Ausdruck zu bringen. Wo kapitalistische und bürokratische Rationalität irreversibel eine die Nation formende, soziale Gestalt annehmen, d. h., als Systeme den Vorrang funktionaler vor stratifikatorischer Vergesellschaftung garantieren, ist der radikalliberalen Hochrechnung vernünftiger Intersubjektivität auf das Ganze wie deren autoritäre Durchdringung durch Subjekt und Souverän der Ausnahme ein elastischer kaum verrückbarer Riegel vorgeschoben.

Zwischen Kant und Hegel auf der einen und Weber und Schmitt auf der anderen Seite ist ein »sozialphilosophisch« nicht mehr zu vermittelnder Gesellschaftsprozeß Realität geworden. Wo Sozialphilosophie war, kann nur noch, so scheint es zumindest, Soziologie werden. Aber Soziologie ist in dieser Fassung zunächst der Name für eine historisch-politische Problematik, bevor sie ein wissenschaftliches Programm wird. Die rechtspositivistisch schon ausgedünnte Gestalt des souveränen Verfassungsstaates scheint nur noch überbietbar: durch einen Begriff des Politischen, der sich den Staat unterordnen und nutzbar machen kann, weil er, am Bild einer katholischen Institution entworfen, an der Neutralisierung des Staates nicht teil hat. Die romantisch und utopisch als Sozialkörper oder Bewegung aufgeblähte Intersubjektivität scheint ebenfalls nur noch überbietbar zu sein, durch ein »monumentalistisches Subjekt« (Gerth/Mills über Weber) oder eine super-subjektive Bewegung. Elitistische Beschwörung und Technik der Totalisierung wie utopische Philosophie und Praxis der Totalität gewinnen ihre Signifikanz nicht aus eigenem Recht, sondern dadurch, daß sie die Frage nach dem Begriff des Politischen und die nach dem Subjekt noch einmal in einem zu beantworten scheinen.[12] Doch warum sollte der »Soziologie« eine Aufklärung gelingen, deren Bedingungen der Sozialphilosophie unter den Füßen weggezogen scheint? Wo und wie, könnte man Hegel paraphrasieren, wird das Wirkliche soziologisch und die Soziologie wirklich? Beide Fragen zielen auf die spezifische neue Realität der Gesellschaftlichkeit, die sich, abgekoppelt vom Gesellschaftsbegriff des 18. Jahrhunderts, zwischen Verfassungsstaat und Intersubjektivität geschoben hat. Die Frage nach dem Wie ist, wenn man die These von der Dominanz funktionaler Vergesellschaftung akzeptiert, der nach der soziologischen Realität jenseits des ökonomischen und politisch-administrativen Systems analog. Die Frage nach dem Wo bedeutet, welche räumlichen, zeitlichen und sozialen Bedingungen einen Bruch mit der Gesellschaft beschränkter Haftung, von machtlosem Verfassungsstaat und abstrakter Intersubjektivität erlauben. Die erste Frage zielt auf die Emergenz eines dritten Sektors in der Gesellschaftsstruktur, die zweite auf die soziologische Realität der »bürgerlichen Gesellschaft ohne Staat«, wie Hegel die Vereinigten Staaten genannt hat.

Habermas hat die Frage nach einem dritten Sektor als weniger bedeutsam charakterisiert. Diese Ablehnung scheint mir kaum überzeugend. Um gegenüber kapitalistischer Ökonomie und Staatsapparat regulative Distanzfähigkeit gewinnen zu können, könnte ja, so führt er den Gedanken ein, ein weiteres Subsystem bereitgestellt werden. »Selbst wenn sich«, so Habermas, »ein derart nachgeschaltetes System ausfindig machen ließe, würde sich nach einem wiederholten Enttäuschungs- und Distanzierungsschub abermals das Problem ergeben, daß sich die lebensweltlichen Krisenwahrnehmungen nicht ohne Rest in systembezogene Probleme der Steuerung übersetzen ließen.«[13] Die unzureichende soziologische Aufklärung zeigt sich darin, daß dieser Enttäuschungs- und Distanzierungsschub – der immerhin die Arbeit an den Fragen von Leviathan und Subjekt beträfe – behauptet wird, ohne daß der dritte Sektor in Herkunft und Logik jemals analysiert wäre.[14] Die strategische Stellung eines solchen Sektors, der die funktionale Vergesellschaftung »vollendete«, bleibt unerkannt. Überspitzt gesagt, erst nachdem sich ein dritter Sektor von der Beschwörung des Politischen und der organischen Intersubjektivität emanzipiert hat, kann er Gegenstand eines neuen Distanzierungs-, Enttäuschungs- und Reflexionsprozesses werden. Der Gedanke geht weit über eine systemtheoretische Steuerungsidee hinaus.[15] Er ist das unabdingbare Zwischenstück einer Soziologie des Homo oeconomicus und Homo politicus.

Wo der souveräne Verfassungsstaat gegenüber der Dynamik des Kapitalismus nur Steuerstaat sein könnte und die bürgerliche Gesellschaft gegenüber der Rationalität bürokratischen Handelns nur die abstrakte Öffentlichkeit von Privateigentümern aufbietet, stellt der dritte Sektor innovativ die Arbeit an Leviathan und Subjekt auf Dauer, gibt dem Umgang mit Modernität Zeit und Chance.[16] Zwar bleibt offen, wie dauerhaft und durchgreifend und mit welchen Nebenfolgen diese Lösung funktioniert. Dennoch antwortet diese Idee zunächst exakt auf die Weber-Schmitt-Konstellation und überspringt die »Achsenzeit« der Moderne nicht zugunsten einer Logik der Aufklärung, von »Gemeinschaft und Gesellschaft« oder dem Dualismus von Macht und Verständigung.

Läßt sich für diese Idee eine historische Annäherung beschreiben und das Zwischenstück soziologisch fassen? Wo die Soziologie wirklich und das Wirkliche soziologisch wird, ahnt Max Weber vielleicht nach seiner Amerika-Reise 1904. Carl Schmitt ahnt ebenfalls die politische Bedeutung von »habits«, die zwischen Politischem und Sozialem vermitteln, allerdings erst nach seiner Beteiligung an der »Zerstörung der Vernunft«.[17] In einer persönlich wie wissenschaftlich kritischen Phase seiner Entwicklung sieht Weber vielleicht im amerikanischen »Pluralismus«, durch die Struktur des Sektenwesens gegenüber dem Kirchenprinzip vermittelt, nicht nur eine Alternative zur Erstarrung des Wilhelminischen Deutschland, sondern auch gegenüber dem Zwielicht der Moderne. Mehr noch, er denkt Amerika und Europa als Gegensatz, wenn er die Risiken der amerikanischen Entwicklung als »Europäisierung« kennzeichnet. Es ist zweifelhaft, ob dieser Absatz etwas Neues zur Interpretation Webers beiträgt, er fordert jedoch dazu auf, Webers Vorhaben einer zweiten Amerika-Reise theoretisch-empirisch nachzuspielen.[18] Webers Verweis auf das Sektenwesen kann als ein Baustein verstanden werden, um die amerikanische Reform der populistisch-progressiven Epoche von der Mitte der 1880er Jahre bis zum 1. Weltkrieg in ihrer historisch-soziologischen Bedeutung zu würdigen. Carl Schmitts Hinweis auf die politischen »habits« ermöglicht, diese Reform zivilisationstheoretisch-politisch zu verstehen, nämlich als Zivilisation des herrschenden Staates und monumentalen Subjekts bzw. der sich überfordernden Intersubjektivität in einem selbsttragenden System des Sozialen innerhalb der Gesellschaft.[19]

III

Das Argument, die Schwierigkeiten eines Auswegs aus der Subjektphilosophie durch die soziologische Konstruktion eines dritten Sektors zu vermindern – anstelle der Elaborierung von »Subjekt« und »Philosophie« –, hat durchaus Vorteile. Es hat noch mehr Gewicht, wenn man es an eine historisch-soziologische Skizze knüpft.

Unter dem Druck schneller Industrialisierung, wachsender Urbanisierung und Beendigung der Landnahme läßt sich das begründete amerikanische Versprechen vom Kapitalismus der einfachen Warenproduktion, elitärem Liberalismus und populärer Demokratie, von small-town-Gemeinschaft und Sektengruppe nicht mehr einhalten. Doch die institutionellen und normativen Reserven des Besitzes von Rechten, des Willens zum Wählen und der erprobten Konfliktfähigkeit wie die Drohung von »Staat und Revolution«, die aus Europa herüber klingt und ein unüberhörbares Echo findet, setzen einer autoritären, elitistischen und revolutionären Lösung Grenzen. Zwei aufeinanderfolgende soziale Bewegungen, der Populismus Mitte der achtziger Jahre bis 1896 und der Progressivismus Mitte der neunziger Jahre bis 1917 schaffen[20] eine mehr als 30 Jahre währende Konflikt-, Reform- und Lernsituation. Keine der Kräfte setzt sich entscheidend durch, ihre Energien scheinen sich auf ein drittes Feld zu konzentrieren. Es manifestiert sich in der Institutionalisierung einer Kultur des Wählens, die weniger die politisch-ökonomischen Zentren der Gesellschaft herausfordert als parallel zu ihnen zivilisatorische Arrangements aufbaut, die notwendig einem ständigen Veränderungsprozeß unterliegen. Zwar gibt es die ersten politischen Kompromißformen, die dem New Deal vorausgehen, doch sind sie kaum relevant. Der Wille zum Wählen ist jedoch in vier zivilisatorischen Arrangements fixiert, lockeren Regulativa des Alltagslebens, die inklusiv sind und sich wechselseitig zu einem System verknüpfen, eine Politik des Sozialen vor der Sozialpolitik. Konstanz der Rechte, Anerkennung und politische Intensität sozialer Konflikte, damit einhergehende transzendentale Rechtfertigung des Alltagslebens und ein modernes (ent)scheidungsfähiges Interesse an der Familie bilden ein von kapitalistischer Industrialisierung und Nationalisierung relativ unabhängiges kulturelles Netz. In jedem dieser Arrangements wird das alte Amerika, das immerhin das Amerika Tocquevilles war, unter Konfikten, Leiden, Enttäuschungs- und Distanzierungsschüben umgewälzt und in eine neue Formation gegossen, bevor die politische Gestalt in Frage gestellt wird.[21] Es ist in gewisser Weise ein interner Staatsbildungsprozeß, d. h., bisher frei fluktuierende außengewandte

Kräfte werden in einen neuen inneren wechselseitigen Prozeß gezwängt, der ihre Energien zerlegt, umlenkt und neu zusammensetzt. Aber nicht der Staat, sondern der Als-ob-Staat eines gesellschaftlichen Systems garantiert seine Einheit und die Innen/Außen-Grenzen.[22]

(Die »Amerikanismusdebatte« hat eine längere und umstrittenere Geschichte, auf die hier kaum eingegangen werden kann. Aber immerhin haben bereits Charles und Mary Beard Elias' Theorie des Zivilisationsprozesses in ihre Diskussion des Aufstiegs der »american civilization« aufgenommen.[23] Allerdings ist ihre Arbeit noch so stark vom Widerspruch zwischen »ökonomischer Interpretation der Verfassung« (so Beards berühmtes Buch von 1914) und einem Tocquevilleschen Demokratieverständnis geprägt, als daß sie diesen Hinweis systematisch hätten verwerten können.)

Der Reformprozeß ist zunächst eine »praktische Soziologie«, d.h. die Tätigkeit von Sozialreformern und Philanthropen, Populisten und Progressivisten, Pastoren, Priestern und Laien, neuen professionellen Eliten und konservativen Demokraten, von aufkommender Arbeiterbewegung, Frauenbewegung, Nationalitäten- und Glaubenserneuerungen, alle sind gleichermaßen vom Tory-Konservativismus wie dem europäischen Sozialismus entfernt. Ihr theoretischer Ausdruck ist im Unterschied zu parallelen Entwicklungen in Deutschland und Frankreich weit weniger konsistent[24], ihr »Zusammenhang« ist in erster Linie einer der »Arbeit am Sozialen«. Es sind eher Randgänger der Soziologie wie Thorstein Veblen, politische Philosophen und Aktivisten wie Herbert Croly und neue Historiker wie Charles Beard, die die neue »soziologische« Struktur der Wirklichkeit verstehen.[25] Soziologie befindet sich hier nicht in der Spannung zwischen Staatswissenschaft und politischer Theologie einerseits und politischer Ökonomie und Kultursoziologie andererseits. Sie bringt weniger die Widersprüche ihrer Zeit zum Ausdruck, sondern übersetzt das, was empirisch geschieht. Sie wächst erst später aus der Arbeit am Sozialen und erneuter theoretischer Reflexion zusammen. In ihrer späten neo-klassischen Gestalt, der Soziologie Talcott Parsons, sind diese produktiven wie prekären historisch-sozialen Ausgangslagen jedoch bereits ähnlich neutralisiert wie in der neo-klassischen Ökonomie die sozialökonomischen Widersprüche kapitalistischer Vergesellschaftung.[26] Haben sich damit die alten

Fragen nach Leviathan und Subjekt gewissermaßen erledigt, ist in Systematik und Staffelung des AGIL-Schemas der prekäre Bildungsprozeß der Institutionen kleingearbeitet und gezähmt? Wird die Soziologie zerstört, wenn man sie auf Politik zentriert, wie Luhmann allgemein für funktional differenzierte Gesellschaften annimmt?

IV

In Hannah Arendts politischer Philosophie dagegen ist die »historische Masse noch flüssig, aus der Institutionen geformt werden« (Habermas).

Habermas hat Arendts und Parsons Machtbegriff zu Recht gegenübergestellt.[27] Beide diskutieren zwar Macht als eine Potenz, die im sozialen Handeln realisiert wird, aber sie gehen von unterschiedlichen Voraussetzungen aus. Gegenüber Parsons kann man mit Habermas und Arendt argumentieren. Eine in den funktionalen Bedingungen des politisch-administrativen Systems wirkende Macht kann sich nur an dessen Erfolgskriterien orientieren. Sie muß im Konfliktfall ihrer inhärenten Asymmetrie gegenüber dem Konsensus den Vorzug geben. Das Interesse der Teilnehmer ist an die Faktizität der Entscheidung und die relative Maximierung der eigenen Ziele gebunden und nicht an eine weiterreichende normativ gerechtfertigte Geltung oder die Erfahrung der kollektiven Ausübung von Macht.[28] Für Arendt ist die Macht etwas Absolutes, ein Selbstzweck wie der Frieden.[29] Sie muß zwar legitim sein, aber nicht gerechtfertigt werden, denn sie ist in allen menschlichen Gemeinschaften immer schon da. »Macht entspricht der menschlichen Fähigkeit, nicht nur zu handeln oder etwas zu tun, sondern sich mit anderen zusammenzuschließen und im Einvernehmen mit ihnen zu handeln. Über Macht verfügt niemals ein Einzelner; sie ist im Besitz einer Gruppe und bleibt nur solange existent, als die Gruppe zusammenhält.«[30]

Aber wo Habermas Hannah Arendts potentiellen Beitrag zu einer Theorie des kommunikativen Handelns betont, geht andererseits etwas Wichtiges verloren. Hannah Arendt hat niemals auf einen Begriff des öffentlichen politischen Raumes, der an die Idee und Leistung der antiken polis anknüpfen kann, verzichtet. In seinen frühen Arbeiten, eigentlich bis zur sprachphilosophischentwicklungspsychologischen Wende in *Legitimationsprobleme des Spätkapitalismus,* hat Habermas selbst den Verlust der Dimension des Politischen gegenüber der des Sozialen beklagt. Heute ist diese Frage leider nicht mehr akut. Freilich werden in Habermas' Kritik an Arendt die Gründe sichtbar. Angesichts der realen Einbindung des Staates in die kapitalistische Warenproduktion und der daraus entstehenden Konsequenzen scheint es abstrakt, an einer öffentlichen Instanz festzuhalten, die von allen direkten Fragen der Sozialpolitik, der Massenbeeinflussung und der Repression radikal abweichender Auffassungen losgelöst ist und dies auch sein will. Je besser die Logik eines politisch-administrativen Systems als System funktioniert, um so abstrakter erscheint Arendts Position.

Angesichts dieses Dilemmas muß berücksichtigt werden, daß Arendt die Qualität des politischen Staates wesentlich an seiner Gründung, im besonderen an Revolution und Geschichte der Vereinigten Staaten verdeutlicht. Peter Fuss weist darauf hin, daß dies keine sich aus ihrer eigenen Biographie erklärenden Geste sei, sondern systematische Bedeutung habe.[31] Die amerikanische Revolution hat aufgrund ihrer spezifischen Voraussetzungen keine Bastille gestürmt, sondern eher ein »abwesendes Zentrum« konstruiert[32], in dem auch eine noch so eigentümliche Idee des 18. Jahrhunderts, wie die des »öffentlichen Glücks« Raum gewinnen konnte. So gesehen ist das Arendtsche Argument jedoch kaum in der Lage, Parsons zu überbieten. Warum sollen nicht die Errungenschaften der Revolution und ihre kulturellen Muster auf Dauer systemisch integriert, im sozialen System periodisch erhitzt und zusammengeschweißt werden können, wie sich z. B. Huntington die Erneuerung des amerikanischen Glaubens vorstellt?[33] Macht wäre dann in der Weise produktiv freigesetzt, wie es sich Parsons in einem spezialisierten politischen System vorstellt, während ihre Rahmenbedingungen ausgelagert, aber ebenso systemisch wären. Wo Hannah Arendt aber an der kritischen Distanzfähigkeit gegenüber der systemischen Vergesellschaftung insgesamt und einer öffentlichen politischen Instanz festhält, steht ihr die Einmaligkeit der Gründung, die auf die Revolutionsidee zurückgreift, im Wege. Mehr noch: dieser Zirkel verschärft die Distanz zu Gesellschaft und Alltäglichkeit, ohne auf der anderen Seite eine Klärung der Idee des Politischen zu liefern. Genau darin aber liegt allein der Kredit für eine politische

Theorie, nämlich sich von der puren Analyse der Kräfteverhältnisse zurückzuziehen. Ist es nicht naheliegend, diese Schwierigkeiten mit der irreführenden Periodisierung der europäisch-amerikanischen Geschichte in Verbindung zu bringen, die die amerikanische Innovation als eine Variation der »bürgerlichen Revolution« einführt, statt als Zwischenlösung der Dialektik von Moderne und Modernisierung am Ende des 19. Jahrhunderts? Spiegelt sich hier nicht darüber hinaus die Problematik einer politischen Philosophie, die zu Recht das Absolute nicht mehr denken will, aber keine Mittel hat, die soziale Struktur der Arbeit am Absoluten zu beschreiben? Und drittens schließlich, spiegelt sich nicht darin die Schwierigkeit, die Antwort auf Modernisierung und Kapitalismus gleichermaßen sozial wie politisch zu denken, wo die soziale Antwort auf eine abstrakte, nur in Regeln erkennbare Lebenswelt und die politische auf ein ebenso abstraktes, weil unsinnliches öffentliches Glück verweist?

Wenn wir einen Schritt weiter gehen, stoßen wir auf eine interessante Parallelität zwischen der politischen Theorie Arendts und Michel Foucaults Theorie der Macht, die Fred Dallmayr aufgezeigt hat.[34] Weniger die Typologie der Macht, von der repressiven Exklusion zur strategischen Integration,[35] noch die Richtung der Macht, repressiv-hierarchisch, noch produktiv-systemisch, sondern Status und Repräsentativität der Macht sind die Anschlußpunkte. Modi und Richtung definieren einen Status der Macht, der sich zwischen Gewaltmonopolisierung, Souveränität und der Fähigkeit zur Konfrontationsstrategie auf der einen und konsensuellem Handeln, intersubjektiver Praxis und Erfahrung auf der anderen Seite schiebt. Innerhalb dieser Grenzen bedeutet Macht im Rückgriff auf einen älteren und weiter gefaßten Sinn von »Government«, die Schaffung eines offenen Feldes von Möglichkeiten »to structure the possible field of action of others«.[36] Ob und wie immer Macht in Konsens oder Gewalt endet, zunächst ist sie »Regierbarkeit«, vielschichtiges Feld von Möglichkeiten, indirektem Einfluß und Wechsel von Instrumenten, die die Verknüpfung langer Zweckreihen ermöglichen. Regierbarkeit bezieht sich nicht einmal primär auf politische Strukturen, sondern auf die Art und Weise, in der das Verhalten von Individuen und Gruppen »regiert« wird. Ein solcher Machtbegriff ist keinesfalls der Freiheit entgegengesetzt – »cherished by Enlightenment thinkers and liberals of every persuasion« – sondern diese realisiert sich erst in Macht. Damit verschwindet weder die Chance für Gewalt und Repression wie Konsensus, noch ist die Machtrelation selbst in sich im Gleichgewicht. Die Tendenz, Reziprozität, Wechsel und Intensität des Machtdifferentials strategisch zu dauerndem eigenen Vorteil zu nutzen, ist immer gegeben, zerstört aber bei anhaltendem Erfolg die Macht. Macht ist zwar asymmetrisch, aber die Asymetrie darf nicht zeitlich, sachlich oder sozial auf Dauer gestellt werden, ohne sie zu zerstören. Diese Idee einer öffentlichen wie privaten, in sich fundamental pluralen politischen Praxis, die eine indirekte effiziente Regulation des Indirekten, d. h., von Möglichkeiten präpariert, aber darin auch die tiefsten Schichten des Verhaltens einschließt, ist in der Tat mit Arendts Theorie des Politischen verwandt. Doch auch hier ist zu fragen, warum diese Qualität der Macht sich nicht ebensogut und differenzierter in einer funktionalen Systemtheorie unterbringen ließe. Warum soll die Parallelität von Foucault und Arendt bessere Chancen haben als jene von Habermas und Arendt? Steht sie nicht ebenso vor der Wahl, sich entweder der systemtheoretischen Verfassung der Wirklichkeit zu ergeben oder abstrakt eine, wenn auch nicht moralisch-praktische, so doch ebenfalls alteuropäische politische Instanz zu behaupten, wo die funktionale Gesellschaft doch schon alles regelt? Doch wir haben bisher nur den Status, nicht die Repräsentativität der Macht einbezogen. Wie kann das Machtspiel eine »abwesende Qualität« der Gesellschaft zum Ausdruck bringen, präsent machen, ist sie nicht gerade die depersonale, nichtinstitutionelle und nicht-ästhetische »kalte« Instanz[37], in der die Ungewißheit der menschlichen Existenz kaltgestellt wird?

Das führt zur strategischen Idee des zivilisatorischen dritten Sektors zurück, der mit Hannah Arendt den Fortschritt des »american liberalism« anerkennt, aber ihn an die historische Spezifik seiner frühen Antwort auf Modernisierung und Kapitalismus bindet und begrenzt.[38] Nur wo das Politische davon entlastet ist, Leviathan oder großes Subjekt sein zu müssen, kann es als Schöpfer von Möglichkeiten gefaßt werden. Nur dort, wo zweitens Subjektivität und Intersubjektivität davon entlastet sind, monumentale Identitäten und ideale Verfahren permanent auszuhalten, hat Lebenswelt die Chance, jenes »merkwürdige Ding, das vor unseren Augen zerfällt und verschwindet, sobald wir sie stückweise vor uns bringen wollen«, zu werden.[39] Der empirische

Gehalt dieser These verdient sehr viel mehr Aufmerksamkeit, als ihm hier gewidmet werden kann.[40] Doch die systematische Spannung scheint klar. Wenn es eine soziologisch – und nur soziologisch, weil es sich um das Objekt der Soziologie schlechthin handelt – zu beschreibende Menge zivilisatorischer Arrangements gibt, die sich zu einem System verdichtet und die Fragen an Leviathan und Subjekt auf Dauer stellt, so kann die Frage nach dem Politischen erneut und schärfer formuliert werden, ohne in die bitteren Aporien Max Webers und Carl Schmitts zurückzufallen. Sie *muß* dann aber auch gestellt werden, weil allein an ihr das Problem des praktischen Eingriffs in gesellschaftliche Systeme diskutiert werden könnte. Die Lebenswelt kann nur verstehend und darstellend, bewahrend und kritisch gegen die historisch-soziale Realität funktionaler Vergesellschaftung aufrechterhalten werden, ihre politische Inanspruchnahme müßte sie zerstören.[41] Welchen zeitlichen, sachlichen und sozialen Typus der Zentralität ermöglicht eine solche Sozialstruktur, welche indirekten Institutionen regulieren diesen mehrschichtigen Pluralismus und welche öffentliche Sprache verleiht ihr Ausdruck? Oder ist tatsächlich jene gewaltige und gewaltsame unsichtbare Hand denkbar, die noch diese Trinität der Systeme im Ausgleich hält – oder muß man diese Hand systemtheoretisch, religionssoziologisch oder neo-phänomenologisch beschwören? Wer eine moderne funktionale Gesellschaft auf Politik zentrieren will, zerstört sie, so Niklas Luhmann, der damit die Generalformel der politisch-soziologischen Posthistoire geprägt hat.[42] Es ist wenig erfolgversprechend, dieser Position eine andere Haltung oder den Willen zur Politik entgegenzusetzen. Die Gegenthese müßte vielmehr die sein, daß funktionale Gesellschaften gerade dann, wenn sie mit dem dritten Sektor ausgestattet sind, auf Politik – was nicht heißt auf Staat – zentriert sein müssen, wenn sie sich nicht selbst zerstören wollen.

In seinen späteren Schriften hat Michel Foucault drei Ebenen der Analyse unterschieden[43]: die der Sprache und Bedeutung, die eine umfassende linguistisch-semiotische Theorie – bzw. eine Theorie kommunikativen Handelns – aufzeigt; die der Arbeit, Technik und Produktion, die Theorie und Geschichte der Ökonomie und Gesellschaft analysiert und schließlich die der politischen Macht. Der kritische Teil in dieser Systematik ist nicht die Grundlegung der ökonomischen Theorie und Geschichte bzw.

Gesellschaftlichkeit in linguistischer und semiotischer Theorie, sondern gerade ihre Überbietung in einer Theorie der politischen Macht. Diese muß allerdings in der strategischen Idee eines dritten Sektors rückversichert sein, um nicht in die Aporien der frühen Moderne zurückzufallen. So sind Foucaults Ansätze einer Theorie der Macht eher schlechtes Neues, aber auch nicht gutes Altes.

V

Was die Geschichte des Politischen betrifft, so haben die »sechziger Jahre« gerade erst begonnen. Diese Periode markiert den irreversiblen Bruch einer spezifischen Moderne, weder des Abendlandes noch der Neuzeit noch der Aufklärung. Sie beginnt in der Krise der europäischen Gesellschaften am Ende des 19. Jahrhunderts bzw. in der amerikanischen Entdramatisierung von Staat und Revolution, in der sie ihre Bewegungsform findet. Ihre Nachmoderne ist in der Tat unübersichtlich. Die Parallelität des scheinbaren Veraltens von deutscher Sozialdemokratie und amerikanischen Demokraten wie Walter Mondale[44] ist dabei ein sehr spätes Resultat dieser Moderne, deren Voraussetzungen weiter als das »keynesianisch-wohlfahrtsstaatliche Projekt« zurückreichen. Ein gewisser Gleichlauf der politischen Konjunkturen ist ein sehr spätes Ergebnis, das leicht in die Irre führt.

Michel Foucaults Theorie der Macht reflektiert diesen Prozeß der politisch-zivilisatorischen Moderne. Liest man sie aus der Perspektive einer kritischen »Subjektphilosophie«, so scheint sie sich gewissermaßen selbst die Ressourcen zu entziehen, um den diagnostizierten Konsequenzen von Disziplinierung, Normalisierung und Territorialisierung der Machtprozeduren in modernen Gesellschaften kritisch Paroli bieten zu können. Aus der Sicht einer Kritik der Subjektphilosophie, von der frühen Romantik[45] über Nietzsche bis in die dunklen Seiten der kritischen Theorie selbst, dekonstruiert sie nur, was seit langem sein Zentrum verloren hat und wirft ein Licht auf Techniken der Macht, mit denen sich jeder, unter Drohung der Katastrophe, auseinanderzusetzen hat. Beide Seiten jedoch beziehen sich nur auf das Subjekt in »Subjektphilosophie«. Die dezidiertere Frage, die sich im Anschluß an Foucault eröffnet, ist die nach einer Post-Soziologie[46], insofern Soziologie zuerst den politischen Kern der Philosophie, Hegels Auffassung zufolge, in sich aufhebt, um dann selbst, wie zuvor die Rechtfertigung des Verfassungsstaates am eigenen Erfolg zu verzweifeln.[47] Wenn in Zusammenhang mit dieser Problematik Max Webers skeptisch-utopische Idee eines der Moderne angemessenen »Menschentums«[48], die Erinnerung an unsozialisierbare Grundrisiken menschlichen Lebens oder die Kritik der »Abschaffung des Menschen«[49] proklamiert werden, geraten die Fragen der klassischen politischen Philosophie vielleicht wieder ins Blickfeld.[50] Aber es bleibt unklar, wie gegenüber den Risiken der Modernität – von Habermas bis Foucault diagnostiziert – Distanz und Eingriffsfähigkeit gewonnen werden kann. Der Weg von einer präsoziologischen Subjektphilosophie zu einer postsoziologischen Machttheorie führt über die klassische politische Philosophie, aber sie kann dort nicht innehalten. Die von Habermas in Amerika beobachtete Wiederkehr europäischer, ja deutscher politisch-philosophischer Fragen[51], indiziert dann auch die Wiederkehr der Fragen nach dem Begriff des Politischen genau dort, wo das Soziale und die Soziologie so erfolgreich waren. Am Vorabend des 1. Weltkriegs bediente sich diese Kritik der Formen der europäischen Soziologie.

Das politische Projekt der Moderne beginnt vielleicht erst gerade im Rahmen einer kritischen Theorie der Gesellschaft[52]. Deshalb muß sich zeitgenössische Erfahrung sehr intensiv auf die kulturellen Projektionen der ästhetischen Post-Moderne – die ja Vollendung, Überbietung und Trennung von der sozialen Moderne gleichermaßen sind – einlassen, um genügend Grundgeschwindigkeit gegenüber den Behauptungskräften der sozialen Moderne zu gewinnen, deren ideologische Repräsentation ebenso uneindeutig ist wie die der politischen Moderne.[53] Das »Politische« schwebt so nicht abstrakt über der Dynamik moderner Gesellschaft. Daß eine soziologische Steuerungstheorie diese Realität nicht versteht, mag einleuchten, aber damit sind noch nicht einmal die richtigen Fragen gestellt.[54] In jedem Falle prägt die Subjektphilosophie noch in hohem Maße die Auswege aus ihren eigenen Problemen.[55] Die Verknüpfung einer Theorie des dritten Sektors mit der Erneuerung der Frage nach dem Begriff des Politischen, die aber eine umstandslose Rückkehr zu Max Weber wie Carl Schmitt ausschließt, ist ein mögliches Mittel, um sie zu überbieten.

Anmerkungen

1 Diese Arbeit steht im Kontext eines von der DFG geförderten Projekts *Zivilisationsprozeß und Begriff des Politischen in Europa und den USA um 1900*, das im Sommer 1986 abgeschlossen wurde. Einige Ergebnisse zum Zivilisationsprozeß des Politischen in den drei Dekaden vor dem 1. Weltkrieg in den USA habe ich bereits zusammengefaßt in *Die Sozialisierung von Elite. Neue zivilisatorisch-politische Arrangements in den USA um 1900*, in: Berking/Evard/Schwengel (Hrsg.), Über das Verschwinden der Eliten und die Wiederkehr des Elitären, Berlin 1988.
2 Konstellationen entstehen aus mehreren Theorien, die einen lockeren Verband eingehen, sind offen, aber nicht beliebig. So gab es eine Konstellation Nietzsche (Taubes), die eine französisch-politische wie deutsch-ästhetizistische Linie erlaubt, Positionswechsel zwischen konservativen und progressiven Anbindungen, Neukompositionen und polemischen Ausschließungen. Die eingangs genannten Debatten haben in ähnlicher Weise zur Konstellation »Subjektphilosophie« beigetragen.
3 Sie kommt am klarsten in spontanen Debatten zum Ausdruck, etwa wenn Saul Bellow die unabdingbare Freiheit des Schriftstellers in einen allgemeinen geschichtlichen Rahmen stellt und diesen rechtfertigt. Er beginnt im 17. und 18. Jahrhundert und reicht über die Kritik an politischen Mißständen des Amerika der New Yorker Süd-Bronx hinaus. Vgl. den Bericht über den kurzen Schlagabtausch zwischen Günter Grass und Saul Bellow während der PEN-Tagung in New York 1986, vgl. New York Times vom 15. Januar 1986 (Edwin McDowell: Grass vs Bellow over U.S. at PEN zitiert Bellow: »I was simply saying the philosophers of freedom of the 17th and 18th centuries provided a structure which created a society by and large free, by and large an example of prosperity.«)
4 Natürlich ist mit der kulturellen Konstellation »Philosophie« keine akademische Disziplin oder ein abgegrenzter Korpus des Wissens gemeint, sondern eine geschichtlich bestimmte Art und Weise der Antwort auf Krisenprozesse sozialer Kohäsion, politischen Weltverständnisses und der Legitimation zentraler Institutionen. In ähnlicher Weise spreche ich von »Soziologie«. In den letzten Jahren haben Soziologen wahrscheinlich mehr von Philosophen, Historikern und Ethnologen gelernt als umgekehrt.
5 Die Idee, Soziologie und Marxismus wieder stärker an historisch bestimmte Kontexte und nationale Selbstthematisierungen zu binden, ist von Tenbruck erneut betont worden. Vgl. Friedrich H. Tenbruck, *Die unbewältigten Sozialwissenschaften oder Die Abschaffung des Menschen*, Graz/Wien/Köln 1984, S. 121 ff. Die Frage ist, ob die Kritik

einer Soziologie, die ihre umstrittene historisch-normative Basis vergessen haben soll, ausgerechnet durch den Verzicht auf eine Theorie der Gesellschaft (S. 314) oder nicht eher durch ihre politisch-geistige Überbietung zu leisten ist.
6 Zur Typologie der Foucaultschen Machtbegriffe vgl. Hinrich Fink-Eitel, *Michel Foucaults Analytik der Macht*, in: Friedrich A. Kittler (Hrsg.), *Austreibung des Geistes aus den Geisteswissenschaften*, Paderborn u. a. 1980.
7 Es ist ziemlich einfach, Foucault einen monistischen Machtbegriff zu unterstellen, der das ganze Kontinuum der Techniken zusammenhalte. Doch vergibt man sich dadurch die Möglichkeit, Foucault radikal zu lesen. Nicht der Sozialhistoriker und Genealoge des 17. und 18. Jahrhunderts, nicht der Genealoge des Viktorianismus und nicht der Systemtheoretiker der Macht sind jeweils für sich interessant, sondern die soziokulturelle Kette, die dazu zwingt, Sozialhistoriker, dann Genealoge und schließlich Systemtheoretiker zu werden. Wie kein anderer hat Foucault an unterschiedlichem historischen Material Effekte von Macht demonstriert, ohne einen Begriff von Macht formuliert zu haben. Die Schärfe der Demonstration ist begrifflich erst noch einzuholen, und Foucaults eigene nachgeschobene »Machttheorie« ist höchstens ein Anfang. Macht als politisches Konzept wächst noch vor unseren Augen, aus Herrschaft und Autorität wie Stärke und Gewalt heraus, es ist noch keine fertige, anwendbare analytische Kategorie. Foucault hat embryonale Stadien des Machtbildungsprozesses analysiert, ihre Kindheit ist die Gegenwart. Vgl. Dallmayr, *Polis and Praxis: Exercises in Contemporary Political Theory*, Cambridge 1984, S. 81 ff.
8 Vgl. Jürgen Habermas, *Können komplexe Gesellschaften eine vernünftige Identität ausbilden?*, in: Jürgen Habermas, *Zur Rekonstruktion des Historischen Materialismus*, Frankfurt 1976, S. 92 ff. Dieser Aufsatz, wie das Buch, markieren einen Wendepunkt, der die Konequenzen aus der Implementierung der Systemtheorie zieht. Die Alternative zur sprachphilosophischen-entwicklungspsychologischen Wende wäre eine politisch-philosophische Überbietung der Systemtheorie gewesen. Vgl. dazu auch Dallmayr, a.a.O., S. 251.
9 Vgl. Habermas, a.a.O., S. 108-111. Habermas konstruiert dort eine Stelle, wo zuvor Nation und Klasse ein angeborenes Recht zu haben schienen. Simmel hat diese Methode wohl zuerst zur Perfektion entwickelt. Zu dieser Charakterisierung vgl. Hans Blumenberg, *Geld oder Leben. Eine metaphorologische Studie zur Konsistenz der Philosophie Georg Simmels*, in: Böhringer/Gründer (Hrsg.), *Aesthetik und Soziologie der Jahrhundertwende:* Georg Simmel, Frankfurt 1976, S. 130.
10 Diese Drei-Gliederung findet sich bei George A. Kelly, *Hegels Retreat from Eleusis, Studies in Political Thought*, Princeton 1978, S. 222.

Kelly diskutiert »Hegels America« (so die Kapitelüberschrift) im Gegenwartsinteresse einer Notwendigkeit zur Politik. Aber er findet keine Verbindung zwischen Autorität und Macht. Sein Rückgriff auf Arendts *What is Authority*, in: *Between Past and Future*, bleibt folgenlos.

11 Gary Ulmen hat in einem bemerkenswerten Aufsatz (*The Sociology of the State: Carl Schmitt and Max Weber*, in: *State Culture and Society*, Vol. 1, Number 2, Winter 1985) Schmitt als homo politicus Weber als homo oeconomicus gegenübergestellt. Für ihn ist Schmitt der Hobbes des 20. Jahrhunderts, während Weber die letzte Generation eines Liberalismus des 19. Jahrhunderts verkörpert (vgl. S. 41, 44, 37). Schmitt hält wie Hobbes gegen Liberalismus, technische Neutralisierung und Dialektik an einem zentralen metaphysischen Inhalt fest, auch wenn alle theologischen Begründungen säkularisiert sind. Weber persönlich ist tief politisch motiviert, aber als bürgerlicher Liberaler des 19. Jahrhunderts glaubt er entweder an die Gesetze der politischen Ökonomie oder einen Rationalismus der Weltbeherrschung, der die metaphysische Instanz völlig idealisiert und dezentriert. Doch muß man einwenden: wo Hobbes noch homo politicus und Liberaler in einem sein konnte, jedenfalls bis zu einem gewissen Grade, ist Schmitt dies nicht mehr. Gerade deshalb wird der abstrakte homo politicus so gefährlich. Allerdings trifft seine Kritik des Weberschen Liberalismus einen wunden Punkt. Wo der bürgerliche Liberalismus nicht den demokratischen Durchbruch schafft, ist sein politisches Kapital schnell aufgezehrt. Er wird dann zum homo oeconomicus, auch wenn die biographischen und theoretischen Motive gerade entgegengesetzt sind.

12 Carl Schmitts Kritik der politischen Romantik ist insoweit nur eine Nachbildung der Kritik von Marx am politischen Utopismus, ihre Aufnahme bei Marxisten war nicht erstaunlich. Vgl. Georg Lukács, Carl Schmitt: *Politische Romantik, Appendix zu Geschichte und Klassenbewußtsein*, in: *Georg Lukács Werke*, Bd. 2. Doch Schmitt hat keine Theorie der modernen Einheit von Politischem und Staat entwickelt, wie er selbst noch 1972 glaubt (vgl. George Schwabs – eine affirmative – Einleitung zu *The Concept of the Political*, New Brunswick 1976), sondern versucht in wechselnden Lagen die Hobbessche Verknüpfung von Politischem und Staat zu wiederholen, ohne die Unwiederholbarkeit ihrer Grundlagen zu beachten. Wo das Politische nicht mehr polemisch gegen den Naturzustand steht (vgl. Leo Strauss' Kommentar von 1932, englisch als Anhang im angeführten Text, S. 91), ist es Derivat des Staates, oder Überbietung jedoch zugunsten von Liberalität.

13 Vgl. Jürgen Habermas, *Der philosophische Diskurs der Moderne*, Frankfurt 1985, S. 421 f. In Habermas' kleinen Schriften findet man eine Fülle klarer und sensibler Zeitdiagnosen.

14 Habermas hat selbst immer die Idee eines neuen Gesellschaftsbegriffs im Auge behalten, der die »Totalitätskategorien« der Hegel-Marxschen Gesellschaftstheorie dekonstruiert. Aber dieser Gesellschaftsbegriff gerät in den Bann des Dualismus von Handlungs- und Systemtheorie, der eine Überbietung im Politikbegriff ausschließt. Vgl. Jürgen Habermas, *Die Neue Unübersichtlichkeit*, Frankfurt, 1985, S. 180.

15 Vgl. Jürgen Habermas, *Der philosophische Diskurs der Moderne*, a.a.O., S. 422, wo sich Habermas gegen eine »steuerungstheoretische« Lösung ausspricht.

16 Er müßte inklusiv sein, d. h. alle Gruppen umfassen, die an der sozialen Kohäsion arbeiten. Er müßte zweitens sich weder auf die religiöse Vertiefung der sozialen Kohäsion Durkheims noch auf die Webersche Charakterisierung des Zwielichts der Moderne beschränken, sondern dort positiv werden, wo zwischen Weber und Durkheim ein Pareto nur ironisch werden kann. Vgl. Raymond Arons Einleitung zu *Main Currents in Sociological Thought*, Vol. II/Durkheim/Pareto/Weber, New York, London 1967.

17 Jeffrey C. Alexander und Colin Loader haben einen längeren Artikel Webers in der *Frankfurter Zeitung*, 50/1906, S. 102-104 über Kirchen und Sekten in Nordamerika wiederentdeckt und zur Grundlage einer eigenen Interpretation gemacht, *The Cultural Grounds of Rationalization: Sect Democracy versus the Iron Cage* (Arbeitspapier für ein Seminar an der New School for Social Research, Februar 1986), die englische Übersetzung ist erschienen als ›*Churches*‹ *and* ›*Sects*‹ *in North America: An Ecclesiastical Socio-Political Sketch*, *Sociological Theory*, 3/1/1985. Carl Schmitts Sicht auf Amerika ist die Kehrseite seiner Wahrnehmung der Krise des modernen europäischen Staates. Dabei scheint sich die Betonung von »Großraumidee« gegen Universalismus« (so Schmitt über die »große Weltfront« in: *Beschleuniger Wider Wille oder: Problematik der westlichen Hemisphäre*, wieder abgedruckt in: *Tumult* 7/1983, zuerst 1942 in der Wochenzeitung *Das Reich*) auf »Großraumidee und Universalismus« zu verlagern. (Vgl. dazu: *Der Nomos der Erde im Völkerrecht des Jus Publicum Europaeum*, Köln 1950. Hier ist der Bezug auf den politischen Charakter der »habits« durchgehend offen, während 1942 der Mythos der Neuen Welt schon seit »zwei oder drei Generationen« obsolet war, vgl. *Beschleuniger Wider Wille*, S. 12.)

18 Weber hat unterschiedliche Positionen in diesen Fragen bezogen. Immerhin aber ist 1904 ein Datum, das eine entscheidende Periode in Webers theoretischer und persönlicher Biographie bezeichnet, an der auch Hennis' interessante Idee, daß nicht »Rationalismus der Weltbeherrschung« sondern die Qualität von »Menschentum« Webers leitende Idee ausmache (vgl. Wilhelm Hennis, *Max Webers Fragestel-*

lung, in: *Zeitschrift für Politik* 29 (NF)/3/1982) festgemacht werden kann. Am Ende dieser Umbruchphase 1910 greift Weber erneut auf seine Amerika-Erfahrung zurück, um den Fortgang seiner Arbeit zu konzipieren. (Vgl. Hennis, S. 260.)

19 Die Idee des Sektors des Sozialen, der zunächst als eine bizarre Mischung aus öffentlichen und privaten Institutionen erscheint, ist erstmals in der Foucault-Schule bei Jacques Donzelot (bekräftigt in Deleuzes Nachwort) formuliert worden: »...das Soziale ist nicht die Gesellschaft, verstanden als die Gesamtheit der materiellen und moralischen Bedingungen, die eine Form des Zusammenlebens kennzeichnen. Es wäre in dem Fall eher die Gesamtheit der Mittel, die das gesellschaftliche Leben dem materiellen Druck und den politisch-moralischen Ungewißheiten entziehen, das Spektrum von Prozeduren, die den Mitgliedern einer Gesellschaft einen relativen Schutz gegen ökonomische Fluktuationen bieten, die ihre Beziehungen flexibel und ihre Motivationen überzeugend genug halten, um ein Zerfallen der Gesellschaft aus Interessens- oder Glaubensverschiedenheiten zu verhüten. Das Erstaunlichste ist freilich der Grad von Evidenz, den das Soziale in unseren Köpfen gewonnen hat.« (Jacques Donzelot, *Die Ordnung der Familie*, Frankfurt 1980, S. 15). Bei Donzelot bleibt die Idee aber letztlich Instrument einer subtilen Repressionshypothese, die den »eigentümlichen Polizeicharakter« unserer Gesellschaften (S. 21) erklärt. Sie ist zwar kritisch gegenüber zentristischen Konzepten von Souveränität und Klassenherrschaft, bleibt aber selbst nach der Demonstration des subtilen Regierens durch Familie, Vormundschaft und Regulation der Bilder bei dem zwar faszinierenden, aber unergiebigen Vergleich von Freud und Keynes stehen (vgl. S. 240 ff.). Dieses Risiko habe ich in meinem Versuch, hoffe ich, umgangen. Vgl. zum folgenden Abschnitt ausführlicher Schwengel, *Sozialisierung von Elite*, a.a.O.

20 Im Unterschied zum Progressivismus ist der Populismus noch zu entdecken. Obwohl kein Vorläufer, noch rückwärts gewandte Farmerideologie, war er konstitutiver Bestandteil des »american liberalism«. Er war sogar der erste Versuch einer politischen-institutionellen Definition und Bestimmung des Modernisierungsprozesses. Vgl. Lawrence Goodwyn, *Democratic Promise. The Populist Moment in America*, New York 1976. Goodwyn spricht zu sehr im Duktus des nicht eingelösten Versprechens des Populismus, dem als einziger Triumph geblieben sei, den Glauben an die demokratische Möglichkeit in Amerika wirklich tief eingepflanzt zu haben, als daß er die innovativen und strukturbildenden Resultate der gesamten Periode würdigen könnte. Umgekehrt ist etwa Hofstadters klassische Progressivismus-Studie, *The Age of Reform*, New York 1955 zu stark von ihrem liberalen Resultat, vor allem von F. D. R. her konzipiert, als daß sie den originä-

ren populistischen Beitrag wahrnehmen könnte. Die dunkle Seite des Progressivismus wird erst später in der Abwendung vom New Deal deutlich und nicht als »Age of Excess« (Ginger) oder »Triumph of Conservatism« (Kolko) vor dem 1. Weltkrieg. Was im Vergleich zu Europa die Pointe ist, ist der lange intensive politische Lern- und Zivilisationsprozeß, an dem sowohl der Populismus der Farmers Alliance wie der Progressivismus Th. Roosevelts beteiligt sind, die von Haus aus wenig miteinander zu tun haben.

21 Die Frage nach dem politischen Charakter der Nation stand nicht am Anfang des New Deal, sondern bildete sich erst im Prozeß heraus. Vgl. dazu Theda Skocpol, *Political Response to Capitalist Crisis: Neo-Marxist Theories of the State and the Case of the New Deal*, in: *Politics and Society*, 10/1/80.

22 In mancher Hinsicht sind die USA eine Demokratie, weil die Bedeutung und das Verständnis von Demokratie gerade *nicht* an repräsentativ-demokratische Wahlen gebunden ist. Seit der Jahrhundertwende scheint die politische Bedeutung von Wahlen, mit Unterbrechungen, zu sinken. Vgl. Kim Ezra Shienbaum, *The Electoral Connection. A Reassassment of the role of voting in Contemporary American Politics*, Philadelphia 1984, S. 118 und Walter D. Burnham, *The Current Crisis in American Politics*, N.Y./Oxford 1982, S. 25 ff.: *The Changing Shape of the American Political Universe*.

23 Charles and Mary Beard, *The Rise of American Civilization, Vol. IV, The American Spirit*, N.Y. 1942, S. 58 ff. (die erste Fassung von *Rise of American Civilization* ist 1927 erschienen). Die Auseinandersetzung mit Elias' Unterscheidung von Kultur und Zivilisation ist geprägt von der Situation des Krieges gegen Nazi-Deutschland.

24 Dies läßt sich etwa am Vergleich von Lester Wards *Pure Sociology* (1903) und Simmels *Philosophie des Geldes* zeigen. Aber gerade Ward ist in seiner Ablehnung des Spencerschen Sozialdarwinismus, seinem »lower class bias« (Hofstadter) und seiner Orientierung an reformerischen Sozialingenieuren und ihrer »sociology of milieu« (Mills) ein erfolgreicher Advokat dessen, was geschieht; ein amerikanischer Soziologe des Sozialen schlechthin. Vgl. zu dieser Periode die gegensätzliche Position L. L. und Jessie Bernard, *Origins of American Sociology. The Social Science Movement in the United States*, N.Y. 1965 und Herman and Julia R. Schwendinger, *The Sociologists of the Chair. A Radical Analysis of the Formative Years of North American Sociology 1883-1922*, N.Y. 1974, sowie Tenbruck, a.a.O., S. 157 f.

25 Veblen hat von *The Theory of the Leisure Class* bis zu *The Instinct of Workmanship* die Simultanität unterschiedlicher historisch-anthropologischer Niveaus im gerade entwickelten amerikanischen Kapitalismus aufgezeigt. Herbert Croly hat die Idee des amerikanischen Liberalismus im Gegensatz zu europäischen Alternativen präzisiert.

Charles Beard hat einer ökonomischen Interpretation der amerikanischen Verfassung die Idee einer »public culture« hinzugefügt un in ihrer Vermittlung den Kern der amerikanischen Zivilisation gesehen. Die lange vernachlässigte historisch-anthropologische Seite ist stärker von John P. Diggins, *The Bard of Savagery. Thorstein Veblen and Modern Social Theory*, New York 1978 herausgearbeitet worden. Die Bedeutung Beards wurde kürzlich in einem Artikel offenkundig, der schnell Beachtung fand: Thomas Bender, *Making History Whole Again*, in: *New York Times Book Review*, 6. Oktober 1985, Beard »... sought to enrich not only the understanding, but also the experience of civic life and the practice of democratic politics« (S. 42).

26 Die ältere Kritik an Parsons, die vielleicht den in der Tat beeindruckenden Theorieaufbau und die differenzierende Fähigkeit der Theoriebildung nicht genügend würdigt, hat aber auf eine intuitive Weise recht. In der »fertigen« Soziologie Parsons ist eine Sehnsucht nach formaler Harmonie und teleologischem Verständnis enthalten, die alle Spuren der Herausbildung des »Amerikanismus« verwischt.

27 Jürgen Habermas, *Philosophisch-politische Profile*, Frankfurt 1981. Vgl. Jürgen Habermas, *Hannah Arendt, On the Concept of Power*, in: *Habermas, Philosophical-Political Profiles*, Cambridge/London 1983, S. 172 ff.

28 Daß Macht in dieser Weise definiert wird, ist zunächst auch ein Stück erfolgreicher politischer Zivilisation und setzt Standards, bevor sie überboten werden kann.

29 Vgl. Hannah Arendt, *Macht und Gewalt*, München 1970, S. 52 f.

30 Ebd., S. 45.

31 Vgl. Peter Fuss, *Hannah Arendt's Conception of Political Community*, in: Melvyn A. Hill (ed.), *Hannah Arendt: The Recovery of the Public World*, N. Y. 1979, S. 172 f.

32 »The Americans had reversed in a revolutionary way the traditional conception of politics: the stability of government no longer relied, as it had for centuries, upon its embodiment of the basic social forces of the state. Indeed, it now depended upon the prevention of the various social interests from incorporating themselves too firmly in the government. Institutional or governmental politics was thus abstracted in a curious way from its former associations with the society. But at the same time a more modern and more realistic sense of political behavior in the society itself, among the people, could now be appreciated.« Gordon S. Wood, *The Creation of the American Republic 1776-1787*, Chapel Hill 1969, S. 606.

33 Vgl. Samuel Huntington, *American Politics: The Promise of Disharmony*, Cambridge 1981, S. 21 ff.

34 Vgl. Fred Dallmayr, *Polis and Praxis: Exercises in contemporary Political Theory*, Cambridge 1984, S. 100 ff.

35 Vgl. Fink-Eitels, a.a.O., S. 42 ff. entwicklungsgeschichtliches, genealogisches und strukturales Modell.
36 Michel Foucault, *The Subject and Power*, in: Huberth Dreyfus/Paul Rabinow, *Michel Foucault: Beyond Structuralism and Hermeneutics*, Chicago 1982, S. 221, zitiert nach Dallmayr, a.a.O., S. 94.
37 Repräsentation ist die eigentliche knappe Ressource, die weder staatliche Souveränität noch ökonomische Klassenherrschaft ausreichend bereitstellen können, die aber auf der anderen Seite keine Basis mehr in einer politischen Theologie haben kann.
38 Die Spezifik der amerikanischen Revolution, Jacksonian Democracy und ihre Tocquevillesche Würdigung sind notwendige, aber nicht hinreichende Begründungen. Wo der Beginn der amerikanischen Innovation fälschlicherweise in einer geglückten bürgerlichen Revolution gesehen wird, wird auch ihr Ende in der Krise der wirtschaftlichen, kulturellen und sozialen Führungsfähigkeit Mitte der sechziger Jahre nicht klar.
39 Vgl. Jürgen Habermas, *Die Neue Unübersichtlichkeit*, a.a.O., S. 186. Habermas' Beschreibung der Lebenswelt macht erst Sinn, wenn wir Lebenswelt als historisch-soziologisch spätes, voraussetzungsvolles Resultat der Dialektik von Gesellschaft und Geschichte und dadurch als soziologischen Begriff verstehen.
40 Vgl. Schwengel, *Die Sozialisierung von Elite*, a.a.O.
41 Vgl. Jürgen Habermas, a.a.O., S. 187, wo er »informelle lebensweltliche Kontexte im allgemeinen« von selbstverständlich geltenden formellen Regelungen, die hinterfragbar sind, unterscheidet.
42 Luhmanns Formel ist keineswegs eo ipso »konservativ«, denn diese Konsequenz läßt sich genauso aus einer radikalisierten Marxschen Kritik der Politischen Ökonomie jenseits der »Grundrisse« gewinnen.
43 Vgl. Michel Foucault, *The Subject and Power*, a.a.O., S. 209 ff., und Dallmayr, a.a.O., S. 90 f.
44 Vgl. Jürgen Habermas, *Die Neue Unübersichtlichkeit*, a.a.O., S. 152 f.
45 Schon Friedrich Schlegels *Rede über die Mythologie* (1800) »ersetzt die Institutionen, ›Revolution‹, ›Menschheit‹ und ›Staat‹...« (vgl. Karlheinz Bohrer, *Friedrich Schlegels Rede über die Mythologie*, in: Ders. (Hrsg.), *Mythos und Moderne*, Frankfurt 1983, S. 53.) Die Radikalisierung des ästhetischen Moments überschneidet sich nun mit jener des gesellschaftstheoretischen Arguments, obwohl die historisch-sozialen Problemlagen ihrer Kritik nicht so verschieden sind.
46 Horst Baier (*Die Gesellschaft – ein langer Schatten des toten Gottes. Friedrich Nietzsche und die Entstehung der Soziologie aus dem Geist der Decadénce*, in: *Nietzsche-Studien* 10/11, 1981) hat negativ die Frage zugespitzt, was eigentlich einer Soziologie, die selbst in der Krise anderer Wissensformationen geboren wird, folgt.
47 Foucaults Theorie hat selbst ihre eigene Zeitstruktur, deren polemi-

sche Spannung zur Soziologie noch genauer geklärt werden muß. Er blickt auf die Periode der bürgerlichen Revolutionen und ihres normalisierenden Untergrundes, gleichzeitig ist er Gegenwartsanalytiker. Dazwischen aber liegt eine spezifische französische Problematik, die nicht mit der Genealogie des Viktorianismus zu verwechseln ist. Säkulare Republik und religionssoziologische Befestigung der Autorität, mechanischer Staat und metaphysische Intellektualität verwirren sich hier zu einer unbeherrschbaren Gemengelage von Wissen, Macht, Intrige und politischer Zentralität, kurz, es ist auch die Zeit der Dreyfus-Affäre.

48 Vgl. Hennis, a.a.O.
49 Vgl. Tenbruck, a.a.O., vor allem S. 230 ff.
50 Hennis reiht Weber zwar wieder in die klassische politische Philosophie ein. Aber es bleibt unklar, wie diese gegenüber den Bedrohungen der Modernität – von Habermas bis Foucault diagnostiziert – Distanz und Eingriffsfähigkeit gewinnen kann. Der Weg von einer prä-soziologischen Subjektphilosophie zu einer post-soziologischen Machttheorie führt über die klassische politische Philosophie und ihre gemeinwesenbezogenen Kriterien, aber deren Klarheit läßt zu wünschen übrig. Vgl. Hennis, a.a.O., S. 266, FN 40.
51 Vgl. Habermas, *Philosophical-Political Profiles*, a.a.O., S. 8. An den Vergleich Weimar – USA erinnert noch einmal zu Beginn der achtziger Jahre Kevin P. Philipps, *Post: Conservative America: People, Politics and Ideology in a Time of Crisis*, N. Y. 1984, S. 155 ff.
52 Die Auseinandersetzung konzentriert sich zu Recht auf die Positionen Habermas', weil es angesichts verschiedener, eher ergebnisloser theoretischer Versuche kaum mehr möglich ist, hinter seine Positionen zurückzugehen, sondern nur darüber hinaus. Wo findet die Kritik der Verständigungsverhältnisse ihren politischen Ort, und wie kann Politik sich der Dialektik der Naturbeherrschung wie der Zeichenbeherrschung relativ entziehen? Von Habermas aus scheint kein Weg direkt auf diese Ebene zu führen. Auf der anderen Seite aber macht die Idee eines selbsttragenden dritten Sektors seine Überlegung plausibel, daß es einer realen historischen Ausdifferenzierung abstrakter Intersubjektivität bedürfe, damit – wie Marx es am Begriff der Arbeit diskutierte – ein neuer Schub von Subjektivität, reflektiven Lebensformen und moralisch-praktischer Handlungsfähigkeit einsetzen kann. Doch könnte sich eine solche Position einer Erneuerung der politischen Theorie bzw. einer Theorie der Macht nicht entziehen, ohne selbst auf längere Sicht in einer Gemeinschaft-Gesellschaft-Rhetorik auf anderem Niveau zu erstarren.
53 Nicht zuletzt bedeutet jede Nachmoderne ein erneutes Nachdenken über Repräsentation, um der beschleunigten Differenzerfahrung Ausdruck verleihen zu können. Wo es einen klugen Neo-Konservativis-

mus bzw. Neo-Liberalismus gibt, der damit umgehen kann, ist der »Geist« der sozialen Moderne auf keinen Fall mehr automatisch links. Die Neo-Konservativen sind weder »stramm« noch »wild«. Vgl. Habermas' Ortsbestimmung zwischen diesen beiden alt- und jung-konservativen Polen in: Habermas, *Die neue Unübersichtlichkeit*, a.a.O., S. 184.

54 Vgl. Habermas, *Der philosophische Diskurs der Moderne*, a.a.O., S. 382 ff. In der Auseinandersetzung mit Castoriadis thematisiert Habermas die Substituierung des sich selbst setzenden Subjekts durch die sich selbst instituierende Gesellschaft. Aber Gesellschaft wird sofort wieder rückgebunden an einen sprachphilosophisch vorgestellten Praxisbegriff, bevor überhaupt die Chance ausgelotet ist, ob nicht das »Imaginäre« eine zur Gesellschaftsstruktur distanzierte politisch-institutionelle Gestalt annehmen kann. Das Politische muß für Habermas über der Gesellschaft schweben, damit die Intersubjektivität historisch-soziologische Konturen gewinnen kann.

55 Wesentliche Fragen sind heute teilweise durch »subjekt-philosophische« Schwellen blockiert. Die politische Utopie der konkreten Arbeit steht gegen die Erfahrung eines »Endes der Arbeitsgesellschaft«, dessen politischer Ort aber, vielleicht eine Politik der Tätigkeit, unbestimmt bleibt. Die prekäre Notwendigkeit, staatliche Politikfähigkeit weiterzuentwickeln – diametral gegen den Zeitgeist von Rechts und Links – steht gegen die spezifische Souveränität lebensweltbezogener Gruppen, deren »Staatskritik« allgemein und abstrakt zugleich ist. Die Idee der Entkolonialisierung der Lebenswelt steht gegen eine Überbietung des »Wahlzwangs« der Modernität in einer Politik der Lebensstile. Der öffentlich-rechtliche Kommunikationsraum steht abstrakt gegen die privat-segmentären, aber konkreten Aneignungsnetze. Die Ideen von Emanzipation und Reduktion komplexer Optionen, schließlich, scheinen an verschiedenen Enden des Seiles zu ziehen. Immer geht es um unterschiedliche Interessen und Auffassungen, aber immer ist auch eine zentrale Unschärfe der politischen Begriffe im Spiel.

Ludwig Nagl
Zeigt die Habermassche Kommunikationstheorie einen »Ausweg aus der Subjektphilosophie«?

Erwägungen zur Studie
Der philosophische Diskurs der Moderne

Vorüberlegung: Das Radikalitätsdefizit in der zeitgenössischen Subjektkritik

Die Frage nach dem Subjekt tritt gegenwärtig in immer neuen, schillernden Metamorphosen auf, gleichwohl wird sie nur selten radikal gestellt: meist endet der »dekonstruktivistische« Eifer zeitgenössischer Subjektkritiker genau dort, wo die (selbstreferentielle) Untersuchung derjenigen Kritikmittel unvermeidlich würde, welche die rhetorischen Angriffe auf »das Subjekt« erst möglich machten. Das bestgehütete, bestverdrängte Geheimnis der postmodernen, ihre philosophische Halbheit mit literarischem Überschwang kompensierende Subjektkritik besteht darin, daß sie, – trotz des radikalen Pathos, mit dem sie auftritt, – an einem Radikalitätsdefizit leidet. Läuft sie doch Gefahr, aus Inkonsistenzgründen zu kollabieren, weil ihre Dekonstruktionshandlungen – da diese doch einem lesenden Publikum zum verstehenden Nachvollzug angeboten werden – unsuspendierbar Teile desjenigen Vernunftgebrauchs als funktionsfähig voraussetzen, den die materialen Dekonstruktionen zugleich in toto zu diskreditieren versuchen. Angesichts dieser paradoxen Methodologieflüchtigkeit vieler zeitgenössischer Subjektkritiker nimmt sich ihr radikaler Gestus eher hohl aus.

Gegen die Halbheiten einer Kritik, in der Dekonstruktion nur im genitivus objectivus (als Kritik *am* Subjekt) thematisch werden darf, die Untersuchung der Möglichkeitsbedingungen jener Dekonstruktionshandlungen selbst (die Kritik im genitivus subjectivus) aber verdrängt werden soll, haben sich in letzter Zeit u. a. der Logiker Hilary Putnam[1], die philosophischen Kommunikationstheoretiker K. O. Apel[2] und Jürgen Habermas[3] sowie der Hermeneutiker Manfred Frank[4] ausgesprochen. Sie alle verweisen auf ein schweres Konsistenzdefizit in der modernen Vernunft- und

Subjektkritik, dem sie jedoch auf unterschiedliche Weise zu Leibe zu rücken versuchen: Hilary Putnam hofft, durch ein Logikverständnis »beyond Wittgenstein and Quine« den (unrelativierbar-apriorischen) Kern der Rationalität in einem – seiner Gültigkeit nach zumindest nicht universell suspendierbaren – Widerspruchsprinzip dingfest machen zu können.[5] Habermas und Apel wollen durch den Rekurs auf die pragmatische Struktur von Redehandlungen die methodologieflüchtige Strategie dekonstruktivistischer Subjektkritiker offenlegen. Und Manfred Frank, kritisch sowohl gegenüber einem logischen Minimalismus als auch gegenüber der zum *Prinzip* erhobenen »Intersubjektivität« Apels und Habermas', versucht einen (post-»optischen«) Nachfolgebegriff zum »Subjekt« auf der Basis eines hermeneutischen Individualitätsverständnisses zu gewinnen, das – unter Berücksichtigung der öffentlichen Strukturen von Alltagssprache – Intersubjektivität nicht zum »fundamentum inconcussum« hochstilisiert, sondern deutlich in Erinnerung behält, daß »ich ein anderes Ego nur als ein Ego bestimmen kann, wenn ich zuvor schon mit Subjektivität vertraut war«.[6]

Die folgende Untersuchung teilt den Vorbehalt aller soeben genannten Autoren gegenüber dem paradoxen Radikalitätsdefizit zeitgenössischer Subjektkritik. Sowohl die logischen Einwände Putnams gegen Foucault als auch die Habermasschen und Apelschen Versuche, der postmodernen Subjektkritik ihre »Bodenlosigkeit« durch den Rekurs auf die nichtsuspendierbaren Präsuppositionen argumentierenden Sprachgebrauchs nachzuweisen, verdienen angesichts des rhetorischen Überschwangs postmoderner Dekonstruktivismen größtes Interesse. Gleichwohl möchte ich im folgenden am Beispiel neuerer Habermasscher Schriften zeigen, daß allein auf dem Boden der Intersubjektivitätstheorie der Nachweis jener beim Angriff auf die Vernunft verdrängten, zugleich aber kritikleitenden Präsuppositionen (d. i. zuletzt der bewußten, individuellen Intention und der *Urteilsfähigkeit* der Individuen) nicht zu leisten ist. Der Habermassche Versuch, Subjektivität im Rahmen einer Kommunikationstheorie »aufhebend« zu überwinden, der von einer eher pauschalen Abwehr dessen, was zur »Bewußtseins-« und »Subjektphilosophie« zurechtgestutzt wird, begleitet ist, hat seine spezifische Radikalitätsgrenze darin, daß durch die Einführung von »Intersubjektivität« als *Prinzip* die Rückbezogenheit schon der theoretischen, besonders aber der praktischen und ästhetischen Urteile aufs Individuum nicht geklärt, sondern vielmehr nachhaltig verwischt wird.

Die Frage, ob »kommunikative Vernunft« einen Ausweg nicht nur aus den Unzulänglichkeiten der zeitgenössischen Subjektkritik (Foucault, Derrida), sondern auch aus den Aporien der modernen Subjektphilosophie (von Kant bis Hegel) aufzeigt – wie Habermas es beansprucht [7], soll im folgenden in fünf Zusammenhängen zu beantworten versucht werden:

1. Habermas führt in den einleitenden Passagen seiner Studie *Der philosophische Diskurs der Moderne* aus, daß Hegel die »Selbstvergewisserung« der Moderne mit den hybriden Mitteln einer zur »absoluten Dialektik« aufgespreizten Subjektphilosophie nicht bewerkstelligen konnte, und daß alle daran anschließenden rechts- und linkshegelianischen Folgeprojekte von Aporien geplagt wurden. Aus der posthegelschen Situation entstand in der Konsequenz jene subjekt- und vernunftkritische Philosophie des »Abschieds von der Moderne« (Nietzsche, Heidegger, Bataille, Foucault, Derrida), deren aporetische Spannungen Habermas in seiner Studie schneidend und treffsicher analysiert.

Das Scheitern des Hegelschen Programms ist freilich nur dann für die motivreiche und vielfach recht inhomogene klassische Subjektphilosophie insgesamt bedrohlich, wenn alle ihr vorausgehenden Subjekttheorien, wie Hegel behauptet, in seinem Denken als »aufgehoben« gelten können. Dieser Anspruch ist jedoch schon gegenüber Fichte, Schelling und Schleiermacher nur schwer aufrechtzuerhalten. Er scheitert aber mit Sicherheit, was die – in offenem Pluralismus unvereinheitlicht nebeneinanderstehenden – kritischen Konzeptionen des Subjekts bei Kant betrifft: Subjektivität wird in den drei »Kritiken« ja nicht bloß mittels theoretischer Handlungen manifest (Gegenstandsbewußtsein und – finites – Wissen um sich selbst), sondern durch die praktischen der Selbstbestimmung und die ästhetischen (der Schönheits- und Erhabenheitsurteile).

2. In Auseinandersetzung mit Foucaults Selbstverdoppelungstheorie des neuzeitlichen Subjekts[8] werden wir den Versuch unternehmen, die schon in Hegels *Frühen Schriften* mit der Versöhnungsidee überfrachtete, im dialektischen System nahe an die »Selbstvergöttlichung« herangetriebene absolut-dialektische Subjektkonzeption als eine neometaphysische Deviation von den Kantischen Endlichkeitstheoremen der Subjektivität aufzuwei-

sen. Diese Besinnung auf die fundamentale Differenz zwischen der überkompakten Subjekttheorie Hegels einerseits und den pluralen Ansätzen zur Subjektivität bei Kant andererseits wird uns in der Folge erlauben, das Habermassche Programm, soweit es von Kant inspiriert bleibt, als – unvermeidlich – durch die neuzeitlichen Oppositions- und Limitationsbegriffe bestimmt zu deuten. Dies kennzeichnet u. E. jedoch nicht, wie Foucault meint, ein Defizit, sondern vielmehr die Stärke des Habermasschen Ansatzes.

3. Habermas entwickelt seine Theorie weder überwiegend noch gar ausschließlich auf der Grundlage der Kantischen, finiten Begriffe von Subjektivität. Er versucht vielmehr, Kants Subjekttheorie im Anschluß an den jungen Hegel zu transformieren, dessen Schriften er im Blick auf eine Theorie der Intersubjektivität liest. Bei diesem Unterfangen, die existenzialen Kategorien der Hegelschen Frühschriften (»Liebe«, »Leben« etc.) kommunikativ zu deuten, übernimmt Habermas zugleich zentrale Einwände Hegels gegen Kants Theorie individueller Autonomie.

4. Hegels Kantkritik bleibt jedoch, so wollen wir zeigen, auch in der Adaptierung, die Habermas vornimmt, problematisch. Der Versuch, den »bewußtseinsphilosophischen Begriff von Autonomie« preiszugeben und diesen in einen »intersubjektiven« Begriff zu verwandeln, wirft die Frage auf, ob nicht auch eine zum *Prinzip* erhobene Kommunikationstheorie mindestens teilweise den überschwenglichen Hegelschen Versöhnungsvorstellungen verpflichtet bleibt; deren hybrides Terminieren im »absoluten Wissen« hat ja sowohl den posthegelschen Kollaps affirmativ-dialektischer Subjektphilosophie als auch – auf indirekte Weise – die methodologieflüchtige zeitgenössische Subjektkritik vorbereitet.

5. Bei genauer Betrachtung erweist sich das Prinzip der Intersubjektivität nicht als jener gangbare »Ausweg« aus der Subjektphilosophie, als den Habermas es ausgibt, und zwar aus mindestens zwei Gründen: Da die Hegelsche Kantkritik – auch in ihrer diskurstheoretisch transformierten Gestalt – in wesentlichen Punkten die Kantischen Theorien der Subjektivität (speziell deren Herzstück, die Lehre von der praktisch-endlichen Autonomie) mißdeutet, kann nicht umstandslos davon die Rede sein, daß in den Aporien der Hegelschen absoluten Dialektik (und ihren Folgetheorien) das »Paradigma« von »Subjektivität« und »Bewußtsein« insgesamt terminiert. Auch aus einem systematischen

Grund sind Vorbehalte angebracht. Die *Theorie des kommunikativen Handelns* selbst eröffnet nämlich keinen Weg, der es möglich machen würde, subjektrelative Fragen nach der Struktur praktischer, theoretischer und ästhetischer Urteile gänzlich zu vermeiden. Das Habermassche Intersubjektivitäts-»paradigma« enthält Implikationen, die, wären sie Gegenstand genauerer Betrachtungen, auf den Boden einer Theorie des Individuums (welche, wie Manfred Frank zeigt, wesentliche Motive der klassischen Subjekttheorie einzuschließen hätte) zurückführen müßten. Das wird u. a. daran deutlich, daß die für die Tiefenstruktur des Habermasschen Kommunikationsbegriffs zentrale Sprechakttheorie, wie J. R. Searle jüngst anmerkte, ihren Schlüsselbegriff, das Handeln (bei dessen Klärung um eine nachanalytische Theorie des handlungsfähigen Subjekts nicht herumzukommen ist) »total unanalysiert«[9] voraussetzt.

1. Die Habermassche Kritik am hybriden Subjektbegriff Hegels

Spätestens seit Karl Löwiths Studie *Von Hegel zu Nietzsche*[10] ist jene Entwicklung im Detail nachvollziehbar, welche das letzte System des *Deutschen Idealismus* an seinen inneren Spannungen zerbrechen ließ und in der Folge eine Vernunftkritik freisetzte, die bis heute am Methodendefizit ihres Ansatzes laboriert. Hegels überfrachteter Subjektbegriff, der beanspruchte, sein Anderes, die naturhafte und die historisch-traditionale »Substanz«, in spekulativer Versöhnung aufhebend zu überwinden, entstand selbst nicht einfach als die notwendige und schlüssige Konsequenz aus den pluralen und z. T. inhomogenen Ansätzen einer neuzeitlichen Subjekttheorie bei Kant. Kants philosophisch-kritische Vernunftkonzeption, die auch gegenwärtig relevant bleibt (u. a. weil sie einer platten technologischen Aufklärungstheorie gegenüber immer Distanz hält und insofern den rationalen Kern der kritischen Analysen zur *Dialektik der Aufklärung* bereits impliziert), kreist primär um den Begriff endlicher, individueller Autonomie. Kants praxisbezügliche Reflexionen werden vorbereitet durch eine Analyse des finiten Horizontes theoretisch-physikalischer »Urteile« (modern also: durch die Untersuchung von Sätzen, nicht durch eine Theorie monologisch-leerer Bewußtseinsstrukturen). Sie finden ihre Fortsetzung in einer Reflexion auf die Möglichkeitsbedingungen organismusbezüglicher Hypothesen, wie in der Strukturbeschreibung ästhetischer (intersubjektiv zwar erhobener, jedoch nicht zwingend intersubjektiv einlösbarer) Geltungsansprüche, sowie in einer kritischen Analyse religiöser Rede. Dieses nuancierte Programm, das in keiner seiner Ausgestaltungen in eine hybride Versöhnungsspekulation abgleitet, kann allein durch usurpatorischen Interpretationszugriff als das direkte Vorspiel zu den postkantischen, »spekulativen« Subjektphilosophien verstanden werden.

Richard Kroner irrte – was er in der Spätphase seines Denkens selbst zugab – wenn er in seinen bis heute einflußreichen Studien zur Geschichte des Deutschen Idealismus[11] der Systementwicklung von Kant bis Hegel eine Konsequenzlogik unterstellte, die über die drei Kantischen »Kritiken« mehr oder weniger nahtlos zu Fichte, Schelling und Hegel führte. Er ignorierte in diesem Konstruktionversuch jene Warnung, die der späte Kant selbst noch angesichts der Subjektphilosophie Fichtes aussprach (in welcher das Andere der Vernunft, das Nicht-Ich, als eine Setzung des Ich gedeutet werden sollte); daß nämlich solch ein neuer Mystizismus, der sich aus einer radikalisierten »Transzendentalität« herleiten will, den »Tod aller Philosophie«[12], nicht aber deren Weiterführung bedeute.

Habermas, der seine Hegelinterpretation bereits früh an Löwith orientierte, hält in all seinen Werken scharfsichtig Distanz gegenüber dem absoluten Versöhnungsprogramm der systematischen Schriften des reifen Hegel. Er weiß, daß Hegels Unendlichkeitsdialektik in mindestens dreifacher Hinsicht überschwenglich ist: Erstens erlauben die naturphilosophischen Deduktionen, etwa in der *Encyklopädie*, kein adäquates Verständnis jener offenen Suchbewegung, die für moderne naturwissenschaftliche Forschung konstitutiv ist, da sie den theorienlimitierenden Grenzbegriff des Kantischen »An sich« liquidieren.[13] Zweitens – für unsere Untersuchung von größerem Belang – terminiert Hegels dialektischer Versöhnungsbegriff rechtstheoretisch in der Aporie eines (von der Regression in prämoderne »Substanzialität« bedrohten) »starken Institutionalismus«:[14] denn die Idee der »sittlichen Totalität« des Staates depotenziert einerseits die individuelle »Moral« zu bloß willkürlicher »Partikularität« und deutet zum andern »Sittlichkeit« als überwindende Aufhebung individueller Autonomie in historisch-konkreter Staatlichkeit. Die rechtsphilosophische Konzeption eines Vernunftstaates, so Habermas, ist nun aber in Hegels System nicht stimmig deduziert, sondern vielmehr erschlichen: Hegel kann die prätendierte »Versöhnung« nicht auf philosophisch schlüssige Weise ableiten, was er plausibel zu machen vermag ist bloß, »daß und warum im System der Bedürfnisse und der Arbeit Antagonismen aufbrechen, die durch die Selbstregulation der bürgerlichen Gesellschaft allein nicht aufgehoben werden können« (*PDM*, 52). Jene dialektische Aufhebung der »Moral«, welche Hegel in seiner Staatstheorie suggeriert, krankt an den Aporien einer »substanzialistischen« Institutionentheorie, die »den Vorrang einer höherstufigen Subjektivität des Staates vor der subjektiven Freiheit des Einzelnen behauptet« (*PDM*, 53), dabei aber den Autonomiegedanken der Aufklärung (welchem es gelang, alle »sittliche« Substanzialität reflexiv auf Distanz zu bringen) nicht bewahrt, sondern diesen vielmehr zerstört.

Hegel versuchte, den Standpunkt »höherstufiger Subjektivität« *methodisch* durch eine begriffsdialektische »Aufspreizung«[15], des endlichen zum absoluten Subjekt zu erreichen: hier setzt Habermas' dritte Kritik ein. Für Hegels Unterfangen, die neuzeitliche Subjekttheorie in einer absoluten Dialektik zu fundieren, gilt in der Tat, was Foucault und seine Interpreten von *aller* neuzeitlichen Theoriebildung behaupten: »Modernity begins with the incredible and ultimately unworkable idea of a being, who is sovereign precisely by virtue of being enslaved, a being whose very finitude allows him to take the place of god.«[16] Der Versuch, den vormaligen Ort der Theologie begriffsspekulativ zu besetzen, kündigt sich schon bei Fichte an, ist aber charakteristisch für Hegel. Solch überschwengliches Denken hat allerdings den Boden des Kantischen Kritik-Projekts nachhaltig verlassen und ist somit nicht (wie Foucault unterstellt) dessen schlüssige Konsequenz. Erst dort nämlich, wo das Wissen um die Endlichkeit mittels einer ins Affirmative gewendeten »Dialektik der Grenze« hybrid »aufgebläht« wird, die den materialiter unprädizierbaren Grenzbegriff des »An sich« als ein »caput mortuum der Reflexion« tilgen möchte, resultiert jene posttranszendentale, d. i. neometaphysische Variante der Subjektphilosophie, welche sowohl ihren eigenen Todeskeim als auch ihr ins Bodenlose abgleitendes, »vernunftkritisches« Nachspiel in nuce bereits enthält.

Aus all den genannten Gründen kritisiert Habermas die Subjekttheorie des reifen Hegel. Zugleich fasziniert ihn aber das Konzept einer »höherstufigen Intersubjektivität«, welches er (auf eine durch die absolute Dialektik noch nicht belastete Form) im »Liebes-« und »Lebensbegriff« des jungen Hegel vorbereitet sieht. Diesen Ansätzen versucht er mit Hilfe der zeitgenössischen Sprechakttheorie eine linguistisch-kommunikative Dimension zu geben: das Prinzip »intersubjektiver« Diskursivität soll als Grundkondition »ungezwungener Willensbildung« den Subjektbegriff überwinden, ohne in die Aporien des Institutionalismus der Rechtsphilosophie abzugleiten, d. h. Intersubjektivität soll an die Stelle der »höherstufigen Subjektivität des Staatsbegriffs« treten (*PDM*, 54).

Genau besehen zeigt jenes Prinzip »Kommunikation« aber keinen wirklichen »Ausweg« aus denjenigen Grundkonstellationen moderner Subjekttheorie, die im wesentlichen durch Kants plurale Ansätze bestimmt sind. Kehrt doch auch in der intersubjektiven Beratung nach jedem »empirischen« Konsens als letzte Rekursinstanz rationaler Meinungs- und Willensbildung das praktische Einschätzungsurteil durchs einzelne Individuum wieder (durch welches es u. a. erst möglich wird, noch nicht eingelöste, »ideale« Vernunftkonditionen »transzendental« – d. h. den »empirischen« Konsens problematisierend – zu imaginieren). Habermas selbst beschreibt diese Urteilskapazität des Subjekts, die Konsense zu unterlaufen vermag und damit Intersubjektivität als *Prinzip* diskreditiert so: »Im ungezwungenen Konsens« (der als Medium demokratischer Selbstorganisation an jene Stelle, die Hegel mit dem monarchischen Staatsapparat besetzt hatte, treten soll) »behalten die Einzelnen eine Appellationsinstanz, die auch gegen besondere Formen der institutionellen Konkretisierung des gemeinsamen Willens angerufen werden kann« (*PDM*, 54). Heißt das aber nicht im Klartext, daß auch die aus dem Liebesbegriff der Frühschriften Hegels abgeleitete »höherstufige Intersubjektivität« kommunikativer Beratung letztlich – und *prinzipiell* – durch *Subjekte* fundiert wird (die der Allgemeinheit der Vernunft auch extrakommunikativ fähig sind)? Wir werden dieser Frage im weiteren nachzugehen versuchen.

2. Erzwingt Foucaults Analyse der Selbstverdoppelung des neuzeitlichen Subjekts einen Paradigmenwechsel von der Subjektphilosophie zum Prinzip »Intersubjektivität«?

Bevor wir uns der genaueren Untersuchung des spannungsreichen Verhältnisses zwischen der (junghegelianisch inspirierten) Habermasschen Kommunikationstheorie und jenen subjekttheoretischen Ansätzen Kants, die sich auf die (individuumszentrierte) Konzeption praktischer Vernunft beziehen, zuwenden, scheint es zunächst angebracht herauszufinden, warum Habermas die Subjektphilosophie in zeitgenössischen Kontexten für gescheitert erklärt. Neben Gründen, die er aus der Sprachphilosophie des 20. Jahrhunderts dafür geltend zu machen sucht, führt Habermas sowohl im *Philosophischen Diskurs der Moderne* als auch in neueren Arbeiten immer wieder Foucaults Subjektkritik an: Aus dem »Dilemma der Selbstvergegenständlichung und aus der empirisch-transzendentalen Selbstverdoppelung des erkennenden Subjekts hat... Foucault in dem eindrucksvollen Schlußkapitel der *Ordnung der Dinge* eine Kritik der Subjektivität entwickelt, der man wohl kaum anders als mit einem Wechsel des Paradigmas selbst dürfte begegnen können«.[17]

Diese »starke« These möchte ich im folgenden in dreierlei Hinsicht problematisieren. Erstens wird zu fragen sein, ob Habermas' »höherstufige Intersubjektivität« die drei Foucaultschen Oppositionsbegriffe (empirisch/transzendental; bewußt/unbewußt; apriorisches Perfekt/adventistisches Futur) wirklich hinter sich zu lassen in der Lage ist: hier soll gezeigt werden, daß das nicht gelingt. Zweitens soll die interne Konsistenz der Foucaultschen Analysen problematisiert werden, da der Verdacht naheliegt, daß Foucaults »genealogische Methode«, die jenseits der Subjektebene zu operieren vorgibt, insgeheim jene Struktur reproduziert, die sie zu dekonstruieren versucht. Und drittens gilt es der Frage nachzugehen, ob Foucault nicht durch die vorschnelle Assimilierung der Kantischen Endlichkeitskonzeptionen von Subjektivität an die hybrid-spekulativen Versöhnungstheorien des postkantischen Idealismus die für jede kritische, zeitgenössische Subjekttheorie zentrale Pointe, daß Vernunft keineswegs »sich selbst durchsichtig«, sondern nur *limitiert* transparent ist, verfehlt.

Für Foucault ist das moderne Subjekt »strukturell überfordert«

(*PDM*, 307), weil es sich seit Kant in drei Oppositionspaaren aporetisch verdoppelt. Es formiert sich »am Gegensatz zwischen dem Transzendentalen und Empirischen, am Gegensatz zwischen dem reflexiven Akt des Bewußtmachens und dem reflexiv Uneinholbaren, Unvordenklichen, schließlich am Gegensatz zwischen dem apriorischen Perfekt eines immer schon vorausliegenden Ursprungs – und dem adventistischen Futur der noch ausstehenden Wiederkehr des Ursprungs« (*PDM*, 308). Diese antagonistische Doppelung versucht die neuzeitliche Philosophie in immer neuen Ansätzen versöhnend zu vermitteln.

Kann Habermas nun wirklich, wie er behauptet, durchs Paradigma der Intersubjektivität sowohl diesen Antagonismen selbst als auch ihren unhaltbaren Vermittlungen entrinnen? Wir glauben nicht; denn alle drei Foucaultschen Oppositionsbegriffe treten in der Habermasschen Theorie selbst an zentraler Stelle auf.

Das gilt selbst für die Differenz empirisch/transzendental, die in diskurstheoretischer Wendung im Gegensatzpaar »reale«/»ideale« Kommunikationsgemeinschaft wiederkehrt: der diese Distinktion begleitende Versuch, die – subjektrelativen – »idealen« Vernunftantizipationen (welche es erst ermöglichen, das Rationalitätsdefizit real-empirischer Konsense zu erkennen) »universalpragmatisch« umzudeuten und abzuschwächen (d. h. ihren »transzendentalen« Charakter der Empirie eines soziopragmatisch gedeuteten »Sprachgebrauchs« vermittelnd anzunähern), kann als die Habermassche Variante jener – von Reduktionismen bedrohten – Versöhnungsbemühungen gelten, die für Foucault allemal im Grundmuster neuzeitlicher Subjektphilosophie als Komplementum mit enthalten sind. Denn Foucaults Analysen zufolge ist beides, sowohl die Begriffsopposition als auch die erschlichene Vermittlung, im Paradigma neuzeitlicher Subjektivität jederzeit auffindbar.

Foucaults Antagonismen kehren selbst dann innerhalb der Diskurstheorie wieder, wenn Habermas die »höherstufigen Intersubjektivitäten von öffentlichen Meinungs- und Willensbildungsprozessen« als bloß »virtuelle Zentren«, d. h. als »fragile Netzwerke« bestimmt und somit den Rückbezug auf eine »höherstufige Subjektivität« (etwa auf einen spekulativ gerechtfertigten, Hegelschen Begriff des Geschichtsverlaufs) vermeidet (*PDM*, 415-418). Denn auch durch diese Transformation gelingt es keineswegs, wie Habermas behauptet, die Kommunikationstheorie von den »Hypotheken der Transzendentalphilosophie« freizumachen (*PDM*, 416). Kehrt doch im Zentrum jedes – wie immer im Großraum der Gesellschaft dezentralisierten – Diskurses (als dessen Problematisierungsinstanz) jene kommunikationsermöglichende dabei aber nicht kommunikationsdeterminierte, praktisch-moralische Urteilsfähigkeit des Subjekts wieder, für deren Aufhellung eine Theorie erforderlich ist, die dem nicht-empirischen (d. h. aber auch: dem nicht bloß empirisch-genetischen) Status, d. i. der »Idealität« praktischer Vernunft Rechnung tragen kann. Soll das transempirische »Faktum der Vernunft« (dem sich die Diskurstheorie explizit verpflichtet weiß) neuzeitlich, d. h. postmetaphysisch analysiert werden, dann bleibt offensichtlich für eine solche Untersuchung nur die – wie immer spezifizierte – Wiederaufnahme der »transzendentalen« Frage nach den Möglichkeitsbedingungen praktischer Urteile übrig.[18] K. O. Apel geht in seiner »Transzendentalpragmatik« einen Schritt in diese Richtung: aufgrund seines entschlossenen Festhaltens am »Prinzip« Intersubjektivität kann aber auch er den vollen Gehalt der klassischen Aufklärungsphilosophie, der in ihrem subjektrelativen Autonomiekonzept liegt, nicht wieder aneignen. (Auch neue sprachanalytische Untersuchungen wie Thomas Nagels *The View from Nowhere*[19] zeigen, daß empiristisch-reduktionistische, genetische Versöhnungsprogramme niemals dazu fähig sind, die fundamentale Differenz zwischen einem vergegenständlichenden, objektivierenden Blick und einer subjektrelativen, internen Perspektive stringent zu vermitteln: d. h. aber, daß es einen die Regression vermeidenden »Ausweg« aus Foucaults erster Dichotomie nicht gibt.)

Auch das zweite Oppositionspaar (Selbstvergewisserung = Cogito/Unbewußtes) wird von Habermas auf mindestens zweifache Weise aufgegriffen: zunächst dort, wo er Freud in kommunikationstheoretischen Begriffen als Tiefenhermeneutiker deutet: Das Programm der Psychoanalyse, »Wo Es ist, soll Ich werden«, wird in der Diskurstheorie so gelesen, daß die dyadische Interaktionsstruktur zwischen Analytiker und Analysand ein Durcharbeiten genau jener symbolisch verschobenen und verstümmelten Erinnerungsmaterialien erlaubt, die zwischen Bewußtsein und Selbsttäuschung verortet sind: Ziel ist dabei, die handlungsverzerrenden Einflüsse des Es aufklärend in rationale Motivkonstellationen zu überführen. Die Logik solcher Fortschritte ist, so scheint uns, auf jeder ihrer Stufen unabdingbar an das Schema des *Transparenz*progresses geknüpft. Das zweite Foucaultsche Begriffspaar findet überdies auch dort Verwendung, wo Habermas die Stadien der Menschheitsgeschichte insgesamt als einen Prozeß des Möglich- und Realwerdens moralischer Entwicklungsniveaus deutet. Dreyfus und Rabinow, auf deren Foucault-Interpretation sich der *Philosophische Diskurs der Moderne* über weite Strecken stützt, bezeichnen deshalb Habermas explizit als einen jener Denker neuzeitlicher Subjektivität, die durch das zweite Foucaultsche Gegensatzpaar charakterisierbar sind: »Auch die Moral im Zeitalter des Menschen besteht darin, sich über jene zwielichtigen Kräfte in der Gesellschaft (so Marx und Habermas) oder im Unbewußten (so Freud und Merleau-Ponty), die das Handeln motivieren, Klarheit zu schaffen.«[20] D. h. die Antinomie unbewußt/bewußt, welche Foucault zufolge neuzeitliche Subjektivitätstheorien charakterisiert, ist im »neuen Paradigma« der Kommunikation keineswegs überwunden, sondern vielmehr nach wie vor präsent.

Der dritte Foucaultsche Gegensatz, jener zwischen adventistischem Futur und apriorischem Perfekt, kehrt – zumindest hinsichtlich der Bestimmung der Sprachursprungsfrage und des Geschichtsbeginns – ebenfalls innerhalb der Habermasschen Theorie wieder. Die Frage, wie Sprachkompetenz entstanden ist, kann ein entwicklungslogisch argumentierender Denker wie Habermas nicht außerachtlassen, auch wenn ihre Beantwortung sofort in jenes Ursprungsdunkel zu entgleiten scheint, das schon die Sprachtheoretiker der vergangenen Jahrhunderte (Herder, Humboldt) plagte. Die aporienträchtige Frage nach dem Sprachursprung wird von Dreyfus/Rabinow (in einer Foucault-Paraphrase) folgendermaßen umrissen: »Er (der Mensch, L. N.) nimmt seine Muttersprache auf und verwendet sie, ›ohne es zu wissen, aber es muß doch auf eine bestimmte Art gewußt werden, weil dadurch die Menschen in Kommunikation treten und sich in dem bereits geknüpften Raster des Verstehens befinden‹.«[21] Dieses Ursprungsdilemma des »Erlernens« von Kommunikation (ohne die uns kommunikativ bekannten Lern-»medien«) charakterisiert, genereller betrachtet, den Übergang des Menschen aus der Natur in die geschichtliche Welt insgesamt: »Der Versuch, jene Praktiken exakt zu bestimmen, die unsere Geschichte einsetzen, hilft uns nicht, Klarheit über die Quellen unserer Kultur zu gewinnen, sondern läßt nur jene Praktiken immer weiter in die fernste Vergangenheit zurückweichen, bis sie zu dem werden, was Heidegger ›das essentielle Mysterium‹ nennt.«[22] Spätestens seit *Erkenntnis und Interesse* weiß Habermas um jene Schwierigkeiten, die beim Versuch entstehen, den Übergang von der Natur zur Kultur, d. h. u. a. die Genese sprachlicher Intersubjektivität begrifflich zu bestimmen.[23] Auch in diesem Fragezusammenhang wird nicht deutlich, wie das »neue Paradigma« der Kommunikation die Oppositionsbegriffe Foucaults stimmig überholt haben könnte: sind doch gerade auch alle »schwachen«, d. i. evolutionstheoretischen Brückenprinzipien und Vermittlungsversuchen verpflichteten Erklärungsmodelle (zu denen Habermas immer wieder tendiert) durch jene Überfrachtungen (oder – umgekehrt – Reduktionismen) charakterisiert, die Foucault als eine notwendige Begleiterscheinung neuzeitlicher Subjekttheorien so plastisch beschrieb.

Wie die kritische Untersuchung zeigt, erweisen sich Foucaults Oppositionspaare für die Habermassche Diskurstheorie letztlich als nicht hintergehbar. Es scheint somit wenig plausibel, die Intersubjektivitätstheorie als einen »Ausweg« aus jener Variante neuzeitlicher Subjektphilosophie, die Foucault angreift, auszugeben.

Gibt es nun aber in den Arbeiten Foucaults eine (argumentativ nachvollziehbare) Möglichkeit, den modernen, subjektrelativen Begriffsgegensätzen auszuweichen? Wir glauben nein: denn auch in Foucaults »genealogischen« Dekonstruktionsversuchen des Subjekts bleibt ein – freilich für ihn selbst nicht mehr thematisierbarer – Bezug auf die »moderne« Subjektivität bestehen. Habermas zeigt in *Der philosophische Diskurs der Moderne* sehr scharfsinnig, wie sowohl Foucaults »Archäologie« als auch sein »genealogischer« Zugang zur Geschichte zuletzt in einem »heillosen Subjektivismus« enden, der sich über den »präsentistischen, relativistischen und kryptonormativen Gehalt« seiner Rede keine Rechenschaft geben will und kann (324). Er radikalisiert damit die Einwände Dreyfus' und Rabinows, in denen (im Hinblick auf die *Archäologie des Wissens*) davon die Rede ist, daß Foucaults quasistrukturalistische Theorie auf Aporien stößt »wie die, die Foucault in den Wissenschaften vom Menschen so deutlich sieht«.[24]

Wenn Foucaults Subjektkritik somit der zerstörerischen Methodenverdrängung moderner Vernunftkritik aufsitzt, wie Habermas anhand der Aporien einer genealogisch fundierten Machttheorie aufzeigt (*PDM*, Kapitel X), wäre es dann nicht naheliegend, die Prämissen der Foucaultschen Analyse von neuzeitlicher Subjektivität selbst kritisch unter die Lupe zu nehmen? Gälte es also nicht, anstatt Foucaults Behauptungen und Bilder weitgehend zu übernehmen und erst am Schluß zu versuchen, sie »intersubjektivitätstheoretisch« zu überholen, Foucaults Selbstverdoppelungstheorie gleich zu Beginn sorgfältig zu analysieren, um herauszufinden, wo sie Richtiges trifft und wo sie Verzeichnungen enthält?

Foucaults Bilder, denen Habermas – teilweise vorschnell – zustimmt, sind durch eine verhängnisvolle Marginalisierung des Unterschiedes zwischen den – finiten und kritischen – Kantischen Subjektivitätsbegriffen einerseits und den Subjektkonzeptionen der »absoluten« Versöhnungsphilosophen seit Fichte andererseits bestimmt: nur wo dieser entscheidende Unterschied nicht gemacht wird, ergibt sich nämlich jener schizophrene, d. i. umkippende Zusammenhang zwischen Selbstreflexion und (spekulativer) Unendlichkeitsphantasie, den Foucault im Wechselspiel zwischen den Oppositionsbegriffen einerseits und ihren unhaltbaren Vermittlungen andererseits plastisch beschreibt. Kants Denken, das für Habermas wie auch für Foucault den Beginn der Moderne bezeichnet, ist nun aber in keiner Hinsicht ein mögliches Beispiel für diesen umkippenden, wechselhaften Zusammenhang: Der im Zentrum der Kantischen Theorie stehende Autonomiebegriff ist weder von Unendlichkeitsphantasien (sei es der »Selbstvergottung« (Hegel) oder der entfesselten »Selbststeigerung« (Nietzsche)) bedroht; noch ist der im framework der Kantischen Epistemologie als dauerhaft ausgewiesene Impuls zum Weiterforschen, den Habermas im Anschluß an Foucault als Belegstück für Kants Pendeln zwischen Endlichem und Absolutem heranziehen möchte, tatsächlich von der Illusion begleitet, jemals ein Unendliches zu erreichen, das positiv-inhaltlich bestimmt werden könnte. Wenn nämlich Kant, wie Habermas schreibt, »die Beschränkungen einer ins Unendliche fortschreitenden Erkenntnis umdeutet«, so geht es ihm nicht darum, einen Denkweg einzuschlagen, der vom Boden der Endlichkeit abhebend in »intellektueller Anschauung« den Platz Gottes einzunehmen versucht (was Habermas mit Foucault gelegentlich zu unterstellen scheint: *PDM*, 307). Ganz im Gegenteil: Kants Rede vom wissenschaftsleitenden

»unendlichen Progreß« bleibt allemal durch den Limitationsbegriff eines »An sich« beschränkt. Erst aus dem von überschwenglichen Bildern bestimmten Gesichtskreis der postkantischen Versöhnungsphilosophien werden – hier freilich noch in mindestens negativer Anerkennung des scharfen Unterschieds zu Kant – Kants Subjektkonzeptionen als »bloß reflexiv« gebrandmarkt und der »schlechten Unendlichkeit« geziehen.

Foucault beschreibt nur »jene Begriffszwänge der Bewußtseinsphilosophie, die sich in der Tathandlung des absoluten Ich exemplarisch verdichten« (*PDM*, 308): er hätte somit seine Oppositionsbegriffe (und deren schiefe Versöhnungen), das weiß Habermas, am besten »im Anschluß an Fichtes Wissenschaftslehre exponieren können« (*PDM*, 308). Wir fügen hinzu: es gelingt nicht, sie stimmig mit den kritischen, die Endlichkeit nirgendwo schwärmerisch überschreitenden Subjektkonzeptionen Kants zu verbinden. Denn erst für Fichte (wie später für Hegel und seine philosophischen Erben) gilt, daß »der Versuch, den mißlichen Alternativen zu entkommen, in den Verstrickungen eines sich vergottenden, in Akten vergeblicher Selbsttranszendenz verzehrenden Subjekts« terminiert (*PDM*, 308).

Die »absoluten« Subjektbegriffe, so scheint uns mit Foucault und Habermas, sind in der Tat für jede ernsthafte Theoriebildung der Gegenwart unakzeptabel geworden; sie sind tot. Nur eine regressive Neometaphysik könnte der Attraktion erliegen, sie wiederzubeleben. Dieses »Ende der Subjektphilosophie« gilt aber ausschließlich für die spekulativ-unendlichen Versionen der Subjektivität: von Foucaults Kritik unberührt bleiben jene – von den falschen »Versöhnungen« freigehaltenen – Theorien endlicher Subjektivität, die notwendig (wie auch das Foucaultsche und das Habermassche Beispiel, ohne es zu wollen, dartun) an den Spannungen der konträren Auslegbarkeit finiter Existenz festhalten, und sich zugleich durch Kritik verbieten, eine materialiter ausgedachte Unendlichkeit herbeizusehnen. Um diese nüchterne Haltung, nicht aber darum »to take the place of god« (*PDM*, 307), war Kants Subjektphilosophie bemüht: aufzuzeigen, wie eine solche – finite – Subjektkonzeption hinterrücks in jeder rhetorisch entfesselten Subjektkritik wiederkehrt; zu untersuchen, was sie impliziert und wie sie strukturiert ist; das scheint uns angesichts der modischen Pauschalattacken auf »das Subjekt« eher an der Tagesordnung zu sein, als – unter wie »schwachen« Prämissen auch immer – zeitnahe »Auswege aus der Subjektphilosophie« (und ihren unvermeidlichen, weil Endlichkeit definierenden Antagonismen) vorzuschlagen.

Die Habermassche Intersubjektivitätstheorie macht in diesem Zusammenhang viel zu viele theoriebautechnisch-strategisch motivierte Kompromisse. Ein von falschen Versöhnungshoffnungen inspirierter Hegelianismus belastet, so wollen wir im weiteren zeigen, das Kommunikations-»paradigma« »höherstufiger Intersubjektivität«, von dem Habermas behauptet, daß es »die Subjektphilosophie« hinter sich lassen könne.

3. Kündigt sich im Liebesbegriff des jungen Hegel ein »bescheideneres«, kommunikativ deutbares Konzept der Vernunft an?

Habermas zeigt in seinen Analysen des reifen Hegel, daß »die zum absoluten Geist aufgeblähte Rationalität die Bedingungen, unter denen die Moderne ein Bewußtsein ihrer selbst erlangt hat, neutralisiert« (*PDM*, 57): die spekulativ-unendliche Variante der Subjektphilosophie ist in Hegels System gescheitert. Habermas leitet aus dieser Erfahrung zu Recht ab, daß in der Zeit nach Hegel nur dasjenige Denken überhaupt eine Option gewinnt, »das den Begriff der Vernunft bescheidener faßt« (*PDM*, 57).

An dieser Stelle scheint es nahezuliegen, die kritische Demontage Hegels noch einmal (und mit neuen Mitteln) in bezug auf jene finiten, den spekulativen Überschwang vermeidenden Vernunftbegriffe, die seit den Kantischen »Kritiken« die Grundstruktur der Moderne definieren, zu versuchen: Habermas geht dem zwar teilweise nach, nicht jedoch im Hinblick auf den theorieleitenden *Einstieg* in einen »bescheideneren« Vernunftbegriff insgesamt. Hier will er vielmehr die Grundintentionen des frühen, vorsystematischen Hegel aufgreifen, diese sprachanalytisch wenden, und sie erst dann (wie er kürzlich hinsichtlich seiner *Diskursethik* sagte) »mit Kantischen Mitteln bestücken«.[25]

Hegels Jugendschriften sind für Habermas deshalb so attraktiv, weil er im Liebes- und Lebensbegriff der theologisch inspirierten Reflexionen (d. h. in Hegels *Dialektik der Sittlichkeit*) »die versöhnende Kraft einer Vernunft, die sich nicht bruchlos aus Subjektivität herleiten läßt« (*PDM*, 39) thematisch werden sieht, welche der »höherstufigen Intersubjektivität« der Diskurstheorie als Folie dienen könnte: unter den Titeln »Liebe« und »Leben« analysiere Hegel, so Habermas, »die vereinigende Macht einer Intersubjektivität«, in der »die Stelle der reflexiven Beziehung zwischen Subjekt und Objekt durch eine im weitesten Sinn kommunikative Vermittlung der Subjekte miteinander eingenommen« wird (*PDM*, 42).

In seinen Skizzen eines möglichen intersubjektivitätstheoretischen Denkwegs, »den Hegel selbst nicht beschritten hat«, gibt Habermas jedoch, wie wir im weiteren zeigen wollen, den methodologisch überaus unklaren Status der früheren Hegelschen Reflexionen zu Liebe und Leben nur unzureichend wieder; außerdem führt er nicht im Detail aus, wie die Gedanken Hegels in eine Kommunikationstheorie, die finiten Vernunftkonditionen genügen würde, eingehen könnten. Nicht zufällig gewinnen deshalb für die Diskurstheorie, soweit sie die Methodenfrage explizit aufgreift, unter der Hand mehr und mehr die Kantischen gegenüber den Hegelschen Theoriebezügen an Bedeutung.

Der methodologisch ambivalente Status der Hegelschen Jugendschriften läßt sich u. a. daran ablesen, daß Hegel in seinen Analysen von »Liebe«, »Leben«, »Schicksal, Verbrechen und Versöhnung« dialektische Bewegungsstrukturen so beschreibt, daß sie weder einer nachkonstruierbaren Methode »endlicher Dialektik« folgen, noch bereits in ein »System« absoluter Dialektik eingebettet sind: sie haben vielmehr den Charakter eines metaphysisch-spekulativen Vorspiels zum späteren System. »Leben« etwa wird als »Verdoppelung seiner selbst und Einigkeit desselben«[27] bestimmt und ist somit in Begriffen beschrieben, welche die – späterhin als systemgenerierend behauptete – »Identität der Identität und Nichtidentität« bereits deutlich ankündigen: diese Konstrukte gehören also – im Sinne Foucaults – bereits eindeutig zur Gattung falscher Versöhnungsversuche und können kaum für einen »bescheideneren« Vernunftbegriff reklamiert werden.

Es handelt sich überdies bei Hegels frühen Reflexionen, wie er selbst anmerkt, nicht um dialektische Beschreibungen der »versöhnenden Kraft einer *Vernunft*« (Hervorhebung L. N.), wie Habermas behauptet: Liebe wird von Hegel vielmehr zu denken versucht »weder als Verstand noch als Vernunft« (in einem wie immer zu präzisierenden »bescheidenen« Sinn)[28], sondern – offen schwärmerisch (und wohl hauptsächlich als poetisches Vorspiel zur späteren absoluten Dialektik von Interesse) – als »nichts Endliches«, als »ein Gefühl, aber nicht ein einzelnes Gefühl«. »Aus dem einzelnen Gefühl, weil es nur ein Teilleben, nicht das ganze Leben ist, drängt sich das Leben durch Auflösung zur Zerstreuung in der Mannigfaltigkeit der Gefühle und um sich in diesem ganzen der Mannigfaltigkeit zu finden.«[29] Diese dialektisch strukturierte »Bewegung« des »Gefühls« der Liebe ist – wie auch die Metaphorik des »*Sich*-im-Andern-Finden – schon deutlich jenem reflektorisch vermittelten Transparenzmodell absolut-selbstbezogener Subjektivität verpflichtet, in dem das Nichtidentische als die bloße Setzung des »Geistes« in diesem aufgehoben sein soll.

Hegels frühe Liebestheorie hat zwar den Begriff der Dialektik noch nicht systematisch-absolut interpretiert: sie offeriert aber dennoch keine dialektische Konzeption *endlicher* Vernunft. Sie ist deshalb als theoretischer Hintergrund für eine Kommunikationstheorie nur von geringem Wert. Dies u. a. auch deshalb, weil redende Interaktion wohl eher durch die finite Struktur eines – die Totaltransparenz niemals erreichenden – Bei-einander-Seins charakterisierbar sein dürfte, als durch Hegels schwärmerisch-narzißtisches, die Aufhebung des Subjekts im Absoluten bereits vorbereitendes »im-Andern-bei-*Sich*-Sein.«

Da sich aus den Ansätzen des jungen Hegel keine finite (= »bescheidenere«) Vernunfttheorie, die einigermaßen geschlossene Gestalt hätte, herleiten läßt, macht die Habermassche Diskurstheorie im wesentlichen nur von *einzelnen,* der Kritik »der Subjektphilosophie« dienlichen Reflexionen des jungen Hegel Gebrauch. So interessieren Habermas z. B. jene autonomiekritischen Passagen aus Hegels Frühschriften, die ihren Hintergrund letztlich in Schillers Einwänden gegen Kants praktische Vernunft haben. Es gibt etwa eine Passage im *Geist des Christentums,* welche besagt, daß der Unterschied zwischen dem »wilden Mogulitzen« und dem Kind der Aufklärung nicht primär in der Differenz von Autonomie und Heteronomie, Freiheit und Knechtschaft bestehe, sondern allein darin, »daß jener den Herrn außer sich hat, dieser den Herrn in sich trägt und zugleich sein eigener Knecht ist«: »Für das Besondere, Triebe, Neigungen, pathologische Liebe, Sinnlichkeit, oder wie man es nennt, ist das Allgemeine notwendig und ewig ein Fremdes, ein Objektives: es bleibt eine unzerstörbare Positivität übrig.«[30]

Habermas sieht in solchen Analysen keine frühen Ankündigungen jener Kantkritik, die beim Systematiker Hegel hermeneutisch so überaus bedenkliche Züge annehmen wird. Er hofft vielmehr, Hegels Einwände gegen Kants Autonomiekonzept zur Absicherung der Diskurstheorie vor Rückfällen in »bewußtseinsphilosophische« Dichotomien wie Pflicht und Neigung etc. nützen zu können.

4. Kritische Erwägungen zu einigen (den Frühschriften Hegels entlehnten) Versöhnungsansprüchen, die innerhalb der Diskurstheorie prinzipiellen Stellenwert erlangen

Da Hegels frühe Versöhnungsspekulationen für die Begründung einer Gesellschaftstheorie kaum mehr als vage Anknüpfungspunkte bieten, jedenfalls aber keine brauchbaren Grundkategorien liefern, sieht sich die Diskurstheorie – trotz ihrer immer wieder beteuerten Nähe zum jungen Hegel – unter der Hand genötigt, ihre zentralen Kategorien bei Kant zu entlehnen. Das zeigen nicht nur die Habermasschen Ausführungen in der *Theorie des kommunikativen Handelns* insgesamt, sondern speziell seine Begründungsversuche einer Diskursethik (wie auch fast alle seine Äußerungen zur Ästhetik).[31]

Wir werden uns im weiteren ausschließlich auf den Habermasschen Versuch konzentrieren, die praktische Vernunft von einer als *Prinzip* gefaßten Intersubjektivität her zu reformulieren. Hegels Philosophie spielt dabei eine doppelte Rolle: erstens soll im Rückgang auf Motive der Frühschriften – und bei Beibehaltung des Kantischen frameworks praktischer Vernunft – das, was Habermas »Bewußtseins-« und »Subjektphilosophie« nennt, auf Distanz gehalten werden. Und zweitens soll die intersubjektivistische Transformation Kants sicherstellen, daß die Diskursethik gegen die Haupteinwände der Kantkritik des reifen Hegel immun wird. Habermas führt die Doppelstrategie dieser Argumentation in seinem Essay *Moralität und Sittlichkeit* vor.[32]

Wollen wir einer Beantwortung der Frage näherkommen, ob die Habermassche Diskurstheorie in der Tat einen »Ausweg aus der Subjektphilosophie« zeigen kann, so gilt es nun zu untersuchen, inwieweit eine intersubjektivitätstheoretisch konzipierte, kantisch inspirierte und mit Ideen aus den Frühschriften Hegels bestückte Diskursethik von interner Konsistenz ist.

In mindestens zweifacher Hinsicht wird die Habermassche Kommunikationsethik durch frühhegelsche Motive bestimmt:

Erstens, so Habermas, hat die Diskursethik »die Zwei-Reiche-Lehre preisgegeben«, d. h., sie »verzichtet auf die kategoriale Unterscheidung zwischen dem Reich des *Intellegiblen,* dem Pflicht und freier Wille angehören, und dem Reich des *Phänomenalen,* das u. a. die Neigungen... umfaßt.« Denn »der praktische Diskurs erfordert die Einbeziehung aller jeweils berührten Interessen und erstreckt sich sogar auf eine kritische Prüfung der Interpretationen, unter denen wir bestimmte Bedürfnisse als eigene Interessen allererst erkennen«.[33]

Dieser Versuch, einen der Grundantagonismen der Kantischen Ethik einzuziehen (Pflicht vs. Neigung) ist offenkundig durch jene Kritik motiviert, die der junge Hegel mit Schiller an Kants »Rigorismus« übte, d. i. durch seinen Vorbehalt gegenüber dem Ausschluß des »Besonderen«, der »Triebe, Neigungen, pathologischen Liebe, Sinnlichkeit«[34] aus dem *Prinzip* vernünftigen Handelns.

Wir haben nun zu fragen, ob jene Preisgabe der »Zwei-Reiche-Lehre«, welche Habermas vorschlägt, dazu geeignet ist, eine schlüssige Theorie praktischer Vernunft entstehen zu lassen. Wir bezweifeln dies, denn die einebnende »Vermittlung« des Intelligiblen mit dem Phänomenalen (die Versöhnung der Differenz zwischen unserer »Freiheitsansicht« und unserer »Naturansicht«) läßt die Bedürfnisse wie auch ihr Beurteilungsprinzip in einer (Bedürfnisartikulation und Bedürfnisreflexion nicht mehr kategorial trennenden) Sprachgebrauchstheorie kollabieren. Die Pointe der posttraditionalen Ethik Kants war demgegenüber gerade, im Formalprinzip jener universellen »Achtung« (vor dem selbstgegebenen Gesetz), das jeden Menschen auffordert, den andern und sich selbst nicht bloß als Mittel, sondern zugleich als Selbstzweck zu behandeln, jene – alle Bedürfnispartikularitäten überschreitende – Beurteilungsregel artikuliert zu haben, die – in *unaufhebbarer Differenz* zum historisch spezifizierbaren und situational variablen »Material« des »Begehrens« – erst die *rational verbindliche* Beurteilung der »Neigungssphäre« erlaubt. Auch Kant war dabei selbstverständlich für die maximale »Einbeziehung« – d. h. aber zugleich auch: für die kritisch distanzierende Reflexion – »aller Interessen« in praktischen Entscheidungssituationen: nur so kann rationales Handeln seiner Grundkondition,

»nach bestem *Wissen* und Gewissen« erfolgen zu müssen, gerecht werden. Er glaubte freilich niemals, die Differenz zwischen Beurteilungsprinzip und Bedürfnis »material« vermittelnd überbrükken zu können. Im Gefolge des jungen Hegel scheint Habermas aber genau eine solche »Versöhnung« vorzuschweben. Dieser Versuch produziert jedoch mehr Probleme, als gelöst werden, da ein vom zu Beurteilenden kategorial unabgetrenntes Prinzip seine »kategorische« Unverfügbarkeit und Schärfe verliert, aus welcher eine formale Ethik – ästhetisch betrachtet – ihre »Erhabenheit« sowie ihre »Verbindlichkeit« bezieht. Es kann somit auch nicht gelingen, wie Habermas hofft, in der Diskursethik »*anstelle* des kategorischen Imperativs das Verfahren der moralischen Argumentation« einzuführen (Hervorhebung L.N.)[35], denn auch in dieser Konstellation schafft die Einziehung der Differenz zwischen Beurteilungs*prinzip* und *materialer* Beratung in der Folge die Schwierigkeit, wie denn eine solche (explizite Prinzipien vermeidende) »Argumentation« nach als »moralische« qualifiziert werden kann. Sollen aber die Prinzipien, wie Habermas wohl meint, nicht verabschiedet, sondern vielmehr argumentationsintern enthalten sein, so kehrt das Problem des Kategorienunterschieds zwischen Beurteilungsregel und Beurteiltem spätestens an der Stelle wieder, wo – auch innerhalb der Diskurstheorie – nach dem Geltungsgrund von Ansprüchen gefragt wird.

Ein zweites, den *Frühen Schriften* Hegels entlehntes Motiv, von dem ausgehend Habermas die Diskursethik – gegen Kants Zentralbegriff der individuumsbezogenen Autonomie – als dem *Prinzip* Intersubjektivität verpflichtet zu begreifen sucht, ist die »Sozialisierung«:[36] sie ist ein der »lebendigen sittlichen Totalität« nachempfundenes »höherstufiges Prinzip« durch welches das Subjekt zum sozial erzeugten, dauerhaft sozial rückgebundenen, dialektischen Derivat (mit *relativer* Selbständigkeit) wird. Habermas zieht somit jene Differenz von »Geselligkeit« und »Ungeselligkeit«, die Kants Begriff der praktischen Vernunft im Hintergrund dauerhaft begleitet, ein. Wenn er schreibt: »Die Person bildet ein inneres Zentrum nur in dem Maß, wie es sich *zugleich* (!L.N.) an die kommunikativ hergestellten interpersonalen Beziehungen entäußert«, dann ist im Temporalitätsgehalt dieser Analyse offenkundig jene Möglichkeit zur Ungleichzeitigkeit verkannt, welche dem einzelnen Handelnden das Wechselspiel zwischen Motivation/Intention einerseits und öffentlicher Performanz andererseits erlaubt. Vor allem aber wird in solchen Beschreibungen das zentrale moralische »Faktum« nicht analysiert, daß auch innerhalb der interpersonalen Beziehungen selbst – *zuletzt* – jedes praktische Urteil, soll es rationale Verbindlichkeit haben, vor der »Appellationsinstanz des Einzelnen« (so Habermas selbst) muß bestehen können. Das macht u. a. auch so schwer vorstellbar, wie die Diskursethik den »bewußtseinsphilosophischen Begriff der Autonomie« preisgeben könnte, um ihn in einem »intersubjektivistischen Begriff der Autonomie« aufzuheben: denn erstens ist jeder Begriff von Autonomie, gerade auch der subjektrelative von Kant, mit struktureller Notwendigkeit bereits »intersubjektiv«, insofern es beim autonomen Handeln ja um die Achtung auch *der anderen* als »Selbstzwecke« geht. Zweitens aber ist zuletzt *kein* haltbarer Begriff von Autonomie insgesamt in einem »höherstufigen Prinzip Intersubjektivität« aufgehoben, weil ja erst vor dem »inneren Gerichtshof« der einzelnen Subjekte in letzter Instanz das Urteil fällt, welche Motivation, welches Ergebnis einer diskursiven Beratung als gerechtfertigt akzeptiert werden kann und welche Intention als nicht rechtfertigbar verworfen werden soll. Auch »ideale Kommunikation« hat ihren Ort ja unleugbar in der Fähigkeit praktisch handelnder *Individuen* zu transdiskursiver, normativ-rationaler Antizipation.

D. h. aber im Ergebnis: sowohl eine Analyse des Versuchs, die Differenz von Pflicht und Neigung einzubeziehen, als auch eine Prüfung des Bemühens, die Dialektik von Individuum und Gesellschaft mit einer Intersubjektivitäts-Dominante zu versehen, zeigen, daß der Import frühhegelscher Inspirationen in das Kantische framework die Habermassche Theorie eher belastet, als daß er zu ihrer Stringenz beiträgt.

5. Die Frage nach dem Subjekt wird durch die Diskurstheorie weder überwunden, noch ist sie in ihr beantwortet

Zu dieser These, die unsere bisherigen Erwägungen zusammenfaßt, kommen wir u. a. aufgrund der beiden folgenden Gedankengänge:

Da auf dem Boden der praktischen Diskurstheorie weder die Differenz zwischen Beurteilungs*regel* einerseits, dem situational strukturierten Motiv»*material*« andererseits kategorial rekonstruiert wird (und diese Differenzverwischung sogar als Gewinn gelten soll), noch der – unaufgebbar subjektrelative urteilende Regel*gebrauch* (der ja weder aus der Regel selbst[37], noch aus dem zu regelnden partikularen Material folgt) in einer Theorie der »praktischen Urteilskraft« zum Thema gemacht wird, kann im Ernst wohl keine Rede davon sein, daß die Diskurstheorie die Fragekonstellationen der klassischen Subjektphilosophie »aufhebend« überwunden hätte. Wie wir u. a. im Abschnitt 2 darzulegen versuchten, kehren – ganz im Gegenteil – innerhalb der Diskurstheorie selbst all jene subjektrelativen Oppositionsbegriffe wieder, die den finiten Charakter der Vernunft kennzeichnen. Angesichts dieser Situation bleibt das zu einem »neuen Paradigma« ernannte »kommunikative Handeln« mit so schweren Hypotheken belastet, daß (zumindest was ihren »klassischen« Hintergrund betrifft) erst der genauere Rekurs auf die pluralen Subjektkonzeptionen Kants Abhilfe schaffen könnte. Dazu müßte sich die Diskurstheorie freilich von ihren (eher theoriebautechnisch-strategisch motivierten, als durch eine Hermeneutik rechtfertigbaren) verzerrten Kant-Bildern lösen: vom »monologischen« Kant, für dessen das Kommunizieren angeblich ausschließenden Autismus die Belegstellen in seinen Schriften sich ohnehin nicht finden lassen; vom »Bewußtseinsphilosophen« Kant, der (obwohl er an zentraler Stelle von den »Urteilen« des Verstandes spricht) die Rolle der Sprache beim Denken vermeintlich ganz aus den Augen verloren hätte; und von jenem Kant, der angeblich ein sich selbst durchsichtiges Selbstbewußtsein behauptete (obwohl er doch explizit von der Unmöglichkeit sowohl der intellektuellen Selbstanschauung, als auch von der Grenze der Selbsteinsicht in den eigenen »guten Willen«[38] gesprochen hat).

Wie weitgehend die Kommunikationstheorie die Grundsatzfrage nach dem Subjekt verdrängt, wird nicht nur im Rückbezug auf einige Hauptkategorien der Kantischen Theorie der Moderne sichtbar, sondern wird es auch gerade dann, wenn Habermas' sprachanalytischer Anknüpfungspunkt, die Theorie »illokutionärer Sprechhandlungen«, im Lichte der neuesten Entwicklungen nochmals überprüft wird. Die Diskurstheorie hatte gehofft, im Anschluß an die Sprechaktanalysen John R. Searles, das, was sie als »bewußtseinsphilosophische« Fragestellungen auf Distanz bringen wollte, durch den sprachhandlungstheoretischen Ansatz der *Ordinary Language Philosophy* auch tatsächlich überwinden zu können: Das »allgemeine Medium Sprache«, das uns, so Habermas, »individuiert«[39], ist allen Reifizierungen, allem endgültigen Abgleiten in die Vergegenständlichung deshalb gewachsen, weil es »in sich reflexiv« ist.[40] Habermas läßt anläßlich solcher Formulierungen den *metaphorischen* Status der Rede vom sprachlichen »Selbst«bezug allerdings niemals thematisch werden: Alltagssprache soll letztlich dazu dienen, allen subjektrelativen Begriffen (wie »Intention«, »Urteil« etc.) einen mehr oder weniger parasitären Status zuzuweisen.

Solch ein sprachanalytisch orientierter Ausweg aus der Subjektphilosophie ist neuerdings freilich – u. a. durch die jüngsten Erwägungen Searles zum philosophischen Hintergrund seiner Sprechakttheorie – blockiert. Searle erkannte vor kurzem, daß seine Sprechakt-Untersuchungen den Begriff des Handelns »total unanalysiert« voraussetzen, daß sie also mit einem unklaren Begriff operieren. Er begann daraufhin, dieses philosophische Defizit in mehreren Büchern aufzuarbeiten (*Intentionality. An Essay in the Philosophy of Mind*, 1983; *Minds, Brains and Science*, 1984).[41] Dabei wurde deutlich, daß er gegenwärtig nicht mehr davon überzeugt ist, daß in einer philosophischen Hintergrundstheorie des Sprachgebrauchs der Bewußtseinsbegriff, den Habermas durchs »Paradigma« der Kommunikation verabschieden wollte, tatsächlich entbehrt werden kann. Ganz im Gegenteil führte Searle 1984 in seinen *Reith Lectures* den (bewußtseins- und subjektrelativen) Begriff der »Intention« als Schlüsselkategorie seiner *Theory of Mind* neuerlich ein (am knappsten im Prinzip 1 und 2 seiner Handlungstheorie: »Actions characteristically consist of two components, a mental component and a physical component; the mental component is an intention«[42]) und argumentiert damit quer zur Habermasschen These, daß die »Bewußtseinsphilosophie« angesichts der modernen sprachanalytischen Entwicklungen antiquiert sei.[43]

Wenn wir auch der naturalistisch-biologistischen Deutung, die Searle dem Intentionsbegriff im Hauptteil seiner *Philosophy of Mind* zu geben versucht, ganz und gar nicht zustimmen können, so ist doch seine »mentalistische« Relativierung jenes Sprechaktkonzeptes, das von der »Theorie des kommunikativen Handelns« zum fundamentalen »Medium« der Intersubjektivität hochstilisiert wurde, von größtem Belang. Sie nötigt dazu, die Frage, ob der Rekurs auf die Strukturen intersubjektiver Rede es erlaubt, bewußtseinsphilosophische und subjektrelative Theorieansätze gänzlich zu überwinden, auch aus sprachanalytischen Gründen negativ zu beantworten.

So scharfsinnig Habermas das Radikalitätsdefizit und die Inkonsistenzen der zeitgenössischen, postmodernen Subjektkritik analysiert, so ergänzungs-, ja kritikbedürftig bleiben seine eigenen systematischen Erwägungen zum Verhältnis Subjektivität/ Intersubjektivität: und das wollten wir mit einigen Verweisen auf die pluralen Zugänge Kants zu einer modernen Subjekttheorie und einem kurzen Blick auf neuere Entwicklungen innerhalb der amerikanischen *Ordinary Language Philosophy* vorführen.

Anmerkungen

1 Siehe seine Foucault-Kritik im 7. Kapitel von *Reason, Truth and History*, Cambridge University Press 1981, sowie die Ausführungen über *cultural relativism*, in: *Why reason can't be naturalized*, in: *Realism and Reason. Philosophical Papers, Vol. 3*, Cambridge University Press 1983.
2 Z. B. im Aufsatz *Das Problem einer philosophischen Theorie der Rationalitätstypen*, in: *Rationalität. Philosophische Beiträge* (Hg. Herbert Schnädelbach), Frankfurt 1984.
3 In programmatischer Kürze z. B. in *Untiefen der Rationalitätskritik*, in: *Die Neue Unübersichtlichkeit*, Frankfurt 1985.
4 In vielen Analysen seiner umfangreichen, zu den rhetorischen Verabschiedungsversuchen der Philosophie immer kritische Distanz haltenden Studie *Was ist Neostrukturalismus?*, Frankfurt 1983.
5 *There is at least one a priori truth* und *Analyticity and apriority: beyond Wittgenstein and Quine*, in: *Realism and Reason. Philosophical Papers, Vol. 3*, Cambridge University Press 1983.
6 Siehe seinen Aufsatz *Subjekt, Person, Individuum* in diesem Band.
7 Kapitel XI »Ein anderer Ausweg aus der Subjektphilosophie – Kommunikative vs. subjektzentrierte Vernunft«, *Der philosophische Diskurs der Moderne* (in der Folge: *PDM*), Frankfurt 1985.
8 Michel Foucault: *Die Ordnung der Dinge*, Kap. 9, »Der Mensch und sein Doppel«, Frankfurt 1980³.

9 J. R. Searle, *Intentionality and Method*, in: *The Journal of Philosophy* 1981.
10 Stuttgart 1950.
11 R. Kroner: *Von Kant bis Hegel*, Tübingen 1961².
12 R. Delekat: *Immanuel Kant*, Heidelberg 1969³, S. 67.
13 J. Habermas: *Erkenntnis und Interesse*, Frankfurt 1968, S. 12, vertritt deshalb die These, »daß nach Kant Wissenschaft philosophisch nicht mehr ernstlich begriffen worden ist«.
14 D. Henrich, *Einleitung* zu: G. W. F. Hegel, *Philosophie des Rechts. Die Vorlesungen von 1819/20 in einer Nachschrift*, Frankfurt 1983, S. 31.
15 J. Habermas, *PDM*, S. 33.
16 Habermas zitiert diese Passage aus dem Buch *Michel Foucault. Beyond Structuralism and Hermeneutics* von Hubert L. Dreyfus und Paul Rabinow, The University of Chicago Press 1982, S. 30 (*PDM*, S. 307). Mittlerweile auf dt. erschienen: *Jenseits von Strukturalismus und Hermeneutik*, Frankfurt 1987.
17 J. Habermas, *Rückkehr zur Metaphysik – Eine Tendenz in der deutschen Philosophie*, in: *Merkur*, Heft 9/10, 1985, S. 903.
18 Mit den hier angesprochenen Fragen habe ich mich ausführlicher in dem Habermas-Kapitel von *Gesellschaft und Autonomie. Historisch-systematische Studien zur Entwicklung der Sozialtheorie von Hegel bis Habermas*, Verlag der Österreichischen Akademie der Wissenschaften, Wien 1983, S. 244-342, beschäftigt. Siehe auch L. Nagl, *Richtige Fragen, falsche Antworten? Die Unexpliziertheit der moralischen Urteilskraft in der Diskurstheorie*, in: *Rationales Handeln und Gesellschaftstheorie* (Hg. W. v. Reijen und K. O. Apel), Bochum 1984.
19 Oxford University Press 1986.
20 Dreyfus/Rabinow (1987), S. 61.
21 Ebd. S. 62, zit. nach M. Foucault, *Die Ordnung der Dinge: Eine Archäologie der Humanwissenschaften*, Frankfurt 1971, S. 399.
22 Ebd. S. 64.
23 Siehe z. B. jene Passagen im Marx-Kapitel von *Erkenntnis und Interesse*, Frankfurt 1968, wo Habermas davon spricht, daß es Marx nicht gelang, uns zu sagen, »wie wir die Geschichte als eine Fortsetzung der Naturgeschichte begreifen können« (S. 57).
24 Dreyfus/Rabinow (1987), S. 43.
25 J. Habermas, *Moralität und Sittlichkeit. Hegels Kantkritik im Lichte der Diskursethik*, in: *Merkur*, Heft 12, 1985, S. 1045.
26 »Glaube und Sein« spart Habermas, wohl wegen der zu offenkundigen Theologie- und Metaphysikbezüge, in seinen Untersuchungen der Frühschriften Hegels aus. Zu den theologischen Implikationen siehe L. Nagl: *Theorie, Praxis ud Geschichtlichkeit in den Jugendschriften –*

Hegels und Nietzsches, Maschinenschriftliche Diss., Wien 1969, Kapitel II, IV und V.
27 G. W. F. Hegel, *Werke in zwanzig Bänden*, Ffm. 1972, Bd. I, S. 246.
28 Ebd.
29 Ebd.
30 Ebd., 323.
31 Zum Kantischen Hintergrund der Habermasschen Ästhetik siehe L. Nagl, *Ästhetik und Diskurs*, in: *Wiener Jahrbuch für Philosophie*, 1985.
32 *Merkur*, Heft 12, 1985, S. 1041-1052.
33 Ebd., S. 1049.
34 G. W. F. Hegel, *Werke in zwanzig Bänden*, Ffm. 1972, Bd. I, S. 323.
35 *Merkur*, Heft 12, 1985, S. 1041.
36 Frühe Erwägungen dazu finden sich bereits in *Arbeit und Interaktion*, *Technik und Wissenschaft als ›Ideologie‹*, Ffm. 1968, S. 15.
37 Daß aus einer Regel deren Gebrauch nicht folgt, hat neuerdings mit viel Raffinesse S. Kripke, *Wittgenstein on Rules and Private Language*, Harvard University Press 1982, gezeigt.
38 I. Kant, *Grundlegung zur Metaphysik der Sitten*, BA 26.
39 Den Vorrang der sprachlich strukturierten Sozialisationsprozesse vor dem (darin angeblich totaliter »produzierten«) Individuum, jene Relation zwischen Subjekt und Gemeinschaft, die durch eine transsubjektive Dominante charakterisiert ist, spricht Habermas mit aller Bestimmtheit bereits in *Arbeit und Interaktion* aus: Kommunikative Sozialisierung darf »nicht als Vergesellschaftung eines gegebenen Individuums gedacht werden, sie selbst bringt vielmehr ein Individuum erst hervor« (S. 15). Wie das Medium der Intersubjektivität, die Sprache, selbst allerdings entstanden ist, wird nicht deutlich; sucht man eine Klärung, dann öffnet sich jener Abgrund des »apriorischen Perfekt«, den, wie Foucault zeigt, »schwache« Mediatisierungen nur dürftig überdecken, niemals aber überwinden können.
40 Z. B. *Erkenntnis und Interesse*, Kapitel 8.
41 Cambridge University Press; Harvard University Press.
42 *Minds, Brains and Science*, Harvard University Press 1984, S. 63.
43 Auch S. Kripke rehabilitiert in einer Anmerkung zu *Wittgenstein on Rules and Private Language* den Begriff des Bewußtseins: »I personally would like to think that anyone who does not think of me as conscious is wrong about the facts, not simply ›unfortunate‹, or ›evil‹, or even ›monstrous‹ or ›inhuman‹, in his ›attitude‹ (whatever that might mean).« (S. 48 f.)

Willem van Reijen
Das unrettbare Ich

In seinem Tui-Roman äußert sich Brecht sarkastisch über die Errichtung des Instituts für Sozialforschung, das seit 1931 von Horkheimer geleitet und durch Adorno, Marcuse, Benjamin und Fromm so berühmt wurde. Über Felix Weil, den Mäzen des Instituts, schrieb Brecht: Ein reicher Mann gründet ein Institut, um den Ursprung des Bösen in dieser Welt zu untersuchen – das ist er natürlich selbst!

So wird vielleicht mancher beim Lesen des Titels *Das unrettbare Ich* auch gedacht haben: hier meint van Reijen natürlich sich selbst. Es ist in der Tat seit altersher in der Philosophie nicht unüblich, durch Titel und Vortragstext Selbstreflexion zum Ausdruck zu bringen. Selbstreflexion bedeutet jedoch nicht nur, Subjektives oder gar Subjektivistisches über das »Selbst« (Ich) in Beziehung zu Anderen, zur Gesellschaft und zu der Art, wie wir über das Selbst, Andere und die Gesellschaft denken, auszusagen. Der Soziologe Niklas Luhmann hat erst kürzlich einen Kerngedanken der Philosophie und der philosophischen Soziologie weiterentwickelt, der besagt, daß Theorie eine Situation beschreibt, an der sie selbst teilhat. Wer »Ich« sagt, sagt gleichzeitig etwas über Andere bzw. dem anderen. Jeder kann »Ich« sagen und weiß, daß ebenso andere es sagen können. »Ich« ist das Persönlichste, Konkrete und zugleich das Unpersönlichste, Abstrakte. Ausgehend von der Tatsache, daß Philosophen von der Frage fasziniert sind, inwieweit es möglich ist, mit einem Urteil etwas über Urteile auszusagen, mit Sprache etwas über Sprache, vom Ich aus über das Ich zu urteilen, hat dies seit Ende des 18. Jahrhunderts dazu geführt, daß das Konzept vom »Ich« (das philosophische Subjekt und Individuum) umstritten ist. Neben überzeugten Verteidigern des Ich als dem unumstößlichen Ausgangspunkt der philosophischen (Selbst-)Reflexion und jedes wissenschaftlichen Denkens gibt es Skeptiker, die in der Vorstellung eines Ich, welches über sich selbst nachdenkt und über sich selbst etwas sagt und dabei zu bedingungslos gültigen Einsichten, sogar zur Grundlage jeder Wahrheit kommt, eine große Illusion sehen. In letzter Zeit verkünden besonders französische Philosophen den »Tod des Subjekts«. Ist das Ich unrettbar verloren? Ist es, wie diese Philosophen behaupten, nicht länger Ausgangspunkt für eine Verbesserung unserer politischen und kulturellen Bedingungen, sondern eher ein Hindernis für die äußerst notwendige Einsicht in die Hoffnungslosigkeit unserer aktuellen Situation, verursacht durch die Vernunftlosigkeit des Menschen und ihrerseits auch dazu beitragend?

Meine These lautet, daß die Zeit, in der wir leben und die von einigen Philosophen als postmodern bezeichnet wird, tatsächlich anders ist als die hinter uns liegende, die Moderne. Anders heißt nicht völlig neu, verweist aber auf eine bedeutsame Verschiebung in Theorie und Praxis.

Für die »Moderne« ist die Orientierung an praktischen, effizienten Lösungen typisch, ebenso eine darauf ausgerichtete Wissenschaft, die auf der Basis feststehender Prämissen logisch deduktiv vorgeht; kennzeichnend ist weiterhin das Vertrauen in die Autonomie des Individuums und in die parlamentarische Demokratie. Diese Orientierung ist ihrerseits nur in einem symbolisch geordneten System möglich, d. h. in einer Gesellschaft, in der ein Denken dominiert, welches einen Unterschied zwischen Schein und Wirklichkeit voraussetzt und praktiziert. Dabei ist von wesentlicher Bedeutung, daß man angeben kann, warum manche Dinge anders erscheinen, als sie in Wirklichkeit sind.

Die Entstehung einer postmodernen Orientierung neben einer modernen zeigt in dieser Hinsicht eine wichtige Verschiebung an. In Theorie und Praxis geht man nicht länger von der Annahme aus, daß die Trennung von Schein und Wirklichkeit die einzige oder wichtigste ist. Sie existiert weiterhin, wird aber in ihrer erkenntnis- und wissenschaftsphilosophischen und in ihrer für die Gesellschaft konstitutiven Wirkung relativiert. Darüber hinaus – so scheint es – ergibt sich eine neue Trennung, nämlich die von Wirklichkeit und Fiktion. Tatsächlich aber bilden diese Gegenpole eine Einheit. Postmoderne Philosophen versuchen, das Wirkliche in der Fiktion und das Fiktive in der Wirklichkeit zu sehen und zu verstehen.

Die Verschmelzung von Fiktion und Wirklichkeit, die die Dominanz des einen über das andere ausschließt, relativiert die gängigen Denkschemata und verhindert gleichzeitig eine monopolistische Entwicklung. Es gibt keinen archimedischen Punkt mehr, keine Grundlage, von der aus alles geordnet, gedacht oder durch meßbare Effekte beeinflußt werden könnte. Es gibt keine feststehenden Kriterien mehr für die Wahrheit von Urteilen, die Rechtfertigung des Handelns oder die Aufrichtigkeit von Intentionen, weder bei der Beurteilung meines Handelns durch Dritte, noch durch mich selbst. Neben die eine Welt der Moderne tritt eine Pluralität an Welten, neben die unterstellte Kontinuität (Raum, Zeit, Qualität) Diskontinuität. Die Plausibilität dieser These hängt davon ab, in welchem Maße es zu zeigen gelingt, daß die bis jetzt für stringent gehaltene Beziehung zwischen den von uns verwendeten Symbolen und der materiellen Wirklichkeit relativ ist. Der Begriff »Postmoderne« verweist also auf eine Situation, in der Gegensätze unaufgelöst nebeneinander existieren. Diesbezüglich hat der Begriff weniger eine historische, zeitlich abstufende Bedeutung, er kennzeichnet vielmehr eine spezifische Beziehung zwischen Oppositionen praktischer und theoretischer Art.

Die postmoderne Auffassung hat eine große Affinität zu der historischen Konstellation vor der »modernen« Zeit, vor der Aufklärung, nämlich zu jener des Barocks. Auch innerhalb der Periode der Moderne finden wir postmoderne Elemente (in der Literatur z. B. bei Sternes *Tristram Shandy*, in Diderots *Jacques le fataliste*), dabei geht es aber eher um isolierte Phänomene in einem von der Moderne dominierten Kontext. Im Barock entdecken wir, daß die symbolische Ordnung in ihrer Totalität untergeht. Macht und Ohnmacht, Aufrichtigkeit und Intrige, Ritterlichkeit und Hinterhältigkeit, alles vermischt sich in einer Weltanschauung ohne Hoffnung, die keinerlei Vertrauen mehr in transzendente Werte hat. Der scheinbare Überfluß im natürlichen Leben (das doch nur »nature morte« ist) zeigt nicht eine Vergänglichkeit, die durch die trostreichen Vorstellungen eines Lebens nach dem Tode ausgeglichen wird, sondern konfrontiert uns mit der Unversöhnlichkeit des Todes.

Diese Verweigerung gegenüber dem Versöhnlichen, auf den »Sinn« des Lebens zu bauen, ist dem Barock und den postmodernen Philosophen gemeinsam. Foucault sieht unsere Geschichte nicht als Entwicklung von Rationalität und Humanität, sondern von Machtausübung und Disziplinierung. Für Derrida ist es offensichtlich klar, daß unsere Kultur des Dialogs die Menschen auf bestimmte Ideen festlegt, sie fixiert; für Lyotard sind die »großen Erzählungen« von Emanzipation und Aufklärung raffinierte Unterdrückungsmittel. Diese Formen der Kritik, wie sehr sie sich auch voneinander unterscheiden mögen, haben eines gemeinsam: eine Veränderung kann, ebenso wenig wie die Diagnose selbst auf Annahmen der gängigen Ideologiekritik gründen. Die Theorie verliert ihre Wegbereiter- und Fundierungsfunktion. Von der Theorie aus kann nicht zwischen wahr und unwahr, zwischen Wirklichkeit und Schein unterschieden werden, denn dies würde wieder zu jenem überholten monopolistischen Denkmodell der Moderne zurückführen. Meine Argumentation mündet in der Schlußfolgerung, daß – wie im Barock – die neue Form der Kunst und der Theorie eher die Allegorie ist, als das Symbol.

Klagen über die Unrettbarkeit des Menschen sind so alt wie unsere westliche Kulturgeschichtsschreibung. Ebensowenig ist die Überzeugung neu, daß die eigene Zeit mehr als je zuvor von einer katastrophalen Entwicklung bedroht wird. In dieser Hinsicht sollte man die Kassandrarufe der letzten Jahre nicht unbedingt zu ernst nehmen. Wie übertrieben, auf jeden Fall undifferenziert, sich manche Äußerungen über die Bedeutung des Individuums in unserer Gesellschaft auch anhören mögen und wie sehr Gelassenheit jenen gegenüber, die sich davon provozieren lassen, angemessen wäre, so sollte andererseits doch untersucht werden, welche Verschiebungen in den Ausgangspunkten und Perspektiven der philosophischen Diskussion stattgefunden haben. Dies ist notwendig, weil die Diskussion über das unrettbare Ich international geworden ist. Amerikanische, deutsche und französische Philosophen – in der Philosophie ein Unikum – diskutieren in Zeitschriften Aufsätze, die einander rasch folgen. Gegenstand ist nicht die Interpretation eines vor langer Zeit geschriebenen Textes, sondern die Bedeutung der Philosophie und des »Ich« (Subjekts) für unsere Kultur und politische Situation. Eine Situation, die vor allem in Anbetracht der verschiedenen philosophischen Traditionen und politischen Bedingungen in den USA, der Bundesrepublik Deutschland und Frankreich, zumindest verwirrend genannt werden darf. Auf einer kurzen »tour d'horizon« der verschiedenen Standpunkte möchte ich hier entlang zwei Themen demonstrieren: 1. das soziale System, und 2. das Konzept des »Ich«. Ich werde auf Analysen und Kontroversen eingehen, die seit etwa zwei Jahrhunderten die Diskussion bestimmen. Vor diesem Hintergrund soll dann gezeigt werden, daß unsere aktuelle Diskussion in der Tat ein neues Element ins Spiel bringt, daß nämlich eine wichtige Verschiebung in der Themenbestimmung der philosophischen Diskussion und in der praktischen Perspektive stattgefunden hat; außerdem soll vorgeführt werden, welche Konsequenzen dies für unsere heutige Orientierung mit sich bringt. Diese Verschiebung, die sich inzwischen unter dem Slogan »Moderne versus Postmoderne« einen gewissen Namen erworben hat, beinhaltet nicht einen radikalen Bruch mit der Vergangenheit und mit unserer intellektuellen Orientierung; es ist jedoch unzulässig, daß die nicht unwichtige Neuorientierung mit der Bemerkung verschleiert wird, daß die Postmoderne nichts anderes als die Moderne sei, nämlich radikale Selbstkritik. Aber was bedeuten überhaupt diese ominösen Begriffe Moderne und Postmoderne? Habermas hat als überzeugter Anhänger der Moderne die Bedeutung dieses Begriffs in zahlreichen Essays und Büchern festgelegt. »Modern« bedeutet für ihn das Festhalten an den Errungenschaften der Aufklärung. Mit der Aufklärungsphilosophie wurden Prozesse theoretischer und praktischer (politisch-sozialer) Emanzipation in Gang gesetzt, die dazu geführt haben, daß immer mehr Menschen an der politischen Willensbildung und Beschlußfassung, sowie am Wohlstand teilhaben. Der Zuwachs an Bildungschancen, die Institutionalisierung in Politik und Verwaltung, die Entwicklung der parlamentarischen Demokratie und der Wissenschaft haben, so behauptet Habermas in Anknüpfung an Kant und Max Weber, zu einer ständig wachsenden Verfügungsmacht des Menschen über seine natürliche Umgebung und über sein soziales und politisches Milieu beigetragen. Auch wenn wir, so Habermas, erkennen müssen, daß zahlreiche Probleme noch keineswegs gelöst sind und daß sogar Rückschläge (z. B. in Sachen der Verwirklichung der Menschenrechte) festgestellt werden können, so ist trotzdem offensichtlich, daß eine vernünftige Alternative in bezug auf die Vollendung des »Projekts der Moderne« nicht denkbar ist. Die Vernunft als Instrument der (Selbst-)Kontrolle hinsichtlich der Entwicklung von Wissenschaft und Philosophie (Wahrheit) und Moralität (Richtigkeit) läßt sich nicht ersetzen und schon gar nicht relativieren. Jeder Angriff auf die Vernunft, auf die Moderne, wird von Habermas verdächtigt, das Irrationale, das Mythische, das unkontrollierbar Gefühlsmäßige (»Blut und Boden«) in Kultur und Politik (und in der Philosophie) durchsetzen zu wollen. Dabei behauptet Habermas keineswegs, daß die Entwicklung der Relationalität, des Efficiency-Denkens, der Technik und

Technologie, sowie der Produktion und des Marktes bis heute nur negative Ergebnisse gezeigt hat. Für Horkheimer und Adorno ist nicht nur der Faschismus, sondern sind auch die Kulturindustrie und die Ausbeutung des Menschen im ökonomischen Prozeß nachweisbare Konsequenzen einer hybriden Entwicklung der Vernunft. Aber anders als Horkheimer und Adorno, die hinsichtlich dieser Entwicklung zeitweise zu resignieren scheinen, behauptet Habermas, daß diese Phänomene durch eine einseitige Enwicklung der Vernunft verursacht werden. »Vernünftig« bedeute nicht nur kontrollierbar, wissenschaftlich, rational und effizient, sondern auch vernünftig im Sinne von moralisch vertretbar. Auf der Basis der Konsensbildung sollen unerwünschte technologische Entwicklungen und die Ausbreitung der Bürokratie wieder in den Griff bekommen werden. Die traditionelle Vorstellung von der Vernunft als dem umfassenden Begriff für Logik, Rationalität und moralische Rechenschaft beinhaltet, daß man sich der unvermeidlich immer wieder auftretenden Krise bewußt ist. Dies bedeutet aber auch, daß eine Entwicklung sich ausschließlich über Krisen vollziehen kann. Gerade darin sehen viele – mit Habermas – das Merkmal der Moderne. Diese Einsicht führt jedoch dazu, daß man um so stringenter an der Annahme festhält, es gäbe Kriterien und Methoden, um die Wahrheit von Behauptungen und die Legitimität moralischer Urteile zu bestimmen. Ganz anders die Postmodernen: sowohl in der Philosophie der Aufklärung, als in der des deutschen Idealismus und (erst recht) in den Emanzipationsbewegungen, die sich darauf beziehen konnten, sehen sie den Terror der Vernunft, die versucht, alles in ihren Griff zu bekommen, unter Maßgabe eines monopolistischen Wahrheitsanspruchs, der alles einebnet und das Außergewöhnliche eliminiert. Die moderne Wissenschaft bemüht sich ja um Aussagen, die unabhängig von der Person, unabhängig von Zeit und Ort und unabhängig von dem individuellen Phänomen, auf das sie sich beziehen, allgemein gültig sind. Gerade darin sehen jedoch die Anhänger der Postmodernen eine Vergewaltigung all dessen, was nicht unter diese Gültigkeitsprinzipien des Allgemeinen fällt. Das Besondere wird so gleichsam bestraft, indem man so tut, als würde es nicht existieren – als sei das Besondere es nicht wert, Gegenstand dieser Wissenschaft zu sein. Es wird aus dem Arkanum der Vernunft ausgeschlossen, als das »Andere« der Vernunft ausgeschlossen. Den

Postmodernen zufolge hat diese Form der Wissenschaft verbunden mit ihrer Hegemonie über unser Denken und Handeln unzulässige Ausmaße angenommen.

Darüber hinaus stellen sie fest, daß aus den Ansprüchen der Vernunft und deren Verwirklichung nicht nur erschreckend wenig geworden ist, sondern daß das »Projekt der Moderne« sogar Resultate gezeigt hat, die den erklärten Ansprüchen diametral entgegengesetzt sind. Anstelle von Befreiung oder Emanzipation der Menschen findet eine immer raffiniertere Unterdrückung statt. Nichts Neues, wird man sagen, denn das Theorem kennen wir schon von Marx und der Kritischen Theorie. Die Entfremdung des Menschen von seinem wahrhaftigen Menschsein, so wie dies von Marx festgestellt wurde, hat jedoch inzwischen einen anderen Charakter angenommen. Während nach Marx die Ursache der Entfremdung vor allem im Sektor der Produktion lag und demzufolge auf der Ebene materieller und ideeller Interessenvertretung verstanden werden konnte, verschieben sich in der postmodernen Perspektive die Entfremdungserscheinungen auf den Sektor der Distribution. Für Marx gab es noch die Möglichkeit, ein Verhältnis zwischen dem wirklichen Interesse der Menschen und der Ideologie festzustellen, das sie daran hinderte, sich dieser Interessen bewußt zu werden und sie zu vertreten. Mit anderen Worten, Marx konnte noch auf eine symbolische Ordnung zurückgreifen, in der die bestehende Wirklichkeit an einer idealen gemessen werden konnte. Für die Postmodernen ist diese Möglichkeit ausgeschlossen. Der Philosophie der Aufklärung und der des deutschen Idealismus ist es nicht gelungen, einen allseits (zumindest von Wissenschaftlern und Philosophen) akzeptierten oder akzeptablen Grundstein für unser Wissen zu legen. Es gibt in dieser Hinsicht keinen archimedischen Punkt, keine Gewißheit, die von allen geteilt wird. Im Gegenteil: alles ist kontrovers. Die Emanzipationsbewegungen, die auf die Aufklärung und vor allem auf Marx folgen, sind durch Terror in Verruf geraten. Die französische Revolution und Stalin zeigen, welche katastrophalen Folgen die totale/totalitäre Entwicklung der Vernunft zeitigt. Anstelle der Einseitigkeit des strikt rationalen Ansatzes mit seinen einzigartigen, monopolistischen Kriterien und Methoden muß ein – wie es Feyerabend von einer anderen Position aus vertritt – wissenschaftlicher, politischer und kultureller Pluralismus betrieben werden. Die Postmodernen vollziehen somit zwei

379

Schritte: *Erstens* stellen sie eine Diagnose. Die symbolische Ordnung, in der es eine nachweisbare und kritisierbare Beziehung zwischen Wirklichkeit und Theorie gab, zwischen dem bestehenden Zustand und dem Ideal, ist verschwunden. An die Stelle der symbolischen Interpretation, die es ermöglicht, sich an dem »Sinn« des Daseins, an dem »Wesen« des Menschen zu orientieren (und die demnach ein aktives Eingreifen in die Meinungen der Menschen und in ihre tatsächliche Situation ermöglicht), tritt, und das ist meine Schlußfolgerung, die Allegorie. Wenn die Fundamente des menschlichen Wissens umstritten sind, dann sind demzufolge keine verbindlichen Aussagen über die Wirklichkeit möglich. Wenn es weiterhin – und im Zusammenhang damit – zweifelhaft ist, ob wir etwas darüber aussagen können, was für die Menschen gut ist, und wenn es weiter unsicher ist, ob unsere Versuche, das Schicksal der Menschen zu verbessern, den erwünschten Erfolg haben – wir müssen sogar befürchten, daß unsere Interventionen das Gegenteil bewirken – dann verlieren wir jede Möglichkeit, mit dem Konzept des »Sinns« zu arbeiten, sowohl theoretisch wie praktisch. Von altersher stellt die Allegorie diese Situation dar. Im Rahmen unserer Diagnose stoßen wir dann auf all die neuen Begriffe, die auf den ersten Blick so verwirrend anmuten: Dekonstruktion, Dekodierung, Deterritorialisierung. Sie verweisen auf die für die Postmodernen greifbare Tatsache, daß weder Menschen, noch Wissenschaft oder Philosophie in der Lage sind, eine feststehende Beziehung zwischen unserem Denken und der Wirklichkeit herzustellen. Folge ist, daß man nicht mehr an der Trennung zwischen Wirklichkeit und Fiktion festhalten kann. Diese weitreichenden Konsequenzen sind u. a. auf die Einführung linguistischer Denkmodelle in die Philosophie zurückzuführen.

In der strukturalistischen Linguistik (de Saussures) hat sich die Vorstellung entwickelt, daß es keine feste (wesentliche) Beziehung gibt zwischen den Sprachlauten einerseits und den Begriffen/wirklichen Dingen andererseits. Ein Laut erhält seine Bedeutung erst im Kontext mit anderen Lauten – der »Sinn« schlüpft sozusagen in den leeren Zwischenraum zwischen den Lauten. Das postmoderne Denken interessiert sich also kaum für die Orientierung an fixierbaren Faktoren. Was wirklich von Bedeutung ist, ist das Undefinierte, im gewissen Sinne Ungreifbare des Zwischenraums, das Offene, das nicht Fixierbare – das ist der Ort,

»wo es geschah«. Dieses »es« ist natürlich nicht die Wiederherstellung der symbolischen Ordnung, sondern der Ansatz für eine andere Orientierung. In einem *zweiten* Schritt gehen die Postmodernen von der Diagnose zur Therapie über, auch wenn diese nicht entsprechend den üblichen Vorstellungen auf ein bestimmtes Ziel festgelegt ist und nicht auf der Anwendung eines bestimmten Instrumentariums beruht. Der therapeutische Vorschlag lautet, von einer an Beherrschung orientierten Haltung zum Spiel überzugehen.

Nicht selten wird heute die Frage aufgeworfen, ob die Postmoderne trotz der scheinbaren Radikalität ihres Ansatzes nicht doch als eine Fortsetzung der Moderne verstanden werden muß. Muß die Postmoderne, so wie es ihre Verfechter für sich beanspruchen, überhaupt als etwas radikal Neues verstanden werden – oder ist es eher so, daß das Bewußtsein, in eine Krise geraten zu sein, typisch ist für einen modernen Standpunkt? Im letzteren Fall muß man darauf hinweisen, daß es dem »Projekt der Moderne« noch immer gelungen ist, auf eigene Faust aus der Sackgasse herauszukommen. Das Rettungspotential der Moderne scheint so groß, daß auch diese Krise des Sinnlosen, der Dekodierung, der Deterritorialisierung überwunden werden kann. Als Beispiel dafür könnte gelten, was Max Weber und in seiner Nachfolge Jürgen Habermas hinsichtlich der Entwicklung des Abendlandes, der »okzidentalen Rationalität« angeführt haben. Weber hat bereits darauf hingewiesen, daß der Sinnverlust in zunehmendem Maße um sich greifen würde, wenn man die strikt instrumentelle Rationalität weiter entwickeln und anwenden würde. Nichts akzeptieren wir nur dewegen, weil es funktioniert. Vor allem aber durch die in der modernen Entwicklung stattfindende Ausdifferenzierung verschiedener Sektoren menschlichen Handelns – die jeweils eigenen Regeln unterliegen –, wie Wissenschaft, Recht und Moral, sah Weber die humane Gesellschaft bedroht, ohne auch ihre Vorteile aus den Augen zu verlieren. Je stärker das reine Funktionieren dominiere, desto stärker würde das Bedürfnis nach einem charismatischen Führer, um den »Sinnverlust« zu kompensieren. Seine Prophezeiung sollte sich in grausamster Weise bewahrheiten. Müssen wir demnach mit Horkheimer und Adorno (und vielleicht auch mit den Postmodernen) feststellen, daß nach Auschwitz keine Dichtkunst mehr möglich ist, daß die Moderne sich selbst vernichtet hat; und ist die Vernichtung der Welt nicht mehr als ein Nachspiel? Oder müssen wir Habermas folgen und darauf vertrauen, daß einmal gewonnene Erkenntnisse zwar auf ein Abstellgleis geschoben, aber nicht vergessen werden können; verpflichtet uns die Tatsache, daß wir sprechen, dazu, die damit erworbenen Ansprüche auf Wahrheit, Richtigkeit und Authentizität einzulösen? Ich möchte im Folgenden nicht versuchen, diese Fragen zu beantworten, sondern mich auf die vorher erwähnte Trennung zwischen Wirklichkeit und Fiktion konzentrieren. Eine genauere Analyse dieser Trennung kann uns vielleicht helfen, eine Antwort auf die Frage zu finden, inwieweit die Postmoderne im Vergleich zur Moderne etwas Neues bietet, oder ob es sich einfach um eine Variante der immer schon innerhalb der Moderne auftretenden Krisenerscheinungen und der Selbstkritik handelt.

Ich werde nacheinander die Kontroversen auf dem Gebiet der politischen und sozialen Philosophie und einige spekulative Ideen über das »Ich« behandeln. Damit soll gezeigt werden, daß der alte und vertraute Gegensatz von Natur und Geist heute weder theoretisch, noch praktisch unsere Orientierungen beherrscht (was natürlich nicht heißt, daß er überhaupt keine Rolle mehr spielt), und daß sich in diesem Zusammenhang die Beziehung zwischen Wirklichkeit und Fiktion – die Bedeutung von Fiktionen – verändert hat.

Politisches Denken und Individuum

Wenn wir die Art und Weise, in der über den Staat nachgedacht wird, grob polarisieren, können wir die Vorstellungen von Souveränität und Legitimität einander gegenüberstellen. Mit dem Begriff »Souveränität« assoziieren wir absolutistische Machtausübung, mit dem Begriff »Legitimität« das Modell der Demokratie. Der absolutistische Fürst repräsentiert eine von Gott gewollte, natürliche Ordnung. In einer seiner historischen Erörterungen hat Foucault denn auch behauptet, daß ein Anschlag auf den Fürsten in jener Zeit deswegen so schwer bestraft wurde, weil dadurch nicht nur der Fürst, bzw. seine Position angegriffen wurde, sondern vor allem, weil damit die göttliche und natürliche Ordnung zerstört wurde. Von derselben naturrechtlichen Position aus ließ sich feststellen, was für den Menschen gut ist: nämlich sich in diese Ordnung (die einen relativ statischen Charakter hatte) einzufügen. Die Macht des Souveräns in dieser Ordnung war uneingeschränkt, unter einer Bedingung: er war dazu verpflichtet, die natürliche Ordnung zu handhaben, was sich in der Staatsrechtslehre von Macchiavelli und Bodin noch feststellen läßt. Für sie, wie auch für den berüchtigten Hobbes steht eine Verpflichtung unabdingbar fest: die der Selbsterhaltung, die sich jedem moralischen Urteil entzieht. Erst wenn die Selbsterhaltung garantiert ist, darf die Moral mitreden.

Im *Ursprung des deutschen Trauerspiels* hat Walter Benjamin die Position des absolutistischen Fürsten im Zeitalter des Barock beschrieben. Der Fürst ist in der Durchführung seiner Beschlüsse allmächtig, aber im Moment der Beschlußfassung selbst wird er von einer absoluten Ohnmacht bedroht. Zu diesem Zeitpunkt ist er nämlich nicht ein Teil der Ordnung, innerhalb welcher er sich souverän bewegt. Das Niveau oberhalb der Ebene von Ursache und Folge, von Intervention und Konsequenz kennt keine feste Ordnung. Das Metaniveau der Beschlußfassung wird nicht deterministisch bestimmt und läßt sich nicht in Begriffen der Kausalität erklären. Sehr wahrscheinlich hat Benjamin sich bei diesen Überlegungen auch von einem der einflußreichsten Staatsrechtsgelehrten seiner Zeit, Carl Schmitt, inspirieren lassen. Schmitt, der sich bereits vor den dreißiger Jahren im damaligen Deutschland einen großen Ruf erworben hatte, wurde später, zumindest teilweise, ein Anhänger des Naziregimes. (Benjamin hat wie übrigens andere linke Theoretiker, Schmitt noch geschätzt.) Benjamin teilt Schmitts Auffassung, daß politische Begriffe im Grunde theologische Begriffe sind. Konkret gilt das für das Konzept der Souveränität. Souverän, so lautet Schmitts berühmte Definition, ist der, der den Ausnahmezustand ausrufen kann. Er besitzt schließlich die Macht über Armee und Polizei; letztlich ist jede politische Macht von Waffengewalt abhängig. Noch wichtiger ist jedoch die Tatsache, daß sich unter dieser Perspektive Macht auf die Ausnahme von der Regel gründet. Der Normalzustand – die Abwesenheit manifester Gewalt – läßt sich nur von der Ausnahme her (dem Ausnahmezustand als manifester Gewalt) konstituieren und verstehen. Der Normalzustand ist der der Kontinuität, des Zusammenhangs zwischen Ursache und Folge. Der Ausnahmezustand ist, wie das Wunder in der Bibel, der Moment der Diskontinuität, des Durchbrechens der normalen Ordnung.

So wie die Macht Gottes sich im Wunder offenbart, so auch die Macht des Fürsten im Moment der Beschlußfassung. In doppelter Hinsicht gehen beide Autoren davon aus, daß dasjenige, worauf es ankommt, nämlich der Beschluß, die Dezision ist. Mit dem Begriff »Dezisionismus« wird also das politische Modell bezeichnet, in dem die Ausübung der Macht nicht aufgrund festgelegter Verfahren und Gesetze stattfindet, sondern kraft des fürstlichen Beschlusses.

Jede Variante demokratischer Machtausübung steht demnach in scharfem Kontrast dazu. Es ist hier nicht die Rede von einer natürlichen Ordnung, die uns, vorausgesetzt, daß sie gut »gelesen« wird, vorgibt, wie wir handeln müssen, nach wessen Wort und Macht wir uns richten sollen. Die Grundlagen und Maßstäbe für unser Handeln müssen wir in uns selbst finden, im rationalen Denken und in Verhandlungen.

Gerade die Philosophie der Aufklärung lehrt uns, daß die bestehende Ordnung und die geltenden Ideen nicht nur deswegen schon legitim sind, weil sie existieren. Alles, was sich historisch entwickelt hat, muß ständig einer kritischen Prüfung unterzogen werden. Alles, was wir tun und denken, muß prinzipiell und fortwährend begründet werden. Die Frage, was ein gutes Argument ist, ist dabei selbst wiederum Gegenstand kritischer Überprüfung. Unser politisches System ist so eingerichtet, daß es immer rationaler, d. h. kontrollierbarer, transparenter und gerechter wird. Die Entwicklung der Theorie und der Gesellschaft, in welcher sie entwickelt wird, gehen Hand in Hand, Theorie und Gesellschaft werden selbstreflexiv. Die Theorie lernt, wie man in letzter Zeit sagt, ihre Grenzen in der Gesellschaft kennen und umgekehrt. Auch dann, wenn die Theorie gleichsam immer, wie in der Fabel vom Hasen und vom Igel, schneller ist, kann man nicht sagen, daß sie vom Niveau her über der Praxis steht. Habermas betont denn auch, daß man nicht über irgendeine privilegierte philosophische Erkenntnis verfügen muß, um die Richtigkeit seiner Theorie einzusehen. Die Tatsache, daß wir ständig und »wesentlich« im Gespräch sind, so behauptet Habermas, führt automatisch zu der Erkenntnis, daß wir die Wahrheit sagen müssen, daß wir verpflichtet sind – unter dem Vorbehalt ausführlicherer Argumentation –, die bestehenden Normen als Richtschnur für unser Handeln zu akzeptieren und aufrichtig zu sein.

Mit den Modellen der Souveränität und der demokratischen

Legitimität liegen jetzt zwei Formen politischen Denkens vor, die in ihrer zeitlichen Distanz eine Verschiebung von einer natürlichen (übermenschlichen) zu einer menschlichen, rationalen Ordnung aufzeigen. Auch wenn wir feststellen, daß immer noch Elemente oder sogar wichtige neue Momente eines Souveränitätsdenkens vorhanden sind, bzw. sich entwickeln, scheint die demokratische Ordnung die moderne zu sein. Die heutige politische und soziale Ordnung, moderne Betriebe und Universitäten, fordern von ihren Mitgliedern ein rationales Angehen von Problemen, Beratung, Planung, Rechenschaft und Verantwortung. Es gilt heute als überholt, sich auf den eigenen Willen und die Dezision zu berufen. Gegenüber der alten barocken Ordnung, der natürlichen, göttlichen, auf jeden Fall nicht-menschlichen, hat sich die menschliche, rationale, interpretative Ordnung durchgesetzt.

Zusammenfassend können wir sagen, daß im politischen Denken des Barock und in den sich daran anschließenden naturrechtlichen, konservativen und dezisionistischen Überlegungen unserer eigenen Zeit die Frage der Macht und Ohnmacht im Vordergrund stellt. Die wirkliche Macht findet man auf der Seite der starken Persönlichkeit, die anderen ihren Willen auferlegt; legitimiert wird sie durch die Kontinuität der natürlichen Ordnung, die uns von der Tradition vorgegeben wurde. Nicht die Erhaltung der bestehenden Ordnung, sondern deren Veränderung bedarf der Begründung.

Diese Ordnung schwebt angesichts der drohenden Machtlosigkeit in permanenter Gefahr. Für Schmitt und seine heutigen Sympathisanten tritt uns diese Machtlosigkeit in Gestalt des endlosen Palavers in den demokratischen Organen gegenüber. Und so sehen wir, wie aus der Opposition innerhalb einer historischen Konstellation (natürliche Ordnung versus Rationalität) eine historische Dynamik entsteht. Diese neue Situation kennt jedoch keine Homogenität. Die neue Ordnung, die in hohem Maße durch Beamtenapparate stabilisiert wird, welche unabhängig von den persönlichen Interessen der Beamten und Bürger bürokratische Entscheidungen fällen, trägt den Kern ihrer Dissoziation bereits in sich, selbst wenn dies nicht sofort offenkundig ist. Zunächst scheint alles in Ordnung zu sein: In der Geschichte ist eine unendliche Progression möglich; Wissenschaft, Technik und Technologie entwickeln sich in immer schnellerem Tempo, wovon immer mehr Menschen profitieren. Auch die Demokratisierung der politischen Verhältnisse geht ihren Gang. Nichts scheint unproblematischer als die Tatsache, daß die Menschen sich aufgrund immer besserer Ausbildung und aufgrund des demokratischen Systems über ihre eigenen Interessen Klarheit verschaffen und diese auch (praktisch) wahrnehmen. Das Spezifische dieser Entwicklung scheint zu sein, daß zwischen Schein und Ideologie einerseits und Wirklichkeit andererseits unterschieden werden kann; darin liegt doch gerade die große Kraft der Rationalität und der Verwirklichung ihrer Ansprüche. Max Webers Kritik trifft, wie wir gesehen haben, diese Entwicklung auf halbem Wege. Das grenzenlose Vertrauen in die Entwicklung der Wissenschaft löst keineswegs das Problem der Sinngebung. Horkheimer und Adorno radikalisieren dieses Problem. Gerade aufgrund der Entwicklung von Wissenschaft und Technik, durch die Herrschaft, die der Mensch über seine natürliche Umgebung ausübt, geht er zugrunde. Die Kontrolle über die uns umgebende Natur erzwingt die grenzenlose Beherrschung unserer eigenen menschlichen Natur. Letztendlich herrscht nicht Ratio, die Selbstbefreiung, sondern die Selbstunterdrückung. Die Vernunft schlägt um ins Irrationale, ins Mythische. Schein und Wirklichkeit sind unentwirrbar ineinander verschlungen. Wissen wir tatsächlich, was wir zu wissen glauben? Sind unsere Interpretationen noch haltbar? In der Nachfolge von Marx stellt Adorno, da die Arbeiterklasse den Faschismus und Kapitalismus weder hatte vermeiden, noch abschaffen können, mit grimmigem Hohn die Frage: Wo ist das Proletariat? Und nun ist auch der Erkenntnisanspruch der Wissenschaftler und Philosophen irritiert: Wo ist die Intelligenz? Doch man hält in der Moderne trotz allem an der Möglichkeit richtiger Interpretationen fest. Ein Paradox, das darin besteht, eine Entwicklung anzuerkennen, die dazu führt, daß keine wirkliche Einsicht möglich ist, die zwar die Grenze eines bestimmten Standpunkts anzeigt, nicht aber die aller möglichen Standpunkte. Noch in den pessimistischsten Texten von Horkheimer und Adorno kann darum ein Moment des Widerstands gegen das alles nivellierende System des kapitalistisch-kulturindustriellen Komplexes gerettet werden. Sie halten an der Vorstellung fest, daß unsere Ordnung symbolischer Art ist, daß sinnvoll mit der Unterscheidung zwischen Natur/Wirklichkeit und Interpretation umgegangen werden kann und daß ein bestimmter Sinn in den

Kunstwerken liegt. Vor allem zeigten sie, daß die sogenannte Wirklichkeit nicht alles ist, und sie weisen auf eine andere, mögliche Wirklichkeit hin. Entgegen der Hoffnung, die Sache gewissermaßen von innen heraus umzukehren, radikalisiert die postmoderne Philosophie ihren Widerstand. Ideologiekritik à la Frankfurter Schule unterstellt eine greifbare Verbindung zwischen Aussagen und Wirklichkeit. Nur aufgrund dessen kann schließlich die Unrichtigkeit einer Aussage oder eines Konzepts festgestellt werden.

Ideologiekritik geht von einer nachweisbaren Verbindung zwischen der tatsächlichen historischen Entwicklung und einer idealen Entwicklung aus, wobei das Ziel in einer Zunahme der Freiheit für immer mehr Menschen besteht. Von einer Verbindung zwischen Schein und Wirklichkeit, idealer Entwicklung und wirklicher Entwicklung kann wiederum nur dann sinnvoll gesprochen werden, wenn man sich sowohl hinsichtlich der Ausgangspunkte, wie auch hinsichtlich der Kriterien für die Wahrheitsprüfung Gewißheit erhofft. Die Postmodernen halten beide Ansprüche für illusionär. Sie können nur auf der Basis von Macht geltend gemacht werden und geraten deshalb in Widerspruch zu dem Konzept des machtfreien Konsensus, der condition sine qua non für eine rationale Argumentation ist. Was unter der Maske der Vernunft getan wird, ist in Wirklichkeit der Terror der sich selbst monopolistisch verwirklichenden Ratio. Wenn allerdings deutlich ist, daß die Sprachlaute, die wir benutzen, an sich keine Bedeutung besitzen, dann können wir mit unserem Sprechen und Argumentieren nicht mehr die absolutistischen Ansprüche verknüpfen, die wir damit üblicherweise verbinden. Alles wird, wie der Systemtheoretiker Luhmann sagt, kontingent. Alles hätte auch ganz anders sein können, was aber nicht bedeutet, daß überhaupt keine Aussagen über unsere Welt mehr möglich wären. Tatsache aber ist, daß die Aussagen von Lyotard, Bataille und Baudrillard u. a. alle von einer Abschiedsstimmung gefärbt sind. Das System, in dem wir leben, ist ihrer Meinung nach dem Untergang geweiht.

Am deutlichsten zeigt sich dies bei Baudrillard. In bemerkenswerter Übereinstimmung mit Adorno, aber unabhängig von ihm, sieht er in unserer Gesellschaft ein System, in dem der Tauschwert der Güter (wir können vereinfachend sagen: der Markt) alles beherrscht. Wir orientieren uns in der Produktion, so Baudrillard und Adorno in der Nachfolge von Marx, weniger an der Bedürfnisbefriedigung, die ein Produkt erfüllen muß, sondern mehr am Tauschwert. Dieser Tauschwert geht aber auf Kosten des Gebrauchswerts und höhlt diesen schließlich völlig aus. Alles, was wir tun und denken, wird von uns nur noch im Hinblick auf seinen Marktwert wahrgenommen und getan. Dadurch wird unsere Welt immer unwirklicher. Wir bewegen uns nur noch auf der Ebene des Tauschwertes, welcher auf einen Gebrauchswert hinweisen sollte, dies aber schon längst nicht mehr tut. In einem zweiten Schritt radikalisiert Baudrillard diese Kritik. Er behauptet, daß der Tauschwert, um den es in der Marktwirtschaft angeblich gehe, inzwischen längst selbst ausgehöhlt ist. Im wirtschaftlichen Verkehr geht es also nicht mehr um den wirklichen Tausch von Werten, sondern nur noch um die fortwährende Selbstreproduktion des Wirtschaftssystems. Weil es weder um den Gebrauchswert, noch um den Tauschwert geht, geht es eigentlich um nichts. Alles, was wir tun, ist formalisiert, aufgelöst in Zeichen, die überhaupt keine Bedeutung, überhaupt keinen Sinn mehr repräsentieren. Widerstand gegen dieses System ist unmöglich. Er müßte immer in irgendeiner Weise konkret sein, gegen etwas sein, sich artikulieren. Aber gegenüber dem Nichts kann man nichts Inhaltliches artikulieren. Jede Ideologie wird obsolet, wenn sie gegen nichts agitieren muß.

Unsere Wirklichkeit ist nicht mehr eine substantielle Wirklichkeit, sondern eine der Zeichen. Der Umgang mit der Unterschiedlichkeit zwischen Schein und Wirklichkeit, ist immer noch an eine Bedingung gebunden: die feststellbare Beziehung zwischen der Situation einerseits und unserer Wahrnehmung und unserem Denken andererseits. Wir müssen angeben können, warum etwas anders erscheint, als es in Wirklichkeit ist. Das ist unmöglich, wenn es keine Beziehung mehr gibt zwischen der Erscheinung der Wirklichkeit und der Wirklichkeit selbst. Die Schlußfolgerung liegt nahe, daß unsere einzige Wirklichkeit die der Zeichen ist. So verliert das Konzept von der symbolischen Ordnung seinen Sinn: die Rückkehr zur Allegorie – besonders die des Barock, in der Macht als Ohnmacht und Leben als Tod präsentiert werden – ist die einzig mögliche »Vorstellung« von unserer Welt und von uns selbst. Es muß jedoch nicht unbedingt so absolutistisch sein wie bei Baudrillard, der eigentlich nur im Tod, im Selbstmord, einen Widerstand gegen die bestehende Situation sieht. Lyotard plädiert dafür, das Ganze als Spiel zu betrachten. Bataille will mehr Platz für Rituale – der Amerikaner Rorty, möchte Politik und Kultur als ein Gespräch ohne festgelegte Regeln und mit einem »open end« verstehen.

Das Konzept vom »Ich«

Enthält das »Ich« Vernunftpotentiale, oder ist es vernunftlos? Sind das »Ich« und das Konzept vom »Ich« zu retten oder sind sie verloren – finis hominis? Kann das »Ich« selbst noch etwas retten – sich selbst? Oder ist selbst die Bezeichnung »Ich« ein leeres Zeichen geworden? Diese Fragen sind alles andere als neu oder postmodern; sie bilden das Zentrum von Problemstellungen im modernen Denken. Trotzdem führt das postmoderne Denken ein neues Element in diese Diskussion ein. Es geht um eine konkurierende Anschauung der Phänomene Autonomie, Identität und Selbstreflexion. Auch wenn man behaupten kann, daß das moderne Individuum in der Renaissance geboren wurde und daß Descartes' Fundierung der modernen Wissenschaft mit dem berühmten ›cogito‹ zum ersten Mal einen subjektiven Ausgangspunkt wählte, so gilt dennoch, daß die Philosophie der Aufklärung mit Recht prätendieren kann, sie habe das Individuum theoretisch und praktisch zur Geltung kommen lassen.

Der kollektive »Ausgang des Menschen aus der Unmündigkeit«, wie das Programm der Aufklärung bei Kant lautet, richtet sich an jedes Individuum: sapere aude – habe Mut, dich deines eigenen Verstandes zu bedienen. Tatsächlich nimmt Kant für die Fundierung der Philosophie als Wissenschaft und der Wissenschaft in der Philosophie das Individuum zum Ausgangspunkt – genauer: die Erkenntnisfähigkeit des Menschen. Damit erscheint sie nicht als etwas Individuelles, sondern als etwas »allgemein Menschliches«. Aber die Erkenntnisfähigkeit, die – erst einmal aktiviert – objektive wissenschaftliche Urteile ermöglicht, bleibt an die Konstitution eines »Ich« als Person gebunden. Diese Konstitution beruht, und das ist von großer Bedeutung, auf einem Postulat und ist demnach selbst nicht Teil einer empirischen Wirklichkeit im strengsten Sinne. Wir müssen, so Kant, voraussetzen, daß es etwas gibt, das jenseits aller Veränderlichkeiten der Empirie konstant bleibt, und daß diese Konstante, das »Ich

389

denke« der feste Kern ist, auf den sich all unsere Urteile über empirische Sachverhalte beziehen. Postulate sind für Philosophen außergewöhnlich attraktiv: Man kann sie weder beweisen noch widerlegen und daher um so besser mit ihnen drohen, genau das tut Kant. Wir müssen postulieren, daß die Seele unsterblich ist, daß Gott existiert und daß der Mensch – zumindest in seinem Denken – ein freies, d. h. empirisch nicht determiniertes Wesen ist. Sonst... wird alles sinnlos.

Das der Empirie entzogene, transzendentale »Ich« herrscht also uneingeschränkt über die räumlich-zeitliche Ordnung und über alles, was darin enthalten ist. Das Denken produziert zwar nicht materialiter Dinge wie Stühle und Tische, aber es produziert sie formaliter. Mit anderen Worten, es produziert die Formen und Verhältnisse, in denen wir sie wahrnehmen, und damit Objekte möglicher Erkenntnis. Mit der Gleichsetzung von dem, was wir Wirklichkeit nennen, und dem, worüber wissenschaftliche Aussagen möglich sind, wird das »Ich« quasi allmächtig. »Quasi allmächtig«, weil diese Macht sich nur über die Sphäre der Dinge erstreckt, so wie sie uns im Rahmen unserer Wahrnehmungs- und Denkfähigkeiten erscheinen. Die Welt zerfällt in zwei Bereiche, nämlich die der Phänomene, und die der »Dinge an sich«, oder des »Anderen der Vernunft«, worüber keine Aussagen möglich sind, d. i. der Bereich des Ausgeschlossenen.

Moderne Naturwissenschaft und Wissenschaftsphilosophie auf der Basis von Kants Ausgangspunkt zu betreiben, wird heute weitgehend für unmöglich gehalten: seine »Philosophie des Menschen« ist jedoch anders gelagert. Wir haben es dabei, wie wir gesehen haben, immer und zwangsläufig mit Postulaten zu tun. Kants politische Philosophie beruht auf dem Postulat, daß die überlieferten Machtverhältnisse und moralischen Denkmuster nicht deswegen schon legitim sind, weil sie historisch begründet sind. Jedes Individuum muß sie anhand der Forderung nach der Freiheit, Gleichheit und Solidarität aller Bürger überprüfen. Dabei stehen die Rechte und Pflichten jedes Individuums als Individuum an erster Stelle. Jeder hat ein Recht darauf, als Ziel an sich und nicht als Mittel zu etwas Anderem angesehen und behandelt zu werden. Anders als in seiner Beziehung zur Natur hat der Mensch in politischen Angelegenheiten die vollständige Gewalt über eine ungeteilte Wirklichkeit. Er macht, wie Marx später sagen wird, seine Geschichte selbst – wenn auch, wie er hinzufügte, nicht immer bewußt. Dies ist jedoch selbstverständlich das Ziel. Aber die Feststellung, daß der Mensch die politischen Verhältnisse, in denen er lebt, vollständig in seiner Gewalt hat, wirft ein unangenehmes Problem auf: Von diesem Zeitpunkt ab ist er auch für sein Handeln und Denken verantwortlich.

Macht und Verantwortung, politische und moralische Legitimität sind die Komponenten unseres modernen Subjektverständnisses. Kants Nachfolger im Deutschen Idealismus versuchen die als unakzeptabel empfundene Zweiteilung der Wirklichkeit in Phänomene und »Dinge an sich«, in Theorie und Praxis zu vermeiden. Fichtes Ausgangspunkt »Das Ich setzt das Ich und das Nicht-Ich«, Schellings Buchtitel *Vom Ich als Prinzip der Philosophie* und auch Hegels nicht nur in dieser Hinsicht interpretierbare Forderung, »Die Substanz soll Subjekt werden«, haben letztendlich die Untermauerung der Macht und Verantwortlichkeit des Individuums vor Augen. Eine schöne Reminiszenz an das barocke politische Denken dagegen finden wir bei Hegel in seinem Konzept des Fürsten, der in dem Gesetzgebungsverfahren den »Punkt auf dem i« verkörpert; m. a. W., er regiert kraft Dezision. Alle Versuche, die Macht und Verantwortlichkeit des Subjekts zu untermauern und in diesem Rahmen die Wissenschaft zu einem zuverlässigen Orientierungs- und Interventionsinstrument zu machen, stützen sich zusehends auf den Begriff der Selbstreflexion. Die Zuverlässigkeit unseres Wissens, die Ergebnisse seiner Anwendung und die Legitimation unseres Handelns müssen und können nur aufgrund der Einsicht in eigene Erkenntnisprozesse beurteilt werden. Selbst die triviale Annahme, daß jedes Individuum imstande sein muß, eigenmächtig denken und handeln zu können, erfordert absolute Selbsttransparenz. Denn ein Appell an die Tradition oder die Autoritäten ist ausgeschlossen. Vor kurzem wurde von dem amerikanischen Philosophen Richard Rorty bestritten, daß Menschen einen, wie er es nennt, privilegierten Zugang zum eigenen Erkenntnisprozeß haben können. Bereits zur Zeit des Deutschen Idealismus hat Goethe dies bezweifelt. Mit einer höhnischen Bemerkung an Fichtes Adresse sagt er: »Ich habe es immer richtig gemacht, ich habe nie über das Denken gedacht.« Auch dieses Bonmot konnte jedoch die steile Karriere der Selbstreflexion nicht verhindern. Was auch nicht weiter verwunderlich ist, wenn man weiß, daß nur mit Hilfe dieses Begriffs theoretisch und praktisch Widerstand gegen die leidigen politischen Verhältnisse geleistet werden konnte und gegen eine Wissenschaft, die in Gottesvertrauen oder in einer überlieferten und nicht kontrollierbaren Tradition wurzelt. Denn nur ein Denken, das sich über die eigenen Grundlagen, Verfahrensweisen und Kriterien von Wahrheit Rechenschaft ablegt, ermöglicht es, zwischen Schein, bzw. Ideologie und Wirklichkeit zu unterscheiden. Der Schein läßt sich als solcher entlarven. Die Grundlagen seiner Entstehung und seiner Wirkung aufzudecken, war und ist das Anliegen jeder Philosophie, die sich mit der Zielsetzung theoretischer und praktischer Emanzipation identifizieren kann. Und bis heute gehen die philosophischen, auf die Demaskierung der Ideologien ausgerichteten Betrachtungen einher mit der antizipierten Verstärkung der Autonomie der Individuen. Skepsis gegenüber der reinen Möglichkeit des Einen und des Anderen, sowie ihrer Kombination hat es jedoch schon immer gegeben. Hume, von Kant souverän ignoriert, behauptete bereits, daß die Einheit des Ich hinsichtlich der Vielheit der sinnlichen Eindrücke für eine Illusion gehalten werden müsse. In der Romantik bezweifelte man, daß jene Rationalität, die zwecks Vergrößerung der Macht des Menschen über seine natürliche Umwelt und zur Legitimation seines Handelns eingesetzt wird, tatsächlich die erwünschten Folgen zeitigen würde. In den politischen Schriften von Novalis, Fr. Schlegel, Hölderlin und Schelling/Hegel wird daher eine Integration von Vernunft und Mythos propagiert. Es muß eine »Mythologie der Vernunft« entwickelt werden. Das absolut »andere« der Vernunft – d. h. also dasjenige, was zu eliminieren ist, um eine transparente, homogene Welt zu erhalten – muß den Romantikern zufolge gerade in das kalte, mechanistische politische System integriert werden. In analoger Weise wurde das Ich betrachtet. Die Romantik stellte sich vorbehaltlos hinter die Forderung, daß Menschen frei sein müssen, aber diese Freiheit ist keine reine »gedachte« Freiheit.

Es ist gleichzeitig eine Freiheit des Denkens *und* eine sinnliche Freiheit. Damit führen wir uns zwei Momente vor Augen, die die Diskussion bis heute bestimmen. Erstens geht es um die Frage, ob Selbstreflexion ein geeignetes Konzept ist, wenn wir die Macht und Selbstverantwortlichkeit des Ich untermauern wollen. Zweitens geht es um das Problem, ob dieses Konzept der Selbstreflexion als Basis und Verfahrensweise nicht dazu führt, daß das »Andere der Vernunft«, entweder als Mythos oder als Naturhaftes, endgültig aus unserer Theorie ausgeschlossen wird. Das Ausgeschlossene rächt sich dann, so befürchten die Kritiker der Aufklärung, als ein »Revenant«, es kehrt unkontrollierbar und unerwartet zurück und vereitelt das, was man erreichen wollte. So betrachtet liegt die Ursache des möglichen Mißlingens der Bemühungen der Aufklärung und jeder darauf basierenden Emanzipation im Schoß der Aufklärung selbst. Um den falschen Schein zu demaskieren, bedarf es der Selbstreflexion, aber diese führt notwendigerweise dazu, daß man der Vernunft eine monopolistische Funktion verleiht, die das »Andere« ausschließt und die Welt in zwei Teile spaltet. Auch das Ich spaltet sich dann in, wie Benjamin es formuliert, den »Urwald des empirischen Ich und die Wüste des transzendentalen Ich«.

Echte Philosophen wählen selbstverständlich asketisch die Wüste. Die Verteidiger der Vernunft – desjenigen, was Habermas das »Projekt der Moderne« nennt – sehen das Problem dieser Spaltung und unleugbar negative Folgen der realen Entwicklung. Aber sie halten daran fest, daß unsere Kritik an dieser Entwicklung nur dank der Selbstreflexion und der dadurch möglichen Ideologiekritik zu entwickeln ist. Nur so ist es denk- und machbar, den Kurs der Entwicklung zu ändern. Wenn hier ein mythologischer Ausdruck angebracht ist, könnte man sagen, daß der Speer die Wunde heilt, die er schlug. Andere bestreiten dies jedoch.

In einer grandiosen Kombination kultureller, politischer und anthropologischer Philosophie – in der *Dialektik der Aufklärung* haben Horkheimer und Adorno dieses Problem zur Sprache gebracht, und zwar derart, daß die postmoderne Diskussion bis heute zum Großteil davon bestimmt wird. In ihrer spekulativen Betrachtung stellen sie Odysseus als den ersten modernen Menschen dar. Auf seinen Streifzügen mit den Argonauten bildet er in zahlreichen Abenteuern seine persönliche Identität aus. Immer wieder ist er tödlichen Gefahren ausgesetzt. Manche davon überlebt er nur, indem er sich selbst verleugnet (so nennt er sich nemo (niemand), um dem Zyklopen Polyphem zu entkommen), oder indem er wesentliche Aspekte seines Menschseins unterdrückt. Er läßt sich an den Mast seines Schiffes binden, um nicht, verlockt vom Gesang der Sirenen, über Bord zu springen. Um der bloßen Selbsterhaltung willen beraubt er sich der grenzüberschreitenden Einswerdung mit der Natur. Horkheimer und Adorno zufolge gelingt es Odysseus, den Kampf um die Selbsterhaltung zu seinem Vorteil zu entscheiden. Aber – so fragen sie sich – welches »Selbst« bleibt übrig? Der Kampf um die Herrschaft über äußere Natur hat notwendig zur Folge, daß der Mensch seine eigene innere Natur unterdrücken muß. Macht über äußere Dinge ist unverbrüchlich mit der Unterdrückung unseres »Selbst« verbunden.

Die einseitige Entwicklung der Vernunft, der die Moderne ihre Existenz verdankt, die zu Wohlstand, Effizienz und Zuverlässigkeit geführt hat, ist auch eine Zwangsjacke für das Individuum. Schlimmer noch, sie führt zu der Zerstörung seiner Spontaneität, seiner sinnlichen Wahrnehmungs- und Erlebnismöglichkeiten.

Die Aufspaltung des Ich in ein denkendes (rationales) und ein körperliches, sinnliches Wesen, die Kant – entsprechend der christlichen Tradition – in seiner Unterscheidung eines transzendentalen und eines empirischen Ich systematisierte, liegt jener späteren Skepsis zugrunde, inwieweit an der Realität bzw. an der Vorstellung eines kontinuierlichen, mit sich selbst identischen und transparenten Ich festgehalten werden kann. Nach Kant mehren sich die Zweifel darüber, ob das Ich durch Selbstreflexion diese Kontinuität, Identität und Transparenz aufbringen kann. Es folgt das Eingeständnis, daß das Ich, welches denkt, ein anderes Ich ist als jenes, worüber nachgedacht wird. Diese Konzession impliziert jedoch eine unendliche Regression: Immer wieder »entwischt« das Denkende dem Gedanken. Das Problem scheint darin gelöst zu sein, die Selbstkonstitution des Ich als eine Beziehung zwischen zwei Polen aufzufassen, und zwar als eine Disposition: ein Mit-sich-selbst-vertraut-sein. Diese Erkenntnis wurde im 19. Jahrhundert längst nicht von allen geteilt. In der Romantik versuchte man, mit den Konzepten von Witz und Ironie dem Individuum die Macht zu verleihen, sich gleichzeitig von der bloßen Empirie zu distanzieren und eine alles umfassende Beziehung zwischen dem Ich und der Empirie zu postulieren.

Gegen Ende des 19. Jahrhunderts relativiert Ernst Mach erneut die Vorstellung eines stabilen Ich. Im Anschluß an Hume behauptet er, daß die Pluralität sinnlicher Eindrücke und die Mannigfaltigkeit, in der die Dinge erscheinen, im Kontext der Pluralität psychischer Befindlichkeiten es unmöglich machen, anders als relativierend von der Kontinuität eines Ich zu sprechen. Nur aus pragmatischen Gründen fixieren wir Einheiten, die unter anderen

Umständen völlig anders bestimmt werden würden. Er folgert: »Nicht das Ich ist das Primäre, sondern die Elemente...« Mach formuliert auch den Satz, der von der Philosophie aufgegriffen wird: »Das Ich ist nicht zu retten.« Hermann Bahr, der Wiener »homme des lettres«, übernimmt diese Formulierung und macht sie berühmt. Er fügt hinzu: »Die Vernunft hat die alten Götter ausgerottet und unsere Erde vom Thron gestoßen. Nun droht sie auch uns noch zu vernichten. Dann werden wir gewahr werden, daß das Element unseres Lebens nicht die Wahrheit ist, sondern die Illusion.« Damit wird ein Topos eingeführt, der nicht nur in literarischer Hinsicht Dynamit ist. Mit dem Verlust des Konzepts von einem stabilen Ich verschwindet noch mehr: Das Vertrauen in die Sprache als Brücke zwischen unserem Denken und der Wirklichkeit, als Medium, durch das wir unsere Mitmenschen verstehen und von ihnen verstanden werden können, geht verloren. Von Hofmannsthal stammt das unvergeßliche Diktum, das er dem Philosophen Bacon in seinem Brief an Lord Chandos in den Mund legt: Die Begriffe zerfallen in meinem Mund wie faulende Pilze. Und bis heute thematisieren Prosa und Theaterstücke Becketts die vergebliche Hoffnung, mit Hilfe der Sprache eine Verständigung zwischen den Menschen zustande zu bringen. Auch das Gedächtnis, so behauptet Mach, ist keineswegs ein mentaler Sachverhalt, es gehört vielmehr zum Körper. Vor diesem Hintergrund kann Hofmannsthal ein Theaterstück von Calderon bearbeiten: la vida es sueño. Das Leben ist ein Traum. Auch Nietzsche, und damit beenden wir unsere kurze Betrachtung des 19. Jahrhunderts, schloß sich den Skeptikern an. In der *Geburt der Tragödie* attackiert er Sokrates' Aufforderung »kenne dich selbst«, von altersher angeführt als notwendige Voraussetzung von Philosophie. Erkenntnis und vor allem Selbsterkenntnis isolieren und täuschen das Ich. Das Leben ist nicht in erster Linie Erkenntnis, sondern ein Rausch. Nietzsche plädiert für das dionysische, die grenzüberschreitende körperliche Erfahrung. Das Ich kann seine Sicherheit nicht aus der Vernunft schöpfen. Mit einem Bild, das tatsächlich ein aus Stein gehauener fester Bestandteil der Bibelots auf den Kaminsimsen des besseren Publikums war, bringt Nietzsche das zum Ausdruck: »Wir hängen in Träumen versunken auf dem Rücken eines Tigers.«

Sowohl die Aufklärung, das »Projekt der Moderne«, als auch die Kritiker der Vernunft nehmen die Spaltung des Ich als Ausgangspunkt und Medium der Definition von uns selbst und vom Sinn des Lebens. Protagonisten und Antagonisten der Vernunft erklären diese Spaltung auf sehr unterschiedliche Weise. Für die Verteidiger der Vernunft ist die analytische Spaltung in transzendental und empirisch, in Körper und Seele notwendig. Analog der Differenz zwischen dem Status Quo des gesellschaftlichen Systems und der Utopie, kann man diese Spaltung mit Hilfe der Vernunft überbrücken. Einheit und Transparenz des eigenen Ich, die Zuverlässigkeit von Sprache, Wissenschaft und Vernunft müssen gerettet werden mit eben dieser Vernunft. Die Skeptiker halten diese Option für eine Illusion. Sie schließen sich de Saussure an, der anscheinend mit der Arbeit von Schleiermacher vertraut war. Letzterer hatte aufgrund der Erkenntnis, daß Selbstreflexion zu einer unendlichen Regression führt, und aufgrund der Frage nach der Beziehung zwischen unserem Bewußtsein und unserer Vorstellung von Gott gefolgert, daß wir mit unserem Denken letztendlich auf etwas stoßen, was nicht ermittelt werden kann.

Laut dem evangelischen Theologen Schleiermacher konnte dieses Nicht-Ermittelbare nicht mehr Kants »Ding an sich« sein. Er hypostasierte anstelle dessen das Konzept einer Struktur, d.h. Aufbau und Form eines Textes, der durch die Jahrhunderte hindurch immer wieder anders interpretiert wird. Was wir von einem Text kennen, ist in erster Linie die Interpretation eines Textes. Diese Interpretationen sind veränderlich, aber die Basis – die Struktur – bleibt die gleiche. De Saussure wird später ein analoges Modell benutzen. Es gibt eine Vielzahl von Sprachen, darunter z. B. die indogermanische, die alle auf ein und derselben Struktur beruhen. Anders gesagt: unsere gesprochenen und geschriebenen Äußerungen, die in vielerlei Hinsicht variabel sind, repräsentieren eine relativ festliegende Struktur. Es geht dabei darum, daß an der Oberfläche Erscheinungen auftreten, die zahlreiche Formen annehmen können, denen jedoch eine relativ stark fixierte, nur schwer oder auch überhaupt nicht feststellbare Ordnung zugrundeliegt.

Bis dahin scheint sich alles noch in den geordneten Bahnen der Moderne zu bewegen. De Saussure geht jedoch noch einen Schritt weiter. Er zweifelt zwar nicht daran, daß diese Oberflächenerscheinungen eine identifizierbare Struktur besitzen, löst jedoch die bis dahin als fest geltende Beziehung zwischen den Zeichen (Wörtern, Lauten), aus denen eine Sprache besteht, und ihren

Bedeutungen auf. Es besteht zwar ein Zusammenhang zwischen ihnen, es handelt sich jedoch nicht um eine inhärente Beziehung, diese ist vielmehr kontingent. Damit wird die traditionelle Definition von Wahrheit als der Übereinstimmung unserer Urteile mit der externen Wirklichkeit in Frage gestellt.

Diese Desavouierung wird von den Neo-Strukturalisten, bzw. Postmodernen noch radikalisiert, namentlich von Derrida. Er bestreitet zudem, daß die Oberflächenerscheinungen, die Zeichen, eine identifizierbare Form haben. Es gibt keine feststehende Ordnung, kein Zentrum, alles ist in Bewegung. Diese Liquidation der objektiven Ordnung steht in Zusammenhang mit dem oben erwähnten Gesichtspunkt, daß nämlich das Individuum einen privilegierten Zugang zu seinen eigenen Bewußtseins- und Erkenntnisprozessen hat. Die Kombination dieser Auffassungen stürzt uns sodann in einen postmodernen Zustand der Auflösung unserer Sicherheiten. Die Macht, die wir kraft unserer Rationalität über uns selbst, unsere Mitmenschen, unsere Umgebung und unsere Sprache zu haben glaubten, ist illusionär. Die Rechenschaft, die wir glaubten ablegen und von unseren Mitmenschen verlangen zu können, führt zu nichts. Alle Sicherheiten haben sich in Nichts aufgelöst, und nicht etwa, weil wir an bestimmten Punkten versagen, sondern weil die Basis unseres Denkens und Handelns nicht begreifbar und der Erkenntnis unzugänglich ist. Rationalität und Erkenntnis entpuppen sich als einseitige Aspekte, die nur eine Totalität zu sein *schienen*. Nur macht die Erkenntnis der Einseitigkeit das Ganze gerade nicht sichtbar. Eher verdeutlicht diese Erkenntnis, daß wir nie das Ganze werden sehen können. Wenn dem jedoch so ist, dann bleibt der Status und die Zuverlässigkeit dieser einseitigen Ansichten unserer Urteile unklar. Damit scheint es, als ob die Postmoderne also doch etwas ganz Neues wäre.

Doch auch dieser Ansatz kann das Modell der Selbstreflexion nicht umgehen. Was noch bei Kant, Fichte und den anderen romantischen und deutschen idealistischen Philosophen im Zentrum der Überlegungen stand, nämlich das über sich selbst und seinen Erkenntnisprozeß nachdenkende Ich, kehrt wieder. Die Neo-Strukturalisten räumen der Struktur ein Moment der Selbstreflexion ein. Sie sind dazu gezwungen, da nach der Entmachtung des Menschen die Struktur dafür verantwortlich ist, bzw. schuldig an den Unterschieden ist, den différances, die in jeder Hinsicht zwischen den Dingen, den Lauten bestehen, kurz, den Unterschieden, die – abstrakt gesprochen – allen Beziehungen zugrundeliegen.

Die Subjekte sind tot, sie können nichts mehr produzieren, im Gegenteil, sie werden produziert. Wir sprechen nicht die Sprache – die Sprache spricht... uns. Wir machen nicht die Tradition, die Tradition macht uns. Produzieren, das Schaffen von Unterschieden ist jedoch nur aufgrund der (Selbst)Reflexion möglich. So wird gleichsam das wieder aufgenommen was man vorher verabschiedet hatte, nämlich das unbefriedigende, weil zur unendlichen Regression führende Modell der Selbstreflexion.

Ich glaube, daß wir den Unterschied zwischen modern und postmodern am besten erfassen können, wenn wir die beiden Perspektiven von Kontinuität und Diskontinuität einander gegenüberstellen. Aus der Optik der Moderne steht die Kontinuität der historischen und persönlichen, der wissenschaftlichen und philosophischen Entwicklung an erster Stelle. Wissenschaftliche und philosophische Analysen, Entwicklung von Wissen und dessen Anwendung, (Selbst)Kontrolle, der Umgang mit Kriterien und die Schaffung von Grundlagen setzen ein kontinuierliches Universum und eine notwendige (wesentliche) Beziehung zwischen Theorie und Praxis, bzw. natürlicher Wirklichkeit, voraus. Über verschiedene Interpretationen und den Verdienst verschiedener Paradigmen kann man sich – argumentativ – streiten. So erscheint auch radikale Kritik – und aus der modernen Perspektive präsentiert die Postmoderne sich als solche – nicht als etwas Neues, höchstens als überspitzte Form der (Selbst)Kritik, die der Moderne wesentlich eigen ist.

Aus postmoderner Sicht gesehen steht die Diskontinuität im Zentrum des Interesses, weil nur aus dem Bruch mit der Vergangenheit – theoretisch und praktisch – der zwangsläufige Charakter der Natur, die (Selbst)-Vergewaltigung des Menschen sichtbar wird. Negative Phänomene unserer Kultur können nicht mehr beschönigend in einen historischen Optimismus integriert werden, sondern erzwingen eine völlige Neuorientierung. Alle klassischen Unterscheidungen von Niveaus und Metaniveaus, von Seinsgrund und Erkenntnisgrund, von Wesen und Schein, von Praxis und praxisorientierter Theorie, von Wissenschaft, Philosophie und Kunst, von Vernunft und dem »Anderen« entfallen. Darin sieht Habermas eine Entdifferenzierung der okzidentalen

Kultur, die nur katastrophale Folgen haben kann. Andere sehen darin jedoch eine Möglichkeit, sich zwar dem Bann der Vernunft nicht gänzlich entziehen zu können, aber doch die Konsequenzen zu relativieren. Eine Relativierung der erstarrten Auffassungen über Raum und Zeit, persönliche Identität, Macht und Ohnmacht, natürliche Ordnung und Konsensus, ohne simplifizierten Fortschrittsglauben halten sie für adäquater. Vor allem jedoch ist es ihrer Meinung nach notwendig, die Trennung von Schein und Wirklichkeit differenzierter zu betrachten. Positiv formuliert lautet die Kernthese, daß eine präzise Trennung von Fiktion und Wirklichkeit unmöglich ist. Es geht darum zu zeigen, daß Kunst, Wissenschaft und Philosophie ebenso wie die alltägliche Praxis sowohl einen fiktiven, wie einen wirklichen Charakter besitzen, nämlich eine nicht näher rational zu bestimmende Pluralität, die keinen eindeutigen monopolistischen Anspruch auf die Vernunft und die Richtigkeit mehr zuläßt. Wenn wir Vernunft und Rettung, Theorie und Vorstellungen eines Ich ausschließlich aus einer modernen Perspektive sehen, dann ist alles, was theoretisch und praktisch damit identifiziert werden könnte, vernunftlos und unrettbar, weil monopolistisch interpretiert.

Moderne und Postmoderne streiten sich – und nicht nur die Philosophen, die sich selbst und ihre Gegner einer der Parteien zurechnen. Symbolische Ordnung und zunehmende Allegorie sind gleichzeitig anwesend.

Für Letzteres ist die Philosophie von Baudrillard das extremste Beispiel. Darin wird behauptet, daß die große Katastrophe vom Untergang sich schon vollzogen hat. Die zehnfachen »Overkill« Kapazitäten und ein Wirtschaftssystem, welches nicht mehr auf die Produktion von Gebrauchswerten ausgerichtet ist – nicht einmal mehr auf die von Tauschwerten –, das sich selbst nur noch als Oberflächenerscheinung, als System von Zeichen, mit denen keine Bedeutung mehr verknüpft ist, reproduziert, konfrontiert uns mit der vollendeten Tatsache, daß die symbolische Ordnung, die sinnvolle Welt schon längst zugrunde gegangen ist. Kommt dann der große Knall, so ist das einfach die Besiegelung dessen, was bereits geschehen ist. Sozusagen der Punkt auf dem i.

Bloch hat uns aufgefordert, in Begriffen von Ungleichzeitigkeit zu denken. Progression und Regression können in den verschiedenen Bereichen menschlicher Aktivität und menschlichen Denkens in unterschiedlichen Phasen auftreten. Auch zwischen diesen Bereichen und Phasen gibt es Differenzen, offene Räume, die die Welt der Zeichen, die wirkliche Welt und unser Denken bestimmen. Vielleicht können wir weniger retten, als uns lieb wäre, sind weniger vernünftig, als uns vernünftig erscheint, aber die Räume, die »Différances« stehen uns offen, wir sind eingeladen, dort einzutreten.

Ich möchte daher mit der Aufforderung schließen, die die Tür eines kleinen Pariser Geschäfts aus dem 19. Jahrhundert ziert: »Passant, sois moderne, entrez!«

(Aus dem Niederländischen von Angela Pfaff)

Friedrich Kittler
Das Subjekt als Beamter

Theorien, die das Ende des Subjekts oder gar des Menschen lehren, um der Gegenwart Diagnosen stellen zu können, haben ihre entschiedensten Kontrahenten im deutschen Sprachraum gefunden. Und das nicht einmal, weil die »diagnostische Kraft« ihrer Geschichtsschreibung bestritten würde, sondern weil sie »der Philosophie selber den Garaus zu machen drohen«. Nach Manfred Frank ist »die neutrale Beschreibung der Krise des Subjekts« »nicht nur nicht-moralisch«, sondern »vielmehr un-moralisch, denn sie erhebt das, was ist, zum Maßstab dessen, was sein soll.« »Die Philosophie« dagegen »muß stets für das Nicht-Seiende optieren.«[1]

Wer nicht Philosoph, sondern Literaturhistoriker ist, kann freilich nur für Geschriebenes und Geschehenes optieren. Doch womöglich erlauben auch Dokumente Teilantworten auf die Frage nach dem Subjekt. Die eine betrifft jene französische Philosophie, die in der Tat den Tod des Subjekts moralisch unterstützt hat, statt ihn wissenssoziologisch nachweisen zu können. Die andere Teilantwort betrifft den deutschsprachigen Versuch einer »Neudefinition von Subjektivität und von Individualität«.[2] Wenn nämlich plausibel zu machen wäre, daß historisch entscheidende Definitionen dieser Schlüsselbegriffe keineswegs für ein Nicht-Seiendes der damaligen Zeit optierten, sondern einfach die Philosophie simultaner Bildungsreformen und d. h. Sozialsteuerungsprozesse waren, fiele ein Motiv ihrer Wiederbelebung dahin. Das Subjekt hätte es nicht bloß in philosophischen Lehrbüchern oder kontrafaktischer Idealität gegeben, sondern als Effekt einer unter anderem philosophischen Macht. Das wäre zwar noch kein Grund, von dieser Macht, aber doch einer, von ihrem Positivismus zu lernen.

Foucaults *Ordnung der Dinge* versuchte bekanntlich den Nachweis zu führen, daß Mensch und Subjekt um 1800 erfunden wurden. Kein Diskurs kam fortan mehr ohne sie aus. Der Mensch wurde zwar empirisch zum Untertanen neu entdeckter Positivitäten wie Arbeit, Sprache, Leben, die ihn machten und verendlichten, transzendental aber zur Möglichkeitsbedingung ihrer Erkenntnis, wie sie in den neuen Geisteswissenschaften dann institutionelle Gestalt annahm. Und wenn Foucault in seinem Hohn, aber auch im Anschluß an Kant durch genau diese Doppelung von Untertänigkeit und Freiheit das Subjekt definiert sein ließ, hätte er statt von der Erfindung des Menschen besser von der des Subjekts gesprochen.

Nur war *Die Ordnung der Dinge* noch keine *Geburt des Gefängnisses*. Foucault spätes Versprechen, die historischen Bedingungen von Subjektivität genauso streng aus der Technik herzuleiten, wie Heidegger das für die Objektivität der angeblich frei begegnenden Gegenstände getan hatte, blieb an einer zentralen Stelle unerfüllt. Die archäologische Destruktion des Subjekts lief nur über die Rekonstruktion von argumentativen Zusammenhängen, die die Erneuerer der Subjektfunktion mit anderen Rekonstruktionen Foucaults oder seiner Gewährsleute wieder bestreiten konnten. Philosophie jedenfalls blieb Philosophie.

Es empfiehlt sich deshalb, die Frage nach dem Subjekt technischer und materialistischer zu reformulieren. Foucaults Behauptungen werden begründbar, wenn man dem Subjekt einen sozialhistorischen Raum zuweisen kann. Dieser Raum – und das mag die Abstraktionen Foucaults ebenso wie den Zorn seiner entschiedensten Gegner erklären – lag in Deutschland. Während das napoleonische Frankreich Funktionäre produzierte, deren zentral vorprogrammierte Befugnisse schwerlich zu Begriffen wie Subjekt inspiriert hätten, reformierten deutsche Staaten ihr Schulwesen und zumal das höhere nach Strategien, die uns in Theorie wie in Praxis Subjekte beschert haben. Nur leider, bemerkte ein englischer Sozialhistoriker, haben die deutschen Universitäten ihren Studenten einen kritischen Blick auf alles Mögliche, Seiendes und Nicht-Seiendes, eingesenkt, aber keinen auf die Universität selber.[3] Folglich kann der akademische Diskurs bis heute seinen institutionellen Status mit zeitlosen Kategorien wie Subjekt verwechseln. Über den sozialen Ort des deutschen Idealismus aber, auf den solche Kategorien zurückgehen, gibt es einen einzigen Aufsatz von 1952.

Holborns Aufsatz stellt immerhin klar, daß als sozialer Ort des Idealismus nur »Deutschlands höhere und hohe Schulen« in Frage kamen.[4] Wie schon die Frühromantik eher als jene von ihren geistesgeschichtlichen Nachahmern gefeierte Jugendbewegung eine Seilschaft zur Erstürmung der neuen geisteswissenschaftlichen Lehrstühle bildete, so war wohl auch die zeitgenössische Philosophie, statt für ein Nicht-Seiendes zu optieren, einfach ihre Zeit oder Schulzeit in Gedanken gefaßt. Das Wahre als Subjekt denken, hieß bekanntlich, es als Vollzug und Inthronisierung der Philosophie selber denken.

Heute freilich scheinen solche Machtergreifungen, so ausdrücklich sie auch vorgingen, nicht nur vergessen, weil ihre Fernwirkungen noch immer Lehrstühle besetzt halten, sondern vor allem, weil nach zwei technischen Revolutionen eine Revolution lediglich in Reden und Schriften harmlos anmutet wie eine Überbaufeier. Aber unter Bedingungen einer Kultur, die für serielle Datenflüsse ausschließlich das Alphabet hatte, fiel das Speichermonopol von Diskursen mit ihrem Machtmonopol zusammen. Der Staat und seine Philosophen, anders als heute, arbeiteten im selben Medium. Und wenn die Schule die einzige Institution ist, die Lesen und Schreiben als solche verwaltet, waren Schulreformen unter Bedingungen des Schriftmonopols Sozialsteuerungen von nicht mehr hintergehbarer Effizienz. Zwischen Pädagogik und von ihr produzierten Subjekten bestand eine Korrelation wie heute zwischen Medientechniken und den von ihnen produzierten Wesen ohne Namen.

Noch die Geisterwelt, der Kants »Subjekt der Freiheit« aller Naturgesetze unerachtet zuzählte, hatte ein empirisches oder mediales Substrat. 1802 veröffentlichte der Kantianer Johann Adam Bergk als *Seitenstück* zu seiner *Kunst, Bücher zu lesen* (1799) auch eine *Kunst zu denken*. Neben dringender Verpflichtung aller Deutschen auf Kantlektüre[5] gab dieses einmalige Buch eine medientechnisch exakte Definition von Geisterwelt: »Gedankenreiche Bücher sind Geister in körperlicher Gestalt. Wenn es je Erscheinungen von Geistern giebt, so sind sie in geistreichen Büchern anzutreffen.«[6] Die moderne Möglichkeit, nach dem eigenen Tod als Filmsequenz oder Radiostimme wiederzukehren, schied für Geister eben noch aus. Darum blieb nur die Frage, wie Leser schon zu Lebzeiten mit ihnen eins werden konnten. Aber auch darauf hatte Bergk die Antwort. Sein ausdrückliches Verbot, philosophische Bücher laut (und das hieß noch nicht schulreformiert) zu lesen[7], stellte methodisch schon sicher, daß Kants gedruckter »Scharfsinn in das Chaos der Wirkungen des menschlichen Geistes eindringt und uns den Faden reicht, woran wir uns in das Labyrinth in unserem Gemüthe wagen und die Thätigkeiten desselben verstehen lernen können. Wir entzaubern die Regungen unsers Geistes, die wir sonst nicht unterscheiden konnten und lernen uns selber lesen.«[8]

Klarer wäre nicht zu sagen, daß Lesen Subjekte nach genauer Maßgabe der gelesenen Kategorien und Argumente produzierte. Leises Lesen, schrieb Hegel, tut eben »ein Wesentliches«, um »den Boden der Innerlichkeit im Subjekte zu begründen und rein zu machen«.[9] Mit der Folge, daß diese Subjekte ihr Selbstbewußtsein am Lesen hatten. Wer dank Bergk gelernt hatte, sich selber (nach Regeln der Genieästhetik) »stets als das Hervorbringende zu betrachten« und das hieß (etwas medientechnischer): wer statt mit Mundbewegungen mit einer Feder in Händen ans Lesen ging, durfte »gewiß hoffen«, »das verwirrte Chaos der Gefühle in Ordnung zu bringen und in Harmonie aufzulösen«. Ihm fiel dank Buch und Feder »das ununterbrochene Bewußtseyn unserer Selbst« und damit »der Schlüssel« zu, »der die Thüren zu allen geheimen Schlupfwinkeln in uns aufschließt«.[10] Mit anderen Worten: das Ich, das alle meine Vorstellungen muß begleiten können, andernfalls sie entweder unmöglich oder doch für mich nichts wären[11], dürfte historisch als neue Lesetechnik zu entziffern sein. Diese Entzifferung hat zumindest gegenüber logischen Rekonstruktionen oder ideologischen Kritiken der transzendentalen Apperzeption den Vorzug, sie weder auf eine Vorstellung ohne Fürmichsein noch auf eine ohne Möglichkeit zu reduzieren.

Bleibt nur hinzuzufügen, daß das laut Bergk ununterbrochene Selbstbewußtsein während und dank der Lektüre eine diskurspolitische Funktion hatte. Es regelte Bücher nicht nur in ihrer Medialität, sondern auch in ihren Botschaften. Das philosophische Lesen einer philosophischen und gedruckten Geisterwelt trieb nämlich aus der Leserseele ganz andere »Phantome« aus. Lange bevor sie durch Kantlektüre ein historisch neues Subjektsein lernte, hatte diese Seele leider religiöse Vorurteile »gleichsam mit der Muttermilch eingesogen«, Geister also, die den »Geist mit Unbegreiflichkeiten und Schreckensgestalten füllen«, »ein großes Hinderniß beim Selbstdenken« und den größten »Feind der Mündigkeit der Menschen« darstellen.[12]

Damit ist Bergks *Kunst, Bücher zu lesen* auf der Höhe ihrer Zeit. Um 1800 kommen im selben Akt eine neue Lesetechnik und eine neue Büchersorte zu Ehren. Um Subjekte mit dem Geist der Geisteswissenschaften zu füllen, müssen erst einmal ältere, nämlich theologische Geister ausgetrieben werden. Die Schulreform von 1800 ersetzt die Bibel als Elementarbuch Alteuropas durch ein entwicklungspsychologisch optimal gestaffeltes Lektüreprogramm: von den neuen, nämlich literarischen Fibeln für Elementarschüler über die romantische Bibel oder Mythologie für Gymnasiasten bis hin zur philosophischen Enzyklopädie für Studenten.[13] Schon darum nennt Bergk die reformierte Bücherwelt pädagogisch von Grund auf: Das Lesen wird ein Lernen des Lernens, weil es imstande ist, »sowohl die unserer Natur eigene Thätigkeit ins Leben zu rufen, als auch unser irrdisches Daseyn aus dem allein richtigen Gesichtspunkt – als *Schule der Erziehung* – ansehen zu lernen.«[14]

Der Privatgelehrte Bergk kann diese Erziehungsschule, wie sie spätestens 1817 nach staatsoffiziöser Auskunft mit dem Staat selber zusammenfallen wird[15], freilich nicht in institutioneller Positivität beschreiben. Er operiert nur, wie alle Reformschriftsteller der Epoche, auf dem historischen Boden, den das *Allgemeine Landrecht für die königlich Preußischen Staaten* mit der Bestimmung legte, daß »Schulen und Universitäten Veranstaltungen des Staates sind«.[16] Dieser Paragraph, heute eine vergessene Selbstverständlichkeit, war 1794 der Umsturz selber. Denn seit der Reformation bildete das Schulsystem in seiner »Aufsplitterung und Unterschiedlichkeit« »einen relativ freien, durch staatliche Reglements noch nicht eingegrenzten sozialen Entfaltungsraum« und in seinem Kontrollmechanismus »einen Sonderfall kirchlicher und ständischer Organisationen«.[17] Aber als Preußen, Bayern, Württemberg[18] und andere deutsche Staaten ihre Gymnasien und Universitäten der landeskirchlichen Verwaltung entzogen, verschwand mit den theologischen Buch-Gespenstern auch ein staatsfreier Raum. Das höhere Schulwesen wurde zum »Instrument sozialer Schichtung« von Staatswegen funktionalisiert.[19] Ohne systematische Produktion neuer Eliten wäre der deutsche Bildungsstaat des 19. Jahrhunderts, diese »Allianz von Staat und Gebildeten«[20], nie zustandegekommen. Als »Veränderung der Herrschafts- und Regierungsform« hat die Schulreform von 1800 also Schule gemacht.

1807 dekretierte Fichte: »Einen anderen höheren Stand« als »den wissenschaftlich ausgebildeten« »giebt es nicht, und was nicht wissenschaftlich ausgebildet ist, ist Volk«.[21] Kein Wunder, daß das irdische Dasein im ganzen zur Schule der Erziehung

405

werden mußte, seitdem nicht mehr das Blut, sondern die Höhe wissenschaftlicher Ausbildung über Standeshöhen bestimmte. Als Veranstaltungen des Staats arrivierten Gymnasien und Universitäten zu Elitefabriken und ihre Dozenten – durch Machtspruch des *Allgemeinen Landrechts* – zu »königlichen Beamten«.[22]

Sicher, schon die Territorialfürsten der Frühneuzeit hatten, teils über Delegation an die Landeskirchen, bestimmte gelehrte Stände und deren Ausbildungssysteme informell an ihr Land gebunden: zunächst die Theologen und Juristen und ab 1700 auch die Mediziner. Reformation, Einführung des römischen, also schriftlichen Rechts und Approbation (zum Ausschluß von Frauen- oder Hexenwissen) waren solche Wendepunkte. Aber die Produktion von Fürstendienern (wie Beamte absolutistisch hießen) unterstand nicht ihrerseits wieder Fürstendienern. »Erziehungsbeamte«, diese Wortschöpfung eines Erziehungsbeamten von 1797[23], entstanden erst, als Fürstendienst nach Sache und Begriff obsolet wurde, also im neuen Idol des Staats und seiner Diener unterging.[24] »Man erziehe die Knaben zu Dienern und die Mädchen zu Müttern, so wird es überall wohl stehn«, formulierte Goethes angeblich dunkelster Roman, wo doch der *Wahlverwandtschaften*-Autor selber den Dienern erste Diener ihres Staats wie Friedrich oder Joseph II. zum ausdrücklichen Vorbild gab.[25]

1799/1800 veröffentlichte der preußische Philosophieprofessor Christian Daniel Voß seinen *Versuch über die Erziehung für den Staat als Bedürfniß unserer Zeit, zur Beförderung des Bürgerwohls und der Regenten-Sicherheit*. Zwei voluminöse Bände, die schon im Titel Bergks Bücherlesekunst auf institutionelle Füße stellten: Die Eintracht zwischen Bürgerwohl und Regentensicherheit trug bekanntlich Deutschlands 19. Jahrhundert. Den Ausgangspunkt des Versuchs dagegen bildete eine neuerliche Regenten-Unsicherheit, wie sie vor sechs Jahren erst Ereignis geworden war. Voß schrieb zu dem einzigen Zweck, Kollegen oder Nachfahren Ludwigs XVI. vor der Guillotine zu bewahren, und entdeckte just dabei die Unabdingbarkeit von Erziehungsbeamten: »Hätte die monarchische Regierung es verstanden, den Lehrstand sich zu nähern; auf seine Winke gehört, seinen Rath und seine Kräfte benutzt: – Ludwig der Sechzehnte lebte noch, und zwar ruhig, im Besitze seines Throns. Aber so weiß man, auf wen er hörte und wessen Rath ihn auf das Blutgerüst gebracht hat.«[26]

Folgerecht unterbreitete Voß seinem König den einzigen Rat, die »gerechten Ansprüche« des »Lehrstandes« »auf eine Theilnahme an dem Staatsaufwande« ganz so zu erfüllen, wie es schon Krieger und Priester, Staatsjuristen und Mediziner erfahren durften.[27] Oder vielmehr noch um einiges mehr. Bei Lehrern nämlich ist die »Wirksamkeit für den Staat ihrer Natur nach« erstens »freyer« und zweitens »auch allgemeiner« als bei Fürstendienern oder Kirchenvertretern.[28] Durch Verbeamtung der Lehrerschaft und d. h. durch Verstaatlichung der »ohnehin sehr entvölkerten Gelehrtenschulen«, die eben nicht mehr zu Zwecken einer freischwebenden Gelehrtenrepublik, sondern »für die Vorbereitung künftiger Staatsdiener zu bestimmen und einzurichten wären«[29], entstünde den Regenten eine Beamtenschaft in Potenz: Sie und nur sie könnte alle anderen Beamten wahrhaft bilden.

1784 hatte James Watt die Dampfmaschine durch Erfindung des Fliehkraftreglers, dieser ersten Negativrückkopplung der Technikgeschichte, endlich betriebssicher gemacht. Zehn Jahre später schuf die Erfindung von Erziehungsbeamten, dieser ersten Positivrückkopplung der Pädagogikgeschichte, auch die entsprechende Regenten-Sicherheit. In Präzisierung von Gedanken, die wohl nicht zufällig auf Lehrer von Schillers Carlsschule zurückgehen[30], verkündete Voß ein pädagogisch garantiertes Staats- und Bürgerwohl: »Je weiter man durch alle Verhältnisse des Staats fortschreitet, desto entbehrlicher werden alle Zwangs-Maaßregeln werden. Polizey-Maaßregeln, welche grobe Ausschweifungen verhüten sollen, sind für den gebildetern Theil der Staatsbürger nicht gegeben; für ihn so gut, als gar nicht da. Seine Bildung setzt ihn außer Gefahr, jemahls Verbrechen dieser Art zu begehen. Und was ist es, das ihm diese Bildung gab, wenn es nicht die Erziehung war?«[31]

Bildungsbürger als Produkte eines neuerlich staatlichen Schulwesens sind demnach Subjekte im Wortsinn. Ihre praktische Vernunft als Achtung vor dem Sittengesetz kommt erst gar nicht mehr auf Verbrechen oder gar Ausschweifungen; also macht sie alles absolutistische Polizeiwesen überflüssig. Staaten müssen nur dafür sorgen, daß (wie der Dichter und Staatsbeamte Novalis formulierte) »jeder Staatsbürger Staatsbeamter ist«.[32] Nach diesem Übergang von polizeilicher Bestrafung zu pädagogischer Überwachung sind alle Bürger ebenso frei wie unterworfen – frei zum selbständigen Staatsdienst und unterworfen nur den Erziehungsbeamten, die sie überhaupt erst zu Subjekten gemacht haben. Deutsche Bildungsromane – von *Wilhelm Meisters Lehrjahren* über *Heinrich von Ofterdingen* bis zum *Grünen Heinrich* – wären von diesem Programm her leicht entschlüsselbar.[33] Und das schon aus dem einfachen Grund, weil sie wie auf Bestellung der Schulreformer geschrieben sind. Schließlich brauchten verstaatlichte (also von Kirche und Gelehrtenrepublik abgekoppelte) Gymnasien als Ersatz von Bibellektüre und Rhetorikübungen neue Lesestoffe für ihren neuen Deutschunterricht.

Frankreich hat eine vergleichbare Schulreform nicht durchgemacht. Nach Antoine Compagnon ist die Dichterinterpretation erst mit einer Totzeit von 80 Jahren als explication de textes über den Rhein gewandert.[34] Solche Kleinigkeiten machen begreiflicher, weshalb Foucault die Erfindung des Menschen oder Subjekts nicht mit der des Erziehungsbeamten gleichsetzte, sondern viel abstrakter aus einem historischen Apriori von Wissenschaft überhaupt deduzieren mußte. Aber so unmöglich es ist, vom Begriff Subjekt zum Faktum Alphabet zu gelangen, so machbar scheint es umgekehrt, aus Alphabetisierungstechniken – nichts anderes heißt schließlich Schule – die historische Möglichkeitsbedingung von Subjekten herzuleiten. Man darf nur Kulturtechniken nicht erst beginnen lassen, wo Sprecher ihr »singuläres intellektuelles und biographisches Universum organisieren«[35], also einen Sinn auswerfen, den Praktiken wie Abitur oder Theorien wie Hermeneutik ihnen dann selber zuschreiben können. Jeder Mehrwert, den die Rede derart dem Sprachsystem voraushaben soll, basiert gleichwohl auf Elementartechniken des Buchstabenumgangs, wie sie Individuen schlicht andressiert werden müssen. Erst Leiselesenkönnen schuf (nach Hegel) jene Innerlichkeit, die als singuläres Universum in Dichtung wieder zutage trat. Mehr noch: »die Notwendigkeit eigener Produktivität« von Sprachsinn[36], wie Manfred Frank sie mit Schleiermacher und gegen den Strukturalismus lehrt, scheint bei Schleiermacher alles andere als eine Option für Nicht-Seiendes gewesen zu sein. Auf den Tag genau vor 175 Jahren, am 14. Dezember 1810, legte Schleiermacher seiner preußischen Regierung das *Gutachten der wissenschaftlichen Deputation zu Berlin über die Abiturientenprüfungen* vor. Seit jenem Tag besteht die Notwendigkeit von Abituraufsätzen als Notwendigkeit eigener Diskursproduktivität. Aber nur, weil der Bildungsstaat im Unterschied zu früheren Machtsystemen »dafür Sorge trägt, daß seine Mitglieder die Feder führen«[37] bzw. »als Schriftsteller aufzutreten von Seiten der Sprache tüchtig sind«.[38]

Zwei Jahre opferte Hegel der Kommissionsarbeit, Individuen und das hieß Gymnasiasten nach Maßgabe des eben erfundenen Abituraufsatzes zu lesen, zu interpretieren und schließlich zu benoten. Eben weil das gestellte Aufsatzthema nach Schleiermachers Rat »niemals ein blos factisches sein« durfte, sondern »gleichermaßen die Bildung des Verstandes und der Fantasie beurkunden« sollte, gab der Abitursaufsatz dem Staat (und seinem Philosophen) die Möglichkeit, »diejenigen, welche ihm zu höheren Werkzeugen dienen sollen, schon von diesem Zeitpunkt an mehr ins Auge zu fassen und sich von ihren Eigenschaften zu unterrichten«.[39] Manches am individuellen Allgemeinen ist mithin im staatlich-philosophischen Rekrutierungsblick entstanden. Schleiermacher empfahl, künftige Staatsdiener »ins Auge zu fassen«, Fichte empfahl, sie »fortlaufend zu erforschen und in ihrem Geistesgange zu beobachten«, um zwischen Lehrern und Schülern die innigste »Wechselwirkung« oder eben Rückkopplung zu schalten.[40] Was Wunder, daß derart kontrollierte Individuen am Ende imstande sind, jedes Sprachsystem zu überschreiten und ihr singuläres und biographisches Universum schriftlich zu organisieren.

Autobiographik und Hermeneutik von 1800 stehen in Korrelation: die eine sendet exakt die Daten, die die andere auswertet und zur Produktion neuer Sender einsetzt. Nach Süvern vom preußischen Kultusministerium könnten angehende Staatsdiener anders als produktiv schreibend gar nicht nachweisen, daß sie gebildete Menschen und nicht bloß Bücherwürmer einer Gelehrtenrepublik sind. Genau deshalb ersetzen Gymnasien die alten Gelehrtenschulen, die nach Niethammer vom bayrischen Kultusministerium ja nur »darinn unrecht« hatten, daß sie ihre Lehrlinge »mehr zu *Gelehrten* als zu *Menschen* bildeten«. Das neue System mit seinem staatlichen Schulzwang dagegen folgt aus einem »unbedingten Zwecke des Staates« – »aus der unbedingten Forderung an jeden *Staatsbürger,* daß er *Mensch* sey«.[41]

Wenn Menschsein kein anthropologischer Bestand, sondern ein Versuchsergebnis pädagogischer Tests vom Abiturstyp ist, darf der Mensch (ohne Einspruchsmöglichkeit bloßer Argumentationen) in der Tat eine junge Erfindung heißen. Nur daß man verstaubte Bücher nicht mehr liest, eben weil ihre Programme längst ins Reale eingezogen sind. Im Schlaf der Bibliotheken liegen die Existenzbedingungen heutiger deutscher Intellektueller:

1805 veröffentlichte ein bayrischer Gymnasiallehrer namens Penzenkuffer seine *Vertheidigung der in dem obersten Staatszwecke begründeten Rechte und Ansprüche der gelehrten Schullehrer meines Vaterlandes*. Diese Rechte und Ansprüche gipfelten in der Erklärung, Gymnasiallehrern sei das »Höchste und Heiligste anvertraut, was die bürgerliche Gesellschaft kennt und besitzt, – ihre Menschenwürde«.[42] Aber wie zum selbstrekursiven Beweis des Penzenkuffersatzes, nur Erziehung könnte den Leuten beibringen, daß »*sie* und die *Thiere* etwas ganz Verschiedenes sind«, galten ausgerechnet diejenigen Bayern, die alle anderen Bayern zu Menschen machten, immer noch nicht mehr als Pferdebereiter, Seiltänzer oder Hundedresseure.[43] Es war eben heikel und schwer, zwischen Dressur und Bildung zu trennen, solange die Bildung erst instituiert werden mußte. In diesem Dilemma sah auch Penzenkuffer den Ausweg nur in preußischen Verhältnissen. Er propagierte einen »Pakt« zwischen Lehrerschaft und Staat, der als Verbeamtung dem Unterschied zwischen Bildung und Dressur Anerkennung verschaffen würde. Wobei »Pakt« nicht ganz zufällig das Verhältnis zwischen Faust und Mephisto zitierte. Bekanntlich lüftete dieser Teufel, der ja aus einem Magister sämtlicher, aber sämtlich altmodischer Fakultäten einen modernen Universalmenschen vom Gymnasiallehrertyp gemacht hatte, am Ende seine Maske, um alle Züge eines modernen Staates zu zeigen.

Nach Penzenkuffer ist der Pakt zwischen Lehrerschaft und Staat ein Verhältnis wechselseitiger und schlechthinniger Abhängigkeit. Ohne Verbeamtung durch einen Staat sind Lehrer Seiltänzer oder Hundedresseure, ohne Verschulung durch eine Lehrerschaft ist der Staat nackte Despotie oder Polizeigewalt. »Lerne einmal einsehen«, ruft der Staatserzieher seiner allerhöchsten Adresse zu, »daß du ohne uns gar keine moralische Würde hast und zu erringen nie fähig seyn wirst, so wie unser Beruf ohne dich als ein« (im moralisch-finanziellen Wortdoppelsinn) »völlig Gehaltloses Ding erscheint, zufällig in seinem Ursprunge, lächerlich in seiner Bestimmung, verspottet in seinen Bestrebungen. Mache es dir recht lebhaft, daß wir beide nur durch und für einander bestehen«, »weil unser Pakt nicht ein zufälliges Produkt der Noth ist, sondern« »die Stütze und Basis aller Hoffnungen der bessern Menschheit«.[44] Ein Staat, der diesem Ruf Folge leistet und seine Lehrer verbeamtet, implementiert mithin alle philosophischen Menschenideale. Der Erziehungsbeamte muß einerseits »alle seine Kräfte, Triebe und Anlagen nicht als sein, sondern als Eigenthum des Staates betrachten«[45], ist also schlechthin unterworfen und d. h. Subjekt; andererseits ist er schlechthin frei und d. h. wiederum Subjekt, weil Staaten nur durch Erzieher aus Despotie in Freiheit, aus Bestrafung in Moral zu überführen sind. Penzenkuffers Appell liefert die Schlüsselworte für *Surveiller et punir*.

Bleibt nur die Frage, wie man Moral und Rekrutierung eines Berufsstandes überwacht, der seinerseits Überwachungsstaaten erst moralische Würde verleiht. Seit Lessing und Kant (und bis zu Marx) läuft bekanntlich das unendlich schwere Programm einer Erziehung der Erzieher.[46] Penzenkuffer stellt zu dessen Lösung einen Katalog vordem unerhörter Fragen auf. »Es dürften also ohngefähr folgende und dergleichen Fragen an [den Staatsexaminanden] Statt finden: Kann er den Geist irgend eines Profanschriftstellers entwickeln? Versteht er ihn in der Muttersprache rein und vollständig wieder zu geben? Welche Ansicht hat er von ihm? Kann er ihn philosophisch würdigen und sein Verhältniß zu den neueren Resultaten darstellen?« usw.[47] Das Gymnasium erhält als Mitte den Deutschunterricht, der Deutschunterricht als neue Mitte die Lektüre von Dichtern oder näherhin Geistern und die damit instituierte Hermeneutik schließlich eine allerhöchste Berufungsinstanz, von der her Dichterinterpretationen möglich und legitim werden: die Philosophie. Mit der Frage nach ihren »neuern Resultaten« erlangt der Idealismus Schulwirklichkeit – als Philosophicum – und mit Penzenkuffers Fragenkatalog überhaupt die Erziehungsbeamtenschaft: als Staatsexamen für Lehramtskandidaten.

Durch das königlich preußische Edikt von 1810 löst das Examen pro facultate docendi die ebenso diversen wie okkasionellen Qualifikationsnachweise alteuropäischer Universitäten ab. Nicht mehr Akademien oder Gelehrtenschulen befinden in ständischzünftiger Freiheit über ihren Nachwuchs. In Konsequenz des *Allgemeinen Landrechts,* das Professoren und Gymnasiallehrer zu königlichen Beamten ernannte, übernimmt der Staat die Kontrolle. Damit wird das höhere Schulwesen zu einer einzigen Berechtigungskette (wie Schulhistoriker sagen[48]) oder zu einem einzigen Regelkreis (wie Nachrichtentechniker sagen würden). Das neu erfundene Abitur steuert den Universitätszugang angehender Staatsdiener, das neu erfundene Staatsexamen den Universitätsabgang angehender Gymnasiallehrer, die dann ihrerseits (seit 1834) mittels Abitur über den Universitätszugang ihrer Schüler entscheiden dürfen. So ist der Bildungsstaat – übrigens mit dem ebenso erwünschten wie unterschlagenen Nebeneffekt, Frauen prinzipiell von Macht und Wissen auszuschließen – zum autopoietischen System geworden.

Das autopoietische System funktioniert nicht ohne entsprechende Theorie. Um den Regelkreis zu denken, d. h. ihn auf seinem Sollwert zu halten, ergreift eine Wissenschaft die Macht, die zum Stellglied nachgerade berufen ist, weil sie das Wahre als Subjekt oder Autopoiesis denken kann. Mit dem Idealismus, dessen sozialer Ort ja Deutschlands hohe und höhere Schulen sind, erfahren die vier gelehrtenrepublikanischen Fakultäten eine Reform von Grund auf.

Bekanntlich war die philosophische Fakultät über Jahrhunderte hin nur eine Vorschule der drei seriösen Fakultäten. Nicht Magister wie Faust, sondern nur »Geistliche, Justizbeamte und Ärzte« fungierten – wie Kant im *Streit der Fakultäten* ausführt – als »Werkzeuge der Regierung«[49] oder genauer als Fürstendiener absolutistischer Macht. Dieses System (und damit auch Kants Schrift) hatte Geltung, solange »die Regierung, wenn sie aber gleich Lehren *sanktionierte,* doch nicht selbst *lehrte*«.[50] Und weil die sanktionierten Lehren Drucksachen, das Wahre als Substanz also waren, hatte die philosophische Fakultät nur das Recht, alle Behauptungen, die der »Theolog nicht aus der Vernunft, sondern aus der Bibel«, »der Rechtslehrer nicht aus dem Naturrecht, sondern aus dem Landrecht, der Arzneigelehrte nicht aus der Physik des menschlichen Körpers, sondern aus der Medizinalordnung« herleitete,[51] einer Vernunftkritik zu unterziehen. Aber kaum war dieses kantische Geschäft getan, hatte die philosophische Fakultät ihrer Vorläufigkeit zum Trotz auch schon den Beweis angetreten, daß (nach einem Wort Fichtes) »der Geist der Philosophie derjenige wäre, welcher zuerst sich selbst, und sodann in sich selber alle anderen Geister verstände«.[52] Eine hermeneutische Allmacht, aus der Fichte selber sofort Konsequenzen zog. Seinem Plan zufolge waren Theologie, Jurisprudenz und Medizin als teilweise bloß »praktische Künste« von der »zu Berlin zu errichtenden höheren Lehranstalt« oder »Kunstschule abzusondern«. Dem neuen »Anspruch auf Universalität« der Universität genügten eben nur zwei Disziplinen, aus denen dann im Lauf des Jahrhunderts Foucaults Menschenwissenschaften werden sollten: Philologie und Philosophie. Die eine firmierte als »allgemeines Kunstmittel aller Verständigung«[53], schlichter gesagt: der Dichterinterpretation; die andere als systematisches Lernen des Lernens.[54] Denn »das Wesen« des »wissenschaftlichen Künstlers« oder Philosophen setzte Fichte in »die Kunst, den wissenschaftlichen Künstler selber zu bilden«.[55]

Zum geplanten Ausschluß der vormals oberen Fakultäten ist es zwar nicht gekommen, aber die philosophische Fakultät in ihrer philologisch-philosophischen Doppelgestalt rückte tatsächlich vom letzten auf den ersten Rang unter den Fakultäten. Diese einmalige Karriere hatte Gründe. Daß der Staat selbst fortan lehrte oder gar zur »Erziehungsanstalt im großen«[56] wurde, verschaffte Philosophen endlich eine Funktion über akademische Propädeutik hinaus: Auch sie durften Abschlußprüfungen abnehmen und (wie vordem nur die Theologen, Juristen und Mediziner) Beamte werden oder herstellen. Die Verstaatlichung des höheren Schulwesens hat den Idealismus an eine Macht gebracht, deren Entstehungsgeschichte er selber mit sofortigem Schweigen umgab. Kein Systementwurf nannte die Lehrerproduktion als Zweck der philosophischen Systeme. Erst ein Jahrhundert später, 1903, schrieb ein Gymnasiallehrer die schlichte Wahrheit »Indem die Vorbereitungen für alle Fakultätsstudien auf die Gymnasien übergingen, erlangte die philosophische Fakultät, die ehemalige allgemein-wissenschaftliche Vorschule für die drei älteren Fakultäten, mit dem Beginn des 19. Jahrhunderts ihre selbständige Stellung. Ihr fiel neben der Pflege der wissenschaftlichen Forschung die *Vorbildung für den Lehrerberuf* als besondere Aufgabe zu.«[57]

Der Bildungsstaat von 1800 gipfelte also, mit Niethammer gesprochen, in einer »Classe von Individuen, die, von dem Schicksal begünstiget, freier von dem Druck der thierischen Noth, ausgezeichnet durch Kraft und Regsamkeit des Geistes, berufen« waren, »als Priester der Vernunft ihr heiliges Feuer auf Erden zu bewahren und zu erhalten«.[58] Ab sofort wurden künftige Beamte im allgemeinen und Erziehungsbeamte im besonderen nach philosophischen Prüfungsmaßstäben rekrutiert. Laut Voß muß »jeder Staatsdiener, der nicht bloß mit der sittlichen und staatsbürgerlichen Cultur, seines untergeordneten Verhältnisses wegen, sich begnügen kann, eine philosophische Ausbildung erhalten; denn einem jeden Staatsdiener ist eine Entfesselung seines Geistes wesentliches Bedürfniß.«[59] Laut Humboldt, der in Preußen allgemeine Beamtenprüfungen überhaupt erst einführte, ist »nichts so wichtig bei einem höheren Staatsbeamten, als welchen Begriff er eigentlich nach allen Richtungen hin von der Menschheit hat, worin er ihre Würde und ihr Ideal im Ganzen setzt.«[60] Geistesentfesselung oder Menschheitsideal sind aber für Territorialstaatsjuristen oder Landeskirchenprediger absurde Rekrutierungskriterien; das einzige Wesen, auf das sie passen, heißt Erziehungsbeamter.

Nachdem die Hand auf dem Gymnasium Dichterinterpretationsaufsätze verfaßt und das Ohr auf der Universität Philosophenvorlesungen gehört hat, kann jeder »Staatsdiener« (nach Worten einer anonymen Schrift von 1825) »als geistiger Produzent« auftreten, sei es auch nur, »weil der Staat ja aller Art literarischer Produzenten bedarf«.[61] Die Folge sind deutsche Dichter, die (mit den zwei Ausnahmen Kleist und Hölderlin) im Doppelleben von »Schriftstellern als Staatsbeamten oder Staatsbeamten als Schriftstellern« (so hieß eine Schrift von 1820) allesamt Virtuosen waren.[62] Informelle Steuerung durch Literatur und offiziöse Steuerung durch Philosophie wurden zur Grundlage des Bildungsstaats, der ja nach Schleiermacher »gleichermaßen die Bildung des Verstandes und der Fantasie« überwachte. Also produzierten die neuen philosophischen Lehrstühle erstens Ästhetiken, um auch die informelle Steuerung noch einmal zu steuern, und zweitens Systeme, die das autopoietische System Bildungsstaat selber konstruieren. Wenn »die Entfesselung seines Geistes einem jeden Staatsdiener wesentliches Bedürfniß« ist, dann eben auch eine *Phänomenologie des Geistes*.

Hegel löst die Aufgabe, »das allgemeine Individuum, den selbstbewußten Geist, in seiner Bildung zu betrachten«, d.h. eine Weltgeschichte des Beamten zu entwerfen, bekanntlich nach Regeln Bergkscher, also selbsttätiger Bücherlesekunst. Statt ergangene Diskurse nach ihrer Wörtlichkeit zu analysieren, »erkennt« er schon »in dem pädagogischen Fortschreiten die wie im Schattenrisse nachgezeichnete Geschichte der Bildung der Welt«.[63] Deshalb beginnt die *Phänomenologie* mit dem Übergang von

Sinnlichkeit oder näherhin Mündlichkeit in eine Schreibszene, die unschwer als Lernziel von Elementarschulen zu decodieren ist.[64] Deshalb interpretiert sie zweitens klassische Kunstwerke der Gymnasiallektüre (wie *Faust* oder *Antigone*) und drittens Inhalte der drei vormals oberen Fakultäten. Ein pädagogisches Fortschreiten durchs gesamte (Knaben)Schulsystem zu dem einzigen Zweck, all diese Wissensgestalten, poetische und szientifische, am Ende dem neuen Monopol der Philosophie zu unterwerfen. »Der Geist der Philosophie« ist eben »derjenige, welcher zuerst sich selbst, und sodann in sich selber alle anderen Geister« versteht. *Phänomenologie des Geistes* besagt sehr wörtlich, daß nicht mehr die Philosophie anderen Fakultäten als Vorschule dient, sondern daß umgekehrt alles Wissen erst durch Lektüre von Hegels Vorschule zur Philosophie gelangen wird. Berechtigungskette oder Regelkreis des Schulwesens – von der Fibel über höhere Schulen bis hin zum höchsten Fach der höchsten Fakultät der hohen Schule – und Hegels Schrift sind eins.

Soviel über Genesis und Geltung des Subjekts.

Ab 1868 aber entstanden, übrigens unter dem Beifall letzter Linkshegelianer, in Deutschland Technische Hochschulen. 1874 erhielt Helmholtz (dank einer Siemensspende) seine Physikalisch-Technische Reichsanstalt. 1872 schon hatte Wien den »für jeden Inländer« obligatorischen »Besuch des dreijährigen philosophischen Kursus an der Universität« abgeschafft.[65] Im Reich dagegen verschwand das Philosophicum als »obligater Bestandteil des Doktorexamens«[66] (und beinahe auch schon der Lehramtsprüfung für Gymnasien[67]) erst 1904. Den Grund dieser Verzögerung oder Totzeit sah ein Berliner TU-Professor und Radiotechniker im »erstarrten Idealismus einer abgeklungenen Kulturperiode«, der »sich in Deutschland hartnäckig der Aufnahme neuer Keime aus dem stets sich verjüngenden Boden der Zeit verschloß«, bis »uns« Ingenieuren »an der Jahrhundertwende« endlich »der Befreier erstand, wo die Welt ihn am wenigsten vermutete« – ein Befreier nämlich herab »von der Höhe« des Kaiserthrones.[68]

Seitdem gibt es, schon weil Diskursinstitutionen träge sind, zwar noch Beamte, Lehrer, Philosophen usw., aber keinen universalen Beamten mehr, der alles Menschsein und nur das Menschsein verwaltet. Mögen für den unmöglichen Beruf zum Allgemeinen nach Deutschlands Erziehungsbeamten, seinen historisch ersten Inhabern, auch andere Kandidaten aufgetreten sein – Intellektuelle, Proletarier, Studenten und neuerdings Experten –: das Zerbrechen des Schriftmonopols an technischen Medien zieht wahrscheinlich alle denkbaren Kandidaturen zurück. Die Frage nach dem Subjekt erlischt selber.

Anmerkungen

1 Manfred Frank, *Was ist Neostrukturalismus?*, Frankfurt/M. 1983, S. 17.
2 Frank, *Neostrukturalismus*, S. 16.
3 Charles E. McClelland, *State, Society and University in Germany 1700-1914*, Cambridge 1980, S. 16.
4 Hajo Holborn, *Der deutsche Idealismus in sozialgeschichtlicher Beleuchtung*, in: *Historische Zeitschrift*, 174, 1952, S. 365.
5 Vgl. J. A. Bergk, *Die Kunst zu denken. Ein Seitenstück zur Kunst, Bücher zu lesen*, Leipzig 1802, S. 189 f.
6 Bergk, *Kunst zu denken*, S. 28.
7 Vgl. J. A. Bergk, *Die Kunst, Bücher zu lesen, nebst Bemerkungen über Schriften und Schriftsteller*, Jena 1797, S. 72.
8 Bergk, *Kunst, Bücher zu lesen*, S. 6.
9 G. W. F. Hegel, *System der Philosophie (Encyclopädie)*, in: *Sämtliche Werke*. Jubiläumsausgabe, hrsg. Hermann Glockner, Stuttgart 1927-40, Bd. X, S. 351.
10 Bergk, *Kunst zu denken*, S. 98. Übers leise und mitschreibende Kant-Lesen heißt es in der *Kunst, Bücher zu lesen*: »Die Feder muß uns bei dieser Lektüre stets zur Hand seyn; Hauptsäzze und wichtige und neue Gedanken müssen wir entweder wörtlich oder nach unsrer eigenen Vorstellungsart niederschreiben, wenn wir nämlich gewiß überzeugt sind, daß wir ihren Sinn richtig gefaßt haben. [...] Bei der zweiten Lektüre darf nun nichts vorbeigelassen werden, ohne daß wir es vollkommen verstanden hätten.« (S. 351)
11 Kant, *Kritik der reinen Vernunft*, B 131 f., in: *Werke in sechs Bänden*, hrsg. Wilhelm Weischedel, Wiesbaden 1956, B. II, S. 136.
12 Bergk, *Kunst zu denken*, S. 48. In der *Kunst, Bücher zu lesen* heißt es noch genauer, daß nur Bücher »uns gegen die Gespenster unserer eigenen Einbildungskraft retten« – einer Einbildungskraft jedoch, die als Diskurs des Anderen von »unwissenden und gedankenlosen« Ammen, »an deren Geist sich nichts als Aberglauben festgehängt hat«,

Kindern in »den ersten Jahren des Lebens« eingeflößt worden ist (S. 6).
13 Vgl. Bergk, *Kunst, Bücher zu lesen*, S. 330-335, sowie ders., *Kunst zu denken*, S. 29.
14 Bergk, *Kunst, Bücher zu lesen*, S. 90.
15 Vgl. dazu Manfred Heinemann, *Schule im Vorfeld der Verwaltung. Die Entwicklung der preußischen Unterrichtsverwaltung von 1771-1800. (Studien zum Wandel von Gesellschaft und Bildung im 19. Jahrhundert)*, Göttingen 1974, S. 334.
16 *Allgemeines Landrecht für die königlich Preußischen Staaten.* Textausgabe, hrsg. Hans Hattenhauer, Frankfurt/M.-Berlin 1970, S. 584 (II 12, § 1).
17 Karl-Ernst Jeismann, *Das preußische Gymnasium in Staat und Gesellschaft. Die Entstehung des Gymnasiums als Schule des Staates und der Gebildeten (Industrielle Welt. Schriftenreihe des Arbeitskreises für moderne Sozialgeschichte*, Bd. 15), Stuttgart 1974, S. 50.
18 Für Württemberg (und seinen Klassiker Schiller) vgl. Friedrich A. Kittler, *Carlos als Carlsschüler. Ein Familiengemälde in einem fürstlichen Hause*, in: *Unser Commercium. Goethes und Schillers Literaturpolitik*, hrsg. Wilfried Barner, Eberhard Lämmert und Norbert Oellers, Stuttgart 1984, S. 241-273.
19 Jeismann, *Das preußische Gymnasium*, S. 50.
20 Jeismann, *Das preußische Gymnasium*, S. 23.
21 J. G. Fichte, *Deducirter Plan einer zu Berlin zu errichtenden höheren Lehranstalt, die in gehöriger Verbindung mit einer Akademie der Wissenschaften stehe*, in: *Sämmtliche Werke*, hrsg. Immanuel Fichte, Berlin 1845-46, Bd. VIII, S. 136.
22 *Allgemeines Landrecht*, S. 587 (II 12, §§ 66 und 73).
23 Heinrich Stephani, *Grundriß der Staats-Erziehungs-Wissenschaft*, Weißenfels 1797, S. 74.
24 Vgl. dazu Hans Hattenhauer, *Geschichte des Beamtentums. (Handbuch des öffentlichen Dienstes*, Bd. 1), Köln-Berlin-Bonn-München 1980, S. 174 f.
25 Vgl. die Einzelheiten bei Friedrich A. Kittler, *Ottilie Hauptmann*. In: *Goethes Wahlverwandtschaften. Kritische Modelle und Diskursanalysen zum Mythos Literatur*, hrsg. Norbert W. Bolz, Hildesheim 1981, S. 260-275.
26 Christian Daniel Voß, *Versuch über die Erziehung für den Staat als Bedürfniß unsrer Zeit, zur Beförderung des Bürgerwohls und der Regenten-Sicherheit*, Halle 1799-1800, Bd. I, S. 82.
27 Voß, *Versuch*, Bd. I, S. 115.
28 Voß, *Versuch*, Bd. I, S. 115 f.
29 Voß, *Versuch*, Bd. II, S. 374.
30 Vgl. Kittler, *Carlos als Carlsschüler*, a.a.O. S. 258. Unterm Titel *Von*

dem unmittelbaren Recht [!] der Jugend eines Staats an den Regenten desselben in Absicht auf die Erziehung hatte der Rechtsprofessor Johann Heinrich Hochstetter verkündet, daß »bey gut erzogenen Bürgern eines Staats [...] die Geseze selbst beynahe überflüssig seyn würden«.

31 Voß, *Versuch*, Bd. I, S. 114.
32 Novalis, *Glauben und Liebe oder Der König und die Königin*, in: *Schriften*, hrsg. Paul Kluckhohn und Richard Samuel, Stuttgart 1960-75, Bd. II, S. 489.
33 Vgl. Friedrich A. Kittler, *Über die Sozialisation Wilhelm Meisters*. In: Gerhard Kaiser/F. A. K., *Dichtung als Sozialisationsspiel. Studien zu Goethe und Gottfried Keller*, Göttingen 1978, S. 13-124, und Friedrich A. Kittler, *»Heinrich von Ofterdingen« als Nachrichtenfluß*, in: *Novalis. Wege der Forschung*, hrsg. Gerhard Schulz, Darmstadt 1986, S. 480-508.
34 Vgl. Antoine Compagnon, *La Troisième république des lettres, de Flaubert à Proust*, Paris 1981, S. 79-81.
35 Manfred Frank, *Das individuelle Allgemeine. Textstrukturierung und -interpretation nach Schleiermacher*, Frankfurt/M. 1977, S. 320.
36 Frank, *Allgemeines*, S. 320.
37 August Ferdinand Bernhardi, 1810, zitiert in: Paul Schwartz, *Die Gründung der Universität Berlin und der Anfang der Reformen der höheren Schulen im Jahre 1810*, in: *Mitteilungen der Gesellschaft für deutsche Erziehungs- und Schulgeschichte*, 20, 1910, S. 171.
38 F. D. E. Schleiermacher, *Gutachten der wissenschaftlichen Deputation zu Berlin über die Abiturientenprüfungen*, zitiert in: Schwartz, *Gründung*, S. 175.
39 Schleiermacher, *Gutachten*, zitiert in: Schwartz, *Gründung*, S. 195 f.
40 Fichte, *Deducirter Plan*, S. 143.
41 Friedrich Immanuel Niethammer, *Der Streit des Philanthropinismus und Humanismus in der Theorie des Erziehungs-Unterrichts unserer Zeit* (1808). Nachdruck in: *F.I.N., Philanthropinismus – Humanismus. Texte zur Schulreform*, hrsg. Werner Hillebrecht, Weinheim--Berlin- Basel 1968, S. 183.
42 Christian Friedrich Wilhelm Penzenkuffer, *Vertheidigung der in dem obersten Staatszwecke begründeten Rechte und Ansprüche der gelehrten Schullehrer meines Vaterlandes*, Nürnberg 1805, S. 35.
43 Penzenkuffer, *Vertheidigung*, S. 18.
44 Penzenkuffer, *Vertheidigung*, S. 271 f.
45 Penzenkuffer, *Vertheidigung*, S. 92.
46 Vgl. Friedrich A. Kittler, *»Erziehung ist Offenbarung«. Zur Struktur der Familie in Lessings Dramen*, in: *Jahrbuch der deutschen Schillergesellschaft*, 21, 1977, S. 120 f.
47 Penzenkuffer, *Vertheidigung*, S. 62 f. Vgl. dazu auch Fichte, *Deducir-*

ter Plan, S. 109, wo das »Interpretieren der Schriftsteller« (S. 107) schon von Gymnasialabgängern an die Universität gefordert wird: »Zuvörderst muss der Aspirant eine seinen Fähigkeiten angemessene, ihm vorgelegte Stelle eines Autors in gegebener Zeit gründlich verstehen lernen, und den Beweis führen können, dass er sie recht verstehe, indem sie gar nicht anders verstanden werden könne. Sodann muss er zeigen, dass er ein allgemeines Bild des gesammten wissenschaftlichen Stoffes, erhoben und bereichert bis zu derjenigen Potenz des Gesichtspunctes, an welche die höhere Schule ihren Unterricht anknüpft, in freier Gewalt und zu beliebigem Gebrauche als sein Eigenthum besitze.« So stellt man, durch Examenskopplung von Poesie und Philosophie, ein Volk der Dichter und Denker her.

48 Vgl. Raban Graf von Westphalen, *Akademisches Privileg und demokratischer Staat. Ein Beitrag zur Geschichte und bildungsgeschichtlichen Problematik des Laufbahnwesens in Deutschland*, Stuttgart 1979, S. 122.
49 Kant, *Der Streit der Fakultäten* (1798), in: *Werke*, Bd. VI, S. 280.
50 Kant, *Streit*, S. 281.
51 Kant, *Streit*, S. 285.
52 Fichte, *Deducirter Plan*, S. 122.
53 Fichte, *Deducirter Plan*, S. 131.
54 Fichte, *Deducirter Plan*, S. 107: »Die Verbesserung der höheren Lehranstalten setzt sonach die der niedern nothwendig voraus, wiewohl wiederum auch umgekehrt eine gründliche Verbesserung der letzten nur durch die Verbesserung der ersten, und indem auf ihnen die Lehrer der niedern Schule die ihnen jetzt grossentheils abgehende Kunst des Lehrens erlernen, möglich wird.«
55 Fichte, *Deducirter Plan*, S. 113.
56 »Jeder Staat wirkt durch seine ganze Verfassung, Gesetzgebung und Verwaltung erziehend auf seine Bürger ein, ist gewissermaßen eine Erziehungsanstalt im Großen.« (Süvern, zitiert in Heinemann, *Schule im Vorfeld*, S. 344).
57 K. Fricke, *Die geschichtliche Entwicklung des Lehramts an den höheren Schulen*, in: K. F./K. Eulenburg, *Beiträge zur Oberlehrerfrage*, Leipzig–Berlin 1903, S. 16.
58 Niethammer, *Philanthropinismus und Humanismus*, a.a.O. S. 105.
59 Voß, *Versuch*, Bd. II, S. 326.
60 Wilhelm von Humboldt, 8. 7. 1809, zitiert in: Wilhelm Dilthey/Alfred Heubaum, *Ein Gutachten Wilhelm von Humboldts über die Staatsprüfung der höheren Verwaltungsbeamten*, in: *Jahrbuch für Gesetzgebung, Verwaltung und Volkswirtschaft im Deutschen Reich*, 23, 1899, S. 253.
61 Anonymus, *Aufgefaßte Stichworte aus des Herrn Kreis-Schulrath Graser's Schrift: Ueber die vorgebliche Ausartung der Studierenden,*

Bamberg 1825, S. 15 und S. 26.
62 Max Friedrich Karl Wilhelm Grävell, *Der Staatsbeamte als Schriftsteller oder der Schriftsteller als Staatsbeamter im Preußischen. Aktenmäßig dargethan*, Stuttgart 1820.
63 G. W. F. Hegel, *Phänomenologie des Geistes*, in: *Gesammelte Werke*, hrsg. im Auftrag der Deutschen Forschungsgemeinschaft, Hamburg 1968 ff., Bd. IX, S. 25.
64 Vgl. dazu Gerhard Neumann, *Schreibschrein und Strafapparat. Erwägungen zur Topographie des Schreibens*, in: *Bild und Gedanke. Festschrift für Gerhart Baumann zum 60. Geburtstag*, hrsg. Günter Schnitzler, München 1980, S. 385 f.
65 Maria Dorer, *Historische Grundlagen der Psychoanalyse*, Leipzig 1932, S. 114, Anm. 3.
66 Rudolf Lehmann, in: Friedrich Paulsen, *Geschichte des gelehrten Unterrichts auf den deutschen Schulen und Universitäten vom Ausgange des Mittelalters bis zur Gegenwart. Mit besonderer Rücksicht auf den klassischen Unterricht*. 3. erweiterte Auflage, hrsg. und mit einem Anhang fortgesetzt von Rudolf Lehmann, Berlin–Leipzig 1919-21, Bd. II, S. 710.
67 Vgl. Friedrich A. Kittler, *Aufschreibesysteme 1800/1900*, München ²1987, S. 191.
68 Adolf Slaby, *Entdeckungsfahrten in den elektrischen Ozean. Gemeinverständliche Vorträge*, Berlin ⁵1911, S. 369.

Alain David
Beschreibung eines Kampfes:
Das Subjekt im unendlichen Text

Gehen wir von einer Szene aus, die mich, wie ich zugeben muß, bei der Vorbereitung meines Vortrages wie ein Alptraum heimgesucht hat. Also: Ich wäre auf Sie zugetreten und hätte Ihnen gesagt: »Meine Damen und Herren, ich hatte keine Zeit.«

Darauf wäre ich dann eingegangen (ich in meiner Verwirrung, Sie unbehaglich oder vorwurfsvoll als Zuhörer). Zum Beispiel so: Von Professor Raulet mit der großen Ehre der Einladung, zu Ihnen zu sprechen, bedacht, wurde ich sehr schnell mit folgender Gewißheit konfrontiert: *Ich werde keine Zeit haben.* Ich hätte also sein Angebot ablehnen sollen, aber gleichzeitig ist die andere Gewißheit dazwischengetreten, daß ich diese Zeit, von der ich glaubte, sie nicht zur Verfügung zu haben, nie besser nutzen könnte als für dieses Symposium, das so viele internationale Persönlichkeiten zu einem Thema zusammengeführt hat, so daß ich hoffen kann, daß sich meine Arbeitszeit wie gewöhnlich von meinem Standpunkt aus rechtfertigen läßt.

So erschien es mir unmöglich, nicht zu kommen, und dennoch ebenso unmöglich zu kommen. Denn worüber hätte ich sprechen sollen, wenn mir doch die Kapazität gefehlt hätte, in der erforderlichen Zeit einen glaubwürdigen Vortrag zu erarbeiten. Es sei denn, ich hätte mich darauf eingelassen, vor Ihnen ohne einen solchen Aufsatz im Reisegepäck aufzutreten. Aber worüber hätte ich dann gesprochen? Über nichts. Oder, was in etwa dasselbe ist, über die Verwirrung, in die mich dieser Satz gestürzt hat, der mir nicht aus dem Sinn will, und mit dem ich folglich hätte beginnen müssen: *Ich hatte keine Zeit.*

Aber von meiner Verwirrung hätte ich ja schon gesprochen, wenn ich mit diesem Satz vor Sie getreten wäre. So gesehen hätte ich nach der Enthüllung meines Zögerns, des unmöglich zu bewältigenden Konfliktes in mir, schon alles gesagt, was ich zu sagen gehabt hatte. Fast nichts.

Was ich zu sagen gehabt hätte, aber vielleicht nicht, was zu sagen gewesen wäre, denn um eine Situation der Verwirrung, wie banal auch immer – *eine alltägliche Verwirrung** –, darzustellen, genügt es nicht, sie dem Wortlaut nach vorzutragen, und sei es in Gestalt eines inneren Konflikts – man muß auch darstellen, daß dieser Konflikt darstellbar ist, seine Darstellung und seine Darstellbarkeit darstellen. So gesehen spricht der Konflikt selbst gar nicht, und – hin- und hergerissen zwischen den beiden Polen, wie ich war – zwischen These und Antithese oszillierend, machtlos, irgendwo einen festen Standort zu finden – hätte ich zweifellos zu keiner Zeit mehr etwas von ihnen gewußt.

So schwach dieses Oszillieren und so unbedeutend die ihm zugrundeliegende Verwirrung auch sein mag, so bringt es doch Resonanzen hervor, die nach einer sehr klassischen platonischen Haltung dazu einladen, Hilfe bei der großen Literatur zu suchen, wo sich die kleine als unleserlich erweist –.

Hier etwas von dieser großen Literatur:

»Er hat zwei Gegner: der erste bedrängt ihn von hinten, vom Ursprung her. Der zweite verwehrt ihm den Weg nach vorn. Er kämpft mit beiden. Eigentlich unterstützt ihn der erste im Kampf mit dem zweiten, denn er will ihn nach vorn drängen, und ebenso unterstützt ihn der zweite im Kampf mit dem ersten: denn er treibt ihn dennoch zurück. So ist es aber nur theoretisch. Denn es sind ja nicht nur die zwei Gegner da, sondern auch noch er selbst, und wer kennt eigentlich seine Absichten? Immerhin ist es sein Traum, daß er einmal in einem unbewachten Augenblick – dazu gehört allerdings eine Nacht, so finster wie noch keine war – aus der Kampflinie ausspringt und wegen seiner Kampfeserfahrung zum Richter über seine miteinander kämpfenden Gegner erhoben wird.«*

Dieser Text stammt von Kafka. Er gehört zu einer Sammlung von Fragmenten aus dem Jahre 1920, die von Max Brod unter dem Titel *Er* herausgegeben und später vom Fischer-Verlag mit anderen Texten unter dem Buchtitel *Beschreibung eines Kampfes* zusammengefaßt wurden. Ohne in das Dickicht einer philologischen Kritik einzudringen läßt sich die Aufnahme des Textes, auch wenn er alleine dasteht, in eine Sammlung dieses Titels rechtfertigen. Zwei Gegner bedrängen diesen »er«, der zwischen ihnen steht, oder vielmehr, der zwischen ihnen keinen Platz finden kann. Von welchen Gegnern ist die Rede? Es gibt keinen Grund, sie zu benennen – ebensowenig wie dieser »er«, der durch nichts als den Konflikt bestimmt ist, in den er sich verwickelt

---

* Vom Autor in deutsch zitiert, wie bei allen fortan mit * gekennzeichneten Stellen. (Anm. d. Ü.)

sieht (und vielleicht auch noch anderweitig; aber der ganze Vorsatz dieses Vortrags – wenn er stattfinden könnte, wenn er tatsächlich vom Vor*satz* zum Vor*trag* würde[1] –, bestünde darin, zu dieser anderweitigen Bestimmung zu gelangen: »Er« würde dann das ausdrücken, was ich vorhin die Darstellbarkeit genannt habe). Im Kontext dieser Inszenierung, die mich herausgefordert hat, drängt sich nichtsdestoweniger eine Übersetzung auf: »Er« findet sich zwischen Vergangenheit und Zukunft eingezwängt, ohne in der Gegenwart verankert zu sein. »Er« *hat keine Zeit.*

Ich, oder besser gesagt, wir haben also einen Weg eingeschlagen, der von der Anekdote oder eher von der Inszenierung einer Anekdote – dazwischen besteht immerhin ein Unterschied – zu ihrer Wiederholung in einer bestimmten Erzählung führt, in die die Anekdote umzuschreiben ich mir leicht gemacht habe (wenn es sich nicht umgekehrt verhalten sollte, daß nämlich die Anekdote aus der immer schon vorhandenen Erzählung hervorgegangen ist). Wie dem auch sei, dieses Umschreiben (mit ihm habe ich es mir leicht gemacht) läßt die dem Text eigene Notwendigkeit der *Beschreibung** außen vor; dabei ist sie es, die bewirkt, daß schon wie in der Anekdote, in der er zunächst erschien, ohne indessen etwas anderes als sie zu sein, der Konflikt sich einschreibt und seine Einschreibung zugunsten einer noch zu bestimmenden Logik fordert. Also muß ich irgendwie wieder von vorne beginnen, meine Schritte nachvollziehen und den eingeschlagenen Weg noch einmal abschreiten, um im Motiv des *Kampfes** das Motiv seiner darin eingeschriebenen Manifestation zum Vorschein zu bringen, die Notwendigkeit einer *Beschreibung**, die ihn zum Vorschein bringt, das heißt, der *Beschreibung der Beschreibung**.

Also werde ich diesen Weg von der Anekdote des Konflikts zu seiner Beschreibung wieder von vorn beginnen und von neuem, entsprechend dem Motiv der großen und kleinen Literatur (nebenbei bemerkt, stellt sich hier heraus, daß die Größe der großen Literatur sogar unabhängig von den herausragenden Bezugnahmen darin besteht, daß in ihr der Zitatcharakter zum Vorschein kommt) die Inszenierung von vorhin wieder aufnehmen: *Jemand, nicht ich, tritt nach vorne und sagt: »Ich hatte keine Zeit.«*

Ich bin es nicht. Wer ist es? Es könnte Derrida sein (ein erdrückender Vergleich, aber das Zitat stammt von ihm). Gehen wir davon aus, um dem Ganzen mindestens den Anschein eines anekdotischen Charakters zu bewahren, daß es Kant sei. In seinen

Vorworten und seinem Briefwechsel führt er die Unvollendetheit seines Werkes, die Unvollkommenheit der Ausarbeitung, die Uneleganz des Stils immer wieder auf die fehlende Zeit zurück. Die Zeit, wie er immer sagt, hat dazu gefehlt.

Doch er hat seine Zeit gut genutzt: achzig Jahre Lebenszeit, zehn Jahre, um die *Kritik* zu verfassen, die 1772 noch als kurz vor dem Abschluß stehend angekündigt worden war. Und andauernd dieses Gefühl der Unvollendetheit, das ihn von Werk zu Werk führt, auf der Suche nach dem *Übergang**. 1804 hat ihm die Zeit noch einmal gefehlt, ein letztes Mal.

Aber wieder wird die biographische Anekdote in Geschichte abgebogen: *history* und *story* vermischen sich. Denn seit Borowski hat sich das Bild vom alten Philosophen, nach dessen Spaziergang seine Mitbürger ihre Uhren stellen konnten, ziemlich festgesetzt. Als ob sein Denken dem Universum mehr Regelmäßigkeit verliehen hätte als das regelmäßige astronomische Phänomen selbst – was ohne Zweifel die Überlegenheit des Moralgesetzes über den Sternenhimmel beweist. Als ob der transzendentale Schematismus sich dort erfüllen sollte, in jenem Augenblick, in den Straßen von Königsberg. Und als ob es zu dieser Erfüllung gehörte, sich in der Ambiguität einer Fiktion, einer unwahren Erzählung zu entfalten, also auch ohne Öffnung auf eine mögliche Zeit. Ein irreal Gegenwärtiges hätte dann die Aufgabe der *Darstellung**, der Herausstellung der Form aller Gegenwart überhaupt – etwas, das keine transzendentale Deduktion bislang zu Ende zu führen vermochte. Einzigartige Rückwirkung, die bewirkt, daß das, was autorisiert, in dem, was es bewirkt hat, aufgezehrt wird und durch sein Verschwinden zum Verschwinden dessen führt, das es autorisiert hat.

Hier, an diesem Punkt, wo die Anekdote auf die Notwendigkeit verweist, muß man zu fragen ansetzen. Denn selbst wo das Denken dem gegenwärtigen bis in die transzendentale Ästhetik, die Wissenschaft bis in die Kühnheiten der Analytik der Grundsätze auf den Leib gerückt ist, bleibt das Gegenwärtige das der Erscheinungen, und der Realismus der Welt, den die Wissenschaft beschreibt, ist nur der empirische Realismus, der die Wahrheit außen vor läßt, so daß sie trotz heftiger und wiederholter Einsprüche des Denkers, des transzendentalen Idealismus, keine Gewißheit verschafft. Die Kritik teilt sich somit in Gegensätze, die, ob thematisiert oder nicht, jedenfalls den Nachfolgern und Epigonen, wie immer, irgendwie unthematisierbar erscheinen.

Nehmen wir noch einmal den exemplarischen Fall der Gegenüberstellung empirischer Realismus/transzendentaler Realismus. Sie löst sich mit der Problematik des Dinges an sich auf. Jedoch wird nicht viel damit ausgesagt, wenn man meint, daß der letztgenannte Begriff nichts löse und eigentlich keinen rechten Platz im System finde. Ich werde nicht versuchen, diesen Weg einzuschlagen, den schon die ganze *Forschung** abgesteckt hat. Es soll mir genügen das hervorzuheben, was aus der Sicht dieses Symposiums von Bedeutung ist: Die Frage nach dem Ding an sich ist der Stein des Anstoßes – um mit Kant zu sprechen – des Neukantianismus wie auch der Phänomenologie. Für den Neukantianismus muß das Ding an sich von der Idee der Wissenschaft ausgehend interpretiert werden; die Phänomenologie wiederum, in der ihr von Heidegger gegebenen Fassung, bezieht aus ihnen die Problematik der ontologischen Differenz und der Endlichkeit. Es ist deshalb nicht überflüssig hervorzuheben, daß das, was uns hier zusammengeführt hat (um noch einmal zu versuchen, die Belanglosigkeit der Anekdote in die Notwendigkeit des Denkens einzubeziehen), die Wiederholung einer älteren Debatte zwischen Neukantianismus und Phänomenologie ist: Cassirer und Heidegger in Davos, wenn man so will. Zwei verschiedene Lesarten des Dinges an sich, Wurzeln der Opposition zwischen Strukturalismus und Hermeneutik. Aber ich möchte nun auf einen Bezug zu sprechen kommen, der diese zweifellos zu simple Analyse vielschichtiger werden läßt. Am 5. Kapital seines wichtigsten Buches *Autrement qu'être ou au-delà de l'essence* bringt Emmanual Lévinas unter der Überschrift »Subjectivité et infini« in der Diagnose einer solchen Ausschließung des Subjekts und in Formeln, die die beiden philosophischen Strömungen soweit einander angleichen, daß sie nicht mehr voneinander zu unterscheiden sind, den Strukturalismus und die Hermeneutik Heideggers zusammen. Am besten zitiere ich an dieser Stelle eine signifikante Passage daraus:

»Weil die Zusammenfügung insignifikanter Elemente zu Strukturen und das Arrangement von Strukturen zu Systemen oder zu einer Totalität Aleatorisches und Retardierendes enthält, und weil, wie Glück oder Unglück, die Endlichkeit des Seins nicht nur vom Schicksal abhängt, in dessen Lauf es manifest wird, sondern auch von den Peripetien und den Zufällen seiner manifestierten Aspekte – weil dies so ist, interveniert die Subjektivität in der Retention, im Gedächtnis und in der Geschichte, um die Zusammenfügung voranzutreiben, um der Unterbringung mehr Aussichten zu geben, um die Elemente in einer Präsenz zu vereinen, um sie zu re-präsentieren. Kant beschreibt diese Spontaneität des Subjekts, die die *reine* Herausstellung des Seins in der Intuition hervorruft, als *hinzutun** und *sammeln**. Durch sie entsteht das *Begreifen**, durch das diese Intuition aufhört, blind zu sein.

Das denkende Subjekt, aufgerufen, dieses intelligible Arrangement zu untersuchen, interpretiert sich also – trotz der Tätigkeit seiner Untersuchung, trotz seiner Spontaneität – als einen Umweg, den das Wesen des Seins einnimmt, um sich einzurichten und somit *wahrhaftig* zu erscheinen, um in Wahrheit zu erscheinen. Die Intelligibilität oder die Signifikanz ist Teil der Ausübung des Seins selbst, des *ipsum esse*. Alles steht also auf derselben Seite, der des Seins. *Diese Möglichkeit der Absorption des Subjekts, dem sich das Wesen anvertraut, ist dem Wesen zu eigen.* Alles ist in ihm eingeschlossen. Die Subjektivität des Subjekts bestünde stets darin, vor dem Sein zu vergehen, es sein zu lassen dadurch, daß es die Strukturen zur Bedeutung sammelt, zur globalen Proposition in einem *Gesagten*, in einer großen Präsenz der Synopsie, wo das Sein in seinem ganzen Glanz erstrahlt.«²

Dieser Glanz des Wesens (Wesen [*essence*] bezeichnet in *Autrement qu'être* ... »das vom *Seienden** unterschiedene *Sein**, das vom scholastischen *ens* unterschiedene lateinische *esse*. Man hat nicht gewagt, es ›essance‹ zu schreiben, wie es nach der Geschichte der französischen Sprache erforderlich wäre, wo das Suffix *-ance*, von *-antia* oder *-entia* herkommen, abstrakte Nomina der Tätigkeit gebildet hat«) – dieser Glanz des Wesens also, in seiner strukturalistischen wie in seiner heideggerianischen Konnotation, läßt das Subjekt verschwinden; es verschwindet »wie eine Falte im Feld des Wissens«, aufgezehrt von der Gegenwart des Gegenwärtigen. Der Sinn des Sinns ist nichts Subjektives mehr. Dennoch interpretiert Lévinas, indem er den phänomenologischen Analysen folgt, in einer letztendlich Heidegger verpflichteten Haltung das Verschwinden des Subjekts als Zeitlichkeit der Zeit und gewinnt von daher gegen Heidegger und in einem gewissen Maße gegen Husserl dem Subjekt eine Konsistenz zurück. Bezugnehmend auf die Husserlsche Beschreibung der Zeit hebt Lévinas dabei die Bedeutung der Intentionalität hervor. So heißt es:

»Husserl hat letzten Endes doch nicht den Psychismus vom Primat des Theoretischen befreit, weder im Bereich des Handlungswissens und der im Umgang mit dem »Zeug«, noch im Bereich des bewertenden Gefühls.

Und auch nicht im von der Metapyhsik der Seienden zu unterscheidenden Denken des Seins.«³

Das alles sind Schlußfolgerungen, die Husserl auf die Seite des idealistischen Subjekts stellen, und zwar in den Bereich, den Lévinas als Philosophie des Selben (*philosophie du Même*) bezeichnet. Dann aber kommt folgender Satz: »Das objektivierende Bewußtsein – die Hegemonie der Repräsentation – wird paradoxerweise im Bewußtsein vom Gegenwärtigen überwunden.«⁴ Nämlich:

»Die Zeitlichkeit bringt auf einer Ebene – für Husserl die ursprüngliche – ein Bewußtsein mit sich, das nicht einmal im spezifischen Sinne der Retention intentional ist. Die *Ur-Impression**, trotz der vollkommenen Überlagerung des Wahrgenommenen und der Wahrnehmung in ihr (die das Licht nicht mehr durchlassen sollte), trotz ihrer strikten Gleichzeitigkeit, der Gegenwart des Gegenwärtigen, trotz der Nicht-Modifikation dieses ›absoluten Nicht-Modifizierten, Urquell allen Seins und alles späteren Bewußtseins‹ – dieses heute ohne morgen oder gestern –, die Proto-Empfindung drückt sich dennoch nicht ohne Bewußtsein ein.«⁵

Gewiß, diese *Ur-Impression** ist zu guter Letzt nicht von der Intentionalität abzulösen, denn »nichts könnte dem Sein heimlich geschehen und den Bewußtseinsstrom durchtrennen«. Es bleibt das Motiv der *Mehrmeinung**, das Implizite, das Überschäumen der Intention in der Intention, dem die nach-husserlschen Phänomenologen wie Lévinas, Derrida, Lyotard, Granel – von Heidegger ganz zu schweigen – ihre ganze Aufmerksamkeit widmen; und der berühmte Satz der *Vorlesungen zur Phänomenologie des inneren Zeitbewußtseins:* »Für all das fehlen uns die Namen«⁶; worauf Lévinas hinzufügt: »Fehlen uns die Namen oder übersteigt die Sache das Benennbare?«⁷

Es würde also darum gehen, dem intentionalen Bewußtsein eine andere Bedeutung zu geben, ihm die Konsistenz dessen zu verleihen, was sich nicht am Strand des Gegenwärtigen auflesen läßt, in dem Maße – oder in dem Unmaße – dieser Überraschung, die das Wirkliche in dem Möglichen bewirkt. In *Totalité et Infini* bezeichnet das Wort »Glück« diesen Bruch.

»Glück« bedeutet dort nämlich die so weit auf sich selbst zurückbezogene Subjektivität, daß sie sich den Verknüpfungen des Gegenwärtigen und sogar der ontologischen Transzendenz entzieht. Hier noch ein signifikanter Text:

»Das Auftauchen des Sich hebt im Genuß an; hier wird die Substanzialität des Ich nicht als Subjekt des Verbs ›sein‹ begriffen, sondern als impliziert im Glück (...) findet die Erhebung des *Seienden* schlechthin statt. Demnach bedürfte das Seiende keiner Rechtfertigung durch das ›Seinverständnis‹ oder die Ontologie. Man wird Subjekt des Seins nicht dadurch, daß man das Sein übernimmt, sondern indem man sich des Glückes erfreut, indem man den Genuß, der auch eine Erhebung, ein ›Über-dem-Sein‹ ist, verinnerlicht. Das Seiende ist ›autonom‹ im Verhältnis zum Sein. Es besagt nicht Teilhabe am Sein, sondern Glück. Das Seiende schlechthin ist der Mensch.

Wenn das Ich mit der Vernunft – als dem Vermögen der Thematisierung und der Objektivierung – identifiziert wird, verliert es seine Selbstheit. Die Vernunft macht die menschliche Gesellschaft möglich, aber eine Gesellschaft, deren Mitglieder nichts als Vernunft wären, würde als Gesellschaft erlöschen. Worüber könnte ein durch und durch vernünftiges Seiendes mit einem durch und durch vernünftigen Seienden reden? Vernunft hat keinen Plural. Wie würden sich die zahlreichen Vernünfte unterscheiden? Wie wäre das kantische Reich der Zwecke möglich, wenn die vernünftigen Wesen, die ihm angehören, nicht ihre Forderung nach Glück als Prinzip der Individuation bewahrt hätten, ein Prinzip, das auf wunderbare Weise dem Zusammenbruch der sinnlichen Natur entkommen ist? Das kantische Ich findet sich in diesem Bedürfnis nach Glück wieder.«[8]

Diesem Text könnte man zahlreiche Anmerkungen folgen lassen. Ich werde nur zwei machen: Zunächst werden darin das rein rationale Subjekt und mit ihm die traditionelle Metaphysik des Subjekts als der Pol, wo sich das Seiende als ganzes reflektiert oder sammelt, zurückgewiesen. Aber ebenso zurückgewiesen wird die Heideggersche Zäsur der ontologischen Differenz. Was Lévinas hier Glück nennt, ist die Differenz zwischen Sein und *Ereignis**. Im Glück ist das Subjekt nicht so der Maßstab seiner selbst, wie es etwa das Sein wäre. Warum ist das so und wie? Um dies zu beantworten, möchte ich noch einmal auf den Autor Bezug nehmen, auf den auch Lévinas hinweist: auf Kant, auf den unverständlichen Status, den das Glück im kritischen Werk einnimmt. Einerseits nämlich bleibt das Glück eine empirische Festlegung, und Kant spart nicht mit härtesten Worten gegen die Moralisten, die das Glück als Grundlage der Pflicht überhaupt ansehen – die übrigens ihrer selbst nie sicherer ist, als wenn sie evident mit den Interessen des Glücks übereinstimmt. Aber andererseits begleitet das Glück die meisten kritischen Begriffe und namentlich die Begriffe der Moral, wobei am spektakulärsten zweifellos die Bejahung der Einheit von Glück und Sittlichkeit in den *Postulaten der praktischen Vernunft* ist. Denn »Subjekt« bedeutet zugleich, daß keine Stelle angewiesen ist, d. h. seinem Glück nicht aufgespart ist – und gerade das führt zur notwendigen Bejahung des Glücks. Anders gesagt, nichts sein, nicht sein, darin besteht somit die Subjektivität des Subjekts. Zwischen die beiden Kafkaschen Gegner gezwängt, hat es keinen Platz. Aber sein Status – wenn man überhaupt noch von Status sprechen kann – wird dadurch nicht beeinträchtigt, denn es hat sein Maß weder im vergangenen noch im künftigen Augenblick. In Worten Kafkas: *Wer kennt eigentlich seine Absichten?** Bekannte Intentionen wären jene, auf Grundlage derer das Subjekt, vor dem Horizont seiner Vergangenheit und seiner Zukunft, die Welt in Angriff nähme. Retentionen und Protentionen, Intentionen schon im phänomenologischen Sinne des Wortes. Er hat sich der Welt entzogen. Wie kann von nun an sein Traum, und wie kann er in seinem Traum Konsistenz gewinnen? Was insistiert im Rückzug des Gegenwärtigen soweit, daß es *Beschreibung** wird in der Sprache Kafkas (aber auch in der Husserls – und die Frage wäre, inwiefern es dasselbe ist), Erzählung, Literatur; oder aber in der Sprache Kants oder Lévinas', dieses Subjekt, das die Schwere des Glücks hat.

Ich möchte diese Frage in den Zusammenhang einer anderen Erzählung einordnen, einer anderen Beschreibung eines Kampfes, und von daher beleuchten. Sie lautet folgendermaßen:

»Sie kämpften Nase an Nase. Ginzburg traten vor Überraschung die Augen aus dem Kopf, trotzdem begann er zu lachen. ›Du elendes Würstchen. Ich lasse dich in Stücke frieren.‹

Seine Augen sprühen vor Wut, und Mendel fühlte eine unerklärliche Kälte wie einen Dolch aus Eis seinen Körper durchdringen, er fühlte wie jedes einzelne Glied zusammenschrumpfte.

›Jetzt sterbe ich, ohne Isaak helfen zu können.‹

Eine Menschenmenge hatte sich angesammelt. Isaak brüllte vor Angst.

Mendel, der sich im Todeskampf an Ginzburg klammerte, sah wie sich in den Augen des Schalterbeamten die ganze Tiefe seines Entsetzens widerspiegelte. Und er sah auch, daß Ginzburg, der in Mendels Augen sein Spiegelbild anstarrte, darin das Ausmaß seines eigenen schrecklichen Zorns gespiegelt sah. Ginzburg erblickte ein schimmerndes blendendes Sternenlicht, das die Dunkelheit hervorrief.

Er war überrascht: ›Bin ich das?‹

Der Griff, mit dem er den alten, sich windenden Mann festhielt, lockerte sich langsam, ...«⁹

Diese Szene ist ein Auszug aus der Kurzgeschichte *Die Idioten* von Bernard Malamud. Mendel, dem Ginzburg, der Todesengel, seinen nahen Tod ankündigt, revoltiert. Aber warum revoltiert ein Mensch? Warum kämpft er, wo doch der Kampf nicht ein offener Kampf auf Leben und Tod, um die Identifikation mit der Tragweite eines *to be or not to be* kraft einer *Aufhebung** ist, sondern ein Kampf gegen den Tod, in dem das Gestaltlose des Todes selbst fortdauert, mit einem *who me* unterzeichnet und dabei Identität und Gestalt entsprechend der rätselhaften Modalität einer Erzählung annimmt. Die Evidenz eines Kampfes gegen etwas, das man nicht bekämpfen kann, drängt sich Mendel vom Moment der Eröffnung einer Schuld an auf – wie es auch in allen Erzählungen Kafkas ist –, einer Pflicht, die der alles annullierende Tod nicht zu annullieren vermag: *Now I die without helping Isaac.* Ein außergewöhnlicher Blickaustausch folgt. Die ganze Szene läßt sich folgendermaßen entziffern: Mendel entdeckt die Unabweisbarkeit seiner Schuld. Aber diese Entdeckung ist weder auf ein Sehen noch auf ein Wissen¹⁰ zurückzuführen und ist nicht der Geduld des Begriffs überlassen. Unverzüglich erzeugt sie andere Propositionen. Zunächst diese: *Mendel ist nicht*. Eine ebenso unmögliche Formel wie Valdemars »*ich bin tot*«, von der Derrida in *Die Stimme und das Phänomen* spricht. Eine Formel, die sich also im Wissen oder Sehen Mendels nicht selbst gleich bleibt und die indirekt die Figur Ginzburgs auf die Bühne ruft. Der Satz »*Mendel ist nicht*« verwandelt sich also in den anderen »*Ginzburg ist*«, mit der unüberbrückbaren Kluft zwischen Ginzburg und Mendel. Sodann gewinnt Mendel, der nichts sieht, aber auf dem Defizit seiner Schuld insistiert, ein Verhältnis zu sich selbst und zu Ginzburg, er »sieht« in dem speziellen Sinne, den dieses Verhältnis impliziert (*a shimmering, starry blinding light that produced darkness*). Er sieht, daß er nichts ist, das heißt, daß Ginzburg ist, und er sieht, daß Ginzburg das sieht: eine Proposition, die ebensowenig beruhigend wie jede vorangegangene ist und die Ginzburg dazu führt, sich seinerseits als Subjekt zu identifizieren – eine passivere Passivität als jegliche Passivität, würde Lévinas sagen, denn sie hält sich nicht in der Gestalt des Gegenwärtigen. Und so weiter. Denn Mendel, der gesehen hat, daß er nicht ist, der also Ginzburg gesehen hat, und der gesehen hat, daß Ginzburg gesehen hat, daß Mendel nicht ist, sieht, daß Ginzburg auch sieht, daß er dies gesehen hat, und daß Ginzburg sieht, daß er das sieht, und daß er ihn dabei sieht, daß er sieht, daß er ihn sieht usw. ... Der Text setzt sich somit endlos fort und wiederholt auf jeder Stufe eben diese Notwendigkeit, die diesseits des Gegenwärtigen insistiert, der es also an Zeit fehlt, obwohl sie ihr ansonsten nie fehlte, denn sie ist »stets schon vergangen, stets noch zukünftig, in einer Gegenwart, die einem den Atem raubt«, wie Blanchot schrieb – eine Notwendigkeit, die kein Subjekt des Idealismus auf sich nehmen würde und die im Gegenteil lehrt, daß Auf-sich-Nehmen nicht der Name der Subjektivität ist. *Daß der Tod* nicht der Name der Subjektivität ist (diese unwahrscheinliche, auf das transzendentale Glück Kants oder Lévinas', daß heißt auf die Lust am Text zurückgreifende Gewißheit). Wie lautet aber der Name der Subjektivität? Alle Figuren der Erzählung zweifellos – die unerhörte Enteignung, die sie begründen und unaufhörlich in Anspruch nehmen – gerade das bewirkt, daß sie Figuren geworden sind, Formen, in denen das der Schuld ausgesetzte »ich« die Konsistenz eines »er« angenommen hat.

»Schreiben«, sagt Blanchot dazu, »heißt, sich dem Wagnis der Zeitlosigkeit auszuliefern, wo ewiger Neubeginn herrscht. Es ist der Übergang vom Ich zum Er, dergestalt, daß, was mir geschieht, niemandem geschieht, durch den Umstand anonym ist, daß dies mich betrifft, sich in einer unendlichen Zersplitterung wiederholt.«

Habe ich heute wohl erfolgreich diesen Übergang bewerkstelligt, den Abgrund vom »ich« zum »er« übersprungen und die Notwendigkeit der Erzählung zu Gehör gebracht, wo das Subjekt insistiert – einen Kampf zu beschreiben? Nehmen wir an, daß dem wohl nicht so ist, da ich diese Frage noch in der ersten Person stelle. Ich hätte also auf gewisse Weise nichts gesagt, und es bliebe mir noch, Ihnen eine Entschuldigung dafür anzubieten, daß ich Ihnen – angenommen, daß ... – Ihre Zeit gestohlen habe. Es ist jedoch klar, daß diese Entschuldigung nur diese Form annehmen könnte: »Meine Damen und Herren, ich habe mich in der Situation von jemandem befunden, der, eingeladen zu sprechen, auf Sie zugetreten wäre und gesagt hätte: Ich hatte keine Zeit.«

Usw.

(*Aus dem Französischen von Wolfgang Geiger*)

Anmerkungen

1 Nicht adäquat übertragbares Wortspiel zwischen »pro*pos*« und »ex-*posé*« im Original. (Anm. d. Ü.).
2 Emmanuel Lévinas, *Autrement qu'être ou au-delà de l'essence*, La Haye 1974, S. 170 f.
3 Ebd., S. 42.
4 Ebd.
5 Ebd., S. 41.
6 E. Husserl, *Vorlesungen zur Phänomenologie des Zeitbewußtseins*, hrsg. v. M. Heidegger (1928), Tübingen ²1980, S. 63.
7 E. Lévinas, *Autrement qu'être* ..., S. 43.
8 E. Lévinas, *Totalität und Unendlichkeit*, Freiburg/München 1987, S. 166 f.
9 Bernard Malamud, *Die Idioten*, in: ders., *Schwarz ist meine Lieblingsfarbe und andere Erzählungen*, Köln 1971.
10 Unübertragbares Wortspiel zwischen *voir* und *savoir* im Orig. (Anm. d. Ü.).

Die hier vorgelegten Beiträge gehen zurück auf Vorträge, die anläßlich zweier Kolloquien gehalten wurden. Das erste Kolloquium wurde von Manfred Frank und Gérard Raulet vom 6.–10. Dezember 1984 in Wien organisiert. In Anschluß daran bereitete Willem van Reijen das zweite Kolloquium vor, das vom 12. bis zum 14. Dezember 1985 in Amsterdam durchgeführt wurde.

Das Wiener Kolloquium wurde finanziell und organisatorisch getragen vom Wiener *Institut für die Wissenschaften vom Menschen* unter dem Direktorat von Herrn Krzysztof Michalski, unterstützt durch Herrn Georg Mohr.

Das Amsterdamer Kolloqium wurde möglich durch die Trägerschaft des Goethe Instituts (damalige Leiterin: Frau Kathinka Dittrich) und des Maison Descartes und dessen Leiter Jean Galard. Die Herausgeber danken den genannten Instituten und ihren Vorständen für ihre Unterstützung.

Manfred Frank
Gérard Raulet
Willem van Reijen

Zu den Autoren

Bolz, Norbert (1953) ist Wissenschaftlicher Assistent der Fachrichtung Hermeneutik am Institut für Philosophie der Freien Universität Berlin. Herausgeber eines Sammelbandes *Über Goethes Wahlverwandtschaften* (1981) und des Bandes *Wer hat Angst vor der Philosophie?* (1982).

David, Alain (1946) studierte Philosophie bei Levinas und Derrida, ist heute Philosophiedozent am Lyzeum Montchapet in Dijon. Mehrere Aufsätze, u. a. über Heidegger, Levinas und Blanchot.

Frank, Manfred (1945) lehrte Philosophie an der Universität Genf, seit 1987 an der Universität Tübingen. Wichtige Veröffentlichungen: *Der unendliche Mangel an Sein* (1975); *Das individuelle Allgemeine* (1977); *Der kommende Gott* (1982); *Was ist Neostrukturalismus?* (1983).

Hörisch, Jochen (1951) ist Professor für Neuere Deutsche Literaturwissenschaft an der Universität Düsseldorf. Veröffentlichungen: *Die Fröhliche Wissenschaft der Poesie. Der Universalitätsanspruch von Dichtung in der frühromantischen Poetologie* (1976), *Gott, Geld und Glück* (1983).

Hübener, Wolfgang (1934) ist Professor der Fachrichtung Hermeneutik am Institut für Philosophie der Freien Universität Berlin. Zahlreiche Aufsätze zur spätmittelalterlichen und frühneuzeitlichen Philosophie (u. a. *Zum Geist der Prämoderne*, 1985). Redakteur am *Historischen Wörterbuch der Philosophie*.

Kimmerle, Heinz (1930) ist Professor für Methoden der Philosophie an der Universität Rotterdam. Veröffentlichungen: *Dialektik Heute* (Hg.) (1983); *Entwurf einer Philosophie des Wir* (1983); *Versuche anfänglichen Denkens* (1985); *Hegel. Jenaer Systementwürfe I* (Hg. zus. mit K. Düsing) (1986).

Kittler, Friedrich (1943) ist Professor am Germanistischen Institut der Ruhr-Universität Bochum. Veröffentlichungen: *Urszenen. Literaturwissenschaft als Diskursanalyse und Diskurskritik* (1977) (Hg. zus. mit H. Turk); *Aufschreibesysteme im 18./19. Jahrhundert* (1985); *Grammophon, Film, Typewriter* (1986).

Lyotard, Jean-François (1924) lehrte Philosophie an der Universität Paris VII. Mitbegründer des »Collège International de Philosophie«. Veröffentlichungen: *La Phénoménologie* (1954), *Discours, Figure* (1971); *Economie Libidinate* (1974); *La condition postmoderne* (1979); *Le Différend* (1984); *Que Peindre?* (1987).

Mohr, Georg (1956), Studium der Philosophie in Bonn, Genf und Neuchâtel; 1984-1985 visiting fellow am Institut für die Wissenschaften vom Menschen. Seit 1985 Assistent am Philosophischen Seminar der Universität Neuchâtel. Veröffentlichungen: Aufsätze zur Philosophie Kants.

Nagl-Docekal, Herta (1944) ist Professorin am Institut für Philosophie der Universität Wien. Wichtigste Veröffentlichungen: *Ernst von Lassaux* (1970); *Die Objektivität der Geschichtswissenschaft* (1982); *Neue Ansätze in der Geschichtswissenschaft* (Hg. zus. mit F. Wimmer) (1984).

Nagl, Ludwig (1944) ist Dozent am Institut für Philosophie der Universität Wien. Wichtigste Veröffentlichungen: *Zur Kantforschung der Gegenwart* (Hg. zus. mit P. Heintel) (1981); *Gesellschaft und Autonomie* (1983); *Wo steht die analytische Philosophie heute?* (Hg. zus. mit R. Heinrich) (1986).

Potępa, Maciej (1945) ist Dozent am Philosophischen Seminar der Universität Lodz. Mehrere Aufsätze zur philosophischen Hermeneutik.

Poulain, Jacques (1942) ist Professor an der Université de Franche-Comté.

Raulet, Gérard (1949) ist Professor der Germanistik an der Universität Rennes. Leiter der *Groupe de recherche sur la Culture de Weimar* am Maison des Sciences de l'Homme in Paris. Zahlreiche Aufsätze und Buchveröffentlichungen, zuletzt: *Gehemmte Zukunft* (1986); *Natur und Ornament* (1987); *Verabschiedung der Postmoderne?* (Hg. zus. mit J. le Rider) (1987).

Reijen, Willem van (1938), Studium der Philosophie in Loewen (Belgien) und Freiburg/Br. Ordinarius für Sozialphilosophie und philosophische Anthropologie an der Universität Utrecht. Letzte Buchveröffentlichungen: *Rationales Handeln und Gesellschaftstheorie* (Hg. zus. mit K.O. Apel) (Bochum 1984); *Philosophie als Kritik* (1986); *Die unvollendete Vernunft: Moderne versus Postmoderne* (Hg. zus. mit D. Kamper) (1987).

Rogozinski, Jacob (1953) ist Philosophieprofessor an der Ecole des Hautes Etudes en Sciences Sociales in Paris. Programmdirektor am College International de Philosophie. Mehrere Aufsätze zu Kant, Hegel und Marx. Beiträge zu den Sammelbänden: *Les Fins de l'Homme* (1981) und *Le retrait du Politique* (1983).

Schwengel, Hermann (1949) promovierte mit einer Arbeit zur Relation von Strukturalismus, Systemtheorie und Marxismus. Er lehrt heute als Privatdozent am Soziologischen Institut der FU Berlin. Die Habilitationsschrift *Der kleine Leviathan. Strukturprobleme der amerikanischen Moderne* erscheint im Herbst 1988.

Soldati, Gianfranco (1959) ist Assistent am Département de Philosophie der Université de Genève.

Neue Historische Bibliothek
in der edition suhrkamp

»Hans-Ulrich Wehlers fast aus dem Nichts entstandene ›Neue Historische Bibliothek‹ ist (...) nicht nur ein forschungsinternes, sondern auch ein kulturelles Ereignis.« Frankfurter Allgemeine Zeitung

Abelshauser, Werner: Wirtschaftsgeschichte der Bundesrepublik Deutschland 1945-1980. es 1241

Alter, Peter: Nationalismus. es 1250

Berghahn, Volker: Unternehmer und Politik in der Bundesrepublik. es 1265

Blasius, Dirk: Geschichte der politischen Kriminalität in Deutschland 1800-1980. Eine Studie zu Justiz und Staatsverbrechen. es 1242

Botzenhart, Manfred: Reform, Restauration, Krise. Deutschland 1789-1847. es 1252

Carsten, Francis L.: Geschichte der preußischen Junker. es 1273

Dippel, Horst: Die Amerikanische Revolution 1763-1787. es 1263

Frevert, Ute: Frauen-Geschichte. Zwischen bürgerlicher Verbesserung und Neuer Weiblichkeit. es 1284

Geiss, Immanuel: Geschichte des Rassismus. es 1530

Geyer, Michael: Deutsche Rüstungspolitik 1860-1980. es 1246

Grimm, Dieter: Deutsche Verfassungsgeschichte 1776-1866. es 1272

Hentschel, Volker: Geschichte der deutschen Sozialpolitik 1880-1980. Soziale Sicherung und kollektives Arbeitsrecht. es 1247

Hildermeier, Manfred: Die russische Revolution. es 1534

Holl, Karl: Pazifismus in Deutschland. es 1533

Jaeger, Hans: Geschichte der Wirtschaftsordnung in Deutschland. es 1529

Jarausch, Konrad H.: Deutsche Studenten 1800-1970. es 1258

Jasper, Gotthard: Die gescheiterte Zähmung. Wege zur Machtergreifung Hitlers 1930-1934. es 1270

Kluge, Ulrich: Die deutsche Revolution 1918/1919. Staat, Politik und Gesellschaft zwischen Weltkrieg und Kapp-Putsch. es 1262

Kluxen, Kurt: Geschichte und Problematik des Parlamentarismus. es 1243

Kraul, Margret: Das deutsche Gymnasium 1780-1980. es 1251

Langewiesche, Dieter: Deutscher Liberalismus. es 1286

Lehnert, Detlef: Sozialdemokratie zwischen Protestbewegung und Regierungspartei 1848-1983. es 1248

Lenger, Friedrich: Sozialgeschichte der deutschen Handwerker. es 1532

Lönne, Karl-Egon: Politischer Katholizismus im 19. und 20. Jahrhundert. es 1264

Neue Historische Bibliothek
in der edition suhrkamp

Marschalck, Peter: Bevölkerungsgeschichte Deutschlands im 19. und 20. Jahrhundert. es 1244

Mitterauer, Michael: Sozialgeschichte der Jugend. es 1278

Möller, Horst: Vernunft und Kritik. Deutsche Aufklärung im 17. und 18. Jahrhundert. es 1269

Mooser, Josef: Arbeiterleben in Deutschland 1900-1970. Klassenlagen, Kultur und Politik. es 1259

Peukert, Detlev J. K.: Die Weimarer Republik. es 1282

Reulecke, Jürgen: Geschichte der Urbanisierung in Deutschland. es 1249

Schönhoven, Klaus: Die deutschen Gewerkschaften. es 1287

Schröder, Hans-Christoph: Die Revolutionen Englands im 17. Jahrhundert. es 1279

Schulze, Winfried: Deutsche Geschichte im 16. Jahrhundert. es 1268

Sieder, Reinhard: Sozialgeschichte der Familie. es 1276

Siemann, Wolfram: Die deutsche Revolution von 1848/49. es 1266

Staritz, Dietrich: Geschichte der DDR 1949-1985. es 1260

Thränhardt, Dietrich: Geschichte der Bundesrepublik Deutschland. es 1267

Ullmann, Hans-Peter: Interessenverbände in Deutschland. es 1283

Wehler, Hans-Ulrich: Grundzüge der amerikanischen Außenpolitik 1750-1900. Von den englischen Küstenkolonien zur amerikanischen Weltmacht. es 1254

Wippermann, Wolfgang: Europäischer Faschismus im Vergleich 1922-1982. es 1245

Wirz, Albert: Sklaverei und kapitalistisches Weltsystem. es 1256

Wunder, Bernd: Geschichte der Bürokratie in Deutschland. es 1281

Ziebura, Gilbert: Weltwirtschaft und Weltpolitik 1922/24-1931. Zwischen Rekonstruktion und Zusammenbruch. es 1261

edition suhrkamp
Eine Auswahl

Abelshauser: Wirtschaftsgeschichte der Bundesrepublik Deutschland (1945-1980). NHB. es 1241

Abendroth: Ein Leben in der Arbeiterbewegung. es 820

Achebe: Okonkwo oder Das Alte stürzt. es 1138

Adam/Moodley: Südafrika. es 1369

Adorno: Eingriffe. Neun kritische Modelle. es 10
- Gesellschaftstheorie und Kulturkritik. es 772
- Jargon der Eigentlichkeit. Zur deutschen Ideologie. es 91
- Kritik. Kleine Schriften zur Gesellschaft. es 469
- Ohne Leitbild. Parva Aesthetica. es 201
- Stichworte. Kritische Modelle 2. es 347
- Zur Metakritik der Erkenntnistheorie. es 590

Das Afrika der Afrikaner. Gesellschaft und Kultur Afrikas. Hg. von R. Jestel. es 1039

Anderson: Die Entstehung des absolutistischen Staates. es 950
- Von der Antike zum Feudalismus. es 922

Andréa: M.D. es 1364

Arbeitslosigkeit in der Arbeitsgesellschaft. es 1212

Aus der Zeit der Verzweiflung. Zur Genese und Aktualität des Hexenbildes. es 840

Bachtin: Die Ästhetik des Wortes. es 967

Barthes: Elemente der Semiologie. es 1171
- Kritik und Wahrheit. es 218
- Leçon/Lektion. es 1030
- Literatur oder Geschichte. es 303
- Michelet. es 1206
- Mythen des Alltags. es 92
- Das Reich der Zeichen. es 1077
- Die Sprache der Mode. es 1318

Beck: Risikogesellschaft. es 1365

Jürgen Becker: Ränder. es 351
- Umgebungen. es 722

Beckett: Fin de partie. Endspiel. es 96
- Flötentöne. es 1098
- Mal vu, mal dit. Schlecht gesehen, schlecht gesagt. es 1119

Samuel Beckett inszeniert Glückliche Tage. es 849

Benjamin: Aufklärung für Kinder. es 1317
- Briefe. 2 Bde. es 930
- Das Kunstwerk im Zeitalter seiner technischen Reproduzierbarkeit. es 28
- Moskauer Tagebuch. es 1020
- Das Passagen-Werk. 2 Bde. es 1200
- Über Kinder, Jugend und Erziehung. es 391
- Versuche über Brecht. es 172
- Zur Kritik der Gewalt und andere Aufsätze. es 103

Bernhard: Die Billigesser. es 1006
- Ein Fest für Boris. es 440
- Prosa. es 213
- Ungenach. Erzählung. es 279
- Watten. Ein Nachlaß. es 353

Bertaux: Hölderlin und die Französische Revolution. es 344

Biesheuvel: Schrei aus dem Souterrain. es 1179

3/1/6.87

Blick übers Meer. Chinesische
Erzählungen aus Taiwan.
es 1129
Bloch: Kampf, nicht Krieg. Politische Schriften 1917-1919.
es 1167
Boal: Theater der Unterdrückten.
es 987
Böhme: Prolegomena zu einer
Sozial- und Wirtschaftsgeschichte Deutschlands. es 253
Böni: Alvier. Erzählungen.
es 1146
Bohrer: Plötzlichkeit. es 1058
Bond: Gesammelte Stücke 1/2.
es 1340
Bottroper Protokolle, aufgezeichnet von Erika Runge. es 271
Botzenhart: Reform, Restauration, Krise. Deutschland 1789-1847. NHB. es 1252
Bovenschen: Die imaginierte
Weiblichkeit. es 921
Brandão: Kein Land wie dieses.
es 1236
Brasch: Engel aus Eisen. es 1049
Braun: Berichte von Hinze und
Kunze. es 1169
Brecht: Der aufhaltsame Aufstieg
des Arturo Ui. es 144
– Aufstieg und Fall der Stadt Mahagonny. es 21
– Ausgewählte Gedichte. es 86
– Baal. Drei Fassungen. es 170
– Baal. Der böse Baal der asoziale. es 248
– Das Badener Lehrstück. Die
Rundköpfe. Die Ausnahme.
es 817
– Der Brotladen. Ein Stückfragment. es 339
– Buckower Elegien. es 1397
– Die Dreigroschenoper. es 229
– Einakter und Fragmente. es 449

– Furcht und Elend des Dritten
Reiches. es 392
– Gesammelte Gedichte. 4 Bde.
es 835 – es 838
– Gedichte und Lieder aus Stücken. es 9
– Die Geschäfte des Herrn Julius
Caesar. es 332
– Die Gesichte der Simone Machard. es 369
– Die Gewehre der Frau Carrar.
es 219
– Der gute Mensch von Sezuan.
es 73
– Die heilige Johanna der
Schlachthöfe. es 113
– Herr Puntila und sein Knecht
Matti. Volksstück. es 105
– Im Dickicht der Städte. es 246
– Der Jasager und Der Neinsager.
es 171
– Der kaukasische Kreidekreis.
es 31
– Kuhle Wampe. es 362
– Leben des Galilei. es 1
– Leben Eduards des Zweiten
von England. es 245
– Mann ist Mann. es 259
– Die Maßnahme. es 415
– Mutter Courage und ihre Kinder. es 49
– Die Mutter. es 200
– Gesammelte Prosa. 4 Bde.
es 182 – es 185
– Schweyk im zweiten Weltkrieg. es 132
– Stücke. Bearbeitungen. 2 Bde.
es 788/789
– Die Tage der Commune. es 169
– Tagebücher 1920-1922. Autobiographische Aufzeichnungen
1920-1954. es 979
– Trommeln in der Nacht. es 490
– Der Tui-Roman. es 603

- Über den Beruf des Schauspielers. es 384
- Über die bildenden Künste. es 691
- Über experimentelles Theater. es 377
- Über Lyrik. es 70
- Über Politik auf dem Theater. es 465
- Über Politik und Kunst. es 442
- Über Realismus. es 485
- Das Verhör des Lukullus. Hörspiel. es 740

Brecht-Journal. es 1191

Brecht-Journal 2. es 1396

Brunkhorst: Der Intellektuelle im Lande der Mandarine. es 1403

Buch: Der Herbst des großen Kommunikators. es 1344
- Waldspaziergang. es 1412

Bürger: Theorie der Avantgarde. es 727

Buro/Grobe: Vietnam! Vietnam? es 1197

Celan: Ausgewählte Gedichte. Zwei Reden. es 262

Cortázar: Letzte Runde. es 1140
- Reise um den Tag in 80 Welten. es 1045

Deleuze/Guattari: Kafka. Für eine kleine Literatur. es 807

Deleuze/Parnet: Dialoge. es 666

Derrida: Die Stimme und das Phänomen. es 945

Determinanten der westdeutschen Restauration 1945-1949. Von H.-U. Huster u. a. es 575

Ditlevsen: Gesichter. es 1165
- Sucht. Erinnerungen. es 1009
- Wilhelms Zimmer. es 1076

Takeo Doi: Amae. Freiheit in Geborgenheit. es 1128

Dorst: Toller. es 294

Dubiel: Was ist Neokonservatismus? es 1313

Duerr: Satyricon. Essays und Interviews. es 1346
- Traumzeit: es 1345

Duras: Sommer 1980. es 1205

Duras/Porte: Die Orte der Marguerite Duras. es 1080

Eco: Zeichen. es 895

Eich: Botschaften des Regens. Gedichte. es 48

Elias: Humana conditio. es 1384

Enzensberger: Blindenschrift. es 217
- Deutschland, Deutschland unter anderm. es 203
- Einzelheiten I. Bewußtseins-Industrie. es 63
- Einzelheiten II. Poesie und Politik. es 87
- Die Furie des Verschwindens. Gedichte. es 1066
- Landessprache. Gedichte. es 304
- Palaver. Politische Überlegungen (1967-1973). es 696
- Das Verhör von Habana. es 553
- Der Weg ins Freie. Fünf Lebensläufe. es 759

Esser: Gewerkschaften in der Krise. es 1131

Faszination der Gewalt. Friedensanalysen 17. es 1141

Feminismus. Hg. v. Luise F. Pusch. es 1192

Feyerabend: Erkenntnis für freie Menschen. es 1011
- Wissenschaft als Kunst. es 1231

Foucault: Psychologie und Geisteskrankheit. es 272

Fragment und Totalität. Hg. v. Dällenbach und Hart Nibbrig. es 1107

Frank: Der kommende Gott. es 1142

- Die Unhintergehbarkeit von Individualität. es 1377
- Was ist Neostrukturalismus? es 1203

Frauen in der Kunst. 2 Bde. es 952

Frevert: Frauen-Geschichte. NHB. es 1284

Frisch: Biedermann und die Brandstifter. es 41
- Die Chinesische Mauer. es 65
- Don Juan oder Die Liebe zur Geometrie. es 4
- Frühe Stücke. es 154
- Graf Öderland. es 32

Gerhard: Verhältnisse und Verhinderungen. es 933

Geyer: Deutsche Rüstungspolitik (1860-1980). NHB. es 1246

Goetz: Hirn. Krieg. 2 Bde. es 1320

Goffman: Asyle. es 678
- Geschlecht und Werbung. es 1085

Gorz: Der Verräter. es 988

Gröner: Ein rasend hingehauchtes Herbsteslicht. Bergeller Gedichte. es 1371

Habermas: Eine Art Schadensabwicklung. es 1453
- Legitimationsprobleme im Spätkapitalismus. es 623
- Die Neue Unübersichtlichkeit. es 1321
- Technik und Wissenschaft als Ideologie. es 287

Hänny: Zürich, Anfang September. es 1079

Handke: Die Innenwelt der Außenwelt der Innenwelt. es 307
- Kaspar. es 322
- Phantasien der Wiederholung. es 1168
- Publikumsbeschimpfung. es 177

- Der Ritt über den Bodensee. es 509
- Wind und Meer. Vier Hörspiele. es 431

Hawkes: Travestie. es 1326

Heimann: Soziale Theorie des Kapitalismus. es 1052

Henrich: Konzepte. es 1400

Hentschel: Geschichte der deutschen Sozialpolitik (1880-1980). NHB. es 1247

Hesse: Tractat vom Steppenwolf. es 84

Die Hexen der Neuzeit. Hg. von C. Honegger. es 743

Hilfe + Handel = Frieden? Friedensanalysen 15. es 1097

Hobsbawm: Industrie und Empire 1/2. es 315/316

Imperialismus und strukturelle Gewalt. Hg. von D. Senghaas. es 563

Irigaray: Speculum. es 946

Jahoda/Lazarsfeld/Zeisel: Die Arbeitslosen von Marienthal. es 769

Jakobson: Kindersprache, Aphasie und allgemeine Lautgesetze. es 330

Jasper: Die gescheiterte Zähmung. NHB. es 1270

Jauß: Literaturgeschichte als Provokation. es 418

Johnson: Der 5. Kanal. es 1336
- Begleitumstände. Frankfurter Vorlesungen. es 1019
- Karsch, und andere Prosa. es 59

Jones: Frauen, die töten. es 1350

Joyce: Werkausgabe in 6 Bdn. es 1434 – es 1439

Bd. 1 Dubliner. es 1434
Bd. 2 Stephen der Held. es 1435
Bd. 3 Ulysses. es 1100
Bd. 4 Kleine Schriften. es 1437

Bd. 5 Gesammelte Gedichte. Anna Livia Plurabelle. es 1438
Bd. 6 Finnegans Wake. Englischsprachige Ausgabe. es 1439
Hans Wollschläger liest »Ulysses«. es 1105
Mat. zu Joyces »Ein Porträt des Künstlers als junger Mann«. Hg. von K. Reichert und F. Senn. es 776
Kantowsky: Indien. es 1424
Kapitalistische Weltökonomie. Hg. von D. Senghaas. es 980
Marx: Die ethnologischen Exzerpthefte. es 800
Kenner: Ulysses. es 1104
Kindheit in Europa. Hg. von H. Hengst. es 1209
Kipphardt: In der Sache J. Robert Oppenheimer. es 64
Kirchhof: Body-Building. es 1005
Kluge: Gelegenheitsarbeit einer Sklavin. es 733
– Lernprozesse mit tödlichem Ausgang. es 665
– Neue Geschichten. Hefte 1-18. es 819
– Schlachtbeschreibung. es 1193
Kluge: Die deutsche Revolution 1918/1919. NHB. es 1262
Kolbe: Abschiede und andere Liebesgedichte. es 1178
– Hineingeboren. Gedichte 1975-1979. es 1110
Konrád: Antipolitik. es 1293
Kriegsursachen. Friedensanalysen 21. es 1238
Krippendorff: Staat und Krieg. es 1305
Kristeva: Die Revolution der poetischen Sprache. es 949
Kroetz: Bauern sterben. es 1388
– Frühe Prosa/Frühe Stücke. es 1172
– Furcht und Hoffnung der BRD. es 1291
– Mensch Meier. es 753
– Nicht Fisch nicht Fleisch. es 1094
– Oberösterreich. es 707
– Stallerhof. es 586
– Heimarbeit. es 473
Krolow: Ausgewählte Gedichte. es 24
Laederach: Fahles Ende kleiner Begierden. es 1075
Lefebvre: Einführung in die Modernität. es 831
Lehnert: Sozialdemokratie zwischen Protestbewegung und Regierungspartei 1848 bis 1983. NHB. es 1248
Lem: Dialoge. es 1013
Hermann Lenz: Leben und Schreiben. Frankfurter Vorlesungen. es 1425
Leroi-Gourhan: Die Religionen der Vorgeschichte. es 1073
Lessenich: »Nun bin ich die niemals müde junge Hirschfrau oder der Ajilie-Mann«. es 1308
Leutenegger: Lebewohl, Gute Reise. es 1001
– Das verlorene Monument. es 1315
Lévi-Strauss: Das Ende des Totemismus. es 128
– Mythos und Bedeutung. es 1027
Die Listen der Mode. Hg. von S. Bovenschen. es 338
Literatur und Politik in der Volksrepublik China. Hg. von R. G. Wagner. es 1151
Löwenthal: Mitmachen wollte ich nie. es 1014
Logik des Herzens. Hg. von G. Kahle. es 1042

Lohn: Liebe. Zum Wert der Frauenarbeit. Hg. von A. Schwarzer. es 1225
Lukács: Gelebtes Denken. es 1088
Maeffert: Bruchstellen. es 1387
Männersachen. Hg. von H.–U. Müller-Schwefe. es 717
Mandel: Marxistische Wirtschaftstheorie 1/2. es 595/596
– Der Spätkapitalismus. es 521
Marcus: Umkehrung der Moral. es 903
Marcuse: Ideen zu einer kritischen Theorie der Gesellschaft. es 300
– Konterrevolution und Revolte. es 591
– Kultur und Gesellschaft 1. es 101
– Kultur und Gesellschaft 2. es 135
– Versuch über die Befreiung. es 329
– Zeit-Messungen. es 770
Gespräche mit Herbert Marcuse. es 938
Mattenklott: Blindgänger. es 1343
Hans Mayer: Anmerkungen zu Brecht. es 143
– Gelebte Literatur. Frankfurter Vorlesungen. es 1427
– Versuche über die Oper. es 1050
Mayröcker: Magische Blätter. es 1202
– Magische Blätter II. es 1421
McKeown: Die Bedeutung der Medizin. es 1109
Medienmacht im Nord-Süd-Konflikt: Friedensanalysen 18. es 1166
Christian Meier: Die Ohnmacht des allmächtigen Dictators Caesar. es 1038

Menninghaus: Paul Celan. es 1026
– Schwellenkunde. es 1349
Menzel/Senghaas: Europas Entwicklung und die Dritte Welt. es 1393
Milosz: Zeichen im Dunkel. es 995
Mitscherlich: Freiheit und Unfreiheit in der Krankheit. es 505
– Krankheit als Konflikt 1. es 164
– Krankheit als Konflikt 2. es 237
– Die Unwirtlichkeit unserer Städte. es 123
Mitterauer: Sozialgeschichte der Jugend. NHB. es 1278
Moderne chinesische Erzählungen. 2 Bde. es 1010
Möller: Vernunft und Kritik. NHB. es 1269
Moser: Eine fast normale Familie. es 1223
– Der Psychoanalytiker als sprechende Attrappe. es 1404
– Romane als Krankengeschichten. es 1304
Muschg: Literatur als Therapie? es 1065
Die Museen des Wahnsinns und die Zukunft der Psychiatrie. es 1032
Mythos ohne Illusion. Mit Beiträgen von J.-P. Vernant u.a. es 1220
Mythos und Moderne. Hg. von K. H. Bohrer. es 1144
Nakane: Die Struktur der japanischen Gesellschaft. es 1204
Nathan: Ideologie, Sexualität und Neurose. es 975
Der Neger vom Dienst. Afrikanische Erzählungen. Hg. von R. Jestel. es 1028

Die neue Friedensbewegung. Friedensanalysen 16. es 1143
Ngũgĩ wa Thing'o: Verborgene Schicksale. es 1111
Nizon: Am Schreiben gehen. Frankfurter Vorlesungen. es 1328
Oehler: Pariser Bilder I. es 725
Oppenheim: Husch, husch, der schönste Vokal entleert sich. es 1232
Paetzke: Andersdenkende in Ungarn. es 1379
Paley: Ungeheure Veränderungen in letzter Minute. es 1208
Paz: Der menschenfreundliche Menschenfresser. es 1064
– Suche nach einer Mitte. es 1008
– Zwiesprache. es 1290
Peripherer Kapitalismus. Hg. von D. Senghaas. es 652
Petri: Zur Hoffnung verkommen. es 1360
Pinget: Apokryph. es 1139
Piven/Cloward: Aufstand der Armen. es 1184
Politik der Armut. Hg. von S. Leibfried und F. Tennstedt. es 1233
Populismus und Aufklärung. Hg. von H. Dubiel. es 1376
Powell: Edisto. es 1332
Psychoanalyse der weiblichen Sexualität. Hg. von J. Chasseguet–Smirgel. es 697
Pusch: Das Deutsche als Männersprache. es 1217
Raimbault: Kinder sprechen vom Tod. es 993
Darcy Ribeiro: Unterentwicklung, Kultur und Zivilisation. es 1018
João Ubaldo Ribeiro: Sargento Getúlio. es 1183
Rodinson: Die Araber. es 1051
Roth: Das Ganze ein Stück. es 1399
– Die einzige Geschichte. es 1368
– Krötenbrunnen. es 1319
Rötzer: Denken, das an der Zeit ist. es 1406
Rubinstein: Immer verliebt. es 1337
– Nichts zu verlieren und dennoch Angst. es 1022
– Sterben. es 1433
Rühmkorf: agar agar - zaurzaurim. es 1307
Russell: Probleme der Philosophie. es 207
– Wege zur Freiheit. es 447
Schindel: Ohneland. Gedichte. es 1372
Schlaffer: Der Bürger als Held. es 624
Schleef: Die Bande. es 1127
Schönhoven: Die deutschen Gewerkschaften. NHB. es 1287
Schrift und Materie der Geschichte. Hg. von C. Honegger. es 814
Schröder: Die Revolutionen Englands im 17. Jahrhundert. NHB. es 1279
Schubert: Die internationale Verschuldung. es 1347
Das Schwinden der Sinne. Hg. von D. Kamper und C. Wulf. es 1188
Sechehaye: Tagebuch einer Schizophrenen. es 613
Senghaas: Von Europa lernen. es 1134
– Weltwirtschaftsordnung und Entwicklungspolitik. es 856
– Die Zukunft Europas. es 1339
Simmel: Schriften zur Philosophie und Soziologie der Geschlechter. es 1333
Sinclair: Der Fremde. es 1007

Sloterdijk: Der Denker auf der Bühne. es 1353
- Kopernikanische Mobilmachung. es 1375
- Kritik der zynischen Vernunft. 2 Bde. es 1099
Sport-Eros-Tod. es 1335
Staritz: Geschichte der DDR. NHB. es 1260
Stichworte zur »Geistigen Situation der Zeit«. Hg. von J. Habermas. 2 Bde. es 1000
Struck: Kindheits Ende. es 1123
- Klassenliebe. es 629
Szondi: Theorie des modernen Dramas. es 27
Techel: Es kündigt sich an. Gedichte. es 1370
Tendrjakow: Sechzig Kerzen. es 1124
Theorie des Kinos. Hg. von K. Witte. es 557
Thiemann: Schulszenen. es 1331
Thompson: Entstehung der englischen Arbeiterklasse. 2 Bde. es 1170
Thränhardt: Geschichte der Bundesrepublik Deutschland. NHB. es 1267
Tiedemann: Studien zur Philosophie Walter Benjamins. es 644
Todorov: Die Eroberung Amerikas. es 1213
Treichel: Liebe Not. Gedichte. es 1373
Trotzki: Denkzettel. es 896
Vernant: Die Entstehung des griechischen Denkens. es 1150
- Mythos und Gesellschaft im alten Griechenland. es 1381
Versuchungen. Aufsätze zur Philosophie Paul Feyerabends. Hg. von H. P. Duerr. Band 1/2. es 1044/1068

Verteidigung der Schrift. Kafkas ›Prozeß‹. Hg. von F. Schirrmacher. es 1386
Vom Krieg der Erwachsenen gegen die Kinder. Friedensanalysen 19. es 1190
Martin Walser: Eiche und Angora. es 16
- Ein fliehendes Pferd. Theaterstück. es 1383
- Die Gallistl'sche Krankheit. es 689
- Geständnis auf Raten. es 1374
- Heimatkunde. es 269
- Lügengeschichten. es 81
- Selbstbewußtsein und Ironie. Frankfurter Vorlesungen. es 1090
- Wer ist ein Schriftsteller? es 959
- Wie und wovon handelt Literatur. es 642
Wehler: Grundzüge der amerikanischen Außenpolitik 1750–1900. NHB. es 1254
Peter Weiss: Abschied von den Eltern. es 85
- Die Besiegten. es 1324
- Fluchtpunkt. es 125
- Gesang vom Lusitanischen Popanz. es 700
- Das Gespräch der drei Gehenden. es 7
- Der neue Prozeß. es 1215
- Notizbücher 1960-1971. 2 Bde. es 1135
- Notizbücher 1971-1980. 2 Bde. es 1067
- Rapporte. es 276
- Rapporte 2. es 444
- Der Schatten des Körpers des Kutschers. es 53
- Stücke 1. es 833
- Stücke II. 2 Bde. es 910

- Die Verfolgung und Ermordung Jean Paul Marats. es 68
- Peter Weiss im Gespräch. Hg. von R. Gerlach und M. Richter. es 1303
- Wellershoff: Die Auflösung des Kunstbegriffs. es 848
- Die Wiederkehr des Körpers. Hg. von D. Kamper und Ch. Wulf. es 1132
- Winkler: Die Verschleppung. es 1177
- Wippermann: Europäischer Faschismus im Vergleich (1922-1982). NHB. es 1245
- Wirz: Sklaverei und kapitalistisches Weltsystem. NHB. es 1256
- Wissenschaft im Dritten Reich. Hg. von P. Lundgreen. es 1306
- Wittgenstein: Tractatus logico-philosophicus. es 12
- Wünsche: Der Volksschullehrer Ludwig Wittgenstein. es 1299
- Zimmermann: Vom Nutzen der Literatur. es 885
- Ziviler Ungehorsam im Rechtsstaat. Hg. von P. Glotz. es 1214